KB160719

신라 금석문

신라 금석문

김창호 지음

景仁文化社

책머리에

한국 고대 금석문은 고구려의 광개토태왕비(414년), 충주고구려비(449~458년), 집안고구려비(491년 이후) 등이 있고, 백제의 무녕왕 묘지명(525년), 무녕왕비 묘지명(529년), 백제의 미륵사 서탑 출토 금제사리봉안기(579년), 사택지적비(654년) 등이 있고, 신라의 중성리비(441년), 냉수리비(443년), 봉평비(524년), 울주 천전리서석 원명(525년)과 추명(539년), 적성비(545년이나 그 직전), 창녕비(561년), 북한산비(561~568년), 마운령비(568년), 황초령비(568) 등이 있고, 통일 신라 금석문으로는 문무왕릉비 등 4·6변려체의 어려운 한문으로 된 금석문이 가장 많다.

신라의 금석문을 다루는데 있어서 문무왕릉비를 제외하고 그의가 이두로 된 것이다. 한문으로 썼지만 한문의 순서는 우리말의 순서를 지키고 있다. 그래서 한문으로 된 금석문보다 쉽게 접근할 수 있으나 다양한 해석 방법이 제기되고 있어서 논란이 많다.

청동기시대를 공부하던 필자가 금석문을 공부하게 된 것은 경북대학교 교육대학원에서 허홍식 선생님의 四山碑銘 강의에 매료되어서 시작되었다. 보다 솔직히 이야기하면 허홍식 선생님께서 경북대학교 박물관에 소장된 대구무술명오작비의 탁본을 원하시어, 탁본을 하게 되어 하는 김에 본인의 것도 1부 하게 되어, 집의 벽에 걸어두게 되었다. 1년이 지난 어느날 탁본의 글씨가 보이게 되었다. 그래서 금석문 논문을 쓰게 되었다.

영어 등 서구의 알파벳 글자는 많아야 30자미만의 글자뿐이다. 한자는 10,000자도 넘어서 판독에 어려움이 있고, 해석도 아버지가 방에 들어가는

지 아니면 아버지 가방에 들어가는지 하는 논란이 계속된다. 판독과 해석이 고대 금석문 연구의 가장 큰 어려움이다. 이 문제에 대한 논란은 쉽게 멈출 수 없다.

고대 금석문의 광개토태왕비를 비롯한 많은 금석문들이 문헌에는 언급이 없다. 그럼에도 불구하고 문헌에 의거하여 연구되고 있다. 그 대표적인 예가 沙喙部徙夫知葛文王을 立宗葛文王과 동일인으로 보는 것이다. 울주 천전리서석 추명에 沙喙部徙夫知葛文王은 539년 7월 3일 법흥왕의 사망 때에 살아있고, 立宗葛文王은 이때에 죽어서 왕위에 오르지 않고, 15세의 진흥왕이 왕위에 올랐고 입종갈문왕과 사부지갈문왕이 동일인이면 입종갈문왕의 姓은 김씨가 되지 않는다. 따라서 사탁부사부지갈문왕과 입종갈문왕은 동일인일 수 없다.

지금까지 고고학, 미술사, 금석문, 목간, 고문서 등 동시대적 자료만으로 공부한 경험에서 보면『삼국사기』등 문헌 위주로 공부한 시각과는 차이가 있다. 2~3등 사료보다는 1등 사료인 동시대적 자료가 우선임은 재언을 요하지 않는다. 고고학 방법의 기본인 유적·유물의 증거가 없으면 한 걸음도 앞으로 나가지 않을 것이다. 그래서 추측의 방법을 사용하지 않았다.

금석문은 문헌사가 아니라 고고학의 한 분야이다. 우리나라에서 금석문의 연구는 문헌사학자에 의해 주도되고 있다. 금석문을 문헌에서 하던 고고학에서 하던 똑바로 잘만 하면 아무런 관련이 없지만 잘못이 있는 경우에는 뒷날의 비난을 면할 수가 없다. 이를 이른바 역사의 심판이라고 부르거니와 엄정한 실증주의에 입각한 금석문의 연구가 요구되고 있다.

문헌과 금석문은 창구가 다르다. 그래서 광개토태왕비 등의 금석문에 대한 언급이 문헌에는 나오지 않고 있다. 문헌을 믿지 못하게 하는 것으로 왕흥사 목탑 사리공에서 출토된 청동사리합 명문에 丁酉年이란 연간지가 나와 577년이란 절대 연대를 갖게 되었다. 왕흥사 목탑은 『삼국사기』권27, 백제본기 5에 무왕 즉위1년(600년)~무왕 35년(634년) 사이에 건립된 것으로 되어 있어서 문헌과 금석문 사이에 차이가 있다. 이런 충격적인 사례는 발굴이 많아짐에 따라 더 늘어날 것이다.

한국 고대사의 복원은 금석문, 목간, 미술사, 고고학, 고문서 등 동시대적 자료에 기초하여 문헌이 안고 있는 한계성을 바로 잡아가는 것이야말로 최선의 길이다. 문헌과 금석문 사이에 차이가 있는 예로는 문헌과 광개토태왕비 사이의 1년 시차는 유명하고, 울주 천전리서석 추명에 의하면 문헌에서 540년에 죽은 법흥왕은 己未年(539년) 七月 三日에 죽어서 1년의 시차가 있다.

이 책을 내는데 영원한 롤모델이신 허흥식 선생님의 은혜를 잊을 수 없다. 따뜻한 말씀으로 용기를 갖도록 해주신 문경현 선생님께 감사한다. 모르는 것을 해박한 지식으로 가르쳐주신 이기동교수님께도 감사한다. 서울의 큰 학회에의 모습을 전해준 외우 채상식 교수님에게 감사한다. 한기문 교수, 이수훈 교수, 이영호 교수에게도 공부하는데 필요한 지식 등을 나누어준 데 대해 감사한다. 일본의 노가미 죠스께 선생님의 학은에 감사하고, 고정룡 교수와 다께다니 도시오 교수와 하시모토 시게루 박사에게도 감사의 말을 전하고 싶다. 아내와 아들딸과 사위에게도 고마운 말을 전하고 싶다. 끝으로 수입성이 없는 책인 데에도 불구하고 출판해준 경인문화사의 한정희사장님께 감사의 말씀을 전하면서, 실무를 담당한 박지현선생을 비롯한 관계 직원여러분에게도 감사의 말씀을 전하고자 한다.

2020년 7월
이서고국 옛터에서
김창호

차 례

책머리에

제1장
고신라 금석문

제1절 고신라 금석문에 나오는 부명

I. 머리말

  고신라의 6부의 부제는 고구려의 5부, 백제의 5부와 함께 왕경의 정치
사를 논하는 중핵이 된다. 그럼에도 불구하고 금석문을 잘못 왜곡하여
신라의 6부 가운데 탁부와 사탁부를 왕족으로 보고 있다. 종래 문헌의
중고왕실 모량부 왕비족설은 무너지고 사탁부설이 등장하고 있다. 그렇
게도 금석문 자료에서 탁부와 사탁부가 많고 모량부는 그 출신자가 없
어도 모량부 왕비족설은 통설이 되고 있다. 울주 천전리서석 추명(539
년)에서 其王与妹 共見書石이라해 沙喙部徙夫知葛文王과 另卽知太王妃
夫乞支妃으로 풀어야 됨에도 침묵으로 일관하고 있다. 법흥왕과 사부지
갈문왕은 妹夫妻男사이이다. 그러면 탁부는 왕족, 사탁부는 왕비족이 되
어 고구려 초기 기록에 나오는 부와 왕족간의 사이와 같게 된다.
  여기에서는 먼저 부명의 등장 시기를 조사하였고, 다음으로 부명의
소멸 시기를 조사하였고, 마지막으로 부명과 골품제를 조사하겠다.

II. 부명의 등장 시기

  신라에서 부명의 등장 시기는 금석문 자료의 출현 시기와 그 궤를 같
이 한다고 볼 수가 있다. 신라의 금석문 가운데 가장 빠른 금석문으로

중성리비를 들 수가 있다. 이를 441년으로 보고 있는 가설이 열세이다.[1] 가장 빠른 금석문인 중성리비는 441년이고, 그 다음의 냉수리비는 443년 이므로 냉수리비를 통해 조사해 보기로 하자. 우선 전문을 제시하면 다음과 같다.

前面

⑫	⑪	⑩	⑨	⑧	⑦	⑥	⑤	④	③	②	①	
		死	得	爲	支	夲	喙	王	癸	麻	斯	1
	教	後	之	證	此	彼	尒	斯	未	村	羅	2
此	耳	△	教	尒	七	頭	夫	德	年	節	喙	3
二	別	其	耳	耶	王	腹	智	智	九	居	斯	4
人	教	弟	別	財	等	智	壹	阿	月	利	夫	5
後	末	兒	教	物	共	干	干	干	廿	爲	智	6
莫	鄒	斯	節	盡	論	支	支	支	五	證	王	7
更	斯	奴	居	教	教	斯	只	子	日	尒	乃	8
導	申	得	利	令	用	彼	心	宿	沙	令	智	9
此	支	此	若	節	前	暮	智	智	喙	耳	王	10
財		財	先	居	世	斯	居	居	至	得	此	11
			利	利	二	智	伐	伐	都	二	二	12
					王	干	干	干	盧	教	王	13
					教	支	支	支	葛	耳	教	14
									文		用	15
											珎	16
											而	17

---

1) 441년설의 주창자는 다음과 같다.
　강종훈, 「포항중성리신라비의 성격과 내용」『한국고대사연구』56, 2009.
　노중국,「포항 중성리비를 통해 본 마립간시기 신라의 분쟁처리 절차와 6부체제 운영」『한국고대사연구』58, 2010.
　김수태, 「포항 중성리비신라비에 보이는 신라의 지방통치」『목간과 문자』8, 2011, 65쪽.
　김창호, 「포항 중성리 신라비의 재검토」『신라사학보』29, 2013, 628쪽.

⑤	④	③	②	①	
故	了	今	支	村	1
記	事	智	須	主	2
		此	支	臾	3
		二	壹	支	4
		人		干	5
		世			6
		中			7

(上面)

⑦	⑥	⑤	④	③	②	①	
事	蘇	喙	你	智	典	若	1
煞	那	沙	喙	奈	事	更	2
牛	支	夫	耽	麻	人	導	3
抜	此	那	須	到	沙	者	4
語	七	斯	道	盧	喙	教	5
故	人	利	使	弗	壹	其	6
記	跛	沙	心	須	夫	重	7
△	喙	呰	仇			罪	8
	所	公				耳	9
	白						10
	了						11

(後面)

냉수리비의 건립 연대를 전면 제①행의 斯夫智王을 實聖王으로 보고, 乃智王을 『삼국유사』, 왕력에 나오는 訥祗麻立干 一云內只王과 연결시켜서 訥祗王으로 보았다. 沙喙(部)至都盧葛文王을 『삼국사기』와 『삼국유사』에 모두 智度路라고 기술된 점에 의해 智證王으로 보고 있다. 내지왕과 지도로갈문왕을 각각 눌지왕과 지증왕으로 볼 때에는 비문 제③행의 癸未年은 443년과 503년으로 한정된다.

계미년을 443년으로 볼 때에는 비문 자체에 아무런 문제가 없는지 조사해 보자. 전면 제⑦행의 前世二王에서 前世란 앞의 세상 곧 죽은 사람의 세상을 가리킨다. 비문의 前世二王이 죽은 두 왕인 사부지왕과 내지왕을 가리키는 바, 443년 당시에는 『삼국사기』와 『삼국유사』에 따르면, 내지왕=눌지왕(재위 417~458년)이 생존해 있어서 문제이다. 그러나 前世가 지난해를 가리키기도 한다.2) 이렇게 되면 비의 건립 연대를 443년으로 보아도 된다.

---

2) 문경현, 「迎日冷水里新羅碑에 보이는 部의 性格과 政治運營問題」, 『한국고대사연구』3, 1990, 148쪽.

첫째로 냉수리비의 沙喙至都盧葛文王과 문헌의 智度路王을 동일인으로 본 것은 음상사이외의 다른 증거는 없다는 점이다.[3] 가령 신라 진흥왕 시대에 진흥왕의 이름인 深麥夫와 같은 인명인 心麥夫라는 인명이 창녕비에 甘文軍主로 등장하고 있다. 이름이 같음에도 불구하고 감문군주는 진흥왕과 동일인이 아니다.

둘째로 신라 중고 왕실의 소속부는 탁부이다. 냉수리비의 사부지왕(실성왕), 내지왕(눌지왕)은 탁부 소속이다. 봉평비의 喙部牟卽智寐錦王

---

3) 이름이 같으나 동일인이 아닌 경우는 많다.
　　今西龍,《新羅史硏究》, 1933, 431쪽과 三池賢一,〈新羅官位制度(上)〉《法政史學》22, 1970, 18쪽. 등에서 창녕비(561년)의 碑利城軍主喙福登智沙尺干과 황초령비(568년)의 喙部服冬知大阿干을 동일인으로 보았고, 창녕비(561년)의 春夫智大奈末과《삼국사기》,권4, 신라본기4, 진흥왕26년(566년)조의 阿飡春賦를 동일인으로 보았다. 창녕비(561년)와 황초령비(568년)에서 居柒夫는 一尺干(伊干)으로 동일한 관등이고, 另力智는 두 비에서 迊干으로 동일한 관등이다. 창녕비의 복등지 사척간(8관등)에서 황초령비의 복동지 대아간(5관등)으로 3관등 올라서 거칠부와 무력의 예로 볼 때, 동일인이 아니다. 춘부도 561년 대내마(10관등)에서 566년 아찬(6관등)으로 5년만에 4관등이나 올라서 동일인이 아니다.(김창호,『삼국 시대 금석문 연구』, 2009, 233쪽.)
　　냉수리비(443년)의 沙喙壹夫智奈麻와 봉평비(524년)의 喙部一夫智太奈麻에서 그 출신부가 다르고, 81년 동안 1관등밖에 진급하지 않아서 동일인이 아니다. 냉수리비(443년)의 尒夫智壹干支와 추명(539년)의 尒夫知居伐干支에서 96년만에 2관등밖에 차이가 없어서 동일인이 아니다.(김창호,『고신라 금석문의 연구』, 2007, 137~138쪽.)
　　중성리비(441년)의 沙喙斯德智阿干支와 냉수리비(443년)의 沙喙斯德智阿干支를 동일인으로 보고 있으나, (이우태,〈포항 중성리신라비의 내용과 건립연대〉《포항중성리신라비 발견기념학술심포지엄》, 2009, 84쪽.) 냉수리비 인명의 斯자는 조판의 편의상 쓴 것이고, 냉수리비에서만 나오는 신라 조자이므로 양자는 동일인으로 볼 수가 없다.
　　沙喙至都盧葛文王은 智度老王은 앞에서 제기한 예에서와 같이 인명만 음상사로 동일인으로 보이지만 실제로는 동일인이 아니다.

(법흥왕)도 탁부 소속이다. 사탁부 소속의 왕이 나온 금석문이나 목간 등 문자 자료는 단 한 예도 없다.

셋째로 사탁부지도로갈문왕이 지증왕이면, 사탁부도 왕족이 되어 중고 왕실의 소속부가 문헌에서 왕족의 소속부인 탁부와 사탁부가 모두 왕족이 되는 점이다.

넷째로 문헌에서 갈문왕으로 나온 적이 없는 지증왕을 갈문왕으로 해석한 점이다.

다섯째로 지증왕이 즉위 3년이 되어도 매금왕이 되지 못하고, 갈문왕에 머물고 있으면서 국왕 역할을 했다고 해석한 점이다.

여섯째로 갈문왕이라고 불리다가 왕위에 오른 예가 신라에는 단 1예도 없는 점이다.

일곱째로 냉수리비의 주인공인 절거리가 실성왕 때부터 지증왕 때까지(402~503년) 생존해 있었고, 그가 처음으로 402년에 敎를 받았다면 503년 당시의 나이는 131세나 되는 점이다. 杜甫의 시에 人間七十古來稀라는 구절이 나오는데, 의학이 발달되지 않았던 5세기에 있어서 131세는 너무도 나이가 많다.

여덟째로 신라 금관총의 3루환두대도에서 늦어도 458년이란 절대 연대로 해석되는 尒斯智王(너사지왕 곧 넛지왕=눌지왕)이란[4] 확실한 왕명이 나와서 냉수리비의 연대를 443년으로 올려다보아도 되는 점이다.

아홉째로 만약에 사탁(부)지도로갈문왕과 지증왕이 동일인이면, 지증왕은 사탁부 출신이므로 김씨가 아닌 다른 성을 가지게 된다. 곧 지증왕의 아들인 법흥왕은 봉평비에 喙部牟卽智寐錦王으로 나와서 김씨가 되지만 아버지인 지증왕은 사탁부 소속이므로 김씨가 아닌 다른 성을 갖

---

4) 김창호, 「신라 금관총의 尒斯智王과 적석목과교의 편년」『신라사학보』32, 2014.

게 되는 점이다. 부자 사이에 성이 다르게 된 예는 사탁(부)지도로갈문
왕을 지증왕으로 잘못 보았기 때문이다.

열째로『삼국사기』권44, 열전4, 이사부전에 異斯夫 或云 苔宗 奈勿王
四世孫이라고 했는데, 적성비에 大衆等喙部伊史夫智伊干支라고 나오고
있고,『삼국사기』권44, 열전4, 거칠부전에 居柒夫 或云 荒宗 奈勿王五世
孫이라고 했는데, 마운령비에 太等喙部居柒夫智伊干으로 나와서 신라
중고 왕실의 성은 문헌의 통설대로 김씨이고, 그 소속부는 탁부임을 알
수 있다.『삼국사기』권4, 신라본기4, 지증마립간 즉위조에 지증마립간이
奈勿王之曾孫(三世孫)으로 되어 있어서 지증왕도 탁부 소속으로 그 성이
김씨임을 알 수 있는 점이다.

열한째로 사탁(부)지도로갈문왕과 지증왕을 동일인으로 보지 않으면,
443년에 지증왕이 7세가 되는 문제점이 완벽하게 해결될 수 있는 점이다.

열두째로 阿干支, 居伐干支, 壹干支, 干支, 奈麻가 나오고 있을 뿐이고,[5]
大舍, 小舍, 吉士, 大烏, 小烏, 造位 등의 4두품에 해당되는 관등명이 만들어
지지 않았다고 판단된다. 이는 5세기 금석문의 특징으로 6세기 전반 금석문
인 봉평비와 적성비에서는 이들 관등명이 나오고 있는 점과는 대조적이다.

열세번째로 냉수리비를 503년으로 보게 되면 외위는 경위와 미분화된
干支뿐이다. 21년 뒤인 524년에 작성된 봉평비에서는 下干支, 一伐, 一尺,
彼日, 阿尺이 나와서 외위가 거의 완성되었음을 알 수가 있다. 외위의 발
전이 너무 속도가 빠르다.

---

5) 중성리비와 냉수리비에서는 6두품과 5두품에 해당되는 관등만 나올 뿐, 진골과
4두품에 해당되는 관등은 나오지 않고 있다. 이것이 진골과 4두품이 형성되지 아
니한 데에 그 이유가 있다면 1~3두품도 원래는 존재했다는 추정은 성립될 수
가 없다. 그러면 적석목곽묘를 통한 골품제의 복원은 어렵다. 왜냐하면 진골과 4
두품은 아직까지 5세기 중엽까지 없었기 때문이다.

열네번째로 사탁부지도로갈문왕이 지중마립간이면 斯夫智王(實聖麻立干), 乃智王(訥祇麻立干)처럼 至都盧王이라고 불리지 않았는 점이다.

이상과 같은 14가지 이유에서 癸未年을 503년이 아닌 443년으로 추정하는 바이다. 그리고 중성리비는 441년으로 보아야 한다. 설명의 편의를 위해 중성리비의 인명 분석표를 제시하면 다음의 <표 1>과 같다.

<표 1> 중성리비의 인명 분석표

직 명	출 신 지 명	인 명	관 등 명
	(喙部)	折盧(智)	王
	喙部	習智	阿干支
	沙喙	斯德智	阿干支
	沙喙	尒抽智	奈麻
	喙部	牟智	奈麻
夲牟子	喙	沙利	
위와 같음	위와 같음	夷斯利	
白爭人	喙	評公斯弥	
위와 같음	沙喙	夷須	
위와 같음	위와 같음	牟旦伐	
위와 같음	喙	斯利	壹伐
위와 같음	위와 같음	皮末智	
위와 같음	夲波	喙柴	干支
위와 같음	위와 같음	弗乃	壹伐
위와 같음	위와 같음	金評△	干支
使人		祭智	壹伐
奈蘇毒只道使	喙	念牟智	
	沙喙	鄒須智	
	위와 같음	世令	
	위와 같음	干居伐	
	위와 같음	壹斯利	
	蘇豆古利村	仇鄒列支	干支
	위와 같음	沸竹休	
	위와 같음	壹金知	
	那音支村	卜步	干支
	위와 같음	走斤壹金知	
	위와 같음	珎伐壹昔	

직 명	출신지명	인 명	관 등 명
		豆智	沙干支
		日夫智	
	(沙喙)	牟旦伐	
	喙	作民	沙干支
使人		卑西牟利	
典書		與牟豆	
	沙喙	心刀哩	

중성리비의 인명 표기는 거의 적성비식 수준으로 되어 있어서 인명
표기가 발달되었음을 알 수 있다. 441년이 인명 표기의 시작이 아니다.
인명 표기의 시작이 언제인지가 궁금하다. 이에 관한 금석문 자료가
2개 있다. 첫째는 금관총 출토의 尒斯智王이란 명문이다. 이 명문은 훈
독으로 읽으면 너사지왕이 되고, 반절로 넛지왕이 되고, 이는 내물왕, 실
성왕, 눌지왕, 자비왕, 비처왕(소지왕), 지증왕의 6명 마립간 가운데 눌지
왕과 동일하게 되고, 금관총의 연대를 458년이 된다. 금관총이 458년의
눌지왕의 무덤으로 보면, 98호남분의 주인공은 실성왕은 살해를 당하고
죽어서 후장이 불가능하고, 남분의 주인공은 奈勿王(356~402년)의 무덤
이 된다. 그러면 98호북분의 연대는 5세기 1/4분기가 된다. 북분에서 夫
人帶명 명문이 나와서 5세기 1/4분기에는 한자 사용이 보편화되었음을
알 수 있다. 458년 이전에 훈독과 반절을 사용했고, 5세기 1/4분기에 한자
사용의 보편화에서 볼 때,[6] 신라 금석문의 부명 사용은 4세기까지 소급
할 수가 있을 것이다. 둘째는 太祖星漢王이 미추왕(262~284년)이므로[7]

---

6) 525년 울주 천전리서석 원명에 居知尸奚夫人과 阿兮牟弘夫人이 나오고 있으
며, 5세기 1/4분기에는 夫人이 보편화되어 98호 북분에서 銙帶 端金具에 夫人
帶라고 나오고 있다. 4세기에는 居知尸奚夫人과 阿兮牟弘夫人과 같은 인명이
사용되었을 것이다. 그래야 5세기 1/4분기에 夫人帶가 나올 수가 있다.
7) 김창호, 「新羅 太祖星漢의 재검토」『삼국시대 금석문 연구』, 2009.

이때에는 南堂에서 정무를 보았고, 미추왕의 무덤을『삼국유사』와『삼국사기』에 大陵, 竹長陵, 竹現陵 등으로 부르고 있어서 적석목곽묘를 사용했을 것으로 판단되며, 소승불교 전래 전설이 있고, 3세기 후반에 금석문의 사용이 시작되었고, 부명이 사용되었을 가능성도 있다.

III. 부명의 소멸 시기

7세기 신라 금석문의 인명 표기에 대해서는 部名의 소멸 시기가 문제가 되고 있다.『삼국사기』, 문무왕21년조의 遺詔曰～律令格式有不便者卽便改張이란 구절에 근거해 부명의 소멸 시기를 잡는 견해가 있다.[8]
신라에 있어서 7세기 금석문 자료중 인명에 관한 것이 많지 않기 때문에 이 문제의 가부를 따지기는 어렵다. 7세기인 603년의 울주 천전리서석 계해명이 있다. 이의 전문을 제시하면 다음과 같다.

④	③	②	①	
行	婦	沙	癸	1
時	非	喙	亥	2
書	德	路	年	3
	刀	凌	二	4
	遊	智	月	5
		小	六	6
		舍	日	7

8) 이문기,「금석문자료를 통하여 본 신라의 6부」,『역사교육논집』2, 1981, 108～109쪽.이문기,「신라 중고기 군사조직 연구」,경북대학교 대학원 사학과 박사학위논문, 1991, 132쪽.
고신라 병제는 고고학적인 접근도 필요한 바, 이에 대해서는 김창호,「북한산비에 보이는 갑병 문제」『문화재』25, 1992 참조.

　　이 명문은 543년으로 보기도 하나⁹⁾ 小舍에 帝智, 弟 등이 붙지 않아서
603년이다.¹⁰⁾ 이는 癸亥年(603년) 2월 6일에 사탁부 路凌智小舍의 婦인
非德刀가 놀러갈 때에 썼다가 된다. 이 명문으로 인해서 603년까지는 인
명 표기에 부명이 있었다고 보아도 좋다. 그러면 인명 표기에서 부명은
언제 사라진 것일까? 부명의 소멸 시기에 대한 접근 방법으로 지금 경주
시 서악동에 남아 있는 太宗武烈大王陵碑에 주목하고자 한다. 신라 인명
표기는 661년 태종무열왕비부터 크게 바뀐다.¹¹⁾ 그것을 알 수 있는 자료
로 문무왕릉비를 들 수가 있다. 태종무열왕비와 꼭 같은 인명 표기로 짐
작되는 682년 7월 25일에 건립된 문무왕릉비에는¹²⁾ 비문을 지은 사람(奉
敎撰)은 及湌¹³⁾國學少卿臣金△△이고, 쓴 사람(奉 敎書?)한 사람은 大舍
臣韓訥儒이다.¹⁴⁾ 찬자의 이름은 망실되어 알 수 없다. 이 비에는 관등명
+(직명)+臣+姓名이 온다.¹⁵⁾ 이 인명 표기의 특징은 출신지명이 없다는
점과 金△△의 金이나 韓訥儒의 韓처럼 중국식 姓이 인명에 나타나는
점이고, 지금까지 보아온 직명+출신지명+인명+관등명의 인명 표기와는
다르게 중국식으로 표기하고 있다.

---

9) 국사편찬위원회 한국사데이터베이스의 울주 천전리서석 계해명조 참조.
10) 武田幸男,「金石文からみた新羅官位制」『江上波夫敎授古稀記念論集』, 歷
　　史篇, 1977.
11) 태종무열왕릉비에는 귀부와 이수가 남아 있어서 비문에 나오는 인명 표기는 문무
　　왕릉비의 인명과 꼭 같다고 판단된다.
12) 김창호,「문무왕릉비에 보이는 신라인의 조상인식-태조성한의 첨보-」『한국사연구』
　　53, 1986.
13) 조판 때문에 湌자로 쓴 湌자는 삼수 변(氵)이 아니고 부서진 뼈 알 변(歹)이다.
14) 奉 敎書의 敎書는 복원해 넣은 것이다.
15) 金△△의 金과 韓訥儒의 韓은 성으로 보인다. 신라의 姓은 661년경에 생긴 것
　　으로 해석해도 좋을 것이다. 중국 사서에 나타나기는 眞興王을 金眞興(『北齊書』
　　에 처음으로 나오고 있다.)이라고 부르는 것이 최초라고 한다.

  그러면 인명 표기에서 부명은 언제 사라진 것일까? 신라 금석문에서
부명이 사라진 예로 673년의 계유명아미타삼존불비상이 있다. 이의 인
명을 분석해 도시하면 <표 2>와 같다.

〈표 2〉 계유명삼존불비상의 인명 분석표

비면의 표시	인명	관등명	비고
向左側面	△△	彌△次	及伐車(及干)?
	△△正	乃末	
	牟氏毛	△△	乃末로 복원
	身次	達率	백제 관등명
	日△	△	大舍로[16] 복원
	眞武	大舍	
	木△	大舍	
背面	与次	乃末	
	三久知	乃末	
	豆兎	大舍	
	△△	△	大舍로 복원
	△△	△△	△師로 복원
	△△	大舍	
	夫△	大舍	
	上△	△	大舍로 복원
	△△	△	大舍로 복원
	△△	△師	
	△△	大舍	
	△△	大舍	
	△力	△	大舍로 복원
	△久	大舍	
	△惠	信師	
	△夫	乃末	
	林許	乃末	
	惠明	法師	
	△△	道師	
	普△	△△	△師로 복원
向右側面	△△	△	大舍로 복원
	△△	大舍	
	使三	大舍	

비면의 표시	인명	관등명	비고
正面	道作公		公이 관등명류?
	△氏	△△	인명인지 여부?
	述況	△△	인명인지 여부?

　계유명아미타삼존불비상에 대해 미술사적인 접근을 통해 673년임이 밝혀졌다. <표 2>에 나오는 인명 표기를 통해 검토해 보자. 癸酉年을 1갑자 올려서 613년으로 볼려고 하면 그 당시 정치적 상황으로는 達率이란 백제의 관등명과 乃末·大舍 등의 신라 관등명이 같은 비문에 공존할 수가 없다. 癸酉年을 한 갑자 내려서 733년으로 보면 達率이란 백제 관등명을 지닌 사람의 나이가 백제 멸망 당시인 660년에 30살이라고 가정해도 733년에는 103살이 되어 성립하기 어렵다.[17] 따라서 癸酉年은 673년일 수 밖에 없다.

　<표 2>에 나타난 인명 표기에 대해 살펴보기로 하자. 먼저 눈에 쉽게 띄는 것으로 達率身次란 인명 표기이다. 이는 達率이란 백제 관등명과 신차란 인명이 모인 인명 표기이다. 관등명+인명의 순서는 신라 중고 금석문의 인명 표기 방식인 인명+관등명과 차이가 있다. 達率身次란 인명 표기는 백제 금석문의 인명 표기 방식을 알 수 있는 자료이다. 곧 백제 금석문의 인명 표기 방식이 직명+출신지명+관등명+인명의 순서로 기재됨을 알려주는 유일한 자료이다.[18]

---

16) 원래는 大舍의 합자로 한 글자이나 조판상 어려움 때문에 大舍로 적었다. 이하 大舍는 모두 같다.

17) 김창호, 「계유명아미타삼존불비상의 명문」 『신라문화』8, 1991, 140쪽.

18) 백제의 금석문 인명 표기 방식은 고구려와 같음을 알 수 있다. 또 지금은 임혜경, 「미륵사지 출토 백제 문자자료」 『목간과 문자』13, 2014에만 해도 금제소형판에 中部德率支受施金壹兩의 中部(출신부명) 德率(관등명) 支受(인명), 청동합에 上部達率目近의 上部(출신부명) 達率(관등명) 目近(인명) 등이 있어서 백제 금

다음으로 <표 2>에 나오는 대부분의 인명은 인명+관등명의 순서로 기재되어 있고, 직명과 출신지명은 없다. <표 2>의 자료는 인명 표기가 기록된 한두 명의 예가 아니고, 30명 가량이나 나오는 인명 표기에도 불구하고 출신지명인 부명이 나오는 예는 단 1예도 없다. 물론 <표 2>의 인명들은 원래는 백제인들이었으나 673년에 신라에서 백제인에게 준 신라에서 관등명 백제인에게 준 신라 관등명을 갖고 있다. 곧 『삼국사기』권 40, 잡지, 職官下에 百濟人位 文武王十三年(673년) 以百濟來人授內外官 其位次視在本國官銜 京官 大奈麻本達率 奈麻本恩率 大舍本德率～이란 구절에서 그러한 사실을 알 수 있다. 673년에 백제인들에게 신라의 경위를 줄 때에 이미 喙部·沙喙部 등의 부명을 사용하지는 않았을 것이다. 그렇게 된 경우인 탁부와 사탁부를 사용한 경우에는 계유명아미타삼존불비상의 조상 자체가 백제 故地에서 이루어지지 않았을 것이다. 만약에 부명이 인명 표기에 포함되었을 경우에는 신라의 수도였던 경주에서 조상이 이루어졌을 것이다. 계유명아미타삼존불비상은 백제 고지인 연기 지방에서 백제의 유민 기술자에 의해 만들어졌다. 이 비문에 적힌 인명들은 대부분 백제 유민들나 신라식 관등명을 갖고 있다. 이와 꼭 같은 예를 癸酉銘三尊千佛碑像에 의해서도 찾을 수 있는 바, 이의 인명을 분석해 제시하면 다음의 <표 3>과 같다.

〈표 3〉癸酉銘三尊千佛碑像의 인명 분석표

人名	職名
△弥次	乃末
牟氏	大舍
△生	大舍
△仁次	大舍

석문의 인명 표기가 직명+출신부명+관등명+인명의 순서임을 쉽게 알 수가 있다.

人名	職名
△宣	大舍
贊不	大舍
貳使	大舍
△△△	大舍
△非	(大舍)

<표 2>와 <표 3>에 나타난 인명들은 673년에 작성된 백제 유민들이 신라에서 받은 신라의 관등명이 대부분이다. 이 시기에 있어서의 신라 왕경인 출신의 인명에도 부명이 없는 예를 제시하면 다음과 같다.

上元二年乙亥三月卄日加貝谷巳世大阿干 ～ (675년, 울주 천전리서석 상원2년명)

巳世大阿干의 부분이[19] 인명 표기이지만 인명과 관등명만이 나오고 있고, 직명과 부명은 없다. <표 2>와 <표 3> 그리고 상원2년명의 인명 표기에서 부명이 사라진 이유는 무엇일까? 7세기 전반 금석문은 울주 천전리서석 癸亥銘의 603년밖에 없어서 뚜렷한 결론을 내릴 수 없지만 지금 우리가 가지고 있는 자료를 가지고 그 이유를 추론해 보기로 하자. 7세기 후반에 있어서 신라 금석문의 인명 표기는 출신지명(부명)이 생략되는 등 상당한 변화가 불가피했다. 곧 660년 백제 멸망과 668년 고구려 멸망 때, 고구려와 백제의 유민들에게 경위를 주었지만 6부명을 기록하지는 않았을 것이다. 이러한 상황속에서 무열왕릉비문의 작성시에도 인명 표기 자체가 중국식으로까지 바뀌는 큰 변화가 있었다고 추정된다. 673년에 작성된 계유명아미타삼존불비상과 계유명삼존천불비상의 명문

---

19) 이 부분에 대한 다른 판독도 한국고대사회연구소, 『역주 한국고대금석문』(Ⅱ), 1992, 169쪽에 있다.

에 나타난 인명 표기에서 그 뚜렷한 증거를 잡을 수 있다. 이들 명문에서 신라 경위를 소유한 사람들은 원래 백제 멸망 후 신라의 지배하에 놓이는 과정에서 신라의 경위(관등)를 수여받은 백제의 유민들이라 한다.[20] 673년경부터 백제나 고구려의 유민들에게도 외위가 아닌 경위를 주었다. 신라의 경위를 받은 이들 백제계 유민들의 인명 표기에 신라의 6부명을 기록할 수가 없었고, 백제의 부명을 적을 수도 없었다. 고구려의 경우도 마찬가지였을 것이다. 그래서 유민들의 인명 표기에는 출신부명이 생략되었다. 나아가서 신라인들도 인명 표기에 부명을 기록하지 않았다고 판단되는 바, 울주 천전리서석 上元2년(675년)명의 巳世大阿干이 그 좋은 예이다. 巳世는 大阿干이란 관등명에서 보면 신라의 진골 출신이다. 탁부나 사탁부 출신으로 짐작되지만 부명은 기록하지 않고 있다. 調露二年漢只伐部君若小舍～三月三日作康(?)~[개행]에서[21] 조로2년(680년)에 한지벌부란 부명이 나오기도 한다. 이는 주류는 아닐 것이고, 661년경 태종무열왕비문이 작성되면서 부명이 없어지는 등 인명 표기에 커다란 변화가 있었다.

IV. 부명과 골품제

골품제가 성골, 진골, 6두품, 5두품, 4두품까지만 있고, 1~3두품은 없다. 그래서 골품제의 형성 초기에는 3두품, 2두품, 1두품도 있다고 보았

---

20) 진홍섭, 「계유명아미타삼존불비상에 대하여」『역사학보』17·18, 1962 103~105쪽.
21) 調露2년(680년) 漢只伐部의 君若 小舍가 (감독했고,) 三月三日에 作康(?)이 만들었다로 해석된다.

다. 그런데 중성리비(441년)와 냉수리비(443년)에서는 진골과 4두품에 해당되는 관등도 없어서 문제가 된다.[22] 바꾸어 말하면 5세기 중엽까지는 3두품, 2두품, 1두품이 없었다는 이야기가 된다. 더구나 낭혜화상비 득난조에는 國有五品이라고 해서 五品을 성이, 진골, 득난(6두품), 5두품, 4두품만 언급하고 있을 뿐, 3두품·2두품·1두품에 대해서는 언급이 없다. 따라서 1두품·2두품·3두품은 본래부터 있다가 없어진 것이 아니고 본래부터 없었다고 사료된다.

골품제와 관등제와의 관계는 성골은 왕족으로 17관등을 초월하여 어느 관등에도 오르는 것이 가능하지만 아직까지 성골이 관등에 진출했다는 증거는 없다. 진골만이 할 수 있는 관등은 이벌찬(1관등), 이찬(2관등), 잡찬(3관등), 파진찬(4관등), 대아찬(5관등)까지이고, 진골과 6두품이 할 수 있는 관등은 아찬(6관등), 일길찬(7관등), 사찬(8관등), 급벌찬(9관등)까지이고, 진골과 6두품과 5두품이 할 수 있는 관등은 대나마(10관등), 나마(11관등)이고, 진골과 6두품과 5두품과 4두품이 할 수 있는 관등은 대사(12관등), 사지(13관등), 길사(14관등), 대오(15관등), 소오(16관등), 조위(17관등)이다.

聖骨에 대해서는 실재설 보다는 추존설이 유력하였다.[23] 聖骨은 성골이라고 표기하지 않고, 聖而라고 표기하고 있다. 그 뒤에 알려진 535년에 작성된 울주 천전리서석 을묘명에 乙卯年八月四日聖法興太王節이란 구절이 나온다. 이 聖을 聖而와 같은 것으로 본 가설이 있다.[24] 그렇다

---

22) 중성리비(441년), 냉수리비(443년)에는 軍主가 등장하지 않고, 봉평비(524년), 적성비(545년이나 그 직전), 창녕비(561년), 북한산비(561~568년), 마운령비(568년), 황초령비(568년)의 6세기 비에는 반드시 군주가 등장하고 있다. 그래서 냉수리비를 503년으로 보면, 군주의 유무가 21년밖에 차이가 없어서 문제가 된다.

23) 武田幸男, 「新羅の骨品體制社會」『歷史學研究』299, 1965.

24) 이종욱, 「신라 중고 시대의 성골」『진단학보』59, 1980.

면 성골의 실존설을 무시할 수 없게 되었다. 이러한 聖자는 7세기 전반
에[25] 조성된 선도산아미타삼존불상의 관세음보살상의[26] 등에도 있다.[27]
따라서 聖=聖而일 가능성이 있어서 성골이 실재했던 것으로 보아야 할
것이다. 성골은[28] 『삼국유사』,왕력에 따르면, 法興王, 眞興王, 眞智王, 眞
平王, 善德女王, 眞德女王의 6왕뿐이다.

중성리비(441년)와 냉수리비(443년)에서는 一伐干(1), 伊干(2), 迊干(3),
波珍干(3), 大阿干(4)에 해당되는 진골 관등과 大舍(12), 舍知(13), 吉士
(14), 大鳥(15), 小鳥(16), 造位(17)에 해당되는 4두품 관등이 나오지 않고
있다. 진골과 4두품에 해당되는 관등명이 없어서인지 아니면 관등명은
있었는데 임용할만한 사람이 없어서인지 잘 알 수가 없다. 6두품과 5두
품에 해당되는 관등명이 중성리비와 냉수리비에서는 모두 나오고 있는
것으로 보아서 전자를 취해 중성리비와 냉수리비 단계에서는 아직까지
진골이나 4두품에 해당되는 관등은 없었다고 본다.

신라 6부에는 왕족인 탁부, 왕비족인 사탁부, 제3세력인 본피부가[29]

---

25) 국립경주박물관, 『신라와전』,2000, 117쪽의 연화문숫막새 참조. 연판의 가운데에
   줄을 넣어서 2분한 연화문숫막새의 편년은 7세기 전반이다.
26) 관세음보살상의 聖자가 성골을 가리킨다면 신라에서 성골 왕이 끝나는 654년이
   선도산마애아미타삼존불상의 하한이다. 따라서 선도산삼존불상의 편년은 聖자에
   의해 7세기 전반으로 볼 수가 있다.
27) 김창호, 「경주 불상 2예에 대한 이설」 『한국 고대 불교고고학의 연구』, 2007, 333쪽.
28) 성골에는 탁부와 사탁부의 지배자가 모두 성골이었는데, 사탁부인 왕비족 쪽에서
   먼저 대가 끊어져 성골이 없어진 것으로 본다.
29) 본피부의 위치는 새로 설정해야 된다. 고신라 금석문에서 인명표기가 10여명이
   나와서 탁부와 사탁부의 다음을 차지하고 있다. 그래서 탁부와 사탁부의 무덤이
   있던 곳은 황오리, 황남동, 로서리, 로동리 등의 읍남고분군이고, 본피부의 무덤
   은 건천 모량리에 있는 적석목곽묘라고 생각된다. 종래에는 모량리라는 지명과
   모량부가 왕비족으로 보아서 모량부의 무덤으로 보아 왔다. 모량리는 왕비족도

있고, 그 보다 세력이 약한 부로 모탁부, 한지부,[30) 습비부가 있었다. 종래 학계에서는 중고 왕실하면 탁부를 왕족, 모탁부를 왕비족으로 보아왔다. 이는 잘못된 것으로 고신라 국가 차원의 금석문에 나오는 인명표기의 숫자에 모탁부는 단 1명도 없다. 따라서 고신라의 중고 시대 왕비족은 모탁부가 아닌 사탁부이다. 최근에는 왕족을 탁부와 사탁부로 보기도 하나 이는 잘못된 것으로 왕족은 탁부밖에 없고, 왕비족도 사탁부밖에 없다.

신라에 있어서 골품제와 6부와의 관계는 다음과 같다. 왕족인 탁부와 왕비족인 사탁부에는 성골이 있고, 탁부와 사탁부에는 진골도 있다. 탁부, 사탁부, 본피부에는 6두품이 있고, 탁부, 사탁부, 본피부, 모탁부, 한지부, 습비부에는 5두품이 있고, 탁부, 사탁부, 본피부, 모탁부, 한지부, 습비부에는 4두품이 있고, 탁부, 사탁부, 본피부, 모탁부, 한지부, 습비부에는 평민이 있고, 탁부, 사탁부, 본피부, 모탁부, 한지부, 습비부에는 노예가 각각 있었다. 금석문에 나오는 관등명과 낭혜화상비 득난조에 의거할 때 탁부와 사탁부는 부족장이 성골, 진골, 본피부는 그 부족장이 6두품, 모탁부, 습비부, 한지부는 그 부족장은 5두품으로 6두품도 아니라고 판단된다.

아니라서 모량리의 무덤의 주인공이 될 수가 없고 본피부의 무덤으로 판단된다.
30) 다경기와요에서는 漢只명 또는 漢명 기와가 나오고 있다. 이러한 망성리의 習部명 등의 기와 명문과 함께 월지와 동궁의 기와로 사용되었는데 그 숫자는 각 부의 전체 기와가 1/100 정도밖에 되지 못한다. 그래서 그 사용처가 100장 또는 200장의 기와를 나타내는데 사용했을 것이다.

V. 맺음말

신라의 금석문에서 부명이 나타나는 것은 441년 중성리 부터이지만 이는 현존하는 자료이지만 적석목곽묘의 출현이나 부명 출현과 관련되는 太祖星漢王이 미추왕인 점에서 3세기 후반으로 보인다.

신라 금석문에 있어서 부명이 소멸된 것은 무덤에 귀부와 이수를 갖춘 능비를 세운 661년 태종무열왕릉비의 작성부터였다고 판단된다.

신라 금석문의 부명을 통해 볼 때, 왕족을 탁부와 사탁부로 보아 왔으나 탁부가 왕족이고, 사탁부는 왕비족이다. 본피부는 6두품이 가장 높고, 모탁부, 한지부, 습비부는 5두품이 가장 높다고 판단된다. 탁부와 사탁부만이 성골과 진골이 있고, 탁부, 사탁부, 본피부에는 6두품이 있고, 5두품과 4두품과 평민, 노예는 탁부, 사탁부 등 6부에 모두 있었다.

제2절 울진봉평염제비의 검토

Ⅰ. 머리말

1988년 4월에 처음으로 알려진 울진봉평염제비는[1] 5~6세기 신라사 복원에 중요한 1급 사료이다. 이 비문의 내용에 대해서는 여러 신문을 통해 失火와 관련된 축성·杖刑에 의한 율령적 성격 등으로 많은 견해가 제기되었다.[2] 봉평비에 있어서 먼저 해결되어야 할 과제는 비문의 정확한 判讀과 비의 건립 이유 등을 정확히 밝히는 것이다. 판독 문제에 있어서는 탁본에 근거한 견해들이 나왔으며, 비의 건립 이유 내지 성격 문제에 대해서도 뚜렷한 결론이 없는 것 같다.

비문의 내용에 대해서는 다음과 같은 견해들이 나와 있다. 첫째로 왕명을 받고 현지에 간 고위 관리들이 화재로 城을 태운 책임을 물어 관계자를 처벌한 사실과 건립 관계가 명단인 것 같다는 견해가 있다.[3] 비문에는 喙部牟卽智寐錦王이 나와서 법흥왕은 이 번 모임에 참가하고 있어서 성립될 수가 없다. 둘째로 임금의 築城(혹은 守城) 명령을 적어 놓은 教事碑로 법흥왕이 父王인 智證王의 공덕을 기리기 위해 세운 것이고, 축성의 부역은 고구려의 포로들이 맡았다는 견해가 있다.[4] 셋째로 관리

---

1) 비석의 정식 명칭은 아직까지 정해지지 않았으나 울진봉평염제비라 부르고 여기에서는 봉평비라 부르기로 한다.
2) 1988년4월15일부터 4월20일까지의 여러 신문 기사 참조.
3) 『중앙일보』, 1988년4월17일자14면.

들이 화재로 성을 태운 사건의 책임을 물어 현지 관계자들을 杖六十·杖百 등으로 처벌했다는 견해가 있다.[5] 넷째로 비문에 나오는 奴人法, 別教 令, 大教法, 杖 등을 관련지워 律令의 한 구성 부분이란 견해가 있다.[6] 다섯째로 杖六十·杖百 등의 杖刑과 제⑩행의 若此者 △罪之矢에 근거하 여 법흥왕5년(520년)에 반포된 律令의 증명 자료라고 하면서, 제④·⑤· ⑥행에는 居伐牟羅의 구체적인 罪過가 적혀 있다는 주장이 있다.[7]

위의 견해들은 비문의 정확한 판독이나 비문의 전체 내용 분석에 입 각한 의견이 아니고, 그저 비문을 단편적으로 끊어 읽어서 파악한 것이 라는 약점이 있다.

여기에서는 먼저 비의 발견 경위를 살펴보고, 다음으로 비문의 판독 을 하겠으며, 그 다음으로 설정을 살펴보고, 그 다음으로 인명의 분석을 시도하겠으며, 그 다음으로 명문의 해석을 하겠으며, 마지막으로 몇가지 주목되는 사실을 살펴보겠다.

II. 비의 발견 경위

慶北 蔚珍郡 竹邊面 鳳坪2里 118번지 논(朱斗源씨 소유)에서 오랫동안 큰 바위 덩어리가 일부 노출되어 있었다. 이 바위는 경작에 많은 불편을 초래하였으므로, 주씨는 늘 이를 제거하려고 생각해 왔으나 위낙 크고 무거워서 엄두도 못냈다고 한다.

---

4) 『매일신문』, 1988년4월16일자13면.
5) 『한국일보』, 1988년4월20일자15면.
6) 주보돈, 「울진 봉평비 발견의 의의」 『매일신문』,1988년4월20일자15면.
7) 이기백, 「千5百여 星霜버텨 온 울진 신라고비」 『경향신문』,1988년4월24일자.

1988년 1월 20일경 봉평2리의 봉평들 객토 작업을 실시하게 되었다. 이때에 동원된 포크레인으로 바위덩어리를 들어서 북으로 약 20m가량 되는 봉평천의 뚝에 방치하였다.8) 냇가에 버려진 바위덩어리는 미관상 좋지 않고, 교통·물의 배수 등에 방해가 되므로 3월 20일경에 북으로 직선거리 100m가량 떨어진 마을의 공동 놀이터인 마을 숲까지9) 포크레인으로 옮겼다.10) 이 시기를 전후하여 마을 사람들이 바위덩어리에 글씨가 새겨진 사실을 알게 되었다고 한다.11) 이 마을의 里長인 권대선이 중심이 되어, 마을의 노인들과 돌에 새겨진 글씨에 대해 상의해 보았으나 아무도 내용을 아는 사람이 없었다. 권이장은 죽변면의 총무계장 朴秀雄에게 바위에 글자가 새겨져 있다는 사실을 전화로 알렸다. 며칠이 지난 뒤 죽변면의 부면장 朴得洙 등이 현장을 다녀간 다음, 면에서는 다시 울진군 공보실에 보고하였다. 울진군 공보실에서는 관계 직원 3명을 보내어 현지 조사를 실시하였다. 이들은 '썩돌에 낫으로 낙서를 한 것 같다'고 하면서 비석의 촬영 등도 하지 않았다고 한다.12)

4월 8일 울진 거주의 향토사가인 百禪書藝院長 尹賢洙가 봉평에서 오래된 비석이 발견되었다는 소식을 듣고, 현지에 들러서 葛文王 등을 읽고서 비의 중요성을 인식하였다. 윤원장은 곧 울진군의 부군수 張學重에게 전화를 걸어서 비석의 가치를 강조하였다고 한다.13) 4월 9일에 부

---

8) 이때에 죽변면의 산업계장(田永重)이 입회하였다.

9) 이곳에는 조그마한 비가 서 있다. 제목은 '1980年代 記念 마을 숲'으로 되어 있고, 그 아래에 1986.4.30이라고 적혀 있다. 이 숲에 마을의 서낭당이 있다.

10) 權大善이장은 자기집의 정원석으로 사용하기 위해서 돌덩이를 옮겼다고 주장하고 있으나 현지의 도로 사정과 집의 위치로 보아 납득하기 어렵다.

11) 권대선이장은 자기가 정원석으로 사용하기 위해 바위를 옮길 때에 자신이 먼저 글자를 발견했다고 주장하고 있다.

12) 울진군 관광문화계장 李圭相의 증언.

군수의 지시로 尹賢洙·李圭相 등이 현지에 도착해서 탁본을 하는 등 정밀조사를 실시하였다. 이때에 麻察使·智智王으로 읽을 것인지 비의 서두에 있는 甲辰季正月十五日처럼 葛文王으로 읽을 것인지 등의 논란이 일어나 울진군의 관계 직원들도 비석의 중요성을 비로소 인정하게 되었던 것 같다. 이때에 군 공보실에서는 智智王 부분을 중심으로 경상북도 문화재과에 보고할 사진을 찍어 4월 11일에 비로소 발송하였다. 경상북도에서는 4월 12일에 관계 공문을 접수하였다. 이 공문에는 智智王·麻察使·部使人 등으로 비문을 읽고서, 新羅古碑를 발견한 사실을 기록하고 있다.[14]

이 무렵 대구 지방검찰청에 근무하고 있는 향토사가 金世權은 울진군의 주민으로부터 울진에 비석이 발견되었다는 소식을 듣고, 관계 당국에 들러서 비석의 사진을 보게 되었다. 적성비, 순흥의 己未銘墨書 등 신라의 吏讀에 관심을 갖고 있던 김씨는 사진을 통해 비석이 신라의 통일 이전임을 직감하게 되었다. 뒤이어 4월 13일 오전에 『每日新聞』등 언론 기관에 제보하였다. 4월 14일 『매일신문』의 朴珍鎔 기자 등이 현지에 도착하여 비석을 촬영하였고, 尹賢洙원장의 판독문을 구득하였다. 4월 15일 오전에 매일신문사에서는 계명대 교수 盧重國에 들어서 비석 자체가 신라 통일 이전이라는 확신을 갖게 되었다. 4월 15일 『每日新聞』夕刊에 '<획기적 史料> 新羅 古碑 출토'라는 제목하에 제1면 머리 기사로 보도하였다. 뒤이어 비의 발견 사실이 京鄕의 모든 신문을 통해 고대사 연구자들의 견해가 곁들여 널리 알려지게 되었다.

---

13) 윤현수원장의 증언.
14) 울진군과 경상북도 문화재과에서 필자 확인.

Ⅲ. 비문의 판독

비에 대한 최초의 판독은 書藝家 尹賢洙에 의해 시도되어『매일신문』에 공포되었다.[15] 4월 16일 현장에 도착한 대구의 한국고대사연구회 소속의 회원들도 판독 초고를 공개하였고, 16일 저녁 탁본을 통한 漢文學者 任昌淳의 판독문이 17일에 보도 자료로 공개되어 몇몇 신문에 개제되었다.

비석의 재질은 화강변성암으로 울진 일대에서는 흔히 보이는 돌이라 한다. 비석은 길이 205cm, 너비 35cm(글자가 있는 면), 글씨가 없는 좌측면, 우측면은 너비 65cm나 되었다. 비석은 자연석의 한 면만을 다듬어서 글씨를 쓸 수 있게 마련하였다. 대체로 사각형으로 된 돌기둥의 1면에만 글씨를 새기었다. 글씨체는 隷書에서 楷書로 옮겨가는 과정의 것으로, 중국 남북조 초기의 것과 일치한다. 글씨는 가로, 세로로 대체로 줄을 맞추어 쓰고 있으며, 모두 10행으로, 1행당 45자 전후로 모두 400자가량이다.

제①행은 33자이다. 3번째 글자인 牟은 고신라 금석문에서는 처음으로 나타난 예이다. 15번째에는 원래부터 비석 자체가 갈라져 있고, 글자는 없었다. 21번째 글자는 僕, 徒, 從, 徙 등으로 읽혀지고 있으나 徙의 이체가 분명하다. 30번째 글자 이하는 포크레인으로 비석을 옮길 때, 글자가 파실되었다. 그런데 5월 5일 한국고대연구회의 현지 조사시에 비편이 발견되어[16] 31·32번째 글자를 각각 夫·智로 읽을 수 있게 복원되었다. 33번째 글자도 비편에 글자의 흔적이 남아 있으나 마멸이 심해 글자 자체를 읽을 수 없었다. 34번째에도 원 비석 자체에 자흔이 있으나 글자의 판독이 불가능하다. 35번째 이하에는 원래부터 글자가 없었다.

---

15) 1988년 4월 15일자『매일신문』참조.
16) 1988년 5월 5일에 대구대학교의 학생들이 땅속에 묻혀 있는 것을 파내었다고 한다.

제②행은 42자이다. 6번째 글자는 異·美 등으로 읽어 왔으나 자형으로 보면 美자일 가능성이 크다. 7번째 글자는 斯·昕 등으로 읽어 왔으나 여기에서는 昕으로 읽는다. 16번째 글자는 射·粘·怗으로 읽어 왔으나 粘자이다. 23번째 글자는 光·先자로 읽어 왔으나 北周 賀屯植墓誌 등에 근거해 先자로 읽는다. 29번째 글자는 毒·羞 등으로 읽어 왔으나 毒자가 타당하다.

제③행은 모두 41자이다. 2번째 글자는 원래 비석 자체가 갈라져 있어서 글자가 없었다. 3번째 글자는 帝자로 읽혀지기도 하나 肉자의 이체이다.[17] 15번째 글자는 원래부터 글자가 없는 것으로 보아 왔으나 一자가 있는 것이 확실하다. 29번째 글자는 干·十 등으로 읽어 왔으나 十자로 읽는다.

제④행은 모두 42자이다. 3번째 글자는 대부분 令자로 읽어 왔다. 이 글자를 자세히 보면 남산신성비에 나오는 令자와 자형상의 차이가 있고, 정밀 사진에서 보면 오른쪽 하단부에 보이는 점은 비석 자체에서 원래부터 있었던 것으로 今자로 보인다. 15번째 글자는 雛자의 이체이다. 16번째에는 원래부터 비석 자체가 갈라져 있어서 글자가 없었다. 32번째 글자는 男·恩·界 등으로 읽어 왔으나 界자이다. 35번째 글자는 大·犬·火 등으로 읽혀질 수 있으나 火자로 읽는다. 42번째 글자는 若·右 등으로 읽혀질 수 있으나 若으로 읽는다. 43번째 글자는 右·有 등으로 읽고 있으나 여기에서는 자형에 따라 有자로 읽는다.

제⑤행은 모두 25자이다. 7번째 글자는 侮·備자로 읽고 있으나, 北魏 李淑眞墓誌·隋 尉富娜墓誌 등에 근거할 때, 備의 이체와 동일하다. 8번째 글자는 七·王·主 등으로 읽혀지기도 하나 비석 자체에서는 土자이

---

17) 고기 육자의 六朝體는 갓머리(宀)밑에 여섯 육(六)한 글자이다.

다. 9번째 글자는 鹽자이다. 14번째 글자는 貧·貪·負 등으로 읽어 왔으나 負자로 읽는다. 15번째 글자는 其자로 읽기도 하나 共자이다. 19번째 글자는 齊자 또는 餘자로 읽어 왔으나 후자가 타당하다. 20번째 글자는 尹·事 등으로 읽어 왔으나 事이다.

제⑥행은 모두 46자이다. 5번째 글자인 煞은 殺의 이체이다. 10번째 글자인 麥자의 이체이다. 31·39번째 글자는 邪자이다. 32·40번째 글자는 足자가 분명하다.

제⑦행은 모두 45자이다. 23번째 글자는 尼의 이체이다.[18] 29번째 글자는 直·宜 등으로 읽어 왔으나 자형에 따라 宜로 읽는다.

제⑧행은 모두 43자이다. 16번째 글자는 阿자이다. 17번째에는 비석 자체가 원래부터 갈라져 글자가 없었다. 25번째 글자는 翼·冀·翼 등으로 읽고 있으나 翼자이다.

제⑨행은 모두 40자이다. 16번째 글자는 言·善 등으로 읽어 왔으나 善자이다. 41번째부터는 원래부터 글자가 없었다.

제⑩행은 모두 42자이다. 1번째는 공란으로 비어 있다. 19번째 글자는 於자로 읽는다. 20번째 글자는 天·矢 등으로 읽고 있으나 天자로 읽는다. 21·22·23번째에는 원래부터 글자가 없었다. 41번째 글자는 年·千·卒·子·一千(두 글자의 합자) 등으로 읽고 있으나 모르는 글자로 본다.

⑩	⑨	⑧	⑦	⑥	⑤	④	③	②	①	
	麻	奈	使	新	者	別	慎	干	甲	1
立	節	尒	卒	羅	一	教	●	支	辰	2
石	書	利	次	六	行	今	宍	岑	季	3
碑	人	杖	小	部	△	居	智	喙	正	4
人	牟	六	舍	煞	之	伐	居	部	月	5

18) 尼의 이체는 시변(尸)밑에 장인공(工)한 글자이다.

⑩	⑨	⑧	⑦	⑥	⑤	④	③	②	①	
喙	珎	十	帝	斑	人	牟	伐	美	十	6
部	斯	葛	智	牛	備	羅	干	昕	五	7
博	利	尸	悉	△	土	男	支	智	日	8
士	公	條	支	△	塩	弥	一	干	喙	9
于	吉	村	道	麥	王	只	夫	支	部	10
時	之	使	使	事	大	卒	智	沙	牟	11
教	智	人	烏	大	奴	是	太	喙	卽	12
之	沙	奈	妻	人	村	奴	奈	部	智	13
若	喙	尒	次	喙	負	人	麻	而	寐	14
此	部	利	小	部	共	雖	一	•	•	15
省	善	阿	舍	內	值	•	尒	粘	錦	16
獲	文	•	帝	沙	五	是	智	智	王	17
罪	吉	尺	智	智	其	奴	太	太	沙	18
於	之	男	居	奈	餘	人	奈	阿	喙	19
天	智	弥	伐	麻	事	前	麻	干	部	20
•	新	只	牟	沙	種	時	牟	支	徙	21
•	人	村	尼	喙	種	王	心	吉	夫	22
•	喙	使	利	部	奴	大	智	先	智	23
居	部	人	牟	一	人	教	奈	智	葛	24
伐	述	翼	利	登	法	法	麻	阿	文	25
牟	刀	戻	一	智		道	沙	干	王	26
羅	小	杖	伐	奈		俠	喙	支	本	27
異	烏	百	弥	麻		咋	部	一	波	28
知	帝	於	宜	莫		隘	十	毒	部	29
巴	智	卽	智	次		禾	斯	夫	△	30
下	沙	斤	波	邪		耶	智	智	夫	31
干	喙	利	旦	足		界	奈	一	智	32
支	部	杖	組	喙		城	麻	吉	△	33
辛	牟	百	只	部		失	悉	干	△	34
日	利	悉	斯	比		火	尒	支		35
智	智	支	利	須		遠	智	喙		36
一	小	軍	一	婁		城	奈	勿		37
尺	烏	主	全	邪		我	麻	力		38
世	帝	喙	智	足		大	等	智		39
中	智	部	阿	喙		軍	所	一		40
△		尒	大	智		起	教	吉		41
三		夫	兮	居		若	事	干		42
百		智	村	伐		有		支		43

⑩	⑨	⑧	⑦	⑥	⑤	④	③	②	①	
九		奈	使	车						44
十			人	羅						45
八				道						46

IV. 단락의 설정

비문은 내용상으로 크게 7개의 단락으로 나누어진다.

제1단락은 제①행만으로 구성되어 있다. 뒤의 인명 분석 부분에서 상론하겠지만 제①행에는 喙部, 沙喙部, 本波部의 각 부 장의 인명이 기록되어 있다. 이는 제②행 이하의 인명과 쉽게 구분이 된다. 이렇게 제①행만으로 문단을 끊으면 제②행의 첫부분에 나오는 干支의 처리가 문제이다. 干支를 제①행의 끝부분에 나오는 인명과 연결시키고, 제①행과 제③행까지를 같은 문단으로 볼 수도 있다. 이때에는 敎를 내리는 喙部牟卽智寐錦王 자신도 所敎事를 받게 된다. 제①행의 끝부분에 9~11자의 글자를 새길 공간을 비워 두고, 干支만을 따로 떼어서 제②행의 첫머리에 오게 한 점은 이해하기 어렵다. 제①행만으로 제1단락으로 본다.

제2단락은 제②·③행에 걸쳐서 있다. 여기에는 喙部牟卽智寐錦王·沙喙部徙夫智葛文王·本波部△夫智△△(干支)로 유력 3부 각각의 長으로부터 所敎事를 받은 11명의 인명들이 나열되어 있다. 제②행의 첫부분에 나오는 干支를 관등명의 일부로 보고, 그 다음을 岑喙部로 끊어서 문헌에 나오는 漸梁部와 연결시켜서 牟梁部로 본 견해도 있다.[19] 이렇게 보면 비석 자체에서 4가지의 문제가 생긴다. 첫째로 제①행의 끝부분에 9~11자 가량의 공란을 비워두고 관등명의 일부인 干支만 따로 떼어서

---

19) 이기백, 앞의 논문, 1988.

제②행의 첫부분에 쓴 점이다. 둘째로 제①·②·③행을 계속 연결된 것으로 보면 법흥왕은 教事를 내려야 함에도 불구하고, 법흥왕이 所教事를 받는 모순이 생긴다. 셋째로 고신라 금석문에서 牟梁部소속의 인명 표기가 없는 데에도 불구하고 △△干支란 관등명을 가진 인명이 나와서 아무리 낮아도 6두품이상의 관등을 가진 인명이 나온다. 지금까지 자료로 牟喙部가 6두품 이상의 관등을 갖는 것은 불가능하다. 모량부는 중고의 왕비족도 아니고[20] 牟梁部란 부명이 나오는 예는 남산신성비 제2비의 牟喙와[21] 신9호 목간의 牟喙(部)가 있었을 뿐[22] 牟喙部란 부명은 없다. 넷째로 제①행에 기록된 3명이 각각 신라 6부가운데 喙部, 沙喙部, 牟波部 三部의 長이란 분석에 염두에 두지 않은 점이다.

위의 4가지 문제점을 해결하기 위해서는 干支岑으로 끊어서 직명으로 볼 수가 있다. 干支岑에서『光州千字文』에 나오는 임금왕(王)의 訓인 긔츠와 통한다. 이 긔츠란『宋書』, 百濟傳에 나오는 鞬吉支의 吉支나 신라 왕호 중 居西干의 居西와 통한다.[23] 이를 봉평비와 비문 구성이 유사한 적성비의 大衆等과 비교해 보자. 干의 音과 大의 訓은 음상사이고, 支는 杖과 같음으로(『삼국사기』, 地理志에 陜川 三嘉를 三支 一云 麻杖이란 구절에 근거하였다.) 支(杖)은 衆과 음상사이고, 岑과 等은 음상사이다. 여기에서는 干支岑喙部에서 干支岑을 직명, 喙部를 부명으로 본다.

제3단락은 봉평비의 성격을 알 수 있는 가장 중요한 부분이다. 居伐牟羅·男弥只·尒耶界城·失火遶城 등은 비문 자체의 내용에서 보면 지명으

20) 김창호,『고신라 금석문과 목간』, 2018, 170~177쪽.
21) 大鳥(경위 15위로 4두품)란 관등명을 가진 것으로 보인다.
22) 박성현,「월성 해자 목간으로 본 신라의 왕경과 지방」『동아시아 고대 도성의 축조의례와 월성해자 목간』-한국목간학회 창립 10주년 기념 국제학술회의-, 2017, 212쪽.
23) 한국정신문화연구원,『한국학기초자료선집』-고대편-, 1987, 1001쪽.

로 보인다. 제④행의 22번째와 제⑤해의 10번째에 각각 나오는 王은 牟
即智寐錦王일 것이다. 제④행의 王을 앞의 前時란 말에 근거하여 牟即智
寐錦王 이전의 智證王 등으로 볼 수가 있다. 그러나 이 경우에 前時王의
인명이 구체적으로 제시되어야 하기 때문에 제④행의 前時王도 牟即智
寐錦王으로 본다. 제④행의 3번째 글자인 今과 제⑤행의 前時는 비문의
구조나 시간적으로 대조되어 제④·⑤행의 해석에 대단히 중요하다. 곧
셋째 문단은 前時를 기준으로 別教今~雖是奴人과 前時王~種種奴人法
으로 크게 나누어진다. 앞부분은 524년 현재의 이야기이고, 뒷부분은 524
년 이전(514~523년)의 어느 때에 있었던 과거의 이야기이다. 뒷부분은
다시 前時王~一行爲之·人備土鹽·王大奴村~種種奴人法의 3문단으로
작게 나눌 수 있다. 이 제3단락을 해석하면 다음과 같다. 別教를 내린다.
이제 居伐牟羅와 男弥只는 본래 奴人이다. 비록 노인이었지만 前時에 王
은 大教法을 내려주셨다. 길이 좁고, 오르막도 험악한 禾耶界城과 失火
遶城의 대군을 일으켰다. 若有者인 一行을 ~했다. 사람들이 土鹽을 준
비하였다. 왕은 大奴村은 값 5를 부담케 하였다. 그 나머지 일은 여러 가
지 奴人法에 따르도록 했다.

제4단락은 제⑥·⑦·⑧·⑨행이다. 新羅六部煞斑牛△△麥은 신라 6부
에서는 얼룩소를 잡고, 보리로 술을 비져서 事大人·道使·軍主·書人·新
人 등이 참여하였다.

제5단락은 제⑩행의 처음인 立石碑人부터 제⑩행의 若此省獲罪於天
까지이다.

제6단락은 제⑩행의 나머지 부분인 居伐牟羅異知巴下干支辛日智一尺
世中△三百九十八이 된다.

V. 인명의 분석

제1단락의 喙部牟卽智寐錦王沙喙部徙夫智葛文王夲波部△夫智△△에서 喙部牟卽智寐錦王이 한 사람의 인명 표기이다. 喙部는 출신부명, 牟卽智는 인명, 寐錦王은 관등명류이다. 牟卽智寐錦王은 울주 천전리서석 추명(539년)에서는 另卽知太王으로 나온다. 울주 천전리서석 을묘명 (535년)에서는 法興太王이라고 나온다. 沙喙部徙夫智葛文王에서 沙喙部는 출신부명, 徙夫智은 인명, 葛文王은 관등명류이다. 夲波部△夫智△△에서 夲波部는 출신부명, △夫智는 인명, △△는 관등명이다. △△에는 干支가 복원될 수가 있다. 제1단락은 教事를 내린 주체로서 각각 탁부, 사탁부, 본피부의 장이다. 6부 가운데 유력 3부의 장이 이렇게 나란히 나타나기는 고신라 금석문에서는 처음이다.

干支岑喙部美昕智干支가 한 사람의 인명 표기이다. 干支岑는 직명, 喙部는 출신부명, 美昕智는 인명, 干支는 관등명이다. 沙喙部而粘智太阿干支가 한 사람의 인명 표기이다. 干支岑이란 직명은 앞사람과 같아서 생략되었고, 沙喙部는 출신부명, 而粘智는 인명, 太阿干支는 관등명이다. 吉先智阿干支가 한 사람의 인명 표기이다. 干支岑이란 직명은 앞사람과 같아서 생략되었고, 沙喙部란 출신부명도 앞사람과 같아서 생략되었고, 吉先智가 인명, 阿干支가 관등명이다. 一毒夫智一吉干支가 한 사람의 인명 표기이다. 干支岑이란 직명은 앞사람과 같아서 생략되었고, 沙喙部란 출신부명도 앞사람과 같아서 생략되었고, 一毒夫智가 인명, 一吉干支가 관등명이다. 喙勿力智一吉干支가 한 사람의 인명 표기이다. 干支岑이란 직명은 앞사람과 같아서 생략되었고, 喙는[24] 출신부명, 勿力智는 인명,

---

24) 喙部를 잘못 쓴 것이다.

一吉干支는 관등명이다. 愼宍智居伐干支가 한 사람의 인명 표기이다. 干支岑이란 직명은 앞사람과 같아서 생략되었고, 喙部란 부명도 앞사람과 같아서 생략되었고, 愼宍智가 인명, 居伐干支가 관등명이다. 一夫智太奈麻가 한 사람의 인명 표기이다. 干支岑이란 직명은 앞사람과 같아서 생략되었고, 喙部란 부명도 앞사람과 같아서 생략되었고, 一夫智가 인명, 太奈麻가 관등명이다. 一尒智太奈麻가 한 사람의 인명 표기이다. 干支岑이란 직명은 앞사람과 같아서 생략되었고, 喙部란 부명도 앞사람과 같아서 생략되었고, 一尒智가 인명, 太奈麻가 관등명이다. 牟心智奈麻가 한 사람의 인명 표기이다. 干支岑이란 직명은 앞사람과 같아서 생략되었고, 喙部란 부명도 앞사람과 같아서 생략되었고, 牟心智가 인명, 奈麻가 관등명이다. 沙喙部十斯智奈麻가 한 사람의 인명 표기이다. 干支岑이란 직명은 앞사람과 같아서 생략되었고, 沙喙部가 출신부명, 十斯智가 인명, 奈麻가 관등명이다. 悉尒智奈麻가 한 사람의 인명 표기이다. 干支岑이란 직명은 앞사람과 같아서 생략되었고, 沙喙部란 출신부명도 앞사람과 같아서 생략되었고, 悉尒智가 인명, 奈麻가 관등명이다.

제4단락의 인명을 분석할 차례가 되었다. 事大人喙部內沙智奈麻가 한 사람의 인명 표기이다. 事大人은 직명, 喙部는 출신부명, 內沙智는 인명, 奈麻는 관등명이다. 沙喙部一登智奈麻가 한 사람의 인명 표기이다. 事大人은 직명이란 앞사람과 같아서 생략되었고, 沙喙部가 출신부명, 一登智가 인명, 奈麻가 관등명이다. 具次邪足智가 한 사람의 인명 표기이다. 事大人은 직명이란 앞사람과 같아서 생략되었고, 沙喙部가 출신부명도 앞사람과 같아서 생략되었고, 具次가 인명, 邪足智가 관등명이다. 喙部比須婁邪足智가 한 사람의 인명 표기이다. 事大人은 직명이란 앞사람과 같아서 생략되었고, 喙部가 출신부명, 比須婁가 인명, 邪足智가 관등명이다.

居伐牟羅道使卒次小舍帝智가 한 사람의 인명 표기이다. 居伐牟羅道使가 직명, 卒次가 인명, 小舍帝智가 관등명이다.[25] 悉支道使烏婁次小舍帝智가 한 사람의 인명 표기이다. 悉支道使가 직명, 烏婁次가 인명, 小舍帝智가 관등명이다. 居伐牟羅尼牟利一伐가 한 사람의 인명 표기이다. 居伐牟羅가 출신지명, 尼牟利가 인명, 一伐가 외위명이다. 弥宜智波旦이 한 사람의 인명 표기이다. 居伐牟羅가 출신지명은 앞사람과 같아서 생략되었고, 弥宜智가 인명, 波旦이 관등명이다.[26] 組只斯利가 한 사람의 인명 표기이다. 居伐牟羅가 출신지명은 앞사람과 같아서 생략되었고, 組只斯利가 인명이다. 외위는 없다. 一全智가 한 사람의 인명 표기이다. 居伐牟羅가 출신지명은 앞사람과 같아서 생략되었고, 一全智가 인명이고, 외위는 갖지 않았다. 阿大兮村使人奈尒利杖六十이 한 사람의 인명표기이다. 阿大兮村使人은[27] 직명, 奈尒利는 인명, 杖六十은[28] 杖刑과 관련된 것이다. 葛尸條村使人奈尒利阿尺이 한 사람의 인명 표기이다. 葛尸條村使人은 직명, 奈尒利는 인명, 阿尺은 외위명이다. 男弥只村使人翼昃杖百이 한 사람의 인명 표기이다. 男弥只村使人은 직명, 翼昃은 인명, 杖百은 杖刑과 관련되는 것이다. 於卽斤利杖百이 한 사람의 인명 표기이다. 男弥只村使人은 직명은 앞사람과 같아서 생략되었고, 於卽斤利가 인명, 杖百은 杖刑과 관련된 것이다. 悉支軍主喙部尒夫智奈麻가 한 사람의 인명 표기이다. 悉支軍主가 직명, 喙部가 출신부명, 尒夫智가 인명, 奈麻가 관등명

---

25) 이 인명에서 출신부명은 밝히지 않고 있다.

26) 波旦은 波日을 잘못 쓴 것으로 판단된다.

27) 阿大兮村은 남산신성비 제2비(591년)에도 나온다.

28) 김창호, 앞의 책, 2009, 124~125쪽에서 杖六十과 뒤에 나오는 杖百을 彼日이란 외위명으로 해석했으나 이는 잘못된 것이다. 波旦이 彼日이므로 杖六十과 杖百이 외위일 수가 없다.

이다. 書人牟珎斯利公吉之智이 한 사람의 인명 표기이다. 書人은 직명, 牟珎斯利公이 인명, 吉之智가 관등명이다. 沙喙部善文吉之智가 한 사람의 인명 표기이다. 書人이란 직명은 앞사람과 같아서 생략되었고, 沙喙部는 출신부명, 善文은 인명, 吉之智는 관등명이다. 新人喙部述刀小烏帝智가 한 사람의 인명 표기이다. 新人은 직명, 喙部는 출신부명, 述刀는 인명, 小烏帝智는 관등명이다. 沙喙部牟利智小烏帝智가 한 사람의 인명 표기이다. 新人이란 직명은 앞사람과 같아서 생략되었고, 沙喙部가 출신부명, 牟利智가 인명, 小烏帝智가 관등명이다.

제5단락에는 인명 표기가 없고, 제6단락의 인명을 분석해 보기로 하자.

居伐牟羅異知巴下干支가 한 사람의 인명 표기이다. 직명은 없고, 居伐牟羅는 출신지명, 異知巴는 인명, 下干支는 관등명이다. 辛日智一尺이 한 사람의 인명 표기이다. 居伐牟羅란 출신지명은 앞사람과 같아서 생략되었고, 辛日智는 인명, 一尺은 외위명이다. 이상의 인명 분석 결과를 제시하면 다음의 <표 1>과 같다.

<표 1> 봉평비의 인명 분석표

직 명	출신지명	인 명	관 등 명	비 고
	喙部	牟卽智	寐錦王	法興王
	沙喙部	徙夫智	葛文王	沙喙部의 長
	本波部	△夫智	△△(干支)	本彼部의 長
干支岑	喙部	美昕智	干支	
위와 같음	沙喙部	而粘智	太阿干支(경 5)	
위와 같음	위와 같음	吉先智	阿干支(경 6)	
위와 같음	위와 같음	一毒夫智	一吉干支(경 7)	
위와 같음	喙(部)	勿力智	一吉干支(경 7)	
위와 같음	위와 같음	愼宍智	居伐干支(경 9)	
위와 같음	위와 같음	一夫智	太奈麻(경 10)	
위와 같음	위와 같음	一尒智	太奈麻(경 10)	
위와 같음	위와 같음	牟心智	奈麻(경 11)	

직 명	출신지명	인 명	관 등 명	비 고
위와 같음	沙喙部	十斯智	奈麻(경 11)	
위와 같음	위와 같음	悉尒智	奈麻(경 11)	
事大人	喙部	內沙智	奈麻(경 11)	
위와 같음	沙喙部	一登智	奈麻(경 11)	
위와 같음	위와 같음	具次	邪足智(경 17)	
위와 같음	喙部	比須婁	邪足智(경 17)	
居伐牟羅道使		卒次	小舍帝智(경13)	
悉支道使		烏婁次	小舍帝智(경13)	
	居伐牟羅	尼牟利	一伐(외 8)	
	위와 같음	弥宜智	波旦(외 10)	彼日로 보임
	위와 같음	組只斯利		
	위와 같음	一全智		
阿大兮村使人		奈尒利		杖六十의 杖刑
葛尸條村使人		奈尒利	阿尺(외 11)	
男弥只村使人		翼糸		杖百의 杖刑
위와 같음		於卽斤利		杖百의 杖刑
悉支軍主	喙部	尒夫智	奈麻(경 11)	
書人		牟珎斯利公	吉之智(경 14)	
위와 같음	沙喙部	善文	吉之智(경 14)	
新人	喙部	述刀	小烏帝智(경16)	
위와 같음	沙喙部	牟利智	小烏帝智(경16)	
	居伐牟羅	異知巴	下干支(외 7)	
	위와 같음	辛日智	一尺(외 9)	

VI. 명문의 해석

제1단락은 甲辰季正月十五日에 喙部牟卽智寐錦王, 沙喙部徙夫智葛文王, 夲波部△夫智△△로 탁부, 사탁부, 본피부의 각각에 해당되는 장으로서 敎事를 내린 主體이다. 경주 월성해자 목간 153번 제1면에 四月一日典大等敎事란 구절이 나와 국왕만이 교사한 것이 아니다. 냉수리비 전면 제⑦행에 此七王等共論敎用이라고 되어 있어서 沙喙部至都盧葛文王

을 비롯한 6명의 경위를 가진 자가 함께 교를 쓰고 있다. 봉평비의 제③행의 끝부분에 ~悉尒智奈麻等所敎事란 구절이 나오는데, 이는 11명의 干支岑이 喙部牟卽智寐錦王, 沙喙部徙夫智葛文王, 夲波部△夫智△△로부터 敎事를 받은 바란 뜻이다.

제2단락을 해석할 차례가 되었다.

干支岑인 喙部 美昕智 干支와 沙喙部 而粘智 太阿干支와 吉先智 阿干支와 一毒夫智 一吉干支와 喙(部) 勿力智 一吉干支와 愼宍智 居伐干支와 一夫智 太奈麻와 一尒智 太奈麻와 牟心智 奈麻와 沙喙部 十斯智 奈麻와 悉尒智 奈麻 등이 敎事를 (喙部牟卽智寐錦王, 沙喙部徙夫智葛文王, 夲波部△夫智△△으로부터) 받았다란 뜻이다.

제3단락을 해석할 차례가 되었다.

別敎 今居伐牟羅男弥只夲是奴人 雖是奴人前時王大敎法 道俠阼隘 禾耶界城失火遶城我大軍起 若有者一行△之 人備土鹽 王大奴村共値五 其餘事種種奴人法

냉수리비 전면 제⑨행과 제⑪행에 각각 別敎란 구절이 나오고, 別敎는 적성비 제⑮행에도 나오는바 비문의 가장 핵심적인 부분이다. 別敎를 내린다. 이제 居伐牟羅와 男弥只는[29] 본래 奴人이다. 비록 노인이었지만 前時에 왕은 大敎法을 내려주셨다. 길이 좁고, 오르막도 험악한 禾耶界城과 失火遶城의 우리 대군을 일으켰다. 若有者인 一行을 ~했다. 사람들이 土鹽을 준비하였다. 왕은 大奴村은 값 5를 부담케 하였다. 그 나머지 일은 여러 가지 奴人法에 따르도록 했다.

---

29) 居伐牟羅와 男弥只는 울진이나 울진 근처의 바닷가에 위치해야 된다. 그래야 소금을 생산할 수 있다. 봉평비가 서있던 곳인 봉평이 거벌모라일 가능성이 클 것이다.

제4단락을 해석할 차례가 되었다. 관계 전문을 제시하면 다음과 같다.

新羅六部煞斑牛△△麥事大人喙部內沙智奈麻沙喙部一登智奈麻具次
邪足智喙部比須婁邪足智居伐牟羅道使卒次小舍帝智悉支道使烏婁次小
舍帝智居伐牟羅尼牟利一伐弥宜智波旦組只斯利一全智阿大兮村使人奈
尒利杖六十葛尸條村使人奈尒利阿尺男弥只村使人翼昃杖百於卽斤利杖
百悉支軍主喙部尒夫智奈麻節書人牟珎斯利公吉之智沙喙部善文吉之智
新人喙部述刀小烏帝智沙喙部牟利智小烏帝智新羅

六部에서는 얼룩소를[30] 잡고, 麥으로 술을 빚었다. 事大人인 喙部 內
沙智 奈麻와 沙喙部 一登智 奈麻와 具次 邪足智, 居伐牟羅道使 卒次 小舍
帝智와 悉支道使 烏婁次 小舍帝智와 居伐牟羅 尼牟利 一伐과 弥宜智 波
旦과 組只斯利와 一全智와 阿大兮村使人 奈尒利(杖六十의 杖刑을 맞음)
와 葛尸條村使人 奈尒利 阿尺과 男弥只村使人 翼糸(杖百의 杖刑을 맞음)
와 男弥只村使人 於卽斤利(杖百의 杖刑을 맞음)와 悉支軍主 喙部 尒夫智
奈麻이고, 그 때 書人 牟珎斯利公 吉之智 와 沙喙部 善文 吉之智, 新人 喙
部 述刀 小烏帝智와 沙喙部 牟利智 小烏帝智이다.

제5단락을 해석할 차례가 되었다. 우선 관계 전문을 제시하면 다음과 같다.

立石碑人喙部博士于時敎之若此省獲罪於天

立石碑人은 喙部의 博士이다. 때에 敎를 내렸다. 만약에 이를 생략하
면 하늘에 죄를 얻을 것이다.

―――――――
30) 칡소라고도 한다.

제6단락을 해석하기 위해 관계 전문을 제시하면 다음과 같다.

居伐牟羅異知巴下干支辛日智一尺世中△三百九十八

居伐牟羅의 異知巴 下干支와 辛日智 一尺 등 世中(누리에, 모두) (축제에 참가한 사람은) 398명이다.

VII. 몇 가지 주목되는 사실

1. 居伐牟羅의 소금 생산

우리나라 고대에 있어서 소금 생산에 관한 연구는 거의 없다.『삼국사기』・『삼국유사』에도 뚜렷한 언급은 없다. 소금은 대체할 수 있는 다른 식품이 없으므로, 어떤 의미로는 곡식보다도 중요하다. 구석기 시대에는 수렵, 어로 생활을 하였다.[31] 이 시기에는 육식으로 다른 동물이 갖고 있는 소금을 섭취할 수 있어서 따로이 인간이 소금을 섭취할 필요가 없었다.[32] 신석기 시대 이래로 농경이 시작되어 곡식을 주식으로 하면서 소금을 따로 섭취할 필요가 절실하게 되었다. 이 시기에 소금을 어떻게 채취했는지 잘 알려져 있지 않다.[33] 그 뒤 청동기 시대부터 4~6세기 고분

---

31) 구석기 시대에 들소를 어떻게 잡았는지 잘 모르고 있으나 낭떠러지에 들소떼를 몰아서 다친 들소를 주워서 식용으로 사용하였다고 생각된다.

32) 樋口淸之, 「交易」『新版考古學講座』11, 1980, 241~242쪽.

33) 일본의 4~6세기 고분 시대에 製鹽土器에 의한 소금 생산이 알려져 있다. 이에 대해서는 近藤義郎・岩本正三, 「鹽の生產と流通」『岩波講座 日本考古學』3, 1986, 122~139쪽.

시대까지 소금 채취 방법은 알려진 바 없다. 鐵釜, 土釜 등에 의한 소금 채취는 훨씬 뒤에 발명되었던 것 같다.[34) 인간의 몸속에는 약 100g의 소금이 있으며, 하루 평균 15g의 소금을 섭취해야 된다고 한다.[35] 인간이 소금을 먹지 않으면 식욕 부진·권태·피로·정신 불안 등이 일어나고, 땀을 다량으로 흘려 급격히 소금을 상실하면 현기증·무욕·의식 혼탁·탈력 등 육체적으로나 정신적으로나 현저한 기능 상실이 일어난다.[36]

우리나라에서는 巖鹽·鹽湖·鹽井 등이 없고, 바닷물 속에 3% 가까이 용해되어 있는 鹽分을 채취할 수밖에 없다. 고려 이전에 소금에 관한 문헌은 매우 적다. 『三國志』, 魏書, 東夷傳, 東沃沮조에 소금을 져서 고구려에 운반했다는 기록이 나올 뿐이다. 백제나 신라도 해안 지방에서 소금을 얻을 것이다. 신라의 소금 생산은 532년까지 동해안에 의존할 수밖에 없었다. 남해에는 금관가야 때문에 진출할 수가 없었고, 서해안은 백제 때문에 엄두조차 낼 수가 없었다. 신라에 있어서 소금에 관한 기록은 561년에 세워진 창녕비에 나온다. 곧 제⑥·⑦행에 걸쳐서 ~白田畓△ △与山鹽河川△教以~란 구절이 있다.[37] 여기에 나오는 白田은 밭을 의미하고, 畓은 논을 뜻한다.[38] 그 뒤의 山·鹽·河川으로[39] 나누어서 해석

---

34) 872년 만들어진 大安寺寂忍國師燦輪淸淨塔碑에는 鹽盆이란 용어가 나온다. 신지현,「鹽業」『한국사』10-조선-, 1981, 391쪽에는 '鹽盆을 製鹽場에서 鹽을 煎熬하는 鹽釜를 보통 鹽盆이라고 칭하지만 때에 따라서는 鹽田 기타 제염장에 속하는 설비 전체를 즉 鹽製造의 한 단위를 말하기도 하며, 또한 鹽製造의 공인과 함께 그 권리 관념을 의미하는 것으로, 널리는 鹽盆에는 鹽을 징수하는 권익을 가리킨다.'고 되어 있다.

35) 間壁葭子,「食生活」『日本考古學を學ぶる(2)』, 1979, 239쪽.

36) 동아출판사 백과사전부,『원색세계대백과사전』의 '소금'항.

37) 葛城末治,『朝鮮金石攷』,1935, 121쪽.

38) 김창호,「동래복천동22호분 출토 호록 복원의 현단계」『영남고고학』5. 이렇게 소금의 중요성을 보지 않고서는 창녕비에 나오는 소금을 이해할 수가 없다.

할 수가 있다. 白田·畓·山鹽·河川 등은 경제적인 측면에서 각각의 중요
성을 말하고 있는 것 같다. 소금의 생산과 관련이 없는 창녕비에 왜 갑
자기 나타나고 있을까? 당시 신라와 낙동강을 사이에 두고 대치하고 있
던 大伽耶는 아무래도 창녕을 거쳐서 남해안의 소금을 공급받았을 것이
다. 그렇다면 창녕비에 나오는 소금은 대가야에 대한 일종의 과시 내지
협박으로 짐작된다.[40]

524년에는 아직도 금관가야가 멸망되기 이전이므로 신라는 반드시 소
금을 동해안의 바다에서 획득해야 된다. 이렇게 얻어진 소금은 신라의
영역에 공급했을 것이다. 그래서 正月十五日 곧 정월 보름날 喙部牟卽智
寐錦王을 비롯한 수많은 관리와 사람들이 참가하는 거국적인 소금祝祭
가 소금 생산지인 居伐牟羅에서 열렸다.[41] 이 행사의 숨은 뜻을 좀 더
살펴보기 위해 어떤 곳의 관리가 왔는지를 조사해 보자.

지방관 가운데 가장 높은 사람은 悉支軍主喙部尒夫智奈麻이다. 悉支
는 창녕비의 于抽悉支河西阿郡使大等이란 직명에 나오는 悉支와 동일한
지명이다. 『삼국사기』,地理志에 三陟郡 本悉直國 婆娑王世來降 智證王元
年 梁天監四年爲州 以異斯夫爲軍主 景德王改名 今因之란 기록이 있다.
悉支=悉直은 현재의 三陟임을 쉽게 알 수가 있다. 또 于抽悉支河西阿郡使大
等에서 于抽는 寧海·蔚珍, 悉支는 三陟, 河西阿는 江陵을 각각 가리킨다.

悉支軍主 휘하의 지방관으로는 다음과 같은 관직명이 나온다.

居伐牟羅道使, 悉支道使, 阿大兮村使人, 葛尸條村使人, 男弥只村使人,

---

39) 山과 鹽을 山鹽으로 땅속에서 나오는 자연염으로 해석할 수도 있다.
40) 今西龍, 앞의 책, 1933, 478쪽.
41) 소금 생산과 祭祀와의 관련에 대해서는 다음과 같은 논고가 있다.
　　龜井正道, 「祭祀遺蹟-製鹽と關聯して-」『新版考古學講座』8, 1979, 34~52.
　　近藤義郎·岩本正三, 앞의 논문, 1986, 130~131쪽.

阿大兮村使人의 阿大兮村은 종래 남산신성비 제2비에 나와서 忠北 沃川郡 安內面으로 보아 왔다.42) 안내면은 실지군주의 통괄 하에 있을 수 없다. 그러기는 교통이 너무나 불편하다. 차라리『삼국사기』, 地理志의 本高句麗 阿兮縣 景德王改名 今淸河縣에 근거하면 현재의 慶北 浦項市 淸河일 가능성이 크다. 于抽悉支河西阿郡使大等의 于抽가 영해·울진을 가리키기 때문이다.

居伐牟羅道使의 居伐牟羅는 아무래도 비문으로 볼 때 비가 서 있던 경북 울진군 죽변면 봉평리로 볼 수가 있다. 그래야 소금을 생산할 수 있다.

悉支道使의 悉支는 三陟을 가리킨다.

葛尸條村使人의 葛尸條村, 男弥只村使人의 男弥只村은 동해안 바닷가로 소금을 생산할 수 있는 지역으로 판단된다.

2. 신라 관등제의 성립 시기

지금까지 신라 관등의 문제에 대해서는 많은 연구 성과가 나온 바 있다. 그 중요한 쟁점으로는 첫째로 17관등 각각에 대한 語意 문제, 둘째로 관등제의 성립 배경 문제, 셋째로 관등의 성격 문제, 넷째로 京位, 外位라는 관등의 二重體系 문제, 다섯째로 重官等의 설정 문제 등으로 나누어진다.43) 신라 관등의 성립 시기에 관한 논의는 적성비의 발견 이전과 이후로 나눌 수 있다. 적성비 발견되기 이전에는 眞平王代 관등 확립설이 우세하였다.44) 적성비 발견이후에는 545년 직전의 신라의 관등제가 완성되었음을 알게 되었다. 적성비에서는 外位 가운데 가장 낮은 관등

---

42) 이종욱,「남산신성비를 통해 본 신라의 지방통치체제」『역사학보』64, 1974, 11쪽.
43) 이기동,「신라 관등제도의 성립 연대 문제와 적성비의 발견」『사학지』12, 133쪽.
44) 三池賢一,「新羅官制と社會身分」『日本史研究』150·151, 1975, 83~84쪽.

인 阿尺이 나오기 때문이다.

이제 봉평비를 통해 신라에서 관등 성립 시기의 하한을 살펴보기 위해 경위 17관등명과 외위 11관등을 봉평비에서 나오는 관등명과 함께 제시하면 다음과 같다.

〈표 2〉 봉평비에 보이는 관등명

봉평비	봉평비의 경위명		봉평비의 외위명	
	伊伐飡	1		
	伊飡	2		
	迊飡	3		
	波珍飡	4		
太阿干支	大阿飡	5		
	阿飡	6		
一吉干支	一吉飡	7	1	嶽干
	沙飡	8	2	述干
居伐干支	級伐飡	9	3	高干
太奈麻	大奈麻	10	4	貴干
奈麻	奈麻	11	5	撰干
	大舍	12	6	上干
小舍帝智	小舍	13	7	干	下干支
吉之智	吉士	14	8	一伐	一伐
	大烏	15	9	一尺	一尺
小烏帝智	小烏	16	10	彼日	波旦(=彼日)
邪足智	造位	17	11	阿尺	阿尺

<표 2>에서 보면 524년에 만들어진 봉평비에는 경위 가운데 가장 낮은 邪足智가 나오고, 외위 가운데 가장 낮은 阿尺이 있으나 외위와 경위가 완성되지 않았다. 왜냐하면 喙部美昕智干支에서 분명히 경위가 완성되지 않았다. 외위는 월지 출토비가 536년의 영천청제비 병진명을 상한으로 하는 바[45] 524년에는 외위가 완성되지 않았다. 적성비의 阿尺을 기준으로 한 관등제의 완성 시기 설정은 우연히 맞추어진 것으로 실증적

인 작업의 결과는 아니다.

봉평비에 앞서는 것으로 중성리비(441년)과 냉수리비(443년)이 있다. 이들 금석문에서는 干支이란 외위가 경위와 미분화되어 출토되고 있다. 이들을 알기 쉽게 제시하면 다음의 <표 3>과 같다.

〈표 3〉 중성리비·냉수리비의 관등과 골품제와의 관계

중성리비	17관등 및골품제의 관계			냉수리비
	眞骨	1	伊伐干	
		2	伊干	
		3	迊干	
		4	波珍干	
		5	大阿干	
阿干支(두 번)	六頭品	6	阿干	阿干支(한 번)
		7	一吉干	
沙干支(두 번)		8	沙干	
		9	級伐干	居伐干支(두 번)
	五頭品	10	大奈麻	
奈麻(두 번)		11	奈麻	奈麻(한 번)
	四頭品	12	大舍	
		13	小舍	
		14	吉士	
		15	大烏	
		16	小烏	
		17	造位	

중성리비에서는 경위로 干支, 壹伐이 나오고 있으나 干支의 경우는 냉수리비에서와 같이 외위와 미분화된 것이고, 壹伐은 중성리에서만 경위로 있는 것으로 보인다. 중성리비와 냉수리비의 가장 큰 특징은 진골에 해당되는 관등과 4두품에 해당되는 관등이 없다는 점이다. 이것이 이 시기에는 아직 진골과 4두품이 만들어지지 않았는지 아니면 진골과 4두품

45) 월지 출토비는 536~540년경 사이이다.

에 해당되는 관등은 있었으나 그에 해당되는 인명이 없었는지 잘 알 수는 없다. 아마도 전자로 보아야 할 것이다. 5세기 금석문의 가장 큰 특징은 비문의 주인공이 뚜렷하다는 점이다. 중성리비의 牟旦伐, 냉수리비의 節居利가 그것이다. 이는 비의 주인공이 뚜렷하지 않는 봉평비, 적성비와 비교가 된다.

<표 2>와 <표 3>을 비교하면 <표 2>의 봉평비에서는 진골과 4두품에 해당되는 관등을 가진 사람이 있고, <표 3>에서는 진골과 4두품에 해당되는 인명이 없다. 경위도 干支와 壹伐이 있으나 어느 관등에 해당하는지 알 수가 없다. 냉수리비의 壹干支도 一吉干支일 동일한 관등일 가능성도 있으나 단정할 수는 없다. 524년의 봉평비에서는 下干支(7위), 一伐(8위), 一尺(9위), 彼日(10위), 阿尺(11위)가 나와서 거의 외위가 완성되었음을 알 수가 있다.

3. 신라 6부

신라의 六部는 고구려의 5부, 백제의 5부와 함께 삼국 시대에 있어서 사회 조직 연구의 중심 과제로 많은 연구자들의 관심을 끌어 왔다.[46] 6부에 대해 초기에는 氏族說이 있었고, 지금은 지연적 집단으로 보는 쪽이 우세한 것 같다. 6부에 대한 여러 견해 가운데 신라의 성장이란 관점에서 출발한 견해가 있다.[47] 곧 신라의 部制는 본래의 신라[喙]가 沙梁伐國[沙喙]을 병합하였고, 이들이 다시 本彼國[本波]을 병합하는 과정에서 성립되었다고 하였다. 이 견해에서는 6세기 후반에는 3부 밖에 없었고,

---

46) 신라 6부의 연구사에 대해서는 최재석, 「신라의 6촌·6부」『동양학』16, 1986 참조.
47) 末松保和, 『新羅史の諸問題』, 1954.

그 후 7세기까지 3부가 더해져 6부가 되었다고 주장하였다.

이번에 발견된 봉평비는 524년에 건립되었고, 新羅六部란 용어가 나오고 있어서 위의 가설은 무너지게 되었다.[48] 위의 견해에서 喙部, 沙喙部가 가장 세력이 컸고, 다음으로 본피부, 그 다음으로 나머지 3부(習比部, 牟梁部, 漢祇部)라는 데에는 변함이 없다. 왜냐하면 고신라 금석문 166명 이상 가운데에서 탁부 82명, 사탁부 56명, 본피부 10여명, 불명 19명 가량되기 때문이다.

최근에 신라 중고 왕실의 소속부에 대한 논의가 있어 왔다. 奈勿王의 몇 世孫을 칭하는 異斯夫와 居柒夫가 중고 금석문에서 喙部가 되고 있어서 중고 왕실의 소속부를 喙部로 본 견해가 있었다.[49] 이에 대해 천전리 서석 추명의 분석을 토대로 沙喙部徙夫知葛文王이 立宗葛文王이라는 전제아래 중고 왕실의 소속부가 沙喙部로 본 견해가 나왔다.[50]

이번에 발견된 봉평비에는 牟卽知寐錦王은 喙部, 徙夫知葛文王은 沙喙部라고 그 출신부를 명기하고 있다. 牟卽知寐錦王이 법흥왕이므로 중고 왕실의 소속부는 喙部임이 분명하게 되었다. 또 徙夫知葛文王이 立宗葛文王이라면 형인 牟卽知寐錦王과 소속부가 다를 까닭이 없다. 왜냐하면 소속부가 다르면 성도 달라야 하기 때문이다. 徙夫知葛文王은 立宗葛文王이 아닌 沙喙部의 長으로서 葛文王이 된 것이 분명하다. 나아가서 『삼국사기』·『삼국유사』에 나오는 중고의 왕비족인 牟梁部 朴氏는 법흥왕비인 夫乞支妃의 소속부가 추명에 沙喙部이므로 沙喙部로 바꾸어야 될 것이다.

---

48) 이기백, 앞의 논문, 1988.

49) 이기동, 「신라 내물왕계의 혈연의식」 『역사학보』53·54, 1972.

50) 이문기, 「신라 중고 6부에 대한 고찰」 『역사교육논집』1, 1980.

VIII. 맺음말

비문은 모두 ⑩행으로 세로로 적혀 있고, 행당 글자수는 45자전후로
총글자수는 400자가량이었다. 비문 자체에는 글자가 선명하게 남아 있
어 판독에는 별로 어려움이 없다. 비문의 전반부와 후반부에는 인명 표
기가 있고, 중간 부분에는 비의 성격을 알 수 있는 내용이 적혀 있다.

비문의 주된 내용은 524년에 신라의 법흥왕이 변경 지역의 別敎를 내
린다. 이제 居伐牟羅와 男弥只는[51] 본래 노인이다. 비록 노인이었지만
前時에 왕은 大敎法을 내려주셨다. 길이 좁고, 오르막도 험악한 禾耶界
城과 失火遠城의 우리 대군을 일으켰다. 若有者인 一行을 ～했다. 사람
들이 土鹽을 준비하였다. 왕은 大奴村은 값 5를 부담케 하였다. 그 나머
지 일은 여러 가지 奴人法에 따르도록 했다. 그래서 신라 六部에서는 얼
룩소를 잡고, 麥로 술을 담그어서 거벌모라에 왔고, 법흥왕 이하 신라의
6부 요인과 근처의 지방관이 참가하였다.

봉평비의 발견으로 신라사의 수정이 불가피하게 되었다. 비문의 喙部
牟卽知寐錦王沙喙部徙夫知葛文王이란 구절에 의해 신라 중고 왕실의 소
속부가 喙部임이 분명하게 되었고, 천전리서석의 주인공인 沙喙部徙夫
知葛文王은 입종갈문왕은 아니고, 沙喙部의 장으로서 葛文王이 되었음
을 알 수 있게 되었다. 兄弟間에는 姓이 다룰 수가 없다. 沙喙部徙夫知葛
文王을 입종갈문왕으로 보면, 喙部牟卽知寐錦王과의 성이 다르게 된다.
新羅六部란 구절로 볼 때, 524년 이전에 신라 6부가 형성되었음을 알 수
가 있었다. 신라 6부의 형성은 금석문 자료에서 보면 늦어도 441년 이전

---

51) 居伐牟羅와 男弥只는 울진이나 울진 근처의 바닷가에 위치해야 된다. 그래야 소금
을 생산할 수 있다. 봉평비가 서있던 곳인 봉평이 거벌모라일 가능성이 클 것이다.

이다. 빨리 보면 太祖星漢王인 미추왕 때로 262~284년으로 볼 수도 있
다. 곧 미추왕이 소승불교를 도입하고, 미추왕릉을 竹現陵, 竹長陵, 大陵
으로 칭한 미추왕대에 부제가 마련된 것으로 보았다.

제3절 울주 천전리서석 원명과 추명의 재검토

Ⅰ. 머리말

울주 천전리서석에는 윗부분에 청동기 시대 전기의 암각화가 있고, 그 아랫부분에 선각화와 각종 명문이 있다. 원명과 추명은 300자 가량으로 신라 중고 왕실의 소속부와 갈문왕을 밝히는데 중요한 자료이다. 이 명문에 대해서는 지금까지 많은 논문이 나와 있으나 대부분 沙喙部徙夫知葛文王을 立宗葛文王으로 보고 있는 듯하다.[1] 그런데 백제 부여 왕흥사 목탑의 건립 시기는 577년이다. 왕흥사 목탑 사리공에서 출토된 청동 사리합 명문에 丁酉年이란 연간지가 나와 577년이란 절대 연대를 갖게 되었다.[2] 왕흥사 목탑은 『삼국사기』권27, 백제본기 5에 무왕 즉위1년

---

1) 연구 성과에 대한 논문에 대해서는 해당 부분에서 脚註를 달아서 언급하기로 한다.
2) 백제 부여 王興寺 舍利盒 명문의 전문을 제시하면 다음과 같다.

⑥	⑤	④	③	②	①	
神	利	子	王	十	丁	1
化	二	立	昌	五	酉	2
爲	枚	刹	爲	日	年	3
三	葬	本	亡	百	二	4
	時	舍	王	濟	月	5

이 명문은 '丁酉年(577년) 2월 15일에 백제왕 昌이 죽은 왕자를 위하여 사찰을 세웠는데, 본래 사리 2매 를 매장할 때 넣었는데 신의 조화로 3매가 되었다.'로 해석된다.
이 명문은 문헌의 신빙성 여부와 함께 사료 비판의 중요성을 말하고 있고, 금석문의 연구는 먼저 금석문을 통해 검토하고 나서 문헌을 통한 검증이 필요함을 암시

(600년)~무왕 35년(634년) 사이에 건립된 것이 되어 있어서 문헌을 믿을 수 없게 한다. 사실 광개토태왕비(414년), 충주고구려비(449~458년), 집안고구려비(491년 이후), 미륵사 서탑 금제사리봉안기(579년), 중성리비(441년), 냉수리비(443년), 봉평비(524년), 적성비(545년이나 그 직전), 창녕비(561년), 북한산비(561~568년), 마운령비(568년), 황초령비(568년) 등의 금석문에 대한 언급은 문헌에는 없다. 이는 문헌과 금석문은 그 창구가 다르다는 것을 웅변해 주고 있다. 창구가 다른 금석문을 문헌사학자에 의해 독점되었고, 실증주의를 추구하는 고고학자는 접근조차 할 수가 없었다. 그 대표적인 예가 문헌의 입종갈문왕을 금석문의 沙喙部徙夫知葛文王과 동일인으로 보는 것이다.[3] 울주 천전리서석의 원명과 추명의 해석은 제대로 하지 않고 연구자 마다 그 결론은 꼭 같았다.[4] 만약에 법흥왕은 탁부의 장이고, 사부지갈문왕(입종갈문왕)이 사탁부의 장이라면 신라에서 봉평비에서처럼 新羅六部라고 명기할 필요가 없을 것이다. 신라의 전체 부에서 가장 힘이 센 탁부와 사탁부가 형제간에 정치력을 쥐고 있기 때문이다. 더구나 냉수리비에서는 沙喙(部)至都盧葛文王이 나와서 신라의 왕으로 사탁부 출신의 지증왕으로 보고 있다.[5]

하고 있다. 왜냐하면 금석문의 결론과 문헌의 결론은 서로 다르기 때문이다.

3) 沙喙部徙夫知葛文王을 立宗葛文王과 동일인으로 보는 것은 학계의 대세이다. 김창호만이 1983년 이후에 계속하여 사부지갈문왕이 입종갈문왕과 동일인이 아닌 것으로 보고 있다.

4) 沙喙部徙夫知葛文王을 立宗葛文王과 동일인으로 보는 것은 상황판단이외에 다른 근거는 없다. 곧 徙夫=立宗이라는 전거이외에는 없다. 소속부가 달라지면 그 姓이 달라지기 때문에 부자간에, 형제간에 소속부가 다를 수는 없다. 사탁부사부지갈문왕을 입종갈문왕으로 보거나 사탁부지도로갈문왕을 지증왕으로 본 것은 잘못이다.

5) 이는 상황 판단으로 사탁부지도로갈문왕은 지증왕이 아니고, 사탁부의 장일뿐으로 본다. 이에 대해서는 그 증거 14가지를 제시한 바 있다. 김창호, 『고신라 금석

신라의 六部는 종래 喙部가 왕족, 牟喙部가 왕비족으로 보아 왔다. 그런데 최근에 들어와 냉수리비의 지도로갈문왕이 사탁부이고, 사탁부사부지갈문왕이 사탁부이므로 왕족을 탁부와 사탁부로 왕비족을 모탁부로 보아 왔다. 종래 왕비족으로 본 모탁부의 부명 표기가 없는 점을 근거로 왕비족을 사탁부로 본 견해가 나왔다.6) 이렇게 되면 사탁부는 왕족과 왕비족을 모두 가지게 된다. 왕은 고신라 금석문에서 441년 중성리비의 탁부절노지왕(눌지왕)7), 443년 냉수리비의 사부지왕(실성왕)과 내지왕(내물왕), 458년 금관총 3루환두대도 검초 단금구의 尒斯智王(넛지왕=눌지왕),8) 524년 봉평비의 탁부모즉지매금왕(법흥왕) 등 모두 탁부출신의 왕이다. 그 대신에 443년 냉수리비의 사탁(부)지도로갈문왕, 524년 봉평비와 539년의 울주 천전리서석 추명의 사탁부사부지갈문왕은 모두 사탁부 출신으로 갈문왕일 뿐이다. 갈문왕은 어디까지나 갈문왕일 뿐, 왕은 아니다. 이에 비해 신라에서 왕호를 칭하는 사람은 모두 탁부 출신이다. 왕을 칭한 사람은 모두 탁부 출신이고, 갈문왕을 칭한 자는 탁부 출신은 없고 전부가 사탁부 출신인 점은 주의할 필요가 있다. 곧 갈문왕은 국왕이 아니고 사탁부의 장일뿐이라는 점이다. 국왕은 모두가 王을

문과 목간』, 2018, 75~78쪽 참조.
6) 김창호, 앞의 논문, 2018, 170~174.
7) 喙部折盧智王은 눌지왕으로 보면, 눌지왕은, 443년 냉수리비의 乃智王, 458년 금관총 3루환두대도 검초 단금구의 尒斯智王(=넛지왕), 문헌의 訥祇王의 4가지 왕명이 있다. 그러나 乃智王, 尒斯智王(=넛지왕), 訥祇王은 음상사로 동일하므로 결국 두 가지의 인명이 존재한 셈이다. 이렇게 4가지 왕명이 나온 예로는 524년 봉평비의 牟卽智寐錦王, 535년의 울주 천전리서석 을묘명의 法興太王, 539년 울주 천전리서석 추명의 另卽知太王, 문헌의 原宗의 예가 있다. 牟卽智寐錦王과 另卽知太王은 음상사로 동일하다고 보면 세 가지가 법흥왕의 인명에는 존재한다.
8) 김창호, 「신라 금관총의 尒斯智王과 적석목곽묘의 편년」 『新羅史學報』32, 2014.

칭하고 있다. 이러한 점에 유의하여 천전리서석 원명과 추명에 대해 검토해 보고자 한다.

먼저 지금까지 나온 중요한 연구 성과에 대해 일별해보기로 하겠고, 다음으로 문제가 되는 글자를 중심으로 명문의 판독을 실시하겠고, 그 다음으로 인명의 분석을 시도해 보겠고, 그 다음으로 명문의 해석을 시도해보겠고, 그 다음으로 沙喙部徙夫知葛文王과 立宗葛文王이 동일인지를 검토하겠고, 그 다음으로 只沒尸兮妃가 只召夫人인지 여부를 조사하겠고, 마지막으로 沙喙部徙夫知葛文王의 王妹가 누구인지를 조사하겠다.

II. 지금까지의 연구

1971년 4월 15일에 동국대학교 울산지구 불적조사단에 의해 발견되어 川前里書石의 원명과 추명에 대한 개요는 그 해에 발표되었다.[9] 그 개요의 요체는 원명과 추명이 화랑 유적이라는 것이다.

1979년 명문 발견 8년만에 명문에 대한 전체 해석문이 제시되었다. 명문에서 갈문왕을 찾아서 이를 입종갈문왕으로 보았다.[10] 원명과 추명에서 갈문왕을 처음으로 찾은 점은 높이 평가된다. 夫乞支妃를 판독해 문헌의 保刀夫人과 연결시켜 夫는 保와 음상사이고, 乞의 음과 刀의 훈인 갈은 통해서 그 시기를 추정하였다.

1980년 울주 천전리서석 원명과 추명에 근거하여 신라 왕실의 소속부

---

9) 황수영, 「신라의 誓(書)石」 『동대신문』1971. 1971년 5월 10일자. 여기에서는 於史鄒安郎을 於史郎과 安郎으로 끊어 읽어서 두 화랑의 인명으로 보고서 울주 천전리서석 원명과 추명을 화랑 유적으로 보고 있다.

10) 김용선, 「울주 천전리 서석명문의 연구」 『역사학보』81, 1979.

가 사탁부라는 가설과[11] 1981년 신라 중고 시대 부명 표기 방식과 부명 관칭 시기를 하면서 원명과 추명에 대해 언급하였다.[12] 1983년 원명과 추명에 관한 본격적인 논문이 나왔다.[13] 여기에서는 원명의 徙夫知葛文王을 立宗葛文王으로, 妹는 麗德光妙로, 於史鄒安郞을 立宗의 友로 각각 보았다. 추명의 妹王考는 習寶葛文王으로, 妹王은 智證王으로, 另郞知太王妃夫乞支妃는 法興王妃保刀夫人으로, 徙夫知王은 立宗葛文王으로, 子郞梁畎夫知는 즉위 전의 眞興王으로 각각 보았다. 妹王考는 習寶葛文王으로, 妹王은 智證王으로 분석한 것은 명백한 잘못이고, 徙夫知葛文王을 立宗葛文王으로 본 것도 另郞知太王妃夫乞支妃가 徙夫知葛文王의 妹인 점을 몰라서 나온 잘못된 가설이다.

같은 1983년에 왕경인(6부인)의 인명표기를 다루면서 울주 천전리서석 원명과 추명에 관한 가설이 나왔다.[14] 여기에서는 구조적으로 서석을 분석하여 원명의 3인을 沙喙部葛文王, 妹인 麗德光妙, 友인 於史鄒安郞으로, 추명의 3인을 另郞知太王妃夫乞支妃, 沙喙部徙夫知王, 子郞梁畎夫知으로 보아서 另郞知太王이 누이동생의 남편이므로 沙喙部徙夫知葛文王이 立宗葛文王이 아니라고 보았다.

1984년에 원명의 주인공을 沙喙部葛文王, 妹인 聖慈光妙, 友인 於史鄒安郞의 3인으로 보는 가설이 나왔다.[15] 자매편이 이듬해인 1985년에 나왔다.[16] 이것은 일본에서 나온 원명과 추명에 관한 첫 번째 전론이다. 여기

---

11) 이문기, 「신라 중고 6부에 관한 일고찰」 『역사교육논집』1, 1980.
12) 이문기, 「금석문자료를 통하여 본 신라의 6부」 『역사교육논집』2, 1981.
13) 이문기, 「울주 천전리 서석 원·추명의 재검토」 『역사교육논집』4, 1983.
14) 김창호, 「신라중고 금석문의 인명표기(Ⅰ)」 『대구사학』22, 1983:『삼국시대 금석문 연구』, 2009 재수록.
15) 田中俊明, 「新羅の金石文-蔚州川前里書石·乙巳年原銘-」 『韓國文化』59, 1984.
16) 田中俊明, 「新羅の金石文-蔚州川前里書石·己未年追銘(一)-」 『韓國文化』61, 1984.

에서는 추명의 3인을 另卽知太王, 妃인 夫乞支妃, 徒夫知王子인 郞△△夫知
으로 보았다. 另卽知太王이 천전리에 왔다고 동의하는 사람이 없고, 원명
과 추명의 주인공은 沙喙部徒夫知王의 男妹인 점이 문제점으로 지적된다.

1987년 울주 천전리서석 원명과 추명에 관한 신견해가 나왔다.[17] 여
기에서는 원명의 3인 대신에 2인설을 들고 나왔다. 곧 沙喙部徒夫知葛文
王과 麗德光妙한[18] 於史鄒女郞이 그것이다. 추명의 3인은 沙喙部 只沒尸
兮妃 葛文王妃(只召夫人), 喙部 夫乞支妃 另卽知太王妃(巴刀夫人), 喙部
深麥夫知 徙夫知葛文王子(眞興王)으로 본 듯하다. 원명과 추명에서 주인
공이 沙喙部徒夫知葛文王의 男妹임을 무시했기 때문에 문제이지만 박학
다식한 이두 지식 등은 부럽다.

1990년에 지증왕계의 왕위 계승과 박씨왕비족을[19] 논하면서 울주 천
전리서석에 대해 언급하였다.[20] 여기에서는 원명의 주인공을 3명으로
보지 않고 2명으로 보아서 입종갈문왕과 妹인 光妙란 於史鄒女郞三으로
제시하였다. 丁巳年(537년)에 立宗葛文王이 죽자 그의 왕비인 只沒尸兮
妃가 (그와의) 사랑을 생각하여 539년 7월 3일에 立宗葛文王과 (그의) 妹
(於史鄒女郞三)이 함께 書石을 보러 왔다. 기미년(539년) 서석곡에 온 주
인공은 立宗葛文王妃, 另郞知太王妃夫乞支妃, 子郞(아들)인 深昧夫知라고
하였다. 於史鄒女郞三이란 인명 분석은 아무도 따르는 사람이 없고, 추
명의 주인공이 另郞知太王妃와 徙夫知葛文王이 되어야 하는 점과 모순
된다. 539년에 서석곡을 찾은 사람은 立宗葛文王, 另郞知太王妃夫乞支妃,

田中俊明,「新羅の金石文-蔚州川前里書石·己未年追銘(二)-」『韓國文化』63, 1985.
17) 문경현,「울주 신라 서석 명기의 신검토」『경북사학』10, 1987.
18) 아름답고 德을 가진 光明이 神妙한 사람이란 뜻으로 해석하였다.
19) 신라 중고 왕비족은 모량부 박씨가 아니라 사탁부이다.
20) 이희관,「신라상대 지증왕계의 왕위계승과 박씨 왕비족」『동아연구』20, 1990.

子郎(아들)인 深眛夫知, 於史鄒女郎三의 4명이 되는 점이 추명 제⑥행의 此時共三來를 벗어나고 있다.

1993년 일본에서 두 번째로 울주 천전리서석 원명과 추명에 관한 전론이 나왔다.[21] 여기에서는 원명의 주인공 3인을 沙喙部葛文王, 麗慈光妙, 於史鄒(칭호:女郎, 從夫知葛文王의 妹)이고, 추명 제③행 1번째 글자인 主(칭호), 추명 제④행의 8번째 글자인 王(칭호)는 己未年까지 死亡으로 보고 있다. 추명의 주인공 3인은 只汝尸兮妃(從夫知葛文王의 妃)=只召夫人, 夫乇支太王妃(另郎知太王妃)=保刀夫人, 另郎知太王妃夫乞支妃, △△夫知郎(從夫知葛文王의 子)=眞興王으로 보았다. 於史鄒女郎은 於史鄒의 딸(女郎)이란 뜻이므로 於史鄒가 從夫知葛文王의 妹가 될 수 없고, 只汝尸兮妃(從夫知葛文王의 妃)=只召夫人은 서석곡에 온 적이 없어서 기미년에 왔다고 하는 것은 문제로 지적된다. 徙夫知葛文王을 從夫知葛文王으로 읽으면서도 立宗葛文王으로 본 점도 아쉽다. 칭호인 王과 主를 기미년까지 사망으로 본 점도 상황판단일 뿐 실제 상황은 아니다. 곧 王의 사망을 立宗葛文王으로 본 듯하다. 徙夫知葛文王은 妹인 另郎知太王妃夫乞支妃, 子인 郎△△夫知와 함께 서석곡을 찾아왔기에 另郎知太王의 사망 시인 己未年七月三日에도 살아있었다.

1995년 울주 천전리서석 해석에 관한 논문이 나왔다.[22] 여기에서는 원명의 3주인공을 沙喙部葛文王, 麗德光妙(沙喙部徙夫知葛文王의 友), 於史鄒女郎(沙喙部徙夫知葛文王의 妹)으로 보았고, 추명의 3주인공을 沙喙部徙夫知葛文王, 另卽知太王妃夫乞支妃, 子郎△△夫知로 보았다. 이 가

---

21) 武田幸男, 「蔚州書石谷にのおける新羅·葛文王一族-乙巳年原銘·己未年追銘の一解釋-」『東方學』85, 1993.
22) 김창호, 「울주 천전리서석의 해석 문제」『한국상고사학보』19, 1995.

설의 가장 큰 특징은 지금까지 나온 견해 가운데에서 유일하게 沙喙部 徙夫知葛文王을 立宗葛文王으로 보지 않는다는 점이다. 그래서 沙喙部 徙夫知葛文王은 另卽知太王妃夫乞支妃의 오빠로서 沙喙部의 長으로서 갈문왕이 되었다는 주장이다.

2003년에 沙喙部徙夫知葛文王을 立宗葛文王으로 보는 견해가 나왔다.[23] 여기에서는 명문 해석의 요체를 다음과 같이 제시하였다.[24]

> A-1 過去乙巳年六月十八日昧沙喙部徙夫知葛文王妹於史鄒女郎王共
> 遊來
> A-2 以後△△八年過去妹王考妹王過人丁巳年王過去
> B-1 其王妃只沒尸兮妃愛自思己未年七月三日其王与妹共見書石叱見來谷
> B-2 此時共三來另卽知太王妃夫乞支妃徙夫知王子深△夫知共來

이를 간략하게 요약하면 다음과 같다.

> 乙巳年(525년) 徙夫知葛文王과 그의 妹인 於史鄒女郎王이 처음으로 놀러 옴. 명을 작성하고 谷의 이름을 서석곡이라 함[8년 후 於史鄒女郎王 사망]
> 丁巳年(537년)에 徙夫知葛文王 사망
> 己未年(539년)에 徙夫知葛文王妃인 只沒尸兮妃가 母인 夫乞支妃와 子인 深△夫知와 함께 옴. 只沒尸兮妃가 사망한 남편 徙夫知王에 대한 그리움 때문에 그가 과거에 다녀갔던 적이 있는 곳을 찾아 옴.

그러나 己未年七月三日에 其王과 妹가 함께 서석을 보러왔기 때문에

---

23) 주보돈, 「울주 천전리서석 명문에 대한 검토」 『금석문과 신라사』, 2002.
24) 끊어 읽는 방법이 독특하다.

己未年에도 其王(沙喙部徙夫知葛文王)과 (沙喙部徙夫知葛文王의) 妹가 살아있다는 점이 문제이다. 울주 천전리서석에 나오는 王은 沙喙部徙夫知葛文王이고, 妹는 沙喙部徙夫知葛文王의 妹로 麗德光妙(=另卽知太王妃夫乞支妃)이기 때문이다. 己未年(539년)에 徙夫知葛文王妃인 只沒尸兮妃가 母인 夫乞支妃와 子인 深△夫知와 함께 왔다고 보면 그 주인공인 其王与妹를 찾을 수 없다. 왜냐하면 두 사람은 丁巳年에는 이미 죽었다고 잘못 해석했기 때문이다. 己未年(539년)에 徙夫知葛文王妃인 只沒尸兮妃가 母인 夫乞支妃와 子인 深△夫知와 함께 왔다고 했으나 기미년의 원명과 추명 어디에도 只沒尸兮妃가 왔다는 근거는 없다. 丁巳年(537년)에 죽었다던 沙喙部徙夫知葛文王은 己未年에서 其王이라고 나와서 문제가 된다.

그리고 원명은 3인설 대신에 沙喙部葛文王과 友와 麗德光妙가 於史鄒女郞王을 수식하는 용어를 보아서 2인설을 주장하고 있다. 추명의 3인에 대해서는 徙夫知葛文王妃인 只沒尸兮妃가 母인 夫乞支妃와 子인 深△夫知와 함께 왔다고 해서 독특하게 只沒尸兮妃가 등장하고 있다. 只沒尸兮妃가 원명과 추명에서 서석곡에 왔다는 기록은 없다. 只沒尸兮妃를 추명의 주인공으로 보는 것은 유일한 견해이다. 원명과 추명의 주인공은 沙喙部徙夫知葛文王의 男妹으로 보는 일반적인 가설과는 차이가 있다.

2008년 울주 천전리서석과 진흥왕의 왕위 계승을 연계시킨 가설이 나왔다.[25] 여기에서는 원명의 주인공 3인으로 沙喙部徙夫知葛文王, 妹인 於史鄒, 女郞(於史鄒의 딸)을 들고 있다. 추명의 주인공 3인으로 王, 妹, 另郞知太王妃夫乞支妃, 徙夫知王子郞인 深△夫知를 들고 있으나 추명은 추명의 共來 인원은 此時共三來의 三을 넘어서 4인인 점이 문제이다. 於史鄒는 남자

---

25) 박남수, 「울주 천전리 서석명에 나타난 진흥왕의 왕위계승과 입종갈문왕」『한국 사연구』141, 2008.

의 인명표기이고, 女郞은 妹인 於史鄒의 딸이란 뜻인 점이 문제이다.

2018년 울주 천전리서석의 원명과 추명을 검토한 가설이 나왔다.[26] 여기에서는 원명의 3주인공으로 沙喙部葛文王, 妹인 麗德光妙, 友인 於史鄒安郞을 들었다. 추명의 3주인공으로 沙喙部徙夫知葛文王, 另郞知太王妃夫乞支妃, 子郞인 △△夫知를 들고서 沙喙部徙夫知葛文王은 另郞知太王의 妹夫이므로 立宗葛文王이 아니라고 보았다. 계속해서 另郞知太王妃夫乞支妃가 사탁부 소속이고, 국가 차원의 금석문에서는 모탁부가 없는 점을 근거로 고신라 왕비족은 사탁부라고 주장하였다.

2018년 일본에서 울주 천전리서석 원명과 추명에 관한 세 번째 전론이 나왔다.[27] 여기에서는 원명의 3주인공에 대해서는 沙喙部葛文王, 妹인 麗聖光妙한 於史鄒女郞王의 두 사람으로 보았으나 3명을 찾는 통설과는 위배된다. 추명의 3주인공에 대해서는 其王(沙喙部徙夫知葛文王)과 (沙喙部徙夫知葛文王의) 妹, 另郞知太王妃夫毛支妃, 徙夫知王의 子郞인 深△夫知로 보아서 4인이 된다. 이는 명백한 잘못이다. 이 가설은 私臣 등의 판독을 치밀하게 한 점에서는 높이 평가되나 원명과 추명의 3인씩을 찾지 못한 점에서는 도리어 연구를 제자리걸음을 시키고 말았다.

Ⅲ. 명문의 판독

먼저 원명의 판독부터 살펴보기로 하자.

---

26) 김창호, 「울주 천전리서석 원명과 추명」『고신라 금석문과 목간』, 2018.
27) 橋本 繁, 「蔚州川前里書石原銘·追銘にみる新羅王權と王京六部」『史滴』 40, 2018.

제①행은 乙巳年의 3자로 보는 견해와[28] 추명에 근거해 乙巳(年六月
十八日昧)로 복원한 견해가 있다.[29] 3번째 글자를 명문의 전후 관계와
현지 조사에서 얻은 복원 공간에 의해 年자를 복원한다.

제②행은 모두 4자이다. 4번째 글자는 전후 관계로 보아 葛자가 들어
가야 되고, 이 글자를 세밀히 관찰하면, 葛자의 밑 부분이 떨어져 나간
것 같았다. 여기에서는 葛자를 복원해 넣는다.[30]

제③행은 모두 9자인지[31] 10자인지[32] 불분명하다. 여기에서는 9자설
을[33] 취해 두고자 한다.

제④행은 모두 11자이다. 11번째 글자는 현재로서는 읽을 수가 없다.
이 글자는 제⑤행의 1번째 글자(?)로 볼 때, 동일한 글자이다.

제⑤행은 모두 11자이다. 11번째 글자를 之자[34] 또는 幸자로 읽는 견
해가[35] 있다. 이 글자 자체의 자획이 불분명해 여기에서는 모르는 글자
로 본다.

제⑥행은 10자이다. 3번째 글자를 愛자로 읽는 견해도 있으나,[36] 종래
의 友자설이[37] 타당하다.

---

28) 문경현, 앞의 논문, 1987, 11쪽.
　　김창호, 『고신라 금석문의 연구』, 2007, 156쪽.
29) 金龍善, 앞의 논문, 1979, 8쪽.
30) 김창호, 앞의 책, 2007, 152쪽.
31) 문경현, 앞의 논문, 1987, 12쪽.
32) 김창호, 앞의 책, 2009, 206쪽.
33) 문경현, 앞의 논문, 1987, 12쪽.
34) 문경현, 앞의 논문, 1987, 13쪽.
35) 武田幸男, 앞의 논문, 1993, 3쪽.
36) 武田幸男, 앞의 논문, 1993, 3쪽.
37) 黃壽永編著, 『增補 韓國金石遺文』, 1978, 26쪽.
　　김창호, 앞의 책, 2007, 156쪽.

제⑦행은 모두 5자이다. 2번째 글자는 종래에 安자로 읽어 왔으나,[38] 女자로[39] 읽는 견해가 나왔다. 여기에서는 安자와 女자가 모두 가능성이 있고, 女자로 읽으면, 3번째 글자인 郎과 함께 女郎이[40] 딸의 뜻이 되어 문맥이 통하지 않는다.[41] 여기에서는 명문 자체의 자형이 安자에 더 가까워서 安자로 읽는다. 4번째 글자는 主자,[42] 王자,[43] 三자[44] 모두 가능성이 있으나 여기에서는 三자로 본다.

제⑧행은 모두 12자이다. 12번째 글자인 麻자는 11번째 글자인 奈자와 함께 경위명인 奈麻가 오는 점에 의해 복원하였다.[45]

제⑨행은 모두 12자이다. 9번째 글자는 자획이 없다. 12번째 글자는 10번째 글자인 作과 11번째 글자인 食자에 주목하고, 추명 제⑨행의 作食人에 의해 人자를 복원하였다.

제⑩행은 모두 14자이다. 1번째 글자는 榮자로 읽어 왔으나,[46] 자체의 자획에 따를 때, 宋자가 타당하다.

제⑪행은 모두 13자이다. 1번째 글자는 眞자로 읽어 왔으나,[47] 이 글

---

38) 黃壽永編@著, 앞의 책, 1976, 26쪽에서 安로 읽어 온 이래 판독자들은 대개 이에 따르고 있다.

39) 문경현, 앞의 논문, 1987, 13쪽.

40) 후설하겠지만, 광개토태왕비의 河伯女郎은 하백의 따님이란 뜻이다.

41) 於史鄒女郎이 여자의 인명이더라도, 어사추의 딸(女郎)이 되어 사탁부사부지갈문왕의 妹와는 동일인일 수가 없다.

42) 武田幸男, 앞의 논문,

43) 橋本 繁, 앞의 논문, 2018, 22쪽.

44) 田中俊明, 앞의 논문, 1984, 198쪽.

45) 奈자만의 이체로 奈麻를 나타낼 수도 있다. 그러나 추명 제⑨행에 奈麻란 관등명이 나와서 奈麻의 복원이 타당하다.

46) 黃壽永編著, 앞의 책, 1978, 26쪽.
   김창호, 앞의 책, 2009, 206쪽.

자 자체가 貞자일 가능성이 커서 여기에서는 貞자로 읽는다.

제⑫행은 모두 11자이다. 4번째 글자는 慕자48) 또는 弟자로49) 읽어 왔으나 적성비 제⑰행의 兄弟가 兄弟로 표기됨과 글자 자체의 자획에 따라 弟자로 읽는다.

다음은 추명의 판독을 검토해 보기로 하자.

제①행은 모두 14자이다. 판독에 있어서 다른 이견이 없다.

제②행은 모두 14자이다. 3번째 글자를 從자로 읽는 견해도 있으나,50) 본 글자의 서체나 봉평비 제①행 21번째 글자인 徙자와 비교할 때, 徙자 가 분명하다. 13번째 글자는 종래에는 安자로 읽어 왔으나,51) 女자로 읽 는 견해가52) 제기되었다. 여기에서는 자획에 따라 安자로 읽는다.

제③행은 모두 17자이다. 1번째 글자는 三자, 王자, 主자 등의 가능성 이 있으나, 文意에 따라 三자로 읽는다. 7번째 글자는 亦자53) 또는 수자 로 읽는 견해가54) 각각 있어 왔으나, 자획에 따라 六자로 읽는다. 8번째 글자는 무슨 글자인지 알 수가 없다. 9번째 글자는 종래에는 年자로 읽 어 왔으나,55) 여기에서는 十자로 추독한다. 11번째 글자는 巳자로 읽어

47) 黃壽永編著, 앞의 책, 1978, 26쪽.
　　김창호, 앞의 책, 2009, 206쪽.
48) 黃壽永編著, 앞의 책, 1978, 26쪽.
　　김창호, 앞의 책, 2009, 206쪽.
49) 武田幸男, 앞의 논문, 1993, 3쪽.
50) 武田幸男, 앞의 논문, 1993, 3쪽.
51) 黃壽永編著, 앞의 책, 1978, 27쪽 등.
52) 문경현, 앞의 논문, 1989, 9쪽.
53) 黃壽永編著, 앞의 책, 1978, 27쪽.
54) 문경현, 앞의 논문, 1989, 9쪽.
55) 黃壽永編著, 앞의 책, 1978, 27쪽. 그런데 武田幸男, 앞의 논문, 1993, 3쪽에서는
　　이 글자를 모르는 글자로 보고 있다.

왔으나,[56] 원명의 제①행, 추명의 제①행과 제④행에 각각 나오는 巳자와는 글자의 밑 부분 처리에 많은 차이가 있어서 여기에서는 日자로 읽는다. 16번째 글자는 王자이나[57] 主자로 읽는 견해가[58] 나왔다. 이 主자설은 잘못된 것이다. 여기에서는 王자로 읽는다.

제④행은 모두 18자이다. 2번째 글자를 主자로 읽는 견해도 있으나,[59] 여기에서는 자획에 따라 王자로 읽는다. 5번째 글자를 丁자로 읽는 견해도 있으나,[60] 전체적인 내용이나 글자 자체를 자세히 관찰하면 乙자가 타당하다고 판단된다. 15번째 글자를 次자로 읽는 견해도 있고,[61] 汶자로 읽는 견해도 있으나[62] 남산신성비 제1비 제⑥행의 沒자와[63] 비교해 보면 沒자가 타당하다.

제⑤행은 모두 18자이다. 11번째 글자는 興자로 읽어 왔으나,[64] 其자가[65] 옳다.

제⑥행은 모두 19자이다. 8번째 글자를 妃자로 읽는 견해도 있으나,[66] 글자 자체의 자형에 따라 共자로 읽는다. 10번째 글자는 之자로 읽는 견

---

56) 黃壽永編著, 앞의 책, 1978, 27쪽.
    김창호, 앞의 책, 2009, 206쪽.
57) 黃壽永編著, 앞의 책, 1978, 27쪽.
58) 武田幸男, 앞의 논문, 1993, 3쪽.
59) 武田幸男, 앞의 논문, 1993, 3쪽.
60) 武田幸男, 앞의 논문, 1993, 3쪽.
61) 橋本 繁, 앞의 논문, 2018, 22쪽.
62) 武田幸男, 앞의 논문, 1993, 3쪽.
63) 沒자는 삼(氵) 옆에 갈도(刀, 刀를 아주 작게 쓴다.)하고, 刀밑에 또우(又)를 합친 글자이다. 그래서 汶자와 구별이 어렵다.
64) 黃壽永編著, 앞의 책, 1978, 27쪽.
65) 문경현, 앞의 논문, 1989, 9쪽.
66) 武田幸男, 앞의 논문, 1993, 3쪽.

해도 있으나,[67] 來자이다. 19번째 글자를 乇자,[68] 乞자설이 있으나[69] 乞
자설을 취한다.

제⑦행은 모두 18자이다. 4번째 글자는 從자로 읽는 견해도 있으나,[70]
徙자이다. 8번째 글자는 입구(口) 밑에 마디촌(寸)한 합자로 읽어 왔으
나,[71] 子자로 읽는 견해에[72] 따른다.

제⑧행은 모두 16자이다. 판독에 있어서 다른 이견이 없다.

제⑨행은 모두 17자이다. 5번째 글자를 모르는 글자로 보아 왔으나 私
자로 보는 견해가 나왔다.[73] 17번째 글자는 眞자로 읽어 왔으나,[74] 이
글자 자체는 마운령비와 황초령비에 나오는 眞興太王의 眞자와 서체상
차이가 있어서 貞자로 읽는다.

제⑩행은 모두 21자이다. 판독에 있어서 다른 이견이 없다.

제⑪행은 모두 22자이다. 10·11번째 글자를 △△로 읽은 적이 있다.[75]
석각의 해당 부분을 자세히 관찰해 보니, 이 부분에 한 글자밖에 들어갈
공간이 없었다. 이 경우에 及자 또는 沙자로 추독할 수 있으나, 글자 자체
가 及자 또는 沙자와는 차이가 커서 여기에서는 모르는 글자로 본다. 지금
까지 판독 결과를 모아서 서석의 원명과 추명을 제시하면 다음과 같다.

---

67) 문경현, 앞의 논문, 1989, 10쪽.
68) 武田幸男, 앞의 논문, 1993, 10쪽.
　　橋本 繁, 앞의 논문, 2018, 22쪽.
69) 문경현, 앞의 논문, 1989, 10쪽.
70) 武田幸男, 앞의 논문, 1993, 3쪽.
71) 黃壽永編著, 앞의 책, 1978, 27쪽.
　　김창호, 앞의 책, 2009, 206쪽.
72) 문경현, 앞의 논문, 1989, 21쪽.
73) 橋本 繁, 앞의 논문, 2018, 22쪽.
74) 黃壽永編著, 앞의 책, 1978, 27쪽.
75) 김창호, 앞의 책, 2009, 206쪽.

(원명)

⑫	⑪	⑩	⑨	⑧	⑦	⑥	⑤	④	③	②	①	
作	貞	宋	悉	食	鄒	幷	丶	之	文	沙	乙	1
書	宍	知	淂	多	安	遊	以	古	王	喙	巳	2
人	智	智	斯	煞	郞	友	下	谷	覓	部	(年)	3
弟	沙	壹	智	作	三	妹	爲	无	遊	(葛)		4
丶	干	吉	大	切	之	麗	名	名	來	始		5
尒	支	干	舍	人		德	書	谷	始			6
智	妻	支	帝	尒		光	石	善	淂			7
大	阿	妻	智	利		妙	谷	石	見			8
舍	兮	居		夫		於	字	淂	谷			9
帝	牟	知	作	智		史	作	造				10
智	弘	尸	食	奈			△	△				11
	夫	奚	(人)	(麻)								12
	人	夫										13
		人										14

(추명)

⑪	⑩	⑨	⑧	⑦	⑥	⑤	④	③	②	①	
一	宍	居	作	支	叱	愛	妹	三	部	過	1
利	知	伐	切	妃	見	自	王	共		去	2
等	波	干	臣		來	思	遊	徙		乙	3
次	珎	支	喙	徙	谷	己	來	夫	知	巳	4
夫	干	私	部	夫		未	以	知	葛	年	5
人	支	臣	知	知	此	年	乙	葛	文	六	6
居	婦	丁	禮	王	時	七	後	文	王	月	7
禮	阿	乙	夫	子	共	月	六	王	妹	十	8
知	兮	尒	知	郞	三	三	王	妹	於	八	9
△	牟	知	沙	△	來	日	過	於	史	日	10
干	呼	奈	干	△		其	十	史		昧	11
支	夫	麻	支	夫	另	王	日	鄒			12
婦	人	△	知	卽	王	年	安	沙			13
沙	尒	作	泊	共	知	妃	過	郞	喙		14
爻	夫	食	六	來	太	只	去	妹			15
功	知	人	知	此	王	共	尸	王			16
夫	居	貞		時	妃	見	兮	考			17
人	伐			△	夫	書	妃				18
分	干				乞	石					19
共	支										20
作	婦										21
之											22

IV. 인명의 분석

먼저 원명부터 인명의 분석을 시도해 보기로 하자.

원명의 주인공은 제②·③행에 걸쳐서 나오는 沙喙部葛文王이[76] 한 사람을 가리킴이 분명하다. 원명의 인명 분석에 있어서 중요한 곳은 제⑥·⑦행의 幷遊友妹麗德光妙於史鄒安郞三之란 구절이다. 이 부분을 종래에는 대개 麗德光妙가[77] 妹의 인명, 於史鄒安郞을 友의 인명으로 보아 왔다.[78] 그런데 於史鄒安郞의 安자를 女자로 읽고서 고구려 광개토태왕비문의[79] 母河伯女郞이란 구절과 대비로 여자의 인명으로 보았

---

76) 추명 제①·②에서는 沙喙部徙夫知葛文王이라고 표기되어 있다.

77) 이 麗德光妙를 友의 인명인 남자 인명으로 보아서, 불교와 관련된 사람으로 본 적이 있다.(김창호, 앞의 책, 2007, 158~159쪽.) 이는 잘못된 것이므로 철회한다. 여덕광묘는 사탁부사부지갈문왕의 妹 이름이다.

78) 金龍善, 앞의 논문, 1979, 23쪽.
　　金昌鎬, 앞의 논문, 1983, 13쪽.

79) 흔히 광개토태왕비를 이른바 광개토태왕릉비라고 부르고 있으나, 그 확실한 성격은 알 수가 없다. 비문에 적힌 내용의 주류가 수묘인 연호이다.(1775자설에서 계산하면, 비문 전체 가운데 35% 이상이나 된다. 教遺이나 王躬率이란 표현도 전쟁의 규모로 고구려에 불리하냐 아니냐가(浜田耕策,「高句麗廣開土王陵碑の硏究-碑文の構造と使臣の筆法と中心として-」『古代朝鮮と日本』,1974.) 아닌 但教取나 但取吾躬率로 대비되어 수묘인 연호를 뽑는 것과 관련이 된다. 수묘인연호가 중요시되는 그러한 성격의 능비의 예가 없다. 태종무열왕릉비의 경우, 능의 바로 앞에 능비가 위치하고 있다. 문무왕의 경우, 능이 없어서(동해의 해중릉에서 산골했음.) 특이하게도 사람들이 많이 다니는 중요한 도로(울산에서 서라벌로 가는 도로)의 바로 옆인 사천왕사의 앞에다 문무왕릉비를 세웠다(김창호,「문무왕의 산골처와 문무왕릉비」『신라학연구』7, 2006.). 흥덕왕릉비의 경우도 흥덕왕릉 앞에 세웠다. 광개토태왕의 경우, 태왕릉(광개토태왕릉으로 김창호,「고구려 太王陵 출토 연화문숫막새의 제작 시기」『한국 고대 불교고고학의 연구』, 2007, 133쪽 참조.)의 바로 앞에 광개토태왕비가 없다. 광개토왕비의 해결해야 문제로

다.80) 그래서 麗德光妙를 友의 인명으로, 於史鄒安郎을 妹의 인명으로 보았다.81) 이 가설 자체는 於史鄒安郎의 安자를 女자로 보기 어렵고, 원

倭의 실체를 들 수가 있다. 왜는 辛卯年(391년)에 있어서 고고학상의 무기 발달 정도(철기 개발 기술)나 선박 기술의 발달 정도로 볼 때, 일본 열도의 야마도 조정이라고 보기 힘들고, 전남 光州, 咸平, 靈光, 靈巖, 海南 등 지역에서 발견되고 있는 전방후원형 고분(그 축조 시기는 주로 500년 전후, 일본의 전형적인 전방후원분과는 차이가 있다. 그래서 전방후원형 고분이라고 부르기로 한다.)을 주목한다. 전방후원형 고분의 선조들이 4세기 후반(倭가 광개토태왕비에서 최초로 등장하는 것은 391년의 이른바 辛卯年조이다.)에서 5세기 전반까지의 정치체가 왜일 가능성이 있다. 전남 지역은 미륵사의 건립(미륵사 서탑 사리봉안기의 己亥年이 579년으로 판단되는 바,) 이에 대해서는 김창호, 「미륵사 서탑 사리봉안기」『고신라 금석문과 목간』, 2018에서 보면, 미륵사의 건립 당시(579년)에도 백제로부터 독립적인 정치체인 마한이었다.(흔히 마한 땅의 완전 정복을 4세기 근초고왕 때로 보고 있으나 따르기 어렵다.) 미륵사 건립은 사비성(부여)에서 익산 금마저로의 천도(익산 천도설은 익산 지역에 도성제의 기본인 條坊制가 실시되지 않고 있어서 성립될 수가 없다.)가 아니라, 전남 지역의 마한 정치체에게 너희들도 이런 불교 건물인 대사찰을(미륵사는 백제에서 가장 큰 사찰이다.) 건설할 수 있느냐고 묻는 정치적인 승부수였다. 또 익산 쌍릉을 무왕릉으로 보는 가설도 있으나, 왕릉은 삼국 시대에 반드시 수도에 있었다는 점을 참고하면 성립될 수가 없다. 무왕릉은 부여 능산리 고분군 가운데 하나라고 판단된다.

80) 문경현, 앞의 논문, 1987, 28~29쪽.
이 가설에 대해 左袒한 적이 있다.(김창호, 앞의 책, 2007, 158~159쪽.) 이는 잘못된 것이므로 여기에서 다음과 같은 이유로 바로 잡는다. 광개토태왕비 제1면 제②행에는 我是皇天之子母河伯女郎이라고 나온다. 이는 "나는 天帝의 아들이고, 어머니는 河伯(水神)의 따님이다."로 해석된다. 河伯女郎은 여자의 인명이 아니고, 河伯의 따님이란 뜻이다. 牟頭婁墓誌(412년 이후) 제③행의 河伯之孫 日月之子, 집안고구려비(491년 이후) 제②행의 (日月之)子 河伯之孫으로 볼 때, 河伯만이 고구려 시조 鄒牟王의 조상이란 뜻이다. 따라서 於史鄒安郎을 於史鄒女郎으로 보더라도 이를 여자의 인명으로 볼 수가 없다. 於史鄒女郎은 於史鄒의 딸(女郎)이 되어 沙喙部徙夫知葛文王의 妹가 될 수가 없다. 울주 천전리서석 원명과 추명에서 妹는 모두 沙喙部徙夫知葛文王의 妹란 뜻이다.
81) 만약에 女자설이 타당하여 麗德光妙를 友의 인명으로, 於史鄒安郎을 妹의 인

명의 연구에 있어서 재미있는 것이지만, 뒤에서 설명할 추명에 있어서
원명이 반복되는 추명 제①·②·③행의 沙喙部徙夫知葛文王妹於史鄒安
郎三共遊來란 구절로 볼 때 성립되기 어렵다. 또 幷遊友妹麗德光妙於史
鄒安郎三之의 三이 추명의 沙喙部葛文王과 妹인 麗德光妙와 友인 於史
鄒安郎을 가리킨다.

추명 제②행의 沙喙部徙夫知葛文王妹於史鄒安郎에서 이를 沙喙部徙
夫知葛文王의 妹인 於史鄒安郎의 1인으로 해석한 견해와[82] 沙喙部徙夫
知葛文王과 妹인 於史鄒安郎의 2인으로 해석한 견해가[83] 있다. 沙喙部徙
夫知葛文王妹於史鄒安郎만 따로 떼어서 보면 1인설과 2인설은 모두 가
능하다고 판단된다. 추명의 沙喙部徙夫知葛文王妹於史鄒安郎三共遊來의
三共에 주목하면, 沙喙部徙夫知葛文王, 妹, 於史鄒安郎의 3인이 되어야
한다. 그렇다면 1인설과 2인설은 모두 성립될 수 없고, 沙喙部徙夫知葛
文王, 妹(인 麗德光妙), (友인) 於史鄒安郎의 3인이 된다.

따라서 원명 제⑥·⑦행의 友妹麗德光妙於史鄒安郎도 妹인 麗德光妙
와 友인 於史鄒安郎으로 풀이된다.

제⑧행 이하의 인명 표기에 대한 분석에 대해서는 명문의 해석 부분
에서 언급하기로 하겠다.

추명의 인명을 분석할 차례가 되었다.

제①·②행의 沙喙部徙夫知葛文王妹於史鄒安郎三共遊來는 원명 부분
에서 언급한 대로 沙喙部徙夫知葛文王, 妹(인 麗德光妙), (友인) 於史鄒安
郎의 3인이 된다.

명으로 보더라도 가리키는 인명만 서로 바뀔 뿐, 천전리서석 원명과 추명의 연구
에 있어서 근본적인 문제와는 관련이 없다.
82) 문경현, 앞의 논문, 1987, 46쪽.
83) 武田幸男, 앞의 논문, 1993, 18쪽.

다음으로 妹王考妹王過人이란 부분이다. 이는 인명 표기의 직접적인 것은 아니지만, 이에 대한 정확한 해석 여부가 추명 파악의 갈림길이 될 수가 있다. 이 구절에서 考자를 죽은 사람을 가리키는 용어로 해석한 견해가 있다.[84) 考자가 죽은 아버지의 뜻이[85) 아니다. 여기에서는 考자를 동사로 본다. 추명에서 4번 나오는 妹란 글자는 모두 沙喙部徙夫知葛文王의 妹란 뜻이다. 妹王의 妹도 역시 沙喙部徙夫知葛文王의 妹란 뜻이다. 妹의 뜻에 유의하고, 妹王이 妹의 王임에 주목하여 妹王을 해석하면 추명의 주인공인 沙喙部徙夫知葛文王이 부르는 친족 호칭으로 판단되는 바, 이에 대해서는 명문의 해석 부분에서 상론하고자 한다.

다음은 제④행의 其王妃只沒尸兮妃가 있다. 其王妃란 沙喙部徙夫知葛文王의 妃를 가리키고, 지몰시혜비는 그녀의 이름이다.

다음은 제⑤행의 其王与妹란 부분이다. 其王은 沙喙部徙夫知葛文王을 가리키고, 妹는 원명의 麗德光妙를 가리키나 추명에는 치밀하게 따져보

---

84) 金龍善, 앞의 논문, 1979, 24쪽에서는 妹王考妹王을 妹, 王考妹, 王으로 끊어 읽어 王考妹를 王의 父의 妹란 뜻의 죽은 사람으로 보고 있다.
　그런데 고구려 평원왕13년으로 추정되는 辛卯銘金銅三尊佛光背의 亡師父母(黃壽永編著, 앞의 책, 1976, 237쪽.), 고구려 永康七年銘金銅光背의 亡母(黃壽永編著, 앞의 책, 1976, 238쪽.), 3국 시대로 추정되는 金銅釋迦三尊佛像의 亡妻(李蘭暎, 『韓國金石文追補』, 1967, 49쪽.), 신라 성덕왕18년 甘山寺彌勒菩薩造像記의 亡考仁章一吉湌之妣觀肖里(『朝鮮金石總覽』上, 1919, 34쪽.), 신라 성덕왕19년 甘山寺阿彌陀如來造像記의 亡考亡妣亡弟小舍梁誠沙門玄度亡妻古路里亡妹古寶里(『朝鮮金石總覽』上, 1919, 36쪽.) 등에서 보면 王考妹가 죽은 사람을 가리키려고 하면 亡자가 첨가되어야 할 것이다. 王의 父의 妹는 姑母로 쉬운 용어가 있고, 이를 亡姑母로 표기하면 된다. 죽은 고모가 추명에 나온다고 해석한 연구자는 없다. 지나친 해석이다.
85) 이문기, 앞의 논문, 1983, 135쪽에서는 妹王考를 習寶葛文王, 妹王을 智證王으로 보고 있으나 그 이유는 불분명하다. 특히 지증왕을 왜 매왕으로 불렀는지는 언듯 납득이 되지 않는다.

아도 그 녀의 이름이 나오지 않고 있다. 이 其王与妹란 구절은 원명과 추명의 주인공이 동일함을 말해주는 중요한 구절이다.

다음은 제⑥행의 此時共三來란 구절이 인명의 분석에 중요하다. 이 부분을 此時妃主之로 판독한 견해가 있다.[86] 이는 상황 판단에 따른 것으로 여기에서는 논의의 대상으로 삼지 않겠다. 이 부분의 정확한 해석을 위해 제⑤·⑥·⑦행의 관계 부분을 적기해 보자.

己未年七月三日其王与妹共見書石叱見來谷 此時共三來 另卽知太王妃夫乞支妃 徙夫知王子郎△△夫知共來

此時共三來에서 此時란 己未年七月三日이므로, 己未年七月三日에 書石谷에 온 사람은 모두 3인으로 해석된다. 앞에서 살펴본 대로 其王与妹에서 其王은 사탁부사부지갈문왕이고, 妹는 원명의 麗德光妙이다. 이제 남은 한사람은 另卽知太王妃夫乞支妃徙夫知王子郎△△夫知의 해결에 따라서 풀 수가 있을 것이다. 另卽知太王妃夫乞支妃에 대해서는 夫乞支妃만을 따로 떼어서 법흥왕비로 추정한 견해가 있다.[87] 법흥왕비에 대해서는 『三國史記』, 권4, 新羅本紀 4, 法興王 卽位條에 法興王立(중략) 妃朴氏保刀夫人이라고 기록되어 있다. 그래서 천전리서석 추명의 夫乞과 『삼국사기』의 保刀에서 夫는 保와, 乞의 음과 刀의 훈을 각각 대응시키고, 조선 중종 때 편찬된 『訓蒙字會』에 乞의 음은 걸, 刀의 훈은 갈로 되어있다는 사실로 보충하였다.[88] 따라서 另卽知太王妃=夫乞支妃=保刀夫人=법흥왕비라는 관계가 성립된다.

---

86) 武田幸男, 앞의 논문, 1993, 3쪽.
87) 金龍善, 앞의 논문, 1979, 19쪽.
88) 金龍善, 앞의 논문, 1979, 19쪽.

다시 앞의 另卽知太王妃에서 另卽知太王이 누구인지를 알아보기 위해 另자의 신라 중고의 발음부터 조사해 보기로 하자. 신라 진흥왕대에 활약하고, 『삼국사기』에 나오는 금관가야 왕족 출신의 金武力은[89] 적성비(545년 직전)에 沙喙部武力智(阿干支), 창녕비(561년)에 沙喙另力智迊干, 마운령비(568년)에 沙喙部另力智迊干으로 나온다.[90] 위의 자료에 따르면 另자는 武자에 가깝게 발음되었다고 판단된다. 여기서 另卽知太王이 누구인지를 알아보기 위해 另卽知太王妃가 기록된 추명의 연대가 539년임을 참작해 문헌에서 비슷한 신라 국왕의 이름을 찾아 제시하면 다음과 같다.

册府元龜 姓募名泰(『三國史記』, 권4, 신라본기 4, 법흥왕 즉위조 挾注)
第二十三法興王 名原宗 金氏 册府元龜 云姓募 名秦(『三國遺事』, 권1, 王曆 1, 第二十三法興王조)
普通二年 王姓募名秦(『梁書』, 권54, 列傳, 新羅조)
梁普通二年 王姓募名泰 泰汲古閣本金陵書局本及梁書作秦(『南史』, 권79, 列傳, 夷貊 下, 新羅조)

普通二年은 신라 법흥왕8년(521년)이고, 다 아는 바와 같이 신라 왕실의 성은 김씨이므로 募秦은 법흥왕의 이름으로 판단된다. 추명의 另卽과 『梁書』의 募秦에 있어서 另자는 募자와, 卽자는 秦자와 서로 대응된다. 그렇다면 另卽=募秦=법흥왕이 된다.[91] 그 뒤에 1988년에 발견되어서 524년에 세워진 것으로 알려진 봉평비에 牟卽智寐錦王이 나와서 설득력을 갖게 되었다. 另卽知太王妃夫乞支妃는 另卽知太王妃인 夫乞支妃

---

89) 삼국 통일 전쟁 때에 맹활약한 김유신 장군의 할아버지이다.
90) 武田幸男, 「眞興王代における新羅の赤城經營」『朝鮮學報』93, 1979, 12쪽.
91) 이 부분에 대한 최초의 언급은 김창호, 「신라 중고 금석문의 인명표기(Ⅰ)」『대구사학』22, 1983:『삼국시대 금석문 연구』, 2009 재수록, 210~211쪽.

가 된다.[92] 곧 무즉지태왕비=부걸지비=법흥왕비=보도부인이 된다.

그러면 이 구절의 인명은 沙喙部徙夫知葛文王, 妹인 麗德光妙, 另卽知太王妃인 夫乞支妃, 徙夫知王, (沙喙部徙夫知葛文王의) 子인 郎△△夫知의 5인이 되나, 沙喙部徙夫知葛文王과 徙夫知王은 동일인이므로 4인이 된다. 此時共三來라고 되어 있어서 3인이 되어야 한다. 원명에서 麗德光妙란 인명이 한번 나오는데, 추명에서는 이름이 나오지 않고 妹로만 4번이나 나오고 있다. 거듭 이야기하지만 추명의 주인공은 3인이 되어야 한다. 另卽知太王妃인 夫乞支妃, 徙夫知王, 子인 郎△△夫知 이외에 其王与妹共見書石叱來谷했다고 하므로 其王은 徙夫知(葛文)王이지만 妹는 누구인지 알 수가 없다. 另卽知太王妃인 夫乞支妃, 子인 郎△△夫知 중에서 妹가 될 수 있는 사람은 另卽知太王妃인 夫乞支妃밖에 없다.[93] 원명의 麗德光妙가[94] 另卽知太王(법흥왕)에게 시집을 가서 另卽知太王妃인 夫

---

92) 田中俊明, 앞의 논문(二), 1985, 34쪽에서는 另卽知太王妃夫乞支妃를 另卽知太王과 妃인 夫乞支妃로 풀이하고 있다. 己未年七月三日에는 무즉지태왕이 이미 죽어서 천전리 서석곡에 올 수가 없어서 성립될 수가 없다. 따라서 무즉지태왕과 비인 부걸지비로는 나눌 수가 없다.

93) 추명에 여자 인명표기는 另卽知太王妃夫乞支妃의 한 사람뿐이다.

94) 신라에 있어서 여자의 인명 표기에 밥 짓는 사람을 뜻하는 作食人이란 직명을 가진 여자의 이름이 원명에 2명, 추명에 3명이 나오고 있다. 그 중에 한 예를 들면 作食人宋知智壹吉干支妻居知尸奚夫人이 있다. 이를 해석하면 作食人은 宋知智壹吉干支의 妻인 居知尸奚夫人이다가 된다. 作食人이란 직명을 갖지 않은 여자의 인명 표기도 있다. 그 예(천전리서석 계해명, 종서를 횡서로 바꾸었다.)를 들어 보면 다음과 같다.

① 癸亥年二月六日
② 沙喙路陵智小舍
③ 婦非德刀遊
④ 行時書

이를 해석하면 癸亥年(603년)二月六日에 "沙喙(部)路陵智小舍의 婦인 非德

乞支妃가 보면, 此時共三來의 3인으로 另卽知太王妃인 妃夫乞支妃, 徙夫
知(葛文)王, (沙喙部徙夫知葛文王의) 子인 郎△△夫知를 들 수가 있다.

제⑧행 이하의 인명 분석은 명문의 해석 부분에서 언급하기로 하겠다.

지금까지 천전리서석의 원명과 추명의 인명 분석을 제시하면 다음과
같다.

〈표 1〉 울주 천전리서석 원명과 추명의 인명 분석표

	職名	部名	人名	官等名	備考
原銘		沙喙部	(沙喙部葛文王)	葛文王	
		上同	麗德光妙		沙喙部葛文王의 妹
		上同	於史鄒安郎		沙喙部葛文王의 友
	作切人		尒利夫智	奈(麻)	
	上同		悉淂斯智	大舍帝智	
	作食人		居知尸奚夫人		宋知智壹吉干支의 妻
	上同		阿兮牟弘夫人		貞肉智沙干支의 妻
	作書人		第ㄣ尒智	大舍帝智	
追銘		沙喙部	徙夫知	葛文王	
		上同	妹		沙喙部徙夫知葛文王의 妹
		上同	於史鄒安郎		沙喙部徙夫知葛文王의 友
			妹王		徙夫知葛文王이 另卽知太王을 부른 간접 호칭
			只沒尸兮妃		沙喙部徙夫知葛文王의 妃
			夫乞支妃		沙喙部徙夫知葛文王의 妹 =另卽知太王妃
		沙喙部	子인 郎△△夫知		沙喙部徙夫知葛文王의 아들
	作切臣	喙部	知礼夫知	沙干支	

刀가 遊行할 때 썼다."가 된다.

여자의 인명 표기는 남편의 이름에 의존해서 표기하고 있다. 麗德光妙는 남편의
이름이 없이 단독으로 표기하고 있어서 525년의 원명에서 시집가기 전의 이름으
로 판단된다. 여기에 나오는 遊行은 遊來, 遊 등과 함께 단순히 놀러오는 것이
아닌 모두 장송 의례에 참가하는 것을 의미하는 것으로 보아야 할 것이다.

職名	部名	人名	官等名	備考
上同	上同	△泊六知	居伐干支	
私臣		丁乙尒知	奈麻	
作食人		阿兮牟呼夫人		貞肉知波珎干支의 婦
上同		一利等次夫人		尒夫知居伐干支의 婦
上同		沙爻功夫人		居礼知△干支의 婦

Ⅴ. 명문의 해석

이제 명문의 전체적인 해석을 할 차례가 되었다. 설명의 편의를 위해 원명부터 문단을 크게 5단락으로 나누어서 제시하면 다음과 같다.

A. 乙巳年沙喙部葛文王覓遊來始淂見谷之 古谷旡名谷善石淂造△ㆍ以
下爲名書石谷字作△ 幷遊友妹麗德光妙於史鄒安郎三之
B. 食多煞
C. 作切人尒利夫智奈麻悉淂斯智大舍帝智
D. 作食人宋知智壹吉干支妻居知尸奚夫人貞宍智沙干支妻阿兮牟弘夫人
E. 作書人第ㆍ尒智大舍帝智

A단락을 해석하면 "乙巳年(525년)에 沙喙部葛文王이 찾아 놀러 오셔서 비로소 谷을 보았다. 古谷이지만 이름이 없었다. 谷의 善石을 얻어서 만들었고, (…)以下를 書石谷이라고 이름을 붙여 字作△했다. 아울러 놀러(온 이는) 妹인 麗德光妙와 友인 於史鄒安郎의 三人이다."가 된다.

B단락은 부사구로서 단락의 자격이 없으나 설명의 편의상 B단락으로 잡았다. 이 부사구는 원명에 있어서 기사 부분과 인명 표기가 나열되는 곳의 중간에 오고 있다. 이와 똑 같은 위치에 있으면서 잘 해석이 되지

않은 구절로 추명의 此時△를 들 수가 있다. 이 두 구절은 같은 뜻을 의미하는 것으로 추정된다. 食多煞과 此時△에 있어서 食과 此는 대응된다. 食자의 음은 식이지만 이자로 읽는 경우도 있다. 食의 음인 이와 此의 훈인 이는 서로 상응된다. 多의 음인 다와 時의 훈인 때는 서로 통한다. 이렇게 되면 食多煞=此時△이 되어 "이 때에"정도로 풀이가 가능할 듯하다.

C단락은 두 사람의 인명 표기이다. 作切人은 직명, 尒利夫智는 인명, 奈麻는 관등명이다. 다음 사람의 직명인 作切人은 앞 사람과 같아서 생략되었고, 悉淂斯智가 인명, 大舍帝智가 관등명이다. 이를 해석하면 "作切人은 尒利夫智奈麻와 悉淂斯智大舍帝智이다."가 된다.

D단락도 인명 표기의 부분이다. 作食人宋知智壹吉干支妻居知尸奚夫人과 貞宍智沙干支妻阿兮牟弘夫人의 두 사람 인명 표기이다. 作食人이란 직명이 암시하는 바와 같이 밥 짓는 사람의 뜻으로 여자의 인명 표기이다. 作食人은 직명, 宋知智는 인명, 壹吉干支는 관등명이다. 妻居知尸奚夫人은 妻인 居知尸奚夫人으로 분석된다. 貞宍智沙干支妻阿兮牟弘夫人에서[95) 作食人이란 직명은 앞 사람과 같아서 생략되었고, 貞宍智는 인명, 沙干支는 관등명이다. 妻阿兮牟弘夫人은 妻인 阿兮牟弘夫人으로 분석된다. 이 단락 전체를 해석하면, "作食人은 宋知智壹吉干支의 妻인 居知尸奚夫人과 貞宍智沙干支의 妻인 阿兮牟弘夫人이다."가 된다.

E단락도 인명 표기이다. 作書人은 직명, 弟ㄟ尒智는 인명, 大舍帝智는 관등명이다. 이를 해석하면, "作書人은 弟ㄟ尒智大舍帝智이다."가 된다

지금까지 풀이해 온 바를 전체적으로 정리하여 제시하면 다음과 같다.

---

95) 이 글자는 활 궁(弓) 옆에 긴 입 구(口)한 것으로 되어 있다.

"乙巳年(525년)에 沙喙部葛文王이 찾아 놀러 오셔서 비로소 谷을 보았다. 古谷이지만 이름이 없었다. 谷의 善石을 얻어서 만들었고, (…)以下를 書石谷이라고 이름을 붙여 字作△했다. 아울러 놀러(온 이는) 妹인 麗德光妙와 友인 於史鄒安郎의 3인이다.

이때에 作切人은 介利夫智奈麻와 悉淂斯智大舍帝智이다. 作食人은 宋知智壹吉干支의 妻인 居知尸奚夫人과 貞宍智沙干支의 妻인 阿兮牟弘夫人이다. 作書人은 第ㅈ介智大舍帝智이다."

다음은 추명의 해석을 시도할 차례가 되었다. 설명의 편의를 위해 우선 추명의 8개의 단락으로 나누어서 제시하면 다음과 같다.

A. 過去乙巳年六月十八日昧 沙喙部 徙夫知葛文王妹於史鄒安郎三共
    遊來以後六△十八日年過去
B. 妹王考妹王過人
C. 乙巳年王過去其王妃只沒尸兮妃愛自思
D. 己未年七月三日其王与妹共見書石叱見來谷 此時共三來 另卽知太
    王妃夫乞支妃 徙夫知王子郎△△夫知共來
E. 此時△
F. 作切臣喙部知礼夫知沙干支△泊六知居伐干支
G. 私臣丁乙介知奈麻
H. 作食人貞宍知波珎干支婦阿兮牟呼夫人介夫知居伐干支婦一利等次
    夫人居禮知△干支婦沙爻功夫人分共作之

먼저 단락A부터 해석해 보자. 맨 앞에 나오는 過去는 지난 날 또는 과거란 뜻이다. 昧는 새벽이란 뜻이다. 『書經』, 周書, 牧誓篇에 時甲子昧爽란 구절에도 보인다. 맨 끝의 過去는 지나가다란 뜻의 동사이다. 단락A를 해석하면, "지난 날 乙巳年(525년)六月十八日 새벽에 沙喙部徙夫知葛文王, 妹(인 麗德光妙)와 (友인) 於史鄒安郎의 3인이 함께 놀러 온 이후

로 六(月)十八日에는 해마다 (書石谷을) 지나갔다."가 된다. 六月十八日에
는 沙喙部徙夫知葛文王과 妹에게는 중요한 의미가 있다고 사료된다. 乙
巳年六月十八日 새벽에 서석곡에 온 이후로 해마다 六月十八日에는[96]
沙喙部徙夫知葛文王과 妹가 이 곳을 찾은 이유가 궁금하다. 그냥 놀러
온 것만으로 그 까닭을 찾을 수 없다. 이를 풀 수 있는 자료로 천전리서
석 乙卯銘이[97] 있다. 관계 전문을 제시하면 다음과 같다.

④	③	②	①	
先	僧	道	乙	1
人	首	人	卯	2
等	乃	比	年	3
見	至	丘	八	4
記	居	僧	月	5
	智	安	四	6
	伐	及	日	7
	村	以	聖	8
	衆	沙	法	9
	士	弥	興	10
			太	11
			王	12
			節	13

---

96) 해마다 六月十八日에 서석곡을 왔다간 것을 보면, 이 날이 사탁부사부지갈문왕
의 비인 지몰시혜비의 제삿날이다.

97) 聖法興太王節의 聖자는 1010~1031년 사이 건립된 낭혜화상비의 國有五品曰
聖而 曰眞骨 曰得難 言貴姓之難得 文賦云 或求易得難 從言六頭品 數多爲
貴 猶一命至九 其四五品 不足言(이 구절의 해석 문제에 대해서는 김창호, 「新
羅 朗慧和尙碑의 두 가지 문제-得難조의 해석과 건비 연대-」『한국 고대 불교
고고학의 연구』, 2007 참조.)의 聖而와 발음상 비슷하다. 선도산 마애3존불 관음
보살상의 등에도 聖자가 있다. 이들은 모두 聖骨을 의미하는 것으로 보인다. 그
렇다면 신라 중고에 성골이 실존하게 된다.

乙卯年의 연대는 법흥왕22년(535년)으로 보고 있다.[98] 居智伐村을 『삼
국사기』, 地理志, 良州조의 巘陽縣 本居知火縣 景德王改名 今因之의 居
知火縣란 구절과 대비시켜서 居智伐=居知火로 본 견해가 있다.[99] 巘陽
縣의 위치가 궁금하다. 『高麗史』, 志 권11, 지리 2에 巘陽縣 本居知火縣
景德王改名 爲良州領縣 顯宗九年來居 仁宗二十一年 監務後改彦陽이라고
되어 있어서 언양 지역이 거지벌촌임을 알 수가 있다. 행정촌인[100] 거지

---

98) 문경현, 「新羅 佛教 肇行攷」 『新羅文化祭學術發表會論文集』14, 1993, 141
쪽에서 595년(진평왕16년)설을 주장하고 있다. 제①행에 나오는 節자를 불교 기
념일을 가리키는 것으로 해석하고(필자 주;節자는 단순히 때란 뜻이다.), 『삼국
사기』, 권4, 신라본기4, 법흥왕28년조의 王薨 諡曰法興에 근거하여 법흥왕 재
위 시에는 牟卽智寐錦王 등으로 불리었을 뿐이고, 법흥왕은 시호이므로 법흥
왕의 재위 시에는 사용이 불가능하다고 전제아래 乙卯年은 595년이 되어야
한다고 주장하였다. 이 방법론에 따라서 539~576년에 재위한 진흥왕의 경우를
조사해 보자. 마운령비에는 眞興太王이라고 명기되어 있고, 『삼국사기』, 권4,
신라본기4, 진흥왕37년조에 秋八月王薨 諡曰眞興이라고 되어 있어서 마운령
비의 건립 연대도 한 갑자 내려서 628년으로 보아야 할 것이다. 지금까지 마운
령비의 건립 연대를 628년으로 본 가설은 제기된 바 없다. 북한산비와 황초령비
에도 眞興太王이란 구절이 있어서 마운령비와 마찬가지의 경우가 된다. 따라서
을묘명의 새긴 연대는 595년이 아닌 535년이 옳다.
99) 木村 誠, 「新羅郡縣制の確立過程と村主制」 『朝鮮史研究會論文集』13, 1976,
11쪽.
100) 거지벌촌처럼 확실한 행정촌은 많지가 않다. 또 고신라 금석문에 나오는 城村은
모두 자연촌이 아닌 행정촌으로 보아야 될 것이다(김창호, 앞의 책, 2009, 170~
186쪽.). 만약에 금석문에 나오는 성촌명에 자연촌도 있으면 어떤 것은 자연촌,
어떤 것은 행정촌으로 되어, 작성자나 읽는 자가 모두 혼란스러워서 안 된다. 성
촌명 가운데 왜 촌명만이 자연촌과 행정촌으로 나누고 있으며, 성명에 대해서는
행정성과 자연성으로 나누지 않는지가 이상하다. 금석문이나 목간에 나오는 성
촌명을 행정촌으로 보아도 아무런 문제가 생기지 않는다. 고신라 금석문에 나오
는 성촌명을 자연촌으로 보면, 居智伐村과 같은 확실한 행정촌이 있어서 문제
가 노정된다. 또 고신라 금석문과 목간에서 확실한 자연촌은 없다. 함안 성산산

벌촌이 언양현과 같으므로 천전리서석이 있는 서석곡이 언양현에 속했던 것으로 보인다.

원명과 추명에서 서석곡에 온 이유와 관련되는 구절은 을묘명 제②·③·④행의 道人比丘僧安及以沙弥僧首乃至居智伐村衆士先人等見記이다.[101] 及以, 乃至가 병렬의 뜻을 가진 조사로 볼 경우에[102] 이 구절은 "道人 比丘인 僧安과 沙彌인 僧首와[103] 居智伐村의 衆士·先人들이[104] 보고 기록한다."로 해석된다.[105] 道人은 북한산비(561년~568년),[106] 마운령비(568년),

---

성 목간의 자연촌설에 대해서는 고를 달리하여 필자의 견해를 밝히고자 한다.

101) 等자는 적성비의 高頭林城在軍主等으로 볼 때, 복수의 뜻이다. 軍主는 중성리비(441년), 냉수리비(443년)의 5세기 금석문에는 나오지 않고, 봉평비(524년), 적성비(545년이나 그 직전), 창녕비(561년), 북한산비(561~568년), 마운령비(568년), 황초령비(568년)의 6세기 금석문에는 반드시 나온다.

102) 深津行德, 「法體の王-序說:新羅の法興王の場合-」『學習院大學 東洋文化研究所 調査研究報告』39, 1993, 55쪽.

103) 도인인 僧安, 僧首이란 스님 이름은 연가7년명금동여래입상(479년) 제②행의 僧演과 함께 외자 승명의 예이다. 이 밖에 울주 천전리서석에 僧柱가 있다. 승안과 승수와 승주는 승연으로 보면, 고구려 영향이지 중국 남조의 영향으로 볼 수가 없다. 마운령비와 황초령비의 沙門道人인 법장과 혜인도 고구려계 승려로 보여 더욱 그러하다. 북한산비의 석굴에 있던 도인도 고구려계 승려이다. 따라서 도인의 중국 남조의 영향을 받은 직명으로 보기가 어렵게 된다. 고구려의 영향으로 보고자 한다.

104) 중사와 선인은 불교 사전 등 어떤 사전에도 나오지 않고 있다.

105) 김창호, 앞의 책, 2009, 132쪽.

106) 인명 표기로는 나오지 않고, 제⑦행에 見道人△居石窟이라고 나오고 있다. 석굴에 살던 도인은 원래는 발달된 불교 지식을 갖고 있던 고구려 승려로 보인다. 마운령비와 황초령비의 沙門道人法藏慧忍 중의 한 사람일 가능성이 있다. 법장과 혜인은 본래 새로 정복한 고구려 옛 땅에 살던 원고구려인의 신라인화란 이데올르기 지배에 큰 역할을 했을 것이다. 이들이 원래 고구려 승려라 고구려 말로 새로 정복한 고구려 옛땅의 지방민을 위무했을 것이다. 이것은 불교를 신라 정부가 활용함과 동시에, 이러한 방식의 지방민 지배가 신라식 지방 통치 방

황초령비(568년)에서 당대의 최고의 귀족이던 大等喙部居柒夫智伊干보
다[107] 앞서서 나오는 당시 신라에서의 최고위 승직이다.[108] 이러한 道人
과 대비되는 거지벌촌(언양현)의 衆士와 先人은 누구일까? 이들은 을묘
명을 구조적으로 볼 때, 장송 의례의 토착 신앙을 담당했던 직명으로 보
인다.[109] 또 6세기경의 천전리서석 선각화에는 인물도, 기마행렬도 등의
인물상과 말, 새, 용, 물고기의 동물상 그리고 배 등이 있다. 이는 3~6세
기 무덤인 적석목곽묘[110] 출토의 토우와 유사하여 장송 의례와 관련된
것이다.[111] 따라서 토착 신앙의 성지인 서석곡은 장송 의례와 관련된 것
이 주류였음을[112] 알 수 있다.

乙巳年(525년)六月十八日에는 沙喙部徙夫知葛文王의 妃인 只沒尸兮妃
가 죽어서 沙喙部徙夫知葛文王과 妹인 麗德光妙 등이 토착 신앙(장송 의
례)의 성지인 서석곡에 왔다고[113] 사료된다.[114]

식이며, 이는 지방민에 대한 배려로 뒷날 3국 통일의 원동력이 되었을 것이다.

107) 居柒夫智伊干의 柒자는 나무 목(木)변에 비수 비(匕)자이다. 따라서 居柒夫는
    창녕비의 △大等喙居七夫智一尺干과는 동일인일 수가 없다. 거칠부는 대등으
    로 창녕비에 기록되어야 한다.
108) 辛鍾遠, 「道人 使用例를 통해 본 南朝佛敎와 韓日關係」 『韓國史硏究』59,
    1987에서는 도인을 중국 남조 계통 영향을 받은 불교 승려로 보고 있다.
109) 김창호, 앞의 책, 2009, 130~137쪽.
110) 김창호, 앞의 논문, 2014에서 신라 적석목곽묘에 관한 편년을 제시한 바 있다.
    곧 4세기 중반 황남동109호3·4곽, 4세기 후반 황남동110호, 황오리14호, 5세기
    전반 98호남분(402년, 내물왕릉), 98호북분, 5세기 후반 금관총(458년, 눌지왕릉
    = 尒斯智王陵=넛지왕릉), 서봉총, 식리총, 금령총, 천마총, 6세기 전반 호우총
    (475년이 상한), 보문리 합장묘로 보았다.
111) 김창호, 앞의 책, 2009, 140~141쪽.
112) 울주 천전리서석은 제천 점말동굴, 강원도 고성 삼일포처럼 절경이라서 화랑이
    遊娛하기 좋은 곳으로 화랑이 장송 의례와 관련될 가능성도 있다. 이에 대해서
    는 김창호, 「제천 점말동굴의 화랑석각」 『문화사학』50, 2018 참조.

B단락은 妹王考妹王過人으로 그 해석이 대단히 어렵다. 이 구절 가운데 考자는 앞에서 살펴 본 바와 같이 亡考가 아니므로 죽은 아버지의 뜻이 아닌 동사이다. 추명에서 4번 나오는 妹자는 모두 沙喙部徙夫知葛文王의 妹란 뜻이다. 이 구절에서 妹王=於史鄒安郎으로 본 견해가 있다.[115] 妹王의 妹자가 沙喙部徙夫知葛文王의 妹란 뜻이고, 沙喙部徙夫知葛文王과 於史鄒安郎의 관계가 벗(友)일 뿐이고, 妹王은 妹의 王이란 뜻이므로 성립될 수가 없다. 妹자가 추명의 주인공 2명(其王与妹) 가운데 한 사람을 가리킨다. 妹는 沙喙部徙夫知葛文王의 妹란 뜻이 내포되어 있다. 이때에 妹와 妹王의 차이가 궁금하다. 두 번 나오는 妹王은 妹와 관련된 용어로 妹의 왕을 가리킴이 분명하다. 妹자가 沙喙部徙夫知葛文王의 妹를 뜻하는 점, 원명과 추명의 주인공 가운데 한 사람이 沙喙部徙夫知葛文王인 점, 妹王이 妹의 王을 가리키는 점 등을 동시에 고려하면 妹王은 추명의 주인공인 沙喙部徙夫知葛文王이 부르는 호칭일 가능성이 있다. 沙喙部徙夫知葛文王이 妹王이라고 부를 수 있는 대상자는 누구일까? 아무래도 妹의 남편 곧 妹가 시집을 간 쪽 사람을 부르는 호칭으로 판단된다. 沙喙部徙夫知葛文王의 妹가 시집을 갔을 때, 沙喙部徙夫知葛文王이 妹王이라고 부를 수 있는 제1의 대상자는 妹의 남편이다. 여기에서는 妹의 남편인 另卽知太王(법흥왕)을 沙喙部徙夫知葛文王이 부르는 간접 호칭으로[116] 보고자 한다.[117]

---

113) 김창호, 앞의 책, 2007, 170쪽.

114) 미리 결론을 말하면 己未年(539년)七月三日에는 另卽知太王妃인 夫乞支妃의 남편인 另卽知太王(법흥왕)이 죽었기 때문에 另卽知太王妃인 夫乞支妃, 沙喙部徙夫知葛文王 등이 토착 신앙(장송 의례)의 성지인 서석곡을 찾은 것이라고 해석된다.

115) 武田幸男, 앞의 논문, 1993, 18쪽.

116) 인류학에서 사용하는 용어를 차용하였다.

이 妹王과 비슷한 용례를 찾아 보자. 昌王銘舍利龕 명문에 百濟昌王十
三季歲在丁亥妹兄公主供養舍利(개행)라고[118] 나온다. 昌王十三季歲在丁
亥는 威德王13년(567년)이다. 이 명문은 백제 창왕13년 丁亥(567년)에 妹
兄과 公主가 공양한 사리로[119] 해석된다. 이 妹兄은 오늘날의 의미와 꼭
같은 것이다. 또『삼국사기』, 권44, 金陽傳에 開成六年丙辰 興德王薨 無
嫡嗣 王之堂弟 堂弟之子悌隆爭嗣位 陽與均貞之子阿飡祐徵 均貞妹婿禮徵
奉均貞爲王에서 妹婿란 용어가 나온다. 妹王은 妹의 王이란 뜻이다. 妹
兄은 妹의 兄(남편), 妹婿는 妹의 婿(남편), 妹弟는 妹의 弟(남편), 妹夫는
妹의 夫(남편)란 뜻이고, 모두가 시집을 간 쪽의 남편을 가리키는 용어
이다. 妹王도 妹兄, 妹婿, 妹弟, 妹夫와 마찬가지로 妹의 남편을 가리킬
가능성이 크다. 따라서 妹王은 沙喙部徙夫知葛文王이 妹(另卽知太王妃인
夫乞支妃)의 남편인 另卽知太王(법흥왕)을 부르는 간접 호칭으로 볼 수
가 있다. 沙喙部徙夫知葛文王과 另卽知太王은 妻男妹夫사이로 판단된다.

---

117) 사탁부사부지갈문왕과 무즉지태왕(법흥왕)은 처남, 매부 사이이다.
118) 年의 이체인 秊는 백제 금석문에는 처음으로 나온다.
119) 이를 金昌鎬,「집안고구려비를 통해 본 麗濟 王陵 비정 문제」『考古學探究』
17, 2015, 39쪽에서는 백제 창왕13년(567년) 丁亥에 (창왕의) 매인 형공주가 공양
한 사리로 해석하였다. 이는 잘못된 것이다. 癸酉銘阿彌陀三尊佛碑像(673년)
에서(김창호,「癸酉銘阿彌陀三尊佛碑像의 銘文」『한국 고대 불교고고학의
연구』, 2007, 73쪽.) 백제 유민 32명(총 33명 중 1명은 인명 표기가 불확실함)의
인명이 三久知乃末(인명+관등명)식(신라 인명 표기 방식)으로 되어 있으나, 백
제 관등명을 가진 達率身次는 불비상 자체에서 관등명+인명으로 백제 인명 표
기 방식을 갖고 있었다. 達率身次의 예와 비교해서 妹兄公主를 妹인 兄公主
로 해석하려고 하면 인명+관등명류가 된다. 이는 達率身次(관등명+인명)과는
인명이 오는 위치가 서로 반대가 된다. 妹兄公主를 백제 인명 표기 방식인 妹
인 兄公主로 해석하려고 하면, 명문 자체가 妹公主兄이 되어야 할 것이다. 따
라서 妹兄公主 부분은 인명일 수가 없고, 妹兄과 公主 곧 公主 부부로 해석해
야 될 것이다.

뒤에 나오는 過人이란 용어도 過去와 마찬가지로 지나가다와 돌아가
시다의 두 가지 뜻이 있는 것으로 판단된다.[120] 여기에서의 過人은 돌아
가신 사람이다란 뜻이다. 이 단락에는 물론 추명의 주인공인 沙喙部徙夫
知葛文王이란 주어가 생략되어 있다. 妹王考妹王過人을 해석할 차례가
되었다. "(沙喙部徙夫知葛文王이) 妹王(법흥왕)을 생각하니, 妹王은 죽은
사람이다."로 해석된다.[121]

C단락을 해석해 보자. "乙巳年에[122] 王(沙喙部徙夫知葛文王)은 돌아가
신 其王妃(沙喙部徙夫知葛文王의 妃)인 只沒尸兮妃를 愛自思(사랑하여
스스로 생각)했다."가 된다.[123]

D단락은 "己未年七月三日에 其王(沙喙部徙夫知葛文王)과 妹(另卽知太

---

120) 南豊鉉,「永泰二年銘 石造毗盧遮那佛造像記의 吏讀文 考察」『新羅文化』
　　5, 1988, 11쪽에서 추명의 過去가 지나가다와 돌아가시다의 두 가지로 쓰였다고
　　하였다. 또 過去爲飛賜豆溫哀郞願爲를 돌아가신 豆溫哀郞의 願을 위하여라
　　고 해석하고 있다.

121) 무즉지태왕은 己未年七月三日에 부걸지비와 사탁부사부지갈문왕 등이 서석곡
　　에 왔을 때는 이미 죽었다고 판단된다. 지몰시혜비의 제삿날이 六月十八日인
　　점에서 보면, 7월 3일이 무즉지태왕의 제삿날이다. 그래서 이 날 부걸지비와 사
　　탁부사부지갈문왕 등이 서석곡(장송 의례의 성지)을 찾았다. 무령왕릉(재위 501
　　~523년) 출토의 매지권에 근거할 때, 무령왕과 왕비 모두 27개월의 3년 상을 치
　　려고 있어서 6세기에 중국식의 유교 장례가 보급되었음을 알 수 있다. 그러나
　　서석곡에 있는 장송 의례의 성지를 찾는 것은 중국에는 없는 신라 방식이다.

122) 丁巳年으로 537년으로 보기도 하나 그렇게 하면 그 의미가 잘 통하지 않는다.
　　乙巳年으로 보아야 할 것이다. 그래야 전후 관계의 연결이 순조롭고, 乙巳年六
　　月十八日이 沙喙部徙夫知葛文王의 妃인 只沒尸兮妃가 돌아가신 때임이 분
　　명하게 된다.

123) 이 부분을 南豊鉉,「新羅時代 吏讀文의 解讀」『書誌學報』9, 1993, 8쪽에서
　　는 "王이 돌아가시니 그 王妃인 只沒尸兮妃께서 (잊지 못하고) 사랑하여 스스
　　로 생각했다."로 해석하고 있다. 乙巳年(525년)에는 沙喙部徙夫知葛文王은 죽
　　지 않고, 己未年(539년)에도 서석곡에 遊來하고 있어서 잘못된 해석이다.

王妃인 夫乞支妃)가 함께 書石을 보러 谷에 왔다. 이때에 함께 3인이 왔
다. 另卽知太王妃인 夫乞支妃, 徙夫知(葛文)王, 子인 郎△△夫知가 함께
왔다."로 해석된다.

E단락은 此時△로 전술한 바와 같이 "이때에"정도로 해석된다.

F단락에서 作切臣은 직명, 喙部는 출신부명, 知禮夫知는 인명, 沙干支
는 관등명이다. △泊六知居伐干支에서 직명과 출신부명은 앞사람과 같아
서 생략되었고, △泊六知는 인명, 居伐干支는 관등명이다. 이를 해석하면,
"作切臣은 喙部의 知禮夫知沙干支와 △泊六知居伐干支이다."가 된다.

G단락의 私臣丁乙尒知奈麻에서 私臣은[124) 직명, 丁乙尒知는 인명, 奈
麻는 관등명이다. 이를 해석하면, "私臣은 丁乙尒知奈麻이다."가 된다.

H단락의 作食人貞宍知波珎干支婦阿兮牟呼夫人尒夫知居伐干支婦一利
等次夫人居禮知△干支婦沙爻功夫人에서 作食人貞宍知波珎干支婦阿兮牟
呼夫人이 한 사람의 인명 표기이다. 作食人은 직명, 貞宍知는 인명, 波珍
干支는[125) 관등명, 婦阿兮牟呼夫人는 婦인 阿兮牟呼夫人이란 뜻이다. 尒
夫知居伐干支婦一利等次夫人이 한 사람의 인명 표기이다. 作食人이란 직
명은 앞 사람과 같아서 생략되었고, 尒夫知는 인명, 居伐干支는 관등명,
婦一利等次夫人은 婦인 一利等次夫人이란 뜻이다. 居禮知△干支婦沙爻
功夫人이 한 사람의 인명 표기이다. 作食人이란 직명은 앞 사람과 같아
서 생략되었고, 居禮知는 인명, △干支는 관등명, 婦沙爻功夫人은 婦인
沙爻功夫人이란 뜻이다. H단락을 해석하면 "作食人은 貞宍知波珎干支의
婦인 阿兮牟呼夫人과 尒夫知居伐干支의 婦인 一利等次夫人과 居禮知△

---

124) 私臣의 역사적 의미에 대해서는 橋本 繁, 앞의 논문, 2018 참조.

125) 波자는 추명에 삼수(氵)에 저피(彼)을 합친 글자로 되어 있으나 조판상 어려움
    때문에 같은 것인 波로 썼다.

干支의 婦인 沙爻功夫人이며, 나누어서 함께 지었다."가 된다.

지금까지 풀이해 온 바를 전체적으로 정리하여 제시하면 다음과 같다.

"지난 날 乙巳年(525년)六月十八日 새벽에 沙喙部徙夫知葛文王, 妹
(인 麗德光妙)와 (友인) 於史鄒安郎의 3인이 함께 놀러 온 이후로 六(月)
十八日에는 해마다 (書石谷을) 지나갔다.

(沙喙部徙夫知葛文王이) 妹王(법흥왕)을 생각하니, 妹王은 죽은 사람이다.

乙巳年에 王(沙喙部徙夫知葛文王)은 돌아가신 其王妃(沙喙部徙夫知
葛文王의 妃)인 只沒尸兮妃를 愛自思(사랑하여 스스로 생각)했다.

己未年七月三日에 其王(沙喙部徙夫知葛文王)과 妹가 함께 書石을 보
러 谷에 왔다. 이때에 함께 3인이 왔다. 另卽知太王妃인 夫乞支妃, 徙夫
知(葛文)王, 子인 郎△△夫知가 함께 왔다.

이때에 作切臣은 喙部의 知禮夫知沙干支와 △泊六知居伐干支이다.
私臣은 丁乙尒知奈麻이다. 作食人은 貞宍知波珎干支의 婦인 阿兮牟呼
夫人과 尒夫知居伐干支의 婦인 一利等次夫人과 居禮知△干支의 婦인
沙爻功夫人이며, 나누어서 함께 지었다."

VI. 沙喙部徙夫知葛文王＝立宗葛文王說

학계의 통설로 沙喙部徙夫知葛文王이 立宗葛文王이라고 보아 왔다.
그런데 추명 제⑤·⑥·⑦행에 나오는 己未年七月三日其王与妹共見書石
叱見來谷[126] 此時共三來 另卽知太王妃夫乞支妃 徙夫知王子郎△△夫知

---

126) 己未年七月三日에 其王(沙喙部徙夫知葛文王)与妹(另卽知太王妃夫乞支
妃)이 共見書石叱을 見來谷하였으므로 己未年七月三日에 沙喙部徙夫知
葛文王이 살아서 법흥왕의 제사에 참가하고 있어서 立宗葛文王이 아니다. 왜
냐하면 15세의 어린 나이의 조카인 진흥왕보다는 입종갈문왕이 즉위한 것이 순

共來로 끊어 읽으면 그 해석이 다르게 된다. 곧 기미년(539년) 7월 3일에 其王(沙喙部徙夫知葛文王)과 妹(원명의 麗德光妙)가 함께 서석을 보러 谷에 왔다. 이때에 함께 3사람이 왔다. 其王(沙喙部徙夫知葛文王)과 妹(麗德光妙)와 另卽知太王妃夫乞支妃와 徙夫知王와 子인 郎△△夫知로 5명이 되나 其王(沙喙部徙夫知葛文王)과 徙夫知王은 동일인이므로 4명이 된다. 함께 온 사람은 3명이라고 명기했으므로 1명을 줄여야 한다. 원명의 妹인 麗德光妙가 될 수 있는 사람은 其王(沙喙部徙夫知葛文王)이나 子인 郎△△夫知는 모두 남자이므로 불가능하고, 여자로는 另卽知太王妃夫乞支妃밖에 없다.[127] 그러면 원명의 妹인 麗德光妙는 另卽知太王에게 시집을 가서 另卽知太王妃夫乞支妃가 되었다. 함께 3명이 원명이나 추명에서 나오는 점을 간과했다. 곧 원명과 추명의 주인공은 3명씩이다. 이 3명을 찾는데 주력하지 못해서 오는 잘못은 엄청나게 컸다.

另卽知太王妃夫乞支妃와 其王(沙喙部徙夫知葛文王)의 관계는 男妹사이이다. 沙喙部徙夫知葛文王은 오빠이고, 另卽知太王妃夫乞支妃는 누이동생이다.[128] 그래서 妹婿, 妹夫, 妹兄, 妹弟 등의 용어와 함께 추명에는

리이기 때문이다. 따라서 沙喙部徙夫知葛文王이 另卽知太王(법흥왕)과의 사이가 妻男妹夫간이란 결론은 설득력이 있다. 그렇지 않고서는 두 번이나 나오는 妹王을 풀 수가 없다. 그리고 입종갈문문비인 지소태후(지소부인)은 원명과 추명에 나오지 않고, 원명과 추명의 주인공은 공통적으로 나오는 2사람은 원명에서는 沙喙部葛文王과 여덕광묘(妹), 추명에서는 沙喙部徙夫知葛文王과 另卽知太王妃夫乞支妃(妹)이다. 따라서 沙喙部徙夫知葛文王이 입종갈문왕이 아니라 문헌에 없는 갈문왕이다.

127) 기미년조인 추명에서 여자라고는 另卽知太王妃夫乞支妃밖에 없다. 이 점을 간과하였다. 따라서 妹는 另卽知太王妃夫乞支妃일 수 밖에 없다.

128) 원명과 추명에서 누이동생인 麗德光妙은 원명에서 결혼을 하지 않았는데 대해 沙喙部徙夫知葛文王은 원명에서 먼저 결혼해서 아내인 只沒尸兮妃가 죽었기 때문이다.

妹王이란[129] 용어가 있다. 妹王이란 沙喙部徙夫知葛文王이 另卽知太王을 부르는 간접 호칭이다. 원명과 추명의 주인공인 沙喙部徙夫知葛文王이 妹夫인 另卽知太王을 부를 때 어떻게 불렀을까? 아마도 妹王이라고 불렀을 것이다.

　沙喙部徙夫知葛文王은 立宗葛文王으로 보아 온데 대해 추명에는 沙喙部徙夫知葛文王은 另卽知太王妃夫乞支妃의 오빠로 另卽知太王(=法興王)의 妻男가 된다. 곧 沙喙部徙夫知葛文王과 另卽知太王(=法興王)은 妻男妹夫간이다. 그리고 沙喙部徙夫知葛文王과 另卽知太王妃夫乞支妃(=保刀夫人)는 男妹사이이다. 이런 친족 계보가 문헌에는 없다. 추명에 나오는 이 인척관계 계보야말로 沙喙部徙夫知葛文王은 입종갈문왕이 아니라는 강력한 증거가 된다. 沙喙部徙夫知葛文王은 另卽知太王의 사망 때인 己未年(539년)七月三日에도 살아있어서 서석곡에 오고 있다. 또 另卽知太王妃夫乞支妃(=保刀夫人)는 종래 모량부 출신으로 보아 왔으나 국가 차원의 금석문에서 모량부 출신의 인명표기 예가 전무하고 另卽知太王妃夫乞支妃는 그 출신부가 사탁부이므로 고신라의 왕비족은 그 소속부가 사탁부로 보아야 할 것이다.[130]

　고신라 금석문의 각 비별 부의 출신자의 수는 다음의 <표 2>와 같다.

---

129) 이 妹王이란 용어는 沙喙部徙夫知葛文王이 另卽知太王(=法興王)을 부를 때, 왕실이 아니면 妹夫, 妹兄, 妹婿, 妹弟 등으로 불러야함에도 왕실이라서 妹王으로 불렀다. 그렇지 않다면 沙喙部徙夫知葛文王이 另卽知太王(=法興王)을 부를 때, 용어가 妻男妹夫의 妹夫에 해당되지 않을 것이다.

130) 김창호, 앞의 책, 2018, 170～174.

<표 2> 고신라 금석문의 각 비별 부의 출신자수

비명	탁부	사탁부	본피부	불명	계
중성리비	9	9	3	5	26
냉수리비	7	7	2		16
봉평비	11	10	1	3	25
적성비	7	3		2	12
창녕비	21	14	1	3	39
북한산비	5	3			8
마운령비	11	6	2	1	20
황초령비	11	4		5	20
계	82	56	9	19	166

<표 2>에서 탁부는 중성리비 9명, 냉수리비 7명, 봉평비 11명, 적성비 7명, 창녕비 21명, 북한산비 5명, 마운령비 11명, 황초령비 11명이다. 사탁부는 중성리비 9명, 냉수리비 7명, 봉평비 10명, 적성비 3명, 창녕비 14명, 북한산비 3명, 마운령비 6명, 황초령비 4명이다. 본피부는 중성리비 3명, 냉수리비 2명, 봉평비 1명, 창녕비 1명, 마운령비 2명이다. 불명으로는 중성리비 5명, 봉평비 3명, 적성비 2명, 창녕비 3명, 마운령비 1명, 황초령비 5명이다. 총 인명의 수는 166명이다. 불명 19명 가운데에서 황초령비의 2명은 본피부 출신이고, 나머지 17명은 탁부와 사탁부 출신일 것이다. 그러나 모탁부, 한지부, 습비부 출신자는 없다.

그래서 82명이나 나온 탁부를 왕족, 56명이나 나온 사탁부를 왕비족으로 보아야 한다. 이는 울주 천전리서석의 원명과 추명으로 볼 때, 另卽知太王妃夫乞支妃는 沙喙部徙夫知葛文王의 妹이므로 중고 왕실의 왕비족 모량부는 沙喙部의 잘못임이 분명하다. 학계에서는 沙喙部徙夫知葛文王을 입종갈문왕으로 보고 있으나 이는 추명을 잘못 해석한 것으로 보인다.

VII. 只召夫人=只沒尸兮妃說

只召와 只沒尸兮이란 말의 큰 차이에도 불구하고 동일인으로 보아 왔다.[131] 이 큰 차이를 극복하기 위해 훈독과 반절 등을 총동원하여 동일인으로 본 가설이 나왔다.[132] 여기에서는 只沒尸는 音借표기요. 召는 訓借표기이란 전제 아래 召에 대응하는 글자는 沒尸의 두자이다. 이 글자의 이두 독법은 尸는 半切音차로 음이 물이 된다. 尸자는 ㄹ 또는 ㅅ으로 읽는다. 이 경우는 ㄹ로 읽는다. 召는 沼와 음통으로『삼국사기』, 지리지에 黃澗縣 本召羅縣 景德王改名이라 한 것과『삼국유사』에 王崩水葬 未召疏井丘中을 그 예로 들었다.[133] 召의 훈은 부를 소와 대추 소이다. 음독이라는 沼도 늪 소이다. 어떻게 하더라도 只召와 只沒尸兮의 연결은 어렵다. 只召와 只沒尸에서 尸가 반절음독으로 ㄹ일 수는 없다. 沒에 이미 ㄹ이 포함되어 있기 때문이다.

只沒尸兮妃는 沙喙部徙夫知葛文王가 원명과 추명의 진정한 주인공임에도 불구하고, 원명과 추명에 있어서 3人에 끼이지도 못했다. 525년 원명에서는 沙喙部葛文王, 妹인 麗德光妙, 友인 於史鄒安郎이 함께 왔고, 539년 추명에서는 另卽知太王妃夫乞支妃, 沙喙部徙夫知葛文王, 子인 郎△△夫知가 함께 왔을 뿐이다. 沙喙部徙夫知葛文王과 只沒尸兮妃는 부부인데도 두 차례의 서석곡 遊來에서 모두 빠져 있다. 只沒尸兮妃를 只召夫人로 보는 것은 문헌적인 상황 판단이다. 只沒尸兮妃가 서석곡 유래에 빠진 것은 무슨 특별한 이유가 있어서이다. 그렇지 않고는 여왕까지 존재한

---

131) 武田幸男, 앞의 논문, 1993.
   橋本 繁, 앞의 논문, 2018.
132) 문경현, 앞의 논문, 1987.
133) 문경현, 앞의 논문, 1987.

신라 중고에 있어서 특별한 행사에 只没尸兮妃가 빠질 까닭이 없다.

추명 제④·⑤행에 乙巳年王過去其王妃只没尸兮妃愛自思란 구절이 주목된다. 乙巳年(525년)에 (沙喙部徙夫知葛文)王은 죽은 그 王妃인 只没尸兮妃를 사랑하여 스스로 생각했다로 해석된다. 乙巳年(525년)六月十八日昧은 沙喙部徙夫知葛文王의 妃인 只没尸兮妃가 죽은 제삿날이고, 己未年(539년)七月三日은 另卽知太王妃夫乞支妃(=保刀夫人)의 남편인 另卽知太王(=法興王)이 죽은 제삿날이다. 그렇지 않고서는 석각에 年月日을 정확하게 새겨 놓았을 이유가 없다. 그래서 서석곡에 장송 의례와 관련된 토착 신앙의 성지였다.[134] 4~6세기경의 울주 천전리서석 선각화에는 인물도, 기마행렬도 등의 인물상과 말, 새, 용, 물고기 등의 동물상 그리고 배가 있다. 이는 4~6세기의 적석목곽묘에 나오는 토우와 유사하여 장송 의례와 관련되는 것이다. 또 울주 천전리서석 을묘명(535년)에는 장송 의례를 전담하던 衆士와 仙人이 나온다.[135] 그리고 울주 천전리서석, 제천 점말 동굴, 강원도 고성 삼일포 등의 화랑들이 遊娛한 곳은 흐르는 물과 암벽으로 이루어진 절경이라서 화랑도 장송 의례에 참가했다.[136] 이상에서 천전리서석은 장송 의례와 관련된 곳이고, 원명과 추명의 年月日명기는 제삿날임을 말해주고 있다. 나아가서 只没尸兮妃는 525년에 6월 18일에 죽은 사람이므로 기미년(539년) 7월 3일 이후에도 살아서 攝政을 한 只召夫人(지소태후)일 수가 없다. 곧 지소부인은 한 번도 울주 천전리서석곡에 온 적이 없다.

---

134) 김창호, 앞의 논문, 2018, 15~16쪽.
135) 김창호, 「蔚州 川前里書石 을묘년명의 검토」『삼국시대 금석문 연구』2009, 136~137쪽.
136) 김창호, 앞의 논문, 2018, 10쪽 및 16쪽.

VIII. 沙喙部徙夫知葛文王의 王妹

沙喙部徙夫知葛文王의 王妹로[137] 麗德光妙를 지목해 왔으나[138] 於史
鄒安郎을 於史鄒女郎으로 읽고서 於史鄒女郎을 沙喙部徙夫知葛文王의
王妹로 보기 시작했다.[139] 더 나아가서 그 뒤 글자를 王자로 읽어서 於
史鄒女郎王을 지증왕의 딸로 보고서 沙喙部徙夫知葛文王의 妹로 보았
다.[140] 於史鄒女郎王의 王자는 전후 관계로 보아서 三자가 옳다. 그러면
(沙喙部葛文王)幷遊友妹麗德光妙於史鄒安郎三之가[141] 되어 沙喙部葛文
王과 妹인 麗德光妙와 友인 於史鄒安郎가 3인이 幷遊했다가 되고, 이 부
분에 반복되는 추명 제①·②·③행에 걸쳐서 나오는 過去乙巳年六月十
八日昧沙喙部徙夫知葛文王妹於史鄒安郎三共遊來가 지난 날 을사년(525년)
6월 18일 새벽에 沙喙部徙夫知葛文王과 (沙喙部徙夫知葛文王)妹와 (沙喙
部徙夫知葛文王의 友인)於史鄒安郎의 三人이 함께 遊來했다가 된다. 또
於史鄒女郎으로 읽으면 광개토태왕비(제1면)의 河伯女郎은 河伯의 딸이
므로 於史鄒의 女郎(딸)이 된다. 이 於史鄒의 女郎(딸)이 沙喙部徙夫知葛

---

137) 원명과 추명에 나오는 妹는 다른 뜻이 없고, 전부가 沙喙部徙夫知葛文王의 妹
란 뜻으로 본다.

138) 김창호, 앞의 논문, 1983:『삼국시대 금석문 연구』, 2009 재수록.

139) 문경현, 앞의 논문, 1987. 여기에서는 沙喙部徙夫知葛文王의 王妹로 只沒尸
兮妃가 혼인전의 於史鄒安郎인 것은 자명하다고 강조하고 있으나 只沒尸兮
妃과 於史鄒安郎은 동일인이 아니고, 이들을 왕매로 본 것은 於史鄒安郎을
於史鄒女郎으로 읽고 이를 여자의 인명표기로 본 까닭이다. 於史鄒女郎으로
읽을 경우 전술한 바와 같이 於史鄒의 女郎(딸)이 될 뿐이라서 沙喙部徙夫知
葛文王의 王妹가 될 수가 없다.

140) 武田幸男, 앞의 논문, 1993.
    橋本 繁, 앞의 논문, 2018.

141) 之자는 종결의 뜻의 조사이다.

文王의 妹가 될 수가 없다. 於史鄒女郎王이 되더라도 於史鄒의 女郎王 (따님)으로 될 뿐이고,[142] 沙喙部徙夫知葛文王의 妹가 될 수가 없다. 결국 沙喙部徙夫知葛文王의 妹는 원명 단계에서는 麗德光妙한분의 인명표기가 있을 뿐이다.

추명에서는 제⑤행에 其王与妹共見書石이라고 해서 其王(沙喙部徙夫知葛文王)과 (沙喙部徙夫知葛文王의) 妹가 함께 書石을 보았다란 뜻이다. 추명 제⑤행에 나오는 妹가 川前里書石을 보러 왔다는 사실을 간과하였다. 누구도 妹를 주목하지 않았다.[143] 妹가 나왔으면 妹가 누구인지를 따지는 것은 당연한 작업이다. 제⑤행 이하에서 妹를 찾으면 추명에서는 여자라고는 另即知太王妃夫乞支妃(=保刀夫人)밖에 없다.[144] 另即知太王妃夫乞支妃가 沙喙部徙夫知葛文王의 妹이다. 왜 원명의 麗德光妙가 另即知太王妃夫乞支妃로 바뀌어서 나올까? 525년의 麗德光妙가 그 이후에 另即知太王에게 시집을 가서 另即知太王妃夫乞支妃(=保刀夫人)가 되었다고 판단된다. 沙喙部徙夫知葛文王은 另即知太王妃夫乞支妃(=保刀夫人)의 오빠이고, 另即知太王과는 妻男妹夫사이이다. 따라서 沙喙部徙夫知葛文王은 另即知太王의 동생일 수가 없어서 立宗葛文王도 아니다. 沙喙部徙夫知葛文王은 沙喙部의 長으로서 葛文王이 되었을 뿐이다.

IX. 맺음말

먼저 지금까지 나온 10여 중요한 견해를 제시한 가설을 소개하였다. 주로 원명의 3주인공과 추명의 3주인공을 중심으로 살펴보았다.

다음으로 명문의 판독에 문제가 되는 글자를 중심으로 원명과 추명 모두를 재검토하였다.

그 다음으로 명문의 인명을 원명의 三共遊來, 추명의 此時共三來에 3인이 주인공이므로 이를 찾는데 주력하였다. 원명의 3인은 沙喙部葛文王, 妹인 麗德光妙, 友인 於史鄒安郎이고, 추명의 3인은 沙喙部徙夫知葛文王, 另卽知太王妃夫乞支妃, 子인 郎△△夫知로 보았다. 추명 제⑤행에 其王与妹共見書石이라 했으므로 추명에서 妹를 찾아야 되는데, 추명 전체에서 여자는 另卽知太王妃夫乞支妃뿐이다. 그래서 원명의 麗德光妙가 另郎知太王에게 시집을 가서 另卽知太王妃夫乞支妃가 되었으므로 沙喙部徙夫知葛文王과 另卽知太王은 妻男妹夫사이이다. 따라서 沙喙部徙夫知葛文王은 立宗葛文王이 아니다.

그 다음으로 명문의 석독을 직역에 가깝도록 해석하였다. 특히 인명 표기를 주목하여 해석하였다. 먼저 원명의 전문 해석을 제시하면 다음과 같다.

> "乙巳年(525년)에 沙喙部葛文王이 찾아 놀러 오셔서 비로소 谷을 보았다. 古谷이지만 이름이 없었다. 谷의 善石을 얻어서 만들었고, (…)以下를 書石谷이라고 이름을 붙여 字作△했다. 아울러 놀러(온 이는) 妹인 麗德光妙와 友인 於史鄒安郎의 3인이다.
> 이때에 作切人은 尒利夫智奈麻와 悉淂斯智大舍帝智이다. 作食人은 宋知智壹吉干支의 妻인 居知尸奚夫人과 貞宍智沙干支의 妻인 阿兮牟弘夫人이다. 作書人은 第ネ尒智大舍帝智이다."

이어서 추명 전문의 해석을 제시하면 다음과 같다.

    "지난 날 乙巳年(525년)六月十八日 새벽에 沙喙部徙夫知葛文王, 妹
(인 麗德光妙)와 (友인) 於史鄒安郞의 3인이 함께 놀러 온 이후로 六(月)
十八日에는 해마다 (書石谷을) 지나갔다.
    (沙喙部徙夫知葛文王이) 妹王(법흥왕)을 생각하니, 妹王은 죽은 사람이다.
    乙巳年에 王(沙喙部徙夫知葛文王)은 돌아가신 其王妃(沙喙部徙夫知
葛文王의 妃)인 只沒尸兮妃를 愛自思(사랑하여 스스로 생각)했다.
    己未年七月三日에 其王(沙喙部徙夫知葛文王)과 妹가 함께 書石을 보
러 谷에 왔다. 이때에 함께 3인이 왔다. 另卽知太王妃인 夫乞支妃, 徙夫
知(葛文)王, 子인 郞△△夫知가 함께 왔다.
    이때에 作切臣은 喙部의 知禮夫知沙干支와 △泊六知居伐干支이다.
私臣은 丁乙尒知奈麻이다. 作食人은 貞宍知波珎干支의 婦인 阿兮牟呼
夫人과 尒夫知居伐干支의 婦인 一利等次夫人과 居禮知△干支의 婦인
沙尒功夫人이며, 나누어서 함께 지었다."

    그 다음으로 沙喙部徙夫知葛文王과 立宗葛文王이 동일인지 여부를 검
토하였다. 추명 제⑤행에 其王与妹共見書石이라고 했으므로 其王은 沙
喙部徙夫知葛文王이고, 妹는 추명에서 여자 인명표기라고는 另卽知太王
妃夫乞支妃(=保刀夫人)밖에 없어서 妹로 볼 수밖에 없다. 결국 沙喙部徙
夫知葛文王은 오빠, 另卽知太王妃夫乞支妃(=保刀夫人)는 누이동생이 되
고, 沙喙部徙夫知葛文王과 另卽知太王은 妻男妹夫사이이다. 그래서 沙喙
部徙夫知葛文王은 另卽知太王을 간접 호칭으로 妹王이라고 불렀다. 따
라서 沙喙部徙夫知葛文王은 立宗葛文王이 아니다. 추명이 작성된 己未年
(539년)七月三日(법흥왕의 忌日)에는 沙喙部徙夫知葛文王이 살아서 서석
곡에 와서 법흥왕의 제사를 지내고 있는 점도 입종갈문왕과 사탁부사부
지갈문왕은 동일인이 아니라는 증거가 된다.

그 다음으로 只沒尸兮妃가 只召夫人인지 여부를 조사하였다. 먼저 只召
夫人과 只沒尸兮妃는 음상사로 통하지 않는다. 只沒尸兮妃는 沙喙部徙夫
知葛文王가 원명과 추명의 진정한 주인공임에도 불구하고, 원명과 추명
에 있어서 3人에 끼이지도 못했다. 525년 원명에서는 沙喙部葛文王, 妹인
麗德光妙, 友인 於史鄒安郎이 함께 왔고, 539년 추명에서는 另卽知太王妃
夫乞支妃, 沙喙部徙夫知葛文王, 子인 郎△△夫知가 함께 왔을 뿐이다.

추명 제④·⑤행에 乙巳年王過去其王妃只沒尸兮妃愛自思란 구절이 주
목된다. 乙巳年(525년)에 (沙喙部徙夫知葛文)王은 죽은 그 王妃인 只沒尸
兮妃를 사랑하여 스스로 생각했다로 해석된다. 乙巳年(525년)六月十八日
昧은 沙喙部徙夫知葛文王의 妃인 只沒尸兮妃가 죽은 제삿날이고, 己未年
(539년)七月三日은 另卽知太王妃夫乞支妃(=保刀夫人)의 남편인 另卽知太
王(=法興王)이 죽은 제삿날이다. 4~6세기경의 울주 천전리서석 선각화
에는 인물도, 기마행렬도 등의 인물상과 말, 새, 용, 물고기 등의 동물상
그리고 배가 있다. 이는 4~6세기의 적석목곽묘에 나오는 토우와 유사
하여 장송 의례와 관련되는 것이다. 또 울주 천전리서석 을묘명(535년)
에는 장송 의례를 전담하던 衆士와 仙人이 나온다. 그리고 울주 천전리
서석, 제천 점말 동굴, 강원도 고성 삼일포 등의 화랑들이 遊娛한 곳은
흐르는 물과 암벽으로 이루어진 절경이라서 화랑도 장송 의례에 참가했
다. 따라서 只沒尸兮妃가 只召夫人과는 동일인이 아니다.

마지막으로 沙喙部徙夫知葛文王의 王妹가 누구인지를 조사하였다. 沙
喙部徙夫知葛文王의 王妹로 麗德光妙를 지목해 왔으나 於史鄒安郎을 於
史鄒女郎으로 읽고서 於史鄒女郎을 沙喙部徙夫知葛文王의 王妹로 보기
시작했다. 더 나아가서 그 뒤 글자를 王자로 읽어서 於史鄒女郎王을 지증
왕의 딸로 보고서 沙喙部徙夫知葛文王의 妹로 보았다. 於史鄒女郎으로 읽

으면 광개토태왕비(제1면)의 河伯女郎은 河伯의 딸이므로 於史鄒의 女郎
(딸)이 된다. 이 於史鄒의 女郎(딸)이 沙喙部徙夫知葛文王의 妹가 될 수가
없다. 於史鄒女郎王이 되더라도 於史鄒의 女郎王(따님)으로 될 뿐이고, 沙
喙部徙夫知葛文王의 妹가 될 수가 없다. 결국 沙喙部徙夫知葛文王의 妹는
원명 단계에서는 麗德光妙한분이 있을 뿐이다. 추명의 제⑤행에 其王与
妹共見書石이라고 했으므로 其王은 沙喙部徙夫知葛文王이고, 妹는 추명
에서 여자 인명표기라고는 另卽知太王妃夫乞支妃(=保刀夫人)밖에 없어서
妹로 볼 수밖에 없다. 결국 원명의 王妹는 麗德光妙이고, 추명의 王妹는
원명의 麗德光妙가 另卽知太王에게 시집을 가서 另卽知太王妃夫乞支妃
로 나온다. 그리고 모량부 왕비족설은 성립될 수 없고, 무즉지태왕비부걸
지비의 출신부가 사탁부이므로 사탁부가 왕비족이다.

제4절 월지 출토비의 재검토

Ⅰ. 머리말

月池(雁鴨池) 출토비는[1] 종래 남산신성비 제6비[2] 또는 남산신성비 제7비로[3] 소개되었다. 그 뒤에 깊이 있는 연구를 거쳐서 안압지 출토 명활산성비로 결론을 내렸다.[4] 비의 전문이 아니고 상반부의 절반이상이 파실되었고, 총 글자수도 26자 전후가 될 뿐이다. 그래서 비의 이름을 남산신성비로 보거나 명활산성비로 보아 왔다. 이 비는 6세기 전반을 하한으로 하는 干支란 외위명이 나와서 명활산성비가 551년인 점을 감안하면 명활산성비는 아닐 가능성이 크다.

干支란 관등은 경위명과 외위명이 구분이 안 되고 있다. 이러한 외위명은 중성리비(441년), 냉수리비(443년), 영천청제비 병진명(536년)에 나오는 것이 전부이다. 월지 출토비의 干支란 외위명도 이들의 연대에 준하여 따져야 할 것이다. 참고로 경위명으로는 중성리비, 냉수리비, 봉평

---

1) 종래 안압지라 불러 왔던 월지는 월지로 불러야 한다.(고경희, 『경주 월지 출토 재명유물에 대한 명문 연구』, 동아대학교 석사학위논문, 1993 참조.)
2) 진홍섭, 『삼국시대의 미술문화』, 1976, 167쪽.
3) 황수영, 『한국금석유문』, 1978, 458쪽.
4) 실제로 국사편찬위원회 한국사데이터베이스에서는 안압지 출토 명활산성비라고 하고, 그 연대도 551년으로 보았다. 따라서 명활산성비와 월지 출토비는 동일한 성격의 비로 보았다.

비(524년)에서 나온다. 이 干支가 월지 출토비의 연대 설정의 키를 쥐고
있다.

　여기에서는 먼저 비문의 판독을 살펴보고, 다음으로 비문의 인명 분
석을 살펴보고, 마지막으로 비석의 연대를 살펴보고자 한다.

II. 비문의 판독

　월지 출토비는 종래 안압지 출토비로 알려졌던 비석이다. 중요한 판
독안이 4차례에 걸쳐서 제시되었다. 상반부는 파실되고 없고, 하반부만
남아 있다, 전문 4행으로 총글자수는 26자 전후가 남아 있다. 먼저 비문
의 판독에 대해 살펴보자.

　제①행은 모두 5자이다. 첫 번째 글자는 村으로 읽고 있으나5) 모르는
글자로 본 견해가 있다.6)

　제②행은 모두 8자이다. 4번째 글자는 工의 이체로 적혀 있다. 6번째
글자는 徒자로 읽기도 하나7) 佚자이다.8)

　제③행은 모두 7자이다. 1번째 글자를 모르는 글자로 보는 견해와9) 一자

　5) 田中俊明,「新羅の金石文(第八會)」『韓國文化』, 1984, 3月 號.
　　　주도돈,「안압지 출토 비편에 대한 일고찰」『대구사학』27, 1985.
　　　김창호,『고신라 금석문의 연구』, 2007.
　6) 민덕식,「신라의 명활산성비에 관한 고찰-신라 왕경 연구의 일환으로-」『동방학지』
　　　74, 1992.
　7) 민덕식, 앞의 논문, 1992.
　8) 주보돈, 앞의 논문, 1985.
　9) 주보돈, 앞의 논문, 1985.

로 읽는 견해가 있다.[10] 3번째 글자는 죷자설과[11] 豆자설이 있어 왔다.[12] 豆자설에 따른다.

제④행은 모두 6자이다. 3번째 글자를 侁자의 이체로 본 견해와[13] 徒자로 본 견해가 있어 왔다.[14] 徒자설이 옳다.

④	③	②	①	
一	一	干	村	1
伐	尺	支	道	2
徒	豆	大	使	3
十	婁	工	喙	4
四	知	尺	部	5
步	干	侁		6
	支	兮		7
		之		8

III. 인명의 분석

월지 출토비의 인명을 분석하기란 상반부가 파실되어 불가능하나 비

민덕식, 앞의 논문, 1992.
10) 田中俊明, 앞의 논문, 1984.
　　김창호, 앞의 책, 2007.
11) 김창호, 앞의 책, 2007.
12) 田中俊明, 앞의 논문, 1984.
　　주보돈, 앞의 논문, 1985.
13) 김창호, 앞의 논문, 2007.
14) 田中俊明, 앞의 논문, 1984.
　　주보돈, 앞의 논문, 1985.
　　민덕식, 앞의 논문, 1992.

의 크기인 길이와 너비와 두께를 참작하여 조사해 보기로 하자. 비석으로 완전한 크기의 비석으로 영천청제비 병진명, 명활산성 출토비, 오작비, 남산신성비 제1·2·3·9비 등이다. 이들의 크기를 월지 출토비와 함께 표로서 제시하면 다음의 <표 1>과 같다.

〈표 1〉 고신라 역역 관련 금석문의 길이와 너비

비석 명칭	길이	너비	두께
월지 출토비	약30cm	20cm	
영천청제비 병진명(536년)	130cm	93.5cm	45cm
명활산성비(551년)	66.8cm	31cm	16.5cm
오작비(578년)	103cm	69cm	
남산신성비 제1비(591년)	91cm	약44	약11cm
남산신성비 제2비(591년)	121cm	약 47cm	약10cm
남산신성비 제3비(591년)	약 80cm	약 30cm	
남산신성비 제9비(591년)	90cm	69cm	18.5~23.5cm

길이와 너비의 비률은 591년의 남산신성비 제1·2·3비에서 길이대 너비의 비률이 절반을 넘는다. 오작비(578년)와 남산신성비 제9비(591년)은 너비대 길이의 비률이 작다. 영천청제비 병진명(536년)과 명활산성비(551년)의 너비대 길이의 비률이 약 배가 된다. 이로 미루어 보면 월지 출토비의 길이는 약 50cm정도로 추정되어 비문의 1/2가량이 파실된 것으로 보인다. 그래서 반이나 파실된 비문을 복원하면 다음과 같다.

④	③	②	①	
△	△	△	△	1
△	△	△	△	2
△	△	△	(年)	3
△	△	△	△	4
△	△	△	(月)	5
△	△	△	(中)	6

④	③	②	①	
△	△	△	△	7
△	△	△	△	8
一	一	干	村	9
伐	尺	支	道	10
徒	豆	大	使	11
十	婁	工	喙	12
四	知	尺	部	13
步	干	佻		14
	支	兮		15
		之		16

비문이 1/2이 파괴되었다는 가정아래 16자로 된 석문이나 2~3자는 늘어나고, 줄어들고 할 수가 있다. 제①행은 △△(年)△(月中)15) △△村 으로 복원하였다. 뒤이은 인명 표기는 △△村道使 喙部 △△△(인명) △△△(관등명)이 된다.

제②행의 인명 표기는 △△(직명) △△△(인명) 干支(관등명)이다. 계속해서 大工尺은 직명, 佻兮之는 인명, △△는 관등명이다.

제③행의 인명 표기는 △△△가 직명, △△△가 인명, 一尺이 관등명이다. 豆婁知가 인명, 干支가 관등명이다.

제④행에서 受作거리가 복원되고, △△△가 인명, 一伐이 관등명이다.

IV. 비석의 연대

비석의 작성 연대를 알기 위해 고신라 금석문의 연대 속에서 살피기

---

15) 이와 같은 복원은 적성비(545년이나 그 직전), 명활산성비(551년)의 모두에 따라 복원하였다.

위해 이 비석의 건립 연대를 알 수 있는 자료로 영천청제비 병진명을 들 수가 있다. 설명의 편리를 위해 청제비 병진명의 전문을 제시하면 다음과 같다.

⑩	⑨	⑧	⑦	⑥	⑤	④	③	②	①	
衆	使	△	尺	尺	使	七	廣	塢	丙	1
礼	伊	人	支	次	人	千	卅	△	辰	2
只	只	次	鳥	小	△	△	淂	十	二	4
尸	尒	弥	未	舍	尺	二	高	一	月	5
△	巴	尒	苐	苐	利	百	八	淂	八	6
干	卽	利	鳥	利	大	十	上	九	△	8
支	刀	乃	一	大	舍	方	三	十	△	9
徙		利	支	鳥	苐		淂	二	△	10
尒		內		苐			作	淂	大	11
利		丁					人			12
		兮								

　이 영천청제비 병진명을 476년으로 본 적이 있으나[16] 536년이 옳다.[17] 이 비석에는 고신라의 역역 금석문 가운데에서 길이, 너비 등에서 淂이란 하나치를 사용하고 있다. 오작비, 남산신성비에서는 步尺을 사용하고 있다. 월지 출토비에서도 하나치를 步를 사용하고 있다. 따라서 월지 출토비의 상한은 536년으로 볼 수가 있다. 이에 대해 좀더 알아보기 위해 영천청제비 병진명의 인명 표기를 제시하면 다음과 같다.

〈표 2〉 영천청제비 병진명의 인명 분석표

職名	出身地名	人名	官等名
使人	喙	△尺利智	大舍苐

---

16) 김창호, 『고신라 금석문의 연구』, 2007, 109쪽.
17) 왜냐하면 영천청제비 병진명에서는 小鳥가 나오는데 대해 524년의 봉평비에서는 小鳥帝智가 나오고 있기 때문이다. 이 영천청제비 병진명의 연대를 476년으로 본 것은 명백한 잘못이다.

職名	出身地名	人名	官等名
위와 같음	위와 같음	尺次鄒	小舍弟
위와 같음	위와 같음	述利	大烏弟
위와 같음	위와 같음	尺支	小烏
위와 같음	위와 같음	未弟	小烏
一支△人		次弥尒利	
위와 같음		乃利	
위와 같음		內丁兮	
위와 같음		使伊尺	
위와 같음		只小巴	
위와 같음		伊卽刀	
위와 같음		衆礼利	
위와 같음		只尸△利	干支
위와 같음		徙尒利	

一支△人의 직명을 가진 只尸△利가 干支란 외위명을 월지 출토비의
豆婁知 干支와 마찬가지로 갖고 있는데, 이는 경위와 외위가 미분화된
것이다. 이 干支는 경위로는 524년의 봉평비, 외위로는 536년을 상한으로
하는 월지비가 마지막이다. 이 干支가 경위와 외위 모두에서 545년이나
그 직전에 세워진 적성비에서는 관등제가 완성되고 사라졌을 것이다. 따라
서 월지 출토비의 연대는 우선 536년에서 545년까지로 볼 수가 있다.

그런데 함안 성산산성 목간에서 경위인 及伐尺이 540년에 소멸되고
없어서[18] 월지 출토비의 干支도 540년에 소멸된 것으로 볼 수가 있다.
그렇다면 결국 월비 출토비의 연대는 536년에서 540년 사이로 볼 수가
있다. 명활산성비가 551년이고, 월지 출토비는 536년에서 540년 사이라
서 서로 관련이 없는 비석이 된다.[19] 이 월지 출토비를 명활산성비와 동

---

18) 김창호, 『고신라 금석문과 목간』, 2018, 187~200쪽.
19) 주보돈, 앞의 논문, 1985에서는 이 비는 발견 이후 碑文構造의 유사성으로 말미
    암아 한동안 眞平王 13년(591)에 건립된 南山新城碑의 하나로 간주되어 南山
    新城碑 第7碑로 명명되어 왔다. 그러나 비의 외형이 적어도 지금까지 알려진 南

일한 비로 보는 것은 신라 관등 표기에 대한 견해의 차이로 말미암은 것으로 잘못된 것이다. 월지 출토비가 명활산성비라면 명활산성비가 551년에 세워졌고, 월지 출토비는 536년에서 540년 사이에 만들어져서 명활산성비보다 앞서서 세워진 것으로 보인다.

따라서 월지 출토비의 명활산성비설은 무너지게 되었다. 왜냐하면 명활산성비는 551년에 세워졌고, 월지 출토비는 536년에서 540년경 사이에 세워진 비석이기 때문이다.

V. 이른바 명활산성비설

이른바 명활산성비설은 명활산성비를 551년으로 월지 출토비를 6세기 초에 시작하여 561년을 하한으로 보아서 그 연대를 제시하고 있다. 월지 출토비는 536~540년이므로 금석문의 연대로 볼 때 성립할 수가 없다.

명활산성에 대한 문헌 기록은 다음과 같다.

山新城碑와는 전혀 다를 뿐만 아니라 비문의 구조도 그와는 차이를 보이므로 南山新城碑의 하나로 보기는 어렵다는 견해가 지배적이다. 특히 干支란 관등표기법의 사용으로 보아 南山新城碑가 아니라는 사실은 분명하게 되었다. 그 까닭으로 안압지 호안석에 이용된 석재의 원산지를 추적한 地質學的 조사를 토대로 이 비를 明活山城碑로 간주하고 『三國史記』권4 眞興王 15년조의 명활산성 改築 記事에 근거하여 이때 세워진 것으로 보는 견해가 제기되었다. 그런데 1988년에 명활산성 성벽지에서 진흥왕 12년(551)에 건립된 것으로 추정되는 明活山城碑가 발견되었는데, 비문의 구조나 형식·내용에 상당한 유사성이 보여 동일한 성격의 비임이 확실하게 되었다. 그러나 비의 건립 연대가 536~540년이므로 명활산성비가 아니고 어떤 성인지 모르는 축성비이다.

初赫居世二十一年 築宮城 號金城 婆娑王二十二年 於金城東南築城 號月城或號在城 周一千二十二步 新月城北有滿月城 周一千八百三十八 步 又新月城東有明活城 周一千九百六步 又新月城南有南山城 周二千 八百四步(『삼국사기』권34, 지리지1)

實聖麻立干王四年夏四月 倭兵來攻明活城 不克而歸 王率兵 要之獨山 之南 再戰破之 殺獲三百餘級(『삼국사기』3, 신라본기, 실성마립간4년조)

訥祗麻立干十五年夏四月 倭兵來侵東邊 圍明活城 無功而退(『삼국사기』, 신라본기, 눌지마립간15년조)

慈悲麻立干五年夏四月 倭人襲破活開城[20] 虜人一千而去(『삼국사기』, 신라본기, 자비마립간5년조)

慈悲麻立干十六年秋七月 葺明活城(『삼국사기』, 신라본기, 자비마립 간16년조)

慈悲麻立干十八年春正月 王移居明活城(『삼국사기』, 신라본기, 자비 마립간18년조)

己未年 倭國兵來侵 始築明活城入避 來圍梁州二城 不克而還(『삼국유 사』권1, 왕력, 자비마립간조)

眞興王十五年修築明活城(『삼국사기』, 신라본기, 진흥왕15년조)

위의 사료(지리지)에서는 王城이었던 金城, 新月城, 滿月城과 함께 南 山城·明活城이 열거되어 있어 婆娑尼師今22년(102년)에 동시에 축조된 것으로 보이나 이를 그대로 신봉할 수가 없다.

실성마립간4년(405년), 실성마립간4년(405년), 눌지마립간15년(432년), 자비마립간5년(462년), 자비마립간16년(473년), 자비마립간18년(475년), 자비마립간 末年(479년), 진흥왕15년(555년)의 기록이 명활산성비의 551년 과 일치하지 않고 있다.[21] 월지 출토비의 536~540년경도 일치하는 기

---

20) 동일한 내용의 기사가『동사강목』에는 明活城으로 되어 있어서 명활성으로 본다.
21) 明活城이 석성으로 축조된 것은 자비마립간18년(475년)의 王移居明活城란 구절 로 볼 때, 475년이 상한으로 짐작된다. 개로왕의 文周王子의 신라에의 구원 요청에

사는 없다. 명활산성의 석성 축조 시기는 문헌 자료로도 알 수가 없다.

남산신성비의 경우 591년에 석성을 축조했음은 누구도 인정하고 있다.[22] 명활산성비의 경우 고타문 근처의 수리비라서 축성했던 비라고 볼 수가 없고,[23] 월지 출토비의 경우에 있어서 그 작성 시기를 536~540년경으로 볼 수가 있고, 꼭 명활산성비의 축조비라고 단정할 수는 없을 것이다. 아무튼 중요한 것은 신라에서 536~540년경에 석성이 만들어졌고, 步尺을 단위로 하는 것으로 판단된다.

VI. 맺음말

먼저 비문의 26자 전후의 판독을 검토하여 전고에서 잘못된 것을 새롭게 읽고 기왕의 견해를 수용하였다.

다음으로 비문의 인명 분석을 시도하였다. 비문이 절반이 파실되었다는 전제를 가상하여 비문 전체의 인명 분석을 시도하였다.

그 다음으로 비문의 작성 시기를 검토하였다. 비문에 나오는 외위인 干支가 중성리비(441년), 냉수리비(443년), 영천청제비 병진명(536년)에 나온다. 또 월지 출토비에서는 步가 있으나 영천청제비 병진명에서는 크기의 하나치가 淂으로 나온다. 따라서 월지 출토비는 536년을 소급할 수 없다. 신라의 경위와 외위는 늦어도 545년이나 그 직전에 세워진 적

자극을 받아 명활성으로 왕궁을 옮겼고, 그 뒤에 명활산성을 석성으로 축조했다.
22) 『삼국사기』권4, 진평왕13년(591년)조의 築南山城 周二千八百五十四步란 기록과 『삼국유사』권2, 문호왕법민조의 建福八年辛亥(591) 築南山城 周二天八百五十步라고 되어서 문헌과 금석문 자료가 일치하는 드문 예가 된다.
23) 김창호, 「명활산성작성비의 재검토」『김택규박사화갑기념문화인류학논총』, 1989.

성비에서는 완성되어서 월지 출토비의 하한은 545년이다. 그런데 함안 성산산성 목간에서 경위인 及伐尺이 540경년으로 보지 않으면 경위와 외위의 완성도 늦어지게 되어 신라 관등제의 완성 시기를 540년경으로 보아야 한다. 결국 월지 출토비는 536년에서 540년경 사이에 干支가 소멸되어 이 시기가 비문의 작성 시기가 된다.

마지막으로 월지 출토비의 이른바 명활산성비설을 검토하였다. 명활 산성비는 551년에 건립되었고, 월지 출토비는 536～540년 사이에 건립 되어서 명활산성비로 볼 수가 없다. 명활산성에 관한 문헌 자료를 보아 도 석성의 축조 시점이 나와 있지 않았다.

제5절 금관총 尒斯智王명문의 재검토

I. 머리말

고구려 28왕의 왕릉 가운데 확실한 것은 없다. 집안고구려비의 발견으로 천추총은 소수림왕릉, 태왕릉은 광개토태왕릉,[1] 장군총은 장수왕릉, 평양의 한왕묘는 문자왕릉으로 추정된다.[2] 백제의 경우는 31왕 가운데 웅진성 시대의 무령왕릉이 발견되어 동아시아 고고학의 중요한 잣대가 되고 있다.[3] 송산리6호분은 전축분으로 무령왕릉에 선행하는 동성왕

---

1) 김창호, 「고구려 태왕릉 출토 연화문숫막새의 제작 시기」『한국 고대 불교고고학의 연구』, 2007.

2) 김창호, 「집안고구려비를 통해 본 여제 왕릉 비정 문제」『고고학탐구』17, 2015.

3) 특히 龍鳳文環頭大刀의 525년이란 절대 연대는 6세기의 일본 고분 편년에 대한 중요한 근거가 되었다. 고고학상으로 일본의 고분은 4세기(전기)가 거울(三角緣神獸鏡)의 시대이고(이 거울은 방제가 아닌 것에 대해 한 때 박제경설이 유력했으나 일본제로 보아야 할 것이다.), 5세기(중기)는 갑주의 시대이고, 6세기(후기)가 칼(환두대도)의 시대이기 때문이다. 우리의 고구려, 백제, 신라, 가야 등의 고분에서는 시대별로 그 고분에서 나오는 유물의 특징이 없다. 그래서 우리나라 고고학에서는 중기 고분 등의 용어는 사용할 수가 없다. 가령 최종규, 「중기 고분의 성격에 대한 약간의 고찰」『부대사학』7, 1983에서는 중기 고분이란 용어를 사용하고, 5세기를 중기라고 했지만, 4세기의 고총고분인 적석목곽분이 없는 것으로 문제가 된다. 그가 사용한 중기는 갑주의 세기는 아니고 5세기하면 들 수 있는 유물도 없다. 용어를 잘못 사용한 것이다. 앞으로 각 世紀나 시기 마다 나오는 유물이 무엇인지를 밝혀 전기, 중기, 후기나 1기, 2기, 3기나 갑기, 을기, 병기 등의 용어를 쓸 날이 와야 될 것이다.

부부묘로, 송산리5호분은 성왕부부묘로 사비성의 중하총은 위덕왕부부묘로 보인다.[4] 신라에서는 태종무열왕릉이 통일전의 유일하게 무덤의 주인공이 이론이 없는 무덤이다.[5] 그런데 신라 금관총에서 尒斯智王이란 명문이 2013년 7월 3일에 알려져 이를 눌지왕(458년)으로 보았다.[6] 부수적으로 황남대총 남분을 내물왕(402년)으로 보아서 고신라의 두 무덤의 주인공이 정해지게 되었다.[7] 이렇게 되면 신라 역사고고학의 편년

---

4) 김창호, 앞의 논문, 2015.

5) 통일 신라의 왕릉비는 문무왕릉비와 흥덕왕릉비가 있다. 문무왕은 대왕암에서 산골을 하고 경주에서 울산으로 가는 大路邊인 사천왕사에 비를 세웠다. 그래서 陵은 없고 문무왕릉비만 남아 있다. 이에 대해서는 김창호, 「문무왕릉의 산골처와 문무왕릉비」『경주문화연구』9, 2005 참조. 특히 사천왕사의 앞에 있는 2개(한 기는 사천왕사사적비이다. 최근에 발굴 조사에서 사적비편을 발견하였다.)의 귀부 가운데 서편의 귀부가 문무왕릉비와 그 촉이 일치해 사천왕사가 문무왕의 원찰로 보인다. 종래에는 사천왕사를 막연히 태종무열왕의 원찰로 보아 왔다. 또 흥덕왕릉은 흥덕왕릉비편이 발견되어 주인공이 확실하다. 이에 대해서는 이기동, 「신라 태조 성한 문제와 흥덕왕릉비의 발견」『대구사학』15·16 참조, 1978.

6) 김창호, 「신라 금관총의 尒斯智王과 적석목곽묘의 편년」『신라사학보』32, 2014.

7) 최병현, 「고신라 적석목곽분연구(하)」『한국사연구』32, 1981에서 적석목곽묘와 신분제의 관계를 다음과 같이 연결시키고 있다.
聖骨로는 표형분으로 황남대총과 서봉총, 단일원묘로 천마총, 금관총, 금령총, 식리총, 호우총, 은령총, 노서리138호분이고, 眞骨로는 표형분으로 황오리14호, 황오리1호, 황오리고분, 황오리54호을총, 보문리부부총, 단일원분으로 황남동110호분, 황오리54호갑총, 황오리4호분, 황오리5호분으로 보았다.
毛利光俊彦,「朝鮮古代の冠」『西谷眞治先生古稀記念論文集』, 1995에서 98호분을 눌지왕릉(458년), 금관총를 479년에 죽은 자비왕릉, 천마총을 500년에 죽은 소지왕릉 또는 514년에 죽은 지증왕릉으로 각각 보았다.
그런데 신라 성골은『삼국유사』의 왕력에 따르면 법흥왕, 진흥왕, 진지왕, 진평왕, 선덕여왕, 진덕여왕의 6명의 왕이 이에 해당된다. 법흥왕은 539년 7월 3일에 죽었으므로 이때는 적석목곽묘 시대가 끝나고 횡혈식석실분의 시대라 성골은 적석목곽묘 시대에는 존재가 불가능하다. 또 중성리비(441년)와 냉수리비(443년)에

이 다르게 되고, 금관총의 중요성은 아무리 강조해도 지나치지 않다. 대가야 등의 무덤은[8] 어느 것이 왕릉인지조차 알 수 없는 실정이다.

여기에서는 먼저 금관총의 尒斯智王에 대한 여러 가설을 소개와 아울러 비판적으로 검토하겠으며, 다음으로 尒斯智王이 누구인지를 고신라의 금석문 속에서 살펴보기로 한다.

서 진골에 해당되는 관등명이 없다. 지금까지 금석문 자료 등으로 보면 적석목곽묘 시대에는 성골과 진골이 없던 시대이다.

8) 혹자는 동래 복천동고분군을 금관가야의 왕릉으로 보기도 하나 복천동10·11호분 단계는 신라의 간접 지배를 받던 나라이고, 금관가야의 왕릉은 결코 아니다. 금관가야를 김해 대성동에서 동래 복천동으로 다시 부산 연산동으로 옮긴 것으로 보고 있으나 이는 잘못된 것이다. 가령 伊西國에 관한 기록이 『삼국사기』와 『삼국유사』에 나오지만 청도 이서에는 고총고분이 없고, 夫餘의 경우 5세기까지 잔존했으나 부여 고고학은 설정되지 않고 있다. 대가야에서는 합천매안리대가야비(471년), 下部思利利명토기(6세기) 등의 금석문이 나와서 대가야고분에서 王名이 나올 가능성이 크다. 왜냐하면 매안리비에서는 4명의 干支가 나와 중앙과 지방의 족장이 모였음을 말해 주고, 下部思利利명문은 지방에 下部가 있어서 上部도 지방에 있어야 하고, 중앙에도 3국처럼 部制가 있었다고 판단되기 때문이다. 족장 집단의 존재와 중앙·지방에 부제가 있었음은 대가야의 정치적 성장이 컸음을 말해 주고 있다. 왜 고대국가로 실패했느냐하면 신라는 530년경 비용이 많이 드는 적석목곽묘에서 비용이 절감되는 횡혈식석실분으로 전환에 성공한데 대해 대가야 등 가야제국은 530년에도 아니 국가가 망할 때인 562년까지 고비용의 수혈식석곽묘를 그대로 채용했다. 비용이 절감되고 인력이 덜 드는 횡혈식석실분의 채용에 실패했다. 그래서 530년에 태왕제를 채택하고, 횡혈식석실분을 수용해 고대국가를 완성한 신라에 비해 대가야 등 가야 제국은 태왕제의 채택은 물론 횡혈식석실분을 수용하지 않아서 신라와의 전투에서 비용과 군사력의 우위를 점하지 못하고 나라를 멸망당하게 되었다. 그래서 대가야는 干支란 족장 집단이 있고, 중앙과 지방에 부제가 실시되었으나 횡혈식석실분의 수용 실패로 고대 국가라고 부를 수는 없다. 곧 고대 국가로 가는 마지막 길목에서 신라에게 멸망당했다.

II. 지금까지의 연구

금관총의 3루환두대도에 새겨진 너사지왕에[9] 대해서는 다양한 가설이 발견 당시에 제기되었다. 원로문헌사학자에[10] 의해 '갈문왕처럼 왕의 동생이면서 왕이란 칭호로 불린 경우가 있듯이 너사지왕도 마립간이 아닌 것으로 보인다.'며, '마립간의 형제나 그 형제의 부인,[11] 왕족이거나 최고위 귀족일 가능성이 높다.'고 분석했다. 소장 문헌사학자도[12] '마립간의 별칭일 수 있지만 왕족일 가능성이 높다.'며, '신라사 연구의 귀중한 자료'라고 밝혔다.

너사지왕이 마립간이 아니라면 금관이 마립간의 독점적 상징물이 아니라 왕족이나 최고위 귀족도 사용했다는 기존의 학설을 뒷받침해준다. 중앙박물관의 고고학자는[13] '너사지왕이 마립간이 아니라는 견해가 많은데, 이에 따르면 천마총 등 지금까지 금관이 출토된 고분을[14] 마립간

---

9) 尒斯智王을 훈독하여 너사지왕으로 읽는다.

10) 이종욱의 견해이다.

11) 부인이 왕을 칭할 수는 결코 없다. 칭한다면 女王은 왕을 칭할 것이다. 신라에서 여왕은 善德女王, 眞德女王, 眞聖女王의 3명뿐이다. 이들은 여왕을 칭하였을 것이다. 3명의 여왕이 있던 시기는 국가 차원의 금석문이 소멸된 때이다. 따라서 5세기의 너사지왕과 마립간의 형제의 부인이 동일인일 수는 없다. 국가 차원의 고신라 금석문에서 여자의 인명이 나온 예가 없을 뿐만 아니라 더구나 여왕명으로 나온 예는 없다.

12) 전덕재의 견해이다.

13) 홍진근학예연구관의 견해이다.

14) 신라의 금관은 전 교동 출토품, 98호 북분, 금관총, 서봉총, 천마총, 금령총의 6기의 고분에서 출토되었다. 전교동품은 도굴품으로 그 크기가 작고 금관의 山자가 고졸해서 4세기의 왕자릉이나 공주릉에서 나온 것이고, 98호 남분과 북분은 내물왕 부부 무덤이고, 금관총은 눌지왕릉(넛지왕릉)이고, 서봉총(訥祇王妃陵? 또는 慈悲王妃陵?)은 환두대도가 착장되지 않아서 왕비릉으로, 천마총(炤知王妃陵?)

으로 추정한 일부 견해는 재검토되어야 한다.'고 말했다.[15)

한 고고학자는[16) 尒斯智王에서 尒자를 빼면 신라 제21대 왕인 炤知王 (479～500년)과 발음이 비슷한 사지왕이 되는데,[17) 금관총의 연대를 500 년으로 보게 되고, 尒斯智王에서 尒자를 제거하고서 인명을 비정한 예가 없는 점이 문제이다. 사실 인명 표기에서 모두 첫 자를 떼고 인명을 풀이한 예는 없다. 두 자루의 칼에서 모두 尒斯智王(刀)라고 나와서 尒斯智 王의 尒자를 떼지 않고, 붙여서 왕명을 찾아야 될 것이다.

5～6세기 신라 금석문에서 王이라는 칭호는 前世二王, 七王等과 같이[18) 보통 명사로 사용하거나, 折盧(智王)·斯夫智王·乃智王과 같이 고유명사로 사용되는 두 가지의 예가 있는데, 고유명사로서 사용하는 경우에는 국왕밖에 없으므로 尒斯智王은 신라 국왕을 가리키는 왕호라고 보았다.[19) 이러한 관점에서 금관총의 편년에 5세기 4/4분기이므로 慈悲王 (458～479년)이나 炤知王(479～500년)의 다른 왕명으로 보았다.[20) 금관

에서는 착장 환두대도가 있으나 熨斗가 출토되어 왕비릉으로, 금령총은 목관의 크기가 작고 용수철환상가위가 출토되어 소지왕의 공주릉으로 각각 볼 가능성이 있다. 서봉총과 함께 겹친 고분을 母子陵으로 보고 있으나 공주나 왕자도 전교동과 금령총에서와 같이 금관을 가져야함으로 따르기 어렵고, 그래서 서로 친족 관계는 없다. 따라서 왕비와 함께 그녀의 충성스런 가신이나 시동의 무덤일 것으로 판단된다.

15) 이상에 대해서는 도재기, 『경향신문』, 2013, 7월 4일자 기사 참조.
16) 이한상교수의 견해이다.
17) 이한상, 「경주 금관총 출토 환두대도에 새겨진 '尒斯智王'은 누구일까?」 『동아일보』, 2013, 7,4
18) 울주 천전리서석 추명에 나오는 王과 妹王도 여기에 속한다.
19) 김재홍, 「尒斯智王명 대도와 금관총의 주인공」 『고고학지』20, 2014, 133～134쪽. 이는 중요한 지적으로 금관총의 주인공 해결에 실마리가 될 것이다. 아직까지 마립간이나 갈문왕이외의 왕족이나 고급 귀족을 人名+王으로 불린 예는 전무하다.
20) 김재홍, 앞의 논문, 2014.

총의 고고학적 편년에 입각해 尒斯智王을 풀이한 점은 아쉽다. 먼저 금
석문 자체의 연구를 하고나서 금관총의 연대를 설정해야 할 것이고, 다
음으로 왕명을 추정해야 할 것이다.[21)]

　고구려의 주술성을 가진 十+(X)의 서식은 황남대총, 금관총, 천마총에
나타나며, 금관총의 尒斯智王과 十(X)는 서로 위아래가 다르게 도치법을
사용했으며, 尒斯智王은 금관총의 주인공으로 생각되며, 尒斯智王 그 혹
은 그녀는[22)] 매금왕이나 갈문왕이 아닌 탁부 혹은 사탁부의 고위자, 혹
은 다른 비주류 부의 장 가운데 한 사람으로 추정된다고 하였다.[23)] 매금
왕(마립간)이나 갈문왕이 아닌 자가 인명+왕으로 금석문에서 나온 예가
전무하고, 갈문왕은 탁부와[24)] 사탁부에서만 나올 수 있고, 봉평비에서
본피부의 장도 갈문왕이 될 수 없어서 문제가 노정된다.[25)]

---

21) 비슷한 내용의 논문이 김재홍,「금관총 출토 ‘尒斯智王’명 대도와 피장자」『한국
　　상고사학보』86, 2014이 실려 있으나, 여기에서도 尒斯智王이 금관총의 주인공은
　　아닐 가능성이 크다고 한 점은 꼭 같다. 금관총이 尒斯智王陵이 아니라면 尒斯
　　智王(刀)명의 3루환두대도가 4자루 가운데 2자루나 출토될 수는 없다. 따라서 금
　　관총은 尒斯智王의 무덤인 왕릉으로 판단된다.

22) 고신라 금석문에서 여자의 인명 표기는 울주 천전리서석 원명에 나오는 麗德光
　　妙(사탁부사부지갈문의 여동생으로 시집가기 전의 처녀일 때의 인명)나 남편의
　　이름에 붙어서 있는 作食人인 宋知智 壹吉干支의 妻인 居知尸奚夫人 등의 예
　　가 있다. 尒斯智王은 절대로 여자의 인명 표기일 수는 없다. 고신라 국가 차원의
　　금석문에서 여자의 인명은 나온 예가 없고, 금관총에서 2번이나 나오는 尒斯智
　　王(刀)도 금관총의 주인공이 마립간임을 말해주고 있다. 왕비라면 尒斯智王(刀)
　　명문자가 새겨진 3루환두대도가 두 자루나 나올 까닭이 없고, 왕비라면 ～妃나
　　～婦人, ～夫人으로 기재되어야 할 것이다.

23) 이용현,「문자 자료로 본 금관총 출토 대도 명문의 ‘尒斯智王’-고분 출토 신라
　　문자 자료와의 비교를 중심으로-」『고고학지』20, 2014.

24) 갈문왕이 탁부에서 나온 예가 금석문에서는 없으나 문헌에 의해 보충한 것이다.

25) 김창호,『古新羅 金石文과 木簡』, 2018, 周留城出版社, 115쪽.

441년 중성리비의 (喙部)折盧(智王),[26] 443년 냉수리비의 喙斯夫智王,
(喙)乃智王에 근거하여 尒斯智王을 마립간기의 왕명으로 간주하였다. 이
에 尒斯智王 가운데 尒를 훈독하여 너사지왕으로 읽고, 斯자를 반절로
보아서 ㅅ으로 보면 넛지왕이 되고, 이 넛지왕은 訥祇王이 된다는 것이
다.[27] 이에 대해 尒의 훈을 너로 읽은 점과 斯자를 반절로 ㅅ으로 본 점
을 비판한 견해가 나왔다.[28]

여기에서는 毗處王과 炤知王(照知王)에서 毗處는 照知의 照 훈인 비추
다와 연결시켰다.[29] 斯夫智王을 炤知麻立干(479~500년)이라고 하였다.
斯夫智王은 乃智王보다 앞서서 나와서 학계에서는 실성왕으로 본 점이
斯夫智王을 소지왕으로 본 것과 모순된다. 尒斯智王에 대해 알아보자.
尒斯智王와 伊史夫智(異斯夫)에서 서로 음상사라 尒斯智王은 신라 우산
국 정벌로 유명한 장군인 伊史夫라는 것이다. 냉수리비에서 斯夫智王에
서 炤知王이라고 한 것 같이 夫자가 탈락한 것 같이 伊史夫智의 夫자가

---

26) 중성리비를 501년으로 보면 제①행에 沙喙部至都盧葛文王을 복원해야 되는데,
(沙喙部至)折盧(智葛文王)을 복원할 수 있는 공간이 없다. 따라서 이 부분에는
(喙部)折盧(智王) 곧 訥祇王이 복원되어야 하고, 그 시기도 441년으로 보아야
한다. (喙部)折盧(智王)이 訥祇王인 점에 대해서는 뒤에서 설명하기로 하겠다.
눌지왕의 왕명은 중성리비의 折盧智王, 냉수리비의 乃智王, 금관총의 尒斯智王
=넛지왕, 눌지왕으로 4가지이다. 이렇게 이름이 4가지인 경우는 법흥왕의 경우에
있어서 봉평비의 车即智寐錦王, 울주 천전리서석 을묘명의 法興太王, 울주 천
전리서석 추명의 另即知太王, 『삼국사기』와 『삼국유사』의 原宗이 있다.
27) 김창호, 앞의 논문, 2014, 443쪽.
28) 박남수, 「신라의 동서문물 교류와 당성」『동아시아 실크로드와 당성』, 2017, 228쪽.
29) 신라 시대에 있어서 訓讀에는 지명이 많이 나온다. 인명에서 보면 居柒夫를 荒
宗이라고 표기한 예, 異斯夫를 苔宗이라고 표기한 예 등이 있다. 毗處麻立干을
照知麻立干을 동일한 것으로 본 것도 있다. 신라에서 훈독은 흔히 있는 일로 보
인다. 尒斯智王을 너사지왕으로 훈독해 읽는 데에 대해 반대하는 문제 제기는
그 근거가 무엇인지 알 수가 없다.

탈락하여 伊史智가 되고 尒斯智王의 尒斯智와 동일하게 된다는 것이다. 斯夫智王을 소지왕으로 본 것은 일반적인 방법이 아닌 것으로 전술한 바와 같이 斯夫智王은 실성왕(402~417년)이다. 炤知王說은 전후 관계가 맞지 않아서 믿을 수 없다. 곧 斯夫智王을 소지왕(479~500년)으로 볼 때에는 斯夫智王(= 실성왕, 402~417년), 乃智王(= 눌지왕, 417~458년)이므로 斯夫智王乃智王이 아닌 乃智王斯夫智王의 순서로 기재되어야 한다. 또 乃智王(訥祇王)과 炤知王 사이에는 慈悲麻立干(458~479년)이 존재하고 있어서 斯夫智王을 소지왕으로 볼 수 없다.[30] 또 尒斯智王을 이사부로 볼 때, 먼저 지금까지 고신라 금석문에서 마립간과 갈문왕이외에[31] 왕이라고 칭한 인명 표기의 예는 없다. 다음으로 尒斯智王과 伊史夫智의 대비에서와 같이 夫=宗이 빠진 예는 없다. 곧 잘못 비정된 斯夫智王=소지왕설에 근거하고 있다. 그 다음으로 이사부는 561년의 창녕비에는 나오지 않지만 562년의 대가야 정벌에 참가하고 있어서[32] 금관총의 연대가 562년 이후가 되어 금관총의 연대인 5세기 4/4분기와는[33] 62~87년 가량

---

30) 實聖王(402~417년)→訥祇王(417~458년)→慈悲王(458~479년)→炤知王(479~500년)의 순서이기 때문에 냉수리비에 있어서 斯夫智王(炤知王)乃智王(訥祇王)의 순서가 아니라 乃智王斯夫智王의 순서로 기록되어야 하고, 이 두 왕 사이에 자비왕이 있는 것도 문제이다. 따라서 斯夫智王이 炤知王이란 가설은 夫(宗)의 연결이 되지 않아서 성립될 수 없다. 夫(宗)이 빠고 동일인되는 다른 예를 제시해야 할 것이다.

31) 지금까지 금석문에서 나오는 葛文王은 냉수리비의 沙喙部至都盧葛文王, 봉평비와 울주 천전리서석 추명의 沙喙部徙夫智葛文王, 창녕비의 ~智葛文王뿐이다.

32) 『삼국사기』, 진흥왕23년(562년)조에 九月 加耶反 命異斯夫討之라고 나온다.

33) 박광열, 「신라 적석목곽분의 연구와 금관총」『고고학지』20, 2014, 72쪽에서는 금관총의 연대를 5세기 3/4분기 후반으로 보고 있다. 또 서봉총의 延壽元年辛卯를 신라 지증왕 때 연호로 보아서 511년(지증왕12년)으로 보았다. 그러나 524년 봉평비에도 喙部牟卽智寐錦王으로 나와서 신라 연호설은 성립될 수 없다. 신라에서

의 고고학적인 간격이 생기는 것이다. 현재 고고학에서 신라 적석목곽묘의 경우 누구나 30년경을 단위로 편년 설정이 가능한 점이다. 마지막으로 562년 이후는[34) 아무리 늦게 잡아도 적석목곽묘가 이미 소멸된 시기이므로 介斯智王이 이사부일 수는 없다.[35)

한편 국립중앙박물관의 고고학자는[36) 호석이 남아 있지 않지만 지름 45m로 추정되어 금관총은 왕릉급은 아니라고 강조하였다.[37) 介斯智王이 누구인지도 살펴보지 않고, 호석조차 모두 파괴된 지름을 추정한 것만으로 王陵인지 여부를 판단하는 점은 따르기 어렵다. 그 뒤 금관총의 지름이 45m인 점을 중요시 마립간의 무덤이 아니라고 보았다. 금관총의 피장자가 종래에는 太鐶耳飾을 착장한 것으로 보아서 여성으로 보아 왔으나 帶冠 부속장식이 細鐶垂飾이므로 남성으로 보았다. 介斯智王이 마립간은 아니고, 6부의 최고위층 인물이거나 喙部·沙喙部의 干支級인물로 추정하였다. 介斯智王이 마립간은 아니고, 냉수리비의 七王等과 관련하여 6부의 최고위층 인물이거나 喙部·沙喙部의 干支級 인물로 추정하

는 530년경에 太王制가 실시되었다. 따라서 서봉총의 延壽元年辛卯는 고구려 장수왕39년에 만들어진 일연호로 그 연대는 451년설이 타당하다. 서봉총의 연대도 5세기 중엽이다. 이에 대한 상세한 것은 김창호, 「고신라 서봉총 출토 은합 명문의 검토」, 『역사교육논집』16, 1991 참조.

34) 介斯智王을 異斯夫로 보면 금관총의 축조 연대는 562년 이후가 되나 현재의 신라고고학에서 금관총을 562년 이후로 편년하는 고고학자는 없다.

35) 필자는 적석목곽묘에서 횡혈식석실분에로의 전환 시기를 550년으로 보다가(김창호, 「고고 자료로 본 신라사의 시기 구분」, 『인하사학』10, 2003 및 김창호, 「신라 횡혈식석실분의 등장과 소멸」, 『신라사학보』32.), 2006 介斯智王(=넛지왕)이 눌지왕임을 근거로 지금은 530년경으로 보고 있다. 이 530년은 신라사에서 중요한 1차 고대국가 완성기이다.

36) 윤상덕학예연구관의 견해이다.

37) 2016년 10월 21일의 금관총 학술회의에서 발표하였다.

였다.[38] 금관이 나와서 왕비릉으로 추정되는[39] 천마총의 바닥 지름도 47m밖에 되지 않아서[40] 금관총의 바닥 지름이 45m이더라도 문제가 없다. 재발굴에서 얻은 자료로 정확한 금관총의 바닥 지름을 추정할 수는 없다. 그리고 냉수리비의 七王等으로 干支群도 王을 칭한 것으로 보고 있으나 그 구체적인 예가 없다. 곧 중성리비(441년)의 (喙部)折盧(智王), 냉수리비(443년)의 喙部斯夫智王, (喙部)乃智王, 沙喙部至都盧葛文王, 봉평비(524년)의 喙部牟卽智寐錦王과 沙喙部徙夫智葛文王, 울주 천전리서석 원명(525년)의 沙喙部葛文王, 울주 천전리서석 을묘명(535년)의 法興太王, 울주 천전리서석 추명(539)의 另卽知太王과 沙喙部徙夫知葛文王, 창녕비(561)의 ～智葛文王, 북한산비(561～568년)의 眞興太王과 新羅太王, 마운령비(568년)과 황초령비(568년)의 眞興太王 등의 고유 명사가 있을 뿐이다. 냉수리비의 七王等, 추명의 妹王, 王의 보통 명사도 있다. 七王等에서와 같이 葛文王과 干支群을 합쳐서 王이라고 부른 것은 일종의 고육책으로 보이나 <표 1>에서 보는 바와 같이 실제로 인명 표기에서는 王을 칭하지 않고 있다. 따라서 尒斯智王은 고급 귀족이나 왕족이 아니고 마립간이라고 판단된다.

2017년 부경대학교 석사논문에서 尒斯智王에 관한 전론이 나왔다.[41] 여기에서는 尒斯智王을 문헌의 異斯夫와 동일하다고 보고, 尒斯智王이 금관총의 주인공이 아니고 무덤의 주인공에게 異斯夫(=尒斯智王)가 바친 칼로[42] 보아서 금관총의 연대를 6세기 초로 보았다. 尒斯智王명의 칼을

---

38) 윤상덕,「금관총의 성격 재고」『고고학지』22, 2016.
39) 炤知麻立干의 王妃陵일 가능성이 있다.
40) 컴퓨터 daum, 천마총 항 다음백과 참조.
41) 최철영,「금관총 출토 명문 속의 '尒斯智王'에 대한 검토」, 부경대학교 석사학위 논문, 2017.

두 자루나 금관총 피장자에게 바치는 것인데, 그러한 예가 없어서 문제
이고,[43] 금관총의 연대를 6세기 초로 보는 것도 문제이고,[44] 왕의 신하의
인명이 尒斯智王이 될 수 있는지가 문제이다. 실제로 異斯夫는 적성비에
서 伊史夫智伊干支로 나올 뿐, 王으로는 나오지 않고 있다. 고신라 금석
문에서 王으로 나오는 예는 麻立干[寐錦王]과 太王과 葛文王뿐이다.

---

42) 고고학에서는 獻納보다는 下賜(分與)가 보다 타당하다. 헌납의 예는 없는 공물
을 바치는 등의 예가 상정되고 있으나 金工品을 바치는 예는 알려지지 않고 있
다. 금공품의 분여는 고분 고고학 이론의 한 축을 이루고 있다. 이를 최근에 와서
는 威勢品[일본 용어:威信財] 이론으로 부르고 있다. 위세품 이론도 외국의 우수
한 제품을 수입해 다가 주변국에 나누어주고 주변국에 대해 정치적인 우위를 인
정받는 제도이다. 그 대표적인 예가 4세기 일본의 三角緣神獸鏡이론으로 분여
설의 대표적인 예이다. 이는 舶載鏡이 중국의 것이 아닌 일본제이므로 잘못된 이
론이다. 우리나라는 신라의 고분과 주변 지역의 고분에서 나오는 山자형금동관을
들 수가 있다. 적석목곽묘 사회에서도 麻立干과 臣下의 관계는 금공품의 분여를
토대로 끈끈하게 맺어졌을 뿐, 금공품의 헌납으로 맺어진 것은 아니다. 왜냐하면
금공품 등은 官需官給制로 그 전부를 마립간이 소유하고 있기 때문이다.

43) 왜 이사부가 자기 이름을 칼에 새기고, 왕의 인명은 새기지 않고 헌납했는지가
궁금하다. 왕에게 헌납하려고 하면 국왕의 칭호를 극존칭을 써서 받쳐야할 것이
다. 오히려 자신을 尒斯智王이라고 국왕과 같은 칭호를 써서 헌납하고 있다. 이
는 명백한 잘못이다.

44) 누가 보아도 고고학자라면 금관총의 연대는 6세기 초가 아닌 5세기이다. 곧 정확
히 제시하면 5세기 4/4분기이다. 금관총의 연대를 5세기로 보아야지 6세기설은 성
립될 수가 없다. 신라의 적석목곽묘는 530년이 되면 소멸되고, 횡혈식석실분이란
저비용의 분묘가 들어오고, 이때에 태왕제가 도입되어 제1차 고대국가 완성기가
된다.

III. 너사지왕비 분석

너사지왕이 과연 마립간인지 여부는 5세기에서 6세기 전반의 금석문까지 검토해야 알 수 있음으로 우선 5세기의 금석문부터 제시하면 다음과 같다.

〈중성리비〉[45]

⑫	⑪	⑩	⑨	⑧	⑦	⑥	⑤	④	③	②	①	
							伐	喙				1
					喙	△	喙	沙				2
		牟	珎	干	鄒	干	斯	利	教			3
	導	旦	伐	支	須	支	利	夷	沙			4
	人	伐	壹	沸	智	祭	壹	斯	喙			5
	者	喙	昔	竹	世	智	伐	利	爾	喙		6
沙	與	作	云	休	令	壹	皮	白	抽	部	辛	7
喙	重	民	豆	壹	干	伐	末	爭	智	智	巳	8
心	罪	沙	智	金	居	使	智	人	奈	智	(年)	9
刀	典	干	沙	知	伐	人	李	喙	麻	阿	(喙)	10
哩	書	支	干	那	壹	奈	波	評	喙	干	(部)	11
△	與	使	支	音	斯	蘇	喙	公	部	支	折	12
	牟	人	宮	支	利	毒	柴	斯	牟	沙	盧	13
	豆	卑	日	村	蘇	只	干	弥	智	喙	(智)	14
	故	西	夫	卜	蘇	道	支	沙	奈	斯	(王)	15
	記	牟	智	步	古	使	弗	喙	麻	德		16
	利	宮	干	利	喙	乃	夷	本	智			17
	白	奪	支	村	念	壹	須	牟	阿			18
	口	爾	走	仇	車	伐	牟	子	干			19
	若	令	斤	鄒	智	金	旦	支				20
	後	更	壹	列	沙	評						21
	世	還	金	支								22
	更		知									23

---

45) 김창호, 「포항 중성리 신라비의 재검토」 『신라사학보』29, 2013, 613쪽을 중심으로 제시하였고, 특히 제①행은 새로이 추독하였다.

〈냉수리비〉46)

前面

⑫	⑪	⑩	⑨	⑧	⑦	⑥	⑤	④	③	②	①	
		死	得	爲	支	夲	喙	王	癸	麻	斯	1
	教	後	之	證	此	彼	爾	斯	未	村	羅	2
此	耳	△	教	爾	七	頭	夫	德	年	節	喙	3
二	別	其	耳	耶	王	腹	智	智	九	居	斯	4
人	教	弟	別	財	等	智	壹	阿	月	利	夫	5
後	末	兒	教	物	共	干	干	干	廿	爲	智	6
莫	鄒	斯	節	盡	論	支	支	支	五	證	王	7
更	斯	奴	居	教	教	斯	只	子	日	爾	乃	8
導	申	得	利	令	用	彼	心	宿	沙	令	智	9
此	支	此	若	節	前	暮	智	智	喙	耳	王	10
財		財	先	居	世	斯	居	居	至	得	此	11
			利		二	智	伐	伐	都	財	二	12
					王	干	干	干	盧	教	王	13
					教	支	支	支	葛	耳	教	14
									文		用	15
											珎	16
											而	17

上面

⑤	④	③	②	①	
故	了	今	支	村	1
記	事	智	須	主	2
		此	支	臾	3
		二	壹	支	4
		世			6
		中			7

後面

⑦	⑥	⑤	④	③	②	①	
事	蘇	喙	你	智	典	若	1
煞	那	沙	喙	奈	事	更	2
牛	支	夫	耽	麻	人	導	3
拔	此	那	須	到	沙	者	4
故	人	利	使	弗	壹	其	6
記	跛	沙	心	須		重	7
	△	喙	昚	仇		罪	8
	所	公				耳	9
	白						10
	了						11

---

46) 김창호, 『고신라 금석문의 연구』, 2007, 131쪽에서 전제하였다.
　　斯夫智, 斯德智, 斯彼暮斯智(뒤의 글자), 斯申支, 斯利의 斯자는 모두 신라 조자이다. 조관의 관계상 斯자로 적었다. 이를 인명에만 쓰는 글자로 보기도 어렵다. 왜냐하면 인명인 兒斯奴의 경우에는 신라 조자가 아닌 斯자로 적고 있기 때문이다. 그리고 그 음이 무엇인지도 모르고 있다.

이 두 금석문의 특징은 먼저 진골에 해당되는 관등과 4두품에 해당되는 관등이 없다는 점이다. 다음으로 大等 집단이 명확하게 구분되지 않는 점이다. 마지막으로 비의 주인공이 중성리비의 牟旦伐과[47] 냉수리비의 節居利로 뚜렷이 명기된 점이다. 냉수리비(443년)의 七王等은 大等에 해당되나 중성리비(441년)에서는 불분명하나 굳이 찾아보면 (喙部)折盧(智王)에서부터 使人祭智壹伐까지의[48] 16명이다. 그 다음으로 敎를 내린 주제자인 중성리비의 (喙部)折盧(智王)나 냉수리비의 沙喙至都盧葛文王이 독립되어서 존재하지 못하고 敎를 받는 집단과 함께 하고 있는 점이다. 이렇게 敎를 내린 주제자가 敎를 받는 집단과 함께 하는 것은 524년 봉평비을 마지막으로 없어지게 된다. 5세기 두 금석문에서는 마립간을 王이라고 불렀지 干支를 王이라고 부르지는 않았다. 냉수리비의 七王等에[49] 대해 알아보기 위해 인명을 분석해 제시하면 다음의 <표 1>과 같다.

〈표 1〉 七王等의 人名 分析表

出身部名	人名	官等名
沙喙	至都盧	葛文王
위와 같음	斯德智	阿干支
위와 같음	子宿智	居伐干支
喙	爾夫智	壹干支

---

47) 김창호, 앞의 논문, 2013, 620쪽. 혹자는 牟旦伐喙로 끊어서 모량부로 보고 있다. 牟梁部는 금석문·목간 등 동시대 자료(남산신성비 제2비, 월성 해자 신9호 목간)에서는 牟喙(部)로 나오기 때문에 따르기 어렵다. 牟旦伐喙가 모량부가 될려고 하면 漢只伐部의 예를 따를 때, 牟旦喙伐이 되어야 할 것이다. 고신라 금석문에서 喙部(82예)와 沙喙部(56예)의 그 수많은 예에도 불구하고, 다른 글자나 다른 말로 나온 예가 없다. 本彼部의 경우도 10여 예에서 彼자가 이체인 波, 氵+彼 등으로 나오고 있을 뿐이다.

48) 使人祭智壹伐의 경우는 祭智壹伐使人순서로 기재되어 있다.

49) 이는 6세기의 大等 집단과 같은 것으로 보인다.

出身部名	人名	官等名
위와 같음	只心智	居伐干支
本彼	頭腹智	干支
위와 같음	斯彼暮斯智	干支

관등명에 왕을 칭한 것은 葛文王뿐으로 斯德智 阿干支이하 6명은 干支로 끝나 있을 뿐, 왕을 칭하지는 않고 있다. 고신라 금석문에 있어서 왕을 칭한 것은 앞에서 살펴본 바와 같이 麻立干과 葛文王일 뿐, 다른 인명은 5~6세기 금석문에서와 마찬가지로 ~干(支)로 끝날 뿐이다. 干支는 『廣州千字文』에 나오는 임금왕(王)의 訓인 긔츳와 통하고, 『송서』, 백제전의 鞬吉支의 吉支나 신라 왕호 居西干의 居西와 통한다.50) 따라서 干支에 王을 의미하고 있으나 곧바로 왕은 아니다. 그래서 고신라 어느 금석문에서도 마립간과 갈문왕이 아닌 사람을 왕으로 표기한 예는 없다. 이 점은 너사지왕의 인명 분석하는데 중요한 단서가 된다.

이제 6세기 전반의 금석문을 제시하면 다음과 같다.

울진봉평비

⑩	⑨	⑧	⑦	⑥	⑤	④	③	②	①	
	麻	奈	使	新	者	別	愼	干	甲	1
立	節	爾	卒	羅	一	教	●	支	辰	2
石	書	利	次	六	行	今	宋	岑	季	3
碑	人	杖	小	部	△	居	智	喙	正	4
人	牟	六	舍	煞	之	伐	居	部	月	5
喙	珎	十	帝	斑	人	牟	伐	美	十	6
部	斯	葛	智	牛	備	羅	干	昕	五	7
博	利	尸	悉	△	土	男	支	智	日	8
士	公	條	支	△	鹽	弥	一	干	喙	9
于	吉	村	道	麥	王	只	夫	支	部	10
時	之	使	使	事	大	卆	智	沙	牟	11

50) 안병희 「어학편」 『한국학기초자료선집』-고대편-, 1987, 1001쪽.

⑩	⑨	⑧	⑦	⑥	⑤	④	③	②	①	
教	智	人	烏	大	奴	是	太	喙	卽	12
之	沙	奈	妻	人	村	奴	奈	部	智	13
若	喙	爾	次	喙	負	人	麻	而	寐	14
此	部	利	小	部	共	雖	一	●	●	15
省	善	阿	舍	內	值	●	爾	粘	錦	16
獲	文	●	帝	沙	五	是	智	智	王	17
罪	吉	尺	智	智	其	奴	太	太	沙	18
於	之	男	居	奈	餘	人	奈	阿	喙	19
天	智	弥	伐	麻	事	前	麻	干	部	20
●	新	只	車	沙	種	時	車	支	徙	21
●	人	村	羅	喙	種	王	心	吉	夫	22
●	喙	使	尼	部	奴	大	智	先	智	23
居	部	人	車	一	人	教	奈	智	葛	24
伐	述	翼	利	登	法	法	麻	阿	文	25
牟	刀	戾	一	智		道	沙	干	王	26
羅	小	杖	伐	奈		俠	喙	支	本	27
異	烏	百	弥	麻		阼	部	一	波	28
知	帝	於	宜	莫		陸	十	毒	部	29
巴	智	卽	智	次		禾	斯	夫	△	30
下	沙	斤	波	邪		耶	智	智	夫	31
干	喙	利	旦	足		界	奈	一	智	32
支	部	杖	組	智		城	麻	吉	△	33
辛	牟	百	只	喙		失	悉	干	△	34
日	利	悉	斯	部		火	爾	支		35
智	智	支	利	比		遝	智	喙		36
一	小	軍	一	須		城	奈	勿		37
尺	烏	主	全	婁		我	麻	力		38
世	帝	喙	智	邪		大	等	智		39
中	智	部	阿	足		軍	所	一		40
△		爾	大	智		起	教	吉		41
三		夫	兮	居		若	事	干		42
百		智	村	伐		有	支	支		43
九		奈	使	牟						44
十			人	羅						45
八			道							46

단양적성비

㉒	㉑	⑳	⑲	⑱	⑰	⑯	⑮	⑭	⑬	⑫	⑪	⑩	⑨	⑧	⑦	⑥	⑤	④	③	②	①	
△	△	△	村	△	△	△	△	△	△	△	△	△	△	△	△	城	阿	城	支	支	△	1
△	△	△	△	△	△	△	△	△	△	△	△	△	△	△	△	幢	干	在	居	沙	△	2
△	△	△	△	△	△	△	△	△	△	△	△	△	△	△	△	主	支	軍	柒	喙	年	3
△	△	△	△	△	△	△	△	△	△	△	△	△	△	△	△	喙	鄒	主	夫	部	△	4
△	△	△	△	△	△	△	△	△	△	△	△	△	△	中	部	文	等	智	豆	月		5
△	△	△	△	△	△	合	弗	△	△	△	△	△	△	作	助	村	喙	大	弥	中		6
△	△	△	△	懷	五	兮	△	△	△	△	△	△	善	黑	幢	部	阿	智	王			7
△	△	△	△	兄	勲	人	女	△	△	△	△	△	△	夫	主	比	干	波	教	事		8
△	△	△	△	喙	弟	力	之	道	使	△	△	前	△	△	懷	智	沙	次	支	珎	事	9
大	人	人	勿	耶	使	別	豆	法	子	異	者	公	△	勲	及	喙	夫	內	干	大	衆	10
烏	石	勿	思	伐	奈	如	人	教	只	刀	葉	更	兄	△	力	干	部	智	礼	支	等	11
之	書	支	伐	弗	此	事	自	又	城	只	耶	赤	鄒	許	使	支	導	阿	夫	喙	等	12
立	次	城	耽	白	若	此	悦	佃	小	國	城	文	利	死	節	設	干	智	部	喙		13
人	阿	幢	祁	者	其	後	利	舍	女	法	烟	村	之	人	教	智	支	大	西	部		14
比	尺	主	失	大	生	國	巴	法	烏	中	法	巴	四	是	事	及	沙	阿	夫	伊		15
今	書	使	利	人	子	中	小	爲	礼	分	使	珎	年	以	赤	干	喙	干	叱	史		16
皆	人	人	大	耶	女	如	子	之	兮	与	之	妻	小	後	城	支	部	支	智	夫		17
里	喙	那	舍	小	子	刀	別	撰	雖	後	下	女	其	也	勿	武	高	大	智			18
村	部	利	鄒	人	年	爾	羅	官	干	然	者	干	師	妻	爾	思	力	頭	阿	伊		19
		村	文	耶	少	次	兮	賜	支	伊	公	支	文	三	次	伐	智	林	干	干		20

6세기 전반 금석문인 봉평비(524년)과 적성비(545년이나 그 직전)에서는 5세기의 중성리비·냉수리비에서와는 달리 진골과 4두품에 해당되는 관등명이 나오고 있다. 봉평비에서는 喙部牟卽智寐錦王이 탁부의 장으로서 사탁부의 장인 沙喙部徙夫智葛文王과51) 本彼部의 장인 △夫智(干支)와 함께 敎를 내리고 있으나 인명 표기가 인명의 나열 속에 포함되어

51) 울주 천전리서석 원명(525년)에는 沙喙部葛文王이 나오고, 추명(539년)에는 沙喙部徙夫智葛文王이 각각 나오고 있다. 이들은 동일인으로 沙喙部徙夫知葛文王은 己未年七月三日의 법흥왕의 제삿날에도 추명에서 천전리서석곡을 찾고 있어서 분명히 살아있는 점에서 보면 立宗葛文王과 동일인은 아니다. 입종갈문왕은 己未年七月三日이전에 죽었기 때문에 왕위에 오르지 못하고, 그의 아들인 진흥왕이 15세에 즉위했다. 이에 대해서는 김창호, 앞의 책, 2018, 167~170쪽 참조.

있는 것은 중성리비나 냉수리비가 마찬가지이다. 적성비에서는 王敎事라고 해서 大衆等에서 분리되어서 나오고 있다. 眞興王도 적성 경영에 직접 참석했다고 생각된다.[52] 그래서 敎를 王命으로 내리고 있다. 진흥왕이 아직 成年이 되지 못해서 적성 경영에 참여하지 못했다는 것은 王敎事로 볼 때 성립될 수가 없다. 적성비는 545년이나 그 직전에 비가 건립되었으므로 太王制가 실시된 때이다.[53]

신라의 太王制는 530년경에 실시된 것으로 보인다. 이 530년경에는 신라의 묘제가 적석목곽묘에서 횡혈식석실분으로 바뀐 시점이다.[54] 이렇게 묘제가 변화한 것은 厚葬에서 薄葬으로 바뀌어서 追加葬이 가능한 횡혈식석실분임을 참고할 때, 횡혈식석실분이란 무덤을 쓰는데 필요한 비용이 1/10~1/100로 절감되었다. 그러면서 정치는 太王이, 제사는 제사장이 각각 담당하는 왕권이 강화된 사회가 되었다.[55] 신라 1000년 역사

52) 진흥왕의 즉위 시에 나이가 『삼국사기』, 진흥왕즉위조에는 15세설이, 『삼국유사』, 왕력에 7세설이 각각 기록되어 있다. 보통 551년의 開國이란 연호의 사용으로 진흥왕이 친정해 7세설을 지지하고 있다.(李丙燾, 『韓國古代史研究』, 1976, 669쪽, 李基白, 『新羅時代의 國家佛敎와 儒敎』, 1978, 70쪽, 村上四男 『朝鮮古代史研究』, 1978, 86쪽 등) 540년에 즉위한 진흥왕은 551년에 18세가 되어 문제가 된다. 545년이나 그 직전에 건립된 적성비에는 王敎事가 나와서 진흥왕이 직접 적성 경영에 참가했음을 알 수 있다. 따라서 7세 즉위설보다는 15세 즉위설이 타당할 것이다.

53) 신라의 太王制는 535년에 작성된 울주 천전리서석 을묘년명에 法興太王이라고 나와서 530년경에 실시된 것으로 판단된다.

54) 김창호, 앞의 논문, 2003.
김창호, 앞의 논문, 2006.
단 횡혈식석실분의 등장은 금관총의 너사지왕=눌지왕의 출현으로 20년가량 소급시켜서 550년이 아닌 530년으로 본다.

55) 신라에서 제정분리는 530년경으로 보아야 할 것이다. 蘇塗에 天君의 등장으로 제정분리를 보고 있으나 고고학적으로는 530년경에 제정이 분리되었다. 이에 대한

에서 가장 큰 변화가 단기간에 이루어진 것은 530년경이다.[56] 이때에 太
王制가 실시되었다. 그래서 비로소 제의 연합 정권에서 제정이 완전히
분리되는 사회로 넘어갔다.

6세기 전반 금석문인 봉평비(524년)에서는 寐錦王이 다른 많은 사람들
과 함께 나란히 인명이 나열되고 있으나 太王制가 실시된 이후인 적성비
(545년이나 그 직전)에서는 大衆等 집단에서 분리되어 王敎事의 王으로
표기하고 있다. 그렇다면 530년경의 묘제 변천과 함께 태왕제가 실시됨
으로서 인명의 나열에서 벗어난 (太)王의 표기가 있다. 561년의 창녕비에
서도 太王이 臣下의 인명과 따로 쓸 가능성이 있다. 비의 전반부 파실이
심해 확인할 길이 없으나 寡人이 나와서 진흥왕이 창녕에 온 것은 분명
하다. 大等 속에 葛文王이 나와서 大等으로 참가하고 있다. 북한산비(561
~568년), 마운령비(568년), 황초령비(568년)에서는 진흥왕의 王名이 眞興
太王이라고 신하들의 인명 표기와 분리되어 冒頭에 나오고 있다. 특히
북한산비에서는 新羅太王이라고까지 해서 그 위용을 떨치고 있다.[57]

지금까지 살펴본 고신라 금석문인 중성리비, 냉수리비, 봉평비의 5세
기에서 6세기 금석문에서는 麻立干과 葛文王이 왕으로 나올 뿐, 왕족이

상세한 것은 김창호, 「한국 신석기시대 토착 신앙 문제」『한국신석기연구』12,
2006, 95쪽 참조.

56) 김창호, 앞의 논문, 2006.
7세기 후반의 都城制에서 횡혈식석실분이 소멸되고 도성제가 발달하였다고 한다.
이에 대해서는 조성윤, 「신라 고분의 종말과 도시의 재편」『신라학연구』18, 2015
참조. 이렇게 되면 신라에서 횡혈식석실분은 7세기에 끝나고, 무고분 시대는 8세
기부터 935년까지가 된다. 그런데 6~10세기의 경주를 도시라고 부르기보다는
통설처럼 도성제로 불러야 할 것이다.

57) 그래서 북한산비에서는 甲兵之德에 覇主가 되었다고 명기하고 있다. 이에 대해
서는 김창호, 「북한산비에 보이는 갑병 문제」『문화재』25, 1992 참조.

나 고급 귀족이 王으로 표기된 예는 없다. 545년이나 그 직전의 적성비에 530년경에 실시된 太王制의 영향으로 국왕인 태왕이나 왕이 신하들의 인명 나열에서 벗어나 있다. 이때에 王(적성비)이나 太王으로 나오고, 葛文王조차도 창녕비에서 인명 나열 속에 표기되어 있었다. 고신라의 어떤 금석문에서도 異斯夫와 같은 고급 귀족도 王으로 불리지는 않았다.[58]

이제 마운령비의 夫法知와 황초령비의 分知가 동일인인지 여부를 살펴보기 위해서 마운령비와 황초령비의 인명 분석표를 제시하면 다음의 <표 2>와 <표 3>과 같다.

〈표 2〉 마운령비 인명 분석표

직명	출신부명	인명	관등명
沙門道人		法藏	
위와 같음		慧忍	
太等	喙部	居柒夫智	伊干
위와 같음	위와 같음	內夫智	伊干
위와 같음	沙喙部	另力智	迊干
위와 같음	喙部	服冬智	大阿干
위와 같음	위와 같음	比知夫知	及干
위와 같음	위와 같음	未知	大奈末
위와 같음	위와 같음	及珎夫知	奈末
執駕人	喙部	万兮	大舍
위와 같음	沙喙部	另知	大舍
哀內從人	喙部	沒兮次	大舍
위와 같음	沙喙部	非尸知	大舍

---

58) 왕족이나 고급 귀족을 인명+王으로 표기하였다고 생각하는 것은 막연한 견해일 뿐, 실제로 그러한 예는 찾을 수 없다. 그래서 異斯夫를 尒斯智王에 비정하거나 尒斯智王 그 혹은 그녀는 매금왕이나 갈문왕이 아닌 탁부 혹은 사탁부의 고위자, 혹은 다른 비주류 부의 장 가운데 한 사람으로 추정된다고 보았다. 이는 잘못된 가설이다. 왜냐하면 중성리비와 냉수리비와 봉평비를 포함하여 모든 고신라의 금석문(울주 천전리서석 원명과 을묘명과 추명, 적성비, 창녕비, 북한산비, 마운령비, 황초령비 등)에서 太王(마립간)과 갈문왕만이 왕으로 표기되고 있기 때문이다.

직명	출신부명	인명	관등명
△人⁵⁹⁾	沙喙部	△忠知	大舍
占人	喙部	与難	大舍
藥師	(沙喙部)	篤支次	小舍
奈夫通典	本彼部	加良知	小舍
△△	本彼部	莫沙知	吉之
及伐斬典	喙部	夫法知	吉之
哀內△(△)	(△)喙部	△未名	(吉之)
堂來客			
哀內客		五十	
外客		五十	
△△(軍主)	(喙部)	悲智	沙干
助人	沙喙部	舜知	奈末

〈표 3〉 황초령비의 인명 분석표

직명	출신부명	인명	관등명
沙門道人		法藏	
위와 같음		慧忍	
大等	喙(部)	(居柒)夫知	(伊干)
위와 같음	위와 같음	……⁶⁰⁾	……
위와 같음	(沙喙部)	(另)力知	迊干
위와 같음	喙部	服多知	大阿干
위와 같음	위와 같음	比知夫知	及干
위와 같음	위와 같음	未知	(大)奈末
위와 같음	위와 같음	……⁶¹⁾	……
(執駕人)	(喙部)	(万)兮	大舍
위와 같음	沙喙部	另知	大舍
哀內從人	喙部	(沒)兮次	(大舍)
……	……	……	……
(占)人	喙部	与難	大舍
藥師	沙喙部	篤兄	小(舍)
……	……	……	……
(及伐斬)典	喙部	分知	吉之
위와 같음	위와 같음	哀公欣平	小舍
위와 같음	위와 같음	△末賈	△△

---

59) △人의 △부분은 馬+弱으로 되어 있으나 조판의 어려움 때문에 모르는 글자로 보았다.

직명	출신부명	인명	관등명
……	……	……	……
……(軍主)	喙部	非知	沙干
助人	沙喙部	尹知	奈末

<표 2>와 <표 3>을 비교해 보자. 마운령비와 황초령비에 있어서 沙門
道人인 法藏과 慧忍은[62] 동일인이다. 마운령비의 居柒夫智와 황초령비
의 居柒夫知는[63] 동일인이다. 마운령비의 另力智迊干과 황초령비의 另
力知迊干은 동일인이다. 마운령비의 服仒智大阿干과 황초령비의 服仒知
大阿干은 동일인이다. 마운령비의 比知夫知及干과 황초령비의 比知夫知
及干은 동일인이다. 마운령비의 未知大奈末과 황초령비의 未知大奈末은
동일인이다. 마운령비의 執駕人인 万兮·另知는 황초령비의 執駕人으로
복원되는 万兮·另知와 동일인이다. 마운령비의 哀內從人인 沒兮次는 황
초령비의 哀內從人인 (沒)兮次와 동일인이다. 마운령비의 占人인 与難은
황초령비의 (占)人인 与難과 동일인이다. 마운령비의 藥師인 篤支次와
황초령비의 藥師인 篤兄은 동일인이다.[64] 마운령비의 及伐斬典인 喙部
分知吉之는 황초령비의 (及伐斬)典인 喙部夫法知吉之은 직명, 출신부명,
관등명이 같아서 동일인이다.[65] 부법지는 분지와 동일인으로 붑지=분지

60) 여기에는 內夫知伊干이 복원될 수가 있다.
61) 여기에는 及珎夫知奈末이 복원이 가능하다.
62) 이들은 본래 고구려의 승려(북한산비의 석굴에 있던 승려가 포함되었을 지도 모
   름)로 신라에 귀화해 진흥왕과 더불어 새로 편입된 옛 고구려의 영토에 살던 주
   민의 신라인화의 이데올로기 지배에 이바지 하였다.
63) 居柒夫의 柒자는 나무 목(木)변에 비수 비(匕)한 글자이다. 그래서 창녕비의 △
   大等의 직명을 가진 居七夫智와는 동일인이 아니고, 대등의 직명을 가진 인명속
   에서 찾아야 될 것이다.
64) 이는 아직까지 고고학계나 역사학계나 이두[구결]학계에서 왜 동일인인지 규명을
   못하고 있다.

가 된다. 마운령비의 ~軍主인 悲智는 황초령비의 ~軍主인 非知와 동일인
이다. 마운령비의 助人沙喙部舜知奈末은 황초령비의 助人沙喙部尹知奈
末과 동일인이다. 순지와 윤지를 동일인으로 보지 않고 있으나66) 직명,
출신부명, 관등명이 같고, 남산신성비 제2비에서 阿大兮村이 阿旦兮村으
로, 沙刀城이 沙戶城으로 표기되고 있는 점에서 보면 舜知와 尹知란 인
명은 동일하다.

지금까지 살펴본 바와 같이 중성리비(441년)·냉수리비(443년)·봉평비
(524년)·울주 천전리서석 원명(525)·울주 천전리서석 을묘명(535년)·울
주 천전리서석 추명(539년)·적성비(545년이나 그 직전)·창녕비(561년)·
북한산비(561~568년)·마운령비(568년)·황초령비(568년)에서는 麻立干과
葛文王과 太王이외에 王으로 부르지 않았다. 특히 異斯夫는 王으로 불리
지 않았다. 따라서 이사부는 왕이 될 수가 없다. 그가 尒斯智王과 동일인
이라면 伊史夫智王이라고 적성비에 나와야 될 것이다. 적성비에는 伊史
夫智伊干支라고 나올 뿐이다. 斯夫智王을 소지왕으로 잘못 비정해 생긴
결과 이사부를 신라 국왕에 비정하는 결과가 초래되었다.

너사지왕은 금석문이나 문헌 자료에서 王자로 끝난 왕족이나 고위 귀
족의 인명이 발견된 예가 없어서 왕명으로 볼 수가 있다. 곧 중성리비의
(喙部)折盧(智王)과 냉수리비의 喙(部)斯夫智王, (喙部)乃智王에 근거할
때, 너사지왕은 왕명임이 분명하다. 그렇다면 어느 왕의 왕명과 동일할
까? 奈勿王, 實聖王, 訥祇王 慈悲王, 炤知王(毗處王), 智證王 가운데 누구

---

65) 김창호, 「신라중고 금석문의 인명표기(Ⅰ)」『대구사학』22:1983, 『삼국시대 금석
   문 연구』재수록 2009, pp. 221~222. 국사편찬위원회 한국사데이터베이스의 마운
   령비(夫法知)와 황초령비(分知)항에서도 양 자를 동일인으로 보고 있다. 필자도
   같은 생각이다.

66) 박남수, 앞의 논문, 2017, 228~229쪽.

일까? 尒斯智王(너사지왕)의 斯를 반절로 해 스으로 보면 넛지왕이 된
다. 이렇게 斯자를 스으로 줄인 유사한 예가 있는지 궁금하다. 568년의
마운령비의 及伐斬典喙部夫法知吉之가[67] 568년의 황초령비에 及伐斬典
喙部分知吉之로[68] 나오고 있다. 여기에서 부법지와 분지는 동일인이 되
고, 부법지(=붑지)와 분지는 같은 사람이 된다.[69] 너사지왕은 넛지왕이

---

67) 김창호, 앞의 책, 2007, 90쪽 및 본고의 <표 2>. 及伐斬典이란 직명은 월성해자
목간 신3호에 나오는 及伐漸典과 동일하다. 典中大等은 典大等(월성해자 목간
12호)과 동일하다. 왜냐하면 남산신성비 제2비의 郡中上人이 남산신성비 제9비
의 郡上人과 동일하기 때문이다. 이 목간의 해석도 견해의 차이가 있어서 목간
명문 전체을 제시하고, 이를 해석하면 다음과 같다.
　　典中大等赴告沙喙及伐漸典前
　　阿尺山△舟△至△愼白△△
　　急煙爲在之
　　　　　文人周公智吉士 • (월성 해자 출토 목간신3호)
그런데 기왕의 견해에서는 阿尺을 외위로 보고 있으나(윤선태,『월성 해자 목간
의 연구 성과와 신출토목간의 판독』『동아시아 고대 도성의 축조의례와 월성해
자 목간』-한국목간학회 창립 10주년 기념 국제학술회의-, 2017, 76쪽) 이는 재고
의 여지가 있다. 또 윤선태는 '典中大等이 알려 告함. 沙喙의 及伐漸典 앞. 阿
尺인 山△가 배로 이르러 삼가 아뢰길, △△하여. 급히 흙으로 막게하였다(함.)
文人인 周公智 吉士(씀).'라고 해석하였다. 같은 목간의 文人周公智吉士(文人
은 대구무술명오작비의 文作人, 남산신성비 제1·2비의 文尺, 남산신성비 제4비
의 書尺 등에서와 같이 부명이 생략되는 전형적인 고신라 인명표기이다.)의 인명
표기에 따를 때, 阿尺은 인명 표기가 文人(직명), 周公智(인명), 吉士(관등명)의
순서로 되어 있고, 인명 표기의 끝에 오지 않아서 외위는 아니다. 이를 해석하면
'典中大等이 사탁부 급벌점전의 앞에 赴告했다. 阿尺山△에 배가 이르러 삼가
아룁니다. △△를 급히 흙으로 막아 놓았습니다. 文人(직명) 周公智(인명) 吉士
(경위명)가 썼습니다.'가 된다. 이 목간의 작성 연대도 6세기 후반으로 보인다.
68) 김창호, 앞의 책, 2007, 94쪽 및 본고의 <표 3>.
69) 尒자, 十자, 八자의 의미에 대해서는 미처 규명하지 못했다. 이에 대해서는 후고
를 기다리기로 한다. 十자만이 주술적인 의미가 되는 것도 문제가 있고, 尒자나

되고, 넛지왕은 눌지왕과 동일인이 된다.

이렇게 되면 금관총은 눌지왕(=넛지왕)의[70] 무덤이 된다.[71] 그렇다면

八자는 그 의미를 알 수가 없다. 태왕릉 출토 辛卯年好太王(敎)造鈴九十六(개
행)을 '451년에 好太王의 敎로 만든 鈴의 96번째 것이다'로 해석되고 있다. 九十
六을 주술적인 의미의 기호로 보지 않고 있다. 광개토태왕이 죽은지 39년이 지난
451년에도 장수왕의 敎가 아닌 광개토태왕의 敎로 방울을 만들고 있음은 주목해
야 할 것이다. 지금까지는 451년이므로 장수왕의 敎로 보고, 광개토태왕의 敎로
는 보지 않았다.

70) 지명, 인명, 시호명, 왕명에서 한자가 다르거나 한자의 음이 다른 예가 많다. 한
가지의 예만을 든다면 남산신성비 제2비에서 阿大兮村과 阿旦兮村, 沙刀城과
沙戶城으로 같은 지명을 다르게 표기하고 있다.

71) 김태식, 『연합뉴스』, 2013, 7월 3일자(한국목간학회 문자자료 소식란에서 보았다.)
에서는 금관총의 3자루의 3루환두대도가 착장하지 않는 상태에서 출토되어 왕비
의 무덤으로 본 가설을 소개하고 있다. 그러나 여성임을 나타내는 환상용수철가
위나 熨斗가 출토되지 않아서 금관총의 피장자를 왕비릉(江 介也, 「고대 동아시
아 熨斗와 환상용수철가위」『한일 고대·삼국시대의 연대관(Ⅱ)』, 2007, 210쪽.)
이라고 단정할 수는 없다. 따라서 왕비릉으로 볼 때에는 넛지왕(눌지왕)보다 왕비
가 먼저 죽어서 3루환두대도를 묻은 것이 된다. 그렇다면 금관총의 연대는 458년
보다 앞서게 된다. 넛지왕이 먼저 죽어서는 생전에 가졌던 모든 3루환두대도를
넛지왕릉에 묻었을 것이다. 나중에 죽은 왕비릉에는 왕명이 새겨진 3루환두대도
를 묻을 수가 없을 것이다. 왜냐하면 넛지왕이 먼저 죽을 때에는 자기 이름이 새
겨진 1점을 포함하여 3루환두대도를 가지고 무덤에 묻혔기 때문이다. 왕비릉이라
고 하더라도 458년의 절대 연대는 변함이 없다. 또 『신한국문화신문』, 2015, 7, 31
자에 국립중앙박물관과 국립경주박물관의 합동조사단에 의해 금관총의 재발굴로
3루환두대도가 나왔는데, 여기에서 尒斯智王刀란 명문이 劍鞘 端金具에서
발견되었다. 이는 넛지왕의 칼로 풀이되어 금관총이 넛지왕의 왕비 무덤이 아닌
넛지왕=눌지왕의 무덤임을 말해주고 있다. 尒斯智王명과 尒斯智王刀명이 있는
3두환두대도는 왕비릉이라면 두 자루나 묻힐 수가 없을 것이다. 이는 금관총이
넛지왕(=눌지왕)의 무덤으로 458년의 절대 연대를 갖게 된다는 것을 웅변해 주고
있다. 尒斯智王刀에서 刀는 單刃이고 劍은 兩刃인데, 정확하게 尒斯智王刀라
고 되어있는 점도 주목된다. 3루환두대도는 신라에서 왕이 착장했던 최고로 높은
신분의 것이다. 三累環頭大刀는 龍鳳文環頭大刀(호우총 등에서 나온 예가 있

금관총은 458년이란 절대 연대를 가지게 된다.[72]

　乃智王이란 눌지왕이란 왕명이 있는 데에도 尒斯智王(너사지왕=넛지

다. 이는 백제 등에서 만들어져서 신라에 유입되었을 가능성도 있다.)보다 신분상
으로 우위에 있다고 판단된다. 또 금관총의 예에서 보면 3루환두대도를 오른쪽에
착장하지 않아도 왕비[여성] 무덤이 아니라는 중요한 근거가 된다.

72) 신라 금석문 연구에 있어서 황남대총(98호분) 북분 출토의 夫人帶(5세기 1/4분기)
를 제외하고, 이용 가능한 5세기 금석문 자료가 서봉총 은합 명문(451년)과 호우
총 호우 명문(475년)이외에는 없었다. 이 尒斯智王이 訥祗麻立干과 동일인이
되어, 확실한 5세기의 왕명이 추가되어 중성리비와 냉수리비가 5세기에 건립되었
음을 뒷받침해준다. 신라 고고학에서 확실한 절대 연대를 가진 고고학 자료의 출
현으로 이 부분의 연구가 활성화될 것이다. 그런데 夫人帶명을 울주 천전리서석
원명(525년)에 대비시키면 6세기 전반도 빠르다. 그 연대가 5세기 1/4분기 이므로
금석문 자료상으로는 놀랄 뿐이다. 왜냐하면 夫人의 보편화를 나타내는 夫人帶
가 525년의 신라 금석문 최초의 예인 居知尸奚夫人·阿兮牟弘夫人보다 100년
가까이나 앞서기 때문이다. 따라서 중성리비와 냉수리비와 금관총의 尒斯智王
(刀) 명문은 5세기의 것이고, 458년의 尒斯智王(刀) 명문에서 訓讀과 半切이 사
용되어 신라에서 금석문의 도입기라 아니라 완숙기이므로 4세기의 금석문의 출
현도 기대해 본다. 또 3한 시대 다호리의 칠기에 옻을 칠한 것이 아닌 글씨를 쓰
는 붓의 존재도 주목해야 할 것이다. 초기 신라사에 있어서 중요한 太祖星漢王
은 勢漢(熱漢)으로 보고 있으나 세한이 왕위에 오른 적이 없어서 태조성한왕이
될 수 없고, 미추왕이므로 3세기 후반에는 글씨를 쓰고 문장을 짓는 文人이나 文
尺이나 書尺 등의 직책이 있었을 것이다. 그래서 이때에 신라토기(경질토기), 이
식(이 두 유물은 적석목곽묘의 표지적인 유물이다.) 등이 세트를 이루는 적석목곽
묘가 출현했을 것이다. 미추왕때에는 남전 불교(소승 불교)가 전래되었다고 한다.
실제로 영남대학교 박물관에서 발굴한 5세기의 미추왕릉지구 C지구 4호분에서
목걸이에 불상이 상감된 유물이 출토된 바 있어서(상감유리제환옥, 보물 634호)
소승 불교 전래를 증명해 주고 있다. 지증대사비에 毘婆娑先至란 구절에 의해
소승 불교가 우리나라에 먼저 들어왔다고 한다. 남전 불교(소승 불교)의 전반적인
것에 대해서는 허홍식,『고려의 차와 남전불교』, 2017, 혜안 참조. 한국 신라 고고
학에서는 미추왕대(262～284년)를 주목할 필요가 있다. 결론을 말하면 미추왕이
태조성한왕이므로 이때에 적석목곽묘가 채택했을 것이다.

왕)이란 같은 음의 왕명이 있고, (喙部)折盧(智王)이란 같은 왕명이 중성
리비에서도 나올 수 있을까? 법흥왕의 경우 봉평비(524년)에 喙部牟卽智
寐錦王이, 울주 천전리서석 을묘(535년)명에 法興太王이, 울주 천전리서
석 추명(539년)에 另卽知太王이 각각 나온다. 牟卽智寐錦王(모즉지매금
왕)과 另卽知太王(무즉지태왕)으로 차이가 있고, 法興太王이란 왕명까지
나온다. 법흥왕의 생존 시에 牟卽智寐錦王(모즉지매금왕)·另卽知太王(무
즉지태왕)과 法興太王으로 전혀 다른 왕명을 사용하고 있다. 따라서 눌
지왕=(喙部)折盧(智王)=내지왕=넛지왕은 동일한 왕이름이다. 그러면 적
석목곽묘의 편년도 475～500년 사이인 금관총이 458년이 되어 17～42년
을 소급하게 된다. 곧 신라 고분의 편년이 전체적으로 적어도 약 20～40
년을 올려다 잡아야 된다.73) 신라 적석목곽묘의 상한은 284년경으로74)
일본의 전방후원분의 상한과 꼭 같다.75)

---

73) 신라 적석목곽묘의 편년에 대한 가설은 김창호, 앞의 책, 2018, 99～100쪽 참조.
74) 이른 시기 적석목곽묘가 있는 반월성 쪽의 고분은 발굴된 바 없어서 이들 고분을
   발굴하면 4세기 고분이 나올 것이다. 태조성한왕을 왕위에 오르지 못한 勢漢(熱
   漢)이 아닌 왕위에 오른 왕에서 찾으면 味鄒王일 가능성이 크다. 그러면 味鄒王
   陵은『삼국사기』, 儒禮王14년(297년)조에 竹葉軍이 이서국 군대를 물리쳐서 大
   陵, 竹長陵, 竹現陵이라고 불렀으므로 이 점을 간과할 수 없다. 미추왕과 내물왕
   사이의 석씨 3왕을 있음으로 김씨 계보는 미추왕이 내물왕으로 곧바로 연결이 힘
   들다. 미추왕(262～284년)이 그 상한이다.
75) 일본의 이나리야마고분의 철검의 신해년은 獲加多支鹵大王이 雄略日王(若建
   命?)과 동일인이어서 철검의 辛亥年은 471년이 틀림없으나 礫槨의 연대는 검릉
   형행엽과 f자형표가 세트를 이루는 6세기 전반이라 철검은 전세된 것이다. 절대
   연대 설정에 도움이 되지 못한다. 일본의 연구자들은 전세가 당연하지만 일치단
   결하여 이나리야마고분(전방후원분)을 471년으로 보고 있다. 서봉총의 은합 명문
   의 延壽元年辛卯(451년)나 호우총 호우의 乙卯年(475년)을 고분의 축조 연대로
   볼 수는 없다. 따라서 이나리야마고분의 철검 명문의 辛亥年도 471년이 맞지만
   무덤의 축조 연대는 6세기 전반으로 보아야 될 것이다. 곧 29～79년이나 전세되

IV. 맺음말

지금까지 尒斯智王의 명문을 마립간일 가능성도 있으나 왕족이나 고급 귀족일 가능성도 있다고 보았다. 尒斯智王에 대한 깊이 있는 논의는 없었다. 尒斯智王의 尒자를 제거해 炤知王과 비슷하다는 견해가 명문의 발견 당시부터 제기되었다. 두 자루나 되는 尒斯智王(刀)명문에서 尒자가 붙어있어서 문제가 된다. 금관총의 연대가 5세기 4/4분기에 편년되는 점을 근거로 慈悲麻立干(458~479년)이나 炤知麻立干(479~500년)으로 보았다. 기왕의 편년에 의존해 시도한 왕의 설정은 그 근거가 전혀 없다.

尒斯智王은 금관총의 주인공으로 생각되며, 尒斯智王 그 혹은 그녀는 매금왕이나 갈문왕이 아닌 탁부 혹은 사탁부의 고위자, 혹은 다른 비주류 부의 장 가운데 한 사람으로 추정된다고 하였다. 매금왕(마립간)이나 갈문왕이 아닌 자가 인명+왕으로 된 예가 전무하고, 王은 탁부에서만 나올 수 있고, 갈문왕은 탁부와 사탁부에서만 나올 수 있고, 봉평비에서 본피부의 장도 갈문왕이 아니어서 문제가 노정된다.

尒斯智王을 너사지왕으로 훈독하고, 夫法知=分知인 점을 근거로 너사지왕을 반절로 넛지왕으로 풀이해 마립간 가운데 눌지왕과 동일한 왕명으로 보았다. 이에 대해 훈독과 반절로 풀이한 것을 비판하며 尒斯智王을 斯夫智王이 炤知王과 동일인이므로 伊史夫智이라고 보았다. 斯夫智王乃智王의 순서로 볼 때, 斯夫智王이 소지왕이 되어서는 명문의 기록 순서가 乃智王斯夫智王이 되어야 해서 그 연대가 맞지 않고, 금관총을 이사부 무덤으로 보면 562년 이후가 적석목곽묘가 사라지고 난 뒤의 것

_____

있다. 이에 비해 너사지왕은 눌지왕으로 금관총이 눌지왕릉이므로 전세가 있을 수 없다.

이 되어 문제점으로 지적된다.

금관총의 호석 밑지름이 45m이므로 왕릉일 수 없고, 금관총의 주인공이 여성으로 보아 왔으나 帶冠 垂飾이 細鐶耳飾이라서 남성으로 보았고, 탁부와 사탁부의 干支級 인물이거나 냉수리비의 七王等에 의해 6부 최고위층 인물로 보았다. 고신라 금석문에서 마립간과 갈문왕이 아닌 사람을 왕으로 칭한 예가 없는 점이 문제이다.

5세기 금석문인 중성리비와 냉수리비에서는 비문에 비의 주인공이 반드시 뚜렷하게 있고, 대등 집단이 없고, 진골과 4두품에 해당되는 관등명이 없다. 마립간인 왕이나 갈문왕도 인명 列記에서 분리되지 못하고 함께 기록된다. 이러한 현상은 봉평비에서도 계속되나 대등 집단이 있고, 진골과 4두품에 해당되는 관등이 존재한다. 이 중성리비, 냉수리비, 봉평비에서는 마립간과 갈문왕만이 왕을 칭하고 있다. 6세기 전반에 해당되는 적성비에서는 王敎事가 나와서 신하들과 떨어져서 처음으로 단독으로 나오고 있다. 530년경에 太王制가 실시되고, 이 530년경이란 시기는 적석목곽묘가 횡혈식석실분으로 바뀌는 때이다. 신라사 전체에서 가장 단기간에 가장 큰 변혁의 시기였다. 국왕이 신하들과 함께 열기되다가 독립하는 것은 태왕제 실시와 궤를 같이 한다.

창녕비, 북한산비, 마운령비, 황초령비에서는 眞興太王이 나오고, 북한산비에서는 新羅太王까지 나와서 왕이 신하들의 위에 군림하는 것을 알 수 있다. 이들 금석문에서는 관등명인 경위명에 붙던 支나 帝智나 弟가 탈락되고 없다. 그렇게 많이 나오던 지방민도 줄어들어서 나타나지 않는다. 창녕비의 2명 촌주가 고작이다.

결론적으로 尒斯智王은 너사지왕으로 훈독하고, 夫法知(=붑지)가 分知가 되는 半切의 예에 따를 때, 너사지왕은 넛지왕이 되고, 나아가서 넛지왕=눌지왕이 된다. 그러면 금관총의 모든 유물은 458년이란 절대 연대를 가지게 된다. 금관총에는 금관 등 4만여 점의 유물이 출토되었기 때문에 신라 고분뿐만 아니라 동아시아 역사고고학계에서 중요하다. 금관총에서 尒斯智王의 발견은 광복후 최대의 고고학적인 성과이다. 백제 토기가 1점도 출토되지 않은 무령왕릉이나 일본의 이나리야마고분의 철검 명문(전세품)보다도 역사고고학의 중요한 잣대가 될 것이다.

제6절 신라 금관총 尒斯智王삼론

Ⅰ. 머리말

우리나라 3국 시대의 고분에 있어서 문자 자료는 대단히 귀하고, 그 숫자가 작다. 그 가운데에서도 신라 적석목곽묘에서는 5세기1/4분기로 편년되는 98호 북분에서는 夫人帶명이 나와서 신라에서 가장 오래된 명문 자료이고, 신라에서 만들어진 것이다. 그 다음으로 서봉총에는 451년으로 추정되고, 고구려에서 만들어진 延壽元年辛卯명 은합명문이 나왔다. 그 다음으로 호우총에서 475년으로 보이고 고구려에서 만들어진 乙卯명 호우 명문이 나왔다. 마지막으로 금관총에서 尒斯智王명문이 나왔는데 신라에서 만들어진 것이다.[1] 이들 금석문은 전부가 5세기 금석문이라는 공통점을 가지고 있다.

고대 동아시아에서 절대 연대를 가진 분묘로는 풍소불묘의[2] 印章들과 『진서』와의 대비로 415년의 절대 연대를 얻었으나 출토 유물이 많지 않다. 다음으로 백제 무령왕릉을 들 수 있다. 525년이란 절대 연대는 중요하나 백제 토기가 1점도 출토되지 않았고, 중국 백자의 편년이나 용봉문환두대도가 나와서 일본 6세기 고분 편년에 중요하다. 일본 사이따마

---

1) 이에 대해서는 다음과 같은 두 편의 논문이 있다.
  김창호, 「신라 금관총의 尒斯智王과 적석목곽묘의 편년」, 『신라사학보』32, 2014.
  김창호, 「금관총 尒斯智王명문의 재검토」, 『신라 금석문』, 2020.
2) 정확히 말하면 풍소불 부부의 묘이다.

껭의 이나리야마전방후원분에서 철검이 나왔는데 辛亥年 獲加多支鹵大王(雄略日王)명이 나와서 辛亥年은 471년이 맞으나 이는 6세기 전반까지 전세되다가 무덤에 묻혔다. 금관총의 尒斯智王(刀)명문은 그 실체가 밝혀진다면 전세가 될 수 없고, 40,000여점의 유물이 공반하고 있어서 고대 동아시아의 절대 연대를 가진 유물 가운데 가장 중요하다.[3]

尒斯智王명문은 고고학과 금석문의 양쪽에 걸쳐서 있기 때문에 고고학만으로도 안 되고, 금석문만으로도 안 된다. 고고학과 금석문을 동시에 할 수 있어야 한다. 여기에서는 먼저 봉분의 크기가 왕릉이 되는데 문제가 될 수 있는지를 조사하겠고, 다음으로 피장자의 지위를 살펴보고, 그 다음으로 피장자의 성별 문제를 살펴보고, 마지막으로 尒斯智王명문의 검토를 통해 금관총의 주인공을 밝혀보고자 한다.

II. 봉분의 크기

금관총의 봉분은 호석 밑지름이 45m로 추정되어 적석목곽묘 가운데 작은 편이다. 이렇게 작은 봉분을 가진 금관총이 과연 麻立干(寐錦王)을 칭할 수 있는지 여부이다. 금관총의 재발굴 결과 호석 등 外形을 확인할

---

3) 지금까지 나온 금관총 尒斯智王에 관한 중요한 논문은 다음과 같다.
  이한상, 「경주 금관총 출토 환두대도에 새겨진 '尒斯智王'은 누구일까?」, 『동아일보』, 2013, 7,4.
  김재홍, 「금관총 출토 '尒斯智王'명 대도와 피장자」, 『한국상고사학보』86, 2014.
  김재홍, 「尒斯智王명 대도와 금관총의 주인공」, 『고고학지』20, 2014.
  이용현, 「문자 자료로 본 금관총 출토 대도 명문의 '尒斯智王'-고분 출토 신라 문자 자료와의 비교를 중심으로-」, 『고고학지』20, 2014.
  윤상덕, 「금관총의 성격 재고」, 『고고학지』22, 2016.
  박남수, 「신라의 동서문물 교류와 당성」, 『동아시아 실크로드와 당성』, 2017.

수 있는 자료는 얻지 못했다. 호석은 대부분 파괴된 상태였다. 무덤의 積石部와 木槨 등의 중요한 자료는 얻을 수 있었다. 봉토 규모에 대한 직접적인 자료는 얻지 못했기 때문에 조사된 적석부와 목곽 등 내부 구조를 기존에 발굴된 무덤과 비교하여 그 규모를 추정하고자 한다.

금관총의 적석부에 있어서 동쪽은 제대로 남아 있지 않았으나 나머지 부분은 잘남아 있어서 전체적으로 그 추정이 가능하다. 동서 22.2m, 남북 20.4m로 동서 방향이 조금 크다. 또한 목곽의 크기는 외곽이 동서 6.4m, 남북 4.2m이며, 내곽은 동서 5.2m, 남북 2.36m이다. 이를 기존에 발굴 조사된 지름 12.5m이상의 무덤과 비교해 보자.

적석목곽묘 가운데 적석부와 호석이 모두 조사된 경우는 모두 10기이다. 98호분을 제외하면 호석의 장축 길이와 적석의 장축 길이가 일정한 경향성을 보이고 있다. 황남대총(98호) 남분과 북분을 제외할 때, 대체로 호석의 길이는 적석부 길이의 약 2배이다. 적석부 장축 길이의 약 2배를 호석의 규모로 추정한다면 금관총의 호석 장축 길이는 약 44.4m(45m)내외로 추정할 수 있다.

<표 1> 호석 지름과 적석부 지름 비교[4]

단위: m

연번	무덤 명	호석지름; 장축	호석/적석	적석부		외곽(주곽)		내곽	
				장축	단축	길이	너비	길이	너비
1	98호 남분	76	2.79	27.2	19.7	6.5	4.1	4.7	2.3
2	98호 북분	76	3.17	24(?)	?	6.8	4.6	4.3	2.4
3	천마총	49.6	1.98	25	-	6.6	4.2	4.5	1.8
4	금관총	(45)	-	22.2	20.4	6.4	4.2	5.2	2.36
5	서봉총	36	1.98	17.4	10.2				
6	34-1(쪽샘)	22.5	2.08	10.8	5.0				
7	33-2(쪽샘)	21.2	1.89	11.2	3.8				

4) 윤상덕, 앞의 논문, 2016, 9쪽의 <표 1>에서 일부 개변하였다.

연번	무덤 명	호석지름;장축	호석/적석	적석부 장축	적석부 단축	외곽(주곽) 길이	외곽(주곽) 너비	내곽 길이	내곽 너비
8	34-2(쪽샘)	17.8	1.98	9.0	3.5				
9	34-3(쪽샘)	17.6	2.07	8.5	2.9				
10	F2(쪽샘)	15.0	2.14	7.0	4.0				

III. 피장자의 지위

봉분과 호석의 크기로 왕릉을 추정해 왔다. 이러한 방법론은 일정한 한계를 가지고 있으나 달리 다른 방법이 없어서 통용되고 있다. 왜냐하면 미발굴 고분의 정보를 알 수 있는 방법이 없기 때문이다. 그렇다고 봉분의 크기에 의한 왕릉 비정에는 일정한 한계가 있다는 점은 부정할 수가 없다. 그럼에도 불구하고 이러한 방법이외에는 다른 방법이 없다. 적석목곽분 중 대형 155기 가운데 30여기가 발굴 조사되었다. 20%의 정보를 가지고 전체를 추정할 수는 없다. 더구나 적석목곽묘의 연구는 형식론에 의한 고분의 줄 세우기에만 매달려 있다.[5] 고고학의 가장 큰 대상은 생활사의 복원이다. 이는 의·식·주·정신사의 복원[6] 곧 생활사의 복원이다. 생활사의 복원은 역사상의 복원과 크게 다르지 않다. 적석목곽묘를 통한 생활사의 복원을 위해 중요한 읍남 고분군의 봉토 크기를 제시하면 다음의 <표 2>와 같다.

---

5) 역사고고학에 있어서 금석문, 토기 명문 등의 문자 자료의 중요성은 새삼 강조할 필요가 없다. 역사고고학의 연대 추정은 고고학으로 하는 것이 아니라 문헌 자료를 원용해야 됨을 강조하고 싶다. 그러면 금석문과 목간 자료에도 신경을 써야 될 것이다.

6) 정신사의 복원 예로는 김창호, 「한국 신석기시대 토착 신앙 문제」『한국신석기연구』 12, 2006 등이 있다.

⟨표 2⟩ 주요 읍남고분군의 봉토 크기[7]

단위: m

무덤 명	장축	서악동 고분군		
125호(봉황대)	82.3			
98호(남분)	76.0			
98호(북분)	76.0			
130호(서봉황대)	74.6	서악동1호분	62.9	법흥왕부부릉
90호(북분)	56.5			
106호(전 미추왕릉)	56.1			
90호(남분)	54.3			
134호(북분)	54.1			
119호(서분)	53.7			
99호	51.2			
105호	51.0	서악동2호분	50.3	지소태후부부릉
155호(천마총)	49.6			
119호(중분)	48.9			
129호(서봉총 북)	?	서악동3호분	46.2	진흥왕부부릉
97호(서분)	45.5	서악동4호분	46.0	진지왕부부릉
128호(금관총)	45?			
100호(검총)	44.3			
134호(남분)	44.0			
102호	43.5			
144호	43.3			
119호(동분)	42.3			
39호	41.2			
93호(동분)	40.0			
135호	38.8			
143호(북분)	38.7			
101호	38.3			
97호(동분)	38.0			
95호	37.6			
103호	36.9			
143호(남분)	36.5			
오릉1	35.3			
오릉3	35.3			
93호(서분)	34.1	무열왕릉	34.1	무열왕릉부부릉
145호	33.3			
118호	33.3			

7) 윤상덕, 앞의 논문, 2016, <표 2>에서 일부 개변하였다.

해 보기로 하자. 신라 중고기에 있어서 麻立干(寐錦王)이란 왕호의 사용은 『삼국사기』, 신라본기에서는 訥祗王, 慈悲王, 炤知王, 智證王으로 되어 있고, 『삼국유사』, 왕력에는 奈勿王(356~402년), 實聖王(402~417년), 눌지왕(417~458년), 자비왕(458~479년), 비처왕(479~500년),[8] 지증왕(500~514년)으로 되어 있어서 조금의 차이가 있다. 414년에 작성된 광개토태왕비 경자년(400년)조에 마립간의 이칭인 寐錦이 나온다. 그래서 『삼국유사』쪽이 옳다고[9] 학계에서는 보고 있다.

『삼국유사』, 왕력에 나오는 6명의 마립간 가운데 실성왕은 『삼국사기』, 눌지마립간즉위조에 시해 당했으므로 후장이 어렵다. 그러면 5명의 마립간이 남는다. 125호(봉황대), 98호남분과 북분, 130호(서봉황대), 90호 남분과 북분, 106호분(전 미추왕릉)이 그 대상이 된다. 그 뒤따르는 134호(북분) 등의 장축 크기는 별로 차이가 없다. 119호(53.7m), 99호(51.2m), 105호(51.0m)가 뒤따르고 있다.

그런데 太祖星漢王이 문무왕릉비에 따를 때 미추왕인 점, 미추왕 때 소승불교의 전래가 언급된 점,[10] 미추왕릉을 『삼국사기』와 『삼국유사』에서 죽장릉, 죽현릉, 대릉 등으로 부른 점 등에서 보면 미추왕 때에 금 귀걸이와 경질신라토기가 세트를 이루는 적석목곽묘가 있었다고 판단된다.[11] 그러면 적석목곽묘는 미추왕 때부터 조성되었다. 味鄒王(262~

---

8) 조지왕 또는 소지왕과 동일한 왕명이다.

9) 김재원·이병도, 『한국사』-고대편-, 1959, 375쪽에서도 내물마립간부터 마립간이란 왕호을 사용한 것으로 보고 있다.

10) 미추왕대 소승불교 전래는 『삼국유사』보다 앞서서 편찬된 『湖山錄』에도 언급되어 있다. 소승불교와 관련되는 고고학 유물로 경북 경주시 황남동 미추왕릉C지구 4호분에서 5세기의 상감된 옥제상감목걸이(보물634호)가 출토되었는데, 象嵌像 중에는 부처상이 있다.

11) 김창호, 「금석문 자료로 본 積石木槨墓 등장과 소멸」, 『신라 금석문』, 2020.

284년), 儒禮王(284～298년), 基臨王(298～310년), 訖解王(310～356년)도 적석목곽묘에 묻혔다.[12] 134호남분과 북분, 119호동분과 서분, 99호, 105 호가 그 대상이 된다. 여기에서도 왕릉과 기타 묘 사이에 봉토 크기에 있어서 현저한 차이가 없다.

다른 견해에 대해서도 살펴보기로 하자.[13] 119호분을 내물왕릉(356～ 402년), 98호분을 실성왕릉(402～417년), 106호분을 눌지왕릉(417～458 년), 125호분을 자비왕릉(458～479년), 130호분을 소지왕릉(479～500년), 134호분을 지증왕릉(500～514년)으로 각각 비정하고 있다. 119호분인 추 정 내물왕릉은 천마총보다 봉토의 크기가 작고, 134호분인 추정 지증왕 릉은 천마총, 서봉총, 금관총, 검총보다도[14] 봉토의 크기가 작다. 이 가 설은 앞에서 설명한 바와 같이 시해당한 실성왕릉을 98호분이라는 최대 의 분묘에 비정하고 있는 점은 이해가 되지 않는다.

봉토의 크기와 왕릉 비정이 125호, 98호, 130호는 74.6m이상이고, 그를 뒤잇는 90호분(북분)은 56.5m이다. 봉분 크기로의 왕릉 비정이 무리임은 쉽게 알 수가 있다. 5명 또는 6명의 마립간 왕릉 비정은 금관의 출토 유 무가 가장 중요한 듯하다. 적석목곽묘에서 6기의 금관이 나왔다. 전 교 동 출토품, 98호 북분, 금관총, 서봉총, 금령총, 천마총의 예가 그것이다. 전 교동 출토품은 대륜부가 적어서 4세기의 공주나 왕자의 것으로 보인 다. 98호 북분은 내물왕비의 것이고, 금관총은 눌지왕의 것이고, 서봉총

---

12) 신라 상고사의 기년을 불신하는 연구자가 많으나 태조성한왕인 미추왕 때까지는 믿을 수 있다고 본다. 광개토태왕비(414년)의 경자년(400년)조의 매금, 충주고구려 비(449～458년)의 寐錦忌으로 보면 4세기에서 3세기 말의 신라사도 믿을 수 있다.

13) 박광렬,「'금관총 피장자의 성격 재고'에 대한 토론문」,『고고학지』22, 2016, 31쪽.

14) 검총은 황금귀걸이 1쌍이 없는 봉토이므로 다시 발굴해서 적석목곽묘에 대한 상 세한 지식을 습득해야할 것이다. 이에 대한 상세한 것에 대해서는 김창호,「경주 皇南洞100호분(劍塚)의 재검토」『한국상고사학보』8, 1991 참조.

은 환두대도를 착장하지 않아서 왕비릉으로, 금령총은 무덤의 관 크기가 1m미만이고, 환상용수철가위가 나와서 공주릉으로, 천마총은 착장 환두대도가 있으나 熨斗가 출토되어 왕비릉으로 비정된다.

봉토의 크기와 왕릉과의 관계가 궁금하다. <표 2>에서 주요 읍남고분군의 봉토 크기에서 마립간과 각 고분의 봉토 크기와는 서로 관계가 되지 않고 어긋남을 알았다. 곧 마립간의 무덤 비정과 봉토의 크기는 서로 관계가 없음을 알 수 있었다. 그래서 나온 것이 陪塚論이다. 배총의 사전적 의미는 한 무덤 옆에 딸려 있는 조그마한 무덤이다. 배총이란 장수왕릉인 장군총이나[15] 일본의 전방후원분의 예가 유명하다. 금관총을 봉황대의 배총으로 보고 尒斯智王을 봉황대의 피장자로 보았다. 그러나 앞에서 봉분의 크기로는 무덤의 주인공인 마립간을 비정할 수 없는 점이 문제이다. 적석목곽묘를 발굴하면 소형 석곽들이 주위에 많이 발굴되는데 이들이야말로 배총일 가능성이 있다. 금관총은 금관, 그 유례가 없는 금동제찰갑 등 40,000여점의 다양한 유물이 출토되었다. 지금까지 나온 적석목곽묘의 출토 유물 가운데 가장 호화로는 고분 가운데 하나이다. 이러한 고분을 배총으로 해석할 수는 없다. 그러면 어떻게 해석해야 될까? 적석목곽묘에서 고분의 규제란 것을 상정할 수 있다. 봉토의 크기와 부장품에 있어서 古墳의 規制가 가능하다. <표 2>주요 읍남고분군의 봉토 크기에서 40m대의 고분이 12기로 서봉총, 천마총 등도 이에 속한다. 또 천마총과 서봉총을 배총으로는 보지 않고 있다. 금관총도 봉황대의 배총이 아니고[16] 고분의 규제 때문에 봉토의 크기가 적은 것으로 해석된다. 이렇게 해석하지 않고서는 적석목곽묘에서 마립간의 왕릉을 비정할

---

15) 김창호, 「집안고구려비를 통해 본 여제 왕릉 비정 문제」,『고고학탐구』17, 2015, 37쪽.
16) 금관총이 봉황대의 배총이라는 뚜렷한 근거는 없다.

수 없다. 금관총의 尒斯智王은 마립간의 왕명으로 2자루나 尒斯智王명
문이 있는 칼이 출토되어서 금관총이 尒斯智王의 왕릉임은 분명하다. 금
관총 출토의 3루환두대도 3점 가운데 하나에는 尒斯智王, 다른 하나에는
尒斯智王刀의 명문이 나왔다. 尒斯智王刀는 尒斯智王의 칼이란 뜻으로
금관총이 마립간인 尒斯智王의 무덤임을 웅변하고 있다.

IV. 피장자의 성별

금관총은 규모는 작지만 왕릉으로 보아야 됨을 앞에서 살펴보았다. 그러
면 금관총에 묻힌 사람은 누구일까? 금관총의 피장자가 남성이면 尒斯智
王의 무덤이지만 여성이면 尒斯智王의 무덤이 아니게 된다. 그러면 금관총
피장자가 남성인지 여성인지를 알아보기 위해 지금까지 나온 신라 적석목
곽묘의 피장자 성별 추정에 대한 것을 제시하면 다음의 <표 3>과 같다.

<표 3> 신라 적석목곽묘 피장자의 성별 추정[17]

연구자	발표연도	성별 구분 기준			비교
		남	여	기타	
關野 貞 谷井濟一	1916	大刀(?)	華麗한 耳飾	合葬	보문리 합장묘
梅原末治	1931	환두대도 착장			금령총
齊藤 忠	1937	武器類, 馬具類 다수, 大刀, 冠帽			황남리109호, 황오리14호 등
김재원	1948	대도	방추차		호우총·은령총
김원룡	1955	대도			로서리138호
김원룡	1969	대도, 마구류 다수			황오리1호

17) 윤상덕, 앞의 논문, 2016, 15~16쪽의 <표 4>에서 전제하였다.

연구자	발표연도	성별 구분 기준			비교
		남	여	기타	
진홍섭	1969	대도	장신구 다수, 소도, 장식토기, 방추차		황오리33호
김원룡	1973	세환이식, 마구, 대도	태환이식		동양학 학술회의
윤무병	1973	대도, 관류			동양학 학술회의
김원룡	1974	세환이식	태환이식		천마총
최병현	1981	세환이식, 대도, 마구, 무구	태환이식, 방추차	대형요패	
박보현	1990	세환이식, 대도	태환이식		
최병현	1994	세환이식, 환두대도	태환이식, 방추차	대형요패	황남대총 남분
김용성	1998	세환이식, 대도	태환이식		
이희준	2002	세환이식, 대도	태환이식		
이준정 등	2008	세환이식, 대도	태환이식 신중		

지금까지 나온 가설들은 대개 세환이식과 대도를 착장하고, 무구류, 마구류 등이 나오면 남성이고, 태환이식을 착장하고 방추차, 熨斗, 환상용수철가위가 나오면 여성이다. 이것은 어디까지 그럴 개연성이 높다는 것이지 반드시 그렇다는 것은 아니다. 여성으로 알려진 황남대총 북분에서 환두대도가 나왔다. 은령총은 방추차를 부장품으로 부장했으나 금제세환이식이 나와서 남성으로 보고 있다.[18] 금관총은 피장자가 태환이식을 착장하고, 세환이식은 금관의 수식으로만 나오며, 3자루의 환두대

---

18) 박보현, 「경주 은령총으로 본 적석목곽분시기의 직능분화」, 『과기고고연구』15, 2009. 여기에서는 금령총과 은령총을 비교해서 유물의 차이를 직능분화로 보고 있다. 직능의 사전적 의미는 '직무를 수행하는 능력' 또는 '직업이나 일 따위에 따르는 고유한 기능이나 역할'이다. 금령총과 은령총의 유물 차이는 신분 차이이지 직능의 차이는 아니다. 적석목곽묘가 가장 많이 나오는 5세기에 진골과 4두품에 해당되는 관등이 없다. 그래서 5세기 말의 고고학적인 정황은 잘 알 수가 없지만 524년의 봉평비에서도 경위가 완성되지 않았는데에도 불구하고 진골과 4두품에 해당되는 관등명이 있다. 5세기 말의 신분제는 잘 알 수가 없지만 진골과 4두품이 새로 생겼을 가능성이 클 것이다. 그렇다면 금령총과 은령총의 부장품 차이는 직능 차이가 아닌 신분제적인 골품의 차이로 보인다. 또 은령총을 남성 무덤으로 단정할 수도 없다.

도를 착장하지 않았기 때문에 기왕의 가설에 비추어 보면 여성이다. 그럼에도 불구하고 남성으로 해석하고 있다.19) 이는 적석목곽묘 출토의 유물로 남성인지 여성인지 하는 구분은 절대적인 자가 없음을 단적으로 나타내주고 있다. 금관총에서 환상용수철가위와 熨斗와 같은 여성이 사용하는 유물이20) 나오지 않아서 남성으로 볼 수가 있고, 尒斯智王이 王名이고, 尒斯智王刀란 명문이 있으므로 금관총의 피장자는 남성인 麻立干[寐錦王]으로 보인다.

V. 尒斯智王명문의 검토

금관총 3루환두대도의 한 자루에서는 尒斯智王, 다른 한 자루에서는 尒斯智王刀가 각각 새겨져 있었다. 尒斯智王刀은 尒斯智王의 칼이란21) 뜻으로 3루환두대도의 주인이 尒斯智王임을 밝히고 있다. 이는 금관총을 봉황대의 배총으로 해석하여 칼 4자루가운데 2자루를 봉황대의 주인공인 尒斯智王으로부터 받았다고 볼 수는 없다. 왜냐하면 두 자루에 尒斯智王이 새겨져 있기 때문이다. 과연 尒斯智王이 마립간인지 여부를 조사하기 위해 냉수리비 전문을 제시하면 다음과 같다.

---

19) 윤상덕, 앞의 논문, 2016.

20) 江介也, 「고대동아시아 위두와 환상용수철가위」, 『한일 삼국·고분시대의 연대관(Ⅱ)』, 2007.

21) 칼에는 兩刃으로 된 劍과 單刃(일본어;片刃)으로 된 刀가 있는데, 3루환두대도는 모두 單刃이므로 정확하게 칼의 구분과 일치하고 있다. 그래서 食刀라고 하지 食劍이라고 하지는 않는다.

〈냉수리비〉[22)]

前面

⑫	⑪	⑩	⑨	⑧	⑦	⑥	⑤	④	③	②	①	
		死	得	爲	支	卒	喙	王	癸	麻	斯	1
	教	後	之	證	此	彼	爾	斯	未	村	羅	2
此	耳	△	教	爾	七	頭	夫	德	年	節	喙	3
二	別	其	耳	耶	王	腹	智	智	九	居	斯	4
人	教	弟	別	財	等	智	壹	阿	月	利	夫	5
莫	鄒	斯	節	盡	論	支	支	支	五	證	王	7
更	斯	奴	居	教	教	斯	只	子	日	爾	乃	8
導	申	得	利	令	用	彼	心	宿	沙	令	智	9
此	支	此	若	節	前	暮	智	智	喙	耳	王	10
財		財	先	居	世	斯	居	居	至	得	此	11
			利		二	智	伐	伐	都	財	二	12
					王	干	干	干	盧	教	王	13
					教		支	支	葛	耳	教	14
									文		用	15
											珎	16
											而	17

上面

⑤	④	③	②	①	
故	了	今	支	村	1
記	事	智	須	主	2
		此	支	輿	3
		二	壹	支	4
		人		干	5
		世			6
		中			7

後面

⑦	⑥	⑤	④	③	②	①	
事	蘇	喙	你	智	典	若	1
煞	那	沙	喙	奈	事	更	2
牛	支	夫	耽	麻	人	導	3
拔	此	那	須	到	沙	者	4
語	七	斯	道	盧	喙	教	5
故	人	利	使	弗	壹	其	6
記	跛	沙	心	須	夫	重	7
	△	喙	晢	仇		罪	8
	所	公				耳	9
	白						10
	了						11

---

22) 김창호, 2007, 『고신라 금석문의 연구』, p.131에서 전제하였다.
　　斯夫智, 斯德智, 斯彼暮斯智(뒤의 글자), 斯申支, 斯利의 斯자는 모두 신라 조자이다. 조판의 관계상 斯자로 적었다. 이를 인명에만 쓰는 글자로 보기도 어렵다. 왜냐하면 인명인 兒斯奴의 경우에는 신라 조자가 아닌 斯자로 적고 있기 때문이다. 그리고 그 음이 무엇인지도 모르고 있다. 이 글자는 540년경으로 보이는 함안 성산산성 목간에도 몇 예가 인명에 나온다.

냉수리비에서 王을 인명 표기에 기록한 예는 斯夫智王(실성왕)과 乃智
王(눌지왕)뿐이다. 이는 이 시기의 마립간이 王으로 표기되었음을 알려
주는 중요한 단서이다. 그리고 沙喙至都盧葛文王이 王을 칭하고 있다.
냉수리비의 七王等에[23] 대해 알아보기 위해 인명을 분석해 제시하면 다
음의 <표 4>과 같다.

<표 4> 七王等의 人名 分析表

出身部名	人名	官等名
沙喙	至都盧	葛文王
위와 같음	斯德智	阿干支
위와 같음	子宿智	居伐干支
喙	爾夫智	壹干支
위와 같음	只心智	居伐干支
本彼	頭腹智	干支
위와 같음	斯彼暮斯智	干支

관등명에 王을 칭한 것은 葛文王뿐으로 斯德智 阿干支이하 6명은 干支
로 끝나 있을 뿐, 왕을 칭하지는 않고 있다. 고신라 금석문에 있어서 왕
을 칭한 것은 앞에서 살펴본 바와 같이 麻立干과 葛文王일 뿐, 다른 인명
은 5～6세기 금석문에서와 마찬가지로 ～干(支)로 끝날 뿐이다. 干支는
『廣州千字文』에 나오는 임금 왕(王)의 訓인 긔츠와 통하고, 『송서』, 백제
전의 鞬吉支의 吉支나 신라 왕호 居西干의 居西와 통한다.[24] 따라서 干支
에 王을 의미하고 있으나 곧바로 왕은 아니다. 그래서 고신라 어느 금석
문에서도 마립간과 갈문왕이 아닌 사람을 왕으로 표기한 예는 없다. 이
점은 尒斯智王의 인명 분석하는데 중요한 단서가 된다.

그러면 냉수리비의 七王等이란 구절에 근거해 尒斯智王도 고급 귀족으

---

23) 이는 6세기의 大等 집단과 같은 것으로 보인다.
24) 안병희, 「어학편」, 『한국학기초자료선집』-고대편-, 1987, 1001쪽.

로 보는 가설은 성립될 수가 없다. 七王等은 7명의 귀족을 함께 칭할 때
쓴 고육책으로 사용했지 그 자체가 尒斯智王처럼 王을 지칭하고 있지 않
았다. 尒斯智王은 거듭 이야기하지만 斯夫智王(실성왕)과 乃智王(눌지왕)
과 동일한 표기이다. 마립간을 ～王으로 칭한 예는 441년에 건립된 중성
리비의 (喙部)折盧(智王)이 있다. 그 외에 고신라 금석문에서 麻立干과 葛
文王을25) 제외하고 고급 귀족을 ～王으로 칭한 예는 없다. 따라서 尒斯智
王은 麻立干이다. 금관총의 尒斯智王은 마립간 시기에 여왕이26) 없었으므로
남자의 麻立干(王)이다. 고신라 금석문에서 寐錦과 王을 동시에 칭한 예로
는 524년 봉평비의 喙部牟卽知寐錦王(법흥왕)이 있을 뿐이다.

　그렇다면 어느 왕의 왕명과 동일할까? 奈勿王, 實聖王, 訥祇王, 慈悲
王, 炤知王(毗處王), 智證王 가운데 누구일까? 尒斯智王을 훈독해27) 너사
지왕으로 보고, 너사지왕의 이름 가운데에서 斯를 반절로 해 ㅅ으로 보
면 넛지왕이 된다. 이렇게 斯자를 ㅅ으로 줄인 유사한 예가 있는지 궁금
하다. 568년의 마운령비의 及伐斬典喙部夫法知吉之가28) 568년의 마운령
비에 及伐斬典喙部分知吉之로29) 나오고 있다. 여기에서 부법지와 분지
는 동일인이 되고, 부법지(=붑지)와 분지는 같은 사람이 된다.30) 그렇다
면 尒斯智王=넛지왕=눌지왕이 된다.

25) 울주 천전리서석 추명과 봉평비에 沙喙部徙夫知葛文王의 예가 있다.
26) 신라사에서 여왕은 선덕여왕(632～647년), 진덕여왕(647～654년), 진성여왕(887～
　897년)의 3명뿐이고, 금관총은 이들 여왕과의 관계는 고려되지 않고 있다.
27) 炤知王과 毗處王과 照知王에 있어서 毗處는 照의 훈독이다.
28) 김창호, 앞의 책, 2007, 90쪽.
29) 김창호, 앞의 책, 2007, 94쪽.
30) 尒자, 十자, 八자의 의미에 대해서는 미쳐 규명하지 못했다. 이에 대해서는 후고를 기다
　리기로 한다. 尒자를 尒斯智王의 줄임말로 보기도 하나 十, 八의 의미를 모르기 때문
　에 신중해야 된다. 왜냐하면 尒자가 같은 칼의 尒斯智王 반대쪽에 적혀 있기 때문이다.

이렇게 되면 금관총은 눌지왕(=넛지왕)의[31] 무덤이 된다.[32] 그렇다면 금관총은 458년이란 절대 연대를 가지게 된다.[33]

신라에서 금관이 나온 금관총의 절대 연대가 458년임을 근거로 금관이 나온 고분을 중심으로 적석목곽묘의 편년에 관한 소견을 밝혀 보고자 한

---

31) 지명, 인명, 시호명, 왕명에서 한자가 다르거나 한자의 음이 다른 예가 많다. 한 가지의 예만을 든다면 남산신성비 제2비에서 阿大兮村과 阿旦兮村, 沙刀城과 沙戶城으로 같은 지명을 다르게 표기하고 있다.

32) 『연합뉴스』, 2013년 7월 4일자에서는 금관총의 3자루의 3루환두대도가 착장하지 않는 상태에서 출토되어 왕비의 무덤으로 본 가설을 소개하고 있다. 그러나 여성임을 나타내는 환상용수철가위나 熨斗가 출토되지 않아서 금관총의 피장자를 왕비릉(江 介也, 「고대 동아시아 熨斗와 환상용수철가위」, 『한일 고대·삼국시대의 연대관(Ⅱ)』, 2007, 210쪽.)이라고 단정할 수는 없다. 따라서 왕비릉으로 볼 때에는 넛지왕(눌지왕)보다 왕비가 먼저 죽어서 3루환두대도를 묻은 것이 된다. 그렇다면 금관총의 연대는 458년보다 앞서게 된다. 넛지왕이 먼저 죽어서는 생전에 가졌던 모든 3루환두대도를 넛지왕릉에 묻었을 것이다. 나중에 죽은 왕비릉에는 왕명이 새겨진 3루환두대도를 묻을 수가 없을 것이다. 왜냐하면 넛지왕이 먼저 죽을 때에는 자기 이름이 새겨진 2점을 포함하여 3루환두대도를 가지고 무덤에 묻혔기 때문이다. 왕비릉이라고 하더라도 458년의 절대 연대는 변함이 없다. 또 『신한국문화신문』, 2015, 7, 31자에 국립중앙박물관과 국립경주박물관의 합동조사단에 의해 금관총의 재발굴로 3루환두대도가 나왔는데, 여기에는 尒斯智王刀란 명문이 발견되었다. 이는 넛지왕의 칼로 풀이되어 금관총이 넛지왕의 왕비 무덤이 아닌 넛지왕=눌지왕의 무덤임을 말해주고 있다. 尒斯智王명과 尒斯智王刀명이 있는 3두환두대도는 왕비릉이라면 두 자루나 묻힐 수가 없을 것이다. 이는 금관총이 넛지왕(=눌지왕)의 무덤으로 458년의 절대 연대를 갖게 된다는 것을 웅변해 주고 있다.

33) 신라 금석문 연구에 있어서 황남대총(98호분) 북분 출토의 夫人帶(5세기 1/4분기), 고구려제인 서봉총 은합 명문과 호우총의 호우명문을 제외하고, 이용 가능한 5세기 금석문 자료가 없었다. 이 尒斯智王이 訥祗麻立干과 동일인이 되어, 확실한 5세기의 왕명이 추가되어 중성리비와 냉수리비가 5세기에 건립되었음을 뒷받침해준다. 신라 고고학에서 확실한 절대 연대를 가진 고고학 자료의 출현으로 이 부분의 연구가 활성화될 것이다.

다. 신라에서 금관이 나온 고분으로 6기가 있다. 전 교동, 98호 북분, 금관총, 서봉총, 금령총, 천마총이 그것이다.[34] 이 가운데 전 교동 고분의 금관은 도굴품이라 상세한 것은 알 수가 없다.[35] 98호 북분에서는 금관이 나왔으나 여자의 무덤이다.[36] 98호 남분에서는 피장자가 금동제관을 착장하고 있었으며, 부장곽에서 山자형 금동관이 여러 개가 나왔다. 서봉총에서는 금관이 나왔으나 환두대도를 착장하지 않아서 왕비릉으로 추정된다. 금령총에서는 환상용수철가위가 나와서[37] 공주 무덤일[38] 가능성도 있다. 천마총에서는 착장 환두대도가 있으나 여자의 신분을 나타내는 熨斗가 출토되어[39] 왕비릉일 가능성이 있다. 6기 금관 출토 고분 가운데 왕릉은 금관총과 황남대총(98호분)뿐이다. 금관총이 눌지왕릉이므로 98호 남분은 이보다 고 고학적인 형식론에서 볼 때 앞선다. 내물왕(356~402년)과 실성왕(402~417년)이 그 대상이 된다. 『삼국사기』, 눌지마립간 즉위조에 실성왕을 시해하고 눌지왕이 즉위했다는 기사가 나오므로 실성왕은 후장이 어려워 98호 남분을 내물왕릉(402년)으로 본다.[40]

　　금관총을 눌지왕릉으로 보는 데에 가장 큰 장애는 봉토의 지름이 45m밖에 되지 않는 점이다. 그래서 봉황대의 배총으로 보고서 고급 귀족이 봉황대의 주인공인 尒斯智王에게서 받은 칼로 해석했다.[41] 尒斯智王刀는 尒斯

---

34) 금관이 출토될 수 있는 고분으로는 봉황대, 서봉황대 등 많은 고분이 지금도 처녀분으로 많이 남아 있다.

35) 98호 남분에서 전형적인 山자형 금동관이 출토된 것으로 보면, 4세기에 제작된 것으로 추정되고 대륜이 적어서 왕자나 공주의 묘에서 나온 것으로 짐작된다.

36) 단금구에 夫人帶란 명문이 나와서 여자의 무덤임이 분명하게 되었다.

37) 江 介也, 앞의논문, 2007, 210쪽.

38) 시체의 길이가 1m미만으로 여자 어린이 무덤으로 추정된다.

39) 江 介也, 앞의 논문, 2007, 208쪽.

40) 내물왕과 실성왕 사이의 시기 차이는 불과 15년이 있을 뿐이다.

智王의 칼로 풀이되고, 칼의 주인공이 尒斯智王이란 뜻이고, 금관총의 주인공이 分與 받은 칼로 볼 수가 없다. 더구나 尒斯智王은 눌지왕이므로 금관총을 눌지왕릉으로 보아야 된다. 尒斯智王刀는 尒斯智王의 칼로 해석되며, 칼의 주인공이 尒斯智王 곧 눌지왕임을 밝히고 있다. 訥祇王인 尒斯智王이 尒斯智王의 刀를 가지고 금관총에 묻혔지, 눌지왕이 봉황대에 묻혀 尒斯智王의 무덤이 봉황대일 수는 없다. 금관총이 45m의 봉토 지름 때문에 왕릉일 수 없다는 추정은 고분의 規制 해석으로 해결이 가능하다.

적석목곽묘에 대한 선학들의 가설들을 참조하고,[42] 넛지왕이 눌지왕으로 금관총의 연대가 458년인 점과[43] 황남대총(98호)의 피장자가 내물왕으로

---

41) 윤상덕, 앞의 논문, 2016, 14쪽.

42) 伊藤秋男,「耳飾の型式學的硏究に基づく韓國古新羅時代古墳に關する一試案」,『朝鮮學報』64, 1972.

藤井和夫,「慶州古新羅古墳編年試案」,『神奈川考古』6, 1979.

최병현,『신라고분연구』, 1992.

이희준,「4~5세기 신라의 고고학적연구」, 서울대학교 박사학위논문, 1998.

김용성,『신라의 고총과 지역집단』, 1998.

무乙女雅博,『朝鮮半島の考古學』, 2000.

이한상,『황금의 나라-신라-』, 2004.

박천수,「신라·가야고분의 편년」,『일한고분시대의 연대관』, 2006.

김두철,「삼국·고분시대의 연대관(Ⅱ)」,『한일 삼국·고분시대의 연대관(Ⅱ)』, 2007.

이들 견해에 있어서 황남동109호3·4곽→황남동110호→98호 남분→금관총→천마총→호우총→보문리 합장묘의 상대 서열은 대개 의견의 일치를 보이고 있다. 다만 절대 연대 부여에서는 의견의 차이가 있다.

43) 금관총이 458년으로 비정되면 고분 시대 동아시아의 문자 가운데 가장 확실한 문자 자료이다. 세기의 발견으로 우리 세대에서는 다시는 만나지 못할 자료가 된다. 이러한 중요성에도 불구하고 그 연구는 답보 상태를 면하지 못하고 있다. 명문의 발견으로 우리가 그토록 갈망하던 문자 자료로 그 중요성은 재언을 요하지 않는다. 尒斯智王이 냉수리비의 七王等에 의해 마립간이 아니라는 고고학 쪽의 가설은 명백한 잘못이다. 이러한 문제는 앞으로 尒斯智王명문에 대한 많은 성과가 축적하여 해결되어야 할 것이다.

그 연대가 402년인 점에 근거할 때, 신라 중요 고분의 편년은 다음과 같다.[44]

　　4세기 중엽-황남동109호3·4곽[45]

　　4세기 후반-황오동14호

　　　　　　황남동110호

---

44) 최병현, 「고신라 적석목곽분 연구(하)」, 『한국사연구』32, 1981년에서는 적석목곽묘
와 신분제의 관계를 다음과 같이 연결시키고 있다. 聖骨로는 표형분으로 황남대총과
서봉총, 단일원묘로 천마총, 금관총, 금령총, 식리총, 호우총, 은령총, 노서리138호분
이고, 眞骨로는 표형분으로 황오리14호, 황오리1호, 황오리고분, 황오리54호을총,
보문리부부총, 단일원분으로 황남동110호분, 황오리54호갑총, 황오리4호분, 황오리5호
분으로 보았다.

毛利光俊彥, 「朝鮮古代の冠」, 『西谷眞治先生古稀記念論文集』, 1995에서 98호
분을 눌지왕릉(458년), 금관총를 479년에 죽은 자비왕릉, 천마총을 500년에 죽은
소지왕릉 또는 514년에 죽은 지증왕릉으로 각각 보았다.

그런데 신라 성골은 『삼국유사』의 왕력에 따르면 법흥왕, 진흥왕, 진지왕, 진평왕,
선덕여왕, 진덕여왕의 6명의 왕이 이에 해당된다. 법흥왕은 539년 7월 3일에 죽었으므
로 이때는 적석목곽묘 시대가 끝나고 횡혈식석실분의 시대라 성골은 적석목곽묘에
존재할 수 없다. 또 중성리비(441년)와 냉수리비(443년)에 진골에 해당되는 관등명이
없다. 적석목곽묘가 있던 황남동, 황오동, 노서동, 노동동은 탁부와 사탁부의 무덤이
고, 금척리 고분은 본피부의 무덤이다. 지금까지 발굴된 무덤 가운데 황남대총은
내물왕릉, 금관총은 눌지왕릉이다. 금관이 나온 나머지 무덤은 왕비릉으로, 금령총은
공주릉으로 보인다.

45) 이렇게 보면 415년의 절대 연대를 가진 풍소불묘 등자가 문제가 된다. 풍소불묘
출토 등자보다 앞서는 등자로 광개토태왕릉인 태왕릉(414년) 등자가 있다. 이 등자는
장병에 금동제라 태왕릉 등자이전에 많은 등자가 있었음을 암시해주고 있다. 누구도
풍소불 등자이전에 금동장병목심등자의 출현을 예견하지 못했고, 이는 완성된 형태
의 등자라 앞으로 이에 앞서는 등자가 나올 가능성이 있다. 고구려의 출토 유물이
지극히 부족한 현재 풍소불의 등자 예에서와 같이 한 두 가지 자료로 전체를 보는
것은 잘못이다. 태왕릉의 주인공에 대해서는 고국원왕설이 우세했으나 집안고구려비
가 발견되어 광개토태왕설이 옳다. 이에 대해서는 김창호, 「집안고구려비를 통해
본 麗濟 王陵 비정 문제」, 『고고학탐구』17, 2015 참조.

5세기 전반-98호 남분(402년)[46]

98호 북분

5세기 후반-금관총(458년)

서봉총(5세기 중엽)

식리총[47]

금령총

천마총

6세기 전반[48]-호우총[49]

보문리 합장묘

---

46) 풍소불의 관과 98호 남분의 관에서는 5각형매미가 있어서 신선사상과 관련됨을 알 수가 있다. 남분에서는 금동으로 된 山자형 관도 다수 출토되고 있어서 풍소불과 98호 남분 사이가 시기 차이가 있다. 곧 풍소불의 5각형 관→98호 남분의 은제 관→98호 남분의 山자형 관의 순서로 변천했다. 풍소불 관의 연대는 415년이고, 98호 남분의 관 연대는 402년이다. 금속기에서는 잔존 시기가 있으므로 98호 남분의 연대를 문헌에 의해 402년으로 보고자 한다. 山자형 관과 같은 모양은 357년의 안악3호분 성시구에도 나온다. 이는 문자 자료가 형식학에 앞선다는 것임에 근거함과 동시에 415년 이전에 山자형 문양이 있음을 알 수 있게 한다.

47) 식리총을 5세기 4/4분기로 보는 馬目順一,「慶州飾履塚古墳新羅墓の硏究-非新羅系遺物の系統と年代-」,『古代探叢』1, 1980이란 논문이 유명하다. 절대 연대는 20년을 소급시켜서 5세기 3/4분기가 좋을 듯하다.

48) 호우총과 보문리합장묘의 연대는 祭政分離의 太王制의 사용(530년경), 律令 頒布(520년), 불교 공인(527년), 적석목곽묘에서 횡혈식석실분으로의 변천 시기(530년경)을 고려할 때, 그 하한은 530년이다. 횡혈식석실분의 등장과 직결되는 서악동1호분(법흥왕 부부릉), 서악동 2호분(입종갈문왕과 지소태후의 부부릉), 서악동3호분(진흥왕 부부릉), 서악동4호분(진지왕부부릉)의 왕릉 비정이 가능하다. 법흥왕릉은 539년 7월 3일에 죽었으므로 신라 최초로 횡혈식석실분에 묻힌 최초의 왕이다. 법흥왕의 경우 사후에 법흥왕비인 보도부인이 섭정을 하지 않고, 입종갈문왕비인 지소태후가 섭정해 본 점에서 보면 539년이나 그 이후에 죽었다고 판단된다.

49) 호우총에서 출토된 호우의 乙卯年國罡上廣開土地好太王壺杅十(개행)이란 명문에서 乙卯年을 415년으로 보아 왔으나 도교의 벽사 마크인 #마크로 볼 때, 475년이 좋다고 판단된다. 535년으로 보면 전세 기간과 무덤에 묻힌 시기 등을 고려할 때 너무 늦다.

VI. 맺음말

먼저 황남대총(98호) 남분과 북분을 제외할 때, 대체로 호석의 길이는 적석부 길이의 약 2배이다. 적석부 장축 길이의 약 2배를 호석의 규모로 추정한다면 금관총의 호석 장축 길이는 약 44.4m(45m)내외로 추정할 수 있다.

다음으로 고분의 봉분 크기와 마립간 곧 내물왕(356~402년), 실성왕(402~417년), 눌지왕(417~458년), 자비왕(458~479년), 비처왕(479~500년), 지증왕(500~514년)의 비정은 어렵다. 5~6명의 마립간에 해당될 수 있는 것이 고분의 봉분 크기로는 이빨이 맞지 않는다. 금관총 봉분 지름이 45m로 작은 문제는 이 시기의 고분 규제란 개념으로 해결이 가능하다.

그 다음으로 피장자의 성별에 대해 조사하였다. 남성은 세환이식과 환두대도의 착장, 무구류, 마구류 등이 나오고, 여성은 태환이식을 착장하고, 방추차, 熨斗, 환상용수철가위 등을 부장하고 있다. 금관총의 주인공은 태환이식을 착장하고, 금관의 수식이 세환이식일 뿐이다. 부장된 3루 환두대도 검초 단금구에 尒斯智王(刀)가 나왔다. 왕은 이 시기에 여성일 수가 없고, 남성이다. 칼의 명문이 尒斯智王의 칼로 해석되므로 금관총이 尒斯智王의 무덤이 된다.

마지막으로 尒斯智王명문의 검토를 시행하였다. 尒斯智王을 훈독하면 너사지왕이 되고, 이를 半切로 읽으면 넛지왕이 된다. 넛지왕은 내물왕, 실성왕, 눌지왕, 자비왕, 비처왕(조지왕, 소지왕), 지증왕가운데 눌지왕과 음상사이다. 그러면 금관총의 주인공은 尒斯智王刀가 尒斯智王의 칼이란 뜻이다. 금관총은 458년이란 절대 연대를 갖게 되고, 왕릉인 98호 남분은 고고학의 형식론으로 볼 때 금관총보다 앞선다. 98호 남분의 주인공은 내물왕과 실성왕 중에서 실성왕은 시해를 당해 죽었으므로 후장이 불가능해 내물왕릉(402년)으로 보았다. 이를 기준으로 황남동109호3·4곽을 4세기 중반, 황오동14호, 황남동110호를 4세기 후반, 98호남분(402년), 98호북분은 5세기 전반, 금관총(458년), 서봉총, 식리총, 금령총, 천마총을 5세기 후반, 호우총, 보문리 합장묘를 6세기 전반으로 각각 보았다.

제7절 금석문 자료로 본 적석목곽묘의 등장과 소멸

Ⅰ. 머리말

적석목곽묘의 연구는 100년이 넘었다. 그 편년은 서봉총의 은합 명문에 나오는 延壽元年辛卯를 신라의 511년으로 보아서 5~6세기로 보았다. 그래서 적석목곽묘의 연대는 5~6세기를 벗어날 수 없었다. 그리고 호우총의 호우의 乙卯年은 415년으로 보아서 적석목곽묘의 5~6세기설은 더욱 힘을 얻게 되었다. 적석목곽묘를 4세기로 볼 수 있는 꼬투리는 어디에도 없었다. 적석목곽묘의 4세기설은 학계에서 이단아로 보게 되었다. 그렇게도 기다렸던 금석문 자료는 출토되거나 발견되지 않았다. 그런데 금관총에서 3루환두대도 금초 단금구에서 尒斯智王이란 명문이 두 점이나 나와서 적석목곽묘의 연대를 4세기로 볼 수 있게 되었다.

횡혈식석실분의 등장 연대 곧 적석목곽묘의 소멸 연대는 6세기로 본 점은 의견의 일치를 보고 있으나 그 실제 연대는 연구자 마다 차이가 있다. 적석목곽묘의 소멸은 제의 중심의 지배자가 사라지고, 국왕은 太王을 칭하면서 정치를 전담하고, 횡혈식석실분의 주인공은 제의를 전담했다.

여기에서는 먼저 금석문 자료와 고고학 자료를 중심으로 적석목곽묘의 등장을 살펴보고, 다음으로 적석목곽묘의 소멸을 횡혈식석실분과의 비교로 살펴보고자 한다.

II. 적석목곽묘의 등장

적석목곽묘는 황남동109호3·4곽의 연대를 400년 전후로 보아서 4세기에는 아직까지 등장하지 않았다고 보았다. 그런데 금관총에서 가로 늦게 尒斯智王이란 명문이 발굴후 90여년만에 발견되었다. 이 尒斯智王은 너사지왕으로 훈독되고, 이를 다시 반절로 보면 넛지왕이 된다, 넛지왕은 신라 마립간 奈勿王, 실성왕, 눌지왕, 자비왕, 소지왕, 지증왕 가운데 눌지왕과 음상사이다. 그러면 금관총은 458년의 눌지왕릉이 된다.

신라에서 금관이 나온 고분으로 6기가 있다. 전 교동, 98호 북분, 금관총, 서봉총, 금령총, 천마총이 그것이다.[1] 이 가운데 전 교동 고분의 금관은 도굴품이라 상세한 것은 알 수가 없다.[2] 98호 북분에서는 금관이 나왔으나 여자의 무덤이다.[3] 98호 남분에서는 피장자가[4] 금동제관을 착장하고 있었으며, 부장곽에서 山자형 금동관이 여러 개가 나왔다. 서봉총에서는 금관이 나왔으나 환두대도를 착장하지 않아서 왕비릉으로 추정된다. 금령총에서는 환상용수철가위가 나와서[5] 공주 무덤일[6] 가능성도 있다. 천마총에서는 착장 환두대도가 있으나 여자의 신분을 나타내

---

1) 금관이 출토될 수 있는 고분으로는 봉황대 등 많은 고분이 지금도 처녀분으로 많이 남아 있다.
2) 98호 남분에서 전형적인 山자형 금동관이 출토된 것으로 보면, 4세기 후반에 제작된 것으로 추정된다. 山자형성시구는 안악3호분(357년)의 예가 있다. 이 山자형(5각형)은 풍소불묘(415년)보다 58년이나 빠르다. 앞으로 4세기 山자형성시구가 나올 것이다.
3) 단금구에 夫人帶란 명문이 나와서 여자의 무덤임이 분명하게 되었다.
4) 남분의 피장자는 은제관을 부장하고 있었다.
5) 江 介也,「고대 동아시아 熨斗와 환상용수철가위」『한일 고대·삼국시대의 연대관(Ⅱ)』, 2007, 210쪽.
6) 시체의 길이가 1m미만으로 여자 어린이 무덤으로 추정된다.

는 熨斗가 출토되어[7] 왕비릉일 가능성이 있다. 6기 금관 출토 고분 가운데 왕릉은 금관총과 황남대총(98호분)뿐이다. 금관총이 눌지왕릉이므로 98호 남분은 이보다 고고학적인 편년에서 볼 때 앞선다. 내물왕(356~402년)과 실성왕(402~417년)이 그 대상이 된다. 『삼국사기』, 눌지마립간 즉위조에 실성왕을 시해하고 눌지왕이 즉위했다는 기사가 나오므로 실성왕은 후장이 어려워 98호 남분을 내물왕릉(402년)으로 본다.[8]

이렇게 보면 신라 적석목곽분의 소멸 시기는 20년정도 소급할 수가 있어서 530년으로 볼 수가 있고, 황남동109호3·4곽은 50년정도 소급시켜 4세기 중엽으로 볼 수가 있다. 그러면 확실한 4세기의 적석목곽묘가 존재하게 된다. 이러한 성과에도 불구하고 4세기의 적석목곽묘의 내용을 알 수가 없다. 400년 상한설의 가장 큰 증거는 풍소불 등자의 415년이다. 이렇게 풍소불묘의 등자와 같은 목심단등이 황남동109호3·4곽에서도 나왔다는 것이다. 414년으로 보이는 태왕릉에서는 金銅木心透彫長柄鐙이 나와 지금까지 등자 편년보다 등자가 올라갈 가능성이 크게 되었다. 이러한 문제들을 접근할 수 있는 것으로 신라 적석목곽묘의 등장에 대한 금석문 자료인 太祖星漢王을 들 수가 있다. 이에 대해서 상론해 보기로 하자.

신라에 있어서 세대수의 인식에 관한 근거는 문헌이나 금석문에서 모두 찾을 수가 없다. 그렇지만 시간적으로 共感帶에 해당한다고 볼 수 있는 광개토태왕비에는 大朱留王 紹承基業 遝至十七世孫國罡上廣開土境平安好太王이란 구절이 있다.[9] 여기에 나타난 遝至十七世孫은 그 실상을

---

7) 江 介也, 앞의 논문, 2007, 208쪽.

8) 내물왕과 실성왕 사이의 시기 차이는 불과 15년이 있을 뿐이다.

9) 김창호, 「신라 태조성한의 재검토」, 『역사교육논집』6, 1983, 98쪽 및 106쪽에서는 이 부분을 傳至十七世孫으로 판독했으나 遝至十七世孫이 타당하다(武田幸男, 「牟頭婁一族と高句麗王權」 『朝鮮學報』99·100, 1981, 183쪽.).

잘 알 수 없는 당시 사회의 세대수 인식 방법에 큰 도움을 줄 수 있는
방증 자료가 될 수 있을 것이다. 遝至十七世孫에서 17世孫은 구체적으로
어떤 의미를 갖고 있을까? 『삼국사기』에 의하면 大武神王(大朱留王)에
서 廣開土太王까지는 세대수로는 10대손이다. 그런데 왕대수로는 大武
神王(3)→閔中王(4)→慕本王(5)→太祖王(6)→次大王(7)→新大王(8)→故國
川王(9)→山上王(10)→東川王(11)→中川王(12)→西川王(13)→烽上王(14)→
美川王(15)→故國原王(16)→小獸林王(17)→故國壤王(18)→廣開土太王(19)
가 되어서 遝至十七世孫과 일치하고 있다. 大武神王(大朱留王)에서 廣開
土王까지의 세대수는 10세손이 된다. 그런데 제3대인 大武神王(大朱留
王)에서 제19대인 廣開土太王까지를 왕대수로 계산하면 17대가 된다. 그
러면 광개토태왕비의 十七世孫과 大武神王에서 廣開土太王까지의 王代
數는 같게 되므로, 廣開土太王碑의 十七世孫란 말은 오늘날 우리가 인식
하고 있는 바와 달리 王系로 17대란 의미로 사용되었다고 이해된다.

　이러한 고구려에서의 王系에 대한 세대수 인식 방법을 원용하여 신라
의 王系 문제를 살펴보자. 문무왕릉비의 十五代祖星漢王과 홍덕왕릉비
편의 卅四代孫에 있어서 ××代祖·××代孫이란 말은 한쪽은 子孫의
관점에서, 다른 한쪽은 조상의 관점에서 각각 조상을 인식하는 방법이
기에 결국 같은 의미를 가지고 있다. 또 廣開土太王碑의 十七世孫의
××世孫이란 표현도 ××代孫과 꼭 같은 뜻으로 판단된다. 그러므로
××代孫=××世孫=××代祖가 되며, 이들은 廣開土太王碑에서 十七世
孫이란 말이 王系로 17대를 가리키는 것으로 보아 ××代孫·××世孫·
××代祖는 모두 王系로 ××代란 뜻으로 판단된다.

　그러면 문무왕릉비의 十五代祖星漢王이 누구인지를 조사해 보자. 대
개 내물왕이 문무왕의 10대조에 해당하므로, 내물왕의 이전의 5대조를

소급하여 성한왕을 찾으려 했다. 『삼국사기』, 미추이사금조와 『삼국유사』, 기이, 김알지조에는 각각 다음과 같은 味鄒王의 계보가 실려 있다.

閼智→熱漢→阿道→首留→郁部→俱道→未鄒 『삼국사기』
閼智→勢漢→阿道→首留→郁甫→仇道→味鄒 『삼국유사』

위의 7대 계보 가운데 『삼국유사』권1, 王曆에서 奈勿王을 父仇道葛文王 一作未召王之弟 △△角干라고 한 것에 근거하여 미추왕을 왕의 대수에서 생략하였다. 그 결과 내물왕으로부터 逆算하여 仇道→郁甫→首留→阿道→勢漢의 5대만을 인정하여, 이 계보가 문무왕릉비의 十五代祖星漢王과 일치한다고 주장하였다. 이 가설은 현재 학계에서 인정받고 있으나 미추신라 최초의 김씨 왕인 미추왕을 제거한 점과 勢漢은 금석문과 문헌에서 왕위에 오른 적이 없는 점에서 星漢王이 될 수가 없다.

十五代祖星漢王을 광개토태왕비에 근거하여 十五代祖를 김씨 왕대수를 15대를 소급해 보자. 文武王(1)→武烈王(2)→眞德女王(3)→善德女王(4)→眞平王(5)→眞智王(6)→眞興王(7)→法興王(8)→智證王(9)→炤知王(10)→慈悲王(11)→訥祗王(12)→實聖王(13)→奈勿王(14)→味鄒王(15)가 된다. 이렇게 되면 종래 문헌에서는 김씨 시조가 味鄒王이나 금석문 자료에서는 星漢王으로 되어 있는 문제점이 해결될 수 있다. 왜냐하면 광개토태왕비에서 얻은 세대수에 대한 인식 방법을 신라에 적용하면 문무왕릉비의 十五代祖星漢王은 미추왕이 되기 때문이다.

다음으로 흥덕왕릉비편의 太祖星漢·廿四代孫에 대해서도 조사해 보자. 앞의 문무왕릉비의 十五代祖星漢王에 따르면 星漢王(味鄒王)에서부터 文武王까지는 15대조가 된다. 이 점에 의거하여 그 다음부터를 신라 왕계를 통해 조사해 보자. 제31대 神文王부터 제42대 興德王까지는 왕대

수로 12대이므로 결국 星漢王에서부터 興德王까지는 27대가 되는 점이
다. 이 27대란 계산은 홍덕왕릉비편의 太祖星漢·卅四代孫이란 구절과는
어긋난다. 그런데 신라 김씨 왕계보에서 제39대 昭聖王과 제42대 興德王
은 형제간이므로 같은 대수인 24대로 했을 가능성도 조금 엿보이나 다
른 각도에서 검토해 보자. 홍덕왕릉비편의 卅四代孫이란 말에 있어서 始
祖에 대한 인식 방법 자체에 新羅中代에 발생된 五廟制에10) 의한 조상
인식 방법의 영향을 전혀 배제할 수 없을 것 같다. 우선 신라 5묘제에
관한 내용이 집약되어 있는 사료부터 제시해 보기로 하자.

　　按新羅宗廟之制　第二代南解王三年春　始立始祖赫居世廟　四時祭之
以親妹阿老主祭　第二十二代智證王　於始祖誕降之地奈乙　創立神宮　以
享之　至第三十六代惠恭王　始定五廟　以味鄒王爲金姓始祖　以太宗大王
文武大王百濟高句麗有大功德　並爲世世不毀之宗兼親廟二五廟(『삼국사
기』, 잡지, 제사조)

이 기록의 내용은
(1) 제2대 南解王 때 始祖 赫居世를 始立하였다.
(2) 제22대 智證王 때 始祖가 탄생한 곳에 神宮을 創立하였다.
(3) 제36대 惠恭王 때 金姓始祖 味鄒王과 삼국 통일에 공덕이 있는 太
宗·文武大王 및 親廟二로써 五廟를 만들었다의 3단락으로 구성되고, 제1
단락은 始祖廟, 제2단락은 神宮, 제3단락은 五廟의 始立에 관한 기사임
을 알 수 있다.11) 위의 자료에 있어서 제1단락에서 始祖廟가 있음에도
불구하고, 제2단락에서 다시 始祖가 탄생한 奈乙에 새로이 神宮을 創立

하였다는 것과 제1단락에서 始祖가 赫居世였는데, 제3단락에서는 王廟
內의 始祖로 金姓 始祖인 味鄒王을 받들고 있는 점에 대해 주의를 환기
시켰다.[12] 위의 지적은 奈乙神宮이 赫居世 또는 味鄒王과 관계되는지 여
부에 대한 하나의 디딤돌을 마련했다고 본다. 始祖廟인 赫居世廟가 있음
에도 불구하고 始祖가 탄생한 奈乙에 새로이 神宮을 세웠다는 것은 奈
乙神宮이 赫居世廟와 다를 가능성을 암시하는 것으로 이해할 수도 있기
때문이다. 그래서 위의 祭祀條의 내용 가운데 奈乙神宮의 대상은 金氏의
始祖王인 味鄒를 지칭한다고 해석한 기왕의 견해도 있다.[13] 그리고 奈乙
은 날[化生]의 音寫로 보아 楊雄의 『方言』권3에 근거하여 이를 보충하고
있다.[14] 이와 같은 견해는 앞에서의 문무왕릉비를 통해 볼 때 太祖星漢
王이 味鄒王이라는 점과 일치되어 더욱 흥미롭다.

다음 始定五廟했다는 惠恭王代의 기록에 있어서 五廟는 金氏始祖인
味鄒王·太宗·文武王·二親으로 되어있는 바, 신라중대말의 시조가 味鄒
王이란 것 이외에는 홍덕왕릉비편의 세대수 인식에 도움이 되지 못하고
있다. 그런데 『삼국사기』 신문왕7년조에는 '遣大臣於祖廟 致祭曰 王染
稽首再拜謹言 太祖大王·眞智大王·文興大王·太宗大王·文武大王之靈云云'
이라고 한 기록이 있다. 이 기록에 있어서 우선 주목되는 것은 앞의 祭
祀條에서의 以味鄒王爲金姓始祖란 구절과는 달리 太祖大王이라고 해 금
석문에서와 같은 太祖란 용어를 사용한 점이다.[15] 다음 신문왕7년조의

12) 변태섭, 앞의 논문, 1964, 57쪽.
13) 김상기, 「국사상에 나타난 건국설화의 검토」 『동방사논총』, 1974, 37쪽. 그러나
木下禮仁, 「新羅始祖系譜の構成-金氏始祖を中心として-」 『朝鮮史研究會
論文集』2, 1966, 58쪽에서는 김상기, 「국사상에 나타난 건국설화의 검토」 『건국대
학교 학술지』5, 1964에 실린 같은 논문을 보고 '奈勿はnarの音寫のようてもあり,
化生(nar)=奈勿=始祖味鄒となるとておられるようである'라고 하고 있다.
14) 김상기, 앞의 논문, 1974, 37~38쪽.

기록에 있어서 조상의 인식 방법은 신문왕 이전의 왕대수 순서가 아니라 追封大王까지 포함한 직계조를 따르고 있다. 따라서 늦어도 始定五廟했다는 혜공왕대의 직후에는 시조에 대한 세대수 인식 방법이 광개토태왕비와 달랐을 가능성도 있다.

그러면 홍덕왕릉비편으로 돌아가 太祖星漢·卅四代孫에 대해 조사해 보자. 문무왕릉비의 十五代祖星漢王에 의해 성한왕에서 문무왕까지는 왕대수로 15대이다. 신문왕부터 혜공왕까지도 광개토태왕비식으로 조상 인식을 하면 6대가 되어 결국 성한왕(미추왕)에서 혜공왕까지는 21대가 된다. 그 다음 宣德王과 元聖王은 각각 내물왕10손과 내물왕12손이 되어 있어서 그 대수를 계산할 수 없게 된다. 선덕왕과 원성왕의 계보를 알아보자.16) 선덕왕이 성덕왕의 外孫이라는 것 이외에 달리 세대수를 헤아릴 방법은 없다. 그런데『삼국사기』, 원성왕원년조에 元聖王立諱敬信 奈勿王十二世孫이라 한 것에 근거하여 太祖星漢인 味鄒王에서부터 興德王까지의 세대수를 계산하면 14대가 될 뿐이다. 그런데『삼국사기』, 원성왕원년조에는 선덕왕과 원성왕의 조상에 대한 인식 방법을 엿볼 수 있는 다음과 같은 구절이 있다.

毁聖德大王開聖大王二廟 以始祖大王太宗大王文武大王 及祖興平大王考明德大王 爲五廟(『삼국사기』, 원성왕원년조)

---

15) 변태섭, 앞의 논문, 1964, 68쪽. 이종욱,『신라상대왕위계승연구』, 1980, 137쪽. 그런데『삼국사기』, 신문왕7년조의 太祖大王이 혹시 신문왕의 高祖인 眞智王의 先王인 眞興王이 아닌가 생각할 수도 있다. 그러나 568년에 건립된 황초령비와 마운령비에서는 仰紹太祖之基~라고 나오기 때문에 太祖가 眞興王일 수는 없다.

16) 김창호,『삼국시대 금석문 연구』, 2009, 195쪽의 <표 2>와 198쪽의 <표 3>참조.

위의 자료에서 元聖王代에는 前王 때에 祔廟되어 있던 聖德大王과 開
聖大王의 二廟를 毁撤하였음을 감안하면, 宣德王 때의 五廟는 始祖大王·
太宗大王·文武大王·聖德大王·開聖大王으로 추정된다.[17] 宣德王 때는 그
대로 惠恭王代에 만들어진 五廟制가 준수된 것이라 할 수 있다.[18] 앞에
서의 제사조의 기록에 의하면, 혜공왕대의 五廟는 始祖인 味鄒王·太宗
大王·文武大王·혜공왕의 二親이기 때문이다. 이 때 惠恭王代 二親이 宣
德王代에는 前王인 惠恭이 아니라 亡父인 孝芳을 開聖大王으로 追封하
여 편입시키고, 다시 直系祖가 아닌 聖德王을 넣고 있는 점이 주목된다.
이 宣德王代의 五廟에 의해 조상 인식 방법을 추측하면 聖德王까지는
광개토태왕비식의 세대수 인식 방법이 잔존 요소로 남아 있었으며, 宣
德王부터는 五廟制에 의한 直系祖의 인식 방법이 적용되었던 것 같다.
이 같은 추정은 다음의 元聖王 때의 五廟가 始祖大王·太宗大王·文武大
王·祖興平大王·考明德大王으로 王系祖와 直系祖가 서로 공존되고 있어
서 더욱 그러하다. 그러면 五廟制가 완성된 惠恭王代까지는 그대로 광개
토태왕식의 조상 인식 방법이 적용되며, 宣德王代 이후에는 새로이 直系
祖에 대한 조상 인식 방법이 적용되었음을 알 수 있다.

그러면 宣德王代 五廟의 대상이 始祖大王·太宗大王·文武大王·聖德大
王·開聖大王인 점에 근거하여 홍덕왕릉비편의 卄四代孫을 따져 보자.
앞에서 살펴본 바와 같이 太祖星漢王으로부터 文武王까지는 15대조이
고, 聖德王까지는 그 대수가 18대가 된다. 여기서 『삼국사기』, 제사조
와 『삼국사기』, 원성왕원년조의 五廟制에 있어서 惠恭王代의 二親 대신

17) 변태섭, 앞의 논문, 1964, 70쪽.
18) 변태섭, 앞의 논문, 1964, 70쪽.

에 聖德大王과 開聖大王이 추가됨을 보면 宣德王 자신의 系譜도 聖德王과 연결됨을 알 수 있다. 거듭 이야기하지만 太祖星漢王으로부터 문무왕까지는 15대조이고, 聖德王까지는 그 대수가 18대가 된다. 다음 四炤夫人 곧 孝芳(開聖大王)이 19대, 宣德王이 20대가 된다. 다음 元聖王代의 五廟에서도 王系와 直系가 공존하고 있으므로 宣德王의 세대수를 조사하면 宣德王이 20대이므로 孝讓은 21대, 원성왕은 22대가 된다. 다음 仁謙, 義英, 禮英은 23대, 興德王은 24대가 된다.

다시 太祖星漢王의 문제를 좀더 살펴보기 위해 금석문의 관계 자료를 적기하면 다음과 같다.

~然朕歷數當躬仰紹太祖之墓纂承王位兢身自愼恐違乾道~
  (마운령비 및 황초령비, 최남선편,『新訂三國遺事』, 附錄, 13~14쪽)

~△太祖星漢王哲千齡之~

(金仁問碑,『韓國金石遺文』, 66쪽)

大師法諱利嚴 俗姓金氏 其先鷄林人也 考其國史實星漢之苗遠祖世道
凌夷斯盧多難偶水萍梗流落雄川
  (廣照寺眞澈大師寶月承空塔碑,『조선금석총람』上, 126쪽)

△△△△運 俗姓金氏 鷄林人也 其先降自聖韓 興於那勿本枝百世~
  (豊基 毘盧庵眞空大師普法塔碑,『조선금석총람』上, 135쪽)

위의 자료에 있어서 마운령비와 황초령비의 太祖, 김인문비의 太祖星漢王, 진철대사비의 星漢, 진공대사비의 聖韓은 모두 꼭 같은 말로 추정된다. 마운령비와 황초령비의 서두인 太昌元年歲次戊子△△卄一日과 △△△△△△八月卄一日癸未를 대응시키면 두 비가 진흥왕29년(568년)

에 건립된 것을 알 수 있다.[19] 다음 김인문비의 건립 연대에 대해 살펴보자. 『삼국사기』, 김인문전에

　　金仁問 字仁壽 太宗大王第二子也～延載元年四月二十九日寢疾薨於帝都 享年六十六～押送靈柩 孝昭大王追贈太大角干 令有司 以延載二年十月二十七日 窆于京西原

이라 한 것에 따르면, 김인문은 孝昭王3년(694년)에 죽었고, 효소왕4년(695년)에 당시의 서울인 경주의 京西原에 장사지낸 것을 알 수 있다.[20] 따라서 김인문비의 건립 연대도 695년 이후 가까운 시기일 것으로 추정된다.[21] 다음 眞澈大師碑와 眞空大師碑는 崔彦撝가 撰한 것이다. 이들은 각각 고려 太祖20년(937년)과 태조22년(939년)에 세워졌다. 금석문 자료를 통해 보면 太祖王에 대한 전승은 늦어도 진흥왕29년(568년)에 확립되어 신라 말기까지 계속되었고, 계보상으로도 진공대사비에 其先降自聖韓 興於那勿라고 되어 있어서 성한왕과 내물왕을 연결시키고 있다. 太祖星漢王이 미추왕일 때, 적석목곽묘의 상한을 미추왕의 재위 기간인 262~284년으로 볼 수가 있을 지가 문제이다. 『삼국사기』, 김유신전과 『삼국유사』, 기이편에 미추왕릉을 각각 大陵, 竹長陵, 竹現陵이라고 부르고 있어서 284년에 죽은 미추왕릉은 고총고분으로 경질토기와 이식이 세트를 이루는 유적으로 보인다.

　　광개토태왕비에 있어서 이른바 辛卯年條에 百殘新羅舊是屬民 倭以辛卯年來渡(見)破 百殘△△新羅이란 구절이 있다. 신묘년은 다 아는 바와

---

19) 葛城末治, 『朝鮮金石攷』, 1935, 135쪽.
20) 김인문은 1년간의 빈장을 했음을 알 수 있다.
21) 末松保和, 『新羅史の諸問題』, 1954, 497쪽.

같이 391년이다. 391년 당시에 신라가 백제가 대등하게 표기되어 있다. 391년 당시에 신라에 적석목곽묘가 있었음을 말해주고 있다.

또 금관총에서 출토된 2자루 3루환두대도의 검초 단금구에 尒斯智王(刀)이란 명문이 있다. 이 명문을 훈독하면 너사지왕이 되고, 이를 다시 반절로 읽으면 넛지왕이 된다. 마립간 시대의 왕명인 奈勿王, 實聖王, 訥祇王, 慈悲王, 炤知王(毗處王), 智證王가운데 눌지왕과 음상사이다. 그러면 금관총은 눌지왕릉이므로 458년이란 절대 연대를 가지게 된다. 98호는 내물왕과 실성왕가운데서 찾아야 된다. 실성왕은 살해 당했으므로 98호분은 내물왕릉이다. 그러면 98호분은 50년정도가 올라가게 된다. 황남동 109호3·4곽은 4세기 중엽으로 편년되어 확실한 4세기 고분을 갖게 된다.

그런데 최근에 들어 와서는 智證大師碑의 其敎之興也 毗婆娑先至란 구절에 근거하여 大乘佛敎 이전의 小乘佛敎의 전래 가능성 여부에 대해 조심스럽게 언급되기도 하였다.[22] 법흥왕 이전의 소승불교의[23] 전래 시기는『三國遺事』, 興法, 阿道基羅조에 인용된 阿道本碑에 의하면 味鄒王卽位二年癸未(263년)라 한다. 이 연대에 관해서는『海東高僧傳』, 阿道조에도 보이고,『三國遺事』보다 이른 시기에 만들어진 것으로 추정된[24]『湖山錄』의 興輪寺大鍾銘幷書에도 나온다.[25] 미추왕은 소승불교의

22) 허흥식,「한국불교의 종교형성에 관한 시론」『김철준박사화갑기념사학논총』, 1983, 282쪽.
23) 남전불교의 전래는 영남대학교 박물관에서 발굴한 5세기의 경북 경주시 황남동 미추왕릉C지구 4호분에서 상감유리제환옥(경식;보물634호)에서 부처상이 나왔는데, 이것은 신라 불교 공인(527년)이전이므로 소승불교로 볼 수가 있다.
24) 허흥식,「진정국사의 생애와 시대인식」,『동방학지』35, 1983, 91쪽에 의하면『호산록』은 1270년대에 완성되었다고 한다.
25) 허흥식, 앞의 논문, 1983, 118쪽. 최근에는 投影說에 근거하여(末松保和, 앞의 책, 1954, 384쪽 등) 味鄒와 법흥왕의 왕명인 慕秦을 동일한 것으로 보고 味鄒王

전래 전설과 관련된 임금이므로 그 다음의 신라왕들은 祭天之胤이라 부를 수 있게 된다. 미추왕의 傳七葉에 해당되는 법흥왕은 대승불교를 공인한 임금이다. 이 같은 사실로 미루어 보면, 稷侯祭天之胤傳七葉이란 구절은 지증왕의 신궁 설치와 관련있는 것이 아니라 신라의 불교 전래 전설과 깊은 관련이 있는 것임을 알게 되었다. 따라서 미추왕이 太祖星漢王이고, 이때에는 미추왕의 무덤을 『삼국사기』, 미추왕23년조에 冬十月王薨 葬大陵 一云竹長陵이라고 왕릉의 명칭까지 밝히고 있어서 3세기 후엽(262~284년)에[26] 금제귀걸이와 경질토기를 세트로 하는 적석목곽묘가 성립되었다고 판단된다. 또 『삼국유사』, 미추왕 죽엽군조에 竹現陵이 나오고 味鄒之靈 無以遏金公(필자주:金庾信)之怒 王之護國 不爲不大矣 是以邦人懷德 與三山同祀而不墜 躋秩于五陵之上 稱大廟云라고 하였다.

III. 적석목곽묘의 소멸

적석목곽묘의 소멸을 대개 6세기로 보는 것은 학계에서 의견의 일치를 보이고 있다. 6세기 가운데 언제쯤인지는 조금씩의 차이가 있다. 그 가운데 가장 큰 근거는 호우총의 호우 명문이다. 우선 명문을 제시하면 다음과 같다.

二年癸未(263년)의 소승불교 전래를 부정한 견해도 있다.(문경현, 「삼국유사소재 미추왕고」『삼국유사연구』상, 1983, 11~24쪽.) 慕秦은 미추왕의 이름이 아니라 법흥왕의 이름이므로 따르기 어렵다.

26) 이 시기의 문헌을 비판적으로 보는 사람이 많으나 충주고구려비에서 古雛大加助多에 관련된 訥祇王이 寐錦忌라고 충주비의 연대를 449년에서 458년까지로 보고, 눌지왕때의 기년을 신봉할 수 있으므로 미추왕의 계보나 기년도 신봉할 수 있을 것이다.

#

④	③	②	①	
王	土	罡	乙	1
壺	地	上	卯	2
杆	好	廣	年	3
十	太	開	國	4

　그릇을 뒤집어서 위에서 보면 16자의 명문과 옆으로 누운 도교의 井벽사마크가 陽鑄되어 있다. 이 명문은 이 고분의 상한 연대를 알려주는 절대연대 자료가 될 뿐만 아니라, 신라 고분에서 광개토태왕의 시호가 명기된 고구려 제품이 나왔다는 점에서 중요하고, 당시의 고구려와 신라의 대외관계 등의 문제에서 중요하다. 부장품 중에는 漆製胡籙도 있었다.[27]

　이 고분에서는 고구려에서 제작된 고구려의 왕릉 祭器가 어떤 경로로 호우총에 부장되었는지는 알 수 없으나 서봉총의 유명 은합과 함께 고구려의 많은 공예품들이 신라에 입수되었을 것이다. 이 청동호우도 그러한 것 가운데 하나로 보아야 될 것이다.

　여기에서 國罡上廣開土地好太王란 시호는 광개토태왕비에는 國罡上廣開土境好太王이라고 나오고 있어서 차이가 있다. 412～491년으로 편년되는 모두루묘지에는 國罡上廣開土地好太王이라고 나온다. 모두루총의 연대는 5세기 중엽으로 판단되어 호우총의 호우 연대를 415년으로 단정할 수도 없다. 또 호우총의 문자 한가운데에는 눕은 井마크가 있는데 이 도교 벽사마크는 530년 이전에는 없다. 따라서 호우총의 호우 연대를 475년으로 볼 수가 있다. 535년으로 보면 호우총의 연대가 535년

---

27) 종래에는 이를 方相氏假面으로 인식해 왔으나 이를 호록으로 본 것은 보존과학자였다. 호록의 집성에 대해서는 西岡千繪, 「加耶の胡籙」『第18回東アジア古代史・考古學研究交流會豫稿集』, 2006 참조, 호록의 복원이나 연대 설정에는 문제가 있다.

이후가 되는 문제가 생긴다.[28] 금관총의 연대가 458년이므로 6세기 전반으로 편년되어 온 호우총의 연대가 20년 정도 앞당겨 520~530년경으로 볼 수가 있다.

신라 금석문 가운데 太王이 나온 예를 제시하면 다음과 같다.[29]

①乙卯年八月四日聖法興太王節

(울주 천전리서석 을묘명)

⑥此時共三來另卽知太王妃夫乞支妃

(울주 천전리서석 추명)

①～△興太王及臣等巡狩管境之時記
③～相戰之時新羅太王～

(북한산비)

①～眞興太王巡狩管境刊石銘記也

(황초령비)

①太昌元年歲次戊子～△興太王巡狩△△刊石銘

(마운령비)

---

28) 乙卯年을 535년으로 보면 호우가 전세될 수 있으므로 호우총의 연대를 535년보다 늦게 잡아야 된다. 횡혈식석실분의 하한은 530년경으로 보아야 함으로 535년 이후는 너무 늦다.

29) 浜田耕策,「朝鮮古代の<太王>と<大王>」『响沫集』5, 1987, 391쪽에서는 울주 천전리서석 갑인명의 甲寅太王寺 安藏 許作에서 寺를 時의 略體로 풀이하고 있다. 이는 일본식 사고로 사실과는 거리가 먼 듯하다. 寺는 절을 의미한다. 이에 대해서는 신종원,「<道人>使用例를 통해 본 南朝佛教와 韓日關係」『韓國史研究』59, 1987 참조.

천전리서석 을묘명은 법흥왕22년(535년)에 만들어졌고, 천전리서석 추
명은 법흥왕26년(539년)에 만들어졌다. 북한산비는 561~568년 사이에
만들어졌다. 황초령비와 마운령비는 똑같이 568년에 만들어졌다. 위의
금석문 자료에서 보면 법흥왕22년(535년)에 처음 太王이란 용어가 신라
에서 사용되었다. 1988년 발견된 울진봉평신라비에서는 법흥왕을 牟卽
智寐錦王이라고 표기하고 있어서 봉평비의 작성 연대인 524년 이전에는
太王이란 용어가 사용되었다고 보기가 어렵다. 신라에서 太王制가 실시
된 것은 530년경이다.

이때에 적석목곽묘에서 횡혈식석실묘로 바뀌었다.[30] 그래서 539년에
죽은 법흥왕은 태종무열왕릉 옆 선도산의 1호분에 묻히었다.[31] 법흥왕
은 역대 왕 가운데 횡혈식석실분에 묻힌 최초의 신라 임금이다. 횡혈식
석실분의 채택은 527년에 공포된 율령 공포와 관련이 있었는지도 알 수
없다. 530년의 적석목곽묘에서 횡혈식석실분의 전환은 신라사 전체에서
가장 큰 변화였다.[32]

추가장을 포함해 적석목곽묘에서 횡혈식석실분으로의 변동은 그 축
조 비용이 1/10~1/100으로 축소되고, 厚葬에서 薄葬으로 바뀌었다. 가야
지역은 수혈식석곽묘를 유지해 무덤 축조에 비용을 많이 사용한데 대해
신라에서는 무덤 축조에 더는 비용을 절감할 수 있었다. 신라는 530년경
에 횡혈식석실분을 사용해 제1차 고대국가 완성기를[33] 맞이하여 대가야

---

30) 신라에서는 530년경에 일제히 적석목곽묘에서 횡혈식석실분으로 바뀌어 노동력
   과 고비용에서 벗어났으나 대가야는 신라보다도 일찍 횡혈식석실분을 도입했으
   나 여전히 고비용의 수혈식석곽묘를 사용해서 562년에는 신라에게 멸망을 당했
   다. 묘제라는 장제는 신라를 내부적으로 단결을 가져와 신라의 삼국통일의 한 요
   인이 되었다.
31) 이에 대해서는 따로이 견해를 밝힐 예정이다.
32) 김창호, 「고고 자료로 본 신라사의 시기 구분」 『인하사학』 10, 2003.

와34) 전쟁에 승리할 수 있었다. 신라가 삼국 통일에 성공할 수 있는 배경은 냉수리비에 나타나는 지방민의 배려와 횡혈식석실분의 채택으로 말미암아 평민과 노예의 노역 등 부담을 덜어주는 데에 있다.

신라사에 있어서 가장 큰변동은 530년경의 적석목곽묘에서 횡혈식석실분으로의 바뀜이 있고, 이때에 寐錦王에서 太王으로 바뀐 점이다. 이러한 변동과 궤를 같이하는 것이 527년의 율령 공포이다. 530년의 고대국가는 왕경에 기와집도 한 채도 없는 제1차 고대국가 완성기이다. 신라에서 평기와는 6세기 전반에 나타나기 시작해 7세기 전반이 되면35) 지방에도 등장해 지방관아가 기와집을 채택해 권위의 상징이 된다. 679년이 되면 儀鳳/四年/皆土명으로36) 대표되는 기와가 나와서 신라는 명실상

---

33) 제2차 고대국가 완성기는 기와가 지방에도 나오는 7세기 전반이다.

34) 경남 합천군 봉산면 저포리E지구4-1호분의 봉토속에서 발견된 단경호의 구연 內側에 5자의 명문이 음각되어 있다. 下部思利利가 그것이다. 지방에 下部란 부명이 있었으므로 上部란 부명이 상정되고, 중앙에도 부가 있었을 가능성이 있다. 경남 합천군 가야면 매안리의 마을 입구에서 1989년 5월 합천매안리대가야비가 발견되었다. 이 비의 높이는 260cm, 너비 15cm, 두께 30cm로 立石처럼 서 있었다. 지금까지 판독된 전문은 다음과 같다. 합천매안리대가야비명문은 辛亥年△月五日而△村四干支이다. 이는 辛亥年(471년) △月 五日에 而△村의 四干支가 (모였다.)로 해석할 수가 있다. 대가야의 중앙과 지방에 干支가 있었음을 알 수 있다. 이렇게 사회가 발전했음에도 불구하고 횡혈식석실분을 주묘제로 채택치 않아서 신라와의 전쟁에서 패배해서 나라를 잃어버렸다.
또 대가야의 왕릉이나 왕족 무덤에 순장제를 주장하고 있으나, 陪葬으로 보아야 할 것이다. 대가야가 만약에 순장제를 채택했다면 대가야는 나라 망하기 대회를 한 국가로 규정해야 될 것이다.

35) 이때를 제2차 고대국가 완성기로 부르기로 한다.

36) 儀鳳四年은 679년이다. 이 有銘기와는 내남면 망성리 기와 가마터, 사천왕사지, 인왕동절터, 국립경주박물관 부지, 월지, 월성 및 해자, 첨성대, 나원리절터, 칠불암, 성덕여고 부지, 동천동 택지 유적, 나정 등 경주 분지 전역에서 출토되고 있다. 5가지의 박자를 사용하고 있다고 한다. 이 많은 지역의 기와를 망성리 요지에

부한 기와 국가가 된다. 기와는 권위를 상징하는 유물이므로 기와도 없이 완벽한 고대국가를 부르기가 어려워서 530년을 제1차 고대국가 완성기로 부르고, 기와가 지방에도 나오는 7세기 전반을 제2차 고대국가 완성기로 부른다.[37]

IV. 맺음말

신라 적석목곽묘는 5~6세기로 보아 왔다. 금관총에서 尒斯智王이 나와 이는 훈독과 반절로 해석할 때, 넛지왕이 되고, 넛지왕은 눌지왕과 동일인이라 금관총은 458년이란 절대 연대를 갖게 된다. 그러면 금관총보다 앞서는 황남대총은 奈勿王과 실성왕중에서 실성왕은 피살되었으므로 후장일 수가 없어서 내물왕의 무덤이 되어 그 연대는 402년이 된다. 황남대총보다 유물의 형식론상으로 앞서는 황남동109호3·4곽의 연대는 4세기 중엽이다. 신라의 적석목곽묘는 금석문 자료인 문무왕릉비

서만 679년에 만들어서 소비지에 공급했다고는 볼 수가 없다. 아무래도 시간 폭을 고려해야 될 것 같다. 기와는 박자와 와범만 있으면 동일한 기와를 만들 수가 있다. 5개의 박자를 사용하는 방법이 있는 것을 보면 습비부가 679년에 경주 분지에 기와를 모두 공급했다고는 볼 수가 없다. 또 儀鳳四年皆土의 皆土는 인명으로 제와총감독을 의미하는 듯하다.

37) 고구려의 기와는 왕릉에 있어서 소수림왕릉인 천추총에 나오고, 광개토태왕릉인 태왕릉에도 나오고, 장수왕릉인 장군총에도 나와서 늦어도 384년에는 사용되었고, 소수림왕 때를 기와로 보아도 고대국가 완성기로 볼 수가 있다. 백제 기와는 한성 시대에도 있으나 집을 짓는 정도의 단계는 아니고, 백제 웅진성 시대에 본격적인 기와 생산은 520년경에 시작되어 고대국가 완성기와는 큰 차이가 있다. 왜냐하면 백제의 고대국가 완성기는 근초고왕(346~375) 때이고, 백제 기와가 본격적으로 만든 때는 무령왕(462~523) 때로 150년 이상의 차이가 있다.

등에 근거할 때, 신라의 太祖星漢王이 미추왕이다. 미추왕 때에는 소승불교가 전래되었는데, 이에 대한 기록이 나오는 『삼국유사』가 있고, 이보다 앞선 만들어진 『湖山錄』에도 나온다. 미추왕릉은 『삼국사기』·『삼국유사』에 大陵, 竹現陵, 竹長陵으로 불리워서 금제이식과 신라경질토기가 세트를 이루는 왕릉은 284년에 등장했다.

　적석목곽묘의 소멸은 횡혈식석실분의 등장을 의미한다. 그 시기는 대체로 530년경이다. 이때에는 제사장으로서의 자격을 가진 마립간에서 정치적인 지도자인 太王制가 실시되고, 제정분리를 상징으로 웅변되는 횡혈식석실분이 채택된다. 이 고분은 追加葬이 실시되고, 薄葬이 시행되고, 무덤의 규모가 작아서 많은 노동력의 절감을 가져왔다. 이 노동력의 절감이야말로 고비용의 수혈식석곽묘를 채택하고 있던 대가야와의 전쟁에서 승리했고, 나아가서는 삼국 통일 전쟁에서도 승리하는데 일조를 했을 것이다.

제8절 금석문 자료로 본 고신라의 力役 체제

Ⅰ. 머리말

고신라에 築城이나 築堤 등 力役에 관계되는 금석문 자료가 비교적 많이 알려져 있다. 영천청제비 병진명, 월지 출토비, 명활산성비, 대구무술명오작비, 남산신성비(10기) 등이 그것이다. 이들 가운데에는 영천 청제비처럼 고신라·통일 신라·조선 시대에 각각 작성된 비문이 함께 존재하는 예도 있고, 남산신성비처럼 10기나 알려진 예도 있다. 이와 같은 금석문의 풍부한 자료에도 불구하고 다른 금석문이나 『삼국사기』·『삼국유사』 등의 문헌에는 그의 力役에 관한 언급이 없어서 고신라의 역역 체제에 관한 연구는 답보 상태를 면하지 못하고 있다.

비교적 풍부한 자료에도 불구하고 이에 관한 연구의 미진은 금석문에 관한 접근의 시각 차이에서 비롯되는 듯하다. 가령 남산신성비 자체의 연구에 있어서도 역역에 접근하는 것이 기본임에도 불구하고 지금까지는 대개가 지방 제도란 측면에서의 접근에 그치고 있다.[1] 여기에서는 남산신성비 등 역역 관련 금석문에 대한 접근 방법을 역역 체제란 시각에 서서 분석 검토해 고신라의 역역 체제에 대한 조그만 디딤돌을 마련하고자 한다.

---

1) 이종욱, 「남산신성비를 통하여 본 신라의 지방통치체제」『역사학보』64, 1974.
   木村 誠, 「新羅郡縣制の確立過程と村主制」『朝鮮史硏究會論文集』13, 1976.
   주보돈, 「신라 중고의 지방통치조직에 대하여」『한국사연구』23, 1979.

II. 築城 관련 금석문

고신라 시대의 축성 관련 금석문으로는 월지출토비, 명활산성비, 남산 신성비(10기)가 알려져 있다. 이들 금석문 가운데에는 비문이 파실되어 내용이 뚜렷치 못한 것을 제외할 때 명활산성비와 남산신성비1·2·3·9비 가 그 중요한 대상이 된다. 여기에서는 지금까지 많은 연구가 있는 남산 신성비를 중심으로 검토키 위해 제1비의 전문을 제시하면 다음과 같다.

⑨	⑧	⑦	⑥	⑤	④	③	②	①	
△	△	(干)	△	△	喙	音	年	辛	1
△	△	(工)	叱	△	△	乃	崩	亥	2
△	捉	尺	礼	知	△	古	破	年	3
受	上	阿	干	尓	倣	大	者	二	4
十	知	柒	文	利	知	舍	罪	月	5
一	礼	丁	尺	上	大	奴	教	廿	6
步	次	次	△	干	舍	含	事	六	7
三	苏	干	文	匠	郡	道	爲	日	8
尺	捉	文	知	尺	上	使	聞	南	9
八	上	尺	阿	阿	村	沙	教	山	10
寸	首	竹	尺	良	主	喙	令	新	11
	尓	生	城	村	阿	合	誓	城	12
	次	次	使	末	良	親	事	作	13
	△	一	上	丁	村	大	之	節	14
	石	伐	阿	次	今	舍	阿	如	15
	捉	面	良	干	知	營	良	法	16
	上	捉	没	奴	撰	坫	邏	以	17
	辱	上	奈	含	干	道	頭	作	18
	△	珎	生	村	柒	使	沙	後	19
	次	巾	上	次	吐	沙	喙	三	20

비문은 크게 3단락으로 구성되어 있다. 제1단락은 제②행의 ～誓事之 까지이고, 제 2단락은 제②행의 阿良邏頭부터 제⑨행의 앞부분까지이

고, 제3단락은 그 나머지부분으로 阿良(村)이 담당해야 할 受作거리가 기록되어 있다. 남산신성비 가운데에서 城(村)의 역역 문제와 관련된 부분은 제2단락이다. 여기에서는 邏頭·道使 등의 직명과[2] 출신지명, 직명에 붙어있는 城(村)이 나오고 있다. 그리고 面捉上 등과 같은 다른 금석문에서는 나온 예가 없는 직명도 보인다. 이들 금석문의 인명에 대한 이들 금석문에 대한 접근 자체는 역역 체제에 대한 접근과 직결된다. 설명의 편의를 위해 제2·3비와 제1·9비를 나누어서 제시하면 다음 <표 1-1>과 <표 1-2>와 같다.

〈표 1-1〉 남산신성비 제2·3비의 인명 분석표

第二碑				第三碑				集團
職名	出身地名	人名	官等名	職名	部名	人名	官等名	區分
阿目兮村道使	沙喙	勿生次	小舍	部監等	喙部	△没	大舍	A
仇利城道使	沙喙	級知	小舍	上同	上同	仇生次	大舍	A
荅大支村道使	牟喙	所叱△知	大烏					
郡中(上人)	沙刀城	平西利之	貴干					B
上同	仇利城	首△利之	撰干					B
匠尺	沙戶城	可沙里知	上干					C
文尺		美吹利之	一伐	文尺	上同	仇辛	小舍	C
作上人	阿大兮村	所平之	上干	里作上人	上同	只多	大舍	D
工尺	上同	可尸利之	一伐	上同	上同	文知	小舍	D
文尺	上同	得毛迅之	一尺	文尺	上同	久匠	吉士	D
面石捉人	上同	仁尒之	一伐	面石捉人	上同	△△△	△	D
△石捉人	上同	△自叱兮之	一尺	上同	上同	△△者△	大烏	D
△石捉人	上同	一安尒之	彼日	△石捉人	上同	俊下次	大烏	D
小石捉人	上同	兮利之	彼日	小石捉人	上同	△△	小烏	D

---

2) 남산신성비 제5비에 ～道使幢主가 나와서 幢主, 道使, 邏頭의 지방관이 축제비에는 나오지 않고 축성비에만 나오고 있는 점이 주목된다.

〈표 1-2〉 남산신성비 제1·9비 인명 분석표

第1碑				第9碑				집단 구분
職名	出身地名	人名	官等名	職名	出身地名	人名	官等名	
阿良邏頭	沙喙	音乃古	大舍					A
奴含道使	沙喙	合親	大舍					
營坫道使	沙喙	△△傲知	大舍					
郡上村主	阿良村	今知	撰干	郡上人		△安知	撰干	B
上同	柒吐村	△知尒利	上干	上同	生伐	△知	上干	
匠尺	阿良村	末丁次	干	匠人	同村	內丁	上干	C
上同	奴含村	次△叱礼	干	上同	△谷村	另利支	一尺	
文尺		△文知	阿尺	文尺	生伐	只次△	一伐	
城使上	阿良	沒奈生	上干	城捉上人	伊同村	△尺丁	上干	D
工尺	上同	阿△丁次	干	工尺	指大△村	入夫△	一伐	
文尺	上同	竹生次	一伐	文尺	伊同村	△次兮	阿尺	
面捉上	上同	珎巾	△	面捉	伯干支村	支刀	一尺	
△捉上	上同	知礼次		面捉	同村	西△	阿尺	
尓捉上	上同	首尒次		捉人	伊同村	△△		
△石捉上	上同	辱△次		小石捉人	伯干支村	△△	一伐(?)	

<표 1-1>과 <표 1-2>에서 보면 B집단에서 제1비의 郡上村主, 제2비의
郡中上人, 제9비의 郡上人은 郡자가 나와서 郡과 관련된 것으로 보아 왔
다.[3] 종래에는 대개 남산신성비1·2비에서 각 비가 郡을 단위로 역역을
동원한 것으로 이해하여 왔다. 그래서 제1비에 나오는 阿良村·奴含村·
柒吐村·營坫村이 郡의 범위로 보았고, 阿良邏頭가 郡의 장이라고 주장해
왔다. 그럴 가능성은 충분히 있다. 제2비에서는 阿大兮村·仇利城·苔大支
村·沙戶城이 郡의 범위이고, 阿旦兮村道使가 郡의 장이라고 보아왔다.
그렇다면 郡은 4개의 행정촌으로 구성되게 된다. 남산신성비 제1·2비를
통해서 4개의 행정촌을 군의 범위로 보는 것은 문제가 있는 듯하다. 기
계적으로 행정촌을 편제한 수가 4개일 뿐, 이것이 郡의 범위와는 관계가
없다. 4개의 행정촌은 군의 모든 행정촌이 아니라 군의 모든 행정촌의

---

3) 이에 대한 대표적인 견해가 주보돈, 앞의 논문, 1979 등이다.

일부로 보아야 할 것이다. 남산신성비 제1·2·9비만을 가지고 郡의 문제에 접근하기는 어렵다. 郡의 문제에 대한 조그만 실마리라도 해결할 수 있는 자료로 창녕비를 들 수 있다. 우선 관계 부분을 뽑아서 제시하면 다음과 같다.

〈표 2〉 창녕비의 使大等

職名	出身部名	人名	官等名
上州行使大等	沙喙	宿欣智	及尺干
上同	喙	次叱智	奈末
下州行使大等	沙喙	春夫智	大奈末
上同	喙	就舜智	大舍
于抽悉支河西阿郡使大等	沙喙	比尸智	大奈末
上同	喙	湏兵夫智	奈末

<표 2>에서 郡과 관련된 직명은 단 1번 나온다.[4] 于抽悉支河西阿郡使大等이 그것이다. 于抽悉支河西阿郡使大等이란 직명에서 1개의 郡으로 보느냐[5] 아니면 于抽郡, 悉支郡, 河西阿郡의 3개 郡으로 보느냐로[6] 학계의 견해가 양분되어 있다. 使大等을 지닌 사람들의 관등을 비교하거나 上州行使大等·下州行使大等·于抽悉支河西阿郡使大等과의 대응 관계에서 볼 때 于抽悉支河西阿郡使大等이 州에 준하는 영역이 되므로 3개의 군으로 판단된다.[7] 3개의 郡名이 나오고 있는 데에도 불구하고 1개의 군명이 나오지 않았는지 궁금하다. 軍主란 명칭도 지명과 함께 州에 붙어

---

4) 于抽悉支河西阿郡이 정식 명칭으로 郡이 고신라와 금석문에 지명과 함께 나오는 유일한 예이다.

5) 주본돈, 앞의 논문, 1979, 22쪽.

6) 末松保和, 『新羅史の諸問題』, 1954, 339쪽.

7) 末松保和, 앞의 책, 1954, 305쪽에 따르면 于抽悉支河西阿郡에서 于抽는 寧海·蔚珍, 悉支는 三陟, 河西阿는 江陵에 비정된다고 한다.

서 나온 예가 없는 데에도 불구하고 주의 장관으로 보고 있다. 마찬가지로 郡이 지방명에 붙어서 장이 나온 예가 단독으로 나온 예가 없지만 군의 장으로 인정해야 될 것이다. 창녕비 제⑤·⑥행에 나오는 大等与軍主幢主道使与外村主란 구절과 남산신성비 제5비의 ~道使幢主란 직명의 분석에 따를 때, 大等은 和白會議 구성 멤버, 軍主는 州의 장관, 外村主는 村主로 지방민으로 외위를 받는 자이다. 郡의 지배 책임자로 幢主와 道使밖에 없다.

다시 <표 1-1>과 <표 1-2>로 돌아가서 남산신성비를 통해 郡의 범위를 추정할려고 해도 현재까지의 자료로는 한계가 있다. 남산신성비의 수작거리로 당시 군의 수를 복원해 보아도 道使가 파견된 곳이 통일 신라의 縣이 되었다고 보기에는 그 숫자의 차이가 커서 문제가 있다.[8) 郡의 범위 안에 들어가는 그 정확한 숫자는 모르지만 道使가 파견되지 않는 행정촌의 존재도 검토되어야 할 것이다. 남산신성비 제1·2비에서 道使가 나오지 않고 촌명만 나오는 柒吐村·沙刀城 등에도 과연 道使가 파견되었는지 여부이다. 이들 촌에도 道使가 파견되었다고 할 때 왜 阿良邏頭·奴舎道使·營坫道使의 무리나 阿大兮村道使·仇利城道使·荅大支村道使의 무리와 함께 기록되지 않는 까닭이 궁금하다. A집단의 무리에는 3명씩의 지방관을 기록되는 까닭에서일까? 아니면 郡 전체에서 邏頭나 道使가 파견된 곳을 전부 열거해도 3명밖에 되지 못한 까닭일까? 위와 같은 의문점들은 아직까지 남산신성비 자체에서 완전한 내용을 알 수 있는 자료가 제1·2·9비의 3비뿐으로 상상의 단계를 벗어나지 못하고 있다. 고신라에 있어서 모든 행정촌에 중앙에서 전부 관리가 파견되었다면 이는 고려시대의 지방제도 보다 발달된 모습이다.

---

8) 김창호, 「금석문 자료로 본 고신라의 촌락 구조」 『향토사연구』2, 1990, 148~149쪽.

제1비에 나오는 郡上村主,9) 제2비에 나오는 郡中上人,10) 제9비에 나오는 郡上人 등에는 郡자가 포함되어 있어서 郡과 관련된 직명임이 분명하다. 郡上村主, 郡中上人, 郡上人가 늘 郡의 장이 없는 郡에 항시 임명되었다고 보기 어려운 면이 있는데 그 근거를 제시하면 다음과 같다. 먼저 제2비의 郡中上人이란 직명은 남산신성비와 명활산성비에서 축성과 관련되는 자료에서만 보이는 上人집단 가운데 하나이므로 郡의 상설적인 직명으로 보기가 어렵다. 다음으로 제1비의 郡上村主, 제2비의 郡中(上人), 제9비의 郡上人은 모두 2인씩 짝을 이루어 등장하고 있고, 그 명칭도 다 다르다. 이는 아직까지 B집단의 상설직이 아님을 말해주고 있다.

그 다음은 匠尺에 대해 살펴보기로 하자. 匠尺은 명활산성비에서는 匠人이라고 나온다. 제1·2비에서는 匠尺으로, 제9비에서는 匠人으로 각각 나온다. 匠尺이란 직명 자체를 지닌 지방민이 남산신성의 축조나 명활산성 축조에서 어떠한 일을 했는지는 불분명하다. 이 匠尺을 삼한 시대의 읍락에서 철기 제작을 담당했던 호민층으로 나중에 신라의 관등제가 마련된 후 외위를 받은 계층으로 볼 수도 있으나11) 다음과 같은 몇 가지 이유에서 따르기 어렵다. 첫째로 남산신성비 제1비의 경우에는 阿良村 출신의 末丁次가 匠尺인데에도 奴含村 출신의 次△叱礼가 匠尺으로 나오고 있다. 匠尺이 정말로 철기 제작과 관련된 계층이라면 제1비에서는 아량촌 출신의 장척만 나와야 된다. 둘째로 장척을 철기 제작자로 볼 때 장척이란 직명 자체가 鐵匠尺 등으로 분명히 명기되지 못한 점이다. 셋째로 남산신성비에서 볼 때 남산신성의 축조에 너무나 많은 장척

---

9) 郡上村主를 郡의 上村主로 해석해 왔으나 郡의 上(人)의 村主로 보아야 할 것이다.
10) 郡中上人는 郡에(中) 上人으로 보이고 제9비의 郡上人과 동일할 것이다.
11) 이현혜, 「삼국시대의 농업기술과 사회발전」『한국상고사학보』8, 1991, 73쪽.

의 존재가 상정되는 점이다. 넷째로 喙部 主刀里에서 담당한 역역이 기록된 남산신성비 제3비에는 장척이 없는 바, 당시에 최고의 철기 제작자가 모인 王京 집단에는 철기 제작자가 없는 점이다. 다섯째로 영천 청제비 등의 축제 관련 금석문에서도 괭이 등 굴착구의 수리에 匠尺이 꼭 필요하겠지만 실제로는 장척이 없다. 이들 匠尺이 郡에 소속 여부는 전혀 알 수 없고, 오히려 지금까지의 금석문 자료에서 보면, 축성과 관련된 것에서만 나오고 있어서 축성에 관련된 직명으로 보아야 될 것이다.

그 다음 上人의 집단에 대해서는[12] 직명 자체에 근거해 돌의 크기에 따른 직명이라고 볼 수 있지만 축성을 할 때에 있어서 돌의 크기에 따라 쌓는 기술자가 다르고 이들을 감독하는 上人도 달랐다고 보기는 어렵다. 여기에서는 上人 집단을 돌을 쌓는 감독자들로 본다. 제2비에서 볼 때 上人 집단은 3개의 부류로 나누어진다. 제1부류는 郡中上人의 직명을 지닌 지방민이고, 제2부류는 作上人으로 남산신성 축조의 실제적인 책임자이고, 제3부류는 面捉上이하의 4명이다. 이들은 제2비에서는 모두 외위를 지니고 있지만 제1비에서처럼 외위를 가지지 못할 때도 있다. 제3부류의 上人에서 그 직명 자체가 세분된 점이 궁금하다. 돌의 크기에 따라 쌓는 기술자가 세분되어 있어서 직명이 자세히 나누어졌다고 볼 수도 있지만 上人 집단이란 관점에서 보면 제3부류의 上人 집단은 제1·2부류의 上人과 마찬가지로 축성의 기술자가 아니라 감독자이므로 위의 가설은 성립될 수가 없다.

제3부류의 上人 집단은 그 명칭이 동일하지 못함은 축성의 감독에 있어서 축성의 감독에 있어서 성의 정면과 후면으로 나누어서 축성을 감독했을 가능성도 있는 듯하다.

---

12) 上人 집단에 대해서는 김창호, 앞의 논문, 1990, 149~151쪽 참조.

축성 관련 금석문에는 남산신성비이외에 명활산성비가 있다. 이에 대한 상세한 검토를 위해 우선 관계 전문부터 제시하면 다음과 같다.

⑨	⑧	⑦	⑥	⑤	④	③	②	①	
書	作	行	四	利	五	匠	伊	辛	1
寫	始		步	波	尺	人	△	未	2
人	十	其	三	日	一	比	尒	年	3
湏	二	作	尺	徒	寸	智	利	十	4
欣	月	石	三	受		休	吉	一	5
利	卄	立	寸	長	△	波	之	月	6
阿	日	記		四	叱	日	郡	中	7
尺	了		此	步	兮		中	作	8
		衆	記	五	一	幷	上	城	9
	績	人	者	尺	伐	二	人	上	10
	卅	至	古	一	徒	人	烏	人	11
	五		陁	寸	作		大	邏	12
	日	十	△		受	抽	△	頭	13
		一	中	合	長	兮	尒	夲	14
		月	西	高	四	下	智	波	15
	也	十	南	十	步	干	支	部	16
		五	△	步	五	支	下		17
		日		長	尺	徒	干		18
				十	一	作	支		19
					寸	受			20
					△	長			21
					△	四			22
					步	步			23

명활산성비에 있어서 인명 표기 분석에 주의해야 될 곳이 두 군데 있다.13) 먼저 제②행에서 烏大△에서 △를 谷으로 읽어서 烏大谷을 출신 지명으로 볼 수 있느냐하는 점이다. 이렇게 되면 抽兮下干支·△叱兮一

13) 박방룡, 「명활산성작성비의 검토」 『미술자료』41, 1988.
　　김창호, 「명활산성작성비의 재검토」 『두산김택규박사화갑기념문화인류학논총』, 1989.

伐·△△利波日의 출신지가 된다. 谷자는 아비부(父) 밑에 입구(口)한 글
자이다. 이 때에는 抽兮下干支 등의 3명이 남산신성비의 上人과 동일하
고 이들 3명이 역역 동원의 주체로 각각 동일 행정촌의 무리를 이끌고
축성에 참가했다는 남산신성비에서 얻은 결론과 모순된다. 이 이른바
谷자는 여덟 팔을 거꾸로 한 것에 민갓머리(宀)하고 그 밑에 입구(口)한
글자로 되어있다.

　다음으로 제③행의 并二人으로 읽어서 직명으로 본 점이다. 工人을
직명으로 보면, 인명표기에서 工人만으로 존재하는 유일한 예가 된다.
고신라 금석문에서 인명표기 가운데 남산신성비의 工자가 㐌자로 적힌
점과 서체상 차이가 있다. 또 工人으로 읽으면 명활산성비의 工人의 工
人이 남산신성비의 上人과 동일한 역할을 하게 되는 모순이 생긴다. 명
활산성비의 인명표기를 분석해 제시하면 <표 4>와 같다.

〈표 4〉 명활산성비의 인명 분석표

職名	出身部名	人名	官等名
上人邏頭	夲波部	伊△尒利	吉之
郡中上人		烏大△尒智支	下干支
匠人		比智休	波日
(上人)		抽兮	下干支
上同		△叱兮	一伐
上同		△△利	波日
書寫人		湏欣利	阿尺

　명활산성비의 역역 체제도 남산신성비의 그것과 거의 같다. 上人邏頭
의 경우는 邏頭가 지명과 동반되지 않고, 上人과 나오는 유일한 예로 邏
頭란 직명 자체가 上人과 관련된 것임을 알려주고 있다. 郡中上人이란
직명은 남산신성비 제2비에서도 郡中(上人)으로 동일한 직명이 나온다.

匠人의 경우에는 남산신성비 제1·2비에 나오는 匠尺과 동일한 직명임이
분명하다. 그 다음의 上人이란 직명은 명활산성비에서는 나오고 있지
않지만 복원해 넣은 것은 남산신성비 제1·2비와의 비교나 비문 자체의
抽兮下干支徒作受長四步五尺一寸·△叱兮一伐徒作受長四步五尺一寸·△
△利波日徒受長四步五尺一寸이란 구절에서[14] 이들이 명활산성 축성의
실제적인 담당자인 점과 남산신성비에서 城使上·作上人·里作上人·城捉
上人이 남산신성 축조의 실제적인 책임자인 점에서 보면 설득력이 있다
고 하겠다.

551년 작성된 명활산성비와 같은 것으로 이른바 제2의 명활산성비로
불린 월지 출토비를 조사하기 위해 관계 전문부터 제시하면 다음과 같다.

④	③	②	①	
一	一	干	村	1
伐	尺	支	道	2
徒	豆	大	使	3
十	婁	工	喙	4
四	知	尺	部	5
步	干	侊		6
	支	兮		7
		之		8

이 비에서 연대 설정의 근거는 먼저 ~一伐徒十四步이다. 이는 536년
의 영천 청제비병진명이 淂이란 길이를 나타내는 하나치를 사용한데 대
해 이 월지 출토비에서는 步를 사용하고 있어서 536년을 소급할 수 없다.
다음으로 豆婁知干支의 干支이다. 외위에서 干支만으로 관등명이 나오는

---

14) 명활산성비와 남산신성비 모두에서 步尺寸까지 수작 거리로 표기되어 있다. 아
    마도 축성하고 나서 기록한 것일 것이다.

예는 441년 중성리비의 蘇豆古利村 仇鄒列支 干支, 那音支村 卜步 干支가 있고, 443년 냉수리비의 村主 臾支 干支가 있고, 536년 영천 청제비병진 명의 一支△人 只尸△利 干支의 예가 있다. 월지 출토비의 연대는 함안 성산성 목간의 연구성과에 따를 때 536∼540년경으로 볼 수가 있다. 따라서 월지 출토비는 명활산성비일 수가 없고, 원래의 명활산성 축조와 관련된 비석일 수 있다. 551년의 명활산성비는 명활산성 고타문 근처가 무너져 수리한 비이기 때문이다.

월지 출토비에는 ∼一伐徒十四步란 수작 거리가 나와서 역역 체제가 명활산성비와 비슷했음을 보여주고 있다. 월지 출토비는 축성비 가운데에는 그 연대가 가장 빠르다. 역역 체제 금석문 가운데에서도 영천 청제비병진명 다음으로 오래된 금석문이다. ∼一伐徒十四步란 구절이 있어서 徒로 된 것으로는 가장 오래된 것으로 그 시기는 전술한 바와 같이 536∼540년경으로 보인다.

III. 築堤 관련 금석문

고신라 금석문 가운데 축제와 관련된 금석문으로는 영천 청제비병진명과 대구무술명오작비가 있다.[15] 이들 축제 관련 금석문에 대해서는 명활산성비의 발견 이전까지는 남산신성비에 나오는 역역 체제의 차이점 등이 전혀 고려되지 않았다. 여기에서는 설명의 편의를 위해 영천 청제비병진명의 인명을 분석해 제시하면 다음의 <표 5>와 같다.

---

15) 이 영천청제비 병진명과 오작비에서는 道使 등의 지방관이 없고, 월지 출토비, 명활산상비. 남산신성비에서는 반드시 道使, 邏頭 등의 지방관이 나온다.

〈표 5〉 영천청제비병진명의 인명 분석표

職名	出身地名	人名	官等名
使人	喙(部)	△尺利知	大舍第
上同	上同	尺次鄒	大舍第
上同	上同	述利	大烏第
上同	上同	尺支	小烏
上同	上同	未第	小烏
一支△人		次弥尒利	
上同		乃利	
上同		內丁兮	
上同		使伊尺	
上同		只尒巴	
上同		伊卽刀	
上同		衆礼利	
上同		只尸△利	干支
上同		徙尒利	

영천 청제비병진명의 제작 시기는 大舍第, 小舍第, 大烏第가 나오고 小烏다음에는 第자가 없어서 524년으로 확정된 울진봉평신라비에 小烏 帝智가 나와서 536년으로 보인다. 영천 청제비병진명의 역역 체제에 중요한 것은 앞에 나오는 경위를 가진 5명의 왕경인이다. 이는 중성리비에서도 왕경인으로 2명이 나온 바 있고, 524년의 절대 연대를 가진 봉평비에서는 阿大兮村使人, 葛尸條村使人, 男弥只村使人으로 지방관으로 나오고, 545년이나 그 직전에 세워진 적성비에서는 勿思伐城幢主使人으로 나와서 使人이 幢主의 예속관임은 분명하다.16)

영천 청제비병진명의 역역 체제는 使人이란 직명을 가진 5명의 왕경인이 堤 축제의 책임을 지고 있다. 다음으로 一支△人이란 직명을 가진 9명이 한 그룹으로 지방민으로 보인다.

16) 이수훈, 「6세기 신라 촌락지배의 병화-금석문의 使人과 道使를 중심으로-」『역사와 경계』97, 2015.

다음으로 塢의 축제와 관련되는 대구무술명오작비에 대한 인명 표기를 제시하면 다음과 같다.

〈표 6〉 대구무술명오작비의 인명 분석표

직명	출신지명	인명	관등명
都唯那		寶藏	阿尺干
都唯那		慧藏	阿尺干[17]
大工人	仇利支村	日利力兮	貴干
위와 같음	위와 같음	支△	上(干)
위와 같음	위와 같음	壹△利	干
道尺	辰主家之(村)	△村主	一伐
위와 같음	夫作村	芼令	一伐
위와 같음	위와 같음	只奈主之	一伐
위와 같음	居毛村	代丁	一伐
위와 같음	另多利村	沙木乙	一伐
위와 같음	珎淂所利村	也淂失利	一伐
위와 같음	塢珎此只村	△述瓜	一尺
위와 같음	위와 같음	△△	一尺
위와 같음	위와 같음	另所丁	一伐[18]
위와 같음	위와 같음	△伊叱木利	一尺
위와 같음	위와 같음	伊助只	彼日
文作人		日利兮	一尺

대구무술명오작비의 인명 표기는 역역에 두 승려가 경위를 가지고 都唯那란 직명이 같은 데에도 불구하고, 생략되지 않고 두 명 모두에게 쓰고 있다. 이렇게 승관직과 경위를 가진 인명은 월지 출토비, 명활산성비, 남산신성비(10기), 영천청제비 병진명, 오작비 가운데에서 오작비의 예

17) 이 阿尺干은 阿尼일 가능성도 있다. 왜냐하면 이 글자는 尸밑에 비수 비(匕)가 아닌 工자가 들어가 있기 때문에 이는 육조체로 尼자이다.
18) 一伐은 외위 8관등이고, 一尺은 외위 9관등인데 여기에서 그 순서가 어긋나고 있다. 같은 오진차지촌 출신이라 더욱 이상하다.

가 유일하다. 都唯那란 승직을 가지고, 동시에 阿尺干이란 경위를 가진 경우는 신라사 전체를 통해서 승려가 경위를 갖는 예도 없다. 都唯那란 승직를 가진 두명의 승려인 寶藏과 慧藏은 모두 阿尺干이란 경위를 갖고 있어서 적어도 6두품이나 그 이상인 진골일 가능성도 있다. 높은 신분의 두 승려는 축제와 관련된 기술을 중국에 유학을 가서 배웠을 가능성이 있다. 578년 당시 신라에서는 축제에 대한 최고의 지식을 가진 승려로 보인다.

이 오작비의 역역 조직은 두 명의 都唯那가 한 그룹이다. 大工人이란 직명을 가진 3명의 지방민이 또 한 그룹이다. 마지막으로 道尺의 직명을 가진 11명의 지방민이 한 그룹이다. 그 뒤에 文作人이 있다. 결국 영천 청제비병진명과 대구무술명오작비에 있어서 使人과 都唯那가 대응되고, 一支△人과 道尺은 대응된다.

<표 6>과 <표 7>를 앞의 <표 1-1>과 <표 1-2>와 비교해 보기로 하자. 축제 관련 금석문도 6부인과 지방민으로 구성되어 있는 점에서는 동일하다. 자세히 살펴보면 차이점도 보인다. 첫째로 축제비에서는 郡과 관련된 직명이 하나도 없다. 둘째로 축제비에서는 上人 집단이 없다. 셋째로 축제비에서 一支△人이나 道尺이란 직명을 지닌 지방민 중에서 실질적인 책임자를 찾아낼 수가 없다. 넷째로 道使 등과 같이 지명+직명으로 구성된 직명이 축제비에는 없다는 점이다. 다섯째로 축성에 관련 금석문에서는 동일 행정촌을 단위로 역역이 부과되고 있으나 축제와 관련된 오작비에서는 5~6개의 행정촌에 부과되고 있다. 여섯째로 축제비에서는 匠尺 또는 匠人이란 직명이 없다. 6가지가 인명 분석에서만의 비교를 통해 대체로 뽑을 수 있는 차이점이다. 이상에서 보면 축성 관련 금석문과 축제 관련 금석문 사이에는 큰 차이점이 있음을 알 수 있다. 그 차이

점은 여기에 그치지 않고 있다. 축성 관련 금석문에서는 수작 거리가 나오고 있지만 축제 관련 금석문에서는 뚝의 크기와 함께 반드시 동원된 인원이 나오고 있다. 차이점을 보다 확실히 하기 위해 병진명과 오작비의 동원 인원 관계 부분을 제시하면 다음과 같다.

⑦∼此塢大廣卄步高五步四尺長五十步此作
⑧起數者三百十二人功夫如十三日了作事之

②塢△六十一淂鄧九十二淂
③廣卄二淂高八淂上三淂作人
④七千人△二百八十方

위의 자료에서 보면 오작비에서는 312인의 功夫가 동원된 것으로 명기되어 있고, 영천청제비 병진명에서는 作人七千人이 하루에 동원된 인원인지[19] 아니면 공사 기간 중의 총동원인지를 조사해 보자. 우선 오작비에 나온 총동원인원은 4056명(312인×13)이므로 병진명의 7000인도 총동원인원일 가능성이 크다. 청제에 있어서 현재 제방 길이는 225m라 한다.[20] 당시에 괭이 등의 굴착구를 가지고 일을 할 때에는 1인당 필요한 면적은 적어도 사방 1×1m는 되어야 한다. 7000인을 뚝의 길이인 225m로 나누면 약 32가 된다. 그러면 뚝의 너비는 32m나 된다. 이와 같이 7000인 1일 동원설은 청제의 길이가 225m, 너비가 32m일 때에만 가능하다. 청제의 모습에서 위와 같은 계산 방법은 불가능하므로 作人七千人은

19) 이기백, 「영천청제비 병진축제기」『고고미술』106·107, 1970.
20) 이우태, 「영천청제비를 통해 본 청제의 築造와 修治」『변태섭박사화갑기념사학논총』, 1985.

하루에 동원된 인원으로 보기 어렵다. 作人七千人을 책임지고 있는 왕경인의 관등도 大舍第, 小舍第, 大烏第, 小烏 등으로 낮고, 그 인원도 5명밖에 되지 않아서 더욱 그러하다.

이상과 같은 축제 관련 금석문이 축성 관련 금석문과의 차이는 역역 체제에서도 다른 점이 있는 듯하다. 우선 축제에 관계되는 역역은 郡을 단위로 해서 동원되었다고 보기 어려운 점이다. 郡上村主나 郡中上人이나 郡上人이란 직명이 전혀 축제 관련 금석문에서는 보이지 않는 점이다. 고신라의 郡은 그 장이 幢主와 道使로 볼 수가 있는데 이들이 축제비에서는 보이지 않는 점이다. 다음으로 역역 체제의 차이는 上人 집단의 유무에서도 알 수 있다. 3개의 부류로 나누어지는 上人 집단은 축성의 실제적인 책임자를 포함하여 축성에서는 중요한 역할을 하지만 축제비에서는 전혀 그러한 예를 찾을 수가 없다. 마지막으로 축성에서는 행정촌을 단위로 역역을 전담했지만 축제에서는 못 근처의 여러 행정촌이 함께 공동의 이익을 위해 동원되고 있다.

Ⅳ. 맺음말

먼저 축성 관련 금석문에서는 A집단에 나오는 幢主와 邏頭와 道使를 창녕비 제⑤·⑥행의 大等与軍主幢主道使与外村主란 구절과 남산신성비 제5비의 ～道使幢主란 구절에 의해 모두 郡의 장으로 보았다.

남산신성비의 역역에 있어서 A집단은 道使 등의 직명을 가진 왕경인, B집단은 郡上村主, 郡中上人, 郡上人, C집단은 匠尺(匠人)과 文尺, D집단은 上人 집단이다.

이 남산신성비보다 40년 앞서는 명활산성비(551년)에서는 上人邏頭와

上人 집단이 등장하고 있다. 이 보다 앞서는 월지 출토비(536~540년경)에서는 干支란 외위명이 나와서 그 시기를 추정할 수 있게 한다. ~一伐徒식의 역역 체제가 월지 출토비와 명활산성비에 모두 나오고 있다.

축제비로는 영천 청제비병진명과 대구무술명오작비가 있다. 여기에서는 郡上村主, 郡中上人, 郡上人이 나오지 않는다. 上人 집단과 匠尺(匠人)도 없다. 수작 거리도 없이 뚝의 크기와 하루 동원 인원이나 총동원 인원이 나오고 있다. 병진명에서는 길이를 나타내는 하나치로 淂이 나온다.

제9절 관등명으로 본 고신라 금석문의 작성 시기

I. 머리말

고신라 금석문은 직명+출신지명+인명+관등명의 순서로 기재된다. 이 가운데 관등명은 시대에 따라 일정한 경향성을 띠고 있다. 이를 체계적으로 정리하면 연간지나 연호가 없는 금석문도 연대 추정이 가능하다. 관등명의 경향성은 고구려 금석문에서도 보인다.[1] 백제 금석문에서는 673년 癸酉銘阿彌陀三尊佛碑像의 達率身次가 등의 인명 표기가 있을 뿐[2], 그 경향성을 찾는 것은 엄두도 낼 수가 없다. 신라의 경우는 중성리비, 냉수리비, 봉평비, 울주 천전리서석 원명과 추명, 영천청제비 병진명, 함안 성산산성 목간, 월지 출토비, 금관총 명문, 적성비, 창녕비, 북한산비, 마운령비, 황초령비 등 많은 자료가 알려져 있다. 그래서 일반적으로 관등명이 ～干支로 끝나면 6세기 전반, 그냥 ～干으로 끝나면 6세기 후반으로 보아 왔다. 이들 자료를 세밀히 조사하면 금석문의 연대를 추정할 수 있는 잣대를 만들 수 있을 것 같다.

여기에서는 먼저 5세기의 금석문에 대해 조사해 보고, 다음으로 6세

---

1) 농오리산성 마애석각의 小大使者가 나와서 375년이나 435년으로 비정되는 점과 덕흥리 묵서명(408년)의 小大兄이 중요한 예이다. 이들 두 관등은 문헌에는 나오지 않는 관등이다.
2) 익산 미륵사지 출토 금제소형판에 中部德率支受施金壹兩와 미륵사 청동합의 上部達率目近 등의 인명가 포함된 명문이 발견되었다.

기 전반 금석문에 대해 조사해 보고, 마지막으로 6세기 후반 금석문에 대해 조사해 보고자 한다.

II. 5세기 금석문

고신라 금석문에 있어서 5세기의 것으로 확실한 것은 금관총의 尒斯智王이 있다. 이를 너사지왕으로 훈독하고서 이를 반절로 보면 넛지왕이 된다. 이 넛지왕은 마립간 가운데 訥祗麻立干(눌지왕)과 같게 된다. 그래서 458년이란 절대 연대를 가지게 된다. 이렇게 5세기의 확실한 금석문의 존재로 말미암아 중성리비와 냉수리비를 6세기로 볼 수만은 없게 된다. 5세기로 보는 데에 장애가 되는 금석문은 냉수리비이다. 이에 대한 검토를 하기 위해 비의 전문을 제시하면 다음과 같다.

前面

⑫	⑪	⑩	⑨	⑧	⑦	⑥	⑤	④	③	②	①	
		死	得	爲	支	夲	喙	王	癸	柆	斯	1
	教	後	之	證	此	彼	尒	斯	未	村	羅	2
此	耳	△	教	尒	七	頭	夫	德	年	居	喙	3
二	別	其	耳	耶	王	腹	智	智	九	居	斯	4
人	教	弟	別	財	等	智	壹	智	月	利	夫	5
後	末	兒	教	物	共	干	干	干	廿	爲	智	6
莫	鄒	斯	節	盡	論	支	支	支	五	證	王	7
更	斯	奴	居	教	斯	只	心	子	日	尒	乃	8
導	中	得	利	令	彼	暮	智	宿	沙	令	智	9
此	支	此	若	節	前	斯	居	智	喙	耳	王	10
財		財	先	居	世	智	居	居	至	得	此	11
			利		二	智	伐	伐	都	財	二	12
					王	干	干	干	盧	教	王	13
					教	支	支	支	葛	耳	教	14

⑫	⑪	⑩	⑨	⑧	⑦	⑥	⑤	④	③	②	①	
										文	用	15
											珎	16
											而	17

⑤	④	③	②	①		
故	了	今	支	村		1
記	事	智	須	主		2
		此	支	臾		3
		二	壹	支		4
		人		干	上	5
		世			面	6
		中				7

⑦	⑥	⑤	④	③	②	①		
事	蘇	喙	你	智	典	若		1
煞	那	沙	喙	奈	事	更		2
牛	支	夫	耽	麻	人	導		3
拔	此	那	須	到	沙	者		4
語	七	斯	道	盧	喙	教		5
故	人	利	使	弗	壹	其		6
記	跛	沙	心	須	夫	重	後	7
△	喙	訾	仇			罪	面	8
所		公				耳		9
白								10
了								11

이를 알기 쉽게 번역하면 다음과 같다.

斯羅喙(部) 斯夫智王 乃智王의 이 二王이 敎用했다. 珎而麻村의 節居利를 위한 證尒令이고, 財를 얻는 敎이다.

癸未年九月廿五日에 沙喙至都盧葛文王, 斯德智阿干支, 子宿智居伐干支, 喙 尒夫智壹干支, 只心智居伐干支, 本波 頭腹智干支, 斯彼暮斯智干支의 此七王等이 共論하여 敎用했다. 前世(지난해) 二王의 敎를 證尒이다. 財物은 다 節居利로 하여금 얻게 하는 敎이다.

別敎를 내린다. 節居利가 만약에 먼저 죽은 뒤에는 其의 弟(동생)인 兒斯奴가 此財를 얻는 敎이다.

別敎를 내린다. 末鄒 斯申支 此二人은 此財를 고쳐서(바꾸어서) 인도하지 말라. 만약에 고쳐서(바꾸어서) 인도하면, 그(바꾸어서 인도하는 者)는 重罪를 받을 것이다.

典事人인 沙喙壹夫智奈麻 到盧弗 須仇你 喙耽須道使心訾公 喙沙夫那 斯利 沙喙蘇那支 此七人이 무릎을 꿇고, 아릴 바를 마치고 소를 죽이고, 말을 拔했다. 故로 기록한다.

村主인 臾支干支과 須支壹今智 此二人과 世中이 일을 마쳤다, 故로 기록한다.

냉수리비의 건립 연대를 전면 제①행의 斯夫智王을 實聖王으로 보고, 乃智王을 『삼국유사』, 왕력에 나오는 訥祇麻立干 一云內只王과 연결시켜서 訥祇王으로 보았다. 沙喙(部)至都盧葛文王을 『삼국사기』와 『삼국유사』에 모두 智度路라고 기술된 점에 의해 智證王으로 보고 있다. 내지왕과 지도로갈문왕을 각각 눌지왕과 지증왕으로 볼 때에는 비문 제③행의 癸未年은 443년과 503년으로 한정된다.

계미년을 443년으로 볼 때에는 비문 자체에 아무런 문제가 없는지 조사해 보자. 전면 제⑦행의 前世二王에서 前世란 앞의 세상 곧 죽은 사람의 세상을 가리킨다. 비문의 前世二王이 죽은 두 왕인 사부지왕과 내지왕을 가리키는 바, 443년 당시에는 『삼국사기』와 『삼국유사』에 따르면, 내지왕=눌지왕(재위 417~458년)이 생존해 있어서 문제이다. 그러나 前世가 지난해를 가리키기도 한다.[3] 이렇게 되면 비의 건립 연대를 443년으로 보아도 된다. 비의 건립 연대가 443년인 이유를 제시하면 다음과 같다.

첫째로 냉수리비의 沙喙至都盧葛文王과 문헌의 智度路王을 동일인으로 본 것은 音相似이외의 다른 증거는 없다는 점이다.[4] 가령 신라 진흥왕

3) 문경현, 「영일냉수리신라비에 보이는 부의 성격과 정치운영문제」『한국고대사연구』 3, 1990, 148쪽.
4) 이름이 같으나 동일인이 아닌 경우는 많다.
今西龍, 『新羅史硏究』, 1933, 431쪽과 三池賢一, 「新羅官位制度(上)」『法政史學』22, 1970, 18쪽. 등에서 창녕비(561년)의 碑利城軍主喙福登智沙尺干과 황초령비(568년)의 喙部服冬知大阿干을 동일인으로 보았고, 창녕비(561년)의 春夫智大奈末과 『삼국사기』, 권4, 신라본기4, 진흥왕26년(566년)조의 阿飡春賦를 동일인으로 보았다. 창녕비(561년)와 황초령비(568년)에서 居柒夫는 一尺干(伊干)

시대에 진흥왕의 이름인 深麥夫와 같은 인명인 心麥夫라는 인명이 창녕
비에 甘文軍主로 등장하고 있다. 감문군주는 진흥왕과 동일인이 아니다.

둘째로 신라 중고 왕실의 소속부는 탁부이다. 냉수리비의 사부지왕
(실성왕), 내지왕(눌지왕)은 탁부 소속이다. 봉평비의 喙部牟卽智寐錦王
(법홍왕)도 탁부 소속이다. 사탁부 소속의 왕이 나온 금석문이나 목간
등 문자 자료는 단 한 예도 없다.

셋째로 사탁부지도로갈문왕이 지증왕이면, 사탁부도 왕족이 되어 중
고 왕실의 소속부가 문헌에서 왕족의 소속부인 탁부와 사탁부가 모두
왕족이 되는 점이다.

넷째로 문헌에서 갈문왕으로 나온 적이 없는 지증왕을 갈문왕으로 해
석한 점이다.

으로 동일한 관등이고, 另力智는 두 비에서 迊干으로 동일한 관등이다. 창녕비의
복등지 사척간(8관등)에서 황초령비의 복동지 대아간(5관등)으로 3관등 올라서 거
칠부와 무력의 예로 볼 때, 동일인이 아니다. 춘부도 561년 대내마(10관등)에서
566년 아찬(6관등)으로 5년만에 4관등이나 올라서 동일인이 아니다.(김창호,『삼
국 시대 금석문 연구』, 2009, 233쪽.)
냉수리비(443년)의 沙喙壹夫智奈麻와 봉평비(524년)의 喙部一夫智太奈麻에서
그 출신부가 다르고, 81년 동안 1관등밖에 진급하지 않아서 동일인이 아니다. 냉
수리비(443년)의 尒夫智壹干支와 추명(539년)의 尒夫知居伐干支에서 96년만에
2관등밖에 차이가 없어서 동일인이 아니다.(김창호,『고신라 금석문의 연구』,
2007, 137~138쪽.)
중성리비(441년)의 沙喙斯德智阿干支와 냉수리비(443년)의 沙喙斯德智阿干支
를 동일인으로 보고 있으나, (이우태,「포항 중성리신라비의 내용과 건립연대」『
포항중성리신라비 발견기념학술심포지엄』, 2009, 84쪽.) 냉수리비 인명의 斯자는
조관의 편의상 쓴 것이고, 냉수리비에서만 나오는 신라 조자이므로 양자는 동일
인으로 볼 수가 없다.
沙喙至都盧葛文王은 智度老王은 앞에서 제기한 예에서와 같이 인명만 음상사
로 동일인으로 보이지만 실제로는 동일인이 아니다.

다섯째로 지증왕이 즉위 3년이 되어도 매금왕이 되지 못하고, 갈문왕에 머물고 있으면서 국왕 역할을 했다고 해석한 점이다.

여섯째로 갈문왕이라고 불리다가 왕위에 오른 예가 신라에는 단 1예도 없는 점이다.

일곱째로 냉수리비의 주인공인 절거리가 실성왕 때부터 지증왕 때까지(402~503년) 생존해 있었고, 그가 처음으로 402년에 敎를 받았다면 503년 당시의 나이는 131세나 되는 점이다. 杜甫의 시에 人間七十古來稀라는 구절이 나오는데, 의학에 발달되지 않았던 5세기에 있어서 131세는 너무도 나이가 많다.

여덟째로 신라 금관총의 3루환두대도에서 늦어도 458년이란 절대 연대로 해석되는 尒斯智王(너사지왕 곧 넛지왕=눌지왕)이란[5] 확실한 왕명이 나와서 냉수리비의 연대를 443년으로 올려다보아도 되는 점이다.

아홉째로 만약에 사탁(부)지도로갈문왕과 지증왕이 동일인이면, 지증왕은 사탁부 출신이므로 김씨가 아닌 다른 성을 가지게 된다. 곧 지증왕의 아들인 법흥왕은 봉평비에 喙部牟卽智寐錦王으로 나와서 김씨가 되지만 아버지인 지증왕은 사탁부 소속이므로 김씨가 아닌 다른 성을 갖게 되는 점이다. 부자 사이에 성이 다르게 된 예는 사탁(부)지도로갈문왕을 지증왕으로 잘못 보았기 때문이다.

열째로 『삼국사기』권44, 열전4, 이사부전에 異斯夫 或云 苔宗 奈勿王四世孫이라고 했는데, 적성비에 大衆等喙部伊史夫智伊干支라고 나오고 있고, 『삼국사기』권44, 열전4, 거칠부전에 居柒夫 或云 荒宗 奈勿王五世孫이라고 했는데, 마운령비에 太等喙部居柒夫智伊干으로 나와서 신라 중고 왕실의 성은 문헌의 통설대로 김씨이고, 그 소속부는 탁부임을 알

_____

5) 김창호, 「신라 금관총의 尒斯智王과 적석목곽묘의 편년」 『신라사학보』32, 2014.

수 있다. 『삼국사기』권4, 신라본기4, 지증마립간 즉위조에 지증마립간이
奈勿王之曾孫(三世孫)으로 되어 있어서 지증왕도 탁부 소속으로 그 성이
김씨임을 알 수 있는 점이다.

열한째로 사탁(부)지도로갈문왕과 지증왕을 동일인으로 보지 않으면,
443년에 지증왕이 7세가 되는 문제점이 완벽하게 해결될 수 있는 점이다.

열두째로 阿干支, 居伐干支, 壹干支, 干支, 奈麻가 나오고 있을 뿐이
고,6) 진골에 해당되는 伊伐干支(1관등), 伊干支(2), 迊干支(3), 波珍干支
(4), 大阿干支(5)의 관등이 없고, 동시에 大舍(12), 小舍(13), 吉士(14), 大烏
(15), 小烏(16), 造位(17) 등의 4두품에 해당되는 관등명이 없어서 진골과
4두품에 해당되는 관등이 만들어지지 않았다고 판단된다. 이는 5세기
금석문의 특징으로 6세기 전반 금석문인 봉평비와 적성비에서는 이들
관등명이 나오고 있는 점과는 대조적이다.

열세번째로 냉수리비를 503년으로 보게 되면 외위는 경위와 미분화된
干支뿐이다. 21년 뒤인 524년에 작성된 봉평비에서는 下干支, 一伐, 一尺,
彼日, 阿尺이 나와서 외위가 거의 완성되었음을 알 수가 있다. 외위의 발
전이 너무 속도가 빠르다.

열네번째로 사탁부지도로갈문왕이 지증마립간이면 斯夫智王(實聖麻
立干), 乃智王(訥祇麻立干)처럼 至都盧王이라고 불리지 않았는 점이다.
아니면 喙部至都盧寐錦王으로 나와야 될 것이다.

이상과 같은 14가지 이유에서 癸未年을 503년이 아닌 443년으로 추정

---

6) 중성리비와 냉수리비에서는 6두품과 5두품에 해당되는 관등만 나올 뿐, 진골과 4두
품에 해당되는 관등은 나오지 않고 있다. 이것이 진골과 4두품이 형성되지 아니한
데에 그 이유가 있다면 1~3두품도 원래는 존재했었다는 추정은 성립될 수가 없
다. 그러면 적성목곽묘를 통한 골품제의 복원은 어렵다. 왜냐하면 진골과 4두품은
5세기 중엽까지 없었기 때문이다.

하는 바이다.

 관등제의 상황을 알기 위해 고신라 금석문 가운데 가장 빠른 중성리비(441년)와 냉수리비(443년)의 인명 분석표를 제시하면 다음의 <표 1>·<표 2>와 같다.

〈표 1〉 중성리비의 인명 분석표

직 명	출신지명	인 명	관 등 명
	(喙部)	折盧(智)	王
	喙部	習智	阿干支
	沙喙	斯德智	阿干支
	沙喙	尒抽智	奈麻
	喙部	牟智	奈麻
本牟子	喙	沙利	
위와 같음	위와 같음	夷斯利	
白爭人	喙	評公斯弥	
위와 같음	沙喙	夷須	
위와 같음	위와 같음	牟旦伐	
위와 같음	喙	斯利	壹伐
위와 같음	위와 같음	皮末智	
위와 같음	本波	喙柴	干支
위와 같음	위와 같음	弗乃	壹伐
위와 같음	위와 같음	金評△	干支
使人		祭智	壹伐
奈蘇毒只道使	喙	念牟智	
	沙喙	鄒須智	
	위와 같음	世令	
	위와 같음	干居伐	
	위와 같음	壹斯利	
	蘇豆古利村	仇鄒列支	干支
	위와 같음	沸竹休	
	위와 같음	壹金知	
	那音支村	卜步	干支
	위와 같음	走斤壹金知	
	위와 같음	珎伐壹昔	
		豆智	沙干支
		日夫智	

직　　　명	출 신 지 명	인　　　명	관 등 명
	(沙喙)	牟旦伐	
	喙	作民	沙干支
使人		卑西牟利	
典書		與牟豆	
	沙喙	心刀哩	

〈표 2〉 냉수리비의 인명 분석표7)

직　　　명	출 신 지 명	인　　　명	관 등 명	비　　교
	喙	斯夫智	王	實聖王
	위와 같음	乃智	王	訥祇王
	珎而麻村	節居利		비의 주인공
	沙喙	至到盧	葛文王	
	위와 같음	斯德智	阿干支	
	위와 같음	子宿智	居伐干支	
	喙	尒夫智	壹干支	
	위와 같음	只心智	居伐干支	
	本彼	頭腹智	干支	
	위와 같음	斯彼暮斯智	干支	
		兒斯奴		
		末鄒		
		斯申支		
典事人	沙喙	壹夫智	奈麻	
위와 같음	위와 같음	到盧弗		
위와 같음	위와 같음	須仇你		
위와 같음	喙	心訾公		耽須道使
위와 같음	喙	沙夫那		
위와 같음	위와 같음	斯利		
위와 같음	沙喙	蘇那支		
村主		與支	干支	
		須支壹今智		

중성리비와 냉수리비에 있어서 공통점은 다음과 같다.

---

7) 斯夫智王, 斯德智, 斯彼暮斯智(뒤의 글자), 斯申支, 斯利의 斯자는 모두 신라
조자이다. 이를 인명에만 쓰이는 조자로 볼 수도 없다. 인명인 兒斯奴의 경우는
신라 조자가 아닌 斯자로 적고 있기 때문이다.

첫째로 중성리비의 喙部折盧智王(눌지왕), 냉수리비의 喙(部)斯夫智王 (실성왕)과 喙(部)乃智王(눌지왕), 금관총의 尒斯智王(넛지왕=눌지왕)이 나와서 전부 마립간이란 왕호를 사용했던 시기이다. 이런 왕호는 6세기 금석문에서는 없다.

둘째로 大(衆)等 집단이 없다는 점이다. 봉평비의 干支岑, 적성비의 大衆等, 창녕비, 북한산비, 마운령비, 황초령비에서는 大等이 나온다.

셋째로 진골에 해당되는 伊伐干支(1관등), 伊干支(2), 迊干支(3), 波珍干支(4), 大阿干支(5)의 관등이 없고, 4두품에 해당되는 大舍(12), 舍知(13), 吉士(14), 大烏(15), 小烏(16), 造位(17)의 관등이 없다.

넷째로 경위와 외위에 모두 존재하는 干支와 壹伐이8) 있는 점이다. 이는 아직까지 경위와 외위가 미분화되었음을 뜻한다.

다섯째로 6부 출신이면서 중성리비에서는 10명이, 냉수리비에서는 6명이 경위를 가지지 못하고 있다. 이는 4두품에 해당되는 관등이 없는 것과 연관성이 있을 것이다. 특히 중성리비의 주인공인 사탁부 출신의 牟旦伐도 경위가 없고, 냉수리비의 주인공인 珎而麻村 節居利도 외위가 없다.

여섯째로 직명+출신지명+인명+관등명의 정형화가 되지 못한 인명 표기가 있다. 중성리비의 祭智壹伐使人은 인명+관등명+직명의 순서로 기재되어 있고, 냉수리비의 喙耽須道使心訾公은 典事人이란 직명은 앞사람과 같아서 생략되었고, 喙가 출신부명, 耽須道使가9) 직명, 心訾公이 인명이다. 이 인명은 두 개의 직명을 가지고 있다. 이렇게 두 개의 직명을 가진 예는 적성비에서도 나온다.

---

8) 중성리비에서 경위만 3예가 있다.
9) 耽須道使의 탐수로 인명으로 보기도 하나 군주, 당주, 나두, 도사 등의 지방관에서 지명이 아닌 인명이 공반된 예는 없다.

일곱째로 5세기 금석문에서는 軍主가 나오지 않고 道使만 나오지만, 6세기 금석문에서 군주가 반드시 나오고 있으며, 도사는 나오기도 하고 나오지 않기도 한다.

III. 6세기 전반 금석문

6세기 전반은 경위와 외위가 완성되는 시기이다. 5세기의 중성리비와 냉수리비에서는 干支와 壹伐이 경위와 외위에 모두 존재한다. 5세기 금석문에서 외위는 干支뿐이다. 중성리비에서는 경위는 干支와 壹伐이외에도 阿干支가 두 번, 沙干支가 두 번, 奈麻가 두 번씩 나오고 있다. 냉수리비에서는 干支이외에 阿干支가 한 번, 居伐干支 두 번, 壹干支가 한 번, 奈麻가 한 번이 나오고 있다. 5세기의 관등명으로 보면, 외위보다 경위가 먼저 발달되었음을 알 수 있다.

6세기 전반 금석문 가운데 가장 중요한 자료로 524년의 봉평비를 들수가 있다. 봉평비의 인명 분석표를 제시하면 다음의 <표 3>과 같다.

<표 3> 봉평비의 인명 분석표

직 명	출신지명	인 명	관 등 명	비 고
	喙部	牟卽智	寐錦王	法興王
	沙喙部	徙夫智	葛文王	沙喙部의 長
	夲波部	△夫智	△△(干支)	夲波部의 長
干支岑	喙部	美昕智	干支	
위와 같음	沙喙部	而粘智	太阿干支(경 5)	
위와 같음	위와 같음	吉先智	阿干支(경 6)	
위와 같음	위와 같음	一毒夫智	一吉干支(경 7)	
위와 같음	喙(部)	勿力智	一吉干支(경 7)	
위와 같음	위와 같음	愼宍智	居伐干支(경 9)	

직 명	출 신 지 명	인 명	관 등 명	비 고
위와 같음	위와 같음	一夫智	太奈麻(경 10)	
위와 같음	위와 같음	一尒智	太奈麻(경 10)	
위와 같음	위와 같음	牟心智	奈麻(경 11)	
위와 같음	沙喙部	十斯智	奈麻(경 11)	
위와 같음	위와 같음	悉尒智	奈麻(경 11)	
事大人	喙部	內沙智	奈麻(경 11)	
위와 같음	沙喙部	一登智	奈麻(경 11)	
위와 같음	위와 같음	具次	邪足智(경 17)	
위와 같음	喙部	比須婁	邪足智(경 17)	
居伐牟羅道使		卒次	小舍帝智(경13)	
悉支道使		烏婁次	小舍帝智(경13)	
	居伐牟羅	尼牟利	一伐(외 8)	
	위와 같음	弥宜智	波旦(외 10)	彼日로 보임
	위와 같음	組只斯利		
	위와 같음	一全智		
阿大兮村使人		奈尒利		杖六十의 杖刑
葛尸條村使人		奈尒利	阿尺(외 11)	
男弥只村使人		翼糸		杖百의 杖刑
위와 같음		於卽斤利		杖百의 杖刑
悉支軍主	喙部	尒夫智	奈麻(경 11)	
書人		牟珎斯利公	吉之智(경 14)	
위와 같음	沙喙部	善文	吉之智(경 14)	
新人	喙部	述刀	小烏帝智(경16)	
위와 같음	沙喙部	牟利智	小烏帝智(경16)	
	居伐牟羅	異知巴	下干支(외 7)	
	위와 같음	辛日智	一尺(외 9)	

　　6부인으로 경위를 가지지 않는 사람은 한 사람도 없다. 지방민으로 외위를 가지지 않은 사람은 組只斯利와 一全智는 모두 居伐牟羅 출신이나 직명이나 관등이 없다. 阿大兮村使人 奈尒利는 杖六十의 杖刑을 받았으나 직명은 있는데, 관등은 없다. 翼糸는 男弥只村使人이나 杖百의 杖刑을 받고, 외위는 없다. 於卽斤利도 男弥只村使人으로서 杖百의 杖刑을 받고, 외위는 없다. 봉평비에서 경위의 17관등인 邪足智가 나오는 데에도 불구하고, 경위와 외위가 미분화된 干支가 나오고 있다. 봉평비에서

4두품에 해당되는 관등과 진골에 해당되는 관등이 나와서 경위가 거의 완성되었음을 알 수 있다.

봉평비에 나오는 관등명을 경위 17관등과 외위 11관등과 비교해 도시하면 다음의 <표 4>와 같다.

<표 4> 봉평비의 관등명

봉평비	京位名	外位名	봉평비
	1.伊伐飡		
	2.伊飡		
	3.迊飡		
	4.波珍飡		
太阿干支	5.大阿飡		
阿干支	6.阿飡		
一吉干支	7.一吉飡	1.嶽干	
	8.沙飡	2.述干	
居伐干支	9.級伐飡	3.高干	
太奈麻	10.大奈麻	4.貴干	
奈麻	11.奈麻	5.撰干	
	12.大舍	6.上干	
小舍帝智	13.舍知	7. 干	下干支
吉之智	14.吉士	8.一伐	一伐
	15.大烏	9.一尺	一尺
小烏帝智	16.小烏	10.彼日	波旦(彼日)
邪足智	17.造位	11.阿尺	阿尺

경위가 대부분 완성된 봉평비에는 경위에 외위와 미분화된 干支가 나온다. 干支가 봉평비보다 늦은 금석문 자료에서 외위로 나온다. 영천청제비 병진명(536년)에 외위가 一支△人 只尸△利 干支의 인명 표기로 나오고, 536년을 상한으로 하는[10] 월지 출토비에 豆婁知 干支로 나온다.[11]

---

10) 영천청제비 병진명에는 길이를 나타내는 하나치로 신라 고유의 淂이 사용되고 있으나, 월지 출토비에서는 步가 사용되고 있기 때문이다.

11) 김창호, 『고신라 금석문의 연구』, 2007, 183쪽.

월지 출토비의 연대를 536～545년으로[12)] 볼 수가 있다. 545년이나 그 직전에 새워진 적성비에서는 경위로 伊干支(2관등), 波珍干支(4관등), 大阿干支(5관등), 阿干支(6관등), 及干支(9관등), 大舍(12관등), 大烏之(15관등)이 나오고, 외위로 撰干支(5관등),[13)] 下干支(7관등), 阿尺(11관등)이 각각

12) 월지 출토비의 하한은 함안 성산산성 목간에 따를 때 540년경이다.

13) 국립경주박물관 소장 유개고배 뚜껑 안쪽(이양선기증품)에 다음과 같은 묵서명이 있다.
제①행 上撰干徒
제②행 忔叱丁次
토기의 시기는 6세기 후엽으로 늦어도 7세기 초를 내려가지 않을 것이다. 경주계 토기로 울산 지역 고분에서 비슷한 출토 예가 있다고 한다.(윤선태,「新羅 中古期의 村과 徒」『한국고대사연구』, 2002. 161쪽.) 上撰干徒를 上撰干이라는 재지 세력을 중심으로 조직된 왕경의 花郎徒와 유사한 결사체로 보았다. 곧 上撰干의 上을 上人의 준말로, 撰干을 외위로 보았다.(박방룡,「伝嶺南地方 出土墨書銘有蓋高杯」『碩吾尹容鎭教授停年退任紀念論叢』, 1996, 497～502쪽.) 이 徒와 관련하여서는 묵서명의 忔叱丁次가 토기에 묻혀있던 무덤 피장자의 이름이라는 점을 상기할 필요가 있다. 인명 앞의 上撰干徒는 그의 출신지 표시일 가능성이 가장 높다고 생각된다. 이 경우에 上撰干의 무리라는 표현에는 上撰干의 무리가 거주하는 지역의 의미가 내포되어 있다고 할 수 있다.(윤선태, 앞의 논문, 2002, 163쪽.)
上撰干徒의 撰干을 외위명으로 본 견해와 그렇지 않는 견해가 있다. 나아가서 上撰干을 외위명으로 보아서 6세기 후엽에도 외위가 완성되지 못했다고 주장하지는 않고 있다. 上撰干徒를 忔叱丁次의 출신지 표시로 볼 수가 없다. 撰干은 외위명이다. 上撰干徒의 上은 중원고구려비(449년 이후)에 나오는 寐錦忌, 古鄒加共, 太子共처럼 외자 인명 표기이다. 寐錦忌의 경우 訥祇(눌기;祇林寺을 祗林寺로 읽기도 한다.)의 두 글자의 인명 가운데 뒤의 글자인 祇(忌)를 따온 것이다. 上撰干徒忔叱丁次는 上(인명) 撰干(외위)의 무리인 忔叱丁次(인명)이 된다. 忔叱丁次가 무덤의 주인공이 된다. 이 6세기 후엽이므로 빈장인 석실분의 시대이다. 이 무덤에서는 山자형 금동관의 출토하지는 않았을 것이다.
上撰干徒의 徒처럼 무리를 나타내는 것으로 夷가 있다. 夷는『禮記』의 在醜夷不爭처럼 무리, 동료를 나타낸다. 함안 성산산성 Ⅳ-597번 목간에 正月中比思

나온다. 적성비에서는 경위나 외위가 미분화된 것으로 보이는 干支가 나오지 않는다. 적성비 단계에서는 경위와 외위가 모두 완성되었음을 의미한다.

신라 경위 성립에 중요한 자료가 성산산성 목간에서 최근에 두 자료가 함안 성산산성 목간에서 나왔다.

먼저 Ⅳ-597번 목간으로 正月中比思(伐)古尸次阿尺夷喙(앞면) 羅兮落及伐尺幷作前瓷酒四斗瓮(뒷면)을 해석하면, 正月에 比思(伐)의 古尸次 阿尺(외위)의 夷(무리)와 喙(部)의 羅兮落 及伐尺이 함께 만든 前瓷酒의 四斗瓮이다가 된다.

다음으로 2017년 1월 4일자 『연합뉴스』, 인터넷 판에 목간 내용(216-W150)이 판독되어 실려 있다.

> 제1면 三月中眞乃滅村主憹怖白
> 제2면 △城在弥卽尒智大舍下智前去白之
> 제3면 卽白先節六十日代法稚然
> 제4면 伊毛羅及伐尺寀言△法卅代告今卅日食去白之

이를 中, 白, 食去, 稚然 등의 이두에 주목하여 해석하면 다음과 같다.[14]

3월에 眞乃滅村主인 憹怖白이 伊毛羅 及伐尺에게 아룁니다. △城(此城으로 성산산성을 의미?)에 있는 弥卽尒智 大舍下智(경위 12관등)의 앞에 가서 아뢰었습니다. 곧 먼저 때에 六十日代法이 덜 되었다고 해서 伊毛

(伐)古尸次阿尺夷喙(앞면) 羅兮落及伐尺幷作前瓷酒四斗瓮(뒷면)을 해석하면, 正月에 比思(伐)의 古尸次 阿尺(외위)의 夷(무리)와 喙(部)의 羅兮落 及伐尺이 함께 만든 前瓷酒의 四斗瓮이다란 뜻이 된다.

14) 이 목간의 현재까지 연구 성과에 대해서는 이수훈, 「함안 성산산성 출토 4면 목간의 '代'-17차 발굴조사 출토 23번 목간을 중심으로-」 『역사와 경계』105, 2017 참조.

羅 及伐尺에게 宋(祿俸)에 말하기를 △法 30代를 告하여 30일을 먹고 갔다고 아뢰었습니다.

여기에서 大舍下智란 경위명은 525년의 울주 천전리서석 원명에 나오는 大舍帝智와 함께 오래된 관등명이다. 216~W215번 목간과 사면으로 된 문서 목간에 나오는 及伐尺은 금석문이나 목간에서 처음으로 나오는 경위명이다.[15] 이 경위명을 통설대로 성산산성 목간 연대를 560년으로 보면 신라에 있어서 경위가 외위보다 늦게 완성된 것이 된다. 及伐尺은 안라국의 멸망 시기와 궤를 같이 한다. 안라국의 멸망을 금관가야의 멸망 시기인 532년을 소급할 수가 없다. 『삼국사기』권34, 잡지3, 지리1, 康州 咸安조에 咸安郡 法興王 以大兵 滅阿尸良國 一云阿那加耶 以其地爲郡가[16] 중요한 근거이다. 阿那加耶(안라국)은 고령에 있던 대가야와 함께 후기 가야의 대표적인 나라이다. 그런 안라국에[17] 대한 신라의 관심은 지대했을 것이다. 성산산성은 539년 안라국(아나가야)가 멸망되자 말자 신라인에 의해 석성으로 다시 축조되었다. 신라의 기단보축이란 방법에[18] 의한 성산산성의 석성 축조는 540년경으로 볼 수가 있다.[19] 성산산성 목간의 연대도

---

15) 及伐尺이란 경위명이 목간에나 금석문에 나오면, 그 시기는 540년경이다.

16) 조선 초에 편찬된 편년체 사서인『東國通鑑』에서는 安羅國(阿尸良國)의 신라 통합 시기를 구체적으로 법흥왕26년(539년)이라고 하였다. 이는 고뇌에 찬 결론으로 판단된다. 법흥왕의 제삿날은 음력으로 539년 7월 3일이다.

17) 414년에 세워진 광개토태왕비의 永樂9年己亥(399년)조에도 任那加羅(金官伽倻)와 같이 安羅人戍兵이라고 나온다. 安羅人戍兵의 安羅는 함안에 있었던 安羅國(阿羅加耶)을 가리킨다.

18) 석성 축조에 있어서 基壇補築은 外壁補强構造物, 補築壁, 補助石築, 城外壁補築 등으로도 불리며, 신라에서 유행한 석성 축조 방식이다. 경주의 명활산성, 보은의 삼년산성, 충주산성, 양주 대모산성, 대전 계족산성, 서울 아차산성, 창녕 목마산성 등 신라 석성의 예가 있다.

19) 성산산성 출토된 목제 유물의 방사선탄소연대 측정 결과는 박종익,「咸安 城山

540년경으로 볼 수가 있다. 그래야 신라에 있어서 경위의 완성을 적성비의 건립 연대인 545년이나 그 직전과 대비시켜서 540년경으로 볼 수가 있다. 그렇지 않고 목간의 연대를 통설처럼 560년으로 보면 신라 경위의 완성을 560년으로 보아야 되고, 540년경에 완성되는 외위보다 늦게 경위가 완성되게 된다. 따라서 성산산성의 목간의 제작 시기는 늦어도 540년경으로 볼 수가 있고, 경위의 완성 시기도 540년경으로 볼 수가 있다.

540년대 국가 차원의 금석문이 발견되지 않아서 단정할 수는 없지만 540년경에 경위가 완성되었고, 536년 이후 540년경 이전에 외위도 경위와 거의 동시에 외위가 완성되었을 것이다. 봉평비(524년)에서 경위 17 관등인 邪足智를 비롯한 小烏帝智(16관등), 吉之智(14관등), 小舍帝智(13관등), 奈麻(11관등), 太奈麻(10관등), 居伐干支(9관등), 一吉干支(7관등), 阿干支(6관등), 太阿干支(5관등)이 나와 대부분의 경위가 완성되었다. 경위로 干支가 나와 전부 완성되지는 못했다. 외위는 536년을 상한으로 하는 월지 출토비에서 干支가 나와[20] 536년 이후에 가서야 외위가 완성된

山城 發掘調査와 木簡」『韓國古代史研究』19, 2000, 10쪽에서 방사선탄소연대 측정 결과를 1992년에는 250~540년으로, 1994년에는 440~640년으로 각각 나왔다. 이경섭, 「함안 성산산성 목간의 연구형황과 과제」『신라문화』23, 2004, 216쪽에 따르면, 250~540년, 440~640년이라고 한다.

20) 월지 출토비에 豆婁知干支란 인명 표기가 나온다. 이는 안압지 출토비의 축성의 수작 거리를 步로 표현한데 대해, 536년의 영천청제비 병진명에서는 거리 단위를 신라 고유의 하나치인 淂을 사용하고 있어서 명활산성비는 536년을 소급할 수 없다. 536년 이후까지도 干支란 경위와 미분화된 외위를 사용하고 있어서 외위제의 완성에 걸림돌이 된다. 干支가 551년의 명활산성비에서는 下干支가 나와서 소멸된 것으로 판단된다. 현재까지 540년경의 금석문 자료가 없지만 신라 금석문에서 외위인 干支의 소멸을 540년경으로 보고 싶다. 또 주보돈, 「雁鴨池 出土 碑片에 대한 一考察」『大丘史學』27, 1985에서는 월지 출토비를 명활산성비로 보았으나, 이 비는 명활산성비보다는 시기상으로 앞선 비석이다. 551년의 명활산성비가 古

것으로 볼 수밖에 없다.[21] 京位와 外位가 거의 동시에 완성으로 볼 수가 있다. 520년의 율령 공포와 관등제인 경위와 외위의 완성과는 전혀 관련이 없다.[22] 그 단적인 예가 524년 작성의 봉평비에 干支란 경위가 남아 있고, 536년 이후로 보이는 월지 출토비에 경위와 외위가 아직까지 미분화한 干支가 나오는 점이다.[23] 따라서 540년경에 경위와 외위가 거의 동시에 완성되었다고 볼 수가 있다. 곧 壹伐, 干支, 及伐尺, 大舍下智의 下智가 540년경에 없어진 것으로 판단된다. 이를 증명하는 것이 545년이나 그 직전에 만들어진 적성비이므로 적성비에 나오는 관등명을 표로써 제시하면 다음의 <표 5>와 같다.

阤門 근처를 수리한 비(김창호, 「명활산성작성비의 재검토」『金宅圭博士華甲紀念文化人類學論叢』, 1989.)로 분석되어(그래서 명활산성작성비라 부르지 않고, 명활산성비라 부른다.) 본래의 명활산성을 축조할 때의 비석인지도 알 수 없다.

21) 월지 출토비의 하한은 540년경이다.

22) 其俗呼城曰健牟羅, 其邑在內曰啄評, 在外曰邑勒, 亦中國之言郡縣也. 國有六啄評, 五十二邑勒. 土地肥美, 宜植五穀. 多桑麻, 作縑布. 服牛乘馬. 男女有別. 其官名, 有子貴旱支, 齊旱支, 謁旱支, 壹告支, 奇貝旱支. 其冠曰遺子禮, 襦曰尉解, 袴曰柯半, 靴曰洗. 其拜及行與高驪相類. 無文字, 刻木爲信. 語言待百濟而後通焉.(『梁書』, 신라전)

여기에서는 "子貴旱支, 齊旱支, 謁旱支, 壹告支, 奇貝旱支."라는 관등이 검출되는데, 이것은 각각 伊伐飡(1관등), 迊飡(3), 阿飡(6), 一吉飡(7), 級伐飡(9)에 비정되며, 또 521년의 신라 상황을 나타낸다. 521년 당시에 4두품의 관등인 대사, 사지, 길사, 대오, 소오, 조위가 없었다고 단정할 수 없고, 5두품에 해당되는 奈麻는 5세기부터 있었고, 524년의 봉평비에서는 奈麻와 함께 太奈麻가 나오고 있어서 문제가 된다. 중성리비(441년)와 냉수리비(443년)에서 이어 奈麻가 나온다.

23) 외위로 연대를 추정하는 것은 干支만 나오면 5세기에서부터 540년까지로 판단되고, 외위의 ~干支에서 支가 551년의 명활산성비의 下干支를 마지막으로 종언을 고하게 된다. ~干支로 외위가 나오면 6세기 초반에서부터 551년까지이다. 嶽干, 述干, 高干, 貴干, 撰干, 上干, 干, 一伐, 一尺, 彼日, 阿尺이 나오면 6세기 후반에서 673년까지이다.

〈표 5〉 적성비의 관등명

적성비	京位名	外位名	적성비
	1.伊伐飡		
伊干支	2.伊飡		
	3.迊飡		
波珎干支	4.波珍飡		
大阿干支	5.大阿飡		
阿干支	6.阿飡		
	7.一吉飡	1.嶽干	
	8.沙飡	2.述干	
及干支	9.級伐飡	3.高干	
	10.大奈麻	4.貴干	
	11.奈麻	5.撰干	撰干支
大舍24)	12.大舍	6.上干	
	13.舍知	7. 干	下干支
	14.吉士	8.一伐	
大烏之25)	15.大烏	9.一尺	
	16.小烏	10.彼日	
	17.造位	11.阿尺	阿尺

봉평비에서와 마찬가지로 적성비에서는 진골과 4두품에 해당되는 관등이 있다. 적성비에서는 경위와 외위가 모두 완성된 것으로 판단된다. 앞에서 경위와 외위가 540년경에 거의 동시에 완성되었다고 본 것은 타당하다고 보인다.

---

24) 545년이나 그 이전에 大舍, 小舍 등에 붙는 帝智, 弟 등은 소멸되었다.
25) 之자는 적성비의 맨 마지막에 나오므로 종결사로 판단된다. 大舍도 관등명에 之자를 동반하지 않았는데, 大烏가 之자를 동반할 수 없다. 문장의 맨 나중에 나오는 종결사로 판단된다. 사실 이 글자는 之자인지도 불확실하다. 무슨 글자인지 알 수도 없다.

IV. 6세기 후반 금석문

6세기 후반 금석문에 있어서 ~干支가 대구무술명오작비(578년)까지 잔존하느냐 여부이다.

종래 오작비 제③행의 大工尺仇利支村壹利力兮貴干支△上△壹△利干 를[26] 大工尺인 仇利支村의 壹利力兮貴干支와 △上△壹△利干으로 분석 해 왔으나 大工尺인 仇利支村의 壹利力兮貴干과 支△上(干)과 壹△利干 으로 본 견해가 나왔다.[27] 이렇게 보는 쪽이 오히려 타당할 것 같다. 그 러면 금석문에서 관등명의 끝에 붙는 干支의 支자가 소멸하는 시기를 명활성비의 작성 시기인 551년으로 볼 수가 있다. 6세기 후반 금석문의 대표적인 예인 창녕비의 인명 분석표를 제시하면 다음의 <표 6>와 같다.

〈표 6〉 창녕비의 인명 분석표

직명	부명	인명	관등명
(大等)	~	~智	葛文王
위와 같음	~	~	~
위와 같음	(沙喙)	屈珎智	大一伐干
위와 같음	沙喙	△△智	一伐干
위와 같음	(喙)	(居)折(夫)智	一尺干
위와 같음	(喙)	(內禮夫)智	一尺干
위와 같음	喙	(比次)夫智	迊干
위와 같음	沙喙	另力智	迊干
위와 같음	喙	△里夫智	(大阿)干
위와 같음	沙喙	都設智	(阿)尺干
위와 같음	沙喙	△△智	一吉干

---

26) 판독은 한국고대사회연구소, 『譯註 韓國古代金石文』Ⅱ, (신라Ⅰ, 가야편), 1992, 98쪽에 따랐다.

27) 전덕재, 「함안 성산산성 목간의 연구 현황과 쟁점」『한국목간학회 학술대회자료 집』, 2007, 69쪽.

직명	부명	인명	관등명
위와 같음	沙喙	忽利智	一(吉)干
위와 같음	喙	珎利△次公	沙尺干
위와 같음	喙	△△智	沙 尺
위와 같음	喙	△述智	沙尺干
위와 같음	喙	△△△智	沙尺干
위와 같음	喙	比叶△△智	沙尺干
위와 같음	本彼	夫△智	及尺干
위와 같음	喙	△△智	(及尺)干
위와 같음	沙喙	刀下智	及尺干
위와 같음	沙喙	△尸智	及尺干
위와 같음	喙	鳳安智	(及尺)干
△大等	喙	居七夫智	一尺干
위와 같음	喙	△未智	一尺干
위와 같음	沙喙	吉力智	△△干
△大等	喙	未得智	(一)尺干
위와 같음	沙喙	乇聰智	及尺干
四方軍主 比子伐軍主	沙喙	登△△智	沙尺干
漢城軍主	喙	竹夫智	沙尺干
碑利城軍主	喙	福登智	沙尺干
甘文軍主	沙喙	心麥夫智	及尺干
上州行使大等	沙喙	宿欣智	及尺干
위와 같음	喙	次叱智	奈末
下州行使大等	沙喙	春夫智	大奈末
위와 같음	喙	就舜智	大舍
于抽悉支河西阿郡使大等	喙	比尸智	大奈末
위와 같음	沙喙	湏兵夫智	奈末
旨爲人	喙	德文兄	奈末
比子伐停助人	喙	覓薩智	大奈末
書人	沙喙	導智	奈舍(大舍)
村主		奀聰智	述干
위와 같음		麻叱智	述干

5세기·6세기 전반 금석문과 6세기 후반 금석문과의 가장 큰 차이는 지방민의 인명 표기에 있어서 등장 여부이다. 5세기의 금석문인 중성리비나 냉수리비에서는 외위를 가지지 않는 지방민이 많이 등장하고 있는데 대해 6세기 후반 금석문에서는 창녕비에 등장하는 촌주 2명이 전부

이다. 북한산비, 마운령비, 황초령비의 국가 차원의 금석문에서는 지방민의 인명 표기가 등장하지 않고 있다. 그 과도기인 6세기 전반의 봉평비와 적성비에서는 몇몇 예외가 있지만 지방민이 대개 남자의 경우 외위를 가지고 등장한다.

6세기 금석문에서는 관등명에서는 ～干支의 支자가 551년 명활산성비를 끝으로 탈락한다. 大舍帝智의 帝智나 大舍下智나 大舍弟의 弟가 545년이나 그 직전에 탈락한다. 영천청제비 병진명(536년)에서는[28] 大舍와 大烏의 관등명에는 弟자가 있으나 小烏에는 弟자가 탈락되고 없다. 적성비에 나오는 大烏之의 之자는 경위명과 관련이 없고, 종결의 조사로 보인다. 大烏보다 높은 관등명인 大舍가 帝智, 下智, 弟, 智가 탈락되고 大舍로만 나오고 있기 때문이다. 따라서 경위 4두품의 관등에 붙는 帝智, 下智, 弟, 智는 6세기 전반 금석문에 나타나기 시작해 545년 이전에 사라졌다. 이는 4두품의 관등인 大舍(12관등), 舍知(13), 吉士(14), 大烏(15), 小烏(16), 造位(17)의 형성과 함께 6세기 초반에 大舍帝智, 小舍帝智, 小烏帝智 등의 관등명이 비로소 나타났다. <표 3>에서 보는 바와 같이 524년의 봉평비의 小舍帝智, 吉之智, 小烏帝智, 邪足智 등이 그 좋은 예이다. 또 525년 작성의 울주 천전리서석 원명에 大舍帝智가 두 번이나 나온다. 4두품의 관등인 大舍(12관등), 舍知(13), 吉士(14), 大烏(15), 小烏(16), 造位(17)가 아무런 관등에 붙는 존칭 의미의 수식이 없을 때, 545년이나 그 직전에서부터 신라 말망까지로 볼 수가 있다.

---

28) 영천청제비 병진명을 김창호, 『고신라 금석문의 연구』, 2007, 109쪽 등에서 476년으로 보아 왔으나 이는 잘못된 것으로 536년으로 바로 잡는다.

V. 맺음말

먼저 냉수리비의 연대를 503년으로 보아 왔으나 443년으로 보았다. 14가지의 이유 가운데 두 가지만을 소개 한다. 503년으로 보게 되면 냉수리비의 주인공인 節居利가 실성왕 즉위시에(402년) 처음으로 教를 30세에 받았다면 503년에는 131세나 된다는 점이다. 沙喙至都盧葛文王을 지증왕과 동일인으로 보게 되면, 아들인 법흥왕 곧 喙部牟卽智寐錦王은 탁부 출신이나 아버지인 사탁(부)지도로갈문왕은 부가 다르므로 성이 바뀌게 된다. 부자간에 성은 다를 수가 절대로 없다. 이는 사탁(부)지도로갈문왕과 지증왕을 동일인으로 보았기 때문에 생긴 것이다. 그래서 냉수리비를 443년으로, 중성리비를 441년으로 각각 보았다. 중성리비와 냉수리비의 공통점은 다음과 같다.

첫째로 중성리비의 喙部折盧智王(눌지왕), 냉수리비의 喙(部)斯夫智王(실성왕)과 喙(部)乃智王(눌지왕), 금관총의 尒斯智王(넛지왕=눌지왕)이 나와서 전부 마립간이란 왕호를 사용하던 시기의 것이다. 이런 왕호는 6세기 금석문에서는 없다.

둘째로 大(衆)等 집단이 없다는 점이다. 봉평비의 干支岑,[29] 적성비의 大衆等, 창녕비, 북한산비, 마운령비, 황초령비에서는 大等이 나온다.

셋째로 진골에 해당되는 伊伐干支(1관등), 伊干支(2), 迊干支(3), 波珍干支(4), 大阿干支(5)의 관등이 없고, 4두품에 해당되는 大舍(12), 舍知(13), 吉士(14), 大鳥(15), 小鳥(16), 造位(17)의 관등이 없다.

넷째로 경위와 외위에 모두 존재하는 干支가 있고, 壹伐은 중성리비에서 경위에만 있는 점이다. 干支는 아직까지 경위와 외위가 미분화되

---

29) 김창호,『삼국시대 금석문 연구』, 2009, 118쪽.

었음을 뜻한다.

다섯째로 6부 출신이면서 중성리비에서는 10명이, 냉수리비에서는 6명이 경위를 가지지 못하고 있다. 이는 4두품에 해당되는 관등이 없는 것과 연관성이 있을 것이다. 특히 중성리비의 주인공인 사탁부 출신의 牟旦伐도 경위가 없고, 냉수리비의 주인공인 珎而麻村 節居利도 외위가 없다.

여섯째로 직명+출신지명+인명+관등명의 정형화가 되지 못한 인명 표기가 있다. 중성리비의 祭智壹伐使人은 인명+관등명+직명의 순서로 기재되어 있고, 냉수리비의 喙耽須道使心訾公은 典事人이란 직명은 앞사람과 같아서 생략되었고, 喙가 출신부명, 耽須道使가 직명, 心訾公이 인명이다. 이 인명은 두 개의 직명을 가지고 있다. 이렇게 두 개의 직명을 가진 예는 적성비에서도 나온다.

일곱째로 중성리비와 냉수리비에서는 지방관으로 道使가 있는 대신에 軍主가 없다. 6세기 금석문에서는 반드시 軍主가 있고 道使는 있을 때도 있고, 없을 때도 있다.

다음으로 6세기 전반 금석문에서는 ~干支로 끝나는 금석문은 5세기부터 551년까지 존재하고, 6세기 전반 금석문에는 大舍, 小舍, 舍知, 大烏, 小烏, 造位 등에 帝智, 下智, 苐, 智 등에 부가된다. 이는 524년 이전에 시작되어 536~545년[30) 사이에 소멸된다. 干支와 壹伐의 외위는 5세기에 등장하고, 干支는 540년경까지 존재한다. 6세기에 들어와 11외위가 생겨서 ~干支의 支는 551년 이후에 소멸된다. 干支란 경위와 외위에 공통적으로 존재하던 것이 540년경에 소멸되어 경위와 외위가 이때에 완성된다. 6세기 전반 금석문에는 진골에 해당되는 伊干支, 波珍干支, 大阿

---

30) 536년 청제비 병진명에서 小烏가 나오고, 545년이나 그 직전에 세워진 적성비에서는 大舍로 나온다.

干支가 545년이나 그 직전인 적성비에 나타나고, 4두품에 해당되는 小舍帝智, 吉之智, 帝智, 小烏帝智, 邪足智 등이 524년의 봉평비에 나오고 大舍帝智는 525년의 울주 천전리서석 원명에 나온다. 536~545년 전후하여 帝智·智·第 등 탈락하고, 大舍, 小舍, 舍知, 大烏, 小烏, 造位가 나온다.

마지막으로 6세기 후반 금석문은 지방민 창녕비의 2명 촌주이외에 북한산비, 마운령비, 황초령비에서도 보이지 않는 점이다. 5세기 금석문에서는 외위가 없는 지방민이 많이 나오고, 6세기 전반 금석문에서는 지방민의 남자의 경우는 대개 외위를 가지고 등장한다. 존칭의 어미가 없는 경위는 신라 말기까지 존재하고, 외위는 673년까지 존재한다.[31]

---

31) 국사편찬위원회 한국사데이터베이스 신라 토기 항목에 나오는 ～月三十日造得林家入△(皇龍寺 西回廊祉)는 三十을 통일신라시대까지 卅으로 적기 때문에 삼국시대가 아닌 고려시대의 것이다. 참고로 통일신라시대까지의 二十은 卄으로, 三十은 卅으로 반드시 적히고, 二十, 三十, 四十으로는 적히지 않는다. 곧 고려시대에는 卄과 二十, 卅과 三十은 병용된다.

제10절 울주 천전리서석에 보이는 토착신앙

Ⅰ. 머리말

울산광역시 울주군에 소재한 蔚州川前里書石은 1970년 동국대학교 울산지구 불적조사단에 의해 발견되었다.[1] 울주천전리서석이라고 명명된 가로 약10m, 세로 약3m의 커다란 거석에는 청동기 시대부터 통일 신라 시대 말까지의 것으로 추정되는 많은 문양과 그림 그리고 명문들이 새겨져 있다. 특히 서석의 오른쪽 아랫부분에는 原銘과 追銘이라고 각각 이름이 붙여진 약 300자가량의 명문이 있다. 이 명문에는 6세기 전반 신라의 王과 王妃를 비롯한 많은 인물들이 등장하고 있어서 학계에서 크게 주목을 받게 되었다.

지금까지 천전리서석의 연구는 원명과 추명에만 집중되어 왔다.[2] 원명과 추명의 주위에 있는 암각화, 선각화와 다른 명문들에 대해서는 그의 연구가 되지 않고 있다.

1) 황수영, 「新羅의 울주서석」『동대신문』,5월10일자, 1971.
2) 김용선, 「울주 천전리서석 명문의 연구」『역사학보』81, 1979.
  이문기, 「신라중고 6부에 관한 일고찰」『역사교육논집』1, 1980.
  문경현, 「울주 신라 서석명기의 신검토」『경북사학』10, 1987.
  武田幸男, 「蔚州書石谷における新羅・葛文王一族」『東方學』85, 1983.
  김창호, 「울주천전리서석의 해석 문제」『한국상고사학보』19, 1995.
  김창호, 「울주 천전리서석의 원명과 추명」『고신라 금석문과 목간』, 2018.

여기에서는 을묘년명에 대한 집중적인 분석과 이 시기의 다른 금석문과 비교해서 그 성격을 규명하고, 서석의 아랫부분에 있는 선각화의 내용을 분석하여 천전리서석의 성격을 알아보고자 한다.

Ⅱ. 乙卯年銘

신라 금석문 가운데 불교와 관련되는 금석문으로서 가장 이른 시기의 것으로 울주 천전리서석을묘명을 들 수 있다. 이에 대해서는 지금까지 몇몇 단편적인 연구가 행해지고 있다. 여기에서는 우선 설명의 편의를 위해 관계 전문부터 제시하면 다음과 같다.

④	③	②	①	
先	僧	道	乙	1
人	首	人	卯	2
等	乃	比	年	3
見	至	丘	八	4
記	居	僧	月	5
	智	安	四	6
	伐	及	日	7
	村	以	聖	8
	衆	沙	法	9
	士	弥	興	10
			太	11
			王	12
			節	13

이 명문에 나오는 乙卯年에 대해서는 535년(법흥왕22년)설과[3] 595년(진

---

3) 현재 학계에서 일반적으로 통용되고 있는 학설이다.

평왕16년)설이[4] 있다. 후자에서는 제①행에 나오는 節자를 기념일을 가리키는 것으로 보아 불교 기념일을 적은 명문으로 해석하고 있다. 나아가서 『삼국사기』,법흥왕28년조의 王薨 諡曰法興에 근거하여 법흥왕은 재위 시에는 牟卽智寐錦王 등으로 불렀을 뿐이고, 법흥왕은 시호이므로 법흥왕의 재위 시에는 사용이 불가능하다는 전제 아래 乙卯年은 595년이 되어야한다고 주장하고 있다. 이러한 방법에 따라서 540~576년에 재위한 진흥왕의 경우를 조사해 보자. 마운령비에는 眞興太王이라고 명기되어 있고, 『삼국사기』,진흥왕37년(576년)조에는 秋八月王薨 諡曰眞興이라고 되어 있어서 마운령비의 건립 연대도 568년보다 한 甲子내려서 628년으로 보아야 될 것이다. 지금까지 마운령비의 건립 연대를 628년으로 본 가설은 학계에서는 제기된 바 없다. 여기에서는 乙卯年을 535년으로 본다.

이 명문 가운데에서 제①행에 나오는 聖자를 신라 골품제 가운데 聖骨을 가리킬 가능성을 제시한 견해가 있다.[5] 朗慧和尙碑에서 聖骨을 聖而라고 표현한 점에서 보면 그럴 개연성도 있는 듯하다.

제③행의 居智伐村을 『삼국사기』, 地理志, 良州조의 巘陽縣 景德王改名 今因之란 구절과 대비시켜서 居智伐=居知火로 본 견해가 있다.[6] 헌양현의 위치가 궁금하다. 『고려사』, 志卷11, 地理2에 巘陽縣 本居知火縣 景德王改今名 爲良州領縣 顯宗九年來居 仁宗二十一年 監務後改彦陽이라고 되어 있어서 오늘날 彦陽지역이 居智伐村임을 알 수 있다.

이 을묘명 분석의 핵심은 제②·③·④행에 걸쳐서 나오는 道人比丘僧安及以沙弥僧首乃至居智伐村衆士仙人의 인명 분석이다. 이 부분을 道人

---

4) 문경현, 「新羅 佛敎 肇行攷」 『신라문화제학술발표회논문집』14, 1993, 141쪽.

5) 이종욱, 「신라 중고시대의 성골」 『진단학보』59, 1980.

6) 木村誠, 「新羅郡縣制の確立過程と村主制」 『朝鮮史研究會論文集』13, 1976, 11쪽.

比丘僧安及以와 沙弥僧首乃至와 居智伐村衆士仙人으로 나누어서 해석한 견해가 있다.[7] 이에 대해 명문 가운데 及以와 乃至란 구절은 漢譯佛典에 자주 나오는 용어로 及, 幷과 같은 뜻이란 점을 근거로 比丘 僧安과 沙弥 僧首만을 인명으로 분석한 견해가 있다.[8]

중국 남북조 시대나 우리나라의 삼국 시대에는 單字의 승명이 보이지 않고, 僧法名에 僧자가 붙는 僧演, 僧肇, 僧實, 僧柱 등의 예가[9] 있음을 볼 때,[10] 후자쪽이 설득력이 있는 듯하다.

이렇게 되면 道人比丘僧安及以沙弥僧首乃至居智伐村衆士仙人等에서 及以와 乃至는 병렬의 뜻을 가진 조사이므로 比丘(직명류)인 僧安(법명), 沙弥(직명류)인 僧首(법명)가 된다. 나머지 부분인 居智伐村衆士仙人等도 앞에서와 같이 직명+인명으로 볼 수 있는지가 문제이다. 居智伐村은 촌명이므로 인명 분석을 어렵게 하고 있다. 어색하긴 하지만 居智伐村을 출신지명으로 보고서 衆士를 직명, 仙人을 인명으로 볼 수가 있다. 이때에는 출신지명이 직명보다 앞서서 이상하고, 이 인명의 마지막에 복수를 나타내는 等자가 붙고 있어서 衆士인 仙人이 두 명이상의 인명 표기가 되어야 한다. 부연해서 설명하면 마지막의 仙人만을 인명으로 볼 때에는 그 뒤에 等자가 붙어 있기 때문에 衆士와 仙人이 두 사람이상의 인명 표기가 되어야 한다. 따라서 뒤의 仙人을 인명으로 볼 수가 없다. 남은 해석 방법은 衆士와 仙人을 모두 직명으로 보는 방법이다.

---

7) 이문기는 국사편찬위원회 한국사데이터베이스 역주 한국고대금석문에서 道人 比丘僧 安及以와 沙彌僧 首乃至, 居智伐村의 衆士, △人들이라고 해석하였다.

8) 深津行德,「法體の王-序說;新羅の法興王の場合」『學習院大學 東洋文化硏究所調査硏究報告』39, 1993, 55쪽.

9) 이들 4명의 승려는 中觀派(三論宗)로 보인다.

10) 김영태,「연가7년명 고구려불상에 대하여」『한국불교학회제9회학술연구발표회발표요지』, 1986, 6쪽.

지금까지 분석해 온 道人比丘僧安及以沙弥僧首乃至居智伐村衆士仙人 等을 해석해 보기로 하자. 及以와 乃至는 병렬의 뜻의 조사로 볼 경우에 道人은 당연히 比丘를 가리키게 되고, 沙弥인 僧首와는 관계가 있게 되어 '道 人 比丘인 僧安과 沙弥인 僧首와 居智伐村의 衆士·仙人들이'라고 해석된다.

위의 구절 가운데 주목되는 용어는 道人이다. 道人이란 용어는 이 시기 의 다른 금석문에도 나오고 있는 바, 이를 뽑아서 적기하면 다음과 같다.

⑦~見道人△居石窟~
(북한산비)
①于時隨駕沙門道人法藏慧忍 太等居柒夫智伊干~
(마운령비)
⑦~于時沙門道人法藏慧忍~
(황초령비)

위의 금석문 자료 가운데 북한산비는 561년에서 568년 사이에 건립되 었고, 마운령비와 황초령비는 568년에 건립되었다. 북한산비, 마운령비, 황초령비는 그 당시 신라의 진흥왕과 그의 신하들이 함께 지방을 순수하 고 세운 비석들이다. 비슷한 시기에 세워진 금석문인대에도 북한산비의 道人은 북한산비가 서있던 북한산 비봉의 석굴에 살고 있었던 것으로 명 기되어 있을 뿐, 인명 표기가 북한산비에는 기록되지 않고 있다. 이에 비 해 마운령비와 황초령비의 道人은 신라 정치의 중핵적인 역할을 담당했 던 大等보다 앞서서 인명 표기로 기록되어 있다. 이들 비문에 나타난 것 으로 보면, 북한산비의 道人과 마운령비·황초령비의 道人 사이에는 어떤 관계가 있는 듯하다. 북한산비의 건립은 마운령비와 황초령비에 앞서고 있다. 북한산비에서 북한산의 비봉 석굴에 살고 있던 道人이 신라에 歸 附되어 마운령비와 황초령비의 道人이 되었을 가능성은 없었을까?

북한산비가 서있던 한강 유역과 마운령비·황초령비가 소재한 함홍 근처는 모두 고구려의 땅이었다. 고구려의 옛땅에 가면서 신라 출신의 道人이 함께 가는 것보다는 북한산 비봉의 고구려 출신 승려를 데리고 가는 쪽이 고구려계 지방민의 위무에는 훨씬 도움이 되었을 것이다.

이상에서 보면 을묘명에 나오는 道人인 比丘 僧安은 居智伐村과는 관계가 없는 중앙의 고급 승려로 판단된다. 그 뒤에 나오는 沙弥 僧首도 중앙인 徐羅伐의 승려로 보인다. 이에 뒤이어 나오는 居智伐村의 衆士와 仙人의 성격이 궁금하다. 이에 대해서는 다음과 같은 선학들의 견해가 있다.

첫째로 居智伐村의 衆士와 仙人을 일반 촌민으로 보는 견해이다.[11]

둘째로 衆士와 仙人 중 衆士를 『삼국사기』에 보이는 文士·烈士·國士 등과 같이 士로 표현되는 계층으로 보고서 이를 下級宮人, 나중에 外位 소지자가 되는 모집단으로 이해하는 견해가 있다.[12]

셋째로 乙卯年(535년) 당시 서울에서 興輪寺 창건 공사가 시작되어 이해에 比丘僧安과 沙弥僧首 등이 천전리를 방문하여 작성했다는 전제아래 比丘僧安과 沙弥僧首는 흥륜사 창건에 기술로써 봉사하고, 衆士·仙人은 노동력으로 참가했다고 주장하는 견해가 있다.[13]

위의 어느 견해도 을묘명의 衆士와 仙人에 대한 깊이 있는 검토는 뒤따르지 않고 있는 듯하다. 이 시기 신라의 금석문인 중성리비, 냉수리비, 봉평비, 적성비, 창녕비에 있어서 기본적인 비문의 구성은 왕이 나오고, 그 다음으로 왕경인(6부인)이 나오고, 마지막으로 지방민이 나오는 형식이다. 을묘명처럼 중앙의 승려에 뒤이어 지방 출신의 직명만이 나오는

---

11) 한국고대사회연구소, 『역주 한국고대금석문』 II, 1992, 165쪽.
12) 남희숙, 「신라 법홍왕대 불교 수용과 그 주도세력」『한국사론』25, 1991.
13) 深津行德, 앞의 논문, 1993.

예는 없다. 을묘명을 앞에서 예로 든 중성리비, 냉수리비, 봉평비, 적성비, 창녕비 등과 비교해서 衆士와 仙人의 성격을 규명할 수는 없다.

居智伐村의 衆士와 仙人에 앞서서 나오는 比丘僧安과 沙弥僧首가 중앙 불교계의 인물들이므로 衆士와 仙人을 거지벌촌에 있던 지방 불교와 관련된 인물로 볼 수도 있다. 이때에는 535년 당시의 지방 사원의 존재했는지가 문제가 된다. 신라에 있어서 지방 사원과 관련된 승관제는[14] 州統·郡統이 알려져 있으나 이들은 대개 685년 신라의 지방 제도인 州郡縣制의 완성과 맥을 같이하는 것으로 이해되고 있다. 이 을묘명에 나오는 거지벌촌은 州나 郡보다 더 하급행정기관인 縣에 해당되는 촌명이어서 지방 사원과 관련될 가능성은 그 만큼 적어지게 된다. 더구나 당시의 서울이었던 서라벌에서조차 을묘명이 작성되었던 해인 535년에 비로소 신라 최초의 사원인 흥륜사가 창건되기 시작하고 있어서 535년에 거지벌촌에 지방 사원이 있었을 가능성은 거의 없다. 따라서 衆士와 仙人을 거지벌촌에 있던 지방 사원과 관련되는 불교계통의 직명으로 볼 수는 없다.

을묘명에서 제②·③·④행에서 道人·比丘僧安·及以·沙弥僧首·乃至 등은 모두 불교와 관련된 용어이다. 이들과 병렬로 연결되어 있는 거지벌촌의 衆士와 仙人도 불교와 관련된 漢譯佛典이나 조상기 등의 자료에 나올 가능성이 엿보이지만 지금까지 그러한 예는 발견된 바 없다. 제②·③·④행의 인명 표기 가운데 병렬로 연결되어 있는 3부분 가운데에서 첫 번째와 두 번째는 불교와 관련된 용어이고, 나머지 세 번째 부분은

---

14) 이홍직, 「신라승관제와 불교정책의 제문제」『백성욱박사송수기념불교학논문집』, 1959.
中井眞孝, 「新羅における佛教統制について」『朝鮮學報』59, 1971.
이수훈, 「신라 승관제의 성립과 기능」『부산사학』14, 1990.
채상식, 「신라 승관제 이해를 위한 시론」『한국문화연구』6, 1993.

불교와 관련된 용어가 아니다. 衆士와 仙人 부분은 인명 표기에서도 직명
+인명식이 아닌 직명만으로 나열되어 있어서 그 성격이 참으로 궁금하
다. 거지벌촌에 살고 있는 계층인 衆士와 仙人은 중사와 선인으로 나누어
져 있고, 중앙 불교계의 최고 지도층인 道人과 어깨를 나란히 할 수 있는
계층은 누구일까? 이들은 거지벌촌의 최고의 계층으로 볼 수가 있다.

　지금까지 신라 금석문에서 행정촌의 최고 계층이 누구인지를 단정하
기 어렵지만, 村主, 作上, 城上 등을 들 수가 있다. 촌주, 작상, 성상 등의
경우는 직명+출신지명+인명+외위명의 인명 표기 방식으로 기재되어 있
다. 衆士와 仙人이 거지벌촌의 최고 계층이라면 524년에 작성된 봉평비
에 下干支, 一伐, 一尺, 彼日(旦), 阿尺 등의 외위가 나오고 있어서 외위를
갖는 인명 표기로 비문에 적힐 가능성이 클 것이다. 居智伐村의 衆士와
仙人의 형식으로 표기된 인명은 신라의 어느 금석문에서도 그 유례를
찾을 수가 없다.

　衆士와 仙人은 을묘명 자체에서는 두 개의 직명이 나열되어 있다는
것 이외에는 그 실체 파악의 실마리를 찾을 수 없다. 좀 우회적인 방법
이겠지만 을묘명과 같이 있는 원명과 추명을 통해 검토해 보자. 원명과
추명은 각각 525년과 539년에 작성된 것이고, 양자에서는 沙喙部徙夫知
葛文王과 妹가 주인공으로 함께 동행하고 있다. 원명의 작성 연대는 525
년이므로 신라에서 불교가 공인된 527년보다 2년이 앞서고 있다.

　원명과 추명의 주인공들은 추명의 앞부분에 過去乙巳年六月十八日昧
沙喙部 徙夫知葛文王妹於史鄒安郎三共遊來以後六△十八日年過去라고 표
기된 것처럼 옛날에 525년 6월 18일에 이곳에 온 후에도 6월 18일에는
해마다 이곳을 왔다가 갔다고 명기하고 있다. 이는 6월 18일 沙喙部徙夫
知葛文王의 男妹에게는 대단히 중요한 날짜로 판단된다. 그 이유를 알아

보기 위해 추명의 관계 부분을 적기하면 다음과 같다.

①過去乙巳年六月十八日昧 沙喙
②部 徙夫知葛文王妹於史鄒安郎
③三共遊來以後六△十八日年過去妹王考
④妹王過人乙巳年王過去其王妃只沒尸兮妃
⑤愛自思己未年七月三日其王与妹共見書石叱見來谷

위의 추명에서 해마다 6월 18일에 이곳을 왔다갔다고 명기된 부분은
제③행의 ～遊來以後六△十八日年過去이다. 해마다 6월 18일에 이곳을
다녀간 구체적인 이유는 제④·⑤행의 乙巳年王過去其王妃只沒尸兮妃愛
自思이다. 이 부분의 해석에는 크게 두 가지 방법이 있다.

첫째는 '乙巳年(525년)에 (徙夫知葛文)王은 옛날의 其王妃인 只沒尸兮
妃를 愛自思했다.'로 해석하는 것이다. 過去를 옛날의 뜻으로 보고 이 부
분을 해석하면 옛날의 其王妃인 只沒尸兮妃를 愛自思했고, 지금의 其王
妃인 只沒尸兮妃는 愛自思하지 않는다는 이야기가 되어, 6월 18일에 해
마다 이곳을 찾는 이유에 대한 뚜렷한 근거를 제시할 수 없다.[15]

둘째로 過去를 永泰二年銘石造毗盧遮那佛造像記에서 過去爲飛賜豆溫
哀郞願爲를 '돌아가신 豆溫哀郞의 願을 위하여'라고 해석한 점에 따라
'돌아가시다.'란 뜻으로 보고 해석하는 방법이 있다.[16] 이때에는 '乙巳年
에 (徙夫知葛文)王은 돌아가신 其王妃인 只沒尸兮妃는 愛自思했다.'로 해
석된다. 이렇게 해석하면 6월 18일에 해마다 沙喙部徙夫知葛文王이 이곳
을 찾는 이유는 其王妃인 只沒尸兮妃의 6월 18일이 제삿날이기 때문이다.

15) 김창호, 「울주천전리서석의 해석 문제」『한국상고사학보』6, 1995, 393쪽.
16) 남풍현, 「永泰二年銘 石造毗盧遮那佛造像記의 吏讀文 考察」『신라문화』
5, 1988, 11쪽.

둘째의 방법을 따를 때에도 이 시기의 신라에서 해마다 같은 날짜에 특정 지역을 찾는 관습이 있었는지가 궁금하다. 이에 대한 구체적인 실례를 찾기 어렵지만 백제 무령왕릉 출토의 매지권에 따르면 무령왕과 그 왕비는 모두 죽은지 27개월만에 장사를 지내는 3년상을 시행하고 있다고 한다.17) 곧 523년 5월 27일에 죽은 무령왕은 525년 8월 12일에 장사를 지냈고, 526년 12월에 죽은 무령왕의 왕비는 529년 2월 12일에 장사를 지내고 있다. 27개월의 3년상이 6세기 전반 백제에 도입되었다면 같은 시기의 신라에서도 해마다 같은 날짜인 제삿날에 특정 지역을 찾는 관례에 대한 상정이 가능할 것이다.

원명과 추명의 주인공인 沙喙部徙夫知葛文王의 男妹가 해마다 천전리서석을 찾는 이유는 갈문왕의 왕비가 죽은 제삿날이기 때문이다. 천전리에 오는 이유가 궁금하다. 그것은 천전리서석의 암각화나 선각화와 관련하여 보면 이곳 자체가 신앙적인 장소였기 때문이다.

6세기경의 천전리서석 선각화에는 인물도, 기마행렬도 등의 인물상과 말, 새, 용, 물고기의 동물상 그리고 배 등이 있다. 이는 3~6세기 무덤인 적석목곽묘18) 출토의 토우와 유사하여 장송 의례와 관련된 것이다.19) 따라서 토착 신앙의 성지인 서석곡은 장송 의례와 관련된 것이 주류였음을 알 수 있다. 을묘명에 나오는 衆士와 仙人은 신라의 토착 신앙인 장송 의례와 관련된 것임을 알 수 있다.

17) 김창호, 「고신라의 불교관련 금석문」『영남고고학』16, 1995, 52쪽.
18) 김창호, 「신라 금관총의 尒斯智王과 적석목곽묘의 편년」『新羅史學報』32, 2014 에서 신라 적석목곽묘에 관한 편년을 제시한 바 있다. 곧 4세기 전반 황남동109호 3·4곽, 4세기 후반 황남동110호, 황오리14호, 5세기 전반 98호남분(402년, 내물왕릉), 98호북분, 5세기 후반 금관총(458년, 눌지왕릉=尒斯智王陵=넛지왕릉), 서봉총, 식리총, 금령총, 천마총, 6세기 전반 호우총(475년 상한), 보문리 합장묘로 보았다.
19) 김창호, 『삼국시대 금석문 연구』, 2009, 140~141쪽.

Ⅲ. 선각화

천전리서석의 가로 약10m, 세로 약3m나 되는 거대한 암벽 윗부분에는 청동기 시대의 암각화가 새겨져 있으며, 신라 시대의 명문들이 기록되어 있는 곳의 높이를 전후해서는 고신라 시대의 수많은 선각화가 음각되어 있다.

상부에는 쪼으기(pecking style) 수법으로 만들어진 마름모꼴 모양 등의 기하학무늬가 주류를 이루고 있으며, 사슴·물고기 등의 동물상들도 보이고 있다. 아랫부분에는 수많은 선각화가 남아 있다. 이 선각화에 대한 실측도의 작성은 서로 차이가 있는 두 가지의 견해가 나와 있다.[20]

원 보고서에서는[21] 가늘게 새긴 그림은 人物圖, 騎馬行列圖, 動物, 배 등으로 다양하지만 워낙 細線들이 많아서 고심하면서 판독한 것은 허다하여 완전히 이해되는 것만을 기술하였다고 하였다. 계속해서 좀 미심쩍은 것은 제외하였다고 전제하였다. 여기에서는 선각화의 내용으로 騎馬行列圖, 人物立像, 人物下體物 등의 인물상과 말, 새, 용, 물고기의 동물상과 배 등으로 나누었다.

여기에서의 선각화 해석에 대한 특징은 선각화를 명문과 연결시킨 점이다. 곧 선각화의 내용은 주위에 있는 명문과 곧바로 대비시켜서 해석하고, 선각화의 연대도 명문에 준하여 잡고 있다.

그의 동시에 제시된 연구서에서는[22] 人物立像, 騎馬人物像, 말, 배 등이 천전리서석 선각화의 주된 내용이고, 이와 비슷한 유형은 시베리아

---

20) 황수영·문명대, 『반구대암벽조각』, 1984.
   임창순편, 『한국금석집성』1-선사시대-, 1984.
21) 황수영·문명대, 앞의 책, 1984.
22) 임창순편, 앞의 책, 1984.

레나강 유역의 선각화에서도 볼 수 있다고 하였다. 最右端의 人物立像 등 몇몇을 제외하면 거의가 명문들이 새겨지기 이전에 이미 선각화가 새겨진 것이라고 볼 수 있다고 결론지우고 있다.

위의 두 가지의 견해에서 보면 같은 선각화를 두고서 그 내용 해석이나 연대관은 전혀 다름을 알 수 있다. 원보고서에서는 명문과 선각화를 연결시켜서 해석해 선각화가 명문이 작성되었던 시기인 6세기의 신라 때부터 통일 신라에 이르는 시기로 보고 있다. 이에 대해 연구서에서는 명문과 선각화를 분리하여 선각화의 연대를 명문보다 대체로 이른 것으로 보고 있다.

위의 두 가지 견해 가운데 어느 쪽이 보다 설득력이 있는지를 검토해 보기로 하자. 먼저 525년에 작성된 원명을 새길 때에 파괴된 말그림이나 539년에 작성된 추명을 새길 때에 파괴된 人物下體像은 분명히 선각화보다 앞선 시기에 제작된 것도 있음을 증명해 주고 있다. 다음으로 주목되는 점은 선각화의 그림 내용이다. 선각화는 기마인물상, 인물상, 배, 새, 말 등으로 이루어지고 있다. 이와 같은 세트는 고신라 고분에서 출토되는 土偶나[23] 線刻文土器의 그림과[24] 일치한다. 그렇다면 선각화의 연대를 고신라 적석목곽묘의 시기로 볼 수 있다. 고신라 고분인 적석목곽묘의 축조 시기를 284년에서 530년까지로 볼 수 있다. 선각화의 작성 시기는 300~530년로 한정된다. 천전리서석의 명문은 525년 이후에 작성된 것이므로 명문보다 선각화가 조금 앞서게 된다. 선각화의 내용 해석이나 연대 설정도 후자가 설득력이 있는 듯하다.

선각화에 나오는 기마인물상 등의 그림 내용이 신라 고분에서 출토되는 토우 등과 일치하는 점에 주목한다면[25] 선각화의 해석도 토우 등에

---

23) 이난영, 『신라의 토우』, 1976.
24) 東潮, 「新羅の線刻文土器をめぐって」『末永先生米壽記念獻呈論文集』, 1985.

준하여 해석하여도 좋다고 판단된다. 신라 고분에서 출토되는 토우나 선각문토기가 祭儀와 관련된 유물임은 일반적으로 널리 알려져 있다.[26] 천전리서석 선각화도 그 당시의 제의와 관련되어 새긴 것으로 해석된다. 천전리 선각화는 신라에서 불교 전래 이전의 토착 신앙과 관련된 유적으로 볼 수가 있다.

이제 앞의 을묘년명으로 되돌아가서 衆士와 仙人에 대해 검토해 보자. 중사와 선인은 두 개의 직명이 나열되어 있는 고신라 시대의 유일한 예이다. 이렇게 독특한 표기법은 중사와 선인의 성격 규명을 종래와는 다르게 분석해야 됨을 암시하고 있다. 명문에 앞서서 그려진 선각화의 그림 내용이 장송 의례와 관련된 점과 525년 6월 18일 이래로 매년 같은 날짜에 갈문왕 남매가 이곳을 찾는 모습에서 보면 중사와 선인은 불교 전래 이전의 토착 신앙 특히 장송 의례를 담당하던 사람으로 판단된다.

IV. 맺음말

울주 천전리서석 을묘명에는 道人比丘僧安及以沙彌僧首乃至居智伐村衆士仙人等이란 구절이 나온다. 앞의 道人比丘僧安 등은 쉽게 해석되나 衆士와 仙人은 해석이 어렵다. 곧 을묘년명에는 불교와 관련된 용어가

---

25) 東潮, 「古代朝鮮の祭祀遺物に關する一考察-異形土器をめぐって-」『國立歷史民俗博物館研究報告』7, 1985에서 신라의 土偶·異形土器에 묘사된 개·소·말 등의 동물과 기마인물상을 농경의례나 葬送儀禮 등 신라의 고유한 신앙 표현이라고 결론지우고 있다.

26) 김원룡·안휘준, 『신판 한국미술사』, 1993, 115쪽에서 토우는 주술적인 뜻을 가진 明器 또는 儀器的 존재임이 분명하다고 강조하고 있다.

나오고 있는데, 535년 당시 지방과 관련된 두 개의 어려운 직명이 나오고 있다. 이들 직명을 불교와 관련된 것으로 보기에는 신라에 불교가 공인된 뒤 10년도 못되어서 지방에까지 불교가 전파되었다고 보기가 어렵고, 지방의 최고 신분 계층으로 볼려고 해도 6세기 전반의 다른 신라 금석문과 비교할 때 그 가능성은 없다.

울주천전리서석에는 청동기 시대의 암각화가 있으며, 명문 작성 이전의 신라 선각화도 있다. 이들 선각화의 기마인물도, 배, 새 등의 그림 내용은 신라 적석목곽묘에서 출토되고 있는 토우나 선각문토기의 그림과 일치하고 있다. 신라 고분 출토의 토우 등은 葬送 儀禮27) 등 토착 신앙과 관련된 것으로 이해하고 있다. 이에 비추어서 천전리서석의 선각화도 신라의 장송 의례와 관련된 토착 신앙의 표현으로 해석하였고, 을묘년명에 나오는 衆士·仙人의 두 직명도 신라의 토착 신앙 가운데 장송 의례와 관련된 직명으로 보았다.

이와 같은 가설에도 천전리서석 자체의 해석 속에서 문제점은 여전히 남는다. 원명과 추명의 주인공들이 525년 6월 18일 이후 해마다 같은 날짜에 서석을 찾는 이유가 신라의 토착 신앙인 장송 의례와 관련된 것이라면 어떻게 토착 신앙의 상징물인 선각화를 파괴해 가면서까지 원명과 추명을 작성할 수 있었는지에 대한 해명이다.28)

---

27) 東潮, 「古代朝鮮の祭祀遺物に關する一考察-異形土器をめぐって-」(앞의 논문), 1985.
　　윤세영, 『古墳出土 副葬品 研究』, 1988.
　　위의 두 논문에서는 기마인물형토기, 주형토기, 새모양토기 등을 장송 의례와 관련된 것으로 보고 있다.

28) 전호태, 「울주 반구대, 천전리 암각화」『한국 암각화의 세계』-한국 역사민속학회 1995년 동계학술심포지엄 발표요지-, 1995에서는 후래 집단이나 세력이 선래 집단이나 세력이 남긴 암각화를 훼손하여 기존의 집단에게 부여되었던 권위나 신성

을 부정할 수 있고, 이들 자신에게 들릴 수 있다는 의도나 믿음으로 말미암은 것
이라고 해석하고 있다.

제11절 대구무술명오작비

I. 머리말

1946년 대구시 대안동의[1] 신천 지류의 천변에서 발견된 오작비는 6·25 사변 중에 분실되었다가 1958년에 재발견되었다. 비석은 비의 글씨가 없는 부분을 빨래판으로 사용해서 반질반질하게 되어 있다. 글자가 있는 부분을 빨래판으로 사용했다면 비문의 글자가 파실되는 것을 피할 수가 없을 것이다. 이 비는 비의 발견 당시에는 塢가 수리 시설과 관련된 것으로 보지 않고, 방어 시설과 관련된 것으로 보았다. 塢를 수리시설로 본 것은 1968년에 조사된 영천청제비 병진명과 정원14년명의 발견 이후부터였다. 지금 현재는 塢를 수리 시설과 관련된 堤防으로 보지 않는 연구자는 없다.

여기에서는 먼저 비문의 판독을 살펴보고, 다음으로 인명의 분석을 시도해보고, 그 다음으로 전문의 해석을 살펴보고, 그 다음으로 자연촌설을 살펴보고, 마지막으로 都唯那의 역할에 대해 검토해 보고자 한다.

II. 비문의 판독

제①행은 모두 23자로 추정된다. 4번째 글자를 대부분 四자로 읽고 있

---

1) 현재 동아백화점 앞 옛 태백공사 자리이다.

으나 이를 十一月로 읽는 견해가 있다.[2] 이렇게 읽으면 戊戌年四月戊戌
朔十四日에 맞지 않고, 글자 자체는 四자이다. 14번째 글자를 高자로 읽
지 않고, 凵?으로 읽는 견해가 있고,[3] 且只의 합자로 보기도 하나[4] 高자
가 타당하다. 23번째 글자를 대부분 모르는 글자로 보았으나 節자로 읽
는 견해가 있다.[5] 여기에서는 읽을 수 없는 글자로 본다.

　제②행은 모두 18자이다. 1번째 글자를 个자로 읽는 견해가 있으나[6]
人자설이[7] 타당하다. 8번째 글자를 모르는 글자로 읽기도 하나[8] 阿자
옳다. 9번째 글자를 모르는 글자로 보기도[9] 尺자가 타당하다. 10번째 글
자를 모르는 글자로 보기도 하나[10] 干자가 옳다. 17번째 글자를 尼?자로
보기도 하나 尺干의 합자로 본다. 18번째 글자를 모르는 글자로 보기도
하나[11] 干자로 보아야 할 것이다.

　제③행은 모두 21자이다. 1번째 글자를 모르는 글자로 보아 왔으나[12]
大자이다. 2번째 글자는 모르는 글자로 보아 왔으나[13] 工자이다. 3번째

---

2) 한국고대사연구회, 『한국고대사연구회보』2, 1987.

3) 田中俊明, 「新羅의 金石文-第一回戊戌銘塢作碑-」『韓國文化』5-3, 1983.

4) 하일식, 「무술오작비 추가 조사 및 판독 교정」『목간과 문자』3, 2009, 153쪽.

5) 허흥식편, 『한국금석전문』, 고대편, 1984.

6) 김창호, 「신라중고 금석문의 인명 표기(Ⅱ)」『역사교육논집』4, 1983.

7) 田中俊明, 앞의 논문, 1983.
　허흥식편, 앞의 책, 1984.
　한국고대사연구회, 앞의 책, 1987.

8) 이난영, 『한국금석문추보』, 1968.

9) 이난영, 앞의 책, 1968.

10) 이난영, 앞의 책, 1968.

11) 임창순, 「대구에서 발견된 무술오작비 소고」『사학연구』1, 1958 등

12) 임창순, 앞의 논문, 1958.
　이난영, 앞의 책, 1968 등.

13) 임창순, 앞의 논문, 1958 등.

글자를 尺자로 읽기도 하나[14] 人자이다. 4번째 글자는 모르는 글자로 보기도 하나[15] 仇자이다. 5번째 글자는 모르는 글자로 보기도 하나[16] 利자이다. 6번째 글자는 모르는 글자로 읽기도 하나[17] 支자이다. 9번째 글자는 모르는 글자로 읽기도 하고[18] 兮자로 읽기도 하나[19] 利자이다. 10번째 글자는 刀자,[20] 叨자[21] 등으로 보아 왔으나, 力자이다.[22] 11번째 글자는 村으로 읽기도 하나[23] 兮자이다. 12번째 글자를 모르는 글자로 보아 왔으나[24] 貴자이다. 13번째 글자는 모르는 글자로 보아 왔으나[25] 干자이다. 14번째 글자는 모르는 글자로 보아 왔으나[26] 支자이다.[27] 16번째 글자는 上? 등으로 읽어 왔으나[28] 上자가 틀림없다. 20번째 글자는 모르는 글자로 보아 왔으나[29] 利자이다. 21번째 글자는 兮자[30] 또는 前자로[31] 읽어 왔으나 干자이다.

---

14) 한국고대사연구회, 앞의 책, 1987.
15) 임창순, 앞의 논문, 1958 등.
16) 임창순, 앞의 논문, 1958 등.
17) 임창순, 앞의 논문, 1958 등.
18) 김창호, 「신라중고 금석문의 인명표기(Ⅱ)」『역사교육논집』4, 1983.
19) 허흥식편, 앞의 책, 1984.
20) 田中俊明, 앞의 논문, 1983.
21) 허흥식편, 앞의 책, 1984.
22) 한국고대사연구회, 앞의 책, 1987.
23) 허흥식편, 앞의 책, 1984.
24) 임창순, 앞의 논문, 1958 등.
25) 임창순, 앞의 논문, 1958 등.
26) 김창호, 앞의 논문, 1983 등.
27) 한국고대사연구회, 앞의 책, 1987.
28) 임창순, 앞의 논문, 1958 등.
29) 임창순, 앞의 논문, 1958 등.
30) 임창순, 앞의 논문, 1958 등.

제④행은 모두 25자이다. 4번째 글자는 모르는 글자로 읽거나[32] 主자로 읽거나[33] 何자로 읽는 견해가[34] 각각 있어 왔다. 여기에서는 主자로 읽는다. 5번째 글자는 모르는 글자로 보거나[35] 家자로 보거나[36] 生자로[37] 보아 왔다. 여기에서는 生자로 읽는다. 9번째 글자는 村자,[38] 何자,[39] 林자로[40] 각각 읽어 왔으나 村자이다. 10번째 글자는 一伐의 一자가 들어갈 자리이므로 一로 추독한다. 11번째 글자는 一伐의 伐자가 들어갈 자리이므로 伐자로 추독한다. 15번째 글자는 모르는 글자로 읽거나,[41] 毛자로 읽거나[42] 宅자로[43] 읽었다. 宅자로 읽는다. 20번째 글자는 住자로 읽기도 하나[44] 生자이다.

제⑤행은 모두 27자이다. 1번째 글자는 모르는 글자로 보아 왔으나[45] 居자로 읽는 견해가 나왔다.[46] 여기에서는 居자로 읽는 견해에 따른다. 2번째 글자는 모르는 글자,[47] 壬자로 읽는 견해,[48] 毛자로 읽는 견해가[49]

31) 이난영, 앞의 논문, 1968.
32) 임창순, 앞의 논문, 1958 등.
33) 김창호, 앞의 논문, 1983.
34) 허홍식편, 앞의 책, 1984.
35) 임창순, 앞의 논문, 1958 등.
36) 김창호, 앞의 논문, 1983.
37) 한국고대사연구회, 앞의 책, 1987.
38) 임창순, 앞의 논문, 1958 등.
39) 김창호, 앞의 논문, 1983.
40) 허홍식편, 앞의 책, 1984.
41) 임창순, 앞의 논문, 1958 등.
42) 허홍식편, 앞의 책, 1984.
43) 김창호, 앞의 논문, 1983.
44) 허홍식편, 잎의 책, 1984.
45) 임창순, 앞의 논문, 1958.
46) 田中俊明, 앞의 논문, 1983.
    한국고대사연구회, 앞의 책, 1987.

있어 왔다. 여기에서는 壬자로 읽는다. 14번째 글자는 乙로 읽어 왔으나 ㇇자이다. 18번째와 23번째 글자는 得자로 읽는 견해와[50] 淂자로 읽는 견해가[51] 있어 왔으나 고신라 시대에는 후자로 표기되며, 두 글자는 같은 글자이다.

　제⑥행은 모두 26자이다. 1번째 글자는 모르는 글자로 읽거나[52] 塢자로 읽는 견해가 있어 왔다.[53] 여기에서는 塢자로 읽는다. 7번째 글자는 述자로 읽는다. 8번째 글자는 爪자로 읽는다. 12번째 글자를 工의 이체로 본 견해가 나왔으나,[54] 글자 자체는 天로 새겨져 있어서 모르는 글자(△)자가 타당하다. 17번째 글자는 丁자로 읽는다. 21번째 글자는 此자로 읽기도 하나[55] 叱자이다.[56] 22번째 글자는 尒자로 읽기도 하나[57] 木자이다.

　제⑦행은 모두 22자이다. 1번째 글자는 모르는 글자로 보아 왔으나[58] 伊자이다. 4번째 글자는 모르는 글자로 보아 왔으나[59] 彼자이다. 5번째

47) 임창순, 앞의 논문, 1958 등.
48) 황수영, 앞의 책, 1980.
49) 김창호, 앞의 논문, 1983.
　　한국고대사연구회, 앞의 책, 1987.
50) 임창순, 앞의 논문, 1958 등.
51) 김창호, 앞의 논문, 1983.
52) 임창순, 앞의 논문, 1958 등.
53) 김창호, 앞의 논문, 1983.
　　허흥식편, 앞의 책, 1984.
　　한국고대사연구회, 앞의 책, 1987.
54) 橋本 繁,「戊戌塢作碑釋文の再檢討」『國立歷史民俗博物館研究報告』194, 2015, 22쪽.
55) 한국고대사연구회, 앞의 책, 1987.
56) 임창순, 앞의 논문, 1958 등.
57) 임창순, 앞의 논문, 1958 등.
58) 임창순, 앞의 논문, 1958 등.
59) 임창순, 앞의 논문, 1958 등.

글자는 모르는 글자로 보아 왔으나[60] 日자이다. 18번째 글자는 六자로 읽기도 했으나[61] 五자이다.

　　제⑧행은 모두 18자로 판독에 별다른 이론이 없다.

　　제⑨행은 모두 8자로 판독에 의견의 일치를 보이고 있다.

⑨	⑧	⑦	⑥	⑤	④	③	②	①	
文	起	伊	塢	居	道	大	人	戊	1
作	數	助	珎	毛	尺	工	者	戌	2
人	者	只	此	村	人	人	都	年	3
壹	三	彼	只	代	辰	仇	唯	四	4
利	百	日	村	丁	主	利	那	月	5
兮	十	此	△	一	生	支	寶	朔	6
一	二	塢	述	伐	之	村	藏	十	7
尺	人	大	瓜	另	△	壹	阿	四	8
	功	廣	一	冬	村	利	尺	日	9
	夫	卄	尺	里	主	力	干	另	10
	如	步	△	村	一	兮	都	冬	11
	十	高	△	沙	伐	貴	唯	里	12
	三	五	一	木	夫	干	那	村	13
	日	步	尺	丶	作	支	慧	高	14
	了	四	另	一	村	△	藏	△	15
	作	尺	所	伐	芼	上	阿	塢	16
	事	長	丁	珎	令	(干)	尺	作	17
	之	五	一	淂	一	壹	(干)	記	18
		十	伐	所	一	△		之	19
		步	△	利	只	利		此	20
		此	伊	村	奈	干		成	21
		作	叱	也	主			在	22
			作	淂	之			△	23
			木	失	一				24
			利	利	伐				25
			一	一					26
			尺	伐					27

60) 임창순, 앞의 논문, 1958 등.
61) 김창호, 앞의 논문, 1983.

Ⅲ. 인명의 분석

都唯那寶藏阿尺干이 한 사람의 인명 표기이다. 都唯那는 직명, 출신부 명은 없고, 寶藏은 인명(승명), 阿尺干은62) 관등명이다.

다음 都唯那慧藏阿尺干이 한 사람의 인명 표기이다. 都唯那는 직명, 출신부명은 없고, 慧藏은 인명(승명), 阿尺干은63) 관등명이다. 이상의 두 승려는 스님이면서 경위를 갖는 금석문과 목간 등에서 유일한 예이다.

大工人仇利支村日利力兮貴干이 한 사람의 인명 표기이다. 大工人이 직명, 仇利支村이 출신촌명, 日利力兮가 인명, 貴干이 외위명이다.

다음 支△上(干)이 한 사람의 인명 표기이다. 大工人이란 직명은 앞 사람과 같아서 생략되었고, 仇利支村이란 출신촌명도 앞 사람과 같아서 생략되었고, 支△가 인명, 上(干)이 외위명이다.64)

다음 壹△利干이 한 사람의 인명 표기이다. 大工人이란 직명은 앞 사 람과 같아서 생략되었고, 仇利支村이란 출신촌명도 앞 사람과 같아서 생 략되었고, 壹△利가 인명, 干이 외위명이다.

다음 道尺辰主生之(村)△村主一伐이 한 사람의 인명 표기이다. 道尺이 직명, 辰主生之(村)이 출신촌명, △村主가 인명, 一伐이 관등명이다.

다음 夫作村苇令一伐이 한 사람의 인명 표기이다. 道尺이란 직명은 앞

---

62) 승려는 울주 천전리서석 을묘명(535년)의 道人인 比丘 僧安, 沙弥 僧首, 울주 천전리서석 水品·罜世명(6세기 후반)의 僧柱, 마운령비(568년)과 황초령비(568 년)의 沙門道人法藏慧忍 등이 있다. 모두 阿尺干 등의 경위는 가지고 있지 않 다. 오작비의 都唯那가 가지고 있는 阿尺干이란 경위는 예외적이다. 이 승려의 골품은 적어도 6두품이며, 진골일 가능성도 있다.

63) 阿尼일 가능성도 있다.

64) 전덕재, 「함안 성산산성 목간의 연구 현황과 쟁점」 『한국목간학회 학술대회자료집』, 2007, 69쪽.

사람과 같아서 생략되었고, 夫作村이 출신촌명, 乇슈이 인명, 一伐이 외위명이다.

다음 只奈主之一伐이 한 사람의 인명 표기이다. 道尺이란 직명은 앞 사람과 같아서 생략되었고, 夫作村이란 출신촌명도 앞 사람과 같아서 생략되었고, 只奈主之가 인명, 一伐이 외위명이다.

다음 居乇村代丁一伐이 한 사람의 인명 표기이다. 道尺이라는 직명은 앞 사람과 같아서 생략되었고, 居乇村이 출신촌명, 代丁이 인명, 一伐이 외위명이다.

다음 另冬利村沙木ᐟ一伐이 한 사람의 인명 표기이다. 道尺이란 직명은 앞 사람과 같아서 생략되었고, 另冬利村이 출신촌명, 沙木ᐟ이 인명, 一伐이 외위명이다.

다음 珎淂所利村也淂失利一伐이 한 사람의 인명 표기이다. 道尺이란 직명은 앞 사람과 같아서 생략되었고, 塢珎淂所利村이 출신촌명, 也淂失利가 인명, 一伐이 외위명이다.

다음 塢珎此只村△述瓜一尺이 한 사람의 인명 표기이다. 道尺이란 직명은 앞 사람과 같아서 생략되었고, 塢珎珎此只村이 출신촌명, △述瓜가 인명, 一尺이 외위명이다.

다음 △△一尺이 한 사람의 인명 표기이다. 道尺이란 직명은 앞 사람과 같아서 생략되었고, 塢珎此只村이란 출신촌명도 앞 사람과 같아서 생략되었고, △△가 인명, 一尺이 외위명이다.

다음 另所丁一伐이 한사람의 인명 표기이다. 道尺이란 직명은 앞 사람과 같아서 생략되었고, 塢淂此只村이란 출신촌명도 앞 사람과 같아서 생략되었고, 另所丁이 인명, 一伐이 외위명이다.

다음 △伊叱木利一尺이 한 사람의 인명 표기이다. 道尺이란 직명은 앞 사람과 같아서 생략되었고, 塢珠此只村이란 출신촌명도 앞 사람과 같아서 생략되었고, △伊叱木利가 인명, 一尺이 외위명이다.

다음 伊助只彼日이 한 사람의 인명 표기이다. 道尺이란 직명은 앞 사람과 같아서 생략되었고, 塢珠此只村이란 출신촌명도 앞 사람과 같아서 생략되었고, 伊助只가 인명, 彼日이 외위명이다.

다음 文作人日利兮一尺이 한 사람의 인명 표기이다. 文作人이 직명, 출신촌명은 표기 되지 않고 있고, 日利兮가 인명, 一尺이 외위명이다. 지금까지 분석해 온 인명표기를 도시하면 다음의 <표 1>과 같다.

<표 1> 대구무술명오작비의 인명 분석표

직명	출신지명	인명	관등명
都唯那		寶藏	阿尺干
都唯那		慧藏	阿尺干[65]
大工人	仇利支村	日利力兮	貴干
위와 같음	위와 같음	支△	上(干)
위와 같음	위와 같음	壹△利	干
道尺	辰主家之(村)	△村主	一伐
위와 같음	夫作村	芼令	一伐
위와 같음	위와 같음	只奈主之	一伐
위와 같음	居乇村	代丁	一伐
위와 같음	另多利村	沙木ㄖ	一伐
위와 같음	珠淂所利村	也淂失利	一伐
위와 같음	塢珠此只村	△述瓜	一尺
위와 같음	위와 같음	△△	一尺
위와 같음	위와 같음	另所丁	一伐[66]
위와 같음	위와 같음	△伊叱木利	一尺
위와 같음	위와 같음	伊助只	彼日
文作人		日利兮	一尺

---

65) 이 阿尺干은 阿尼일 가능성도 있다. 왜냐하면 이 글자는 尸밑에 비수 비(匕)가 아닌 工자가 들어가 있기 때문에 이는 육조체로 尼자이다.

66) 一伐은 외위 8관등이고, 一尺은 외위 9관등인데 여기에서 그 순서가 어긋나고

Ⅳ. 전문의 해석

비문은 크게 4단락으로 나누어진다. 제1단락은 제①행의 戊戌年四月朔十四日另冬里村高△塢作記之이다. 제2단락은 제①·②행의 此成在△人者부터 제⑦행의 伊助只彼日까지이다. 제3단락은 제⑦행의 此塢大廣卄步에서 제⑧행의 功夫如十三日了作事之까지이다. 제4단락은 제⑧행의 文作人日利兮一尺이다.

제1단락인 제①행의 戊戌年四月朔十四日另冬里村高△塢作記之부터 해석해 보자. 朔이 왜 있는지 궁금하다. 578년 戊戌年은『二十史朔閏表』와『삼정종람』에서 보면, 四月의 朔이 戊戌이기 때문에 戊戌年四月朔戊戌十四日이라고 할 것을 줄여서 戊戌年四月朔十四日이라고 했다. 그러면 오작비의 건립 연대는 추정 578년이 아닌 578년으로 확정된다. 高△塢는 오의 이름이지만 高△塢의 △부분을 읽을 수가 없다. 제1단락을 해석하면 '무술년(578년)사월 (戊戌)朔 14일에 무동리촌의 高△塢를 만들고 이를 기록한다.'가 된다.

제2단락은 此成在△人者 都唯那寶藏阿尺干 都唯那慧藏阿尺干 大工人仇利支村日利△兮貴干 支△上(干) 壹△利干 道尺辰主家之(村)△村主一伐 夫作村芼令一伐 只奈主之一伐 居毛村代丁一伐 另冬利村沙木〻一伐 珎淂所利村也淂失利一伐 塢珎此只村△述瓜一尺 △△一尺另所丁一伐 △伊叱木利一尺 伊助只彼日이다. 이를 해석하면 '이를 이룬 사람은 都唯那 寶藏 阿尺干, 都唯那 慧藏 阿尺干, 大工人 仇利支村 日利△兮 貴干, 支△上(干), 壹△利 干, 道尺 辰主家之(村) △村主 一伐, 夫作村 芼令 一伐, 只奈主之 一伐, 另冬利村 沙木〻 一伐, 居毛村 代丁 一伐, 珎淂所利村 也淂

있다. 같은 오진차지촌 출신이라 더욱 이상하다.

失利 一伐, 塢珎此只村 △述瓜 一尺, △△ 一尺, 另所丁 一伐, △伊叱木利 一尺, 伊助只 彼日이다.'가 된다.

제3단락은 '此塢大廣卄步高五步四尺長五十步此作起數者三百十二人功夫如十三日了作事之'로 이를 해석하면 '이 塢의 크기는 너비 20보, 높이 5보, 길이 50보이다. 이를 만드는데 일으킨 숫자는 312인이고, 功夫가 같이 13일에 끝마치고, (塢을) 만드는 일을 했다.'가 된다.

제4단락은 '文作人日利兮一尺'이다. 이는 '文作人은 日利兮 一尺이다.'로 해석된다.

V. 자연촌설의 검토

오작비의 촌명 가운데 仇利支村은 『新增東國輿地勝覽』권27, 玄風縣 古蹟조의 仇知山部曲의 仇知山에 비정하였다.[67] 오작비에서도 자연촌을 중심으로 행정촌이 오를 축조한 것이 아니라, 행정촌이 오의 축제를 위한 동원되었으며, 곧 郡을[68] 중심으로 감독을 한 것임을 알 수가 있다.

---

67) 이수훈, 앞의 논문, 1993. 「신라 중고기 행정촌자연촌 문제의 검토 - 성산산성 목간과 냉수리비를 중심으로 - 」『한국고대사연구』48, 2007.

68) 영천청제비 정원14년(798년)에도 청제의 축제에 切火와 押喙(喙는 이체자임)의 2군에서 동원되고 있어서 군 단위로 요역이 시행되었음을 알 수가 있다.(金昌鎬, 「영천 청제비 정원14년명의 재검토」『한국사연구』43, 1983.) 통일 신라 시대의 大岾城 石刻(關門城 石刻)에도 骨估(영천군?), 居七山(동래군), 押喙(경산군), 切火郡(영천군), 退火(영일군 흥해), 西良郡(울산군)의 군명이 金京(서울로 지금의 경주)과 함께 나와서 지방에서는 군을 단위로 역역을 동원했음을 알 수 있다.(朴方龍, 「新羅 關門城의 銘文考察」『美術資料』31, 1982.) 오작비, 남산신성비 제1비, 제2비, 제9비의 요역에 군을 단위로 했음을 알 수 있다.

따라서 오작비의 촌명도 행정촌이다. 왜냐하면 塢珎此只村의 경우는 한 촌에 5명이나 되어서 행정촌으로 볼 수 밖에 없다. 신라 둔전 문서의 호수는 4촌에서 1개촌당 10.95호가 되는데에도 경위를 가진 자가 없고, 塢珎此只村에서는 자연촌 호수의 50%가까이가 되어 너무 외위를 가진 자가 많다. 남산신성비 제1비에서 阿良村 출신은 6명이 외위를 갖고 있어서 이를 둔전 문서와 비교할 때, 외위를 가지지 않은 집은 1/2밖에 없게 된다. 제2비에서도 아대혜촌 출신의 7명이 외위를 가지고 있어서 아대혜촌을 자연촌으로 볼 수가 없다. 지금까지 금석문 자료에서 누구나 인정할 수 있는 자연촌이 금석문이나 목간에서 나타난 예는 없다.

영천청제비 정원14년명(798년)에서도 청제의 보수에 切火와 押喙 2군이 동원되어서 군단위로 요역을 했다.[69] 통일 시대의 大岾城石刻에도 骨估(영천군?), 居七山(동래군), 押喙(영천군), 切火郡(영천군), 退火(영일군 홍해), 西良郡(울산군)의 군명이 金京(경주)와 함께 나와서 지방에서는 군단위로 역역을 동원했음을 알 수 있다.[70] 남산신성비에서도 전모를 알 수 있는 남산신성비제1비에서는 郡上村主가, 제2비에서는 郡中上人이, 제9비에서는 郡上人이 각각 나오고 있어서 군을 단위로 요역을 했고, 그 밑에 곧바로 외위를 가진 행정촌의 관리가 실무를 전담했다고 판단된다. 만약에 남산신성비의 촌을 자연촌으로 보면, 군의 존재를 부정해야 될 것이다.

69) 김창호, 「영천청제비 정원14년명의 재검토」『한국사연구』43, 1983.
70) 박방룡, 「신라 관문성 명문의 고찰」『미술자료』31, 1982.

VI. 都唯那의 역할

오작비에 있어서 가장 눈에 띄는 것은 力役을 담당했던 지방민에 앞서서 都唯那란[71] 승관직을 가진 인명이 두 명이나 나오고 있는 점이다. 두 승려 가운데 앞 승려는 阿尺干이란 경위를 갖지만 뒤의 승려는 阿尺干이란 경위를 갖는지 아니면 뒤의 都唯那는 阿尼란 승관을 갖는지 알수가 없다. 어느 것을 취하더라도 오작비에서 都唯那란 승관직을 가진두 명의 승려가 등장하는 것은 어쩐지 낯설다.

都唯那를 포함한 오작비의 인명에 대해 오작비에서 승려의 존재를 확인할 수 있다는 점에서 香徒의 공동노동기능과 관련짓거나[72] 王京 소재의 국가적 사찰이 祿邑의 생산력을 높일 목적으로 녹읍민인 촌락민을직접 築塢한 것으로 보거나[73] 오작비의 승관직 중에서 都唯那는 특히塢(小堤防)의 축조와 같은 세속적인 토목 사업 또는 불교수용을 현실적으로 인식, 파급시키는데 없어서는 안 될 상징 조형물의 제작·조성에 따른 기술 감독으로서의 기능을 했다고 보았다.[74] 都唯那는 후술하는 바와 같이 실질적으로는 塢의 축조에 따른 기술적인 감독자들이고, 대구지역의 신라인화를 위한 배려로 보인다.

다 아는 바와 같이 고신라 금석문에서 力役은 築城과 관련되는 것과築堤와 관련되는 것으로 나누어진다. 축성 관련 금석문으로는 월지 출

---

71) 문헌의 都維那와 동일한 것으로 판단된다.
72) 노중국,『백제정치사연구-국가형성과 지배체제의 변천을 중심으로-』, 1988, 299쪽. 이러한 견해는 오작비 자체에 香徒란 구절이 없어서 따르기 어렵다.
73) 주보돈,「신라 중고기의 군사와 촌사」『한국고대사연구』1, 1988, 57~58쪽. 이 견해는 578년 당시에 신라에 祿邑이 있었다는 확정이 없어서 따르기 어렵다.
74) 이수훈,「신라 승관제의 성립과 기능」『부대사학』14, 1990, 36쪽.

토비, 명활산성비, 남산신성비(10기) 등이 있고, 축제와 관련된 금석문으로는 영천청제비 병진명, 대구 무술명오작비 등이 있다. 축성쪽에서는 受作거리가 반드시 기록되지만 축제쪽에서는 연동원 인원, 제방의 크기가 반드시 기록된다. 이렇게 역역과 관련되는 금석문에서 불교와 관련된 승관직이 나오는 예는 오작비가 유일하다. 오작비에 있어서 都唯那란 승관직을 가진 두 승려의 역할이 궁금하다.

무동리촌에 소재한 오의 축조를 불교와 관련된 탑이나 종 등을 만들 때처럼 香徒와 유사한 조직으로 私的인 차원에서 시행했기 때문에 두 명의 승려가 오작비에 등장하는 것으로 해석할 수도 있다.[75] 오작비 자체에 香徒란 구절이 없어서 따르기 어렵다. 오작비가 국가나 지방의 행정기관의 주도로 만들어진 公的인 것인지 아니면 두 승려의 주도로 만들어진 사적인 것인지를 결정할 수 있는 자료가 오작비는 물론 다른 금석문 등의 자료에서도 없다. 공적인 입장에서 만들어진 것으로 인식되어 온 영천청제비 병진명과의 역역조직의 차이점 등으로 이 점에 대해 접근해 보자. 병진명과 오작비에서 각각 536년과 578년에 작성되었던 점을 먼저 상기할 때, 두 비문에서의 力役조직 차이는 거의 없다. 더구나 연동원 인원과 塢[堤]의 크기 등을 다같이 기록하고 있어서 양자 사이의 공통점만 보일 뿐, 공적인 비와 사적인 비란 차이점은 전혀 발견할 수 없다. 그렇다면 오작비도 영천청제비 병진명, 명활산성비, 남산신성비처럼 공적인 입장에서 역역이 동원되었고, 공적인 입장에서 기록되었다. 왜 공적인 입장에서 기록된 오작비에 다른 역역 관련 금석문과는 달리 都唯那란 승관직을 가진 두 명의 승려 역할이 궁금하다.

6세기 신라에 있어서 벼농사에 관련된 수리 시설에는 여러 가지가 필

---

75) 노중국, 앞의 책, 1988, 229쪽.

요하겠지만 그 가운데 하나로 塢[堤]의 축조를 들 수가 있다. 벼농사에
필요한 모는 왜 필요한가하면 벼는 단위 면적당 수확량이 가장 많고, 벼
를 오래 보관할 수 있다. 당시 오의 축조는 벼농사가 국가 경제에 차지
하는 기여도로 볼 때에 국가에서 관장하는 사업으로 판단된다. 개인이
나 승려가 인근 지역의 역역을 동원하여 시행하는 오의 축조는 상상하
기가 어렵다. 당시 신라에서 가장 중요한 국가 수입원이 벼농사로 판단
된다. 그래서 벼농사에 대한 국가의 관심은 대단히 컸을 것이다.

당시에 있어서 오의 축조에는 많은 전문적인 지식을 갖춘 전문가가
필요하다. 그 사회에 있어서 승려들은 최고의 지식인들이고, 중국이나
고구려 등 선진 지역에서 들어온 의학 등에 대한 새로운 지식을 소유하
고 있었다고 판단된다. 오작비의 두 승려도 수리시설과 관련된 제방의
축조에 전문적인 지식을 가진 사람으로 해석할 수가 있다. 이들은 당시
의 대구 사회가 신라에 복속되고 나서 오의 축조로 민심을 얻음과 동시
에 승려를 통해 대구 지역의 지방민을 정신적인 차원에서 완전히 신라
인으로 만드는 데에 중요한 몫을 했을 것이다.

신라가 주변 지역의 병합은 당시에는 아직 고구려와 백제가 존속하고
있는 3국 시대이므로 중앙 정부나 국방 차원에서 여러 가지 배려가 있
었다고 판단된다. 가령 적성비의 別教自此後國中如也尒次~懷懃力使人
事若其生女子年小~兄弟耶此者大人耶小人耶~란 구절의 내용이 그것
이다. 적성비의 내용처럼 신라가 주변 지역을 병합하고 나서 복속된 지
방민들에게 완전히 신라인으로 거듭나기 위해서는 여러 가지 선심 공세
가 필요했을 것이다. 오작비에 나오는 오의 축조도 복속된 대구 지역의
지역민들에게 신라인으로 거듭나도록 하는 선심 사업의 일환으로 해석
되고, 두 명의 승려들은 지역민의 정신적인 지배를 염두에 둔 신라 중앙

정부의 배려로 짐작된다.

VII. 맺음말

먼저 전문의 판독을 실시하였다. 1행당 글자수는 각 행당 25자 전후로 총 글자수는 288자이다.

다음으로 명문에 나오는 17명의 인명을 분석하였다. 가장 주목되는 점은 都唯那란 승직과 함께 阿尺干이란 경위를 갖고 있어서 다른 금석문에서는 그 유례가 없다.

그 다음으로 전문을 4단락으로 나누어서 해석하였다. 종래 오작비를 578년으로 추정해 왔으나 戊戌年四月朔十四日은 『이십사삭윤표』·『삼정종람』에서 찾을 때 戊戌年四月朔戊戌十四日을 줄인 것이라 그 작성 연대를 578년으로 확정이 가능하였다.

그 다음으로 오작비의 촌명 가운데 仇利支村은 『新增東國輿地勝覽』 권 27, 玄風縣 古蹟條의 仇知山部曲의 仇知山에 비정하였다. 오작비에서도 자연촌을 중심으로 행정촌이 오를 축조한 것이 아니라, 행정촌이 오의 축제를 위한 동원되었으며, 곧 郡을 중심으로 감독을 한 것임을 알 수가 있다. 따라서 오작비의 촌명도 행정촌이다. 왜냐하면 塢珎此只村의 경우는 한 촌에 외위를 가진 사람이 5명이나 되어서 행정촌으로 볼 수 밖에 없다. 신라 둔전 문서의 호수는 4촌에서 10.95호밖에 되지 않아서 경위를 가진 자가 없고, 오작비에서는 50%가까이가 되어서 너무 외위를 가진 자가 많다. 따라서 오작비에 나오는 모든 촌은 행정촌이다.

마지막으로 都唯那의 역할에 대해 살펴보았다. 도유나는 중국 등 선진 지역에서 선진 지식을 배워서 수리 시설의 축조에 정통한 승려로 보인다.

그래서 승려로는 유일하게 阿尺干이란 높은 경위를 국가로부터 부여받았는지도 알 수 없다. 불교의 승려가 마운령비와 황초령비에서 최고로 먼저 나와서 불교가 복속민의 신라인화에 이바지한 것으로 오작비의 都維那도 그렇게 볼 수가 있다.

제12절 고신라 금석문의 地方官制

Ⅰ. 머리말

신라 중고 지방관제는 州郡制였다는 데에는 이론이 없다. 이 州郡制는 여러 차례의 변화 과정을 거쳐 통일 후 九州五小京制로 완비되었다. 중고의 지방 제도는 지금까지 적지 않은 업적이 쌓여 있으며,[1] 이로써 대

---

1) 今西 龍, 「新羅上州下州考」『新羅史研究』, 1933.
   藤田亮策, 「新羅九州小京考」『朝鮮學報』5, 1953.
   末松保和, 「新羅幢停考」『新羅史の諸問題』, 1954.
   韓㳓劤, 「고대국가 성장과정에 있어서의 대복속민정책(상)」『역사학보』12, 1960.
   임병태, 「신라소경고」『역사학보』35, 1967.
   村上四男, 「新羅の歃良州(良州)について」『朝鮮學報』48, 1968.
   이종욱, 「남산신성비를 통해서 본 신라의 지방통치체제」『역사학보』64, 1974.
   신형식, 「신라군주고」『백산학보』19, 1975.
   山尾幸久, 「朝鮮三國の軍區組織」『古代朝鮮と日本』, 1975.
   末松保和, 「新羅の郡縣制」『學習院大學研究年報』12, 1975.
   이기동, 「신라하대의 패강진」『한국학보』4, 1976.
   浜田耕策, 「新羅の城・村設置と郡縣制の施行」『朝鮮學報』84, 1976.
   주보돈, 「신라 중고의 지방통치조직에 대하여」『한국사연구』23, 1979.
   김주성, 「신라하대의 지방관사와 촌주」『한국사연구』41, 1983.
   木村誠, 「新羅時代の鄕」『歷史評論』403, 1983.
   이수훈, 「신라 중고기 주의 구조와 성격」『부대사학』12, 1988.
   이수훈, 「신라 촌락의 성격」『한국문화연구』6, 1993.
   이수훈, 「신라 촌락의 입지와 성・촌명」『국사관논총』48, 1993.

체적인 윤곽은 파악할 수 있게 되었다. 중고의 지방에 州·郡·村(城)이 존재하였으며, 이에 대응하여 軍主·幢主·道使라 불리는 지방관이 파견되었다고 이해되어 왔다.

그런데 남산신성비 제5비에서 ～道使幢主란 관직명이 나와서 위의 결론은 전면 재검토되어야 할 것이다. 幢主가 郡의 장이 되기 위해서는 지명+郡幢主으로 된 직명이 되어야 한다. 마찬가지로 軍主에 있어서도 지명+州軍主란 직명이 나와야 된다. 그러한 직명은 軍主나 幢主 모두에서 나오지 않고 있다. 卄文軍主를 감문주군주로 보지 않는 연구자는 없었다. 마찬가지로 남산신성비 제1비의 奴含道使나 제2비의 阿旦兮村道使도 郡의 장일 가능성이 있다.

여기에서는 먼저 고신라 지방관이 가장 많이 나오는 창녕비의 지방관을 살펴보고, 다음으로 軍主에 대해 살펴보고, 그 다음으로 使大等에 대해 살펴보고, 그 다음으로 幢主·邏頭·道使에 대해 살펴보고, 마지막으로 使人에 대해 살펴보고자 한다.

II. 창녕비의 地方官

고신라 지방관의 시발점은 창녕비이다. 창녕비 제⑤·⑥행에 大等与軍主幢主道使与外村主란 구절이 주목된다. 이는 고신라 지방관제 해결의 실마리를 쥐고 있다. 이 구절은 단독으로 해결이 어렵고, 창녕비의 인명 분석표와 대비해 해결해야 함으로 창녕비의 인명 분석표부터 제시하면 다음의 <표 1>과 같다.

〈표 1〉 창녕비의 인명 분석표

직명	부명	인명	관등명
(大等)	～	～智	葛文王
위와 같음	～	～	～
위와 같음	(沙喙)	屈珎智	大一伐干
위와 같음	沙喙	△△智	一伐干
위와 같음	(喙)	(居)折(夫)智	一尺干
위와 같음	(喙)	(內禮夫)智	一尺干
위와 같음	喙	(比次)夫智	迊干
위와 같음	沙喙	另力智	迊干
위와 같음	喙	△里夫智	(大阿)干
위와 같음	沙喙	都設智	(阿)尺干
위와 같음	沙喙	△△智	一吉干
위와 같음	沙喙	忽利智	一(吉)干
위와 같음	喙	珎利△次公	沙尺干
위와 같음	喙	△△智	沙 尺
위와 같음	喙	△述智	沙尺干
위와 같음	喙	△△△智	沙尺干
위와 같음	喙	比叶△△智	沙尺干
위와 같음	本彼	夫△智	及尺干
위와 같음	喙	△△智	(及尺)干
위와 같음	沙喙	刀下智	及尺干
위와 같음	沙喙	△尸智	及尺干
위와 같음	喙	鳳安智	(及尺)干
△大等	喙	居七夫智	一尺干
위와 같음	喙	△未智	一尺干
위와 같음	沙喙	吉力智	△△干
△大等	喙	未得智	(一)尺干
위와 같음	沙喙	乇聰智	及尺干
四方軍主 比子伐軍主	沙喙	登△△智	沙尺干
漢城軍主	喙	竹夫智	沙尺干
碑利城軍主	喙	福登智	沙尺干
甘文軍主	沙喙	心麥夫智	及尺干
上州行使大等	沙喙	宿欣智	及尺干
위와 같음	喙	次叱智	奈末
下州行使大等	沙喙	春夫智	大奈末
위와 같음	喙	就舜智	大舍
于抽悉支河西阿郡使大等	喙	比尸智	大奈末
위와 같음	沙喙	湏兵夫智	奈末

직명	부명	인명	관등명
旨爲人	喙	德文兄	奈末
比子伐停助人	喙	覓薩智	大奈末
書人	沙喙	導智	奈舍(大舍)
村主		奀聰智	述干
위와 같음		廓叱智	述干

大等은 22명의 大等 집단을 가리킴이 분명하다. 軍主는 4명의 四方軍主임이 분명하다. 外村主는 2명의 村主임이 분명하다. 幢主・道使는 그 직명이 나오지 않아서 2명씩이 나오는 上州行使大等과 下州行使大等과 于抽悉支河西阿郡使大等을 주목하였다. 이를 범칭론 등으로 해결하려는 노력 등이 있었으나 학계의 의견 일치는 아직 도래되지 않고 있다. 于抽悉支河西阿郡使大等도 1개의 군으로 보거나[2] 于抽(영해・울진), 悉支(삼척), 河西阿(강릉)인 3개의 군으로 보기도[3] 한다. 使大等의 경우 북한산비에 4명이나 같은 직명을 갖고 있어서 법칭론 등은 성립될 수가 없다. 또 大等与軍主幢主道使与外村主를 해석하면 大等과 軍主・幢主・道使와 外村主가 된다. 大等, 軍主, 外村主는 찾을 수 있으나 幢主와 道使는 찾을 수 없다. 이 당주와 도사는 지방관이 확실하며, 그 앞에는 지명이 온다고 생각된다. 지금까지 군주, 당주, 도사의 앞에는 지명이 올 뿐, 인명이 포함된 직명으로 온 예는 없었다.

Ⅲ. 軍主

군주는 중성리비(441년), 냉수리비(443년)에서는 보이지 않고 있다. 5세

---

2) 이수훈, 「신라 중고기 군의 형태와 성(촌)」 『고대연구』1, 1988.
3) 末松保和, 『新羅史の諸問題』, 1954, 김창호, 『고신라 금석문의 연구』, 2007, 178쪽.

기 신라에서는 아직까지 州가 설치되지 않았고, 軍主란 지방관도 없었다.[4] 지방제의 미성숙도를 엿볼 수 있다.

다음으로 봉평비에는 悉支軍主가 나오는데, 524년의 悉支(三陟) 州治는 『삼국사기』와 『삼국유사』에는 나오지 않고 있다. 실지군주는 금석문에 나오는 최초의 군주이다.

그 다음으로 545년이나 직전에 세워진 적성비에는 군주가 高頭林城在軍主等이라서 복수(2명)로 된 유일한 예이다. 이 고두림은 단양 하리에 있는 온달성이다. 이 州治 역시 문헌에는 없는 것이다.

그 다음으로 561년의 四方軍主인 比子伐軍主, 漢城軍主, 碑利城軍主, 甘文軍主를 들 수가 있다. 軍主의 보좌로서 比子伐停助人를 들 수가 있다.

그 다음으로 561~568년의 북한산비의 南川軍主를 들 수가 있다. 국가 차원의 금석문 가운데 인명이 가장 적게 나와서 지방관도 남천군주뿐이다.

마지막으로 568년의 마운령비와 황초령비에서는 파실된 일명의 軍主와 그 보좌관인 助人이 나온다. 이 두 비석을 끝으로 국가 차원의 금석문은 종언을 고하게 되어 지방관도 더 이상 나오지 않는다.

軍主의 가장 큰 특징은 모든 軍主가 △△(△)軍主로 기재되지 △△州軍主로 기재되지 않는 점이다. 이 점은 幢主와 道使가 郡의 장이 될 수가 있게 한다. 곧 △△幢主나 △△道使가 나오면 △△郡幢主나 △△郡道使로 나오지 않는다고 郡의 장이 아니라고 보았다. 軍主의 앞에서도 어느 예에서나 州자는 없어서 더욱 그러하다.

---

4) 6세기 국가 차원의 금석문에서는 군주가 반드시 나온다.

IV. 使大等

먼저 창녕비에 나오는 上州行使大等·下州行使大等·于抽悉支河西阿郡
使大等의 使大等에 대한 선학들의 견해부터 일별해 보기로 하자.

첫째로 <표 1>에서 2명씩의 사대등 가운데 앞에 있는 宿欣智及干支·
春夫智奈末·比尸智大奈末 등을 中代의 州助로 뒤에 있는 -次叱智奈末·就
舜智大舍·湏兵夫智奈末 등을 長史로 비정한 견해가 있다.[5] 둘째로 (行)
使大等을 단순히 軍主의 輔佐官으로 본 견해가 있다.[6] 셋째로 (行)使大
等을 道使로 보고, 사방군주 앞에 나오는 두 개의 △大等을[7] 당주일 가
능성을 시사한 견해가 있다. 넷째로 중고 지방통치조직을 이원적으로
파악하고서 州行使大等을 주의 민정관으로, 郡使大等을 군의 민정관으
로 파악한 견해가 있다.[8] 다섯째로 (行)使大等을 <표 1>에서 찾아야 한
다는 전제아래 당주와 道使의 범칭으로 본 견해가 있다.[9]

첫째 견해에서 사대등을 州助·長史로 파악한 것은 재고의 여지가 있
는 듯하다. 중고의 예속관은 창녕비와 마운령비·황초령비에 근거할 때,
助人이고,[10] 당주의 예속관은 적성비의 勿思伐城幢主使人이란 직명에
근거하면 使人이다. 따라서 주조와 장사의 전신은 사대등이 아니라 助人

---

5) 今西 龍, 『新羅史研究』, 1933, 484~485쪽.

6) 藤田亮策, 『朝鮮學論考』, 1963, 344쪽.

7) 이기백, 「대등고」『역사학보』17·18, 1962:『신라정치사회사연구』재수록, 75쪽. 三
   池賢一, 「<三國史記>職官志外位條解釋」『北海道駒澤大學硏究紀要』5, 103쪽
   에서도 (行)使大等을 道使에 비정하고 있다.

8) 木村 誠, 「新羅郡縣制の確立過程と村主制」『朝鮮史硏究會論文集』13, 1976, 18쪽.

9) 주보돈, 「신라 중고의 지방통치조직에 대하여」『한국사연구』23, 1979, 5쪽.

10) 山尾幸久, 「朝鮮三國のエホリのミヤケ硏究序說」『古代朝鮮と日本』, 1975, 176
   쪽에서 이미 軍主의 官이고, 州助에 해당하는 것으로 밝히고 있다.

과 使人일 가능성이 크기 때문이다. 둘째의 견해에서 (行)使大等을 군주의 보좌관으로 보고 있으나 창녕비의 上州行使大等의 직명을 가진 宿欣智及尺干은 감문군주의 관등과 꼭 같아서 얼른 납득이 되지 않는다. 세 번째의 견해에서 (行)使大等을 도사로 비정하면, 도사도 州에 파견된 모순을 안고 있다. 네 번째 가설과 다섯 번째 가설은 현재 학계에서 가장 널리 인정되고 있음으로 단락을 바꾸어 검토해 보기로 하자.

먼저 于抽悉支河西阿郡使大等란 직명 가운데 于抽悉支河西阿郡을 한 개의 군으로 보았다. 于抽는 영해·울진, 悉支는 삼척, 河西阿는 강릉에 비정되고 있어서[11] 3개의 군으로 보아야 된다. 왜냐하면 于抽悉支河西阿郡使大等·上州行使大等·下州行使大等에서 (行)使大等을 제거하면 于抽悉支河西阿郡·上州·下州가 남아서 于抽悉支河西阿郡을 한 개의 군으로 보기보다는 3개의 군으로 보아야한다. 또 창녕비의 건립(561년) 이전인 441년의 중성리비에서는 奈蘇毒只道使, 443년의 냉수리비에서는 耽湏道使, 524년의 봉평비에서는 居伐牟羅道使, 悉支道使, 536년을 상한으로 하는 월지 출토비에서는 ~村道使 등이 나왔고, 幢主는 545년이나 그 직전인 적성비에서 勿思伐城幢主, 鄒文村幢主의 예가 있어서 범칭론은 성립될 수가 없다.

다시 앞으로 돌아가 이원론에서 말하는 사대등의 民政官說에 대해 조사해 보자. 이원론은 창녕비에 나오는 사대등의 통치 지역이 군주의 통치 지역이 판연히 구별된다는 전제아래 전자를 민정, 후자를 군정의 지방관으로 본 것에서 출발하였다.[12] 이 견해에 따르면[13] 사대등의 통

---

11) 末松保和, 앞의 책, 1954, 305쪽.
12) 末松保和, 앞의 책, 1954, 339쪽.
13) 木村 誠, 앞의 논문, 1976, 18쪽.

치 지역은 上州, 下州, 于抽悉支河西阿郡의 3군이 되며, 군주의 통치 지역은 比子伐, 漢城, 甘文, 碑利城의 4지역이 된다는 것이다. 창녕비만으로 四方軍主와 (行)使大等의 통치 구역을 따로 구분하는 것은 확실한 근거가 없다. 또 『삼국사기』,지리지, 良州火王郡條에 火王郡 本比自火郡一云比子伐 眞興王十六年置州 名下州란 구절 등에 의해, 창녕비에 나오는 上州와 甘文을, 下州와 比子伐을 각각 동일한 것으로 본 견해가 있다.[14] 결국 上州=甘文, 下州=比子伐, 于抽悉支河西阿郡=碑利城으로 보아야 할 것이다.

중고의 통치조직을 이원적으로 보는 다른 견해에 대해서[15] 살펴보기로 하자. 이 견해에서는 州·郡·村에 대응되는 軍政·民政의 장을 각각 軍主와 州行使大等, 幢主와 郡使大等, 外村主와 道使로 파악하였다.[16] 이 견해에서 州·郡·村에 비정된 6명의 지방관은 조선 시대의 지방관의 수보다 많아서 따르기 어렵다. 또 大等与軍主幢主道使与外村主에서 군주·당주·도사·외촌주는 언급하고 있으나 行使大等이나 郡使大等은 언급이 없는 점도 문제이다.

州行使大等이나 郡使大等은 모두 그 정체를 알 수가 없다. 州行使大等나 3군의 郡使大等은 명칭상으로는 州의 장이 되어야 한다. 실제로는 비자벌군주 등 4주의 장이 군주이면서, 上州行使大等처럼 비자벌주군주식으로 된 군주는 524년 봉평비의 실지군주이래 없다. 우리는 주의 장은 당연히 군주로 문헌의 결론에 따라서 군주라 보았다. 그 어느 누구도 上州行使大等·下州行使大等에서 상주와 하주가 나와도 이를 주의 장관이

---

14) 今西 龍, 앞의 책, 1933, 290쪽,

15) 木村 誠, 앞의 논문, 1976.

16) 木村 誠, 앞의 논문, 1976, 18쪽.

라고 부르지 않았다.

V. 幢主·邏頭·道使

신라 금석문에 있어서의 幢主와 道使는 각각 郡과 村(城)에 파견된 지방관으로 이해되어 왔다. 이 점은 중고의 통치 조직을 일원적으로 보거나 이원적으로 보거나 관계없이 일치하고 있다. 幢主·道使란 직명은 창녕비의 隨駕人名에는 보이지 않고, 大等与軍主幢主道使与外村主에서 보일 뿐이다. 도사는 지명이 수반된 예를 남산신성비에서 볼 수가 있었으나 幢主의 경우는 1978년 단양적성비의 발견으로 지명을 수반한 당주가 알려지게 되었다.[17) 당주는 勿思伐城幢主, 鄒文村幢主의 2예로 이는 남산신성비 제5비의 ~道使幢主와 함께 당주가 지명이 같이 나오는 유일한 예이다. 邏頭는 남산신성비 제1비의 阿良邏頭, 남산신성비 제4비의 (古生)邏頭가 각각 비문의 인명 표기에 처음으로 등장하고 있다.

幢主와 外位 등이 나온 목간이 월성해자에서 출토되어서 이를 제시하면 다음과 같다.

> △△年正月十七日△△村在幢主在拜△淚廩典△岑△△(제1면)
> 喙部佛德智小舍易稻蔘石粟壹石稗參石大豆捌石(제2면)
> 金川一伐上內之 所白人 豆彼礼智一尺 文尺智里一尺(제3면)

이 목간에서 연대 추정의 꼬투리는 △△村在幢主란 직명이다. 545년이나 그 직전에 세워진 적성비의 高頭林成在軍主等과 유사해 6세기 중

---

17) 이기백, 「단양적성비발견의 의의와 왕교사부분의 검토」 『사학지』12, 1978, 26쪽.

엽으로 보인다. 전문을 해석하면 다음과 같다.

　　△△年 正月 十七日에 △△村在幢主가 再排하고 △淚하며, 廩典에 △
쑥△△했다. 喙部 弗德智 小舍가 稻參石과 粟壹石과 稗蔘石과 大豆捌石
을 바꾸었다. 金川 一伐이 위(△△村)에서 안으로 갔다(지방민으로서 중앙
의 일을 하게 되었다는 뜻) 所白人 登彼礼智 一尺과 文尺智里一尺이다.[18]

　　다음은 道使는 그 예가 많고 해서 단락을 바꾸어서 살펴보기로 하자.
먼저 道使는 441년의 중성리비에서 奈蘇毒只道使가, 443년의 냉수리
비에서 耽須道使가, 524년의 봉평비에서 居伐牟羅道使와 悉支道使가,
536～540년인 월지 출토비의 ～村道使가, 591년의 남산신성비 제1비의
奴含道使와 營坫道使가, 남산신성비 제2비의 阿大兮村道使와 仇利城道
使와 答大支村道使가, 남산신성비 제5비의 ～道使幢主가, 624년의 송림
사 전탑지 출토의 道使가, 668년 이성산성 목간의 南漢山城道使와 須城
道使가 각각 나오고 있다. 당주와 도사의 관계에 있어서 남산신성비 제5
비의 ～道使幢主란 직명을 볼 때, 당주는 군의 장, 도사는 행정촌의 장
이란 결론은 성립될 수가 없다. 당주와 도사는 대등한 관계이고, 남산신
성비 제1비의 阿良邏頭, 남산신성비 제4비의 (古生)邏頭가 각각 비문의
인명 표기에 처음으로 등장하고 있는 邏頭도 도사나 당주와 같은 유형
의 직명으로 보인다. 따라서 幢主, 邏頭, 道使는 모두 郡의 장으로 볼 수
밖에 없다. 幢主, 邏頭, 道使의 차이점은 지금까지의 자료로는 알 수가
없다.[19]

---

18) 幢主가 경위를 가진 자와 외위를 가진 자를 모두 거느린다는 사실은 중요하다.
19) 其俗呼城曰健牟羅　　　그 나라 풍습에 성(城)은 건모라(健牟羅)라고 부른다.
　　其邑在內曰啄評　　　안에 있는 마을은 탁평(啄評)이라고 부른다.

당주와 도사는 창녕비 제⑤·⑥행에 大等与軍主幢主道使与外村主라고[20] 나온다. 분명히 州의 장인 軍主와 村主사이에 당주와 도사가 있다. 이들을 관직으로 해석할 때, 우리는 △△郡幢主나 △△郡道使로 되어 있지 않아서 군의 장으로 보지 않았다. 앞에서 살펴본 대로 軍主의 앞에도 州가 있는 예는 없다. 州는 上州行使大等·下州行使大等에서 나온 예가 있다. 그렇다면 고신라 금석문에서 郡이 나온 예로는 于抽悉支河西阿郡使大等, 남산신성비 제1비의 郡中村主, 남산신성비 제2비의 郡中上人, 남산신성비 제9비의 郡上人이 있을 뿐이다. 그렇다면 州의 장인 軍主와 촌의 장인 촌주사이에 있는 나두와 당주와 도사는 당연히 군의 장이 될 수밖에 없다. 우리는 당연히 △△郡幢主나 △△郡道使로 나올 것으로 기대했고, 군이 있으면서 군의 장은 없는 것으로 보았다.

VI. 使人

사인이란 직명은 중성리비, 봉평비, 영천청제비 병진명, 적성비에서만

在外曰邑勒	밖에 있는 마을은 읍륵(邑勒)이라고 부른다.
亦中國之言郡縣也	이 말도 중국 말로 군현(郡縣)이라는 뜻이다.
國有六啄評	나라 안에 여섯 탁평(啄評)과
五十二邑勒	쉰 두 읍륵(邑勒)이 있다.
	六啄評은 6부이고, 五十二邑勒은 52郡으로 보인다.
	(『양서』, 신라전)

20) 군주와 촌주 사이에 당주와 도사가 있어서 당주는 郡의 長, 도사는 縣의 장으로 보았다. 당주는 지금까지 추문촌당주, 물사벌성당주쪽, △△村在幢主의 3예가 알려져 있다. 군의 장의 숫자가 너무 작고, 중성리비와 냉수리비에도 도사가 있어서 남산성리비 제5비의 ~道俔士幢主와 함께 고려하면 도사도 군의 장으로 보아야 한다.

나오고 있다. 중성리비와 영천청제비 병진명에서는 말단 중앙관으로, 봉
평비와 적성비에서는 지방관으로 나오고 있다. 사인의 개요를 알아보기
위해 441년의 중성리비부터 살펴보기로 하자. 우선 중성리비의 인명 분
석을 제시하면 다음의 <표 2>중성리비 인명 분석표와 같다.

〈표 2〉 중성리비의 인명 분석표

직명	출신지명	인명	관등명
	(喙部)	折盧(智)	王
	喙部	習智	阿干支
	沙喙	斯德智	阿干支
	沙喙	尒抽智	奈麻
	喙部	牟智	奈麻
夲牟子	喙	沙利	
위와 같음	위와 같음	夷斯利	
白爭人	喙	評公斯弥	
위와 같음	沙喙	夷須	
위와 같음	위와 같음	牟旦伐	
위와 같음	喙	斯利	壹伐
위와 같음	위와 같음	皮末智	
위와 같음	夲波	喙柴	干支
위와 같음	위와 같음	弗乃	壹伐
위와 같음	위와 같음	金評△	干支
使人		祭智	壹伐
奈蘇毒只道使	喙	念牟智	
	沙喙	鄒須智	
	위와 같음	世令	
	위와 같음	干居伐	
	위와 같음	壹斯利	
	蘇豆古利村	仇鄒列支	干支
	위와 같음	沸竹休	
	위와 같음	壹金知	
	那音支村	卜步	干支
	위와 같음	走斤壹金知	
	위와 같음	珎伐壹昔	
		豆智	沙干支
		日夫智	

직명	출신지명	인명	관등명
	(沙喙)	牟旦伐	
	喙	作民	沙干支
使人		卑西牟利	
典書		與牟豆	
	沙喙	心刀哩	

祭智壹伐使人은 왕경인으로 볼 수가 있다. 여기까지 16명이 6세기 금석문에 나오는 대등 집단이다. 使人을 지방관으로 보는 것은 상황 판단이다. 문제는 뒤의 使人이 중앙인 곧 6부인인지 지방민인지가 문제이다. 이 부분은 끊으면 제4단락으로 다음과 같다.

喙作民沙干支 使人卑西牟利 白口 若後世更導人者 與重罪

喙作民沙干支가 한 사람의 인명 표기이다. 喙은 출신부명, 作民은[21] 인명, 沙干支는 관등명이다. 使人卑西牟利가 한 사람의 인명 표기이다. 使人은 직명, 卑西牟利는 인명이다. 4단락을 해석하면 '喙 作民 沙干支, 使人인 卑西牟利가 입으로 아뢰기를 만약에 후세에 다시 남에게 주는 자는 重罪를 부여한다'가 된다. 使人인 卑西牟利를 喙 作民 沙干支와 함께 후세에 다시 남에게 주는 자는 중죄를 부여한다고 하므로 喙 作民 沙

---

21) 이를 집안 우산하 3319호분 출토의 권운문와당 명문인 '太歲在丁巳五月卄日 爲中郎及夫人造盖墓瓦 又作民四千 餕盦△用盈時興詣 得享萬歲'에 나오는 (여호규, 「1990년대 이후 고구려 문자자료의 출토 현황과 연구 동향」, 『신발견문자 자료와 한국고대사 연구』, 한국고대사학회 하계 세미나 자료집) 作民 용례 등으로 이문기, 앞의 논문, 2009, 29~30쪽에서 백성을 만든다로 해석하고 있다. 作民의 사람 수나 백성을 군대로 만든다든지하는 구체적인 내용이 없어서 따르기 어렵다. 일반적으로 이 고분이 漢人 고관 무덤으로 추정되는 점도 주목된다. 중성리비의 작민은 인명 표기 방식으로 볼 때 인명이다.

干와 함께 6부인으로 보인다.

이 중성리비의 使人을 지방인으로 보기보다 왕경인(6부인)으로 보이는 바 그 근거는 다음과 같다.

첫째로 사인은 후술할 영천청제비 병진명에서 6부인인 喙部 소속으로 나온다.

둘째로 중성리비에서 부명은 생략되나 성촌명이 생략된 예는 없다는 점이다. 따라서 使人은 6부인이다.

셋째로 지방관으로 나오는 경우, 봉평비에서는 阿大兮村使人, 葛尸條村使人, 男弥只村使人, 적성비에서는 勿思伐城幢主使人으로 전부 지명을 수반하고 있다.

넷째로 중앙관이라면 영천청제비 병진명의 예처럼 임시적으로 볼 수가 있고, 임시 지방관으로 볼 수가 없다.

다섯째로 지방관은 임시직으로 보이는 확실한 使人의 예가 없는데 대해, 중앙의 6부인의 경우는 영천청제비 병진명의 확실한 예가 있는 점이다.

524년의 봉평비에 나오는 使人을 제시하면 다음과 같다. 우선 봉평비의 사인만을 따로 떼어서 인명을 제시하면 다음의 <표 3>봉평비의 使人과 같다.

〈표 3〉 봉평비의 使人

직명	출신지명	인명	관등명	비고
阿大兮村使人		奈尒利		杖六十의 杖刑
葛尸條村使人		奈尒利	阿尺(외11)	
男弥只村使人		翼糸		杖百의 杖刑
위와 같음		於卽斤利		杖百의 杖刑

阿大兮村使人은 杖六十의 杖刑을 받고 있다. 외위도 없다. 葛尸條村使人은 阿尺이란 외위를 가지고 있고, 장형도 면하고 있다. 男弥只村使人이란 지방관 2명은 모두 관등이 없고, 杖百의 杖刑을 받고 있다. 장형을

받은 3명은 削奪官職을 받았음은 아님을 알 수가 있다. 그래서 직명은 그대로 갖고 있다. 이들은 모두 지방민 출신임을 쉽게 알 수가 있다. 이들 지방관 4인 가운데 3사람은 524년 正月15일의 소금 축제에 시범적인 예로 杖刑을 맞은 것으로 보인다. 그래서 직명은 유지하고, 관등명은 삭탈된 형벌을 장형과 함께 받은 것으로 짐작된다.

다음으로 使人의 예로는 536년의 영천청제비 병진명이 있다. 이 병진명의 인명 표기를 제시하면 다음의 <표 4>의 영천청제비 병진명의 인명 분석표와 같다.

<표 4> 영천청제비 병진명의 인명 분석표

職名	出身地名	人名	官等名
使人	喙	△尺利智	大舍苐
위와 같음	위와 같음	尺次鄒	小舍苐
위와 같음	위와 같음	述利	大烏苐
위와 같음	위와 같음	尺支	小烏
위와 같음	위와 같음	未苐	小烏
一支△人		次弥尒利	
위와 같음		乃利	
위와 같음		內丁兮	
위와 같음		使伊尺	
위와 같음		只尒巴	
위와 같음		伊卽刀	
위와 같음		衆礼利	
위와 같음		只尸△利	干支
위와 같음		徙尒利	

이 영천청제비 병진명은 536년에 세워진 것이다. 여기에는 길이를 나타내는 하나치인 淂이 5번이나 나오고, 步・尺・寸은 나오지 않고 있다. 그래서 월지 출토비에서는 步가 나와서 그 상한이 536년이 되고, 외위의 완성을 고려할 때, 그 하한은 540년경이 된다. 喙(部) 출신의 5명이 大舍

弟(1명), 小舍弟(1명), 大烏弟(1명), 小烏(2명)이 나오고 있다. 使人의 직명을 가진 5명의 탁부인의 인명이 나열되어 있다. 이들 5명은 영천 청제의 축조를 위해 파견된 임시직으로 보인다. 지금까지 금석문에 있어서 임시직이 나오는 예는 영천청제비 병진명밖에 없다. 중성리비의 사인이 6부인인지 지방민인지를 알 수 있는 잣대가 될 것이다.

마지막으로 545년이나 그 직전에 새워진 적성비의 勿思伐城幢主使人 那利村△△△△△(△)에서 勿思伐城幢主의 관할 영역을 那利村으로 볼 수도 있으나 比子伐軍主의 출신지는 沙喙部이고, 比子伐停助人은 喙部이므로 比子伐軍主의 관할지를 喙部까지 볼 수가 없다. 따라서 勿思伐城幢主의 관할지를 那利村으로 단정할 수는 없다. 使人은 使人 또는 ～村使人으로 있다가 幢主가 개설되어 勿思伐城幢主使人식 곧 당주의 예속관으로 완성되었다. 곧 시기는 적성비가 중요하나 524년의 봉평비에는 ～村使人이 나와서 양자 사이에 차이가 있다. 勿思伐城幢主使人으로 使人이 완성된 시기를 외위제가 완성된 540년경으로 보고자 한다.

VII. 맺음말

먼저 창녕비의 地方官 부분에서는 창녕비 제⑤·⑥행에 나오는 大等与軍主幢主道使与外村主란 구절과 창녕비의 인명 분석표 직명과 대비했다. 大等, 軍主, 村主는 대비가 가능하나 幢主와 道使는 찾을 수 없었다.

다음으로 軍主 부분에서는 지명+州+軍主로 된 직명이 단 1예도 없음에도 불구하고 甘文軍主 등의 四方軍主를 州의 장관인 군주로도 보아왔다. 軍主의 예에 따를 때 郡의 장인 幢主·邏頭·道使도 군의 장일 가능성이 있다.

그 다음으로 使大等 부분에서는 上州行使大等·下州行使大等·于抽悉支河西阿郡使大等의 使大等에 대해 선학들의 견해를 두루 살펴보았으나 뚜렷한 결론은 없는 듯하다.

다음으로 幢主·邏頭·道使 부분에 대해서는 명칭이 다른 데에도 불구하고 뚜렷한 차이점은 알 수가 없다. 남산신성비 제5비에 ~道使幢主란 직명이 나와서 서로 간에 상하 관계는 아닌 듯하다. 모두 군의 장이다.

마지막으로 使人에 대해 검토하였다. 441년 중성리비에서는 使人이 왕경인 갖고 있고, 536년의 영천 청제비병진명에서도 使人을 왕경인이 갖고 있고, 524년 봉평비에서는 使人을 지방관이 갖고 있고, 545년이나 그 직전에 세워진 적성비에서는 幢主의 보좌관인 지방민으로 완성된다.

제13절 及伐車명석비의 제작 시기

I. 머리말

고신라 시대에는 많은 금석문 자료가 있다. 개인적인 입장에서 기록된 임신서기석, 울주 천전리서석 원명, 추명, 을묘명 등, 어숙지술간묘의 명문 등이 있고, 국가 차원의 금석문인 중성리비, 냉수리비, 봉평비, 적성비, 창녕비, 북한산비, 마운령비, 황초령비 등이 있고, 역역 관련 금석문인 영천청제비 병진명, 대구 무술명오작비, 월지 출토비, 명활산성비, 남산신성비(10기)의 축성비가 있다.

이들 가운데 어느 부류에도 속하지 않는 비로 급벌차명석비가 있다. 이비를 월성해자비라고 풀이한 가설이 나왔다.[1] 여기에서는 먼저 명문을 소개하고, 다음으로 비의 제작 시기를 검토하고, 마지막으로 월성 해자비설을 검토해 보고자 한다.

II. 명문의 소개

1976년 月城과 月池 사이의 도로에서 발견되었다.[2] 비문은 양면으로 전문을 판독해 제시하면 다음과 같다.

---

1) 박방룡, 「남산신성비·월성해자비의 재해석」『문자와 목간』8, 2011.
2) 박방룡, 앞의 논문, 2011, 88쪽.

	뒷면		앞면	
	②	①	①	
1		△	作	1
2		人	人	2
3	此	首	居	3
4	三	力	丁	4
5	人	知	次	5
6		奈	及	6
7		末	伐	7
8			車	8

뒷면 제②행의 三人이란 구절로 보면 앞면 제②행에 한 사람의 인명이 파실된 것으로 보인다. 이를 참작해 인명을 분석해 제시하면 다음의 <표 1>과 같다.

〈표 1〉 급벌차명비의 인명 분석표

직명	인명	관등명
作人	居丁次	及伐車
······	······	······
△人[3]	首力知	奈末

이 비문 인명 표기의 특징은 출신부명이 없다는 점이다. 신라의 인명 표기에 있어서 부명의 소멸한 시기를 『일본서기』에 나타난 신라인의 인명을 분석하여 610~681년을 부명 사용의 최후의 一時期로 본 견해가 있다.[4] 『삼국사기』·『삼국유사』등의 문헌 자료에 근거하여 681년을 금석문에서 부명이 소멸된 시기로 본 견해도 있다.[5] 여기에서는 고구려·

---

3) 徒人으로 판독되기도 하나 따르기 어렵다.

4) 末松保和, 『新羅史の諸問題』, 1954, 276쪽.

5) 이문기, 「금석문 자료를 통해서 본 신라의 6부」『역사교육논집』2, 1981, 108~123쪽.

백제 사람과 신라의 지방민이 王京化되는 배경과 『삼국사기』권7, 신라
본기, 문무왕21(681)년조의 律令格式 有不便者 卽便更張이란 구절을 중
요한 근거로 잡고 있다. 위의 두 견해는 금석문 자체에서는 부명의 소멸
된 예를 따지지 않고 문헌으로만 그 이유와 시기를 찾았다.

　신라에 있어서 7세기에 분명히 금석문 자료에서 부명이 소멸되는 것은
분명하다. 7세기 신라 금석문 자료 중 인명에 관한 것이 거의 없기 때문에
이 문제의 잘잘못을 분명히 따지기에는 어려움이 있다. 부명 소멸 시기에
대한 간접적인 접근 방법으로 지금 경주에 남아있는 太宗武烈大王之碑에[6]
주목하고자 한다. 무열왕비는 현재 귀부와 이수만 남아 있으나 이수에
太宗武烈大王之碑란 제액이 적혀 있어서 비의 건립 당시에는 무열대왕비
문이 있었음을 알 수 있다. 무열대왕비문은 파실되어 지금 전해지지 않고
있지만, 이 비문의 내용 중 인명 표기에 관해 한번 추정해보기로 하자.

　무열대왕비문의 인명 표기는 신라식으로 적혀 있을까? 아니면 중국식
으로 적혀 있을까? 바꾸어 말하면 무열대왕비문의 인명 표기가 창녕비처
럼 漢城軍主喙竹夫智沙尺干으로 되어 있는지 아니면 문무왕릉비에서와
같이 及湌國學少卿臣金△△로[7] 되어 있는지 하는 문제이다. 무열대왕비
의 귀부와 이수가 당시 중국 당나라 황제릉 앞에 서 있던 묘비와 거의
같은 형식인 점과 문무왕릉비도 귀부와 이수를 갖춘 묘비로 추정되고 있
는 점에서[8] 결론은 분명하다. 중국식의 묘비 형식이 새로 도입되어 귀부

---

6) 이 太宗武烈大王之碑의 武烈大王을 제외하고 울주 천전리서석 을묘명(535년)
　의 法興太王, 울주 천전리서석 추명(539년)의 另卽知太王, 북한산비(561~568
　년)의 眞興太王과 新羅太王, 마운령비(568년)의 眞興太王, 황초령비(568년)의
　眞興太王 등으로 모두 太王이라고 부르고 있다.
7) 湌자는 삼수 변(氵)이 아니고 부서진 뼈 알 변(歹)이다.
8) 關野貞, 『支那の建築と藝術』, 1938, 181~190쪽.
　長廣敏雄, 「隋唐の碑碣」 『書道全集』7, 1966.

와 이수까지 갖추었는데도 불구하고 비문의 인명 표기를 창녕비처럼 신라 방식으로 썼을 것으로 보는 점에 대해서는 쉽게 동의할 수 없다. 오히려 무열왕 다음의 임금인 문무왕의 문무왕릉비와 마찬가지로 인명 표기가 중국식으로 적혔다고 판단된다. 그렇다면 신라에서는 태종무열왕비의 건립 시기인 661년경에 인명 표기에서 크다란 변화가 있었음을 알 수가 있다.

III. 제작 시기

신라에서는 591년 남산신성비부터 673년 계유명아미타삼존불비상까지 사이의 인명 표기가 나온 예가 없다. 이 급벌차명비도 이 사이에 속하는 것은 분명하다. 이 비의 연대 추정에 대한 중요한 단서로 及伐車란 관등명을 들 수가 있다. 이 급벌차는 級伐湌(9관등)과 같은 것이다. 급벌찬의 시대에 따른 변천을 제시하면 다음의 <표 2>와 같다.

<표 2> 급벌찬의 시기에 따른 표기 변천

資料	年代	級伐湌의 표기
梁書·南史	521년	奇貝早支
蔚州 川前里書石 追銘	539년	居伐干支
赤城碑	545년 직전	及干支
昌寧碑	561년	及尺干
北漢山碑	561~568년	及干
磨雲嶺碑	568년	及干
黃草嶺碑	568년	及干
東蕃風俗記	594년	級伐干
隋書	594년	及伏干
文武王陵碑	681년	汲湌[9]
聖德大王神鐘銘	771년	級湌
神行禪師碑	813년	級干
蓮池寺鐘銘	833년	及干

274 신라 금석문

資料	年代	級伐湌의 표기
窺興寺鐘銘	856년	及干
寶林寺塔誌	880년	及干

<표 2>를 통해 보면 급벌찬은 6세기 전반에는 居伐干支 또는 及干支로, 6세기 후반에는 及尺干과 及干과 級伐干으로 표기되고, 7세기 후반에는 級湌으로, 9세기에는 級干과 及干으로 각각 표기되고 있다. 594년의 『東蕃風俗記』에는 級伐干으로, 『隋書』에는 及伏(伐)干으로 각각 나오고 있는데 及伐車에 가장 가깝다. 급벌차가 나오는 금석문이 594년경이 아닐까하는 의문이 생긴다.

이제 급벌차명석비를 6세기 후반 자료와 비교해 보자. 6세기 후반 자료로는 남산신성비가 있다.[10] 이의 인명 표기 가운데 지방민과 함께 나오는 제1비만을 적기해 제시하면 다음의 <표 3>과 같다.

〈표 3〉 남산신성비 제1비의 인명 분석표

職名	出身地名	人名	官等名
阿良道使	沙喙	音乃古	大舍
奴含道使	沙喙	合親	大舍
營坫道使	沙喙	△△傲知	大舍
郡上村主	阿良村	今知	撰干
위와 같음	柒吐村	△知尒利	上干
匠尺	阿良村	末丁次	干
위와 같음	奴含村	次△叱礼	干
文尺		△文知	阿尺
城使上	阿良	沒奈生	上干
工尺	위와 같음	阿△丁次	干
文尺	위와 같음	竹生次	一伐

9) 湌자는 삼수 변(氵)이 아니고 부서진 뼈 알 변(歹)이다.
10) 남산신성비 제10비는 제9비와 꼭 같은 형식의 비로 복원된다. 제9비와 같은 형식의 비가 많았음을 말해주고 있다.

職名	出身地名	人名	官等名
面捉上	위와 같음	珎巾	△
△捉上	위와 같음	知礼次	
外捉上[11]	위와 같음	首尒次	
△石捉上	위와 같음	辱△次	

591년의 남산신성비는 모두 10기가 발견되었다. 이들 인명 표기에서는 출신지명에 沙喙(部)란 부명과 阿良(村), 柒吐村, 奴含村 등의 촌명이 출신지명으로 나오고 있다. 남산신성비를 끝으로 신라에서 부명과 출신 촌명은 사라지고 없다. 그러면 591년의 남산신성비에 뒤이어 나오는 금석문으로 603년의 울주 천전리서석 계해명이 있다. 이의 전문을 제시하면 다음과 같다.

④	③	②	①	
行	婦	沙	癸	1
時	非	喙	亥	2
書	德	路	年	3
	刀	凌	二	4
	遊	智	月	5
		小	六	6
		舍	日	7

이 명문은 543년으로 보기도 하나[12] 小舍에 帝智, 第 등이 붙지 않아서 603년이다.[13] 이는 癸亥年(603년) 2월 6일에 사탁부 路凌智小舍의 婦인 非德刀가 놀러갈 때에 썼다가 된다. 이 명문으로 인해서 603년까지는

---

11) 외자는 초두 머리(艹)밑에 바깥 외(外)이나 조판의 어려움 때문에 外로 표기하였다.
12) 국사편찬위원회 한국사데이터베이스의 울주 천전리서석 계해명조 참조.
13) 武田幸男,「金石文からみた新羅官位制」『江上波夫敎授古稀記念論集』, 歷史篇, 1977.

인명 표기에 부명이 있었다고 보아도 좋다. 그러면 인명 표기에서 부명은 언제 사라진 것일까? 신라 금석문에서 부명이 사라진 예로 673년의 계유명아미타삼존불비상이 있다. 이의 인명을 분석해 도시하면 <표 4>와 같다.

〈표 4〉 계유명삼존불비상의 인명 분석표

비면의 표시	인명	관등명	비고
向左側面	△△	彌△次	及伐車(及干)?
	△△正	乃末	
	车氏毛	△△	乃末로 복원
	身次	達率	백제 관등명
	日△	△	大舍로[14] 복원
	眞武	大舍	
	木△	大舍	
背面	与次	乃末	
	三久知	乃末	
	豆兔	大舍	
	△△	△	大舍로 복원
	△△	△△	△師로 복원
	△△	大舍	
	夫△	大舍	
	上△	△	大舍로 복원
	△△	△	大舍로 복원
	△△	△師	
	△△	大舍	
	△△	大舍	
	△力	△	大舍로 복원
	△久	大舍	
	△惠	信師	
	△夫	乃末	
	林許	乃末	
	惠明	法師	
	△△	道師	
	普△	△△	△師로 복원
向右側面	△△	△	大舍로 복원
	△△	大舍	

비면의 표시	인명	관등명	비고
正面	使三	大舍	
	道作公		公이 관등명류?
	△氏	△△	인명인지 여부?
	述況	△△	인명인지 여부?

　계유명아미타삼존불비상에 대해 미술사적인 접근을 통해 673년임이 밝혀졌다. <표 4>에 나오는 인명 표기를 통해 검토해 보자. 癸酉年을 1갑자 올려서 613년으로 볼려고 하면 그 당시 정치적 상황으로는 達率이란 백제의 관등명과 乃末·大舍 등의 신라 관등명이 같은 비문에 공존할 수가 없다. 癸酉年을 한 갑자 내려서 733년으로 보면 達率이란 백제 관등명을 지닌 사람의 나이가 백제 멸망 당시인 660년에 30살이라고 가정해도 733년에는 103살이 되어 성립하기 어렵다.[15] 따라서 癸酉年은 673년일 수 밖에 없다.

　<표 4>에 나타난 인명 표기에 대해 살펴보기로 하자. 먼저 눈에 쉽게 띄는 것으로 達率身次란 인명 표기이다. 이는 達率이란 백제 관등명과 신차란 인명이 모인 인명 표기이다. 관등명+인명의 순서는 신라 중고 금석문의 인명 표기 방식인 인명+관등명과 차이가 있다. 達率身次란 인명 표기는 백제 금석문의 인명 표기 방식을 알 수 있는 자료이다. 곧 백제 금석문의 인명 표기 방식이 직명+출신지명+관등명+인명의 순서로 기재됨을 알려주는 유일한 자료이다.[16]

---

14) 원래는 大舍의 합자로 한 글자이나 조판상 어려움 때문에 大舍로 적었다. 이하 大舍는 모두 같다.

15) 김창호, 「계유명아미타삼존불비상의 명문」『신라문화』8, 1991, 140쪽.

16) 백제의 금석문 인명 표기 방식은 고구려와 같음을 알 수 있다. 또 지금은 임혜경, 「미륵사지 출토 백제 문자자료」『목간과 문자』13, 2014에만 해도 금제소형판에 中部德率支受施金壹兩의 中部(출신부명) 德率(관등명) 支受(인명), 청동합에

다음으로 <표 4>에 나오는 대부분의 인명은 인명+관등명의 순서로 기재되어 있고, 직명과 출신지명은 없다. <표 4>의 자료는 인명 표기가 기록된 한두 명의 예가 아니고, 30명 가량이나 나오는 인명 표기에도 불구하고 출신지명인 부명이 나오는 예는 단 1예도 없다. 물론 <표 4>의 인명들은 원래는 백제인들이었으나 673년에 신라에서 백제인에게 준 신라에서 관등명 백제인에게 준 신라 관등명을 갖고 있다. 곧 『삼국사기』권 40, 잡지, 職官下에 百濟人位 文武王十三年(673년) 以百濟來人授內外官 其位次視在本國官銜 京官 大奈麻本達率 奈麻本恩率 大舍本德率~이란 구절에서 그러한 사실을 알 수 있다. 673년에 백제인들에게 신라의 경위를 줄 때에 이미 喙部·沙喙部의 소속부명을 주지는 않았을 것이다. 그렇게 된 경우인 탁부와 사탁부를 준 경우에는 계유명아미타삼존불비상의 조상 자체가 백제 故地에서 이루어지지 않았을 것이다. 만약에 부명이 인명 표기에 포함되었을 경우에는 신라의 수도였던 경주에서 조상이 이루어졌을 것이다. 계유명아미타삼존불비상은 백제 고지인 연기 지방에서 백제의 유민 기술자에 의해 만들어졌다. 이 비문에 적힌 인명들은 대부분 백제 유민들나 신라식 관등명을 갖고 있다. 이와 꼭 같은 예를 癸酉銘三尊千佛碑像에 의해서도 찾을 수 있는 바, 이의 인명을 분석해 제시하면 다음의 <표 5>와 같다.

〈표 5〉癸酉銘三尊千佛碑像의 인명 분석표

人名	職名
△弥次	乃末
牟氏	大舍
△生	大舍

上部達率目近의 上部(출신부명) 達率(관등명) 目近(인명) 등이 있어서 백제 금석문의 인명 표기가 직명+출신부명+관등명+인명의 순서임을 쉽게 알 수가 있다.

人名	職名
△仁次	大舍
△宣	大舍
贊不	大舍
貳使	大舍
△△△	大舍
△非	(大舍)

　　<표 4>와 <표 5>에 나타난 인명들은 673년에 작성된 백제 유민들이 신라에서 받은 신라의 관등명이 대부분이다. 이 시기에 있어서의 신라 왕경인 출신의 인명에도 부명이 없는 예를 제시하면 다음과 같다.

　　　上元二年乙亥三月卅日加貝谷巳世大阿干~(675년, 울주 천전리서석 상원2년명)

　　巳世大阿干의 부분이[17] 인명 표기이지만 인명과 관등명만이 나오고 있고, 직명과 부명은 없다. <표 4>와 <표 5> 그리고 상원2년명의 인명 표기에서 부명이 사라진 이유는 무엇일까? 7세기 전반 금석문은 울주 천전리서석 癸亥銘의 603년밖에 없어서 뚜렷한 결론을 내릴 수 없지만 지금 우리가 가지고 있는 자료를 가지고 그 이유를 추론해 보기로 하자. 7세기 후반에 있어서 신라 금석문의 인명 표기는 출신지명(부명)이 생략되는 등 상당한 변화가 불가피했다. 곧 660년 백제 멸망과 668년 고구려 멸망 때, 고구려와 백제의 유민들에게 경위를 주었지만 6부명을 기록하지는 않았을 것이다. 이러한 상황속에서 무열왕릉비문의 작성시에도 인명 표기 자체가 중국식으로까지 바뀌는 큰 변화가 있었다고 추정된다.

────────────

17) 이 부분에 대한 다른 판독도 한국고대사회연구소, 『역주 한국고대금석문』(Ⅱ), 1992, 169쪽에 있다.

673년에 작성된 계유명아미타삼존불비상과 계유명삼존천불비상의 명문
에 나타난 인명 표기에서 그 뚜렷한 증거를 잡을 수 있다. 이들 명문에
서 신라 경위를 소유한 사람들은 원래 백제 멸망 후 신라의 지배하에 놓
이는 과정에서 신라의 경위(관등)를 수여받은 백제의 유민들이라 한
다.[18] 673년경부터 백제나 고구려의 유민들에게도 외위가 아닌 경위를
주었다. 신라의 경위를 받은 이들 백제계 유민들의 인명 표기에 신라의
6부명을 기록할 수가 없었고, 백제의 부명을 적을 수도 없었다. 고구려
의 경우도 마찬가지였을 것이다. 그래서 유민들의 인명 표기에는 출신부
명이 생략되었다. 나아가서 신라인들도 인명 표기에 부명을 기록하지 않
았다고 판단되는 바, 울주 천전리서석 上元2년(675년)명의 巳世大阿干이
그 좋은 예이다. 巳世는 大阿干이란 관등명에서 보면 신라의 진골 출신이
다. 탁부나 사탁부 출신으로 짐작되지만 부명은 기록하지 않고 있다. 調
露二年漢只伐部君若小舍～三月三日作康(?)～[개행]에서[19] 조로2년(680년)에
한지벌부란 부명이 나오기도 한다. 이는 주류는 아닐 것이고, 661년경 태
종무열왕비문이 작성되면서 부명이 없어지는 등 인명 표기에 커다란 변
화가 있었다. 급벌차명비도 661년 이후 고신라 시대의 비석일 것이다.

IV. 월성 해자비설의 검토

이 비의 발견지가 월성의 동문지 가지구에 석축으로 된 해자 시설이
있던 지역이란 점 등으로 월성 해자비라고 주장하였다.[20] 역역에 관련

---

18) 진홍섭, 「계유명아미타삼존불비상에 대하여」『역사학보』17·18, 103～105쪽.
19) 調露2년(680년) 漢只伐部의 君若 小舍가 (감독했고,) 三月三日에 作康(?)이 만
들었다로 해석된다.

되는 비는 월지 출토비(536년~540년경), 명활산성비(551년), 남산신성비 (591년, 10기) 등의 축성비와 영천청제비 병진명(536년), 대구무술명오작 비(578년) 등의 축제비가 있다. 전자에서는 반드시 수작 거리를 步尺으로 표기한다. 역역을 담당한 집단이 행정촌으로 표기된다. 축제비는 堤 또는 塢의 크기를 표시하고, 담당한 지역명과 연동원인원을 표기한다. 정말로 축제비에서는 무엇을 적는지를 대구무술명오작비를 통해 검토 해 보기로 하자. 우선 오작비의 전문을 제시하면 다음과 같다.

⑨	⑧	⑦	⑥	⑤	④	③	②	①	
文	起	伊	塢	居	道	大	人	戊	1
作	數	助	珎	毛	尺	工	者	戌	2
人	者	只	此	村	辰	尺	都	年	3
壹	三	彼	只	代	主	仇	唯	四	4
利	百	日	村	丁	家	利	那	月	5
兮	十	此	△	一	之	支	寶	朔	6
一	二	塢	述	伐	△	村	藏	十	7
尺	人	大	瓜	另	△	壹	阿	四	8
	功	廣	一	冬	柯	利	尺	日	9
	夫	廿	尺	里	主	力	干	另	10
	如	步	△	村	一	兮	都	冬	11
	十	高	△	沙	伐	貴	唯	里	12
	三	五	一	木	夫	干	那	村	13
	日	步	尺	乙	作	支	慧	高	14
	了	四	另	一	村	△	藏	△	15
	作	尺	所	伐	筆	上	阿	塢	16
	事	長	丁	珎	令	(干)	尺	作	17
	之	六	一	淂	一	壹	(干)	記	18
		十	伐	所	△	△		之	19
		步	△	利	只	利		此	20
		此	伊	村	奈	干		成	21
		作	叱	也	主			在	22
			木	淂	之			△	23

20) 박방룡, 앞의 논문, 2011, 88쪽.

⑨	⑧	⑦	⑥	⑤	④	③	②	①	
			利	失	一				24
		一	利	伐					25
		尺	一						26
			伐						27

戊戌年四月朔十四日은 『삼정종람』에 따르면 戊戌年四月戊戌朔十四日이란 뜻으로 오작비의 건립 연대를 578년으로 확정하게 된다. 另冬里村의 高△塢이라고 오의 이름이 나오고, 그 다음으로 오에 관계한 사람들의 인명이 나열되어 있고, 그 다음으로 오의 크기를 廣, 高, 長으로 표기하고 있고, 功夫 몇 명이 13일만에 완성했고, 마지막으로 文作人의 인명을 적고 있다.

다음은 축성비의 대표적인 예인 남산신성비 제1비를 조사하기 위해 비의 전문을 제시하면 다음과 같다.

⑨	⑧	⑦	⑥	⑤	④	③	②	①	
△	△	干	△	(村)	喙	晋	年	辛	1
△	△	工	叱	△	△	乃	崩	亥	2
△	捉	尺	礼	知	△	古	破	年	3
受	上	阿	干	尒	俶	大	者	二	4
十	知	柒	文	利	知	舍	罪	月	5
一	礼	丁	尺	上	大	奴	教	廿	6
步	次	次	△	干	舍	含	事	六	7
三	外	干	文	匠	郡	道	爲	日	8
尺	捉	文	知	尺	上	使	聞	南	9
八	上	尺	阿	阿	村	沙	教	山	10
寸	首	竹	尺	良	主	喙	令	新	11
	尒	生	城	村	阿	合	誓	城	12
	次	次	使	末	良	親	事	作	13
	△	一	上	丁	村	大	之	節	14
	石	伐	阿	次	今	舍	阿	如	15
	捉	面	良	干	知	營	良	法	16
	上	捉	沒	奴	撰	坫	邏	以	17

⑨	⑧	⑦	⑥	⑤	④	③	②	①	
	辱	上	奈	含	干	道	頭	作	18
△	珎	生	村	柒	使	沙	後	19
次	巾	上	次	吐	沙	喙	三	20

辛亥年二月卅六日에 남산신성을 축조할 때에 3년안에 무너지면 벌을 받겠다는 맹서를 하고 공사에 관계한 사람들의 인명이 나열되어 있다. 마지막으로 수작 거리를 十一步三尺八寸이라고 寸까지 정확하게 표시하고 있다.

급벌차명석비는 축제비나 축성비의 어느 형식과도 달라서 그 성격을 알 수가 없다. 3명의 인명만(1명은 추정) 나열되어 있고, 양면 비라서 어디에 세웠던 것은 분명하다. 이렇게 立碑가 틀림없다면 월성 해자를 축조하면서 세웠다면 무엇을 나타낼려고 했을까? 우리는 월지 출토비(종래의 안압지 출토비)가 월지의 석축 속에 있었다고 월지 축조비는 아니고 536년 이후나 540년경까지의 축성비였음은 널리 알려진 사실이다. 급벌차명석비도 월성의 해자 축조와는 관계가 없이 옮겨온 것으로 판단된다. 661년 이후에 만들어진 급벌차명석비는 3명의 이름만 나열되어 있을 뿐 그 성격은 알 수가 없다. 관등도 及伐車(급벌찬)은 9관등으로 적어도 6두품에 해당되고, 奈末은 11관등으로 적어도 5두품에 해당된다. 나머지 파실된 인명의 관등은 11관등인 奈末에서 9관등 及伐車(급벌찬)까지의 관등이나 10관등인 大奈末일 가능성이 있다. 3명이 각기 다른 직명을 갖고 있고, 관등도 다르면서 가질 수 있는 공동점은 젊은 날의 친구가 모여서 석비에 함께 이름을 새긴 것으로 보인다. 그래서 遊娛할 수 있는 景觀이 있는 곳에 세웠던 양면비일 것이다. 곧 이 비는 현재까지 자료로 보면 임신서기석과 가장 유사하다. 그러다가 월지 출토비처럼 이동했을 것이다. 그렇지 않고서는 역역과 관련이 없는 월성해자로서는 3인의 인명만이 적힌 이유를 풀 수가 없다.

V. 맺음말

먼저 전 3행의 명문을 소개하겠다.

다음으로 인명 표기 가운데 나오는 及伐車에 주목하여 급벌차(급벌찬)가 나오는 자료를 일별해 그 시기를 알아 보고, 인명 표기에 출신지명인 부명이 나오지 않는 점에 의해 그 제작 시기를 661년이후인 고신라말로 보았다.

마지막으로 월성 해자 동문지에서 출토된 급벌차명석비를 무술명대구오작비와 남산신성비 제1비와 비교해 축성비나 축제비는 아니고, 직명을 달리하는 3인이 옛날의 인연으로 이름을 새기고 비를 세운 양면비로 보았고, 또 이 급벌차명석비가 이동되었을 가능성이 있다고 보았다.

제2장
통일 신라 금석문

제1절 문무왕릉비에 보이는 신라인의 조상 인식

Ⅰ. 머리말

신라의 상고사를 연구하는 데 있어서 중요한 것의 하나로 시조 문제를 들 수 있다. 『삼국사기』·『삼국유사』 등의 문헌 기록에는 시조 문제가 神宮·五廟制 등과 함께 기술되어 있다. 신라의 금석문 자료에도 시조와 관련되는 구절이 가끔 나오고 있다. 그 가운데에서 가장 내용이 풍부해, 일찍부터 주목 받아 왔던 자료는 문무왕릉비[1] 것이다.

문무왕릉비라 하면 먼저 시조 문제를 연상하게 된다. 비문에 나오는 十五代祖星漢王이란 구절이 신라의 시조 문제를 해결하는데 중요한 단서가 되어 왔다. 이 구절 가운데 十五代祖가 과연 세대수를 가리키는 말

---

1) 문무왕릉비는 사천왕사지에 서있던 왕릉비이다. 문무왕은 고문 밖에서 화장을 해 동해 해중릉에서 산골하고 비는 사천왕사에 세웠다. 지상에 무덤이 없는 유일한 신라왕이다. 681년 7월 1일에 죽은 문무왕은 682년 7월 25일에 장사지내서 1년간의 殯葬을 했다. 이렇게 빈장은 무녕왕릉 부부는 각각 27개월의 3년상을, 광개토왕은 2년간을 필요로 했다. 또 하나의 사천왕사에 선 비인 사천왕사사적비를 비편에 나오는 次壬辰(692년)에 근거해 신문왕의 사망이 황복사금동사리함기에 神文大王~天授三年壬辰七月二日昇天이라고 해 왕의 사망이 692인 점을 근거로 신문왕릉비도 있다고 주장(정현숙, 「신라 사천왕사지 출토 비편의 새로운 이해」 『목간과 문자』22, 2019)했으나 이는 빈장을 염두에 두지 않아서 명백한 잘못이다. 문무왕릉비에 따를 때 1년 이상의 빈장 기간이 필요하다. 사천왕사사적비도 문무왕릉비처럼 양면비로 보인다. 문무왕의 원찰인 사천왕사에 신문왕이 들어갈 수가 없고, 두 부자 왕이 함께 한 사찰에서 원찰의 주인공으로 모신 예가 없다.

인지 아니면 왕대수를 가리키는 말인지 여부에 따라서 星漢王과 문헌의 연결이 달라지게 된다. 세대수로 볼 경우에는 星漢王=勢漢이 되고,[2] 왕대수로 볼 경우에는 星漢王=味鄒王이 된다.[3]

이와는 별도로 문무왕릉비의 다른 구절인 祭天之胤傳七葉의 七葉을 세대수의 방법으로 찾는 견해가 나왔다.[4] 결국 祭天之胤傳七葉이란 구절을 智證王의 神宮 설치와 관련지워 해석하였다. 이 견해와 같이 祭天之胤傳七葉이란 구절을 해석하는 데에 세대수의 방법이 맞다면, 十五代祖星漢王의 해석에 있어서도 왕대수로 찾는 것보다 세대수로 찾는 것이 훨씬 설득력이 강할 가능성이 크게 되었다.

여기에서는 祭天之胤傳七葉이란 구절이 과연 智證王의 神宮 설치와 관련되는지 여부를 검토해 보고자 한다. 이를 위해서 먼저 문무왕릉비 자체의 복원 문제를 다루어 보려 한다. 다음으로 신라인의 조상 인식에 지금까지의 연구 성과를 일별하여 이를 문무왕릉비의 분석에 원용하겠다. 마지막으로 문무왕릉비 자체의 구조적인 분석과 관계 문헌을 통한 검증으로 신라인의 조상 인식에 대한 소견을 피력하여 전고의[5] 미진한 부분을 수정 보완하고자 한다.

---

2) 前間恭作, 「新羅王の世次と其名につきて」『東洋學報』15-2, 1925. 많은 선학들이 이 견해를 추종해 왔으나 勢漢은 왕위에 오른 적이 없어서 太祖星漢王이 될 수가 없다.

3) 김창호, 「신라 태조성한의 재검토」『역사교육논집』5, 1983.

4) 浜田耕策, 「新羅の神宮と百座講會と宗廟」『東アジアにおける日本古代史講座』9, 1982.

5) 김창호, 앞의 논문, 1983.

II. 비문의 복원

먼저 문무왕릉의 발견 경위부터 살펴보기로 하자. 이에 대한 자세한 언급은『耳溪集』, 권16에 나와 있다. 이에 의하면 조선 영조 때 慶州府尹이던 耳溪 洪良浩가 영조36(1760년)에 訪文武王陵 無片石可驗하였다가, 그 후 36년이 지난 정조20년(1796년)에 문무왕릉비가 土人耕田 忽得古碑한 것이 된다.

이 비의 탁본이 중국에 들어가『海東金石苑』에 판독되어 실리게 되었다.[6]『해동금석원』에서는 탁본 자체가 4장인 점에 근거하여 第一·第二·第三·第四石으로 호칭을 붙여서 4개의 파편으로 파악하고 있다.[7] 비의 건립 연대도 뚜렷한 근거도 없이 신문왕1년(681년)으로 보았다.[8]

그 뒤에 今西龍은 비문에 나오는 國學少卿이란 직명과『삼국사기』의 신라 국학 설치를 관련시켜 건비 연대를 신문왕2년(682년) 6월이후로 보는 등[9] 비에 대한 최초의 체계적인 연구가 시도되었다. 비문의 복원에

---

6) 원문을 적기하면 다음과 같다.
　　往在鷄林時 訪文武王陵 無石片可驗 後三十六年 土人耕田 忽得古碑於野中 卽文武王碑 而大舍韓訥儒所書也(今西龍,「新羅文武王陵碑に就きて」『藝文』12-7;『新羅史研究』, 1933, 492쪽 참조.)
7) 劉喜海,『해동금석원』上, 1922, 68~76쪽. 第一·第二·第三·第四石이란 용어는 문무왕릉비가 전후면으로 된 것이기에 잘못된 것이다. 본고에서는 설명의 편의상 계속 사용하기로 한다.
8) 劉喜海, 앞의 책, 1922, 75쪽.
9) 今西龍, 앞의 책, 1933, 503쪽. 그런데 문무왕릉비의 건립 연대는 후면 제㉒행의 ~卄五日景辰建碑란 구절을『史諱擧例』·『二十史朔閏表』·『長術輯要』·『삼정종람』 등에 비추어 보면, 신문왕2년(682년) 7월 25일로 보인다.(김창호,「영천 청제비정원14년명의 재검토」『한국사연구』43, 1983, 126쪽.)
　　이렇게 日干支로 연대를 찾는 방법에 있어서 한 가지 부언하고 싶은 것은 울주천

대해서도 『金石續編』·『朝鮮碑全文』 등과[10] 『해동금석원』을 대조하면서 의욕적인 시도를 하였다. 『해동금석원』에서 4편으로 판독된 비문을 비의 한 쪽면에만 글자가 있었던 것으로 해석하였다. 이 해석을 토대로 비석의 전체를 가로 50행, 세로 46자로 복원하였다.

이 가설에 있어서 第一石과 第二石은 잘 맞추었다. 第三石과 第四石은 第一石·第二石과 같은 면에서 맞추어 보려고 했기 때문에 가로로 행수가 늘고, 세로로도 자수가 불었다. 복원된 비석은 원비보다 폭이 넓고 길이가 긴 것이 되어 버렸다.

그 뒤에 직접 문무왕릉비 4폭의 탁본을 실견하고서 비문 자체에 대한 이해를 새롭게 한 가설이 나왔다.[11] 第一石과 第四石은 비의 상반 전후면에 해당되고, 第二石과 第三石은 하부의 전후면에 해당된다고 보았다.

전리서석 乙丑銘(545년)의 乙丑年九月中이란 구절에 관한 것이다.

이에 대해서는 김창호, 「壬申誓記石의 연대와 계층」『가야통신』10, 1984, 10쪽에서 乙丑年(545년)九月中의 경우는 九月中이 음력으로 九月이 되지 않고 十月이 된다고 하였다. 실제로 乙丑年(545년)의 九月朔은『이십사삭윤표』에 丁丑이다. 이는 양력으로 9월22일이다. 九月中인 霜降은 양력으로 10월 23일 또는 10월 24일이다. 陰曆으로 十月朔은 丙午이고, 양력으로는 10월23일 또는 24일이다. 乙丑年(545년) 경우 九月氣는 양력으로 10월 23일 또는 24일이고, 음력으로는 10월 3일 또는 4일이 된다.

그런데 이은성, 「무령왕릉의 지석과 원가역법」『동방학지』43, 1984, 102쪽에서는 545년 九月中의 일간지를 甲辰으로 제시하고 있다. 같은 논문의 <표 5>二十四氣(50쪽)에서는 분명히 九月中이 양력 10월 23일로 되어 있다. 545년 10월 23일 (양력)을『이십사삭윤표』나 같은 논문(102쪽)에서 근거하여 찾으면 분명히 일간지가 戊申이고, 음력으로10월 3일이다. 만약에 이은성의 견해대로 545년 九月中의 일간지가 甲辰이라면, 이는 음력으로 9월 28일이고, 양력으로는 10월 19일이다.

10) 수西龍, 앞의 책, 1933, 496쪽에 의하면 문무왕릉비의 최초의 복원은『金石續編』의 編者인 陸紹聞에 의해 시도되었다고 한다.

11) 藤田亮策, 「新羅文武王陵碑拓片の一」『靑丘學叢』30, 1939.

비문의 글자수에 대해 다음의 <표 1>과12) 같은 견해를 제시하여 본 비문의 복원에 중요한 자료를 제공해 주고 있다.

〈표 1〉

탁본 표시	가로	세로	비고
一(上部 表)	2.03尺	1.30尺	表面 一行至十三行(上半)
二(下部 表)	2.83尺	1.65尺	表面 一行至二十八行(下端)
三(下部 裏)	2.05尺	1.40尺	裏面 一行至二十行, 二十一行空格
四(上部 裏)	1.85尺	1.20尺餘	裏面 十三行內六行空格(上半末)

1796년 이후 소재를 모르던 문무왕릉비를 1961년에 다시 발견하였다.13) 이는 비의 밑부분에 해당되며, 직접 비석 자체를 보고서 第二石이 비의 전면이고, 第三石이 비의 후면임을 확인하였다. 실문에 근거하여 확실한 비문의 복원을 시도하였다. 第一石과 第二石으로 이루어지는 전면은 기왕의 견해와 같으나14) 第三石과 第四石으로 이루어지는 후면에 대해서는 견해를 달리하고 있다. 곧 앞의 추정 복원에서15) 비문을 전후면으로 나누고 나서, 후면에서 행당 8자씩의 글자를 위로 올린 것이다. 그러면 후면의 글자수는 총㉒행이고, 행당 40자씩이 된다. 제⑯행부터 銘에 해당되는 부분을 총24절 48구로 끊어서 第三石과 第四石을 복원하는 근거로 삼고 있다.16) 이 가설에 따르면 아랫부분에서는 끝까지 글자

---

12) 藤田亮策, 앞의 논문, 1939에서 一·二·三·四란 숫자는 『해동금석원』에 따라 바꾸었고, 第三石의 경우 원문에는 裏第一行至二十一行으로 되어 있으나 二十一行을 二十行으로 필자가 바꾸었다.

13) 홍사준, 「신라 문무왕릉단비의 발견」 『미술자료』3, 1961.

14) 今西龍, 앞의 논문, 1939.

15) 今西龍, 앞의 논문, 1939.

16) 홍사준, 앞의 논문, 1961, 4쪽.

가 채워지나 윗부분에는 제⑰행부터 제㉑행까지 4자(단 ⑰행은 3자)씩
의 글자가 부족하게 된다.

그 뒤에 비문의 전반적인 해석과 함께 복원 문제에 견해가 나왔다.[17]
여기에서도 第一·第二石의 복원은 기왕의 견해와 같다.[18] 第三石과 第
四石이 어떻게 연결되었는지에 대해서는 불분명하다. 원비의 끝 행이라
고 추정되는 건비 연월일이 적혀있는 第四石에 5행의 四言 韻文이 있는
점에서 보면, 第四石은 第三石의 酒爲銘曰이하의 5행에 계속되는 것이
확실하다고 주장하였다. 이 견해에서 보면 비의 전면과 후면을 구분하
지 못했고, 후면에 있어서 第三石과 第四石의 위치 선정은 기왕의 견해
에서[19] 보면 잘못된 것이다.

이상에서 보면 전면의 복원은 지금까지 견해들에서 일치하고 있다.[20]
후면의 복원은 비석 자체에 근거할 때, 第四石이 第三石의 위에 가야 됨
은 명백하다. 후면의 복원에 있어서 가장 설득력이 있는 것은 비석의 재
발견에 의한 견해이나,[21] 銘의 부분에서 위쪽에만 4자씩의 글자를 비워
둔 점이 이상하다. 이 의문점을 확대 해석하면 비문의 자체가 문제가 있
을 가능성도 엿보이게 되므로 좀더 검토해 보기로 하자.

후면 제㉒행의 大舍臣韓訥儒奉이란 구절이 눈에 뜨인다. 이 구절의
다음에는 선학들의 지적과 같이[22] 敎書란 말이 복원되어야 할 것이다.

---

17) 長田夏樹, 「新羅文武王陵碑文初探」『神戶外大論叢』17-1～3號, 1966.
18) 今西龍, 앞의 논문, 1939.
19) 今西龍, 앞의 논문, 1939.
    홍사준, 앞의 논문, 1961.
20) 今西龍, 앞의 논문, 1939.
    홍사준, 앞의 논문, 1961.
    長田夏樹, 앞의 논문, 1966.
21) 홍사준, 앞의 논문, 1961.

전면 제①행의 奉 敎撰의 예에 비추어 보면, 敎자 앞에 한자를 띄어서 大舍臣韓訥儒奉 敎書가 되어야 할 것이다. 이를 후면 제㉒행에 복원하면 敎書는 각각 27·28번째에 오게 된다. 敎書는 당연히 第三石의 윗부분에 나타나야 된다. 최초의 발견할 때 제작된 탁본을 본 연구자는 第三石을 裏面一行至二十行, 二十一行以下空格이라고 한 점에서 보면,[23] 이 부분에는 원래부터 글자가 없었다고 판단된다.

이러한 점에서 보면 비석을 보고 복원한 후면의 복원에도[24] 문제가 있다. 이 점을 해결하기 위해서는 第四石의 글자들을 위로 올려야 될 것이다. 올리더라도 몇 자나 당겨야 될 지가 문제이다. 이 부분은 비문의 銘에 해당되며, 4자씩으로 끊어지는 韻文이다.[25] 第三石은 밑부분에 고정되어 움직이지 못하므로 第四石의 글자들은 8자나 12자로 올리면, 윗부분의 글자가 전면보다 위로 올라가게 된다. 따라서 4자씩을 올려야 된다.

이렇게 되면 전면과 글자의 높이가 銘의 부분에서도 꼭 같게 되고, 기왕의 견해에서 비워두었던 곳까지[26] 차게 된다. 제㉒행의 敎書도 23·24번째 글자가 되어, 전면에서와 마찬가지로 파실된 부분의 글자가 된다.[27] 또 후면의 第四石과 第一石이 상하로 어긋남이 없이 포개질 수 있게 된다.

---

22) 坪井九馬三, 「解題(海東金石苑)」『史學雜誌』11-10, 1900, 67쪽 및 長田夏樹, 앞의 논문, 1966, 182~183쪽 사이에 첨지된 문무왕릉비의 전문.
23) 藤田亮策, 앞의 논문, 1939.
24) 홍사준, 앞의 논문, 1961.
25) 홍사준, 앞의 논문, 1961.
　　長田夏樹, 앞의 논문, 1966.
26) 홍사준, 앞의 논문, 1961.
27) 전면에 있어서 第一石과 第二石의 연결 부분에서 공통적으로 글자가 없는 부분은 각행의 23·24번째 글자이다.

문무왕릉비에 있어서 지금까지 판독한 선학들의 견해 가운데에서 차이가 나는 부분을 알기 쉽게 도시면 다음의 <표 2>와 같다.

〈표 2〉

글자 표시	劉喜海	今西龍	洪思俊	長田夏樹	黃壽永	筆者
전면②20	邦	圻	圻	圻	●	邦
전면④25	巍	巍	魏	巍	魏	魏
전면⑥3	焉	馬	馬	馬	●	焉
전면⑥27	玉	王	玉	王	玉	玉
전문⑥34	觀	觀	觀	設	觀	觀
전면⑧9	平	平	平	平	●	乎
전면⑧13	大	大	大	大	●	火
전면⑧29	疊	疉	疊	疉	曡	曡
전면⑨7	誨	謙	謙	謙	●	誨
전면⑨38	間	間	間	間	間	間
전면⑩15	誕	诞	诞	诞	●	誕
전면⑭40	垠	垠	取	垠	取	取
전면⑲36	鴉	鴉	鴉	鴉	鴉	鴉
전면⑲39	申	申	中	申	中	中
전면⑳39	佐	佐	佐	在	●	佐
전면㉔35	秦	泰	秦	泰	秦	秦
후면⑤40	火	火	火	大	●	火
후면⑥37	天	天	天	大	●	天
후면⑫40	多	夕	夕	多	夕	夕
후면⑬31	昂	昇	昇	昇	●	昂
후면⑮28	餘	餘	餘	餘	●	餘
후면⑱31	奕	奕	奕	奕	●	奕
후면⑳40	冈	聞	聞	冈	●	冈

이상의 복원과 선학들의 판독을 중심으로 비의 전문을 제시하면 다음과 같다.

〈전 면〉

㉘	㉗	㉖	㉕	㉔	㉓	㉒	㉑	⑳	⑲	⑱	⑰	⑯	⑮	⑭	⑬	⑫	⑪	⑩	⑨	⑧	⑦	⑥	⑤	④	③	②	①	
																											大	1
																											唐	2
																		君	焉			問	派			通	國	3
													△			把	宀	簡	△			盡	靈		鯨	三	新	4
													括			宀	△	思	△			善	源		津	後	羅	5
													△			△	舍	之	十			十	自	其	氏	兵	文	6
													之	輔	峯	誨	德	深	五			五	夐	能	映	殊	武	7
													訓	質	而	乃	內	長	代			代	昌	繼	名	才	王	8
													姬	情	疎	源	乎	外	風			祖	星	昌	實	山	陵	9
													室	拜	湛	幹	成	英	漢			星	於	德	拒	開	之	10
													拜	橋	湛	之	奇	光	拔			漢	火	官	東	拒	碑	11
													橋	梓	吞	半	容	火	量			王	官	之	兼	開	天	12
													梓	之	納	千	而	恩	同			降	質	之	兼	開	天	13
													之			△	誕	以	風	江			質	后	隆	梧	統	及	14
																△	命	撫	邐	海			圓	峻	地	之	物	渙	15
																襟	居	人	安	威			穹	構	跨	境	畫	國	16
																△	得	寬	遠	若			誕	方	八	南	經	學	17
																	一	以	肅	雷			靈	隆	貪	鄰	經	少	18
																	以	御	△	霆			仙	由	動	邦	卿	臣	19
																	物	功	△	地			岳	是	超	桂	臣	金	20
																	△	盛	△	臨			肇	克	三	之	德	金	21
																	△	△	△	△			臨	三	之	德	金	22
																	者	△	△	以			△	魏	接	奉	23	
																	皆	△	以	枝			△	魏	接	匡	奉	24
																	知	於	方	對			枝	載	黃	時		25
																照	其	將	際	卷			玉	生	蕩	龍	濟	26
								舜				大	握	惟	其	來	欄			際		駕	難	應	教		27	
							海		△	近	感	著	大	握	惟	幾	承	疊	英			停	始	不	朱	應	撰	28
						感	近	△	至	熊		而	唐	話	幾	承	德	始	異			德	粹	可	荎	蒙	神	29
				△	朝	至	列		列	津	道	△	太	言	於	德	粹	藤	罷			府	丹	者	林	候	而	30
		△	朝	所	三	賊	年	道	黃	行	△	宗	成	丹	府	咸	貞	垂			容	義	如	天	稱	者	31
		之	眖	懽	惟	而	道	黃	山	軍	頻	截	車	範	容	義	識	里			義	符	其	觀		32
	之	風	更	惟	而	已	元	行	山	蜎	大	懸	晏	武	聖	止	性	隣			符	可	里	澄	石	胤	33
之	軍	詔	北	興	娘	賢	爲	至	△	聚	蜎	告	駕	皇	止	觀	興	於			可	觀	澄	氛	克	後	裔	34
謀	落	君	接	縱	伯	爲	至	龍	泥	首	大	鼠	堯	帝	觀	興	洞			興	洞	氛	克	紐	傳	靈	命	35
出	於	王	把	以	之	縱	龍	朔	輔	鳴	首	張	蕤	景	興	學	溢			學	洞	克	坐	七	承	命	36
呂	天	持	蔓	無	無	以	朔	元	門	轊	朔	欲	安	之	辰	鴻	精			綜	精	勤	金	葉	白	我	武	37
反	上	節	△	其	無	無	元	年	佐	中	距	君	利	然	無	社	古			鑒	間	開	興	以	我	新	仰	38
手	旅	△	德	爲	△	△	年	王	吏	距	王	外	信	涉	以	今			開	國	而	新	羅	仰	書	39
巧				仁			仁	△	吏		王	信	涉	以	取	△			國	而		羅	書	基	40

〈후면〉

㉒	㉑	⑳	⑲	⑱	⑰	⑯	⑮	⑭	⑬	⑫	⑪	⑩	⑨	⑧	⑦	⑥	⑤	④	③	②	①	
																						1
																						2
月																						3
卅	鴻																					4
五	名	命																				5
日	與	凝	欽	九	道	侍																6
景	天	眞	風	伐	德	星																7
辰	長	貴	丹	親	像	精																8
建	兮	道	甌	命	棲																	9
碑	地	踐	屢	三	梧																	10
	久	身	出	軍																		11
		欽	黃																			12
		味	△																			13
		釋	鎭																				14
		△	空																				15
大	葬																						16
舍	以																						17
臣	積																						18
韓	薪																						19
訥																							20
儒																							21
奉																							22
																						23
教																							24
書																							25
																						26
	滅	雄	△																			27
	粉	赤	威	允	城	餘																28
	骨	鳥	恩	武	千	下	丹	卽	之													29
	鯨	呈	赫	允	枝	拜	入	賓	而									以					30
	津	災	奕	文	延	之	洽	昻	聆	開	清							火	樵				31
	嗣	黃	茫	多	照	碣	於	忘	嘉	沼	徽	歸	國					燒	牧				32
	王	熊	茫	才	三	酒	麟	歸	聲	雩	如	乃	之		王	姝	葬	哥	宮	直	丸	33
	允	表	沮	才	山	爲	閣	射	而	霻	士	方	禮			卽	其	前	九	合	山	34
	恭	崇	穢	藝	表	銘	竹	熊	霧	濛	不	代	勤			也	以	上	時	一	有	35
	因	俄	聿	憂	來	色	日	帛	莫	集	良	假	之			恤	其	孤	時	一	綺	36
	心	隨	來	入	盛	毀	返	爲	延	三	賢	同	君			天	月	免	年	匡	功	37

㉒	㉑	⑳	⑲	⑱	⑰	⑯	⑮	⑭	⑬	⑫	⑪	⑩	⑨	⑧	⑦	⑥	⑤	④	③	②	①	
孝	風	充	吞	德				於	太	是	錦	言	王	於	王	皇	十	穴	五	東	之	38
友	燭	役	蛭	遙				藝	子	朝	石	識	寔	八	局	大	日	其	十	征	將	30
冈	忽	蠢	尊	傳				臺	難	夕	以	駿	千	政	量	帝	火	榜	六	西	以	40

Ⅲ. 지금까지의 연구

이 문무왕릉비에 있어서 신라인의 조상 인식과 직결되는 부분은 전면 제⑥행의 十五代祖星漢王이란 구절이다. 이에 대해서는 일찍부터 여러 가지 견해가 발표되어 왔으므로 이것부터 일별해 보기로 하자.

먼저 『삼국사기』의 신라왕 世系에 근거하여 星漢王을 金閼智로 보았으나[28] 구체적인 증거는 제시하지 않고 있다.

그 뒤에 奈勿王이 문무왕의 10대조에 해당되므로 奈勿王으로부터 5대를 소급하여 星漢王을 찾으려는 견해가 나왔다.[29] 『삼국사기』, 味鄒尼師수조와 『삼국유사』,奇異, 金閼智조에는 다음과 같은 미추왕의 계보가 실려 있다.

閼智-勢漢-阿道-首留-郁甫-仇道-味鄒 『삼국사기』
閼智-熱漢-阿都-首留-郁部-俱道-未鄒 『삼국유사』

위의 7대 계보 가운데 『삼국유사』, 왕력에 奈勿王을 父仇道葛文王 一作未召王之王弟 △△角干이란 한것을 근거로 미추왕을 대수 계산에서

---

28) 今西 龍, 앞의 책, 504쪽. 그런데 512쪽에서는 星漢을 勢漢으로 보았다고 되어 있어서 그 견해를 바꾼 것으로 되어 있다.
29) 前間恭作, 앞의 논문, 1925.

제외시켰다. 그래서 仇道-郁甫-阿道-勢漢의 5대만을 인정하였다. 이 계보는 문무왕릉비에 나오는 十五代祖星漢王의 기사와 꼭 일치한다고 주장하였다. 그리고 신라 중대 말기인 惠恭王代에 제정된 왕실의 五廟制에 있어서 그 시조가 미추왕으로 되어있는 『삼국사기』, 잡지, 제사조의 기사에 주목하였다. 여기에 보이는 味鄒王의 미추는 밑과 같은 말로 사실은 星漢王을 이처럼 표기한 것이라고 하였다.

이 견해는 원래 炤知王 이전의 신라왕 世系를 부정할 목적으로 작성된 것이다.[30] 『삼국유사』, 왕력조에서 奈勿王의 여러 계보[31] 중 父仇道葛文王이라는 일설만을 취하여, 김씨 가운데 최초로 왕위에 올랐다는 미추왕의 존재를 없앤 것이 문제점으로 지적된다. 『삼국사기』·『삼국유사』에 전하는 내물왕의 여러 계보 가운데에서 나머지 예에 검토도 없이 한 가지만을 선택하여 미추왕의 존재조차 제거한 것은 星漢王=勢漢으로 보려는 상황 판단에 의한 것으로 보인다. 이 가설처럼 星漢王=勢漢이라고 보더라도, 금석문의 성한은 星漢王으로 분명히 王자가 붙고 있고, 勢漢은 왕위에 오르지 않아서 문제가 된다.

다음은 언어학적인 분석을 통해 星漢이 『삼국사기』의 勢漢 보다는 『삼국유사』의 熱漢이 일치한다고 주장한 견해도 나왔다.[32]

그 다음 신라 왕실의 三姓世系가 交立的인 것으로 되어 있는 『삼국사

---

30) 前間恭作, 앞의 논문, 1927, 56쪽.

31) 『삼국유사』, 왕력과 『삼국사기』, 내물왕조에 의하면 내물왕의 계보는 다음과 같다.

　　i 仇道葛文王-奈勿王　　　　ii ┌ 未召
　　　　　　　　　　　　　　　 └ △△角干-奈勿

　　　　　　　　　　┌ 味鄒王- 女
　　iii 仇道葛文王 ┤　　　　　‖
　　　　　　　　　　└ 末仇角干-奈勿

　　　　　　　(i · ii 는 『삼국유사』, iii 는 『삼국사기』)

32) 末松保和, 『新羅史の諸問題』, 1954.

기』·『삼국유사』의 초기 기사에 대해 三姓이 상당 기간에 걸쳐서 상호 부족 연맹 관계에 있었다고 하였다.[33] 이는 이른바 並立論으로 일인학 자의 三姓世系의 허구론을 반박하는데 주력하였으나 太祖星漢王을 세한 으로 본 가설만은 긍정하였다. 『삼국사기』가 전하는 金氏世系에서 2대 를 줄여서 星漢勢漢의 대수를 계산하였다. 곧 星漢에서 奈勿王까지는 5대 이므로 한 세대를 평균 30년으로 내물왕의 즉위년인 356년에서 역산하 여 206년경으로(356-30×5=206) 추측하였다.

그 뒤에 일본에서 신라의 김씨 시조 전승에 대한 새로운 견해가 제시 되었다,[34] 이 견해에서는 먼저 금석문 자료를 중심으로 한 星漢-奈勿型 과 문헌 사료를 중심으로 한 閼智-味鄒으로 크게 나누었다. 후자는 문무 왕릉비 건립 이후인 신라 중대에 새로이 만들어져서 전자와 결합되었다 고 보았다. 그래서 세계상 閼智는 星漢의 위에, 味鄒는 奈勿의 위에 각각 놓이게 되어 결국 하나의 계보가 만들어졌다고 주장하였다.

그런데 고려 태조22년(939년)에 세워진 眞空大師碑에는 ～其先降自聖 韓 興於那勿이란 구절이 나오고 있다. 위의 가설대로 星漢-奈勿王의 문 무왕릉비 건립 이후인 閼智-味鄒型의 계보가 합쳐져서 새로운 계보가 만들어졌다면, 眞空大師碑 에서도 閼智-味鄒型의 계보 흔적이 나타나야 될 것이다. 현재까지의 신라 중·하대의 금석문 자료인 문무왕릉비·흥덕 왕릉비·진철대사비·진공대사비 등에서는 星漢-奈勿의 계보만 나올 뿐 閼智-味鄒의 계보는 보이지 않고 있다. 앞서서 十五代祖星漢王=勢漢으로 맞추기 위해 제거되었던 미추왕이 다시 부활되면서도 星漢王=勢漢으로

---

33) 김철준, 「신라상고세계와 그 기년」『역사학보』17·18.

34) 木下禮仁, 「新羅始祖系譜の構成-金氏始祖を中心として」『朝鮮史硏究會論 文集』2. 이 가설은 일본학계에서는 상당한 지지를 받고 있다.(武田幸男, 「朝鮮 の姓氏」『東アジア世界における日本古代史講座』10, 1984, 61쪽 참조.)

파악한 점도 이 견해가 안고 있는 문제점이다.

그 다음으로 문무왕릉비에서 그 조상 기점을 기술한 부분으로 火官之后~(傳七葉)~十五代祖星漢王~文武王에 주목하였다.[35] 『삼국사기』·『삼국유사』의 왕계보에 근거하여 星漢王을 勢漢(熱漢)으로 보았고, 火官七葉의 후예를 閼智로 추정하였다.[36]

그 뒤에 신라 상고의 기년을 검토하면서 星漢=閼智로 본 견해가 나왔다.[37] 이렇게 하면 문제점은 문무왕릉비에서 星漢(=閼智)이 문무왕의 15代祖라는 것이다. 奈勿王부터 문무왕까지 10대가 되며, 奈勿의 아버지는 末仇이므로 仇道와 星漢 사이에 阿道·首留·郁甫의 3대가 들어가야 된다. 15代祖에 맞추려면 仇道와 星漢 사이에 2대만 들어가야 된다. 이 점도 문헌의 世系에는 母系 계승적 세계가 섞여 있기 때문에 父系 계승이 확립된 문무왕릉비의 세대수와 달라졌으리라는 견해에[38] 의존해 해결하고 말았다.

그 뒤에 새로이 발견된 興德王陵碑에 나오는 太祖星漢·卄四代孫이란 구절에 주목한 연구 성과가 나왔다.[39] 이 구절에 근거하여 하대의 왕통인 이른바가 元聖王系가 자기들의 시조를 중대 왕통인 武烈王系와 마찬가지로 星漢이라고 한 점에 주의를 환기시켰다. 나아가서 흥덕왕릉비와 문무왕릉비의 비교에 의해 星漢·奈勿·文武·元聖의 세대수 관계를 정리하면서 원성왕이 奈勿王의 12대손이 아니라 17대손일 가능성을 시사하였다.[40] 아울러 무열왕계와 원성왕계의 혈연 집단이 奈勿王이후 아주

---

35) 長田夏樹, 앞의 논문, 1966.

36) 長田夏樹, 앞의 논문, 1966, 188쪽.

37) 노명호, 「신라초기 정치조직의 성격과 상고기년」, 서울대학교 석사논문.

38) 김철준, 『한국고대사회연구』, 1975, 167~169쪽.

39) 이기동, 「신라 태조 성한의 문제와 흥덕왕릉비의 발견」 『대구사학』15·16, 1978.

빠른 시기에 서로 갈라졌다고 추정하였다. 그렇지만 敬順王碑에 근거하여 원성왕의 계보를 智證王-眞宗-欽運-摩次-法宣-義寬-魏文-孝讓-元聖王으로 추정한 것과[41] 원성왕이 내물왕의 17대손이라고 추정한 것은[42] 서로 어긋나게 된다. 또 문무왕릉비의 十五代祖星漢王이란 구절과 흥덕왕릉비의 太祖星漢·卄四代孫이란 구절에서 각각 역산되는 星漢이 문헌 계보의 누구에 해당되는지에 대한 뚜렷한 업급이 없는 점도 아쉽다.

  그 뒤에 太祖星漢에 대한 전론이 나온 바 있다.[43] 여기에서는 廣開土太王碑의 十七世孫이란 말을 『삼국사기』등의 문헌과 비교하여 세대수로 17대가 아닌 王系로 17대임을 주목하였다. 그래서 문무왕릉비의 十五代祖星漢王도 왕대로 보아서, 문무왕부터 역산하여 星漢王=味鄒王으로 추정하였다. 미추왕은 김씨로서는 최초로 왕위에 올라서 尼師今이란 왕호를 사용한 시대의 임금이므로 星漢王의 王이 될 수가 있다.

  이상과 같은 星漢의 문제와는 별도로 신라 神宮 문제를 논하면서 문무왕릉 전면 제⑤행의 祭天之胤傳七葉이란 구절에 주목하여 신라인의 조상 인식에 대한 전혀 다른 견해를 제시하였다.[44] 이에 의하면 祭天之

---

40) 이기동, 앞의 논문, 1978, 33~34쪽.

41) 이기동, 앞의 논문, 1978, 34쪽에서는 문무왕릉비에 있어서 문무왕이 56세에 薨去한 사실에 의거하여 그의 생년을 626년으로 추정하였다.
    황선영, 「신라 무열왕가와 김유신가의 적서문제」『부산사학』8, 5쪽에서는 문무왕의 생년을 626년으로, 坪井九馬三, 앞의 논문, 1900, 68쪽에서는 625년으로 보았다. 『조선금석총람』上, 91쪽의 지중대사비와 『삼국사기』, 金庾信傳 上 등에서 신라인 나이 계산 방법에 따를 때, 문무왕의 생년은 626년이 타당하다.

42) 이기동, 『신라 골품제사회와 화랑도』, 1984, 75~76쪽.

43) 김창호, 앞의 논문, 1983.

44) 浜田耕策, 앞의 논문, 1982. 이 견해는 다소의 지지를 받고 있다.(吉岡完祐, 「中國郊祀の周邊國家への傳播-郊祀の發生から春香新羅神の渡來まで-」『朝鮮學報』108, 1983, 32쪽 및 서영대, 「《삼국사기》와 원시종교」『역사학보』105,

胤傳七葉의 七葉은 문무왕대에서부터 왕대수가 아닌 세대수로 7대를 소급하여 智證麻立干이 된다는 것이다. 祭天이란 구절도 神宮과 시켜서,[45] 신궁의 제사가 金氏王이 親祀했기 때문에 祭天之胤이란 語義가 성립되었다고 보았다.

위의 견해가 성립된다면 문무왕릉비에 있어서 김씨의 조상 인식에는 왕대수로 보아야 되는 十五代祖星漢王이란 구절과 세대수로 보아야 되는 祭天之胤傳七葉이란 구절이 공존하게 된다. 나아가서 十五代祖星漢王이란 구절을 광개토태왕비에 보이는 조상 인식법과 관련시켜서 미추왕으로 본 추정만이 옳다고 하기가 어렵게 된다.

IV. 신라인의 조상 인식

비문의 전체적인 내용은 비 자체가 파실된 부분이 많아서 파악하기 어려우나[46] 개략적인 것은 제시된 바 있다.[47]

1985, 15쪽.)
45) 浜田耕策, 앞의 논문, 1982, 224~226쪽. 이 논리는 대체로 前間恭作, 앞의 논문, 1925, 59쪽의 암시를 받은 듯하다.

한편 최광식, 「신라의 신궁설치에 대한 신고찰」『한국사연구』43, 1983, 71~73쪽에서도 神宮의 主神 문제에 대해 언급하고 있다. 여기에서는 『삼국사기』, 잡지, 제사조에 근거하여 始祖廟가 五廟制로 변화했으며, 神宮이 社稷壇으로 변화하였고, 신궁의 주신은 天地神이라고 주장하였다.

그런데 제사조에는 天子七廟 諸侯五廟 天子祭天地로 기술되어 있는 점과 신라에서 五廟制만이 행하여졌다는 점으로 보면, 신궁의 주신을 天地神으로 보는 것은 재고의 여지가 있는 듯하다. 이 견해는 서영대, 1985, 14~15쪽에서 이미 비판을 받은 바 있다. 『삼국사기』, 잡지, 제사조의 상세한 분석에 대해서는 변태섭, 「廟制의 변천을 통하여 본 신라사회의 발전과정」『역사교육』8 참조 요망.

이에 의하면, 전면에 있어서 제①행에서 제④행까지는 신라의 찬미에 관한 것,[48] 전면 제④행의 끝부분에서 제⑥행까지에는 신라 김씨의 내력에 관한 것,[49] 전면 제⑦행이하에는 太宗武烈王의 사적에 관한 것, 전면 제⑮행의 전후에는 文武王의 사적에 관한 것, 그리고 전면 제⑰행부터는 백제 평정에 관한 것이 적혀 있고, 후면에 있어서 제①행에는 문무왕의 유언과 관계되는 것이, 제⑤행에는 문무왕의 葬事에 관한 것이 적혀 있으며, 제⑯행이하는 비문의 銘이다.

비문의 전체에 있어서 지금까지 가장 중요시되어 온 부분은 전면 제④행의 끝부분인 我新羅부터 제⑥행까지에 걸쳐서 있는 신라인의 조상 인식과 관계되는 것이다. 이 부분 가운데 우선 祭天之胤傳七葉이란 구절이 과연 智證麻立干의 神宮 설치와 관계되는지 여부를 조사해 보기로 하자.

祭天之胤傳七葉이란 구절은 비문 자체에서 바로 위에 있는 秺侯와 연결되고 있다. 비문의 전후 관계로 보아 祭天之胤傳七葉으로 따로 떼어서 분석할 것이 아니라 기왕의 가설처럼[50] 秺侯와 붙여서 秺侯祭天之胤傳

---

46) 문무왕릉비의 전체 글자 수는 이영호, 「신라 문무왕비의 재검토」『역사교육논집』 8, 1986에 따르면 8000자가량되고, 현재까지 판독 가능한 글자 수는 1000자가량이 된다. 이 판독은 전면 제①행을 大唐國樂浪郡王開府儀同三司上柱으로 복원하고 있는 바, 이 복원이 타당하다고 사료되나 자료의 취득이 늦어서 복원에 참고하지 못했다.

47) 今西龍, 앞의 책, 1933, 503쪽.

48) 전면 제④행의 黃龍을『삼국사기』, 고구려본기, 유리명왕27년조의 黃龍國과 연결시키고 있다.(今西龍, 앞의 책, 1933, 504쪽) 그런데 이 구절을 △接黃龍駕朱蒙으로 끊어 읽으면, 광개토태왕비 제③·④행의 人遣黃龍來下迎王 王於忽本東岡 黃龍負昇天(필자 주:王은 朱蒙임)과 관련이 될 수 있을 것이다.

49) 전면 제⑥행의 石紐는 중국 四川省 汶川縣의 西北에 있는 전설적인 禹 임금의 탄생지라 한다. 『삼국지』, 촉서, 秦宓傳에 禹生石紐 今之汶山郡是也라고 되어 있다.

七葉으로 끊어서 읽어야 될 것이다. 秺侯란 말은 한무제의 金日磾 고사
와 관련되는 것이므로 우선 관계 부분부터 적기하면 다음과 같다.

　　金日磾字翁叔 本匈奴休屠王太子也 武帝元狩中 驃騎將軍霍居病將兵
　　擊匈奴右地多斬首虜獲休屠王祭天金人～武帝遺詔以討莽何羅功封日磾
　　爲秺侯～金日磾夷狄亡國 覊虜漢庭 而以篤敬寤主 忠信自著 勒功上將
　　傳國後嗣 世名忠孝 七世內侍 何其盛也 本以休屠作金人 爲祭天主 故因
　　賜姓金氏云(『한서』, 霍光金日磾傳)

　　위의 자료를 보면, 문무왕릉비에서와 같이 같은 말들이 보인다. 秺侯·
祭天·七世(七葉) 등이 그것이다. 김일제는 흉노왕의 태자였으나[51] 한무
제 때 한나라에 투항하였다. 그 뒤에 그는 한에서 馬監·侍中 등의 관직
을 거쳐서 莽何羅의 난 때 공을 세워 秺侯에 封해졌다.[52]
　　『한서』, 김일제전과 문무왕릉비의 秺侯祭天之胤傳七葉의 비교에서 잘
해결 안되는 부분이 祭天이란 말이다. 앞의 김일제전에 나오는 休屠王祭
天金人이란 구절은 『사기』, 匈奴列傳과 『한서』, 衛靑霍去病에도 보인다.
이들 사료에는 각각 正義曰 金人卽今佛像 是其遺法 立以爲祭天主也·如
淳曰 祭天以金人爲主也 張晏曰 佛祀金人也 師古曰 今之佛像是也란 注가
붙어 있어서 祭天金人이 불상임을 쉽게 알 수 있다. 따라서 秺侯祭天之
胤傳七葉의 祭天도 祭天金人과 관련될 가능성이 많아지며, 神宮과의 관
련성은 상대적으로 적어질 것이다.

50) 前間恭作, 앞의 논문, 1925, 59쪽에서 이 부분을 벌써 '秺侯祭天之胤傳七葉を
　　傳へて以へ'라고 붙여서 해석하고 있다.
51) 休屠란 漢代의 凶奴王號라고 한다.(諸葛轎次, 『大漢和辭典』1. 666쪽.)
52) 김일전의 內侍는 諸葛轎次, 앞의 책, 1050쪽에는 '禁中に供奉する, 又, 其の官'
　　이라고 되어 있다.

다음으로 秅侯祭天之胤傳七葉의 七葉이 과연 智證麻立干과 관련되는지 여부를 조사해 보기로 하자.

傳七葉과 유사한 구절은 불교 관련 금석문에도 자주 보인다. 고구려 덕흥리벽화 고분 묵서명의 七世子孫·太和年銘石佛像(489년)의[53] 七世父母·癸酉銘阿彌陀三尊佛碑像(673년)의 七世父母·癸酉銘三尊千佛碑像(673년)·金立之撰聖住寺事蹟碑片(통일 신라)의 七祖 등이 그 예이다.[54]

七世父母이란 불경 가운데 阿含部經 많이 나온다고 한다.[55] 예를 들면, 『중아함경』, 권37(東晋 伽提婆譯)의 乃至七世父~乃至七世母·『잡아함경』, 권31, (劉宋 求那跋陀羅譯)의 父母七世相承 등이 있다.

위의 자료들에 보이는 七世를 7세대로 본 견해가 있다.[56] 이와는 반대로 『삼국유사』, 孝善, 大城孝二世父母條에 근거하여 '金大城孝二世父母라고 했을 경우, 二世란 前生·今生을 뜻하는 것이고, 父母·祖父母를 지칭하는 것은 아니다.'라고 하면서 七世父母를 七代祖父母로 보는 것에 이의를 제기한 견해도 있다.[57]

문무왕릉비의 傳七葉이란 구절은 불교 관련 금석문의 七世父母·七世子孫과 『漢書』, 金日磾傳의 七世內侍로 보면 분명히 분명히 불교와 관련된 것이다. 이들 두 자료 가운데에서 비문 자체의 秅侯·祭天 등의 말에

---

53) 이 불상은 고구려제가 아닌 중국제이다.
54) 허흥식편저, 『한국금석전문』, 1984, 고대편.
55) 김철준, 앞의 책, 1975, 163쪽 참조.
56) 김철준, 앞의 책, 1975. 157~180쪽.
57) 이우성, 「고려시대의 가족-친족집단·사회편제 문제와 관련하여-」『동양학』5, 1975, 27쪽: 『한국의 역사상』, 1982재수록, 168쪽.
　　이 견해에 있어서 덕흥리 고분 묵서명의 七世子孫이나 金立之撰 성주사적비편의 七祖에도 『삼국유사』에서의 전생이란 의미가 적용될 수 있는지는 신중히 검토해야 할 것이다.

근거하면 문무왕릉비의 傳七葉이란 구절은 김일제전과 보다 쉽게 연결
된다.

김일제전에는 실제로 金日磾 ⌈ 黨
建─△─當賞 으로 그의 직계 세계보가
적혀 있다. 그 동생인 倫의 경우는 5세대의 계보가 나와 있다. 김일제전
에 근거할 경우, 문무왕릉비의 傳七葉은 七代를 근거될 수 있는 꼬투리
가 될 것이다.

七葉이 대수를 나타내는 말로 보면, 이를 찾는데에 중요한 단서로 바
로 앞에 있는 傳자를 들 수 있다. 비문에서의 傳자는 아래[子孫]에서부터
위[祖上]로 전한다는 것이 아니라 위에서부터 아래로 전하는 것을 나타
내는 말이기 때문이다.[58] 이렇게 보고 나면 다음 차례는 傳자의 기점을
구체적으로 찾아야 할 것이다. 그 대상으로 우선 다음에 파실된 부분인
전면 제⑤·⑥행의 비워 둔 부분이다. 이 부분에 智證王이나 文武王이
복원되어야 七葉이 복원되어야 七葉에 근거하여 文武王의 7대조가 지중
왕이 될 수가 있다. 추정한대로 文武王이나 지중왕을 복원하면 秺侯祭天
之胤傳七葉以(智證王 또는 文武王)이 된다. 이렇게 복원하고 나면 이 구
절의 앞뒤가 맞지 않아 성립되기 어려워진다. 따라서 제④행의 끝부분
인 我新羅부터 제⑥행의 중간에 있는 ～△△△爲까지에서는[59] 七葉에
근거하여, 文武王에서부터 역산해 智證王을 찾는 근거를 발견할 수 없
다. 傳七葉에 근거하여 굳이 그 기점을 찾는다면 대상이 될 수 있는 것
은 繼昌基於火官之后의 火官之后란 구절이다. 火官之后가 누구를 가리키
는 지를 알기 위해서 먼저 火官부터 조사해 보기로 하자.

---

58) 前間恭作, 앞의 논문, 59쪽에는 '七葉の七は繼位の上から數へたので'라고 되
어 있다.

59) 복원되는 글자수는 12자이다.

火官은 『左氏春秋傳』, 昭公二十九年條와 『禮記』, 月令·孟夏之月條에 근거하면, 중국의 이른바 三皇五帝 전설에 나오는 顓頊의 아들인 祝融이라고 한다.[60] 火官이 祝融이면 다음으로 火官之后가 누구인지를 조사해야 할 것이다.

주지하는 바와 같이 『삼국사기』·『삼국유사』등의 문헌에 근거할 때, 신라의 김씨의 시조는 閼智이다. 전면 제④·⑤행의 我新羅△△△△△ △△△△△△△△△君 靈源自夐 繼昌基於火官之后란 구절 자체에서 보면, 火官之后가 閼智일 가능성도 있게 된다. 일단 이렇게 추측하고서, 火官之后인 알지에서 <표 3>에서 新羅金氏世系表에 의해 7대를 내려가 보자. 이 경우에 그 기점이 알지부터인가, 아니면 알지를 빼고나서 勢漢부터인가가 문제가 된다. 七葉을 왕대수로 보고서 마지막 대상자를 제외시켰고,[61] 七葉을 세대수로 보고서 그 기점이 되는 사람과 마지막 대상이 되는 사람을 모두 포함시켜서[62] 계산하였다.

현재 우리의 족보상에서 세대를 따질 때는 분명히 그 기점도 포함된다. 이는 광개토태왕비의 十七世孫이나[63] 문무왕릉비의 十五代祖星漢王의 경우에도 적용된다.[64] 그런데 傳七葉에 있어서 傳자는 授의 뜻이므

60) 『삼국사기』, 김유신전에 '羅人 自謂少昊金天氏之後 故姓金'이란 구절과 『삼국사기』, 백제본기, 끝의 史論에 '又聞新羅人 自以少昊金天氏後 故姓金氏'란 구절이 나온다. 이들에 대해서는 다음의 논고를 참조하기 바란다.
前間恭作, 앞의 논문, 1925, 58쪽.
今西龍, 앞의 책, 1933, 504쪽.
長田夏樹, 앞의 논문, 1966, 183~185쪽.
이문기, 「신라 김씨 왕실의 少昊金天氏 출자 관념의 표방과 변화」『역사교육논집』 23·24, 1999.
61) 前間恭作, 앞의 논문, 1925, 58쪽.
62) 浜田耕策, 앞의 논문, 1982, 224쪽.
63) 三品彰英遺撰, 『三國遺事考證』上, 1976, 146쪽.

로 최초의 기점은 제외해야 될 것 같다. 가령 傳一葉이라고 하였을 때, 아버지가 아들에게 전한 것이지 아버지 자신이 갖고 있는 것을 아닐 것이다. 마찬가지로 傳七葉의 경우에 傳의 기점으로 본 閼智는 빼고 勢漢부터 계산해야 될 것이다.

다시 <표 3>에서 火官之后=閼智로 가정하고 傳七葉의 대상자를 조사해 보자. 勢漢(1)-阿道(2)-首留(3)-郁甫(4)-仇道(5)-末仇(6)-奈勿王(7)이 된다. 내물은 진공대사비의 其先降自聖韓 興於那勿에 근거하면 김씨 중흥 시조로도 볼 수 있으나 불교와 관련이 되는 祭天之胤이란 구절로 보면 성립되기 어려워진다.

〈표 3〉 新羅金氏世系表

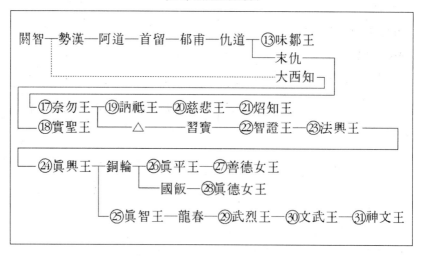

火官之后를 閼智로 볼 때에는 秺侯祭天之胤傳七葉이란 구절의 적용에 문제가 생겨서, 傳七葉의 기점을 다른 데에서 찾아야 된다. 금석문 자료

---

64) 김창호, 앞의 논문, 1983, 100~101쪽.

에 시조로 자주 나오는 星漢王이[65] 주목된다. 火官之后란 구절의 앞에
나오는 靈源自夐이 나오고, 뒤에는 △枝載生英異가 나와서 신라인이 확
실한 대수를 모르는 막연히 오래된 조상으로 火官之后를 인식했던 것
같다. 星漢王은 十五代祖星漢王이란 구절에서 보면 문무왕릉비 건립 당
시의 신라인에 의해 확실히 인식되었던 조상이다. 火官之后를 星漢王으
로 보기도 힘들다. 火官之后가 閼智나 星漢王이 될 수 없다면, 火官之后
는 傳者의 기점이 될 수가 없게 된다.

　다음으로 傳者의 기점이 될 수 있는 것으로 秺侯祭天之胤傳七葉～焉
이란 구절 자체의 秺侯가 있다. 秺侯는『한서』에 근거할 때 金日磾나 그
의 후손들이 받았던 봉작이나, 문무왕비의 傳七葉으로 보면 김일제를
가리키는 말이다. 앞의 김일제 고사에서 인용한『한서』의 本以休屠王金
人爲祭天主 故因賜姓金氏云에 의하면, 金人과 관련하여 김일제가 그 혈
족 가운데에서는 최초로 金姓을 사용된 것이 된다. 곧 김일제가 金氏의
시조가 되는 셈이므로, 秺侯는 金氏始祖를 가리키는 말이 된다. 여기에
금석문 자료에서 신라인의 김씨 시조로 星漢이 자주 나오는 사실로 보
면 秺侯는 星漢과 마찬가지로 김씨 시조를 가리키게 된다.

　이렇게 추정하고 나면 秺侯祭天之胤傳七葉의 七葉에 의해 그 대상자
를 구체적으로 따지는 것이다.

　종래의 통설대로[66] 星漢=勢漢으로 보고, 세대수로 傳七葉을 조사해
보자. <표 3>에서 勢漢을 빼고 나서 계산하면 阿道(1)-首留(2)-郁甫(3)-仇
道(4)-末仇(5)-奈勿王(6)-△(7)이 된다. 이 경우에도 祭天之胤과의 연결이

65) 신라에 있어서 김씨 시조와 관련된 금석문 자료로는 본고에서 인용된 것 이외에
　　마운령비와 황초령비의 太祖·김인문묘비의 太祖漢王·진철대사비의 星漢之苗
　　등이 있다.

66) 前間恭作, 앞의 논문, 1925.

어렵게 되고, 만약에 기점인 勢漢을 포함시키면, 傳七葉의 대상은 奈勿王이 된다. 내물왕의 경우는 앞에서 살펴본 바와 같이 성립되기 어렵다.

다음 星漢=味鄒王으로 보고서[67] 세대수로 조사해 보자. <표 3>에서 미추왕을 빼고서 奈勿王(1)-△(2)-習寶(3)-智證王(4)-立宗(5)-眞興王(6)-眞智王(7)이 된다. 이 경우에 기점을 포함시키면 傳七葉의 대상은 眞興王이 된다. 眞興王이나 眞智王의 어느 경우도 祭天之胤과의 연결은 분명하지가 아니하다.

마지막으로 星漢王=味鄒王으로 보고서, 傳七葉의 대상을 왕대수로 조사해 보자. <표 3>에서 기점이 되는 미추왕을 빼고서 왕위에 올랐던 김씨 임금만을 왕대수로 계산해 보자. 奈勿王(1)-實聖王(2)-訥祇王(3)-慈悲王(4)-炤知王(5)-智證王(6)-법흥왕(7)으로 傳七葉의 대상은 법흥왕이 된다. 법흥왕 때에는 불교가 공인된 시기이므로 祭天之胤과 연결이 가능하다. 더 해결해야 될 문제는 미추왕에서부터 법흥왕까지의 신라 김씨 임금들이 과연 祭天之胤이란 불교적인 말과 관련될 수 있는지 여부이다. 이 문제는 신라의 초기 불교 전래와 직결되는 중요한 것이다. 신라의 불교 전래 문제에 대해서는 지금까지 많은 선학들의 업적이 발표되었다.[68] 이들에 의하면, 신라의 불교는 대개 5세기초 전후에 고구려를 통하여 전래되었고,[69] 법흥왕14년(527년)에는 異次頓의 순교로 불교가 공인된 것으로 이해되고 있다.

---

67) 김창호, 앞의 논문, 1983.
68) 末松保和,「新羅佛教傳來傳說考」『朝鮮』206.
　　이기백,「삼국시대 불교전래와 그 사회적 성격」『역사학보』6, 1954
　　江田俊雄,「新羅の佛教受容に關する諸問題」『文化』2-8, 1965.
　　이병도,「신라불교의 침투과정과 이차돈순교 문제의 신고찰」『한국고대사연구』, 1976.
　　신종원,「신라의 불교 전래와 그 수용과정에 관한 재검토」『백산학보』22, 1977.
69) 이기백·이기동,『한국사강좌』Ⅰ-고대편-, 1982, 248쪽.

그런데 최근에 들어 와서는 智證大師碑의 其敎之興也 毘婆娑先至란 구절에 근거하여 大乘佛敎 이전의 小乘佛敎의 전래 가능성 여부에 대해 조심스럽게 언급되기도 하였다.[70] 법흥왕 이전의 소승불교의 전래 시기는『삼국유사』, 興法, 阿道基羅조에 인용된 阿道本碑에 의하면 味鄒王卽位二年癸未(263년)라 한다. 이 연대에 관해서는『海東高僧傳』, 阿道조에도 보이고,『三國遺事』보다 이른 시기에 만들어진 것으로 추정된[71]『湖山錄』의 興輪寺大鍾銘幷書에도 나온다.[72] 미추왕은 소승불교의 전래 전설과 관련된 임금이므로 그 다음의 신라왕들은 祭天之胤이라 부를 수 있게 된다. 미추왕의 傳七葉에 해당되는 법흥왕은 대승불교를 공인한 임금이다. 이같은 사실로 미루어 보면, 秺侯祭天之胤傳七葉이란 구절은 지증왕의 신궁 설치와 관련있는 것이 아니라 신라의 불교 전래 전설과 깊은 관련이 있는 것임을 알게 되었다.

이상에서 문무왕릉비의 秺侯祭天之胤傳七葉이란 구절도 十五代祖星漢王과 함께 광개토태왕비의 遝至十七世孫과[73] 마찬가지로 세대수가 아닌 왕대수로 표현되어 있음을 확인할 수 있었다.

---

70) 허흥식,「한국불교의 종교형성에 관한 시론」『김철준박사화갑기념사학논총』, 1983, 282쪽.

71) 허흥식,「진정국사의 생애와 시대인식」『동방학지』35, 1983, 91쪽에 의하면『호산록』은 1270년대에 완성되었다고 한다.

72) 허흥식, 앞의 논문, 1983, 118쪽. 최근에는 投影說에 근거하여(末松保和, 앞의 책, 1954, 384쪽 등) 味鄒와 법흥왕의 왕명인 慕秦을 동일한 것으로 보고 味鄒王二年癸未(263년)의 소승불교 전래를 부정한 견해도 있다.(문경현,「삼국유사소재 미추왕고」『삼국유사연구』상, 1983, 11∼24쪽.)

73) 김창호, 앞의 논문, 1983, 98쪽 및 106쪽에서는 이 부분을 傳至十七世孫으로 판독했으나 遝至十七世孫이 타당하다(武田幸男,「牟頭婁一族と高句麗王權」『朝鮮學報』99·100, 1981, 183쪽.)

V. 맺음말

문무왕릉비에 있어서 신라인의 조상 인식과 관계되는 중요한 부분은 전면 제④행의 끝부분에서부터 제⑥행까지이다. 이 가운데에서 十五代祖星漢王·秺侯祭天之胤傳七葉 등의 구절은 각각 숫자가 명기되어 있어서 시조를 파악하는데 중요한 단서가 되어 왔다.

十五代祖星漢王이란 구절에 의해 세대수로는 勢漢, 왕대수로는 미추왕과 각각 연결시켰다. 秺侯祭天之胤傳七葉으로 끊어 읽으면서, 문무왕에서부터 七葉을 소급하여 智證王의 神宮 설치와 관련지어 왔다.

秺侯祭天之胤傳七葉란 구절에서 秺侯란 말은 祭天之胤傳七葉과 곧바로 연결되고 있다. 秺侯란 말은 『漢書』, 金日磾전에도 나온다. 김일제전에는 秺侯란 말 이외에도 祭天金人·七世內侍 등이 나와 문무왕릉비의 秺侯祭天之胤傳七葉이란 구절과 유사함을 알 수 있다. 祭天金人이란 『史記』, 匈奴列傳 등에 근거할 때 불상을 가리키게 되므로, 문무왕릉비의 祭天을 신궁과 관련지을 수가 없게 된다.

秺侯祭天之胤傳七葉에서 七葉의 대상이 과연 문무왕이 될 수 있는지를 검토하였다. 문무왕릉비에서의 秺侯祭天之胤傳七葉의 傳자는 전후 관계로 보아 위[조상]에서부터 아래[자손]으로 傳한다는 뜻이다. 이렇게 보면 傳자의 기점이 문제가 된다. 우선 그 대상으로 秺侯祭天之胤傳七葉의 秺侯와 繼昌基於火官之后의 火官之后를 들 수가 있다. 이 가운데 火官之后는 비석 자체의 전후 관계로 보면 傳자의 기점이 될 수가 없다. 秺侯를 문헌에서의 閼智로 보면 傳七葉의 대상은 奈勿王이 된다. 이렇게 할 경우에 祭天之胤이란 용어가 불교적인 용어와 연결이 어렵다.

그런데 秺侯란 말은 문무왕릉비에서 김일제를 가리키며, 그는 그의 혈족 가운데에서 최초로 金姓을 쓴 시조이다. 금석문 자료에서는 金氏의 시조로 星漢이 자주 나온다. 결국 秅侯와 星漢은 같은 김씨 시조를 가리킬 가능성이 커진다. 星漢王은 미추왕이므로, 미추왕에서부터 傳七葉의 대상자를 왕대수로 계산하면 法興王이 된다. 법흥왕 때에는 불교가 공인된 시기이므로 祭天之胤과 관련이 가능하다.

祭天之胤은 부처의 후예란 뜻이므로 미추왕 자신과 불교와 관련되어야 한다. 지증대사비의 毘婆娑先至란 구절과 『湖山錄』·『삼국유사』등의 문헌 기록에 의하면, 미추왕 때에는 소승불교 전래의 전설이 실려 있다. 미추왕을 뒤이은 김씨 임금들이 祭天之胤일 가능성도 있게 된다.

이상에서 문무왕릉비의 十五代祖星漢王·秅侯祭天之胤傳七葉이란 구절은 신라인이 모두 세대수가 아닌 왕대수로 조상 인식의 기준으로 삼았음을 나타내주는 자료임을 밝혔다.

제2절 제천 점말동굴의 화랑 석각

I. 머리말

화랑은 신라 청소년 수양 단체로, 귀족의 자제 중 용모가 준수한 자들을 모아 심신 수련과 학문 수양 등을 연마하도록 했다.[1] 훌륭한 장군과 충신들이 이 단체에서 많이 나왔다.[2] 『삼국사기』에는 576년(진흥왕37년)에 창설되었다고 쓰여 있으나, 이러한 성격의 단체는 삼국에 모두 있었을 것으로 추정된다.[3] 당시 삼국은 격심한 통일 전쟁에 접어들고 있었기 때문에 유능한 인재의 양성이 무엇보다도 절실했다. 실제로 신라의 삼국 통일 당시 많은 화랑들이 활약했다.[4] 그 구성은 화랑과 낭도로 되어 있었는데 화랑이 4~7명, 그를 따르는 낭도는 수천 명 정도였다고 한다. 한편 화랑도의 계율인 세속 5계는[5] 원광 법사가 지어 준 것으로 전해지는데, 이 세속

---

1) 화랑의 전신으로 여자 중심의 源花가 있었다는 것은 널리 알려져 있다. 원화인 南毛와 俊貞이 서로 다투어 남자 중심의 화랑으로 바꾸었다고 한다.
2) 金庾信(龍華花郎), 斯多含, 竹旨, 官昌, 盤屈, 元述(김유신의 아들) 등이 화랑 출신이다.
3) 고구려의 경우는 교육기관인 扃堂을 화랑과 같은 것으로 보기도 하고, 皂衣·仙人과 동일한 것으로 보기도 한다.
4) 대표적인 예로 金庾信將軍(龍華花郎)을 들 수가 있다.
5) 圓光法師가 경북 청도군 운문면 嘉瑟岬寺에서 貴山과 箒項에게 내린 세속5계는 事君以忠, 事親以孝, 交友以信, 臨戰無退, 殺生有擇이다. 흔히 화랑정신으로 알려져 있다.

5계를 통해 화랑도에 유교·불교 등의 사상이 녹아 있음을 알 수 있다.

신라의 화랑도 연구는 일찍이 집성되었다.6) 증보판에서7) 울주 천전리서석의 유적까지 추기로 언급하고 있다. 국내에서도 화랑 연구가 있었으나8) 문헌에 기초한 연구일 뿐, 당시 자료에 근거한 연구는 없었다.9) 울주 천전리서석에 그 만큼 많은 화랑 자료가 있어도 이를 연구한 논문은 없었다. 금번에 나온 제천 점말 동굴의 화랑 석각에 대한 접근은 당시 사료에 따른 최초의 화랑 연구이다.10) 화랑 유적은 석각에 속한다. 울주 천전리서석, 제천 점말동굴, 고성 삼일포 암벽 석각은 모두 석각이다. 이들 지역들은 전부가 巖壁으로 된 遊娛하기 좋게 경관이 빼어난 곳이다.

여기에서는 먼저 제천 점말동굴 화랑 석각의 명문의 제시와 인명 분석을 하여 화랑이 장송 의례와 관련되는지를 검토하겠으며, 다음으로 석각의 제작 시기를 살펴보고, 마지막으로 그 정확한 제작 시기를 알 수 없었던 임신서기석의 제작 시기를 살펴보고자 한다.

II. 화랑 석각 명문의 제시와 인명 분석

1979년 제천 점말 구석기 유적 발굴 때에 발견된 제천 점말동굴 화랑 석각은11) 2009년 30년 만에 재조사되어 학계에 소개되었다.12) 화랑 석각

---

6) 三品彰英, 『新羅花郎の研究』, 1950.

7) 三品彰英, 『新羅花郎の研究』, 1974.

8) 이기동, 『신라 골품제사회와 화랑도』, 1984의 연구가 대표적이다.

9) 문경현 외, 『화랑유적지의 조사연구』, 2004가 있다고 하나(이영호, 「신라의 신발견 문자자료와 연구동향」『한국고대사연구』57, 2010, 56쪽.) 필자는 보지 못했다.

10) 이도학, 「堤川 점말동굴 花郎 刻字에 대한 考察」『충북문화재연구』2, 2009. 이 논문은 동시대의 화랑을 다룬 최초의 논문으로 광범위한 자료를 모아서 논문을 쓰고 있다.

명문은 그 뒤에 학술지에 게재되었다.[13]

　여기에서 점말동굴의 화랑 각자를 제시하면 다음과 같다.

⑤	④	③	②	①	
弓	祥	烏	△	大	B
戟	蘭	郎	守	長	
	宗	徒	△	△	
			‖		

⑥	⑤	④	③	②	①		
松	卄	癸	進	三	癸	1	A
竹	日	亥	慶	日	亥	2	
△	陽	年	見	奉	年	3	
	才	十	勹	拜	五	4	
	△	一		△	月	5	
		月				6	

②	①		③	②	①		⑤	④	③	②	①		
	郎	E	義	正	決	D	賢	大	一	?		1	C
	徒		匹	郎			孫	究	?	吉	胥	2	
				徒			△	義	作			3	

---

11) 화랑 유적이 발견되어 30년 동안이나 학계에 보고 안 된 것을 새로 현지 조사를 통해 판독하고 이를 연구한 것이다.

12) 2009년 4월 28일(화)에 제천영상미디어센터 봄(구 시청)에서 <화랑의 場 점말동 굴-그 새로운 탄생->이란 제목 아래 다음과 같은 논문이 발표되었다.

　박영철, 「점말동굴 발굴의 역사적 의미」

　이도학, 「제천 동굴 화랑 刻字에 대한 고찰」

　김춘실, 「점말동굴 광장 출토 석조탄생불의 고찰」

　김경범, 「점말동굴 광장출토 평기와 분석」

　석조탄생불은 통일 신라 말 고려 초의 것이고, 평기와도 고려 중반에서 고려 시대 의 후반기가 제1기로, 고려 시대 후반에서 조선 시대의 초반기가 제2기로 각각 보고 있어서 화랑 유적과는 거리가 다소 있다. 화랑은 기와집이 아닌 점말동굴이 나 초가집에서 생활했을 것이고, 석조탄생불은 화랑과 관계가 멀게 된다.

　이도학, 앞의 논문, 2009(『충북문화재연구』2)에서는 암각에 있는 전실이 있는 석 굴사원으로 보면서 전실 터에 있던 탄생불을 삼국 혹은 통일 신라 때의 것으로 보았으나 김춘실, 앞의 논문, 2009에 따르면 석조탄생불은 나말여초의 것으로 차 이가 있다.

13) 이도학, 앞의 논문, 2009(『충북문화재연구』2). 본고는 똑 같은 내용의 두 논문 중 에서 이 논문을 인용하기로 하겠다.

孝	王		陽			節	?		4
弼	長		月			刂			5
行	△								6

①		①		①		①		②	①		①		
庚	K	礼	J	芒	I	香	H	金	平	G	侖	1	F
宣		府		八		夲		郎	道		郎	2	
刂		中				行		行			製	3	

①		①		②	①		①		①		①		
?	Q	△	P		史	O	万	N	義	M	△	1	L
				△	?		孫		?		此	2	
					陽		刂		刂		凡	3	

①		⑤	④	③	②	①		②	①		
芒	T	?	月	?	五	?	S	汝		1	R
		?		力	月	扣		?	寸	2	
王		力			六	?		?		3	
		主			月	五		?		4	
						月				5	

위의 석각에서 화랑도의 인명부터 찾아보기로 하자. A에서는 奉拜△, 進慶, 陽才△, 松竹△ 등이 화랑의 인명일 가능성이 있다.[14] B에서는 烏郎, 祥蘭宗 등이 화랑의 인명이다. D에서는 正郎, 陽月,[15] 義匹이 가능성이 있고, E에서는 王長△, 孝弼이 가능성이 있고, F에서는 侖郎이 화랑의 이름이고, G에서는 平道, 金郎이 가능성이 있고, H에서는 香夲이 가능성이 있다. J의 礼府中은 신라의 집사부 아래에 있는 13부 가운데 하나인 禮部가 아닌 位和府, 船府, 調府와 같은 유형의 관청으로 보고서 신라 화랑을 礼府에서 관장한 것으로 해석했다.[16] 또 J의 礼府中[17] 명문은 매우

---

14) 이 명문에 나오는 行자나 刂자는 모두 (다녀)갔다는 뜻으로 화랑의 遊娛를 나타낸다.
15) 陽月이 음력 10월이라는 뜻은 전후 관계로 불가능하다. 역시 화랑의 인명일 가능성이 크다.

단편적이어서 무엇이라고 말하기 어려우나 礼府는 礼部와 동일한 것일
수가 있다. 월지와 동궁에서 나온 문자 기와에 習部 井井과 習府 井井이
공존하고 있고 문양이 유사해서[18] 習部=習府가[19] 된다. 그렇다면 예부
의 설치가 진평왕8년(586년)이 되나 그 礼府中이란 명문 연대는 후술하
는 바와 같이 723년이나 그 이후로 보아야 할 것이다.

K의 庚宣行에서 경선도 화랑의 인명이다. M의 義△行의 義△도 화랑
이다. N의 万孫行의 만손도 화랑의 이름이다. T의 芒王도 화랑의 인명일
가능성이 있다.

화랑의 이름은 결국 크게 보아서 奉拜△, 進慶, 陽才△, 松竹△, 烏郎,
祥蘭宗, 正郎, 義匹, 王長△, 孝弼, 侖郎, 平道, 金郎, 香夲, 庚宣, 義△, 万
孫, 芒王 등이다. 郎자로 끝나는 인명은 틀림없는 화랑의 인명으로 보인

---

16) 이도학, 앞의 논문, 2009, 48쪽.
17) 礼자는 보일 시 변(礻)에 비수 비(匕)한 글자이다. 이 글자는 추명(539년) 제⑨행,
    적성비(545년이나 그 직전) 제⑤·⑫행, 남산신성비 제1비(591년) 제⑧행, 임신서
    기석(672년) 제⑤행 등의 예가 있다.
18) 조성윤, 「신라 동궁창건와전 연구」, 경주대학교 박사학위논문, 2013, 36쪽.
    노기환, 「경주 동궁과 월지 문자 기와」『동궁과 월지 출토 기와연구』-제13회한국
    기와학회 정기학술대회-, 2016, 185쪽.
    또 김창호, 『한국 고대 불교고고학의 연구』, 2007, 145~147쪽에서 토기구연암막새
    를 기와로 보았으나 이는 잘못된 것이다. 왜냐하면 토기구연암막새와 공반되어 세
    트를 이루는 숫막새기와, 암키와, 수키와가 없어서 기와로 볼 수가 없기 때문이다.
    따라서 신라에서 6세기 전반 이전의 기와는 존재하지 않는다.
19) 조성윤, 앞의 논문, 2013, 37쪽에서 習部井井명암기와와 習府井井명암기와를 동
    시대 동일인의 제작으로 보고 있다. 두 기와는 세부적인 면에서 차이가 있어서 동일
    인의 제작으로 보기는 힘들다. 그래서 習部와 習府로 다르게 타날했을 것이다.
    노기환, 앞의 논문, 2016, 18쪽에서 六部의 하나인 習府라고 하였다. 그러면 習部=
    習府가 된다. 그러면 부명을 府로 쓰는 유일한 예가 되어 문제가 된다. 따라서
    禮部와 礼府는 동일한 것으로 보기 어렵다.

다. 그 외에 郞으로 끝나지 않는 인명은 화랑인지 여부가 불확실하나 그
가능성은 있을 것이다. 이들 화랑은 일괄해서 동일 시기로 보기는 어렵
다. 癸亥年을 중심으로 이곳에 와서 遊娛했을 것이다. 점말동굴은 화랑
이 유오하기에는 더없이 좋은 경관을 가지고 있다고 하니 그 연대의 폭
은 넓을 것이다.

　화랑 유적이면서 遊娛하기 좋은 곳으로 울주 천전리를 들 수가 있다.
우선 천전리에 나오는 화랑의 인명을 조사해 보자. 525년의 절대 연대를
가진 원명에 於史鄒安郞이[20] 나오는데, 화랑이란 단정은 어렵다. 다만
인명이 郞으로 끝난 5자 인명의 유일한 예이므로[21] 화랑일 가능성도 있
는 듯하다. 그렇다면 금석문에서 확인되는 최고의 예가 되나 단정할 수
는 없다. 그렇다면 화랑 이름이 가장 많이 나오는 울주 천전리서석의 화
랑 이름을 제시하면 다음과 같다.

　　① 丙戌載六月十十日官郞[22] 이 명문은 병술년 6월 20일에 관랑이 (왔

---

20) 만약에 於史鄒安郞이 화랑이라면 신라에서 가장 오래된 화랑의 이름이 된다. 왜냐
　　하면 원명은 525년이란 절대 연대를 갖기 때문이다. 원명에서 沙喙部(徙夫知)葛
　　文王과 麗德光妙와 함께 於史鄒安郞은 3주인공 가운데 한 사람이나 추명에는
　　등장하지 않고 있다. 화랑도로서 成業을 해서 등장하지 않았을 가능성도 있다. 그
　　렇다면 화랑이 되나 단정할 수는 없다. 화랑제도의 창설이 576년이라서 문제가 된
　　다. 화랑 斯多含의 경우 진흥왕 때인 562년에 대가야 정벌에 참가하고 있어서 576년
　　의 화랑창설설에 문제가 있는 듯하다.
　　울주 천전리서석을 화랑 유적으로 본 것은 於史鄒安郞을 於史郞과 安郞으로 끊
　　어 읽어서(황수영, 「신라의 울주서석」『동대신문』, 1971년 5월 10일자) 두 명의
　　화랑으로 본 데에서 그 이유를 찾을 수 있다.
21) 於史鄒安郞을 반절로 보면 엇추안랑이 되고 4자로 된 화랑 이름으로는 一日夫
　　智가 있다.
22) 十十은 二十이란 글자인 卄의 표기를 잘못 쓴 것일 가능성이 있다.

다.) 정도가 될 것이고, 울주천전리서석 명문에서 절대 연대가 746년
으로[23] 확정되는 예이고, 통일 신라 시대에도 화랑이 있었다는 근거
가 된다. 官郞이 화랑의 인명이다.

① 丙申載五月十一日

② 慕郞行賜

③ 道谷兄造作 이 명문은 756년 5월 11일에 모랑이 다녀가신 것을 도
곡형이 造作했다(지어서 만들었다.)가 된다. 앞의 丙戌載 명문과 함
께 통일 신라의 화랑의 존재를 증명해 준다. 모랑과 도곡형이 화랑
의 인명이다.

① 戌年六月二日

② 永郞成業(田)[24] 이 명문은 戌年에 永郞이 業을 이룬 밭(터)이다라
고 해석되며, 永郞은 늘 四仙(永郞, 述郞, 南郞,[25] 安詳)이[26] 함께
놀았다고 한다. 또 강원도 강릉시 지가곡면 하시동리에 소재한 藥硯
에[27] 새긴 新羅僊人永郞鍊丹石臼이[28] 있는데, 신라 仙人인 영랑이
鍊丹을[29] (만든) 石臼란 뜻이다.[30] 이 울주 천전리서석 戌年명문의

---

23) 唐 玄宗 天寶3년(744년)에 年을 載로 고쳐 쓰게 되었는데, 肅宗 乾元元年(758
년)에 다시 年으로 환원하여서 載로 표시된 명문은 年干支만 나와도 절대 연대
를 확실하게 알 수가 있다.

24) 이 명문에서 흔히 田자를 읽지 않고 있으나 분명히 田자가 있다. 成業田이 토지
제도의 일부로 볼 수도 있으나 成業田이란 토지 제도는 없다. 역시 업을 이룬 터
(밭)이라고 해석해야 할 것이다.

25) 南石이라고도 한다.

26) 이 가운데 述郞은 江原道 高城 三日浦의 암벽에 述郞徒南石行(이를 해석하면
술랑의 무리인 남석이 갔다. 이를 이도학, 앞의 논문, 2009, p.49에서는 述郞徒가
[북쪽의] 南行으로 간다로 해석하고 있다.)이란 명문이 있다. 이들 四仙은 신라
효소왕때(692~702년) 화랑이란 설이 있고, 고려 말 李穀이 쓴『東遊記』에도 나온다.

27) 藥硯을 비를 세우기 위한 碑座로 보는 가설도 있다.

28) 조선총독부,『조선금석총람』하, 1919, 108쪽. 이 명문은 조선 시대에 강릉부사였
던 尹宗儀(1805~1886년)가 강원도 강릉시 寒松亭에 새긴 명문이다. 永郞에 관
한 동시대 금석문은 울주 천전리서석 戌年銘뿐이다.

29) 鍊丹은 神仙이 먹는 丸藥을 뜻한다.

영랑이 業을 이룬 밭(터)란 것은 영랑이 화랑으로서의 수련을 끝내고 정식으로 화랑이 되었음을 뜻한다. 화랑의 수련 기간이 3년을 단위로 했음은[31] 임신서기석을 통해 알 수가 있다.

① 乙巳年

② 阿郎徒夫知行 이 명문은 乙巳年에 阿郎의 무리인 夫知가 갔다로 해석되며[32] 화랑의 이름에 신라 인명 표기에 많이 나오지 않는 ~知(智)자로 끝나고 있다. 인명에 知(智)로 끝나는 것은 그 주류가 마운령비까지이다. 그렇다면 6세기 후반인 585년이나 645년으로 추측할 수가 있다. 673년의 癸酉銘阿彌陀三尊佛碑像의 33명 가운데 三久知만이 知자로 끝나고 있어서 585년이 보다 설득력이 있는 듯하다. 아랑과 부지가 화랑의 인명이다.

① 金仔郎夫帥郎 이 명문은 두 화랑의 인명이다.

① 渚峯郎

② 渚 郎 이 명문은 두 화랑의 인명이다.

① 山郎 이 명문은 한 화랑의 인명이다.

① 沖陽郎 이 명문은 한 화랑의 인명이다.

① 法民郎 이 명문은 한 화랑의 인명이다.

① 水品罡世

② 好世

③ 僧柱 이 명문의 水品은 『삼국사기』에 따르면 관등은 伊飡에 이르렀으며, 그로 인하여 진골 출신임을 알 수 있다. 635년(선덕여왕 4년) 10월에 선덕여왕의 명을 받아 金春秋의 아버지 金龍樹(龍春이라고도 함.)와 더불어 파견되어 州郡을 巡撫하였다. 636년 정월에 上大

---

30) 이 조선 시대의 명문은 도교적인 사상이 넘친다.

31) 남산신성비에서도 수작거리를 받은 축성이 3년안에 崩破되면 책임을 진다고 한 맹서가 기록되어 있는 바, 신라에서는 3년이라는 기간을 선호한 듯하다. 作心三日이란 말이 있는데 불구하고 이와는 달리 3년을 단위를 맹서를 하고 있어서 오늘날 몇 시 몇 분에 어느 다방에서 만나자는 식보다는 훨씬 통이 크고 여유가 있었던 듯하다.

32) 阿郎과 徒夫知가 (다녀)갔다로 해석될 수도 있다.

等에 임명되었는데 아마 645년 11월까지 9년 10개월 동안 재임한 듯하다.33) 丽世는 한 화랑의 인명 표기이다. 好世는 『삼국유사』권4, 의해5, 이혜동진조에 나오는 好世郞과 동일인일 가능성이 있다. 僧柱는 연가7년명금동여래입상(479년)의34) 僧演, 울주 천전리서석 을묘명(535년)의 僧安, 僧首의 외자 승명에 1예를 추가한다. 僧安의 경우는 道人이란 승직을 가지고 있음으로 도인이 고구려를 통해 들어왔을 가능성이 크다. 이 명문은 僧+柱인 僧柱의 외자 승명으로 볼 때, 늦어도 6세기 후반일 것이다. 그래야 『삼국사기』의 수품과 천전리서석의 수품이 동일인이 될 수 있다. 또 화랑제도의 창설이 576년이므로 수품, 강세, 호세의 화랑이 된 시기도 이에 준해서 생각해야 될 것이다. 또 僧柱는 中觀派[三論宗]의 승명일 가능성이 있다.35)

① 聖林郞 한 화랑의 인명 표기이다.

① 法惠郞

② 惠訓 법혜랑은 한 화랑의 인명 표기이다. 혜훈은 『삼국유사』권3, 탑상4, 황룡사장육존상조의 國統 惠訓(황룡사 3대 주지)과 동일인일 가능성이 있다. 혜훈은 고신라의 승려이다. 主은 고신라의 화랑의 인명 표기이다.

① 行水

② 阿號花郞 두 명의 화랑 인명 표기이고, 花郞이란 명문이 금석문에서 나오고 있는바 화랑 유적을 포함한 금석문 등 동시대 자료에서는 처음이다. 이는 화랑이 신라 시대에 있었음을 말해주는 1급 자료이다. 어느 유적에서 화랑의 인명에 부가되는 화랑이란 명문은 없었다. 행수와 아호가 화랑의 인명으로 보인다.

---

33) 이기백, 「상대등고」『신라정치사회사연구』, 1974.
　　木村誠, 「新羅上大等の成立過程-上臣史料の檢討」『末松保和記念古代東アジア史論集』上, 1978.
　　이영호, 「신라 귀족회의와 상대등」『한국고대사연구』61, 1992.
34) 김창호, 앞의 책, 2007, 327쪽.
35) 이때에 신라에서는 神印宗과 三論宗이 주류였는데, 神印宗 승려가 僧+외자로 된 예가 우리나라에서는 없다.

① 大郎 한 화랑의 인명 표기이다.

① 惠訓

② 文僉郎 혜훈은 앞서 소개한 國統으로 황룡사 제3대 주지이고, 문첨
랑은 한 화랑의 인명 표기이다. 혜훈과 문첨랑은 각각 고신라의 승
려와 화랑의 이름이다.

① 貞兮奉行 정혜가 받들어 갔다로 해석되며, 정혜가 화랑의 인명 표기
일 가능성이 있다.

① 柒陵郎隨良來 칠릉랑이 따라서 왔다로 해석되며, 칠릉랑이 한 화랑
의 인명 표기이다.

① 貞光郎 정광랑이 한 화랑의 인명 표기이다.

① 建通法師

② △峯兄林元郎

③ 一日夫智書 이는 건통법사(승려), △봉형, 임원랑, 일일부지가 화랑
인데, 건통법사, △봉형, 임원랑, 일일부지가 (왔었는데)썼다로 해석
된다. 1명의 승려와 3명의 화랑은 一日夫智의 인명 표기로 볼 때 고
신라의 인명일 가능성이 있다.

① 官郎 이는 한 화랑의 인명 표기이다.

① 金郎屛行碧△ 이는 금랑이 물리치고 가면서 碧△했다로 해석되
며,36) 금랑은 제천 점말동굴의 석각에도 나온다. 금랑이 동일인이라
면 그 시기는 후술하는 바와 같이 723년이나 그 이후가 될 것이다.

울주 천전리서석에는 30명 이상의 화랑 이름이 나온다. 이것은 단지
遊娛山川하기 위해서일까? 주지하는 바와 같이 울주 천전리서석은 국왕
인 另卽知太王(法興王)을 비롯한 사람이 죽었을 때에 찾아오는 장송 의
례의 성지이다.37) 이 장송 의례가 화랑과는 전혀 관련이 없을까? 우선

---

36) 이도학, 앞의 논문, 2009, 54쪽에서는 金郎은 울주 천전리에 碧△라는 여성과 함
께 다녀 갔다로 해석하고 있다.
37) 김창호, 『고신라 금석문과 목간』, 2018, 周留城出版社, 159쪽.

관련 자료를 제시하면 다음의 울주 천전리서석 을묘명과 같다.

④	③	②	①	
先	僧	道	乙	1
人	首	人	卯	2
等	乃	比	年	3
見	至	丘	八	4
記	居	僧	月	5
	智	安	四	6
	伐	及	日	7
	村	以	聖	8
	衆	沙	法	9
	士	弥	興	10
			太	11
			王	12
			節	13

　　울주 천전리서석 을묘명의 연대는 법흥왕22년(535년)으로 보고 있다.[38]
居智伐村을『삼국사기』, 地理志, 良州조의 巘陽縣 本居知火縣 景德王改名

---

38) 문경현,「新羅 佛敎 肇行攷」『新羅文化祭學術發表會論文集』14, 1993, 141쪽
　　에서 595년(진평왕16년)설을 주장하고 있다. 제①행에 나오는 節자를 불교 기념일
　　을 가리키는 것으로 해석하고(필자 주;節자는 단순히 때란 뜻이다.),『삼국사기』,
　　권4, 신라본기4, 법흥왕28년조의 王薨 諡曰法興에 근거하여 법흥왕 재위 시에는
　　牟卽智寐錦王 등으로 불리었을 뿐이고, 법흥왕은 시호이므로 법흥왕의 재위 시에
　　는 사용이 불가능하다고는 전제아래 乙卯年은 595년이 되어야 한다고 주장하였다.
　　이 방법론에 따라서 539~576년에 재위한 진흥왕의 경우를 조사해 보자. 마운령비에
　　는 眞興太王이라고 명기되어 있고,『삼국사기』, 권4, 신라본기4, 진흥왕37년(576
　　년)조에 秋八月王薨 諡曰眞興이라고 되어 있어서 마운령비의 건립 연대도 한
　　갑자 내려서 568년이 아닌 628년으로 보아야 할 것이다. 지금까지 마운령비의 건립
　　연대를 628년으로 본 가설은 제기된 바 없다. 북한산비와 황초령비에도 眞興太王
　　이란 구절이 있어서 마운령비와 마찬가지의 경우가 된다. 따라서 을묘명의 새긴
　　연대는 595년이 아닌 535년이 옳다.

今因之의 居知火縣란 구절과 대비시켜서 居智伐=居知火로 본 견해가 있다.[39] 巘陽縣의 위치가 궁금하다.『高麗史』, 志 권11, 지리 2에 巘陽縣 本居知火縣 景德王改名 爲良州領縣 顯宗九年來居 仁宗二十一年 監務後改彦陽이라고 되어 있어서 언양 지역이 거지벌촌임을 알 수가 있다. 행정촌인[40] 거지벌촌이 언양현과 같으므로 천전리서석이 있는 서석곡이 언양현에 속했던 것으로 보인다.

원명과 추명에서 서석곡에 온 이유와 관련되는 구절은 을묘명 제②·③·④행의 道人比丘僧安及以沙弥僧首乃至居智伐村衆士先人等見記이다.[41] 及以, 乃至가 병렬의 뜻을 가진 조사로 볼 경우에[42] 이 구절은 '道人 比丘인 僧安과 沙弥인 僧首와[43] 居智伐村의 衆士·先人들이[44] 보고 기록한

---

39) 木村 誠,「新羅郡縣制の確立過程と村主制」『朝鮮史研究會論文集』13, 1976, 11쪽.

40) 거지벌촌처럼 확실한 행정촌은 많지가 않다. 또 고신라 금석문에 나오는 城村은 모두 자연촌이 아닌 행정촌으로 보아야 될 것이다(김창호,『삼국시대 금석문 연구』, 2009, 170~186쪽.). 만약에 금석문에 나오는 성촌명에 자연촌도 있으면 어떤 것은 자연촌, 어떤 것은 행정촌으로 되어, 작성자나 읽는 자가 모두 혼란스러워서 안 된다. 성촌명 가운데 왜 촌명만이 자연촌과 행정촌으로 나누고 있으며, 성명에 대해서는 행정성과 자연성으로 나누지 않는지가 이상하다. 금석문이나 목간에 나오는 성촌명을 행정촌으로 보아도 아무런 문제가 생기지 않는다. 고신라 금석문에 나오는 성촌명을 자연촌으로 보면, 居智伐村과 같은 확실한 행정촌이 있어서 문제가 노정된다. 또 고신라 금석문과 목간에서 확실한 자연촌은 없다. 함안 성산산성 목간의 행정촌설에 대해서는 김창호, 앞의 책, 2018, 221~231쪽 참조.

41) 等자는 적성비의 高頭林城在軍主等으로 볼 때, 복수의 뜻이다.

42) 深津行德,「法體の王-序說:新羅の法興王の場合-」『學習院大學東洋文化研究所調査研究報告』39, 1993, 55쪽.

43) 僧演, 僧安, 僧首, 僧柱의 외자 승명을 가진 승려는 中觀派(三論宗)일 가능성이 크다. 김창호,「신라초기밀교 사원인 사천왕사의 역사적 위치」『한국 고대 불교고고학의 연구』, 2007, 247쪽에서 신라·고려의 불교 종파 개요를 발표한 바 있으나 잘못된 곳이 많아서 아래와 같이 바로 잡는다. 또 사천왕상 복원을 녹유사천왕전으로 보아서 목탑 내부에 복원했으나 이는 잘못된 것이고, 녹유사천왕전이 아니고,

다.'로 해석된다.[45] 道人은 북한산비(561년~568년),[46] 마운령비(568년),
황초령비(568년)에서 당대의 최고의 귀족이던 大等喙部居柒夫智伊干보다[47)

녹유신장벽전이 옳다. 사천왕상은 목탑 1층 탑신부에 복원하거나 1층 목탑 탑신부
에 감은사처럼 복장 유물로 넣어야 할 것이다. 사천왕사 목탑의 사천왕상이 그 잔재
가 전혀 없는 것은 목재로 만들어져서 전부 썩었을 가능성이 크다. 사천왕사의 녹유
신장벽전 대해서는 조성윤, 「四天王寺 綠釉神將甓塼 釋良志製作說에 대한 檢
討」『신라학연구』17, 2014 참조. 또 성전사원들은 모두 신인종(초기 밀교)일 가능
성이 크고, 모두가 관사적 성격을 띤 원찰이다. 사천왕사에는 문무왕릉비가 서 있어
서 문무왕의 원찰일 가능성이 있다.

新羅·高麗 時代 佛敎 宗派 槪要

新羅		高麗 初期
中古	中代·下代	
中觀派(三論宗) 初期 密敎(神印宗)	初期 密敎(神印宗) 法相宗 華嚴宗 禪宗	曹溪宗(四大業) 華嚴宗(四大業) 瑜伽宗(四大業) 律宗(四大業) 天台宗 및 群小 宗派
佛敎 導入 消化期	過渡期(學派 佛敎)	宗派 佛敎

신라와 고려 초의 불교 종타에 대해 도시하면 위의 표와 같다.

이는 전적으로 허흥식,『고려불교사연구』, 1986에서 선봉사대각국사비 음기에 나
오는 四大業이란 구절에 의해 5교설(涅槃宗, 戒律宗, 法性宗, 華嚴宗, 法相宗)
와 9산설(迦智山門, 實相山門, 桐裏山門, 曦陽山門, 鳳林山門, 聖住山門, 闍
堀山門, 師子山門, 須彌山門)을 부정한 점에 근거하여 작성한 것이다.

44) 衆士와 仙人은 불교 사전 등 어떤 사전에도 나오지 않고 있다.

45) 김창호, 앞의 책, 2009, 132쪽.

46) 인명 표기로는 나오지 않고, 제⑦행에 見道人△居石窟이라고 나오고 있다. 석굴
에 살던 도인은 원래는 발달된 불교 지식을 갖고 있던 고구려 승려로 보인다. 마운
령비와 황초령비의 沙門道人法藏慧忍 중의 한 사람일 가능성이 있다. 법장과 혜
인은 본래 새로 정복한 고구려 옛 땅에 살던 원고구려인의 신라인화란 이데올르기
지배에 큰 역할을 했을 것이다. 이들이 원래 고구려 승려라 고구려 말로 새로 정복
한 고구려 옛땅의 지방민을 위무했을 것이다. 이것은 불교를 신라 정부가 활용함과
동시에, 이러한 방식의 지방민 지배가 신라식 지방 통치 방식이며, 이는 지방민에
대한 배려로 뒷날 3국 통일의 원동력이 되었을 것이다.

앞서서 나오는 당시 신라에서의 최고위 승직이다.[48] 이러한 道人과 대비되는 거지벌촌(언양현)의 衆士와 先人은 누구일까? 이들은 을묘명을 구조적으로 볼 때, 토착 신앙을 담당했던 직명으로 보인다.[49] 또 6세기경의 천전리서석 선각화에는 인물도, 기마행렬도 등의 인물상과 말, 새, 용, 물고기의 동물상 그리고 배 등이 있다. 이는 3~6세기 무덤인 적석목곽묘[50] 출토의 토우와 유사하여 장송 의례와 관련된 것이다.[51] 따라서 토착 신앙의 성지인 서석곡은 장송 의례와 관련된 것이 주류였음을 알 수 있다. 525년인 乙巳年에는 沙喙部徙夫知葛文王의 妃인 只没尸兮妃가 죽어서, 539년인 己未年에는 夫乞支妃(沙喙部徙夫知葛文王의 妹)의 남편이 另卽知太王(法興王)이 죽어서 각각 서석곡을 찾았다고 해석된다.[52]

장송 의례의 성지인 서석곡에 화랑이 와서 遊娛山川하는 것은 도리에 맞지 않는다. 우리는 너무 화랑을 문헌에 나타난 대로 국가를 위해 충성을 다하는 청소년 집단으로 보아 왔다. 신라의 화랑은 그 수가 가장 많

---

47) 居柒夫智伊干의 柒자는 나무 목(木)변에 비수 비(匕)자이다. 따라서 居柒夫는 창녕비의 △大等喙居七夫智一尺干과는 동일인일 수가 없다. 거칠부는 大等으로 창녕비에 기록되어야 한다.

48) 辛鍾遠, 「道人 使用例를 통해 본 南朝佛教와 韓日關係」 『韓國史研究』59, 1987에서는 도인을 중국 남조 계통 영향을 받은 불교 승려로 보고 있다.

49) 김창호, 앞의 책, 2009, 130~137쪽.

50) 김창호, 「신라 금관총의 尒斯智王과 적석목곽묘의 편년」 『新羅史學報』32, 2014에서 신라 적석목곽묘에 관한 편년을 제시한 바 있다. 곧 4세기 중반은 황남동109호 3·4곽, 4세기 후반은 황남동110호, 황오리14호, 5세기 전반은 98호남분(402년, 내물왕릉), 98호북분, 5세기 후반은 금관총(458년, 눌지왕릉=尒斯智王陵=넛지왕릉), 서봉총, 식리총, 금령총, 천마총, 6세기 전반은 호우총(475년 이후), 보문리 합장묘로 보았다.

51) 김창호, 앞의 책, 2009, 140~141쪽.

52) 김창호, 앞의 책, 2018, 제3장 제2절 참조.

게는 30명 가까이의 인명이 나오는 화랑들이[53] 서석곡을 遊娛할 수가 있을까? 화랑이 하는 일 가운데 하나가 장송 의례와 관련되지는 안았을까? 화랑의 인명을 서석곡의 장송 의례 상징인 선각화를 파괴하지 않고 새겨져 있다. 이는 화랑의 역할을 암시하고 있는 듯하다. 장송 의례의 성지와 화랑의 遊娛山川은 서로 모순된다. 이를 해결하기 위해서는 장송 의례에 화랑의 역할이 있었을 것이다.[54] 불교가 들어오기 이전에 신라인의 고유한 장송 의례를[55] 화랑과의 관련성도 조심해서 살펴보아야 할 것이다. 그래서 祀府中=禮部中이란 명문이 나와서 장송 의례가 예부 소속임을 밝혀주고 있는지도 모르겠다. 제천 점말동굴의 암각 유적이나 고성 삼일포의 암각 유적도 장송 의례의 기능을 했을 것이다.

또 월성 해자 2호 목간에 다음과 같은 명문이 있다.

제1면 大烏知郎足下万拜白之
제2면 經中入用思買白不躍紙一二斤
제3면 牒垂賜教在之 後事者命盡
제4면 使內

이를 해석하면 다음과 같다. 大烏知郎足下께 万拜가 아룁니다. 經에 넣어 쓰려고 구매하는 白不躍紙 한두 근을 샀습니다. 牒을 내리신 명령

---

53) 실제로 천전리에 遊娛한 화랑은 모두 이름을 새기지는 않아서 그렇지 30명보다 훨씬 더 많았을 것이다.

54) 화랑들이 결혼하기전의 청소년이었음은 특별히 주목하여야 될 것이다. 결혼하기 전의 청소년이 장송 의례의 성지에서 화랑으로서의 훈련을 하는 데에 도움이 될 것이며, 모든 화랑 유적이 장송 의례와 관련이 있었을 것으로 사료된다.

55) 불교가 들어오고 나서는 불교와 습합되어 화랑의 인명과 함께 僧柱, 惠訓(두 번), 建通法師 등의 승려 이름이 나오고 있다.

이었습니다. 뒤의 일은 명한 대로 다 시키어 내었습니다.

이 명문의 연대를 6세기 중엽으로 보아 왔다.[56) 大烏란 관등명 뒤에 知郞이란 것이 붙어 있다. 大烏知郞足下 가운데 大烏知郞이 관등명이다. 이는 大舍帝智의 帝智나 大舍下智의 下智와 함께 그 하한은 540년으로 보인다.[57) 이들을 560년으로 보면 경위의 완성이 외위가 완벽하게 완성된 때인 540년 이전 보다 늦게 된다. 따라서 월성 해자 2호 목간의 제작 시기는 540년 이전으로 보인다. 大烏知郞은 경위명이지 인명이 아니다. 따라서 大烏知郞과 제천 점말동굴 화랑 석각의 烏郞은 동일인일 수가[58) 없다.

III. 석각의 제작 시기

화랑 유적 석각의 연대를 알기 위해 관련 금석문 자료부터 제시하면 다음과 같다. 좀 장황하지만 관련 금석문의 전문을 제시하기로 한다.

迎日冷水里新羅碑
前面

⑫	⑪	⑩	⑨	⑧	⑦	⑥	⑤	④	③	②	①	
		死	得	爲	支	夲	喙	王	癸	牵	斯	1
	教	後	之	證	此	波	尒	斯	未	村	羅	2
此	耳	△	教	尒	七	頭	夫	德	年	節	喙	3
二	別	其	耳	耶	王	腹	智	智	九	居	斯	4

56) 이경섭, 「신라 월성해자에서 출토된 2호 목간에 대하여」 『한국 고대사 연구의 현단계-석문 이기동교수정년기념논총-』, 2009, 408쪽에서 월성해자2호 목간의 연대를 561년 전후로 보고 있다.

57) 김창호, 앞의 책, 2018, 127~133쪽.

58) 이도학, 앞의 논문, 2009, 54쪽에서는 양 인명을 동일인으로 보고 있다.

⑫	⑪	⑩	⑨	⑧	⑦	⑥	⑤	④	③	②	①	
人	教	弟	別	財	等	智	壹	阿	月	利	夫	5
後	末	兒	教	物	共	干	干	干	廿	爲	智	6
莫	鄒	斯	節	盡	論	支	支	支	五	證	王	7
更	斯	奴	居	教	教	斯	只	子	日	尒	乃	8
導	申	得	利	令	用	彼	心	宿	沙	令	智	9
此	支	此	若	節	前	暮	智	智	喙	耳	王	10
財		財	先	居	世	斯	居	居	至	得	此	11
				利	二	智	伐	伐	都	財	二	12
					王	干	干	干	盧	教	王	13
						教	支	支	葛	耳	教	14
									文		用	15
											珎	16
											而	17

⑤	④	③	②	①		
故	了	今	支	村	1	
記	事	智	須	主	2	上面
		此	支	奥	3	
		二	壹	支	4	
		人		干	5	
		世			6	
		中			7	

⑦	⑥	⑤	④	③	②	①		
事	蘇	喙	你	智	典	若	1	
然	那	沙	奈	事	更		2	
牛	支	夫	耽	麻	人	導	3	
拔	此	那	須	到	沙	者	4	
語	七	斯	道	盧	喙	教	5	後面
故	人	利	使	弗	壹	其	6	
記	跛	沙	心	須	夫	重	7	
		△	喙	旹	仇	罪	8	
				所	公	耳	9	
					白		10	
					了		11	

蔚州川前里書石 癸亥銘					蔚州川前里書石 癸巳銘[59]					
④	③	②	①		⑤	④	③	②	①	
行	婦	沙	癸	1	部	輩	王	沙	癸	1
時	非	喙	亥	2	書	衆	夫	喙	巳	2
書	德	路	年	3	人	大		壹	年	3
	△	淩	二	4	小	等[60]		奮	六	4
	遊	智	月	5					月	5
		小	八	6					廿	6
		舍	日	7					二	7
				8			奈		日	8

59) 비어 있는 곳인 계사명의 3군데는 전혀 판독할 수가 없어서 공란으로 두었다.

蔚珍 聖留窟 巖刻 銘文

⑦	⑥	⑤	④	③	②	①	
刀	知?	△	此	大	八	癸	1
人	人	△	京	奈	日	亥	2
△	大	五	△	麻	壃	年	3
△	息	十?	△	未	主	三	4
	食	△	斤?	△	荷	月	5
		△	大	疋?	智		6
			△				7
			大?				8

냉수리비에는 연간지인 癸未年에 癸자가 나온다. 그 癸자가 아닌 癸의 이체인 美자에서 가로 획이 하나가 없는 글자이다. 이 癸자의 이체가 나오는 금석문은 냉수리비(443년), 울주 천전리서석의 癸巳銘(574년), 울주 천전리서석의 癸亥銘(603년), 울진 성류굴암각명문의 癸亥銘(663년) 등이 있다.

먼저 영일냉수리신라비의 건립 연대부터 검토해 보기로 하자.

첫째로『삼국사기』권44, 열전4, 이사부전에 異斯夫 或云 苔宗 奈勿王 四世孫이라고 했는데, 적성비에 大衆等喙部伊史夫智伊干支라고 나오고 있고,『삼국사기』권44, 열전4, 거칠부전에 居柒夫 或云 荒宗 奈勿王五世 孫이라고 했는데, 마운령비에 太等喙部居柒夫智伊干으로 나와서 신라 중고 왕실의 성은 문헌의 통설대로 김씨이고, 그 소속부는 탁부임을 알 수 있다.『삼국사기』권4, 신라본기4, 지증마립간 즉위조에 지증마립간이 奈勿王之曾孫(필자 주;三世孫)으로 되어 있어서 지증왕도 탁부 소속으로 그 성이 김씨임을 알 수 있는 점이다.[61]

둘째로 斯夫智王인[62] 실성왕 즉위할 때(402년)에 처음으로 교를 절거

---

60) 輩衆大等은 典中大等=典大等과 마찬가지로 大等가운데 하나로 판단된다.

61) 삼국 시대의 부에 있어서 특히 신라에서 부가 바뀌면 성이 바뀐다는 사실을 간과 하였다.

리가 30세에 받았다면 비의 건립 연대인 503년에 그의 나이가 131세가
되는 점이다.

셋째로 沙喙至都盧葛文王이 지중왕이라면 지중왕은 탁부, 사탁지도로
갈문왕은 사탁부가 틀리게 되고, 부가 다르면 성이 다르게 되어 사탁지
도로갈문왕을 지중왕으로 볼 수가 없다.[63]

따라서 냉수리비의 연대는 503년이 아닌 443년이 된다.[64]

다음으로 울주 천전리서석 癸巳銘의 연대를 514년으로 보아 왔으나[65]
울주 천전리서석에서 6세기 전반 금석문은 원명(525년), 을묘명(535년),
추명(539년), 을축명(545년) 뿐이고, 계사명에는 ~干支로 끝나는 관등명
이 없어서[66] 574년으로 보는 것이 좋을 듯하다.

그 다음으로 울주 천전리서석 癸亥銘은 543년으로 보아 왔으나[67] 관
등인 小舍에 帝智나 弟나 下智 등이 붙지 않아서 6세기 전반일 수는 없
고, 6세기 후반에 가까운 603년으로 보는 것이[68] 타당하다.[69]

---

62) 斯夫智王의 斯자는 신라 조자이다.
63) 이에 대한 상세한 것은 김창호, 앞의 책, 2018, 제2장 제2절 참조.
64) 5세기 금석문인 중성리비와 냉수리비에서는 진골과 4두품에 해당되는 관등명이
    나오지 않고 있고, 비의 주인공이 중성리비에서는 牟旦伐로, 냉수리비에서는 節
    居利로 뚜렷하나 6세기 금석문에서는 뚜렷한 주인공이 없다. 이는 6세기 전반
    금석문인 봉평비·적성비와도 차이가 있다. 5세기 금석문에서는 대등이 없으나
    6세기 금석문에서는 대등 집단이 있다.
65) 국사편찬위원회 한국사데이터베이스에 514년으로 보고 있다.
66) 武田幸男,「金石文資料からみた新羅官位制」『江上波夫教授古稀紀念論文集』,
    歷史篇, 1977.
67) 국사편찬위원회 한국사데이터베이스에서 543년으로 보고 있다.
68) 武田幸男, 앞의 논문, 1977.
69) 이 명문을 해석하면 다음과 같다. 癸亥年(603년) 2월 8일에 沙喙 路淩智 小舍의
    婦人 非德刀가 遊行할 때에 썼다.

마지막으로 울진 성류굴 암각 명문의 癸亥年의 癸자는 이체로 적혀 있고, 穀雨날인 3월 8일에 壤主인 荷智 大奈麻가 이 성류굴에 와서 명문을 남긴 것으로 인명 표기에 부명이 없어서 661년을 소급할 수 없으므로[70] 계해년은 663년이 된다.[71]

癸未年(냉수리비, 443년), 癸巳年(울주 천전리서석, 574년), 癸亥年(천전리서석, 603년), 癸亥年(성류굴 암각 명문, 663년) 등의 癸자가 이체로 적히지 않는 예는 日干支로는 568년 황초령비의 (太昌元年歲次戊子)八月卄一日癸未의 癸자가 있다. 지금까지 고신라 금석문 자료에서 일간지인 癸자를 이체자로 적는 예는 없다. 673년 癸酉年阿彌陀三尊佛碑像과 673년 癸酉銘三尊千佛碑像의 연간지인 癸酉年의 癸자는 이체가 아니다.[72]

70) 661년의 태종무열대왕비의 인명 표기는 관등명+직명+臣+姓名으로 되어 있을 것이다. 곧 인명 표기에서 출신지명이 없는 중국식이다.

71) 이영호, 「울진 성류굴 암각 명문의 검토」 『목간과 문자』16, 2016, 254쪽.
심현용, 「울주 성류굴 제8호광장 新羅 刻石文 발견 보고」 『목간과 문자』22, 2019에 다음과 같은 명문을 소개하고 있다.

	⑥	⑤	④	③	②	①	
1	世	王	眞	女	柵	庚	1
2	益	擧	興	二	作	辰	2
3	者		交	栒	六		3
4	五		右	父	月		4
5	十		神	飽			5
6	人				日		6

이 명문을 신라 진흥왕 때인 560년으로 보고 있다. 진흥왕이 진흥왕일려고 하면 眞興太王으로 나와야 되고, 권두의 庚辰年六月 日의 日을 정확하게 표시해야 된다. 그렇지 않고 庚辰年六月 日로 표기하는 것은 고려 시대에 유행하던 것이다. 울진 성류굴 8호광장 명문은 주로 통일신라시대에서 조선시대에 걸쳐서 새긴 것이다.

72) 울주 천전리서석에 癸亥年二月二日이란 명문이 있으나 통일 신라 시대의 것으로 판단된다. 연간지를 집성한 자료에 대해서는 이영호, 앞의 논문, 2016, 251~252쪽의 <표 1>6세기~8세기 초 신라 금석문에 나타난 연월일 참조.

그러면 점말동굴 화랑석각 A에 나오는 癸亥年五月三日과 癸亥年十一月卄日은 같은 해로 보인다. 이들의 연대는 癸亥年의 癸자가 이체가 아닌 癸자로 적혀 있어서 603년이[73] 아닌 723년이나[74] 그 이후로 판단된다.

IV. 임신서기석의 제작 연대

임신서기석은 두 화랑의 맹서로 유명한 비석이다.[75] 이는 경북 경주시 현곡면 금장리 석장사 부근에서 1934년 5월에 발견되었다. 이 비의 작성 연대를 살펴보기 위해 그 전문을 제시하면 다음과 같다.

⑤	④	③	②	①	
詩	行	天	三	壬	1
尙	誓	大	年	申	2
書	之	罪	以	年	3
礼		浔	後	六	4
傳	又	誓	忠	月	5
倫	別	若	道	十	6
浔	先	國	執	六	7
誓	辛	不	持	日	8
三	未	安	過	二	9
年	年	大	失	人	10
	七	亂	无	幷	11

73) 이도학, 앞의 논문, 2009, 57쪽.

74) 癸자의 이체자 사용은 크게 보았을 때 고신라 시대로 한정되는 듯하나 계유명아미타삼존불비상(673년)과 계유명삼존천불비상(673년)이 있어서 문제가 된다.

75) 국사편찬위원회 한국사데이터베이스에서는 석각으로 보고 있으나 석비가 옳다. 또 595년의 어숙지술간묘의 石扉 명문을 묵서명으로 보고 있으나 이는 잘못이다. 石扉墓誌銘으로 보아야 될 것이다. 乙卯年於宿知述干이란 명문은 述干다음에 支자가 없어서 535년이 아닌 595년에 작성된 것이다.

⑤	④	③	②	①	
	月	世	誓	誓	12
	卄	可	若	記	13
	二	容	此	天	14
	日		事	前	15
	大		失	誓	16
	誓			今	17
				自	18

전문부터 해석하면 다음과 같다.

     壬申年 6월 16일에 두 사람이 아울러 맹서를 하늘 앞에 기록한다. 맹서하기를 이제부터 3년 이후에 忠道執持하고 과실이 없기를 맹서한다. 만약에 이 일을 잃으면 하늘에 큰 죄를 얻기를 맹서한다. 나라가 불안하고 큰 난세를 가히 허용하지(않기를;부정을 나타내는 글자가 탈락되었음) 맹서한다. 또 별도로 먼저 辛未年 7월 22일에 크게 맹서하여 詩, 尙書, 礼傳을 차례로 얻기를 맹서가 3년 안이다.[76]

임신서기석의 연대를 552년(진흥왕13년)으로 본 바 있다.[77] 그 뒤에 많은 금석문 자료가 새로 나와서 임신서기석의 제작 시기를 다른 각도에서 검토해 보고자 한다. 우선 568년인 마운령비를 살펴보기 위해 인명 분석을 표로 제시하면 다음의 <표 1>과 같다.

<표 1> 마운령비 인명 분석표

직명	출신부명	인명	관등명
沙門道人		法藏	
위와 같음		慧忍	
太等	喙部	居柒夫智	伊干

---

76) 임신서기석을 화랑과 관련 지우지 않는 연구자는 없다.
77) 김창호, 앞의 책, 2009, 166쪽.

직명	출신부명	인명	관등명
위와 같음	위와 같음	內夫智	伊干
위와 같음	沙喙部	另力智	匝干
위와 같음	喙部	服冬智	大阿干
위와 같음	위와 같음	比知夫知	及干
위와 같음	위와 같음	未知	大奈末
위와 같음	위와 같음	及珎夫知	奈末
執駕人	喙部	万兮	大舍
위와 같음	沙喙部	另知	大舍
哀內從人	喙部	沒兮次	大舍
위와 같음	沙喙部	非尸知	大舍
△人78)	沙喙部	△忠知	大舍
占人	喙部	与難	大舍
藥師	(沙喙部)	篤支次	小舍
奈夫通典	本彼部	加良知	小舍
△△	本彼部	莫沙知	吉之
及伐斬典	喙部	夫法知	吉之
哀內△(△)	(△)喙部	△未名	(吉之)
堂來客		五十	
哀內客			
外客		五十	
△△(軍主)	(喙部)	悲智	沙干
助人	沙喙部	舜知	奈末

　　<표 1>에서 인명에 智(知)로 끝날 수 있는 인명 20명 가운데 15명이나 있다. 진골에 해당되는 관등명을 가진 사람의 인명은 ～智로 끝나고 있고, 6두품·5두품·4두품의 인명은 ～知로 끝나고 있다.79) △△(軍主)喙部

78) △人의 △부분은 馬+弱으로 되어 있으나 조판의 어려움 때문에 모르는 글자로 보았다.

79) 성골은 탁부와 사탁부, 진골은 탁부와 사탁부, 6두품은 탁부와 사탁부와 본피부, 5두품은 6부, 4두품은 6부, 평민은 6부, 노예는 6부 각각 소속된다. 고신라 금석문에서 10여 인명의 예가 알려진 본피부는 진골에 해당되는 관등을 가진 자가 없기 때문에 본피부는 가장 높은 사람이 6두품이라고 해석되고, 최고의 지배자도 갈문왕이 될 수가 없다. 곧 봉평비에서 본피부의 장도 갈문왕이 아니기 때문에 본피부에는 갈문왕도 없다고 판단된다. 모량부, 한지부, 습비부 사람들은 가장 높은 사

悲智沙干의 경우는 6두품에 해당되는 沙干이란 관등이나 인명이 悲智로
~智로 끝나고 있다. 비지의 신분은 진골일 가능성이 있는 것으로 판단된
다. 고유한 방식의 인명 표기는 663년의 울진석류굴 암각 명문과[80] 673년
의 癸酉銘阿彌陀三尊佛碑像과 673년의 癸酉銘三尊千佛碑像을[81] 거쳐서
675년의 울주 천전리서석 上元2년명,[82] 680년의 조로2년명전명,[83] 754~
755년 사이에 만들어진 신라 화엄사경,[84] 798년의 영천청제비 정원14년
명[85] 등에서 꾸준히 잔존 요소로 남아 있었다.[86]

람이 5두품이라고 보이고, 6두품 이상은 없는 것으로 판단된다. 이는 고신라의 금
석문 등 문자 자료에 의한 가설이다.
80) 이영호, 앞의 논문, 2016.
81) 김창호, 앞의 책, 2007, 73쪽.
82) 부명이 인명에서 사라진 절대 연대가 확실한 예로 중요하다.
83) 쌍록보상화문전의 명문은 調露二年漢只伐部君若小舍~三月三日作康(?)~(개
    행)이다. 이는 조로2년(680년)에 한지벌부의 군약 소사가 감독했고, 3월 3일에 작
    강(?)(~)이 만들었다고 해석된다.
84) 김창호, 앞의 책, 2007, 18쪽.
85) 김창호, 「영천 청제비 정원14년명의 재검토」『한국사연구』43, 1983.
86) 인명 표기는 아니지만 부명이 통일 신라의 기와 명문에 나온 예가 있어서 이를
    간단히 소개하면 다음과 같다.
    통일 신라 기와로서 안성 비봉산성의 장판 타날로 左書인 李彼(서영일, 「안성 비
    봉산성 수습 <본피>명 기와 고찰」『문화사학』11·12·13, 1999.), 광주 무진고성의
    沙喙(구문회, 「무진고성 출토 명문자료와 신라통일기 무주」『한국사의 구조와
    전개-하현강교수정년기념논총-』, 2000.), 청주 상당산성의 沙喙部屬長池駔升達
    (박성현, 「신라 성지 출토 자료의 현황과 분류」『목간과 문자』2, 2008, 110쪽.)의
    명문이 있다. 이들은 신라 중앙의 6부에서 많이 떨어진 지방에서 6부명이 나온다
    는 공통점이 있고, 그 출토지가 전부 포곡식산성이라는 공통점을 지니고 있고, 취
    락지에서 4km정도 떨어진 산성이라는 공통점이 있다. 6부명이 나오는 유적으로
    는 경주 월지·동궁에서 나온 習部명기와(망성리와요지에서 생산), 漢(只部)명기
    와(다경와요지에서 생산)의 출토와가 있다. 습부와 한(지부) 양자를 무진고성의
    사탁과 연결시켜서 기와 등을 무진고성에서 생산했다고 보거나『삼국사기』, 강수

신라 인명 표기는 661년 태종무열왕비부터 크게 바뀐다.[87] 그것을 알
수 있는 자료로 문무왕릉비를 들 수가 있다. 태종무열왕비와 꼭 같은 인
명 표기로 짐작되는 682년 7월 25일에 건립된 문무왕릉비에는[88] 비문을
지은 사람(奉 敎撰)은 汲湌[89]國學少卿臣金△△이고, 쓴 사람(奉 敎書?)한

전에 나오는 中原京沙梁人也란 구절에 근거하여 5소경의 본피부로 보아 왔다.
후자의 경우 그 근거는 沙喙部屬長池馹升達(馹은 驛의 이체)을 사량부가 장지
역의 말을 맡다(돌보다)로 해석한 데에 기인하고 있다. 沙喙部屬長池馹升達은
사탁부에 속한 장지역의 승달이 되어서 사량부가 장지역의 말을 맡다(돌보다)로
는 해석할 수 없게 된다. 장지역의 승달은 사탁부에 속해서, 장지역이 사탁부에
속한 것으로 볼 수 있다. 통일 신라 시대에 역제가 있었다는 유일한 근거가 된다.
무진고성의 沙喙나 안성 비봉산성의 本彼도 청주 상당산성의 沙喙部屬長池馹
升達과 역제를 나타내주는 편린이 아닐까한다. 이들 3유적의 연대는 장판기와나
반출된 청자편으로 보면 10세기는 아니고 후삼국 시대라서 9세기로 볼 수가 있
다. 무진고성에서 나온 間城, 官城, 國城, 喙城(喙는 이체자)은 무진고성 관할의
城名으로 보인다. 무진고성에서 喙部가 나오지 않았고, 喙城이 나왔을 뿐이다.
大官, 眞官은 무진고성 등의 관리 직명 이름이고, 大官草/句丞△은 고려초의 기
와로 보인다. 신라 시대의 역제는 부별로 한 개의 부가 한 개의 역을 관장해서『고
려사』, 병지에 나오는 고려 시대 역제와는 차이가 크다. 고려 시대의 역제에 대해
서는 장요근,「고려 조선초의 역로망과 역제 연구」, 서울대학교 박사논문, 2008
참조.『삼국사기』와『삼국유사』등에서는 일체 언급이 없던 역제가 상당산성에서
沙喙部屬長池馹升達이 나와 통일 신라에는 체계적인 역제가 있었음을 나타내
주고 있다. 그것도 부별로 역을 관장했다는 점은 주목해야 할 것이다. 또 高皐
舊邑城에서 本彼(官)이 출토되었다.(박성현, 앞의 논문, 2008, 107~112쪽, 이수
훈,「성산산성 목간의 본파와 말나·아나」『역사와 경계』38, 2010, 135쪽 등) 이는
本彼(官)으로 단순히 9세기의 통일신라나 나말여초의 관리를 뜻하는 것으로 보
인다. 사탁부가 역을 관장하고 있던 무진고성에 탁관 등이 나오는 것과 같은 것으
로 보인다.

87) 태종무열왕릉비에는 귀부와 이수가 남아 있어서 비문에 나오는 인명 표기는 문무
왕릉비의 인명과 꼭 같다고 판단된다.

88) 김창호,「문무왕릉비에 보이는 신라인의 조상인식-태조성한의 첨보-」『한국사연구』
53, 1986.

사람은 大舍臣韓訥儒이다.[90] 찬자의 이름은 망실되어 알 수 없다. 이 비
에는 관등명+(직명)+臣+姓名이 온다.[91] 이 인명 표기의 특징은 출신지명
이 없다는 점과 金△△의 金이나 韓訥儒의 韓처럼 중국식 姓이 인명에
나타나는 점이고, 지금까지 보아온 <표 1>의 인명 표기와는 다르게 중국
식으로 표기하고 있다.

　임신서기석의 두 화랑은 인명 표기를 적지 않고 있다. 임신년은 인명
표기가 새로 도입되고 나서인 661년에서 11년이 지난 672년으로 보는 것
이 타당할 듯하다.[92] 그래야 화랑의 이름을 기록하지 않는 근거를 이야
기할 수 있다. 그토록 공부를 열심히 하고, 국가에 대해 충성을 다한 화
랑이 자기 이름을 석비에 새기지 않은 이유를 밝힐 수 있는 점은 조그마
한 수확이다. 화랑의 경우는 울주 천전리서석 석각이나 제천 점말동굴
석각에서 모두 문무왕릉비의 金△△나 韓訥儒처럼 인명를 표기하지 않
고, 통일 신라에 있어서도 성이 없는 신라식 인명 표기 방식을 가지고
있었다. 화랑의 인명은 삼국통일 이전이나 통일 이후나 변화하지 않았
다. 울주 천전리서석 丙戌載(746년)명의 官郎이나 울주 천전리서석 丙申
載(756년)명의 慕郎을 그 예로 들 수가 있다. 화랑의 인명 표기를 보더라

89) 조판 때문에 飡자로 쓴 飡자는 삼수 변(氵)이 아니고 부서진 뼈 알 변(歹)이다.
90) 奉 敎書의 敎書는 복원해 넣은 것이다.
91) 金△△의 金과 韓訥儒의 韓은 성으로 보인다. 신라의 姓은 661년경에 생긴 것
　으로 해석해도 좋을 것이다. 중국 사서에 나타나기는 眞興王을 金眞興(『北齊書』
　에 처음으로 나오고 있다.)이라고 부르는 것이 최초라고 한다.
92) 이때에 화랑 인명에 관한 모종의 조치인 姓의 사용 등이 있었으나 종전 방식대로
　하기로 결정이 난듯하다. 그래서 화랑의 인명은 부명이 인명 표기에서 사라지는
　661년 이후에도 울주 천전리서석, 제천 점말동굴 석각에서 꼭 같다. 곧 인명으로
　고신라의 화랑인지 통일신라의 화랑인지 구분할 수가 없다. 또 지금까지 화랑의
　인명 표기에 있어서 관등명이나 부명이 함께 한 예는 없다.

도 화랑이 골품제 사회 곧 신라 사회의 신분제에 있어서 완충제 역할을
했다는 결론은[93] 타당하다고 판단된다.

V. 맺음말

먼저 명문을 판독하고 인명을 중심으로 검토하여 화랑의 이름은 결국
크게 보아서 奉拜△, 進慶, 陽才△, 松竹△, 烏郎, 祥蘭宗, 正郎, 義匹, 王
長△, 孝弼, 侖郎, 平道, 金郎, 香夲, 庚宜, 義△, 万孫, 芒王 등을 화랑의
이름일 가능성도 있는 것으로 보았다. 그리고 30명 이상의 화랑이 나오는
천전리서석 석각의 명문을 분석하였다. 울주 천전리서석 을묘명(535년)
과 선각화는 장송 의례와 관련된 성지로 보인다. 화랑의 遊娛와 장송 의
례는 서로 모순이 되어 화랑의 하는 일 가운데 장송 의례도 포함되는 것
으로 보았다. 그래서 점말동굴의 석각에 礼府(=禮部)란 명문이 있다.

다음으로 癸亥年을 603년으로 보아 왔으나 443년 냉수리비의 癸未年,
574년의 울주 천전리서석 癸巳銘, 603년의 울주 천전리서석 癸亥銘, 663
년의 울진 성류굴 암각 명문의 癸亥年 등의 癸자가 美에서 가로로 획을
하나 뺀 이체로 적혀 있다. 673년 癸酉銘阿彌陀三尊佛碑像이나 673년 癸
酉銘三尊千佛碑像의 癸酉年의 癸자는 異體字가 아니다. 점말동굴의 癸亥
年(두 번)은 癸자가 이체로 적혀 있지 않고 癸자로 적고 있어서 603년일
수는 없고, 723년이나 그 이후로 보았다.

마지막으로 임신서기석의 연대는 두 명의 화랑 맹서란 것 이외에 연
대 설정의 근거가 없다. 국가 차원의 최후 금석문인 568년의 마운령비를

---

93) 이기동, 앞의 책, 1984.

중심으로 인명 표기를 조사하였다. 신라 금석문에서 인명 표기의 획기
는 661년의 太宗武烈王陵碑이다. 무열왕릉비와 꼭 같은 인명 표기 방식
으로 기재되었을 文武王陵碑에서는 중국식 인명 표기로 출신지명(부명)
이 없고, 관등이 인명 앞에 가고 인명에 姓이 나온다. 곧 관등명+직명+
臣+성명의 순서로 기재된다. 임신서기석의 두 화랑은 인명 표기 변화에
불만을 품고 인명을 비석에 새기지 않았으므로 임신년은 672년이 타당
하다. 또 고유한 방식의 인명 표기는 663년의 울진 석류굴 암각 명문,
673년의 계유명아미타삼존불비상과 계유명삼존천불비상을 거쳐서 675년
의 울주 천전리서석 상원2년명, 680년의 조로2년명전명, 754~755년 사
이에 만들어진 신라 화엄사경, 798년의 영천청제비 정원14년명 등에서
꾸준히 잔존 요소로 남아 있었다.

제3절 동궁·월지의 와전 명문과 녹유와전

I. 머리말

고고학에서 기와가 차지하는 비중은 대단히 크다. 역사고고학은 크게 토기와 석기(선사시대)를 위주로 하는 것과 칼, 무기, 귀걸이, 관, 대금구, 갑주 등을 금속기 위주로 하는 것으로 나눌 수가 있다. 전자는 개인의 힘으로 지표 조사를 통해 연구가 가능하나 후자는 공적인 기관에 들어가야 연구할 수 있으며, 당시의 정치 체제를 논할 수 있다. 흙으로 만든 기와는 중앙 정치, 지방 정치, 사원, 왕, 왕족, 귀족 등과 관련되는 것으로 당시의 정치 체제를 논할 수 있는 역사고고학에 있어서 帝王之學이다. 기와를 고고학적으로 연구한다는 것은 대단히 중요하다.

이렇게 기와가 중요함에도 불구하고, 고고학에서는 금관 등에 밀리고, 미술사에서는 불상 등이 밀려서 연구자가 없었다. 다행히 최근에 들어와 기와 전공자가 느는 것은 고무적인 일이다. 가까운 일본을 보아도 고고학자의 반이 기와 전공자이다. 일본에서는 기와를 25년 단위로 끊어서 해석하고 있다. 우리 나라에서는 고식 단판 6세기전반~7세기전반, 신식 단판 7세기후반(의봉사년개토, 습부명, 한지명 암키와), 중판은 7세기후반~9·10세기로 판단하고 있다. 지방은 중판이 7세기 후반~8세기에, 경주를 제외한 지방에서는 장판이 9세기 전반부터 출토되고 있는 것으로 볼 뿐이다.

여기에서는 먼저 동궁과 월지에서 나온 숫막새 1점의 명문과 암키와 22점의 명문을 소개하여 이를 토대로 동궁과 월지에서 출토된 명문을 개별적으로 또는 집단적으로 검토하겠고, 전명에 나오는 명문도 검토하 겠고, 마지막으로 녹유와전을 출토지를 중심으로 그 사용 계층을 검토 하겠다.

II. 명문의 검토

1. 기와 명문[1]

(1) 在城명숫막새

반파된 숫막새는 주연은 굵은 연주문대로 되어 있고, 그 안에는 11엽 의 연판은 호박씨문으로 되어 있고 원이 在城이란 글자밖을 둘러싸고 있다. 후삼국시대 기와이다. 지름 16.7cm, 두께 1.5cm

(2) 漢명암기와 문자

완형이며, 한쪽은 넓고 다른 한쪽은 약간 좁은 사다리꼴의 모습이다. 너비가 넓은 상단부에는 방사선 모양의 선문 3개가 직사각형 타날판으 로 타날하고 있다. 문자는 방사선 형태의 문양 보다 아래쪽 양측면에 2개 있는데 문양판과 다른 별도의 문자가 새겨진 판으로 타날한 것으로 보 인다. 길이 38.5cm, 너비 27.3cm, 두께 1.5cm

---

1) 이 부분은 노기환, 「경주 동궁과 월지의 문자 기와」 『동궁과 월지 출토 기와 연구』 -제13회 한국기와학회 정기학술대회-, 2016에서 발췌하였다.

(3) 漢명암기와 문자

완형이며, 너비가 한쪽은 넓고, 다른 한쪽은 좁은 암기와의 전형적인 사다리꼴의 모습이다. 너비가 넓은 상단부에 횡방향의 선문을 3개가 직사각형 형태로 찍혀 있다. 그 밖의 공간에는 타날하지 않았다. 문자는 중앙에 있는 선문과 붙어 1개가 있는데 문양판과 다른 별도의 문자가 새겨진 판으로 보인다. 漢字는 앞의 것과 동일한 판으로 찍은 것이다. 길이 39.3cm, 너비 30.4cm, 두께 1.6cm.

(4) 漢명암기와 문자

1/3정도 파손되었으나 원형을 추정할 수 있다. 너비는 한쪽은 넓고, 다른 한쪽은 좁은 사다리꼴 형태이다. 너비가 넓은 상단부에 횡방향의 선문 3개가 직사각형 모양의 문양 형태로 찍혀 있다.[2] 그 밖의 공간에는 문양을 타날하지 않았다. 문자는 중앙에 있는 선문과 붙어서 1개가 있는데 문양판과 별도의 문자가 새겨진 판으로 타날한 것으로 판단된다. 漢字는 앞의 찍힌 문자와 동일한 판으로 찍은 것이다. 길이 39.3cm, 너비 30.4cm, 두께 1.6cm.

(5) 漢명암기와 문자

완형의 암기와로 너비가 한쪽은 넓고 다른 한쪽은 좁은 사다리꼴 형태이다. 너비가 넓은 장단부에 휘어진 선문과 격자문으로 복합된 문양이 두 줄로 각각 4개씩 찍혀 있다. 그 밖의 공간에는 문양을 타날 하지 않았다. 문자는 상단부 문양 첫줄과 둘째줄 사이에 1개가 있는데 선문 타날 보다 늦게 찍었다. 문자는 문양판과 다른 별도의 문자가 새겨진 판

---

2) 신라의 수도였던 경주에서는 나라가 망할 때까지 장판 타날 기와는 없었다. 조성윤 「신라 장판 타날문양 평기와의 경주 제작여부에 대하여」『이화사학연구』30, 2003.

으로 찍은 것으로 보인다. 漢자는 앞의 문자와 동일한 판으로 찍은 것이
다. 길이 38.9cm, 너비 28.8cm, 두께 1.5cm.

(6) 漢명암기와 문자

완형의 암기와이다. 너비가 한쪽은 좁고, 다른 한쪽은 넓은 사다리꼴
형태이다. 너비가 넓은 상단부에 휘어진 선문과 격자문의 복합된 문양
이 2줄로 4개씩 찍혀 있다. 그 밖의 공간에는 문양을 타날하지 않았다.
문자는 상단부에서 두 번째 줄 아래에 1개가 있는데 선문타날 보다 늦
게 찍었다. 문자는 문양판과 다른 별도의 문자가 새겨진 판으로 찍은 것
으로 보인다. 漢자는 앞의 문자와 동일한 판으로 새긴 것이다. 길이
41.1cm, 너비 28.2cm, 두께 1.8cm.

(7) 漢명암기와 문자

와편의 크기가 작아 전체적인 형태와 타날한 문양을 알 수 없다. 漢자
는 선이 굵은 양각으로 되어 있다. 태토는 다른 漢자명암기와 문자들보
다 거칠다. 남은 길이 9cm, 남은 너비 7.9cm, 두께 2.4cm.

(8) 漢只명암기와 문자[3]

상단부와 하단부의 모서리가 일부 없으나 원형을 추정할 수 있고, 너
비는 한쪽은 좁고 다른 한쪽은 넓은 사다리꼴 형태이다. 너비가 넓은 상
단부에 엇갈리게 사선문이 새겨진 선문 3개가 직사각형 형태로 찍혀 있
다. 문자는 엇갈린 사선 형태 문양보다 아래쪽 가운데에 1개가 있는데,

---

3) 조성윤, 「신라 동궁창건와전 연구」, 경주대학교 박사학위논문, 2013, 34쪽의 <그
   림 11>의 ③(漢只)과 ③-1(漢只)의 세부라 했으나 동일한 글자의 확대는 아니다.
   왜냐하면 ③(漢只)는 左書로 양각이나 ③-1의 (漢只)는 음각이다.

문양판과 별도로 문자가 새겨진 판으로 찍힌 것으로 보인다. 길이 41cm, 너비 33cm, 두께 1.7cm.

(9) 井마크암기와

암키와는 하단이 없는 반파된 상태이나 한쪽은 넓고 다른 한쪽은 좁은 사다리꼴로 추정된다. 문양은 상단에 2줄로 타날되었다. 정사각형 형태의 타날판은 두 줄의 구획선에 의해 4칸으로 구분되었고, 문양은 격자문 1개, 사격자문 1개, 조정문 2개이다. 문자는 조정문 중 하나의 중앙에 井자 마크가[4] 찍혀 있는데 문양과 함께 새긴 것이다. 현재 길이 28.3cm, 너비 31cm, 두께 1.7cm.

(10) 井마크암기와

암키와는 완형으로 한쪽은 넓고 다른 한쪽은 좁은 사다리꼴 형태이다. 문양은 사격자문 1개, 조정문 1개가 한조로 상단부에 2줄로 타날되어 있다. 문자는 조정문 중앙에 井마크가 양각으로 타날되어 있다. 타날판은 직사각형처럼 보이지만 조정문 대각선 방향으로 보이는 것으로 보아 정사각 형태로 추정된다. 길이 37.6cm, 너비 27.8cm, 두께 1.7cm.

(11) 習(府)井井명암기와

상단부로 추정되는 곳에 사선 방향으로 문양이 3줄로 타날되어 있다. 문자는 조정문 중앙에 習자와 井마크가, 격자문 중앙에 井마크가 양각되어 있다. 문자가 習자와 井마크만 찍혀 있으나 조정문 내부의 井마크와 習이 같은 타날판으로 보여 이 문자기와도 習府井井으로 볼 수가 있

---

4) 이를 우물 井자로 읽기도 하나 이는 잘못이다. 원래는 九의 뜻으로 가로와 세로를 세 줄씩 그은 도교 벽사 마크로 井마크의 왼쪽 아래로 끄는 줄로 똑바로 되어 있다.

다. 현재cm 길이 15.6cm, 현재 너비 20cm, 두께 1.3.

(12) 習府井井명암기와

상단부가 반파된 상태이나 남아 있는 상태로 보아 위가 넓고 아래가 좁은 다른 암기와와 같은 형태이다. 타날판은 사각형으로 4개로 구획되고, 4개의 각기 다른 문양과 문자가 음각된 것이다. 문양은 상단부에 횡방향으로 2줄로 타날되어 있는데, 조정문 중앙에 習자와 井마크가, 격자문에 井마크가, 선문에 府자가 양각되어 있다. 이를 習府井井으로 읽는다.

(13) 習部井井명암기와

암키와는 완형으로 한쪽은 넓고 다른 한쪽은 좁은 사다리꼴 형태이다. 타날판은 사각형으로 4개로 구획되고 4개의 각기 다른 문양과 문자가 함께 음각된 것이다. 문양은 격자문과 조정문을 두 개가 한조로 1줄이 횡으로 찍혀 있다. 조정문 두 개 가운데 하나에는 習자를 다른 하나에는 井마크를, 격자문 두 개 중 하나에는 部자를, 다른 하나에는 井마크를 양각하고 있다. 이를 習部井井으로 읽어야 된다. 길이 41cm, 너비 29.3cm, 두께 1.7cm.

(14) 儀鳳四年皆土명암기와

내면에 모골의 흔적이 없다. 평면 형태는 한쪽이 넓고 다른 한쪽은 좁은 사다리꼴 형태이다. 문양은 문자를 타날판에 새길 때는 좌측에서 우측으로 읽도록 하였으나, 찍힌 상태는 좌에서 우로 읽히는 3행의 문자 儀鳳/四年/皆土(개행)명문과 명문 외곽으로 사격자문이 한 판으로 되어 있다. 외면의 타날은 길이 12cm의 타날판을 이용하여 2/3만 2단으로 횡방향으로 타날하였고, 1/3은 물손질을 횡방향으로 하였다. 상단면과 상단면 내면 0.8cm는 여러 차례 깍기로 조정하였다. 하단면과 하단 내면 25.1cm는 종방향으로 마연한 것처럼 깍기 조정을 하였는데, 하단 내면 1.3cm는 약간 경사지게 조정하였다.

와도질은 내측에서 하였다. 측면은 내·외연을 여러 차례 깍기·쪼는 문지르기로 조정하였다. 내면의 상단 한쪽 측면에는 지름 1cm정도의 분활 계선이 있다.5) 월지의 儀鳳/四年/皆土명문자와는6) 문자가 사방 5cm 크기의 타날판으로 만든 것이다. 타날판은 5종류가 있다. 길이 39.4cm, 너비 28.6(상)～25.8(하)cm, 두께 1.6～2.3cm.

(15) 石명암기와

사각형의 도장 구획 내부에 石자가 양각되어 있다. 사각의 인장 테두리는 가로 6cm, 세로 5.5cm로 양각되어 있다. 현재 길이 16cm, 현재 너비 10.1cm, 두께 1.4cm.

(16) 日月造명기와7)

선문에 日月造가 양각으로 찍혀 있다. 현재 길이 16.3cm, 너비 8.2cm, 두께 1.1cm. 고려 시대 기와일 가능성이 크다.

(17) 井抪명암기와

사각형의 도장 구획 내부에 井抪 마크가8) 음각으로 찍혀 있다. 이를

---

5) 이인숙, 「통일 신라～조선 전기 평기와 제작 기술의 변천」-경북대학교 석사학위 논문-, 2004, 33쪽.
6) 문화재관리국, 『안압지 발굴보고서』, 도판 30·552, 1978.
7) 이를 製造日로 보는 가설도 있으나 따르기 어렵다. 日月이 만들었다로 해석된다.
8) 600년 전후로 편년되는 예안리49호분의 瓶形土器의 조각에서 井勿명의 명문이 나왔다. 이 井勿를 우물물로 해석하기도 하나 합쳐서 도교의 벽사 마크로 판단된

제작소를 나타내는 것으로 보아 왔다.9) 뒤의 글자는 다그칠 柞이므로 井
마크와 함께 벽사 마크로 보인다. 사각의 인장 테두리는 가로 5.8cm, 세로
6.1cm로 음각되어 있다. 현재 길이 10cm, 현재 너비 10.3cm, 두께 2cm.

(18) 井桃명암기와

사각형의 도장 구획 내부에 井마크와 도교 상징하는 과일인 복숭아
桃자가 음각되어 있다. 井桃는 도교 벽사 마크이다. 사각의 인장 테두리는
가로 5cm, 세로 5.8cm이다. 현재 길이 18.5cm, 현재 너비 14.3cm, 두께 2cm.

(19) 玉看窯명암막새

세로로 玉看窯라는 문자가 양각으로 3줄로 적혀 있다. 日暉文기와 공
반한 13세기 고려 시대의 기와이다. 현재 길이 10.8cm, 현재 너비 9.9cm,
두께 3cm.

(20) 卍명암막새

사선문의 타날판에 卍자도 동시에 새긴 것으로 양각되어 있다. 다른
기와에 비해 태토에 사립 함유량이 많다. 고려시대의 것으로 보인다. 현
재 길이 9.8cm, 현재 너비 7cm, 두께 1.4cm.

(21) 朱명암막새

상단부 양측 모서리가 파실되었으나 완형을 추정할 수 있다. 상단부
에 굵은 선문이 타날되어 있으며, 朱자도 선문을 새긴 타날판에 동시에
새긴 것으로 보이며 양각으로 찍혀 있다. 타날은 기와의 상단 절반 이상

다. 井桃명기와와 함께 8세기에 제작된 것으로 보인다.
9) 문화재관리국, 앞의 책, 1978.

에만 찍혀 있으며 문자도 상단부에 4자가 남아 있다. 길이 39.8cm, 너비 30.5cm, 두께 1.5cm.

(22) △山명암막새[10]

선문을 타날한 후 2자의 명문을 새겨진 판으로 찍었으며, 문자는 양각으로 찍혀 있다. 명문 가운데 앞 글자는 큰 입구(口)에 上人의 합자를 넣은 글자로 보이나 무슨 자인지는 알 수 없다. 뒷글자는 山이다. 경도는 와질이다. 현재 길이 16.5cm, 현재 너비 11.8cm, 두께 2cm.[11]

2. 塼銘

調露二年/漢只伐部君若小舍～/三月三日作康(?)～(개행)명쌍록보상화문전이 동궁에서 출토되었다. 이 전은 종래 雙鹿寶相華文塼을 750년으로 추정했는데 그 시기를 調露二年이 680년이므로 70년을 올려다 잡게 되었다.

위의 명문을 검토해 보자. 日月造는 장판 타날로 고려 시대로 보인다.[12] 玉看窯명암막새는 13세기의 고려 기와이다.[13] 卍자명암막새도 통일신라 예는 없어서 고려 시대로 보인다. 井㧜명암기와는 도교의 벽사

---

10) 이를 조성윤, 앞의 논문, 2013, 39쪽에서는 山井으로 판독하고 있는 듯하다.

11) 이외에도 羍昻之印명이 나왔다하나 이는 羍昻의 印으로 해석되며, 인명으로 보인다.

12) 최태선·조성윤, 「경주 동궁과 월지 출토 암키와 현황과 제원」『경주 동궁과 월지 와전 고중연구』, 2016, 135쪽.

13) 日暉文기와와 공반한다. 또 皇龍寺 西回廊址 출토토기명 月三十日造林家入口를 국사편찬위원회 한국사데이터베이스에서는 三國시대로 추정하고 있으나 고려시대로 추정된다. 왜냐하면 삼국시대와 통일신라에는 二十을 卄로, 三十을 卅로, 四十을 卌으로 적고 있다. 고려시대에는 이들이 혼용된다. 곧 二十, 三十, 四十이 나오면 무조건 고려시대이후의 금석문 자료이고, 卄, 卅, 卌이 나오면 삼국시대, 통일신라시대의 자료이다.

마크로 보인다. 井桃명암기와는 도교의 벽사 마크이다. 在城명숫막새는
후삼국시대로 보인다.[14]

　기와 명문에서 가장 주목되는 儀鳳四年皆土(개행)명이다.[15] 이 有銘기
와는 내남면 망성리 기와 가마터,[16] 사천왕사지, 인왕동절터, 국립경주
박물관 부지, 월지, 월성 및 해자, 첨성대, 나원리절터,[17] 칠불암,[18] 성덕
여고 부지, 동천동 택지 유적, 나정 등 경주 분지 전역에서 출토되고 있
다. 5가지의 박자를 사용하고 있다고 한다.[19] 이 많은 지역의 기와를

---

14) 김창호,『한국 고대 불교고고학의 연구』, 2007, 155쪽.

15) 이를 全土나 國土의 의미로 보아서 率土皆我國家로 의미로 해석하거나, 679년
　　을 실질적인 신라의 통일 연대로 보거나, 年月日이 모두 음양오행의 土인 때를
　　가리키는 것으로 보는 것이나, 儀鳳四年皆土를 納音五行으로 보거나, 모두 신
　　라가 아울러는 우리 땅으로 보고 백제 땅을 아울렀다고 하고 있으나, 儀鳳四年
　　皆土는 679년에는 다 (기와의) 흙이다로 해석된다. 그래서 다경 요지 등에서 출토
　　된 기와의 중요성을 통일신라에서는 부각시키고 있다. 다경 요지(한지부)와 망성
　　리 요지(습부)야말로 신라의 대규모 본격적인 기와 생산에 획을 그었다. 그러한
　　자신감을 儀鳳四年皆土라고 기와에 박자로 찍어서 생산한 것으로 판단된다. 儀
　　鳳四年皆土는 기와에 있어서 신라인의 자긍심을 나타내는 것이다. 이를 率土皆
　　我國家 등의 정치적으로나 納音五行 등으로 풀이하는 것은 문제가 있는 듯하다.
　　기와 명문은 기와내에서 풀어야 되기 때문이다. 또 儀鳳四年皆土의 皆土는 인
　　명으로 보아서 儀鳳四年의 기와 제작의 총감독은 皆土이다로 볼 수가 있다. 인
　　명으로 보는 것이 연호나 연간지 뒤에 오는 두 개 이상의 글자가 오면 무조건 인
　　명으로 보아야 된다. 847년의 會昌七年丁卯年末印도 會昌七年丁卯年의 末印
　　이 (조와를) 감독했다로 해석된다.

16) 박홍국,「삼국말~통일초기 신라와전에 대한 일고찰」동국대학교 석사학위논문, 1986.

17) 박홍국,「경주 나원리5층석탑과 남산 칠불암마애불상의 조성 시기-최근 수습한
　　명문와편을 중심으로-」『과기고고연구』4, 1988, 88쪽.

18) 박홍국, 1988, 앞의 논문, 98쪽.

19) 인터넷의 儀鳳四年皆土 항목의 4가지와 나정의 左書에 근거하였다. 儀鳳四年
　　皆土명기와의 박자를 망성리 요지에 아직 다 찾지 못해서 다른 요지에서 생산된
　　기와도 있는 듯하다.

679년에 만들어서 소비지에 공급했다고는 볼 수가 없다. 아무래도 시간 폭을 고려해야 될 것 같다. 기와는 박자만 있으면 동일한 기와를 만들 수가 있다. 5개의 박자를 사용하는 방법이 있는 것을 보면 679년에 경주 분지에 기와를 모두 공급했다고는 볼 수가 없다. 특히 기와를 修葺할 때도 같은 拍子로 사용했을 가능이 있다. 특히 蘿井에서 출토된 儀鳳四年 皆土명기와는 右書가 아니고 左書이다. 望星里瓦窯址에서는 儀鳳四年皆土명인 기와가 習部에서 제작하였고,[20] 多慶瓦窯址에서는 漢只部명 기와가 제작되었다. 망성리와요지는 습비부의 기와 제작지이고, 다경와요지는 한지부의 기와 제작지이다. 이는 작업장일 뿐, 습비부와 한지부의 위치와는 관계가 없다.

習部井井, 習府井井,[21] 井井, 井을 습비부로 보아서 습비부에서 제작된 기와로 보는 것이다.[22] 문자 자료를 중요시할 때, 당연한 결론이다. 문자가 있는 기와의 숫자는 1%미만이다. 이 수치로 습비부 제작이라고 단정할 수는 없다. 문자가 적히지 않는 기와가 너무도 많다. 習部井井, 習府井井, 井井, 井은 타날판이 세련되어 있고, 기와도 양질의 기와이므로 공적인 입장에서 국가의 허가 하에 만들어진 타날이다. 국가의 허가 아래에 만들어졌다면 기와의 전부에 習部井井, 習府井井, 井井, 井이라고 타날하지 않고, 극히 일부에서 習部井井, 習府井井, 井井, 井이라고 타날 하는지 그 이유가 궁금하다. 혹시 해당 공관에 기와를 납부할 때 100장

---

20) 儀鳳四年皆土명기와에는 井마크, 習部 井井 등의 문자가 없어서 습비부라고 보기가 어렵다.

21) 習府가 習部한 것임에는 신라 금석문의 인명, 사찰명, 지명, 시호명을 통할 때, 동일함은 분명하지만 단정할 수는 없다. 왜냐하면 習府의 府에는 곳집, 官衙의 뜻이 있기 때문이다.

22) 조성윤, 「신라 동궁 창건와전 제작집단 소속부 문제」, 『동궁과 월지 출토 기와연구』 -제13회 한국기와학회 정기학술대회-, 2016.

또는 200장 등의 묶음표로 명문기와를 사용한 것으로 본다. 망성리와요
지는[23] 습비부의 기와 제작지이다.

漢, 漢只명기와에도 習部井井, 習府井井, 井井, 井마크와 마찬가지로
기와를 납부할 때 100장 또는 200자의 묶음표로 문자 기와를 사용했다
고 본다.

이제 신라에서 기와 역역을 신라 2부인 습비부와 한지부만 담당했다
고 보기 어려울 것이다. 남산신성비는 제1·2·4·5·9비는 지방민이고, 제3비
는 탁부에서 담당했다. 그렇다면 지방민도 역역을 부담했을 가능성이
있다. 7세기 후반인 680년경에는 지방에서도 기와를 만들기도 했을 것이
다. 여기에서는 習部井井, 習府井井, 井井, 井, 漢, 漢只의 명문을 주목하
여 習部와 漢只部에서만 기와를 전담했다고 보기는 어려울 것이다. 왕족
인 喙部, 왕비족인 沙喙部, 本彼部, 牟喙部도 東宮의 건설에 기와를 대고,
직접 기술자들을 파견했을 것이다. 習部井井, 習府井井, 井井, 井과 漢,
漢只 명문에 의해 동궁의 건설에 2부만이 기와를 냈다는 것은 위험한 생
각이다. 적어도 9세기경의 沙喙部屬長池馹升達에서 사탁부에 속한 장지
역 승달이므로 이 때에도 馹이 있어서 680년경의 기와도 최고의 기술자
는 탁부와 사탁부 소속으로 보인다. 따라서 탁부와 사탁부가 동궁과 같
은 대규모 건설에 참가하지 않을 수 없다.

문자 자료에 매몰되어서 문자 자료가 그 당시의 모든 기와의 공급과
수납을 나타내주지는 않는다. 王世子의 저택인 東宮의 건설에 왕세자가
소속된 탁부 출신의 瓦匠이 참가하지 않을 수는 없다. 습부와 한지부이
외에 탁부, 사탁부, 본피부, 모탁부도 동궁의 건설의 축조에 참가했고,

---

23) 망성리와요지에서는 習部井井명 기와와 儀鳳四年皆土명기와를 조와되었다고
    해석하고 있으나 儀鳳四年皆土명기와를 생산하기도 벅찰 것이다.

기와를 만들어서 공납했을 것이다.

儀鳳四年皆土명기와는 679년 신라 기와사에서 획을 끗는 기와의 완성기인데 習部와 漢只(部)명문 기와도 儀鳳四年皆土 못하지 않은 기와이지만 명문은 서로 공반하지 않고 있다. 바꾸어 말하면 儀鳳四年皆土명기와와 習部·漢只명기와는 같은 기와속에서 명문은 서로 동반하지 않는다. 이 儀鳳四年皆土명기와는 습부와 한지부소속 기와가 아니라는 강력한 증거가 된다. 儀鳳四年皆土란 기와는 습부와 한지(부) 기와가 아니므로 당시 신라 기와 가운데 최고의 기와이므로 신라 왕실 소속부인 탁부[24] 기와로 판단된다.

調露二年漢只伐部君若小舍~三月三日作康(?)~(개행)명쌍록보상화문전의 명문에 대해 조사할 차례가 되었다. 調露二年은 680년이다. 이를 해석하면 이를 調露二年 한지벌부의 군약소사가 三月三日에 지었다로 해석하고 있으나[25] 680년에 한지벌부의 군약소사가 ~했고(감독했고), 3월 3일에 作康(?)이~했다(만들었다:製瓦匠)가 된다. 여기의 한지벌부는 661년 이후인 태종무열왕릉비의 중국식 인명 표기를 따르지 않고 신라식 인명 표기이다. 군약소사도 중국식으로 小舍君若이 아니고 신라식으로 군약소사이다.[26]

---

24) 신라의 6부족 가운데 그 세력의 크기는 탁부, 사탁부, 본피부의 순서이고, 한지부, 모탁부, 습부의 그 순서를 정할 수 없다. 고신라 금석문 자료에 따르면 왕족인 탁부와 왕비족인 사탁부가 월등히 세력이 강하다. 儀鳳四年皆土명에 기와에 버금가는 기와가 따로 없고, 경주 시내 전체에 있어서 儀鳳四年皆土명기와가 여러 곳에 나오고 있다. 박자도 5가지가 있어서 의봉사년명 기와를 전부 망성리와요지의 습부 출토로 보기 어렵다. 의봉사년개토명기와는 탁부의 기와일 가능성도 있다.

25) 조성윤, 앞의 논문, 2013, 126쪽.

26) 태종무열왕릉비의 명문은 파실되고 없고, 문무왕릉비에 大舍臣韓訥儒 등이 나와서 무열왕릉비의 인명 표기를 짐작할 수 있다.

調露二年漢只伐部君若小舍~三月三日作康(?)~(개행)명쌍록보상화문
전의 명문은 牟喙部의 설정에 이용되었다. 남산신성비 제5비 제③행의
~道使幢主喙部吉文知大舍를27) 道使△△涿部△文△라고 잘못 읽은 것
을 보고28) △△涿部란 것을 牟梁部가 漸涿·牟涿으로 쓰이기도 했다는
점을 근거로 △△涿部가 모량부라고 주장하였다.29) 그러나 모량부가 점
탁·모탁으로 쓰였으나 점모탁 또는 모점탁으로 불리지 않아서 △△탁
부와 연결이 어렵다. '다만 △△탁부를 모량부로 비정할 때는 涿은 梁과
통하나 앞의 未詳인 2자가 牟(또는 漸)와의 연결이 문제가 된다. 그러나
이것도 漢祗部가 漢只伐部로 기록되는 점을 참고한다면 △△탁부를 모
량부로 지정하는 것은 별 무리가 없다고 믿어진다'고 했으나 漢祗部가
漢只伐部로 표현된 점에 따라서 牟梁部에 적용시키면 牟梁伐部가 되고,
나아가서 △△涿部는 △△涿伐部가 되어 모량부와 남산신성비는 연결
이 안 된다.

중성리비에 있어서 牟旦伐를30) 끊어서 牟梁部로 보는 것도 漢只伐部
의 영향이다.31) 牟梁部는 고신라 금석문에서 남산신성비 제2비에 나오
는 牟喙이 있다. 牟자는 △밑에 十로 되어 있다.32) 梁部가 喙部, 沙梁部
가 沙喙部가 된 점에서 보면 牟梁部는 牟喙部가 될 것이다. 앞으로 모량
부의 명칭은 금석문이나 목간에서 牟喙部로33) 나올 것이다.

---

27) 진홍섭, 「남산신성비의 종합적 고찰」『역사학보』36, 1965;『삼국시대의 미술문화』
　　재수록, 1976, 143쪽.
28) 이종욱, 「남산신성비를 통하여 본 신라의 지방통치체제」『역사학보』64, 1974, 2쪽.
29) 이문기, 「금석문 자료를 통하여 본 신라의 6부」『역사교육논집』2, 1981, 101쪽.
30) 이는 인명으로 보인다.
31) 牟旦伐喙이 모량부가 될려고 하면, 牟旦喙伐이 되어야 한다.
32) 牟자는 △밑에 옆으로(가로로) 두 줄로 되고 밑으로(세로로) 1줄로 된 것의 합자이다.
33) 실제로 월성해자 목간에서는 牟喙部라고 적힌 것이 나왔다.

다경요지는 한(지벌부)에서 기와를 생산했고, 망성리와요지는 습부에서 기와를 생산했다. 이들이 신라 흙을 찾아서 옮겨 다니는 기와 생산 집단일 것이다. 왕족인 탁부, 왕비족인 사탁부, 제3의 세력인 본피부, 모량부 등도 월지와 동궁의 축조에 동원되었을 것이다. 그런데 이들 4부의 부명이 기와에는 없다. 습부와 한(지부)의 기와만으로 월지와 동궁을 지을 수는 없을 것이다. 탁부, 사탁부, 본피부, 모탁부, 습비부, 한지부가 힘을 합쳐서 기와를 만들었을 것이다.

Ⅲ. 綠釉瓦塼

녹유와전은 지금까지 궁궐 유적과 절터 가운데 주로 성전사원과 원당에서 출토되고 있다. 그 출토 내역을 도시하면 다음과 같다.

유적지	수막새	암막새	鬼面瓦	塼	鴟尾	附椽瓦
月城 垓字			1			
東宮과 月池	11	1	66			
皇龍寺址				27		
靈廟寺址				2		
四天王寺址			1	2		
感恩寺址				1		
皇福寺址					1	
佛國寺				1		
法光寺址				65		
菊隱寄贈品						1
未詳		1(飛天)				

황룡사는 상대와 하대에 신라에서 寺格이 가장 높은 사찰이다. 중대에 있어서 사격이 가장 높았던 四天王寺를 비롯한 奉聖寺, 感恩寺, 奉德

寺, 奉恩寺, 靈廟寺, 永興寺 등 모두 7개의 사찰만이 성전사원이다.[34] 황복사는 성전사원이 아니고, 皇福寺石塔金銅舍利函銘이 나와 원찰이 분명하다. 법광사도 綠釉塼이 가장 많이 나왔으나 法光寺石塔記에 따르면 원찰일 뿐, 성전사원은 아니다. 성전사원은 모두 원당으로[35] 雜密에 속하며 초기 밀교(神印宗) 사찰로 관사적 성격이 강하다.[36]

이 綠釉瓦塼을『삼국사기』, 옥사조에 나오는 唐瓦와 관련지어서 신라의 최고 신분 계층인 聖骨만이 사용하였던 제한 물품이므로 중국의 기와 수입 혹은 유약의 수입에서 관련성을 찾아야 할 것이다고 하였다.[37] 녹유와전은 푸른 유약을 입히는 와전이다. 유약은 硅酸, 鉛丹 그리고 發酸劑로 구리 또는 철을 섞은 것이다. 이 가운데 연단은 용융점을 낮추는 역할을 한다. 또한 산소가 부족하거나 철분이 많으면 색이 변한다. 녹유는 약 700~800℃에서 용융됨으로 온도 조절이 필수적이다. 이 가운데 가장 중요한 것은 유약 재료의 확보와 유약 성분 비율이다. 연단의 원료의 확보에 일정한 한계를 지닌다.

당와를『삼국사기』, 옥사조에 의해 성골의 것으로 보고 있다.[38]『삼국유사』, 왕력에 따르면 법흥왕(514~540년), 진흥왕(540~576년), 진지왕

---

34) 7세기에 있어서 지방 사원의 존재도 그 상정이 어렵지만, 성전사원의 상정하기도 하나 신라 全時期에 걸쳐서 성선 사원의 지방에 존재하지 않는다는 견해가 있다. 이영호, 「신라 중대 왕실사원의 관사적 기능」『한국사연구』43, 1983 및 채상식, 「신라 통일기의 성전사원의 구조와 기능」『부산사학』8, 1984 참조.
35) 중대에 사격이 가장 높았던 사천왕사 원찰의 주인공은 아무래도 문무왕릉비가 서 있던 문무왕일 가능성이 크다.
36) 이영호, 앞의 논문, 1983.
채상식, 앞의 논문, 1984.
37) 김유식, 「동궁과 월지 출토 녹유와의 검토」『동궁과 월지 출토 기와연구』-제13회 한국기와학회 정기학술대회-, 2016, 138쪽.
38) 김유식, 2016, 앞의 논문, 2016, 138쪽.

(576~579년), 진평왕(579~632년), 선덕여왕(632~647년), 진덕여왕(647~654년)의 6왕만이 성골로서[39] 왕위에 올랐고, 그 다음의 제29대 태종무열왕(654~661년)부터 제56대 경순왕까지는 진골로서 왕위에 올랐다. 성골왕의 마지막으로 왕위에 있던 654년에는 기와가 아직까지 본격적으로 보급되지 못했고, 신라 기와의 기술 변화의 획기는 679년의 儀鳳四年皆土명 기와가 나온 때부터이다.[40] 이 679년에 비로소 녹유전이나 綠釉瓦가 만들어졌을 것이다. 따라서 654년 당시에 녹유와전도 있었다는 확증이 없다. 왜냐하면 월지와 동궁에서 나온 녹유귀면전 가운데 수작은 良志의 작으로 보인다. 양지의 활동 시기는 선덕여왕대(632~647년)부터 문무왕대(661~681년)까지로,[41] 문무왕대부터 신문왕대(681~692년)까지로[42] 각각 보고 있다. 『삼국유사』, 의해, 양지사적조의 唯現迹於善德王朝란 구절에 따를 때, 전자가 타당하다.

『삼국사기』, 옥사조에 다음과 같은 기록이 나온다.

> 眞骨 室長廣不得過二十四尺 不履唐瓦~
> 六頭品 室長廣不過二十一尺 不履唐瓦~
> 五頭品 室長廣不過十八尺 不用山楡木 不履唐瓦 不置獸頭~[43]

---

39) 울주 천전리서석 을묘명에 聖法興太王節이란 구절이 나오고, 낭혜화상비에서 聖骨을 聖而라고 표기하고 있어서 을묘명의 聖자가 성골을 가리키는 것으로 본다.
40) 조성윤, 앞의 논문, 2013.
41) 문명대, 「신라 조각장 양지론」 『원음과 적조미』-통일신라시대 불교조각사 연구(하)-, 2003, 13~48쪽.
42) 강우방, 「신양지론」 『미술자료』47, 1993, 1~26쪽.
    김지현, 「삼국유사 의해 양지사석조를 통해 본 양지의 작품과 활동 시기」 『신라문화제학술발표회논문집』33, 2012, 125~184쪽.
43) 獸頭는 鬼面瓦로 판단된다. 이에 대해서는 강봉원, 「신라 골품제도와 屋舍에 관한 연구-唐瓦와 獸頭를 중심으로-」 『신라사학보』29, 2013 참조.

四頭品至百姓 室長不過十五尺 不用山楡木 不施澡井 不履唐瓦 不置
獸頭~

진골, 육두품, 오두품, 4두품, 백성이 모두 당와를 덮을 수 없다고 되
어 있다. 이 당와는 녹유와전으로 보는 것이 타당하다.[44) 암막새가 숫막
새에 비해 출토수가 적어서 암막새를 당와로 보기도 하나[45) 암막새의
숫자가 너무 많아서 진골까지 제한된 것으로 볼 수가 없다.

IV. 맺음말

먼저 동궁과 월지에서 나온 23개의 기와 명문과 1개의 전명문을 소개
하였다. 주로 習部井井, 習府井井, 井井, 井과 漢, 漢只를 중심으로 살펴
보았다. 다경요지는 한(지벌부)에서 기와를 생산했고, 망성리와요지는
습부에서 기와를 생산했다. 日月造명암기와, 玉看窯명암기와, 卍명암기
와는 고려 시대로 보았다. 在城명숫막새는 후삼국시대 기와로 보았다.
儀鳳四年皆土(개행)은 경주 분지 전역에서 나오고, 그 숫자가 많아서
679년에 생산된 것이 아니라 시대의 폭이 있는 것으로 보았다. 井井, 漢,
漢只명 기와는 그 양이 전체 기와에서 1%미만인 점에서 기와를 납부할
때 100장 또는 200장 등 단위의 표시에 사용되었던 것으로 보았다. 習部
와 漢(只部)이외에도 탁부, 사탁부, 본피부, 모탁부도 기와 제작에 참가
했다고 보았다. 調露二年漢只伐部君若小舍~三月三日作康(?)~(개행)명
쌍록보상화문전의 명문에 대해 검토하였다. 調露二年은 680년이다. 이를

---

44) 강봉원, 앞의 논문, 2013.
45) 박홍국, 「삼국사기 옥사조의 당와란 무엇인가?」『불교고고학』3, 2003.

해석하면 680년에 한지벌부의 군약소사가 ~했고(감독했고), 3월 3일에 作康(?)이~했다(만들었다)가 된다. 여기의 한지벌부는 661년 이후의 태종무열왕릉비의 중국식 인명 표기를 따르지 않고 신라식 인명 표기이다. 군약소사도 중국식으로 小舍君若이 아니고 신라식으로 군약소사이다.

綠釉瓦를 당와로 보고 이를 신라 기와의 획기를 이룬 679년 당시에는 聖骨이 존재하지 않은 점에 의해 주로 眞骨과 관련되는 왕경 유적(동궁과 월지, 월성 해자)과 사원지(사천왕사지, 황룡사지, 영묘사지, 감은사지, 황복사지, 불국사, 법광사지)에 사용된 것으로 보았다. 사원지는 중대에 있어서 황룡사지, 황복사지, 불국사, 법광사를 제외하면 성전 사원(원찰)이다. 당와라고 불린 것은 녹유 유약을 중국에서 수입한 점에서 기인 된 것으로 본다. 황룡사의 경우 사격이 가장 높았을 때인 상대의 끝왕인 진덕여왕대(647~654년)에는 녹유와전이 만들어지지 않았고, 사격이 사천왕사에 뒤졌던 중대에는 녹유전을 쓸 수가 없고, 사격이 가장 높을 때인 하대의 선덕왕(780~785년)에서 경순왕(927~935년)까지에 녹유전을 만들어서 사용하였을 가능성이 있다.

제4절 사벌주희명납석제추

Ⅰ. 머리말

후삼국의 금석문 자료는 대단히 희귀하다. 그 시기가 892~936년 사이로 짧아서 출토된 유물을 통일 신라로 보거나 고려의 것으로 보기가 쉽다. 후삼국의 토기 편년이나 기와 편년은 엄두조차 내지 못하고 있다. 9세기의 줄무늬토기, 덧띠무늬토기, 편호에 뒤이어서 어떤 토기가 나오는지는 그 윤곽조차 그리지 못하고 있다. 토기와 기와의 경우 같은 장인이 같은 기술로 만들기 때문에 그 구별이 불가능하다. 가령 경주의 기와 가운데 在城명기와는 후삼국시대 기와이나 이를 평기와에 적용할 때, 후삼국 기와를 밝혀낼 수가 없다. 단석산마애삼존불은 4·6변려체로 된 명문이 있어서 후삼국 시대의 불상으로 판단되나 이를 증명하기가 어렵다. 후삼국 40년가량의 고고학이나 미술사는 그 윤곽조차 잡기가 힘들다. 이러한 어려움을 해결하는 것으로 문자 자료가 있다. 전국 각처에서 발굴 유물 중에는 후삼국 시대 유물도 출토되고 있다. 그 대표적인 것이 문자 기와이다.[1] 나말여초 유물은 골라내기가 어렵다. 통일 신라 말이나 고려 초의 유물과 구별이 되지 않는다. 沙伐州姬銘蠟石製錘도 후삼국 시대의 지방 호족과 관련지어온 유물이다. 과연 沙伐州姬가 나말여초의 인명이 맞는지를 검토해 보고자 한다.

---

1) 全州城명기와는 후백제 기와이다.

여기에서는 먼저 유적의 개요를 살펴보고, 다음으로 沙伐州姬銘蠟石製錘 출토 유구를 살펴보고, 그 다음으로 명문의 판독을 살펴보고, 마지막으로 명문에 대해 살펴보고자 한다.

II. 유적의 개요[2]

尙州 伏龍洞 유적은 상주지역에서 처음으로 조사된 대규모 취락 유적으로 통일 신라부터 조선시대까지 이어지는 지방도시의 구조와 생활상을 잘 보여준다. 특히 통일신라시기 상주의 고대도시의 면모를 복원 연구하는데 도움을 주는 역사적 가치가 매우 큰 생활 유적이다. 복룡동유적이라 하면 상주시 복룡동일대에서 발굴된 여러 유적을 통칭해서[3] 일컫는데 그 중에서 256번지 유적은 상주 복룡2지구 주택건설사업부지내 유적에 해당된다.

상주시는 지리적으로 영남의 서북부지역에 위치하며, 북서쪽으로 백두대간을 경계로 눌재를 통해 옥천·보은·영동 등 금강 수계권과 연결되고, 상주시 화북면의 이화령을 통해 괴산·충주 등의 남한강 수계권과 통교할 수 있는 분수령이 자리하고 있다. 낙동강 수계를 따라 내륙으로는 안동·봉화까지 이를 수 있으며, 남부지역으로는 김해·부산까지 나아갈 수 있는 수륙교통의 요지에 해당한다.

---

2) 이 장은 윤선태, 「상주 복룡동 256번지 유적 출토 신라 납석제 명문유물」『목간과 문자』2, 2008에서 발췌하였다.

3) 상주시복룡동유적은 '상주 복룡2지구 주택건설사업부지내 상주복룡동256번지 유적'(a), '상주 복룡3지구 주택건설사업부지내 유적'(b), '상주복룡동 주택건설사업지구내 상주 복룡동230번지 유적'(c), '상주 제2터널 입체화 시설 공사부지내 상주 복룡동 397-5번지 유적'(d), '상주 중앙로(제2철길)확장구간내 유적'(e)을 모두 포함한다.

상주시 복룡동 256번지 일대는 현 상주시가지의 동북편 외곽에 위치
하며, 북천과 남천(병성천)이 합류하는 삼각지점의 안쪽에 위치한 비옥
한 복룡동의 넓은 평야지대의 중앙부에 해당한다. 상주 읍성지를 기준
으로 보면 동문에서 동북쪽으로 500m 떨어져 위치하고 있다. 조사 전 이
일대는 대부분 논으로 경작되고 있었을 뿐, 지상구조물이 조성되지 않
아 유적의 보존 상태는 양호한 편이었다.

상주는 신라 神文王7년(687년) 3월에 一善州를 파하고 州(沙伐州)로 복
치된다. 이 해 가을에는 沙伐州에 城을 쌓았는데, 성의 크기는 주위가
1,109步였다고 한다. 이 시기는 신라가 9州를 정비하던 때로 사벌주는 9주
의 하나로서 지방행정의 중심지로 자리잡게 된다. 이후 景德王 16년에
尙州로 雅化되어 개명한다.4)

그런데 1927년에 제작된 1만분의 1지도를 보면 신문왕 축성 당시에
정연한 도로망을 가진 시가지가 건설되었을 가능성이 높다. 지도에는
동서 및 남북으로 정연한 가로망의 흔적이 남아 있으며, 시가지의 중앙
부에 읍성이 위치한다. 읍성의 크기는 둘레 1,519尺, 높이 9尺이며, 성내
에 21개의 우물과 2개의 池가 있었다. 이 읍성이 신문왕7년에 쌓은 성과
동일한 위치의 중·개축이었는지 아닌지는 분명하지 않다. 동·서·남·북
으로 정연한 가로망의 흔적은 북천과 남천, 그리고 시가지의 서남부에
있는 남산에 의해 둘러싸인 범위에만 확인되었다. 1917년의 지적도를 통
해 방의 크기와 남북대로의 위치, 폭을 살펴보면 사벌주의 도시계획은
남북대로를 중심으로 동·서로 각각 45坊씩 도합 90坊이 있었던 것이 되
고, 官衙는 시가의 북변 중앙부에 위치하였던 것으로 추측되고 있다.

---

4) 박태우, 「통일신라시대의 지방도시에 대한 연구」 『백제연구』18, 1987.
  박달석, 「통일신라시대 사벌주의 里坊制 검토」 『대동연구』1, 2007.

상주는 醴泉郡, 高昌郡, 聞韶郡, 崇善郡, 開寧郡, 古寧郡, 化寧郡, 永同郡, 管城郡, 三年郡 등을 포괄하는 광역주의 행정중심이면서 동시에 交通關係의 중심지였다. 洛東江의 수계는 상주까지 선박의 출입이 가능했고, 신라의 수도 왕경에서 唐으로 가는 중요한 루트인 唐恩浦路에 尙州를 명기할 만큼 북방루트에서 교통의 요지였다. 이러한 연유로 신라하대 지방호족의 거점이 되었다.

眞聖女王3년(889년)에 국내 여러 州郡에서 貢賦를 바치지 아니하여 使者를 보내 이를 독촉하고, 이로 인해 도처에 도적이 벌떼와 같이 일어났다. 이 때에 元宗·哀奴 등은 沙伐州에 근거하여 반기를 들었다. 또 阿慈蓋가 以農自活하여 沙伐州에 웅거하여 자칭 將軍이라 칭하였다고 하며, 아자개는 甄萱의 아버지로도 알려져 있다. 상주 지역은 이 무렵부터 중앙정부의 통제에서 벗어났다.

후삼국의 성립 후 상주를 보면 904년 弓裔가 상주 등 30여 州郡을 攻取하였다. 907년에는 다시 이 지역을 甄萱이 차지하며, 918년 고려 태조가 즉위한 그해 상주의 賊帥 阿慈蓋가 고려에 항복하였다. 이후 善山, 安東, 義城, 聞慶 등에서 후백제와 전투가 일어나고 있음을 보면 상주가 전략적으로 중요한 지역이었음을 알 수 있다. 이러한 중요성으로 인해 고려 太祖23년에는 尙州로, 그 후에는 安東都督府로 다시 성종2년에는 전국에 12牧을 설치할 때, 그 중에 하나였다.

III. 사벌주희명납석제추출토 유구[5]

발굴 조사는 사업대상부지 31,321제곱미터에 대하여 30m단위의 그리드를 설정하여 유구의 확인 및 조사를 설정하였다. 대부분 표토하 30cm 내에서 유구의 굴광선이 확인되었는데, 조사범위전체에서 유적이 분포하고 있음이 밝혀졌다. 조사된 유구의 종류로는 우물, 적심건물지, 수혈, 구상유구 등이며, 일부 지점에서 청동기 시대의 원형 또는 장방형의 주거지가 몇 동 확인되기도 했으나 대부분 유구는 통일 신라, 고려, 조선 시대의 것이다.

세부적으로 살펴보면 청동기시대 주거지 5동, 통일신라에서 고려·조선 시대의 적심건물지 32동, 우물 82기, 수혈유구 416기, 기타 주혈 및 소형 수혈 483기 등 총 1,011기의 유구가 조사되었다. 유물은 유구의 성격상 대부분 생활유적과 관련된 기와, 자기, 도기 등이 있다. 그 수량은 토기 252점, 자기 539점, 와전류 795점, 기타 191점 등 총 1,796점이 출토되었다.

출토 유물 중 명문이 새겨진 것이 다수 확인되었는데, 그 중 沙伐州姬 라는 글씨가 새겨진 나말여초의 납석제추가 발견되어 학계의 관심을 모았다. 사벌주희명납석제추 유물은 B6 Grid내 수혈 1호에서 출토되었다. 이 수혈 유구는 B6 Grid내 수쪽 경계 중앙부위에 위치하며, 조사전 수혈 내부에는 갈색사질점토가 채워져 있었으며, 전체적으로 잔존상태는 양호한 편이다.

유구는 기반층인 황갈색 사질점토층을 파고 조성되었고, 평면 형태는 원형에 가까운 부정형이다. 규모는 길이 320cm, 너비 300m, 깊이 28cm이며, 내부토는 크게 3개층으로 나누어지는데, 1층은 암갈색 사질점토층인

---

5) 이 장도 윤선태, 앞의 논문, 2008에서 발췌하였다.

데 교란층으로 보이며, 2층은 목탄 및 소토가 다량 포함된 갈색 사질점
토층이고, 3층은 사질성분이 많은 암갈색 사질점토층이다.

유구내부의 동쪽 중앙부에는 수키와 1매와 암키와 1매가 동-서 방향
으로 세워져 있고, 이것을 수키와와 암키와가 받치고 있는 것으로 보인
다. 눕혀 있는 암키와의 끝지점에 다시 수키와 1매가 세워져 있다. 이는
형태로 보면 부뚜막시설로 파악된다.

출토유물로는 수혈유구의 바닥에서 도기완 2점, 도기대접1점, 수키와
4점, 암키와 3점, 명문이 있는 납석제추 1점이 출토되었다.

출토유물은 아래와 같다.

1061. 완(도면 226, 사진 182)[6]
現高 9cm, 口徑 20.7cm, 저경 12.8cm
구연이 일부 결실되었다. 도질로 소성은 양호하다. 태토는 사립이 함유
된 정선된 점토이다. 색조는 전반적으로 회색이다. 전면을 회전물손질로
정면하였다.

1062. 완(도면 도면226, 사진182)
現高 13.1cm, 口徑 22.4cm, 底徑 15cm
구경·동체 일부가 결실되었다. 도질로 소성은 보통이다. 태토는 사립이
함유된 정선된 태토이다. 색조는 전반적으로 회색이고, 속심과 구연은 회
백색이다. 전면은 회전물손질로 정면하였다.

1063. 대접(도면 226, 사진 182)
現高 7.5cm, 復元 口徑 14.9cm, 復元 底徑 7.1cm
구연·동체는 거의 결실되었다. 도질로 소성은 양호하다. 태토는 사립이

---

6) 이하 유물들의 일련 번호, 도면 번호, 사진 번호 등은 영남문화재연구원, 『상주복
   룡동256번지 유적Ⅱ』, 2008에 근거하였다.

함유된 정선된 점토이다. 색조는 전반적으로 회색이다. 전면은 회전물손 질로 정면하였다. 기외면에 점열문을 시문하였고,[7] 외저면은 깎기한 흔적이 있다. 기내면에는 녹로흔이 보인다.

1064. 수키와(도면227, 사진183)[8]
길이 25.9cm, 너비 14.5cm, 두께 1.6cm
상단이 결실되었다. 태토는 굵은 사립이 함유된 점토이다. 색조는 전반적으로 갈회색이다. 외면에 사선문이 타날되어 있다.[9] 내면에는 포목흔·합철흔이 남아 있다. 양측에 와도흔이 보인다.

1065. 수키와(도면226, 사진183)
길이 17.5cm, 너비 8cm, 두께 1.4cm
상단일부가 잔존한다. 도질로서 소성은 양호하다. 태토는 굵은 사립이 다량 함유된 점토이다. 외면은 암갈색이며 내면은 회색이다. 외면은 사선 문 타날 후 물손질로 정면하였다.

1066. 수키와(도면 226, 사진 183)
길이 11.3cm, 너비 12.4cm, 두께 1.8cm
하단일부가 결실되었다. 도질로서 소성은 양호하다. 태토는 굵은 사립이 다량 함유된 점토이다. 외면에 사선문이 타날되었고, 내면에는 사절흔·포목흔이 남아 있다.

1067. 수키와(도면 226, 사진 183)
길이 8.3cm, 너비 7.9cm, 두께 1.2cm

---

7) 인화문토기로 8세기에 편년된다.
8) 윤선태, 앞의 논문, 2008, 194쪽의 그림5에 나오는 기와면 타날로 보면 중판타날이라 8세기로 보인다.
9) 사선문 타날은 중판 기와란 뜻으로 그 시기는 7세기 후반~8세기이나 8세기로 본다. 이하에서 사선문 타날은 중판 타날로 8세기의 기와이다. 왜냐하면 인화문토기 편년인 8세기에 근거한다.

기면 일부가 잔존한다. 도질로서 소성은 양호하다. 태토는 굵은 사립이
다량 함유된 점토질이다. 외면은 사선문이 타날 후 물손질이 되었고, 내면
에는 포목흔이 남아 있다.

1068. 암키와(도면 227, 사진 183)[10]
길이 36.3cm, 너비 22.4cm, 두께 5cm
상·하단 일부가 결실되었다. 연질로서 소성은 양호하다. 태토는 굵은
사립이 다량함유된 점토이다. 색조는 황등색을 띤다. 외면에는 승문이 타
날되었고, 내면에는 포목흔·사절흔이 남아 있다. 외면 상·하단은 물손질
로 정면하였다. 한 면은 내측 와도흔이 확인된다. 외면 상단에 官자가 시
문되었다.

1069. 암키와(도면 226, 사진 183)
길이 18.2cm, 너비 23.4cm, 두께 2.3cm
상단 일부가 잔존한다. 도질로서 소성은 불량하다. 태토는 굵은 사립이
다량 함유된 점토이다. 외면에는 천황색을, 내면에는 황등색을 띤다. 외면
에는 승문 타날 후 물손질되었다. 내측에 와도흔이 확인된다.

1070. 암키와(도면 226, 사진 183)
길이 11.5cm, 너비 11.6cm, 두께 2.3cm
기면 일부가 잔존한다. 도질로 소성은 양호하다. 태토는 굵은 사립질이
다량 함유된 점토질이다. 색조는 회색을 띤다. 외면에는 승문 타날되었다.
한 면에 내측 와도흔이 보인다.

1071. 沙伐州姬銘蠟石製錘(도면 228·229, 사진 184~187)
길이 18cm, 너비 10cm, 두께 4.5cm
평면 횡타원형, 단면 반원형의 납석제품이다. 한쪽면은 납작하게 깎아

---

10) 윤선태, 앞의 논문, 2008, 194쪽의 그림5에 나오는 기와면 타날로 보면 중판타날
이라 8세기로 보인다.

편평하게 만들고, 반대면은 볼록하게 만들었다. 전체적으로 달걀을 장축으로 잘라낸 달걀 반쪽의 형태를 하고 있다. 한편 볼록한 면(윗면)의 가운데에 끈이나 수실로 꿸 수 있도록 서로 연결되는 구멍을 뚫어 고리역할을 하도록 해놓았다. 이 볼록한 윗면 전체에는 沙伐州姬를 비롯한 다양한 명문이 새겨져 있다.

평기와의 타날과 인화문토기의 문양으로 볼 때에 B6 Grid 수혈 1호의 연대는 8세기이다. 후술할 沙伐州姬銘蠟石製錘의 연대는 10세기인 나말여초로 볼 수도 있다. 어떻게 연대적인 차이가 나는지 궁금하다. 官자명 평기와조차 기와에 타날된 시문 기법이 중판이므로 볼 때, 그 연대는 7세기 후반~8세기이다. 장판타날이 9~10세기, 중판타날이 7세기 후반~8세기로 보는 것은 기와고고학의 통설이다. 수혈1호에서 모든 유물이 8세기이고, 유독 沙伐州姬銘蠟石製錘만이 9세기 말에서 10세기 초로 보는 것은 문제가 있다. 이 沙伐州姬銘에 대해서는 후술하기로 한다.

IV. 명문의 판독

제①행은 定爲里娘으로 읽고 있으나[11] 疋鳥里娘으로 읽는다.

제②행은 如乃巴里娘으로 읽고 있는바 이 如乃巴里娘으로 읽는 견해에[12] 따른다.

제③행은 另叱爲里娘의 판독은 다른 이견이 없다.

제④행은 畓里娘으로 판독에 다른 이견이 없다. 白刀里娘의 판독에는

---

11) 윤선태, 앞의 논문, 2008, 199쪽.
12) 윤선태, 앞의 논문, 2008, 199쪽.

전혀 다른 이견이 없다.

　제⑤행은 沙伐州姫萬韓公에 대해서는 전혀 다른 견해가 없다.

　제⑥행의 古比石乃爲里~의 판독에 대해서는 다른 견해가 없다. 이상의 판독 결과를 제시하면 다음과 같다.

⑥	⑤	④	③	②	①	
		沓				1
	沙	里				2
古	伐	娘		如	疋	3
比	州			乃	烏	4
石	姫			巴	里	5
乃	萬			里	娘	6
爲	韓	白	另	娘		7
里	公	刀	叱			8
		里	爲			9
		娘	里			10
			娘			11

Ⅴ. 명문의 고찰

　다섯 명의 ~里娘으로 끝나는 여자가 있다. 이 여자들이 사벌주희의 딸들로 보고 있다.[13] 과연 그런지를 통일 신라 시대의 명문을 통해 검토해 보자. 공주 주미사지에서 출토된 金良武명석비가[14] 있으므로 관계

---

13) 윤선태, 앞의 논문, 2008, 200쪽.
14) 이 비의 연대가 문제시된다. 통일신라는 틀림이 없으나 통일신라의 어느 때인지가 문제이다. 아버지인 金良武奈末(麻)의 관등이 5두품에 해당되고, 두 아들은 모두 金奉昌大舍, 金永昌大舍이다. 이들 일가족은 5두품으로 보인다. 5두품이 성을 갖는 시기는 754~755년의 신라화엄경사경에 6두품도 성이 없어서 9세기로

전문을 제시하면 다음과 같다.[15]

⑤	④	③	②	①	
金	阿	金	阿	金	1
永	尼	奉	尼	良	2
昌	正	昌	仁	武	3
大	㝵	大	召	奈	4
舍	娘	舍	娘	(麻 또는 末)	5
生	生	(生)	生	(生)	6
△	△				7

위의 구성은 아버지와 2남 2녀로 판단된다. 阿尼仁召娘과 阿尼正㝵娘에서 阿尼란 승관 등을 갖고 있으면서도 仁召娘, 正㝵娘으로 법명이 아닌 속세의 인명을 가지고 있다. 또 仁召와 正㝵로 모두 인명이 2자이다. 金永昌大舍보다는 앞서서 기록되고 있어서 성년인 것으로 판단된다. 여자의 인명 표기가 출가해서 법명이 있었음에도 불구하고 속세의 인명 표기를 그대로 유지하고 있는 점이다. 성년이 된 여자를 ～娘으로 표기한 점이 주목해야 할 것이다.

그렇다면 沙伐州姬銘蠟石製錘의 명문에 나오는 沙伐州姬도 沙伐州都督(또는 총관)에게[16] 시집을 가서 사벌주희가 되었다. 萬韓公은 남자의 인명 표기로 사벌주희의 아들일 가능성이 크다고 보았으나[17] 관등이 없이 인명만 나열된 것으로 보면 沙伐州姬夫婦의 가신일 가능성이 크다.

볼 수는 없을지 문제제기를 해둔다.

15) 김창석, 「공주 주미사지와 阿尼명문석편에 대한 고찰」『목간과 문자』15, 2015에 따랐다.

16) 이 시대에는 地方 豪族이 중요한데, 지방 호족은 城主, 將軍, 賊帥 등으로 불리었다. 沙伐州都督이나 沙伐州摠管에게 시집을 가도 사벌희가 될 수가 있으나 사벌주희는 될 수가 없다.

17) 윤선태, 앞의 논문, 2008, 200쪽.

畓里娘, 疋爲里娘, 如刀巴里娘, 另叱爲里娘, 白刀里娘의 관계는 모두 답리낭이 사벌주희보다 앞서서 높은 곳에서 기록된 점에서 보면 딸들이 아니라 친구들로 판단된다. 또 인명이 3자(1명), 4자(2명), 5자(2명)로 각각 되어 있기 때문에 더욱 그러하다. 그래서 제⑥행의 古比石乃爲里~에서 납석제추를 고비석이라고 불렀다. '古比石(옛것과 비교되는 돌인 蠟石製錘)을 이에 里~(~里로 끝나는 6명의 여자 친구들)을 위하였다.'로 해석된다. 그러면 위의 여자 인명 표기들은 여자 자녀가 아닌 여자 친구로 판단된다. 여자 친구가 아닌 딸들과의 관계라면 古比石乃爲里~라고 대등하게 명기하지는 않았을 것이다. 畓里娘처럼 사벌주희에 앞서서 기록되지는 않았을 것이다.

沙伐州姬의 사벌주는 말할 필요도 없이 沙伐州(尙州)를 가리킨다. 이 유물은 사벌주로 볼 때, 나말여초의 사벌주성주나 사벌주장군이나 사벌주적수를 가리는 것으로 보기가 쉽다. 곧 신라의 지배에서 벗어나 반독립적인 지위에 있던 사벌주를 뜻할 것이다. 사벌주희는 사벌주장군이나 사벌주성주의 부인으로 사벌주내에서는 최고의 지위를 갖고 있었다고 판단할 수도 있다. 사벌주희는 남편의 직명에 의탁해 인명을 표시하고 있으나 畓里娘, 疋爲里娘, 如刀巴里娘, 另叱爲里娘, 白刀里娘은 모두 시집가기 전의 인명을 사용하고 있다. 울주 천전리서석 계해명에서 '癸亥年(603년) 2월 8일에 沙喙 路凌智 小舍의 婦人 非德刀가 遊行할 때에 썼다.'라고 해서 남편 이름에 婦를 쓰고 그 다음에 인명을 적고 있어서 ~里娘에서 벗어나고 있다.

사벌주희의 인명 표기도 시집가기 전의 ~里娘의 인명이 있었을 것이다. 그래서 古比石乃爲里~라고 표기했을 것이다. 萬韓公도 公으로 끝나고 있어서 사벌주희 부부의 가신으로서 6명의 里 모임에 참가하고 이를 보증하는 역할을 했을 것이다. 6명 부인들의 모임은 사적인 것이었으나 만한공이 참석해 보증을 서고 古比石乃爲里~한 것을 보고, 모임의 참가 인명을 기재한 것이 저울추의 추에 기재한 것에서 보면 나말여초의 사회상을 반영하고 있다는 기분이 든다. 정상적으로 체계가 잡힌 사회에서는 저울추에 여인들의 인명을 기재할 수는 없다. 당시의 풍습으로 저울추를 만드는 데에 있어서 여인이 개통식을 하면 좋다는 관습이 있었는지도 알 수 없다.

여기에서 주목해야 할 것은 沙伐州姬銘蠟石製錘는 9세기 말에서 10세기 초로 추정하고 있다.[18] 元宗·哀奴의 농민 붕기와 관련되어도 889년이다. B6 Grid내의 1호수혈은 다른 유물인 인화문토기(대접)와 중판타날평기와는 8세기에 만들어진 것이다. 沙伐州姬銘蠟石製錘의 연대는 9세기 말에서 10세기 초로 보아야 할 것이다. 그래야 지방 호족과의 연결이 가능하다. 阿慈蓋가 9세기 후반 상주에서 난을 일으켜 독자적인 세력이 되었다고 한다. 904년 궁예가 상주 등 30여 州郡을 攻取하였다하므로 沙伐州姬銘蠟石製錘를 늦어도 9세기 후반으로 볼 수가 있다. B6 Grid내의 다른 유물은 8세기이므로 100년 이상의 시기적인 차이가 있다. 그래도 沙伐州姬銘蠟石製錘의 연대를 9세기 말에서 10세기 초로 추정하는 것은 위험하다. 8세기로 보면 沙伐州姬銘蠟石製錘의 沙伐州姬가 沙伐州姬銘蠟石製錘에서 나올 수가 없다. 왜냐하면 757년 이후에는 尙州姬가 되어야 한다. 경덕왕16년(757년) 이전에는 사벌주회가 되어야 한다. 또 혜공왕 때 상주가 사벌주로 복구가 되었다. 따라서 沙伐州姬를 757년 이전이나 지방 명칭이 복고된 혜공왕12년(776년) 이후로 볼 수가 있다. 그래야 B6 Grid내의 1호 수혈의 유물들과 연대가 맞는다.

18) 사벌주회명납석제추의 연대를 나말여초로 보고 있다.(윤선태, 앞의 논문, 2008, 201쪽.)

8세기의 인화문토기(대접)와[19] 8세기의 부뚜막용 기와는 그 사용 시기가 짧다. 100년 이상을 사용할 수 없다. 1호 수혈에서는 9세기의 줄무늬병, 편호, 덧띠무늬토기도 보고되지 않고 있다. 10세기의 나말여초 토기는 아직까지 모르고 있지만 토기완이나 대접과 기와는 8세기의 것이다. 이렇게 되면 B6 Grid내의 유물은 모두가 8세기 유물이므로 沙伐州姬銘蠟石製錘만이 900년 전후의 유물로 보기 어렵다. 沙伐州姬銘蠟石製錘도 바닥에서 출토되었다하므로 교란층에서 나온 유물도 아니다. 그렇다면 沙伐州姬銘蠟石製錘을 8세기 유물로 보아야 한다. 沙伐州姬銘蠟石製錘의 沙伐州姬는 호족의 대두와는 관계가 없이 8세기에 沙伐州에서 사용된 것으로 판단되기 때문이다. 만약에 이 B6 Grid내의 1호 수혈 유구를 900년으로 보아서 지방 호족의 대두에 맞춘다면 8세기의 완과 대접과 기와가 150년가량 전세되어 묻힌 것으로 해석해야 된다. 이는 있을 수가 없고, 沙伐州姬銘蠟石製錘을 8세기로 보아야 할 것이다. 그래야 고고학의 층위와 유물 해석이 맞다. 沙伐州姬銘蠟石製錘는 900년 전후의 지방 호족의 등장과는 관계가 없는 것이다. 沙伐州姬銘蠟石製錘가 지방 호족과 관련될려고 하면 그 명문이 沙伐州姬가 아닌 沙伐姬가 되어야 할 것이다. 沙伐州姬銘蠟石製錘의 沙伐州姬란 명칭 자체만으로도 지방 호족과의 관련성은 적게 된다.

VI. 맺음말

먼저 상주 복룡동 유적의 위치와 역사적 환경을 검토하였다. 복룡동

---

19) 점열문인화문토기는 8세기로 편년되고 있다.

유적의 역사지리적인 환경을 살펴보았다.

다음으로 沙伐州姬銘蠟石製錘 출토 유구인 B6 Grid내의 1호 수혈의 규모와 출토 유물들을 전부 살펴보았다.

그 다음으로 명문의 판독을 제⑥행으로 된 34자의 명문을 살펴보았다. 곧 6명의 여자 친구들의 인명이 나열되어 있다.

마지막으로 沙伐州姬銘蠟石製錘의 沙伐州姬란 인명이 나말여초의 호족 부인이 아닐 가능성이 크다. 왜냐하면 반출된 기와가 전부 중판 타날로 8세기의 것이고, 점열문인화문토기도 8세기의 토기이므로 沙伐州姬銘蠟石製錘의 연대를 지방 호족의 대두와는 관계가 먼 8세기의 것으로 보았다. 9~10세기의 지방 호족의 부인이라면 沙伐州姬가 아닌 沙伐姬가 되어야 한다.

제5절 정원2년명저평영암구림리비

Ⅰ. 머리말

　貞元二年銘碑는 일찍부터 전남 영암군 군서면에 있었는데, 구림리 사람들은 일찍부터 알고 있었다. 서구림리의 해안쪽에 위치한 비가 1965년경에 崔正浩씨가 자기집 정원인 서구림리 458번지로 옮겼다.[1] 이 비의 중요성을 처음으로 인식한 이는 향토사학자 朴正雄先生이었다. 그래서 『光州日報』에 1988년 3월 21일자에 보도되었고, 成春慶 전라남도 문화재 전문위원 등에 의해 판독된 듯하다. 뒤어서 『月出山』이란 책에 비문이 판독되어 최초로 실리게 되었다.[2] 비의 크기는 현재 높이 128cm, 너비 28cm, 두께 27cm이고, 비는 자연석에 전면과 후면을 조금씩 정면한 뒤에 전면에만 글짜를 새기고 있다. 글자 제①행 19자, 제②행 15자, 제③행 10자, 제④행 2자로 모두 46자이다. 각각의 글자 크기는 4cm정도가 된다.[3]

　여기에서는 선학들의 판독문을 발판으로 2차례에 걸친 현지조사를 통한 조사성과를 더해 먼저 비문을 판독하겠으며, 다음으로 비의 전문을 해석하겠으며, 마지막으로 猪坪에 관해 검토해 보고자 한다.

---

1) 이는 2001년 5월 5일 현지 조사에 박정웅선생님의 교시 내용이다. 1988년과 2001년의 두 차례 현지 조사에 비가 있는 곳을 가르쳐 주시고, 영암의 역사에 대해 교시해 주신데 대해 우선 지면으로 나마 감사의 말씀을 전하고 싶다.
2) 성춘경, 「월출산의 불교 미술」『월출산-바위 문화연구-』, 1988, 187~188쪽.
3) 이 비는 현재 전라남도 문화재 자료 181호로 지정되어 있다.

II. 비문의 판독

1988년 학계에 알려진 이 비석의 전문은 대당히 난해하기 때문에 전남을 중심으로 그 판독문이 학계에 소개되었다. 우선 판독의 전문부터 제시하면 다음과 같다.[4]

　①貞元二年丙寅五月十日儲坪行藏內不忘
　②立處有州夫梵歲△合香十束
　③入△五人力知焉生右
　④仁開

그 뒤에 나온 이 비의 조사보고서에서도 전문의 판독문이 제시된 바 이를 제시하면 다음과 같다.[5]

　①貞元二年丙寅五月十日偖坪行藏內不忘
　②立處有州夫楚歲△命香十束
　③入△五人力知焉生右
　④仁開

그 뒤에 나온 전라남도의 금석문을 집성한 책에서는 이 비의 판독문을 제시하고 있는 바, 이를 제시하면 다음과 같다.[6]

---

4) 성춘경, 앞의 논문, 1988, 188쪽.
5) 송정현·김희수, 「영암 정원명 석비 조사보고서」『지방문화재조사보고서(I)』, 1990, 59쪽.
6) 전라남도, 『전남금석문』, 1990, 205쪽.

①貞元二年丙寅五月十日偖坪祀吞茂△不△
②立處有州夫梵歲△合香十束
③入△五人力知焉生右
④仁開

그 뒤에 간행된『영암군지』에서는 이 비의 판독 전문을 제시하고 있
는 바 이를 소개하면 다음과 같다.7)

①貞元二年丙寅五月十日?坪行藏內不忘
②立處有州夫梵歲△合香十束
③入△五人力知焉生右
④仁開

위와 같은 선학들의 판독문을 발판으로 1998년, 2001년(5월5일)에 실
시한 현지조사를 더하여 전문의 판독을 시도해 보겠다.

제①행은 모두 19자이다. 1~10번째 글자는 선학들의 판독과 동일하
게8) 貞元二年丙寅五月十日로 읽는다. 11번째 글자는 偖자로 읽어 왔는
데9) 楮자인지 猪자인지 애매했으나 현지 조사의 결과 猪자로 읽는다. 12
번째 글자는 선학들의 견해와 같이10) 坪자로 읽는다. 13번째 글자는 行
자11) 또는 祀자로12) 읽어 왔으나 外자로 읽는다. 14번째 글자는 香자13)

7) 영암군군지편찬위원회,『영암군지』상, 1998, 153쪽.
8) 성춘경, 앞의 논문, 1988, 188쪽.
   송정현·김희수, 앞의 논문, 1990, 59쪽.
   전라남도, 앞의 책, 1990, 205쪽.
9) 성춘경, 앞의 논문, 1988, 188쪽 등.
10) 성춘경, 앞의 논문, 1988, 188쪽 등.
11) 성춘경, 앞의 논문, 1988, 188쪽.

또는 즘자로 읽어 왔으나[14] 슘자로 읽는다. 15번째 글자는 茂자[15] 또는 藏자로 읽어 왔으나[16] 여기에서는 후자에 따른다. 18번째 글자는 忘자로 읽어 왔으나[17] 여기에서는 毛과 也자가 합쳐진 두 글자로 본다.

　　제②행은 모두 14자이다. 1번째 글자는 선학들의 판독과 같이[18] 立자로 읽는다. 2번째 글자는 處자로 읽어 왔으나[19] 자형에 근거해 靈자로 읽는다. 4번째 글자는 州자로 읽어 왔으나[20] 三十의 古字인 卅이다. 6번째 글자는 梵자[21] 또는 楚자로 읽고 있으나[22] 髳자로 읽는다. 7번째 글

　　송정현·김희수, 앞의 논문, 1990, 59쪽.
　　영암군지편찬위원회, 앞의 책, 1998, 153쪽.
12) 전라남도, 앞의 책, 1990, 205쪽.
13) 성춘경, 앞의 논문, 1988, 188쪽.
　　영암군지편찬위원회, 앞의 책, 1998, 153쪽.
14) 전라남도, 앞의 책, 1990, 205쪽.
15) 전라남도, 앞의 책, 1990, 205쪽.
16) 성춘경, 앞의 논문, 1988, 188쪽.
　　송희정·김희수, 앞의 논문, 1990, 59쪽.
　　영암군지편찬위원회, 앞의 책, 1988, 153쪽.
17) 성춘경, 앞의 논문, 1988, 188쪽.
　　송희정·김희수, 앞의 논문, 1990, 59쪽.
　　영암군지편찬위원회, 앞의 책, 1988, 153쪽.
18) 성춘경, 앞의 논문, 1988, 188쪽.
　　송희정·김희수, 앞의 논문, 1990, 59쪽.
　　영암군지편찬위원회, 앞의 책, 1988, 153쪽.
19) 성춘경, 앞의 논문, 1988, 188쪽 등.
20) 성춘경, 앞의 논문, 1988, 188쪽 등.
21) 성춘경, 앞의 논문, 1988, 188쪽.
　　전라남도, 앞의 책, 1990, 205쪽.
　　영암군지편찬위원회, 앞의 책, 1988, 153.
22) 송희정·김희수, 앞의 논문, 1990, 59쪽.

자는 山자이다. 7번째와 8번째 글자를 합쳐서 歲자로 읽어 왔으나[23] 8
번째 글자는 朿자이다. 9번째 글자는 자형에 따라 侍자로 읽는다. 10번
째 글자는 巾자이다. 12번째 글자와 13번째 글자는 합쳐서 米(=八十八)
또는 숨(=大舍) 추독하기도 했으나[24] 여기에서는 두 글자로 나누어서
六자와 口자로 읽을 수 있으나 六口 자체가 두 글자가 아니고, 합쳐서
한 글자로 보아 모르는 글자로 본다. 14번째 글자는 古十의 두 글자로
보는 가설과[25] 朿자로 읽는 가설이[26] 있어 왔으나 여기에서는 후자에
따른다.

　제③행은 모두 10자이다. 2번째 글자는 朿자이다. 3번째 글자는 五자
로 읽어 왔으나[27] 여기에서는 자형에 따라 平자로 읽는다. 5～10번째 글
자는 名力知焉生焉生右로[28] 선학들의 견해에 따른다.

　제4행은 모두 두자이다. 두 번째 글자는 開자 또는[29] 閉자로 읽어 왔

---

23) 성춘경, 앞의 논문, 1988, 188쪽.
24) 종래에 香자로 읽어오던 글자로 전후 관계로 숫자이므로 米, 未 등으로 읽어서
　　각각 88, 7로 보기도 했으나 그러한 예가 없고, 大舍의 합자인 舍자의 人 부분을
　　가로 한 획 더 그은 글자로 볼수도 있으나 관등설은 인명 표기의 위치로 볼 때
　　성립될 수 없다.
25) 성춘경, 앞의 논문, 1988, 188쪽.
　　송희정·김희수, 앞의 논문, 1990, 59쪽.
　　영암군지편찬위원회, 앞의 책, 1998, 153쪽.
26) 전라남도, 앞의 책, 1990, 205쪽.
27) 성춘경, 앞의 논문, 1990, 188쪽.
28) 성춘경, 앞의 논문, 1988, 188쪽.
　　송희정·김희수, 앞의 논문, 1990, 59쪽.
　　영암군지편찬위원회, 앞의 책, 1998, 153쪽.
29) 성춘경, 앞의 논문, 1988, 188쪽.
　　송희정·김희수, 앞의 논문, 1990, 59쪽.
　　영암군지편찬위원회, 앞의 책, 1998, 153.

으나[30] 여기에서는 鬥자로 읽는다. 이상의 판독 결과를 제시하면 다음과 같다.

    ①貞元二年丙寅五月十日猪坪外谷藏內不毛也
    ②立靈有卅夫髡山 殊侍巾合△十束
    ③入妖平人名力知焉生右
    ④仁鬥

제①행의 貞元二年丙寅五月十日은 쉽게 해석된다. 貞元二年丙寅은 신라 원성왕2년(786년)이고, 貞元二年丙寅五月十日은 貞元二年丙寅(786년) 五月 十日로 해석이 가능할 것이다. 그 뒤 猪坪은 뒤에서 상론하겠지만 국가에 貢物을 바치는 곳이다. 그 뒤는 猪坪外谷藏內不毛也로 끊을 수가 있다. 이는 '猪坪 바깥 谷藏안의 不毛에 비를 세웠다.'로 해석된다. 이 경우 谷藏의 정확한 뜻은 알 수가 없으나 고상 창고를 가리킬 가능성이 있다. 不毛은 지명으로 판단된다. 不毛은 영암 구림리의 비석거리 일대로 짐작되고, 猪坪은 인근의 坪里와 관련되는지도[31] 알 수 없다.

두 번째 단락은 立靈有卅夫髡山妹侍巾△十束이다. 이 부분은 이 비에서 가장 중심이 되는 부분이나 읽을 수 없는 글자가 포함되어 있어서 해석에 많은 어려움이 따르고 있다. 靈자는 『삼국사기』, 지리지에 따르면, 경덕왕 17년(758년)에 月奈郡을 靈岩郡으로 이름이 바뀐 靈岩을 의미하는 것으로 판단된다. 그 다음의 侍巾은 『천자문』에 나오는 구절이다. 곧 '老小異糧 妾御績紡 侍巾帷房 紈扇貞潔'의 부분이다. 이 侍巾은 『좌씨춘추』, 僖22에 나오는 '寡君之使 婢子侍執巾櫛 以固字'의 侍執巾櫛의 준말이기도 하다.

---

30) 전라남도, 앞의 책, 1990, 205.
31) 평리는 자연 부락 명칭이고, 행정 명칭으로는 노갑리2구에 해당된다.

이는 '아내가 남편의 좌우에 모시고 헝겊으로 만든 수건과 빗을 가지고 容儀를 가지런히 하는 일'을 가리킨다. 위의 妾御△△△績紡侍巾帷房이란 구절을 '아내는 길쌈을 하고 시건하고 유방(방에 커텐을 치는 것)한다'로 서당에서는 해석해 왔다. 그런데 786년 당시 한문이 아닌 이두로 적던 이 비의 찬자는 위와 같은 고전적인 지식은 없을 것으로 판단된다. 侍巾은 간단히 頭巾으로 해석할 수도 있다. 두건은 말꼬리로 만드는 것도 가능할 것으로 사료된다. 이제 侍巾의 앞 글자인 㳌자를 검토할 차례가 되었다. 逃자를 조선시대의 고문서에서는 흔히 초체로 적고 있다. 그렇다면 㳌자는 逃자의 초체가 되는 것도 가능하나 현재의 한자 사전에는 없는 글자인 점이 문제다. 결국 신라의 造字로 볼 수밖에 없다. 이 글자는 남산신성비와 명활산성비에도 보이고 있다.[32] 이 부분을 해석하면 '靈(岩)에 있는 30夫는 곤산의 㳌侍巾이 모두 △10束이다.'가 된다.

마지막 단락은 入㳌平人名力知右仁門으로 '入㳌平人의 이름은 力知, 焉生, 右仁門이다'로 해석된다.

III. 豬坪制

다 아는 바와 같이 고대 중국의 세제는 당나라 때 租庸調로 완성되었다. 租는 수조권을 나타내고 있으며, 보통 地貸로 수확량의 1/10을 내는 什一租가 그것이다. 庸은 軍役과 徭役을 가리키며 보통 丁男(16∼60세)이 담당해 왔다. 調는 貢物 또는 特産物 등으로 부르고 있다. 이 가운데 調에 관련된 자료로는 경주 월지 목간에서 그 포문이 열리게 되었다.[33] 우선

---

32) 여기에서는 산성에 있는 어떤 건물이나 장소를 뜻하는 것으로 짐작될 뿐이다.
33) 윤선태, 「신라 통일기 왕실의 촌락지배」, 서울대학교 대학원 박사학위논문, 2000.

설명의 편의를 위해 관계 자료인 207호 목간부터 적기하면 다음과 같다.34)

앞면 ①(缺)△坪捧彡百世一品上(缺)
뒷면 ①(缺)九月五日 △△知△
　　②　　△辛　　　　　　　　　(목간의 크기 11×3.6×0.5cm)

이는 '△坪에서 牛百世一品上~했는데, 곧 九月 五日에 △△知(인명) △△했다. 辛(新物)을 심사하는 辛審이다.'로 해석된다. 이 가운데 彡를 貂의 신라식 약자로 보고서 담비로 해석하고 있으나35) 청동 사발 문서의 彡尾와 牛百世一品上으로 볼 때 따르기 어렵고,36) 오히려 가축으로 보아서 말로 보는 쪽이 좋을 듯하다.

위의 연구 성과에 따를 때37) 猪坪은 신라에 있어서 국가에 바치는 調에 관계되는 두건을 생산하는 곳의 특수한 지역명으로 판단된다.38) 비문에 나오는 合△十束도 '모두 △10束이다.'로 해석되며, 이는 貢物의 양이 된다. 이 공물은 영암에서39) 바닷길로 울산까지 가서 다시 육로로 경주에까지 운반한 것으로 보인다.

---

34) 윤선태, 앞의 논문, 2000, 86쪽에 월지 출토 29번 목간으로 부르고 있다. 이에 대한 사진은 고경희, 「신라 월지출토 재명유물에 대한 명문 연구」, 동아대학교 석사학위논문, 1993, 98쪽에 실려있다. 앞면①과 뒷면②는 음각되어 있고, 뒷면①은 묵서이므로 추기일 가능성도 있다.

35) 윤선태, 앞의 논문, 2000, 115쪽.

36) 牛百世一品을 담비 꼬리의 수라면 당시에는 △坪에서 그 많은 수의 담비를 잡아서 상납할 수가 없다.

37) 윤선태, 앞의 논문, 2000, 86쪽.

38) 전남 담양의 개선사 석등기에 石保坪이란 구절이 보인다.

39) 9~10세기 선승들의 입당 항구가 會津으로 이는 영암 구림리 상대포의 맞은편에 있다.

IV. 맺음말

먼저 비문의 판독 부분에서는 선학들의 판독문을 바탕으로 두 차례에 걸친 현지조사 내용을 더해 전문을 판독하였다.

다음으로 비문의 내용에서는 비문을 3단락으로 나누어서 해석하였다. 전문을 해석하면 다음과 같다.

貞元二年丙寅(원성왕2년, 786년) 5월 10일에 猪坪 바깥 谷藏내의 不毛에 (비를) 세웠다. 靈(岩)에 있는 30명의 夫가 (만든) 곤산 姝侍巾은 모두 △十束이다. 入姝平人의 이름은 力知, 焉生, 右仁鬥이다.

마지막으로 猪坪은 두건이란 貢物을 생산하는 곳이다. 비석에 있어서 貢物에 관련된 비석은 삼국시대, 통일 신라 시대, 고려 시대 등에도 없으므로 문화재로 지정하여 보호하는 것이 타당할 것이다.

제6절 영천청제비 정원14년명

Ⅰ. 머리말

영천청제비 정원14년명은 1968년 12월 신라삼산학술조사단에 의해 발견된 뒤 학계에 소개되었다.[1) 보통 菁堤碑라고 부르지만 이 비의 양면에 刻字되어 있으며, 그 양면의 비석은 각기 다른 年代의 것이다. 곧 하나는 丙辰年이란 연간지가 적혀 있는 것이고, 다른 하나는 貞元十四年이란 절대 연대가 적힌 것이다.[2) 전자가 청제를 처음으로 축조한 기념으로 새긴 築堤記라고 한다면, 후자는 청제의 破損을 새로 수리한 기념으로 새긴 修治記인 것이다. 병진명에 대해서는 따로이 상론한 바 있으므로[3) 여기에서는 병진명에 대해서는 최소한의 언급만을 하고자 한다.

여기에서는 대구 무술명오작비 등과 비교해 각 부분 명칭인 廣·高·長·弘長·岸立弘至深·上排掘里 등에 대해 살펴보고, 다음으로 신라 景德王代 華嚴經寫經의 인명 표기에 근거하여[4) 본 영천청제비 정원14명의

---

1) 예용해, 「신라양면비」『한국일보』, 1968, 12월 31일자.
　　정영호, 「영천 청제비의 고찰」『고고미술』102, 1969.
　　이기백, 「영천 청제비정원명의 고찰」『고고미술』102, 1969.
　　노재환·박홍배, 「영천 청제비에 대한 소고」『매일신문』, 1969, 9월17일자와 9월19일자.
　　石上英一, 「古代における日本の税制と新羅の税制」『古代朝鮮と日本』, 1974.
2) 이기백, 앞의 논문, 1969, 5쪽.
3) 김창호, 「영천청제비 병진명의 건비연대」『가야통신』17, 1988.
4) 문명대, 「신라 화엄경 사경과 그 변상도의 연구」『한국학보』14, 1979.

인명을 분석해 보고자 한다.

II. 비문의 내용 검토

우선 설명의 편의를 위해 선학들의 판독을 중심으로 새로 읽은 부분을 더하여 전문을 제시하면 다음과 같다.

⑫	⑪	⑩	⑨	⑧	⑦	⑥	⑤	④	③	②	①	
契	史	節	郡	此	百	日	十	立	以	治	貞	1
守	湏	所	各	中	卅	以	二	弘	見	記	元	2
須	大	內	△	典	六	間	步	至	之	十	十	3
呆	舍	使	人	奈	法	中	此	賜	謂	四	四	4
玉		上	尒	角	了	此	深	矣	汰	年	年	5
純		干	起	一	治	了	如	六	弘	戊	戊	6
朶		年	使	万	內	治	爲	步	三	堤	寅	7
		朶	內	四	之	內	二	三	長	傷	四	8
			之	千	都	之	月	尺	卅	故	月	9
			火	百	合	十	十	上	五	所	十	10
			押	卅	斧	二	排	步	內	三	11
			呆	人	尺	日	掘	岸	使	日	12
			二			元	里			菁	13
						四				堤	14
						月					15
						十					16
						三					

먼저 판독 문제부터 살펴보기로 하자. 제②행의 5번째 글자는 洮자[5] 또는 汰자로 읽어 왔으나[6] 汰자로 읽었다. 제③행의 6번째 글자는 玖자

이기백, 「신라 경덕왕대 화엄경 사경 관여자에 대한 고찰」『역사학보』83, 1979.

5) 이기백, 앞의 논문, 1969, 5쪽.

6) 노재환·박홍배, 앞의 논문, 1969(9월19일자).

로 판독해 왔으나[7] 제④행의 2번째 글자인 弘과 자획이 같아서 弘자로 읽었다. 제⑥행의 두 번째 글자는 此로 읽어 왔으나[8] 자획에 따라서 以자로 읽는다. 제⑩행의 8번째 글자와 제⑫행의 7번째 글자는 乃未의 합친 글자로 보아 왔으나 乃未이 합쳐진 글자로 보았다. 제⑫행의 2번째 글자는 守자[9] 또는 흡자로 읽어 왔으나[10] 守자로 읽는다. 제⑪행의 두 번째 글자와 제⑫행의 3번째 글자는 각각 湏자와 須자로 읽는 견해가 있어 왔으나 똑같은 須자이다.

제1단락은 제①행의 처음부터 제②행의 治記之까지이다. 제2단락은 제②행의 謂汰堤傷故로부터 제③행의 令賜矣까지이다. 제3단락은 제③행의 弘長卅五步부터 제⑤행의 十二步까지이다. 제4단락은 제⑤행의 此如爲二月十二日元부터 제⑥행의 日以間中了까지이다. 제5단락은 제⑥행의 治內之都合부터 제⑦행의 끝까지이다. 제6단락은 제⑧행의 此中典부터 제⑨행의 끝까지이다. 제7단락은 제⑩행의 節所內使부터 제⑫행의 끝까지이다.

다음은 본 비의 내용을 살펴보기로 하자. 제1단락부터 살펴보기로 하자. 제①행의 貞元十四年戊寅四月十三日에서 貞元十四年戊寅은 신라 元聖王14년(798년)이고, 四月十三日은 제4단락을 통해 볼 때, 청제의 修治가 완료된 일자임을 알 수 있다. 제1단락을 해석하면 '貞元14년戊寅 4월 13일에 청제를 수치하고 기록하노라.'가 될 것이다.

제2단락을 검토해 보자. 먼저 所內使란 말은 제7단락에도 나오는 말로 직명이 틀림없다. 『삼국사기』, 官志中에도 所內學生 聖德王二十年置란

7) 이기백, 앞의 논문, 1969, 5쪽.
8) 이기백, 앞의 논문, 1969, 5쪽.
9) 이기백, 앞의 논문, 1969, 5쪽.
10) 노재환·박홍배, 앞의 논문, 1969(9월19일자).

구절이 있다. 聖德王20년은 721년이므로 본 비의 所內使란 직명의 성격
규명에 다소 참조가 될 것이다. 所內學生은 內廷官 가운데 官吏養成의
역할을 하는 것이라는 견해가 있으며,[11] 所內란 말은『삼국사기』, 신라
본기, 문무왕9년조의 ～頒馬阮九 一百七十四所 屬所內二十二 官十 賜庾
信太大角干～에도 보인다. 제2단락을 해석하면 '일컫기를(소문에) 사태
로 堤가 傷하였다하는 고로 所內使에게 시켜서 조사케 했다.'

　제3단락의 해석은 단독으로 풀기 어려우므로 우선 청제비 병진명부터
조사해 보자. 청제비 병진명의 관련부분을 적기해 제시하면 다음과 같다.

　　　　①丙辰年二月八日△△△大
　　　　②塢△六十一淂鄧九十二淂
　　　　③廣卄二淂高八淂上三淂

　제②행의 塢는 한때 방어용 제방으로 알려졌으나[12] 수리용 제방 시설
임이 밝혀졌다.[13] 塢자는『漢文大辭典』4, 430～431쪽에 一. 小障河堤也
二. 山河也 三. 堡壘之小者 四, 村落也 五. 興塢同이라고 되어 있다. 따라
서 塢자의 가장 중요한 의미의 하나가 小障·河堤임을 알 수 있다. 병진
명의 제②·③행에 걸쳐서 5번이나 나오는 淂자는 다른 금석문에는 나오
지 않고 있다. 이 淂자는 대구 무술명오작비·남산신성비(제1비～제10비)
에 나오는 길이를 나타내는 步·尺과 마찬가지로 길이를 나타내는 하나
치로 판단된다. 다음에는 청제비 병진명에 나오는 鄧·廣·高·上 등이 각
각 무엇을 나타내고 있는지를 조사해 보기로 하자. 이 규명에 참고가 될

---

11) 三池賢一,「新羅內廷官制考」『朝鮮學報』62, 60쪽.
12) 임창순,「무술명오작비소고」『사학연구』1. 1958.
13) 이기백, 앞의 논문, 7쪽 및 13쪽.

수 있는 자료가 대구 무술명오작비의 此塢廣卄步, 高五步四尺, 長六十步
란 구절이다. 이 부분은 '이 塢의 크기는 廣 20척, 高 5보4척, 長 60보이
다.'로 풀이된다. 그러면 廣·高·長은 각각 자체의 너비·높이·길이를 가
리키는 것으로 이해된다. 무술명오작비에서 얻은 廣·高·長에 대한 지식
을 청제비 병진명에 적용해 보자. 청제비 병진명의 廣卄二淂, 高八淂에
서 廣과 高의 의미는 무술명오작비의 廣과 高의 의미와 꼭 같다고 판단
된다. 上三淂에서 上은 下之對로서 '우'란 뜻이 있는 점과 청제비 병진명
가운데에서 그 길이가 가장 짧은 점에 의해 추정하면 塢 위의 제방 너비
를 가르킬 가능성이 크게 된다. 이렇게 되면 청제비 병진명에서 아직도
추정치 못한 것은 △六十一淂과 鄧九十二淂이다. 앞의 추정에서 塢의 너
비를 나타내는 말로 廣·上이 있어서 각각 塢의 아랫부분 너비와 윗부분
너비를 가리킴을 살펴보았다. 이러한 추정이 맞다면 △六十一淂·鄧九十
二淂에서 △과 鄧은 대구 무술명오작비의 長에 해당될 가능성도 있게
된다. 塢 곧 제방은 일반적으로 산골짜기의 양쪽을 막기 때문에 제방의
윗부분과 아랫부분의 길이가 차이가 난다. 그래서 윗부분의 긴 것을 鄧
으로 아랫부분의 짧은 것을 △로 볼 수가 있다. 청제비 병진명과 오작비
에서 얻은 塢(堤防)에 대한 지식을 토대로 청제비 정원14년명에 대해 조
사해 보자. 塢(堤防)의 각 부분을 나타내는 말이 정원14년명의 제3단락
에 3가지로 표현하고 있다. 앞에서 살펴본 것처럼 오작비에서 塢의 각
부분을 나타내는 말로 廣·高·長의 3가지가 있었다. 堤와 塢는 같은 뜻이
므로 청제비 정원14년명과 오작비에서 堤의 각 부분을 나타내는 순서대
로 대비시켜 제시하면 다음과 같다.

〈표 1〉 영천청제비 병진명과 오작비의 堤 규모 비교

영천청제비 정원14년명	대구 무술명오작비
弘長卅五步	廣卅步
岸立弘至深六步三尺	高五步四尺
上排掘里十二步	長六十步

〈표 1〉에서 영천청제비 정원14년명의 弘長이 오작비의 廣과 대비되는지 아니면 오작비의 長과 대비되는지가 문제이다. 정원14년명의 上排掘里에 대해 현재의 영천 지방에서 못의 물을 빼는 굴통을 빼구리라 함에 의해 排掘里를 굴통으로 보고 있다.14) 이에 의하면 上排掘里는 排掘里가 운데 위에 있는 것이 된다. 『삼국유사』에 전하는 향가14수 중 安民歌의 窟理叱大肹生以支所音物生에서 窟理가 굴[穴]로 해석되기도 함을15) 보면 排掘里가 굴통을 가리킨다는 가설은 상당한 설득력이 있는 듯하다. 정원14년명의 上排掘里에서 排掘里가 굴통을 가리킨다고 보면 上排掘里는 오작비의 廣과 대칭이 될 가능성이 크게 된다.

그런데 정원14년명의 岸立弘至深을 오작비의 高에 대칭시켜 해석하면 '岸서 弘에 이르기까지의 깊이'가 되고,16) 弘은 제방 밑부분에 있는 굴통을 가리킬 가능성이 크게 된다. 이렇게 弘이 제방의 밑부분에 있다고 보아야 岸에서 弘까지의 깊이가 제방의 高를 가리킬 수 있게 된다. 정원14년명의 弘長卅五步는 '弘의 길이는 35보이다.'로 해석된다. 弘이 제방의 밑부분에 있다는 것과 弘의 길이가 35步나 되는 점을 동시에 생각하

---

14) 노재환·박홍배, 앞의 논문, 1969.
15) 양주동, 『증정 고가연구』, 1965, 273〜276쪽.
   이에 대해서 다른 견해도 있다. 김완진, 『향가해독법연구』, 1980, 73〜75쪽.
16) 노재환·박홍배, 앞의 논문, 1969에서는 岸立弘至深에서 至深을 현재에 永川 지방에서 사용되는 말로 못의 가장 깊은 곳을 지심이라고 한 것에 연결시키고 있다.

면 弘이 굴통을 가리킬 가능성도 있게 된다. 弘이 굴통이라면 弘의 길이
가 곧 제방의 밑부분이 너비와 같게 되어 정원14년명의 弘長이 오작비
의 廣과 같게 된다. <표 1>에서 정원14년명과 오작비를 그 기재 순서에
따라 堤의 규모를 비교해 보아도 弘長은 廣과, 上排掘里는 長과 각각 대
응될 수 있다. <표 1>에 있어서 弘長卅五步는 廣卅步와, 岸立弘長至深六
步三尺은 高五步四尺과, 上排掘里十二步는 長六十步와 각각 대응되는데,
上排掘里十二步에 대해 長六十步는 차이가 크다. 이 점은 오작비가 築堤
記이고, 정원14년명은 修治記인 점에서 보면 납득할 수가 있을 것이다.
왜냐하면 정원14년명에서 上排掘里의 길이가 짧은 것은 제방의 파실된
부분만을 새로 修治했기 때문이다. 이상에서 정원14년명의 弘이나 排掘
里가 모두 굴통일 가리킬 가능성이 있음을 알아보았으나 단정은 유보한
다. 제3단락을 해석하면 '弘의 길이는 35步이고, 언덕에서 弘에 이르기까
지의 깊이는 6步 3尺이고, 上排掘里는 12步이다.'이다가 된다.

제4단락을 해석하면 '이같이 하기를 2월12일부터 4월13일 이 사이에
마쳤다.'로 해석된다. 이 단락의 二月十二日에서 四月十三日까지란 기간
에서[17] 二月十二日은 工事始日로, 四月十三日은 공사를 마친 날인 동시
에 建碑日로 추정된다. 제4단락에서와 같이 了자가 끝나다의 뜻으로 사
용된 예는 오작비의 此作起數者三百十二人功夫如十三日了라고 한 예가
있다.

제5단락에 있어서 먼저 주목되는 것이 斧尺百卅六法功夫一万四千百卅
人에서 斧尺百卅六과 法功夫一万四千百卅人으로 끊어 읽을지[18] 아니면

---

17) 정원14년명의 二月十二日과 四月十三日은 음력인 까닭에 『卄十史朔閏表』에서
    양력으로 환산하면 각각 3월1일과 5월2일이 된다.
18) 이기백, 앞의 논문, 1969, 6쪽.

斧尺百卅六法과 功夫一万四千百卅人으로 끊어 읽을지가 문제이다. 전자처럼 끊어 읽으면 斧尺은 '도끼를 사용하여 일을 하는 기술을 가진 사람'으로 볼 수가 있으며,[19] 금석문에 있어서 유사한 예로는 오작비의 道尺, 남산신성비의 匠尺, 文尺, 書尺 등의 직명이 나오고 있다. 또『삼국사기』, 職官志下에도 法幢火尺이란 군관명 등이 나오고 있다.[20] 그런데 전자처럼 해석하면 斧尺은 百卅六人이 되는데, 정원14년에는 人자가 빠져 있어서 문제점으로 지적된다. 인원을 나열하는 경우에 있어서 첫 번째에 人자가 있고, 다음 번째에 생략되는 것이 오히려 자연스럽다. 그리고 法功夫가 一万四千百卅人이었다고 보면,[21] 法功夫가 一万四千百卅人이었다고 보면 法幢 소속의 功夫(工夫)로 그 수효가 一万四千百卅人이 동원된 것으로 해석된다. 이렇게 보면 一万四千百卅人명의 法功夫가 동원되었는데에도 1289명의 法幢 관계 軍官중에[22] 단1명도 정원14년명에 나타나지 않는 점도 이상하다. 더욱이 一万四千百卅人을『삼국사기』, 백제본기, 의자왕20조의 新羅王遣金庾信將軍 領精兵五萬以赴之라고 한 기록에서 백제 멸망시의 김유신장군이 이끈 군대의 수가 50000명이라는 것과[23] 비교하면 결코 적은 숫자가 아니다. 一万四千百卅人의 법공부를 감독하는데 뒤의 <표 2>에서와 같이 2명의 乃末이란 京位를 가진 사람과 1명의 大舍란 경위를 가진 사람만이 보이는 것은 납득이 되지 않는다.

---

19) 이기백, 앞의 논문, 1969, 10쪽.
20) 井上秀雄,『新羅史基礎研究』, 1974, 164쪽.
21) 고신라 금석문에서 월지 출토비, 명활산성비, 남산신성비 등 축성비에서는 道使, 邏頭가 나오나, 영천청제비 병진명, 오작비 등 축제비에서는 이들이 없이 임시직명만 나온다. 영천청제비 정원14년명에서도 法功夫를 법당군단의 군사로 해석하는 것은 무리이다.
22) 武田幸男,「중고신라의 군사적 기반」『민족문화논총』1, 1981, 104쪽.
23) 이기백·이기동,『한국사강좌』-고대편-, 1982, 291쪽.

다음으로 후자대로 끊어 읽으면 斧尺百卅六法은 공사 규모를 나타내고, 功夫一万四千百卅人은 동원인원을 나타내는 것으로 해석된다. 이는 2월12일부터 4월13일까지 총 63일동안 하루에 1088명으로 동원한 것으로 이해된다. 청제비 병진명에서 있어서 作人七千人△二百八十方에서 作人七千人은 총동원인원이고, △二百八十方은 공사 규모로 이해되고 있다. 정원14년명의 功夫란 말은 병진명의 作人과 동일한 성격으로 판단되고, 오작비에도 此作起數者三百十二人功夫如十三日了라고 해서 功夫가 나온다. 후자의 방법을 취해서 제5단락을 해석하면 '고치는 데에는 都合 斧尺이 136法, 功夫가 (하루에) 1088명이다.'가 된다.

제6단락에서 此中에서 功夫一万四千百卅人을 가리키는 것으로 이해된다. 제6단락의 해석은 '이 가운데 典大木助役은 切火·押喙二郡에서 각 △人을 동원되었다.'가 된다. 이처럼 제6단락을 전자의 방법으로 해석하면 法功夫=典大木角助役이 된다. 이렇게 法功夫=典大木角助役으로 보면, 法功夫·助役에서 法功夫가 전국적인 규모의 노동력 동원조직으로, 助役이 切火郡 및 押梁郡의 二郡에서 동원되었다는 기왕의 견해와[24] 서로 어긋난다. 제5단락에서 전자의 해석에 따라 제6단락의 此中에서 此가 一万四千百卅人을 가리킨다는 점을 더해 이 문제되는 부분에 적용해 보자. 法功夫는 14140인이었는데, 전국적인 규모로 동원하였고, 切火·押喙二郡에서도 法功夫의 14140인 가운데 各△人이 典大木角助役으로 동원되었다고 해석된다. 이렇게 보면 法功夫 14140인이 전국적인 규모로 동원하면서 切火·押喙 二郡에서 각기 300명 정도의[25] 典大木角助役=法功夫을

---

24) 이기백, 앞의 논문, 1969, 11쪽.

25) 이기백, 앞의 논문, 1969, 11쪽. 또 제5단락의 해석에 있어서 제⑥행의 都合이란 말에 근거하여 一万四千百 卅人을 61일간(二月十三日元四月十三日)의 총인원으로 보면, 하루에 약 230인의 功夫가 동원된 것이 된다. 그러면 切火·押喙에

동원했다고 부기하는 것은 납득하기 어렵다. 『삼국사기』, 地理志와 『삼국사기』, 新羅本紀, 景德王16년조에 각각 郡의 수가 120개와 117개로 되어 있다.26) 이에 의해 14140명이 통일 신라의 약 120개 군에서 똑같은 숫자의 法功夫가 동원되었다고 한다면, 한 군에서는 약 118명의 法功夫를 동원하게 된다. 118명과 300명의 비교에서 300명이 동원된 것을 특기할 필요는 없을 것이다. 더욱이 현실적인 상황으로 전국의 120개 郡에서 모두 똑같이 동원되었다고 보기는 어려운 점을 감안하면 300명과 118명 사이의 수적인 차이는 문제가 되지 않는다. 따라서 단락6인 斧尺百卅六 法功夫一万四千百卅人에서도 단락5의 해석에서도 후자가 보다 개연성이 클 것으로 판단된다.

　　단락7에 있어서 節은 신라 금석문에서 鍾·幢竿·塔을 조성함에 직접 지휘·관장하는 직명에 쓰이는 것과27) 같은 용례로 짐작된다. 이 단락7에서는 모두 인명 표기가 나오는 부분이다. 所內使上干年乃末에서 所內使는 직명, 上干은 외위명, 年은 인명, 乃末은 경위명으로 보아 왔다.28) 그런데 경덕왕대의 華嚴經寫經에 經筆寫武珍伊州阿干乃末·經筆師高沙夫里郡仁年大舍라는 인명 표기가 나오고 있다.29) 이는 뒤의 <표 3>에서와 같이 인명 표기가 분석되는데, 앞의 사람에 있어서 阿干은 신라 관등 제6위에 해당되는 경위명이나 인명으로 사용되고 있고, 뒤의 사람은 인명

서 각기 300명 정도 동원된 것도 5명이 되어, 본 제⑨행의 3번째 글자를 五자로 복원될 가능성이 있다. 그러나 제⑧행은 此자가 一萬四千百卅人을 가리킴이 변화지 않는다.

26) 이성학, 「한국 행정구역의 <군>에 대한 연구」 『경북대학교논문집』33, 1982.
27) 남풍현, 「단양적성비의 해독 시고」 『사학지』12, 1978, 18쪽.
28) 이기백, 앞의 논문, 1969, 8쪽.
29) 문명대, 앞의 논문, 1979, 61쪽.
　　이기백, 앞의 논문, 1979, 128쪽.

이 仁年이라고 해서 이름이 年자로 끝나고 있다. 所內使上干年乃末을 분석하면 所內使는 직명, 上干年은 인명, 乃末은 경위명이다. 『삼국사기』, 직관지 하, 文武王十四年～撰干一作撰干視奈麻 上干視 大舍～란 규정과도 어긋나고, 신라의 중고·하고에서 姓이 없이 이름만 표기된 인명 표기에서 年자와 같이 외자로 된 인명은 찾기 어렵다.[30] 본 비 또한 8세기 말에 건립되었고, 외위는 7세기 중엽경에 소멸되었다. 기왕의 견해에[31] 비추어 보아도 上干을 외위로 보기는 어렵게 된다. 所內使上干年乃末史湏乃末에서 所內使는 직명, 上干年은 인명, 乃末은 관등명으로 분석되고, 所內使란 직명은 앞 사람과 같아서 생략되었고, 史湏는 인명, 大舍는 경위명이다. 제⑫행의 인명 표기에서 須㖨玉純乃末에 직명은 없고, 須㖨는 출신부명, 玉純은 인명, 乃末은 관등명이다. 이상의 인명 분석 결과를 알기 쉽게 도시하면 다음의 <표 2>와 같다.

<표 2> 청제비 정원14년명의 인명 분석표

직 명	부 명	인 명	관 등 명
所內使		上干年	乃末
위와 같음		史湏	大舍
㖨 守	須㖨	玉純	乃末

---

30) 신라 청주연지사종명에 있어서 作韓舍의 作은 인명이라기 보다는 직명의 일부로 보인다. 이 作을 인명으로 보는 가설에 대해서는 이종욱,「신라장적을 통해 본 통일신라의 촌락지배체제」『역사학보』86, 46쪽.
31) 武田幸男,「新羅の骨品體制社會」『歷史學研究』299, 12쪽.

III. 신라 하고의 인명 표기

신라 중고의 인명 표기는 직명·부·인명·관등명의 순서로 기재된다.[32] 이 가운데 부명의 소멸 시기에 대해서는 『일본서기』에 의해 610～681년으로 본 견해와[33] 문무왕 遺詔에 관련시켜 681년으로 본 견해가[34] 있어 왔다. 그런데 청제비 정원14년명에 있어서도 798년에 작성되었으나, 須喙이란 부명이 나오고 있어서 이 점에 대해 간략히 살펴보기로 하자. 우선 지금까지 발견된 7～8세기경에 만들어진 주요 금석문의 인명 표기 자료를 제시하면 다음과 같다.

上次乃末
三九知乃末

　　　　(癸酉銘阿彌陀三尊佛碑像, 『韓國金石遺文』, 248쪽.)

上元二年乙亥三月卄日加具見谷巳世大阿干～

　　　　(蔚州 川前里書石 上元二年銘, 『金石遺文』3, 12쪽.)

調露二年
漢只伐部君若小舍～

　　　　三月三日作康(?)～

　　　　(新羅月池出土雙鹿寶相花紋塼銘, 『韓國金石遺文』, 490쪽.)

～國新羅文武王陵之碑　及飡國學小卿臣金～

～卄五日景辰建碑　大舍臣韓訥儒　奉(教書)

　　　　(文武王陵碑, 『海東金石苑』상, 68쪽 및 75쪽.)

天仁阿干

　　　　(清州市雲泉洞寺蹟碑, 忠北大學校·湖西文化研究

---

32) 김창호, 「신라중고 금석문의 인명 표기(I)」, 『대구사학』22, 1983.
33) 末松保和, 『新羅史の諸問題』, 1954, 276쪽.
34) 이문기, 「금석문자료를 통하여 본 신라의 6부」, 『역사교육논집』2, 1981.

院 發刊 油印物)

開元七年己未二月十五日重阿湌金志誠奉爲 亡考仁章一吉湌～

(甘山寺彌勒菩薩造像記, 『朝鮮金石總覽』上, 34쪽.)

又明年乙未 鑄芬皇寺藥師銅像 重三十萬六千七百斤 匠人本彼部强古乃末

(『삼국유사』, 탑상4, 황룡사종·분황사약사·봉덕사종)

⑪發菩提心不退轉 脩普賢因速成佛 紙作人仇叱弥兮縣黃珎知奈麻經筆師武珎伊州阿干柰麻異純韓舍今

⑫毛大舍義七大舍 孝赤沙弥南原京文英沙弥卽曉大舍高沙夫里郡陽純奈麻仁年大舍屎烏大舍仁節大舍

⑬經心匠大京能吉奈麻弓古奈 佛菩薩筆師同京義本韓奈麻丁得奈麻光得舍知 豆烏舍經題

⑭筆師同京同智大舍 六頭品 父吉得阿湌

(新羅 景德王代 華嚴寫經造成記)

成典

監脩成塔事守兵部令平章事伊干臣金魏弘

上堂前兵部大監阿干臣金李臣

倉部卿一吉干臣金丹書

赤位奈麻臣新金賢雄

青位奈麻臣新金平矜 奈麻臣金宗猷

奈麻臣歆善 大舍臣金愼生

皇位大舍臣金兢會 大舍臣金勛幸

大舍臣金審卷 大舍臣金公立

(新羅皇龍寺九層木塔刹柱本記第三板外面,
『한국금석유문』, 162～163쪽.)

먼저 癸酉銘阿彌陀三尊佛碑像은 癸酉銘三尊千佛碑像과 함께 신라 삼국 통일후 백제 유민에 의해 만들어진 것이다. 왜냐하면 32명 이상의 신라 인명 표기 가운데 達率身次라는 백제식의 인명 표기가 잔존하고 있기 때문이다. 癸酉年은 733년으로 보면 너무 기재된 인명의 나이가 많고, 613년으로 보면 신라의 관등명을 가진 사람이 대부분이 될 수 없기 때문에 673년으로 볼 수밖에 없다. 이 자료에 따르면 673년에는 부명이 소멸되었음을 알 수 있다.

울주 천전리서석 上元二年에 있어서 上元二年銘에 있어서 上元二年乙亥는 문무왕15년(675년)이다. 이미 已世大阿干은 그 관등명이 眞骨에 해당되고 있으나 직명과 부명은 없다. 이 자료에 의하면 앞의 계유명아미타삼존불비상의 癸酉年이 673년일 가능성을 한층 더 크게 해주는 동시에 681년 이전에 이미 부명의 표기가 인명 표기에서 없어진 확실한 예이다.

월지 출토 쌍록보상화문전명의 調露二年은 신라 문무왕20년(680년)에 해당되며, 비록 직명은 없으나 부명·인명·관등명의 순서로 인명이 표기되고 있다. 이 자료는 漢只伐部가 금석문에서 확인되는 유일한 예이다.

다음 문무왕릉비의 인명 표기에 대해 조사해 보자. 이 비의 건립 연대에 대해서는 신문왕1년과[35] 國學少卿이란 직명에 의해 신문왕2년(682년) 6월 이후로[36] 각각 보아 왔다. 문무왕릉비의 卄五日景辰建碑에서 景자는 丙자의 避諱이다.[37] 그러면 卄五日丙辰의 朔은 壬辰이 된다. 이렇게 朔이 壬辰인 달을 681년 전후에서 찾으면 682년 7월과 687년 7월이 있다. 문무왕의 장례일은 682년이 옳다. 광개토태왕비가 장수왕3년(414년)에 건립된 것을 참조하면 문무왕릉비도 신문왕2년(682년) 7월 25일에 건립된 것으로 판단된다. 이 문무왕릉비의 인명 표기는 특이하다. 及飡國學少卿臣金△△·大舍臣韓訥儒에서 모두 관등명이 모두 인명의 앞에 가 있고, 관등명과 인명 사이에 臣자가 표기되어 있다.

---

35) 『조선금석총람』상, 109쪽.
36) 今西龍, 『新羅史硏究』, 1933, 489~508쪽.
37) 葛城末治, 『朝鮮金石攷』, 1935, 72쪽.

清州市雲泉洞寺蹟碑는 1982년 3월 22일에 조사된 것으로 碑文中에 壽拱二年歲次丙戌이 나와서 신문왕6년(686년) 전후에 만들어진 것이다.[38] 이 비의 天仁阿干에서 천인은 인명, 아간은 관등명이다. 이 비에서는 문무왕릉비보다 늦게 만들어졌으나 人名과 官等名의 순서를 고신라 금석문의 인명 표기와 동일하다.

다음 甘山寺彌勒菩薩造像記는 甘山寺阿彌陀如來造像記와 함께 重阿湌이 나온다.[39] 이 두 비는 모두 眞骨과 六頭品의 분기점인 阿湌의 重官等 자료로 잘 알려져 있다.[40] 이 비들에서 開元七年乙未는 신라 聖德王18년(719년)이다.[41] 이 비의 인명 표기에 있어서 重阿湌金志誠은 관등명보다 인명보다 앞에 가 있으나 亡考인 仁章一吉湌의 경우 인명·관등명의 순서로 기재되어 고신라의 인명 표기 방식을 따르고 있다.

다음 『삼국유사』, 탑상4, 분황사약사동상조는 신라 경덕왕14년(755년)의 기록이다.[42] 여기에 나오는 匠人本彼部强古乃末의 경우는 전형적인 고신라 인명 표기와 마찬가지로 직명+부명+인명+관등의 순서를 지키고 있다. 이는 아마도 금석문에서 그대로 전사된 고식의 잔재로 보인다.

다음 경덕왕대 화엄경사경은 문두의 天寶十三載甲午八月一日初乙未載二月十四日이란 구절로 보면 경덕왕13년(754년)에서 14년(755년) 만들어진 것을 알 수 있다.[43] 우선 이 사경의 인명 표기를 알기 쉽게 도시하면 <표 3>과 같다.

---

38) 忠北大學校·湖西文化硏究所, 「淸州市 雲泉洞寺蹟碑(假稱 判讀調査)」, 油印物, 1982.
39) 『朝鮮金石總覽』상, 34~36쪽.
40) 변태섭, 「신라관등의 성격」 『역사교육』1, 1956.
41) 葛城末治, 앞의 책, 1935, 202쪽.
42) 이재호역주, 『삼국유사』2, 1969, 69쪽.
43) 문명대, 앞의 논문, 32쪽.

〈표 3〉 경덕왕대 화엄경사경의 인명 표기

職 名	出身地名	人 名	官 等 名
紙作人	仇叱珎兮縣	黃珎知	奈麻
經筆師	武珎伊州	阿干	奈麻
위와 같음	위와 같음	異純	韓舍
위와 같음	위와 같음	今毛	大舍
위와 같음	위와 같음	義七	大舍
위와 같음	위와 같음	孝赤	沙弥
위와 같음	南原京	文英	沙弥
위와 같음	위와 같음	卽曉	大舍
위와 같음	高沙夫里郡	陽純	奈麻
위와 같음	위와 같음	仁年	大舍
위와 같음	위와 같음	屎烏	大舍
위와 같음	위와 같음	仁節	奎
經心匠	大京	能吉	奈麻
위와 같음	위와 같음	亐古	奈
佛菩薩像筆師	同京	義本	奈麻
위와 같음	위와 같음	丁得	奈麻
위와 같음	위와 같음	夫得	舍知
위와 같음	위와 같음	豆烏	舍
經題筆師	同京	同智	大舍

　　〈표 3〉에서 화엄경사경의 인명 표기는 직명·출신지명·인명·관등명의
순서로 기재되고, 직명은 동일한 경우에 모두 생략되고, 출신지명은 동
일한 직명에 한하여 생략되고 있다. 經題筆師인 同智大舍의 출신지는 同
京으로 위의 豆烏(인명)+舍(관등명)으로 같아도 표기된 것은 직명이 바
뀌었기 때문이다. 이 화엄경사경은 부명이 없어졌을 뿐, 인명 표기는 적
성비식이다. 이 자료는 문무왕릉비의 인명 표기와는 다른 신라 적성비
식 인명 표기가 8세기 중엽에도 잔존해 있었다는 중요한 증거가 된다.
이 자료에 근거하여 앞의 『삼국유사』에서 인용된 匠人本彼部强古乃末
을 통해 보면, 8세기 중엽에도 적성비식 인명 표기가 잔존해 있었고, 특
히 부명까지 포함되었을 것이다.

신라 황룡사9층목탑찰주본기, 제3판 외면은 신라 경문왕12년(872년)에 만들어진 것으로 인명 표기에 있어서 관등명이 인명 앞에 오고, 관등명과 인명 사이에 臣자 첨가되어 있는 점은 문문왕릉비와 꼭 같다. 이렇게 관등명이 인명 앞에 와 있고, 동시에 관등명과 인명 사이에 臣자가 첨가된 인명 표기의 예를 제시하면 다음과 같다.

檢校使兵部令兼殿中令司馭府令修城府監四天王寺府令幷檢校眞智大
王寺上相大角干臣金邕
檢校使肅正臺令兼修城府令檢校感恩寺使角干臣金良相
副使執事部侍郎阿湌金體信
判官右司祿館級湌金芢淂～

(新羅 聖德大王神鐘,『한국금석유문』, 285쪽.)

內省卿沙干臣金咸熙
臨關郡太守沙干臣金昱榮
松岳郡太守大奈麻臣金鎰

(新羅　皇龍寺九層木塔刹柱本記第一板
外面,『한국금석유문』, 164.)

浿江鎭都護重阿干臣金堅其
執事侍郎阿干臣金八元

(新羅　皇龍寺九層木塔刹柱本記第二板
外面,『한국금석유문』, 163.)

～△守大奈麻臣金陸珍

(新羅　慶州鍪藏寺阿彌陀如來造像事蹟
碑,『조선금석총람』상, 44쪽.)

聖德大王神鐘은 혜공왕7년(771년)에 만들어졌다.[44) 金邕과 金良相은

---

44) 황수영편저, 앞의 책, 1976, 285쪽.

관등명과 인명 사이에 문무왕릉비에서와 같이 臣자가 첨가되어 있으나 金體臣이하는 그렇지 않다. 이는 執事部侍郎 등의 侍郎이 六頭品이란 기왕의 견해와[45] 관련지어 생각하면 무척 흥미로운 자료이다.

다음 황룡사9층목탑찰주본기, 제1판 외면과 제2판 외면은 전술한 바와 같이 전술한 바와 같이 신라 경문왕12년(872년)에 만들어진 것이다. 여기에서의 인명 표기에도 관등명과 인명 사이에 臣자가 첨가되어 있다.

다음 경주무장사아미타여래조상사적비는 신라 애장왕2년(801년)에 만들어진 것으로 추정하고 있다.[46] 이들 자료에 의하면 문무왕릉비에서와 같이 관등명이 인명 앞에 가고, 그 사이에 臣자가 첨가된 인명 표기는 8~9세기에 유행한 것이다.

지금까지 살펴 본 신라 下古의 인명 표기에 대해 요약하면 다음과 같다. 고신라 방식인 직명·출신지명·인명·관등명의 순서로 기재되고 있고, 그 가운데 부명이 잔존한 예도 있었다. 인명 표기 자체에 있어서 부명의 소멸은 673년·675년에 이미 시작되고 있었다. 이렇게 보면 종래의 인명 표기에 있어서 부명의 소멸을 681년 전후로 본 견해는[47] 재고의 여지가 있게 되었다. 특히 682년에 만들어진 문무왕릉비에 있어서 관등명+인명의 순서로 기재되고, 그 사이에 臣자가 첨가되는 것과 같은 커다란 인명 표기의 변화는 어디에서 찾아야 될까? 신라의 묘제는 530년을 전후해서 적석목곽묘에서 석실분으로 바뀌었다. 661년경에 축조된 태종무열왕릉에서는 중국식으로 龜趺와 螭首까지 갖춘 묘비를 한국에서 최초로 만들고 있었다.[48]

---

45) 이기백·이기동, 앞의 책, 1982, 329쪽.

46) 『조선금석총람』상, 44쪽.

47) 末松保和, 앞의 책, 1954, 276쪽.

48) 關野貞, 『支那の建築と藝術』, 1935, 72쪽.

태종무열왕의 경우는 왕호도 중국식 諡號制를 채택한 최초의 신라 국
왕이다. 실제로 문무왕릉비에서는 ~卄五日景辰建碑의 景자는 중국 당
고조의 父名이 昞자의 避諱로 중국식 避諱制까지 수용하고 있다. 이같은
점들과 앞에서 살펴본 673·675년에 이미 부명이 소멸되기 시작한 금석
문 자료가 있고, 지금은 파실되고 없는 태종무열왕릉비의 비문 자체의
인명 표기는 문무왕릉비와 같았을 것이다.

Ⅳ. 맺음말

이상에서 간단히 청제비정원14년명에 대해 살펴보았다. 먼저 塢자를
영천청제비 병진명과 정원14년명의 대비에 의해 수리용 제방을 나타내
는 것이라는 전제아래 大邱戊戌銘塢作碑·永川菁堤碑 丙辰銘 등을 비교
해 廣·高·長·弘長·岸立弘至深·上排掘里에 대해 살펴보았다. 그래서 본
비의 弘이나 排掘里가 모두 굴통을 나타낼 가능성이 있음을 밝혔다. 다
음 제⑥·⑦행의 斧尺百卅六法功夫一万四千百卅人을 종래 斧尺百卅六과
泫功夫一万四千百卅人으로 끊어 읽은데 대해 斧尺百卅 다음에 人자가
없는 점·대구무술명오작비에 功夫란 말이 있는 점 등에 의해 斧尺百卅
六法과 功夫一万四千百卅人으로 끊어 읽었다. 그래서 斧尺百卅六法은 공
사 규모이고, 功夫一万四千百卅人은 동원인원을 나타내는 것으로 보았
다. 다음 본비 제⑩해의 인명 표기에 所內使上干年乃末에서 경덕왕대 화
엄경사경에 阿干·仁年이란 인명 표기가 있음에 의해 所內使는 직명, 上
干年은 인명, 乃末은 관등명으로 보았다.

제⑫행의 契守須喙玉純乃末에서 契守는 직명, 須喙는 출신부명, 玉純
은 인명, 乃末은 관등명이다. 여기에서는 798년에도 須喙란 부명이 있으

므로 신라 下古의 인명 표기에 대해서도 간단히 살펴보았다. 고신라의 인명 표기 방식은 대체로 직명·출신지명·인명·관등명의 순서로 기재되는데, 부명의 소멸시기를 681년 전후로 보아 왔다. 계유명아미타삼존불비상·계유명삼존천불비상, 울주 천전리서석 上元二年銘, 월지 출토 쌍록보상화문전명·문무왕릉비·감산사미륵보살조상기·경덕왕대 화엄경사경조성기·황룡사9층목탑찰주본기 등의 자료에 의하면, 이미 673·675년에 이미 인명 표기에서 부명이 사라졌으나 출신지명은 8세기 말에도 남아 있었다. 문무왕릉비와 같은 인명 표기는 諡號制·避諱制의 도입과 밀접한 관련이 있었으므로 661년경의 태종무열왕비에서 시작했을 것이다.

제7절 울진 석류굴 제8광장 신라 石刻文의
해석상 문제점

I. 머리말

2019년 3월 21일에 울진 석류굴 제8광장에서 많은 石刻으로된 금석문이 발견되었다. 貞元十四年을 비롯한 다수의 신라시대 명문이 발견되었다. 이 가운데에는 庚辰年, 辛酉年, 甲辰年, 貞元十四年, 貞元卄年, 花郎의 이름, 香徒 등이 포함되어 있었다. 그 뒤에 정밀 판독 결과 庚辰年銘에는 眞興王이 나왔다고 하였다. 이러한 내용들은 연구 논문이[1] 나오기 이전에 두 차례에 걸쳐서 신문 등 매스컴에 보도되었다.[2]

사실 울진 성류굴에 眞興王이 등장하는 것은 대단히 중요한 문제이다.[3] 한국목간학회의 발표를 거쳐서 기본적인 부분에 대해서는 문제가 없을 줄로 알았다. 논문을 읽어 본 결과 진흥왕 문제에 전혀 다른 생각을 가지게 되었다. 금석문 연구는 기본적인 방법이 있고, 국왕명의 추정 등에는 많은 자료 해석 방법이 필요하다. 그냥 眞興王이 나왔다고 신라의 왕명으로 보는 것은 의문이 있었다.

---

1) 심현용, 「울진 성류굴 제8광장 新羅 石刻文 발견 보고」『목간과 문자』22, 2019.
2) 2019년 4월 11일과 5월 23일에 각각 보도되었다.
3) 금석문을 처음으로 발견하는 것은 환희에 차 있어서 상황판단에 빠지기가 쉽다. 그래서 큰 실수를 하기가 쉽다고 판단된다. 중요한 금석문 자료일수록 냉정한 실증주의에 근거한 판단이 필요하다.

여기에서는 먼저 명문의 제시와 해석을 시도하겠고, 다음으로 .眞興王說의 검토을 하겠으며, 마지막으로 명문의 작성 시기와 인명을 분석해 보기로 하겠다.

II. 각문의 위치와 제시[4]

A. 1지굴 명문

1) ①叉金(余)△(礼)

叉金(余)과 △(礼)란 두 사람의 인명으로 보인다.

①庚辰年六月日

②柵作檣父飽

③女二交右伸

④眞興

⑤王擧

⑥世益者五十人

庚辰年 六月에 柵을 짓고, 檣父(노젓는 사람)를 배부릴 때에, 여자 2인이 교대로 도왔고, 眞興, 王擧, 世益 등 50인이다.[5]

①甲珎九月十一日[6]

---

4) 심현용, 앞의 논문, 2019를 참조하였다.

5) 眞興이 진흥왕이 아님에 대해서는 뒤에서 상론하기로 한다.

6) 珎은 辰의 잘못으로 판단된다. 연간지에 있어서 이렇게 年干支에서 글자가 다르고, 음만 같은 예는 고신라시대와 통일신라시대와 고려시대에서 처음이다. 그렇다고 통일신라시대와 고려시대의 避諱도 아니다. 월지 185호와 212호 목간에서 결획된 茊자가 나오나 왜 결획했는지는 알 수가 없다. 이를 일본학계에서는 缶로 읽고 있으나 글자의 사용 예에서 보면 인명이라서 문제이다. 이들에 대한 정확한

②恦火旦(?)

③從(?)行

甲珎年九月十一日에 恦火旦(?)從(?)이 다녀갔다.

2) ①老行

②幷(?)老

③小早互

老行, 幷(?)老, 小早互의 3명 인명으로 보인다.

3) ①見(貝)禾

②伐

見禾伐 또는 貝禾伐의 한 사람의 인명으로 보인다.

4) ①永行

永行이 한 사람의 인명으로 보인다.

5) ①子川

子川이 한 사람의 인명으로 보인다.

B.2지굴 명문

1) ①貞元十四年·

②甲寅八月卄五日

③梵廉行

貞元十四年甲寅(798년, 원성왕14년)八月卄五日에 梵廉이 다녀
갔다. 여러 군데에서 나오는 梵廉이 당초 매스컴에 알려진 대
로 통일신라시대의 승려이름이다.

2) ①　　　　　久(?)辛五△

해석은 후고를 기다리기로 한다.

② 人(?)義(?)旧(?)

③貞元十四年 勿(?)次(?)

貞元十四年(798년, 원성왕14년)에 勿(?)次(?), 人(?)義(?)旧(?), 久(?)辛五△가 다녀갔다로 해석된다.

3) ①行

②貞元十四年八月卄五日淸忠向達

貞元十四年(798년, 원성왕14년)八月卄五日에 淸忠向達(또는 淸忠과 向達)이 다녀갔다로 해석된다.

4) ① 山彡信

②辛酉年見在石山本

③得世

④共郞叉伐山

⑤得世

山彡信이 한 사람의 인명이다. 辛酉年에 石山本, 得世, 共郞, 叉伐山, 得世(동명 이인)이 보았다로 해석된다. 共郞이 화랑의 이름이므로 통일신라시대의 명문으로 보인다.

5) ①貞元卄年

②甲申十一月三日朴上

③來

貞元卄年甲申(804년, 애장왕5년) 十一月三日에 朴上이 왔다가 갔다로 해석된다.

①孝材

②△行

孝材△가 다녀갔다로 해석된다.

6) ①兵府史
　②礼生行

　　兵府史인[7] 礼生이 다녀갔다로 해석된다. 兵府史인 礼生은 관등명을 가지고 있었을 터인데 명문에는 없다. 이 명문전체에서 관등을 가진 인명이 한 사람도 없는 점도 주목해야 할 것이다.

7) ①良珎十刃　林郎訓見
　②牛卅匹

　　良珎十刃, 林郎이 가르쳐서 보고, 소40마리를 끌고 왔다. 林郎이 통일신라시대 화랑의 인명이므로 통일신라시대 명문이고, 卅자가 있어서 고려의 금석문은 아니다.

8) ①伸陽郎訓見善山女
　②　　　梵廉
　③　　　先得行(?)

　　伸陽郎이 善山女(여자)를 가르쳐서 보고, 梵廉, 先得과 함께 다녀갔다.

9) ①梵廉行
　②夫勿郎行云山行

　　梵廉이 다녀갔고, 夫勿郎이 다녀갔고, 云山이 다녀갔다.

10) ①玄才行
　②一百五幷
　③～△宝工(正)行
　④古郎良珎行

---

7) 통일신라의 관직명이다.

玄才가 다녀갔고, 아울러 105인이 다녀갔고, ～△과 宝工(또는 正)이 다녀갔고, 古郎과 良珎이 다녀갔다. 古郎이 화랑이름이므로 통일신라시대 금석문으로 추정된다.

11) ①右(尤)道

②△△力大有 古郎良珎行

③△世僖人

④崔重權

⑤冬△△

  a右(또는 尤)道, △△力, 大有, △世僖人, 冬△△, b古郎, 良珎이 왔다갔다. c崔重權으로 해석된다.

12) ①円(白)勿郎

②～間良力～

  円(또는 白)勿郎, ～間良, 力～가 인명이다.

13) ①冬視行

  冬視가 왔다갔다로 해석된다.

14) ①昌如

①王丁

②頁自木

③忠行

①首利行

①加行(?)

  昌如, 王丁, 頁自木, 忠行, 首利가 왔다갔고, 加行(?)이 인명이다.

15) 水川行

  水川이 왔다갔다.

16) 未叉行

未叉가 왔다갔다.

17) ①行述(?)內(?)

②金大△

①金易九

②伐見勿行

③行△

④～△勿幷

　行述(?)內(?), 金大△가 인명이다. 金易九, 伐見勿이 왔다갔
다. 行△, ～△勿이 아울러 왔다갔다.

18) ①△石山十山叉伐山

②山彡信

　△石山, 十山, 叉伐山, 山彡信의 인명으로 해석된다.

19) ①叉伐山

　叉伐山의 한 사람의 인명이다.

20) ①叉伐山

　19)번과 같은 叉伐山의 한 사람의 인명이다.

21) ①尒叱薩行

②卄～五～8)

③問山叉山△行

　a尒叱薩이 왔다갔다. b卄～五～ c 問山, 叉山△가 왔다갔다.

22) ①尒叱薩 孝本

　尒叱薩, 孝本으로 해석된다.

---

8) 卄을 신라시대의 것으로 보고 있으나 고려시대에도 二十과 卄이 공용되고 있다.

23) ①一目一六十四幷～八～卄五行

　　　一目一이 六十四人과 아울러 ～八～卄五과 왔다갔다.

24) ①云山長川

　　②石川

　　①文行　未行

　　②良丙(?)行　先行

　　①智光

　　　云山, 長川, 石川이 인명이다. 文行, 未行, 良丙(?)이 다녀갔다.

　　　先行이 인명이다. 智光이 인명이다.

25) ①水川

　　　水川은 한 사람의 인명표기이다.

26) ① | 山

　　　| 山 은 한 사람의 인명표기이다.

C. 3지굴 명문

　1) ①主倅

　　　②李復

　　　③淵

　　　④戊戌

　　　①君云

　　　　主倅(울진군수) 李復淵이 戊戌年(1718년, 숙종44년)에 다녀갔

　　　다. 君云은 한 사람의 인명이다.

　2) ①　　李克淵

　　　②主倅李復淵

③　戊戌

④　　　問悰行

　　李克淵, 主倅(울진군수) 李復淵이 戊戌年(1718년, 숙종44년)에
　　다녀갔다. 問悰이 왔다갔다.

3) ①宦行

　　宦行이 한 사람의 인명표기이다.

4) ①香徒(?)

　　불교에서 탑, 종 등을 만드는 조직체이나 그 명단이 없어서
　　여기에서는 인명표기의 하나로 보인다.

5) ①刀行

　　刀行이 한 사람의 인명표기이다.

6) ①大陽行

　　大陽이 다녀갔다로 해석된다.

Ⅲ. 해석상의 차이점

우선 眞興王이 나온다는 명문의 전체를 다시 한 번 옮기면 다음과 같다.

　　①庚辰年六月日
　　②栅作榼父飽
　　③女二交右伸
　　④眞興
　　⑤王擧
　　⑥世益者五十人
　　庚辰年 六月에 栅을 짓고, 榼父(노젓는 사람)를 배 부릴 때에,

여자 2인이 교대로 도왔고, 眞興, 王擧, 世益 등 50인이다.

庚辰銘의 眞興王을 고신라의 정복 군주인 眞興王으로 보는 데에는 7가지의 문제점이 있는바, 그 근거를 제시하면 다음과 같다.

첫째로 진흥왕으로 끊어 읽어서 진흥왕이 되려고 하면 신라는 530년경부터 太王制가 실시되었기 때문에[9] 眞興太王이라고 표기해야 된다. 535년 울주 천전리서석 을묘년명의 聖法興太王, 539년 울주 천전리서석 추명의 另卽知太王(법흥왕), 561~568년의 북한산비 眞興太王과 新羅太王, 568년의 마운령비의 眞興太王, 568년 황초령비의 眞興太王이 그 예이다.

둘째로 6세기의 왕의 巡狩 등에는 반드시 軍主가 동행한다.[10] 524년 봉평비의 悉支軍主, 545년이나 그 직전에 세워진 적성비의 高頭林城在軍主等, 561년 창녕비 比子伐軍主·漢城軍主·碑利城軍主·甘文軍主의 四方軍主, 561~568년의 북한산비의 南川軍主, 568년 마운령비의 △△軍主, 568년 황초령비의 △△軍主가 그 예이다.

셋째로 왕이 나오는 금석문에 있어서 인명표기에서 부명이 나오지 않는 예는 없었다. 곧 고신라 금석문이라면 직명+부명+인명+관등명으로 된 인명표기가 나온다. 고신라 금석문의 인명표기에 있어서 가장 큰 특징은 부명 표기가 나오는 점이다. 경진명에는 부명이 포함된 인명표기가 없어서 경진명의 진흥왕을 신라의 진흥왕으로 볼 수가 없다.

넷째로 모두의 연간지명이 庚辰年六月日으로 되어 있어서 몇 日인지를 정확하게 하고 있지 않아서 고려시대의 명문이다. 한국 고대 금석문

---

9) 신라사에 있어서 530년경은 가장 중요한 변화의 시기이다. 태왕제가 실시되었고, 적석목곽묘에서 횡혈식석실분으로 바뀌어 장례에 드는 비용 절감을 가져와 제1차 고대국가의 완성 시기이다.

10) 5세기의 금석문에서는 道使가 나올 뿐, 軍主는 동행하지 않는다.

에서는 반드시 몇日의 표시를 정확하게 한다.

다섯째로 진흥왕이외의 隨駕人名에 있어서 적성비, 창녕비, 북한산비, 마운령비, 황초령비처럼 高官等名을 가진 인명이 나와야 되는데 관등명을 가진 인명조차도 전혀 없다.

여섯째로 眞興이란 임금의 이름은 고려시대 후기나 조선시대와는 달리 관료나 백성들도 사용이 가능하다. 眞興이란 인명은 고신라의 인명 표기가 아닌 고려시대 전기의 인명으로 볼 수밖에 없다.

일곱째로 경진년(560년)에는 임금의 주위에 大等들이 반드시 함께하고 있다. 545년이나 그 직전에 세워진 적성비의 大衆等, 561년 창녕비의 大等, 561~568년 북한산비의 大等, 568년 마운령비와 황초령비의 大等이 그것이다. 이에 비해 경진명에는 대등 집단이 한 명도 없어서 진흥왕으로 볼 수가 없다.

Ⅳ. 각문의 작성 시기와 인명의 분석

①乙卯年六月日
②南世革
③南德微
④南宗微

이 명문은 고려시대 금석문이다. 日을 정확히 밝히고 있지 않아서 그렇다. 그 예로는 기와 명문의 太平興國五年庚辰(980년)六月日彌勒藪龍泉房瓦草(益山 彌勒寺)[11] 이는 太平興國五年庚辰(980년)六月日에 彌勒藪의

---

11) 太平興國五年庚申으로 되어 있으나 976~984년의 太平興國 범위 밖에 있어서

龍泉房 瓦草이다로 해석된다. 太平興國七年壬午年(982년)三月日/竹州瓦草近水△水(吳)(矣)(安城 奉業寺). 이는 太平興國七年壬午年(982년)三月日에 竹州의 瓦草를 近水△水(吳)가 만들었다로 해석된다. 三年乙酉八月日竹凡草伯士能達毛은[12] 乙酉란 연간지는 985년이다. 年月日에서 日의 날짜를 정확히 밝히지 않는 것도 고려적인 요소이다. (通和)三年[13]乙酉八月日에 竹의[14] 凡草를 伯士인 能達毛가 만들었다로 해석된다. 또 乙卯年六月日명문은 제8광장의 금석문이지만 정식으로 소개되지 않고 맺음말 부분에서 간단히 소개하고 있다.

A. 1지굴

1) ①庚辰年六月日

②柵作楹父鮑

③女二交右伸

④眞興

⑤王擧

⑥世益者五十人

庚辰年 六月에 柵을 짓고, 楹父(노젓는 사람)를 배부릴 때에, 여자 2인이 교대로 도왔고, 眞興, 王擧, 世益 등 50인이다도 마찬가지로 고려시대의 금석문이다. 제8호광장 금석문 가운데 고려시

庚辰(980년)이 타당하다.

12) 경기문화재단부설 기전문화재연구원·하남시, 『하남교산동건물지 발굴조사 종합보고서』, 2004, 185쪽. 凡草의 예는 戊午年의 명문과 2점뿐이다. 凡자가 瓦자일 가능성도 있다. 이 시기 瓦자는 凡와와 구별이 어렵다. 伯士能達毛의 伯士는 寺匠의 뜻으로 能達毛이 寺匠 가운데 하나인 製瓦匠일 가능성이 있다.

13) 三年은 遼聖宗의 通和三年(985년)이다.

14) 竹은 지명이나 건물명으로 보인다. 후자일 가능성이 크다.

대가 확실한 금석문은 2자료밖에 없다.

확실한 통일신라 금석문 자료를 조사해 보기로 하자.

B. 2지굴 명문

1) ①貞元十四年·

②甲寅八月卄五日

③梵廉行

貞元十四年甲寅(798년, 원성왕14년)八月卄五日에 梵廉이 다녀
갔다.

2) ①   久(?)辛五△

②   人(?)義(?)旧(?)

③貞元十四年勿(?)次(?)

貞元十四年(798년, 원성왕14년)에 勿(?)次(?), 人(?)義(?)旧(?), 久
(?)辛五△가 다녀갔다로 해석된다.

3) ①行

②貞元十四年八月卄五日淸忠向達

貞元十四年(798년, 원성왕14년)八月卄五日에 淸忠向達(또는 淸
忠과 向達)이 다녀갔다로 해석된다.

4) ①   山彡信

②辛酉年見在石山本

③得世

④共郎叉伐山

⑤得世

山彡信이 한 사람의 인명이다. 辛酉年에 石山本, 得世, 共郎, 叉

伐山, 得世(동명 이인)이 보았다로 해석된다. 共郎이 화랑의 이름이므로 통일신라시대의 명문으로 보인다.

5) ①貞元卅年

②甲申十一月三日朴上

③來

貞元卅年甲申(804년, 애장왕5년) 十一月三日에 朴上이 왔다가 갔다로 해석된다.

6) ①兵府史

②礼生行

兵府史인 礼生이 다녀갔다로 해석된다. 직명을 가지고 있었던 兵府史인 礼生은 관등명을 가지고 있었을 터인데 명문에는 없다. 이 명문전체에서 관등을 가진 인명이 한 사람도 없는 점도 주목해야 할 것이다. 兵府史는 통일신라의 관직명이다.[15]

7) ①良珎十刃 林郎訓見

②牛卅匹

良珎十刃, 林郎이 가르쳐서 보고, 소40마리를 끌고 왔다.

卅은 四十으로 통일신라까지 사용되었다. 광개토태왕비(414년) 1예, 연가칠년명금동여래입상(479년) 1예, 쌍북리 출토 구구단 목간(7세기) 4예, 신라둔전문서(695년) 2예, 영천청제비 정원14년(798년)명 1예 등의 예가 있는바 모두가 고대의 것일 뿐이다. 고려시대의 예는 없다. 고려시대에는 대개 四十으로 표기한다. 합천대가야비는 辛亥年△月△日四十干支라고 판독되고 있으나 辛亥年△月△日四干支라고 보아야 할 것이다.

---

15) 고려시대에는 兵府事라는 관직명이 있었다.

8) ①伸陽郎訓見善山女

　② 　　梵廉

　③ 　　先得行(?)

伸陽郎이 善山女(여자)를 가르쳐서 보고, 梵廉, 先得과 함께 다녀갔다. 梵廉은 800년경의 통일신라 사람으로 추정된다.

9) ①梵廉行

②夫勾郎行云山行

梵廉이 다녀갔고, 夫勾郎이 다녀갔고, 云山이 다녀갔다. 梵廉은 800년경의 통일신라 사람으로 추정된다.

10) ①玄才行

②一百五幷

③～△宝工(正)行

④古郎良珎行

玄才가 다녀갔고, 아울러 105인이 다녀갔고, ～△과 宝工(또는 正)이 다녀갔고, 古郎과 良珎이 다녀갔다. 古郎이 화랑이름이므로 통일신라시대 금석문으로 추정된다.

11) ①右(尤)道

②△△力大有 古郎良珎行

③△世僐人

⑤冬△△

a右(또는 尤)道, △△力, 大有, △世僐人, 冬△△, b古郎, 良珎이 왔다갔다로 해석된다. 古郎이 화랑이름이므로 통일신라시대 금석문으로 추정된다.

18) ①△石山十山叉伐山

②山彡信

△石山, 十山, 叉伐山, 山彡信의 인명으로 해석된다. 2지굴
4)④共郎과 叉伐山이 나와서 叉伐山이 나오면 통일신라시대
이다.

19) ①叉伐山

叉伐山의 한 사람의 인명이다. 2지굴 4)④ 叉伐山이 나와서
叉伐山이 나오면 통일신라시대이다.

20) ①叉伐山

①19)번과 같은 叉伐山의 한 사람의 인명이다.

22) ①尒叱薩 孝本

尒叱薩, 孝本으로 해석된다. 尒叱薩이 ①21)에 나오서 통일신
라로 추정되어 통일신라시대로 본다.

　확실한 통일신라시대의 금석문의 숫자는 확실한 4개와 화랑 이름이
나와서 추정되는 것 등으로 11점이 있다. 압도적으로 그 숫자가 2개인
고려시대 금석문보다는 많다. 절대 연대는 貞元十四年(798년, 원성왕14
년)명이 3개, 貞元卄年甲申(804년, 애장왕5년)명이 1개이다. 결국 울진 석
류굴 제8광장은 800년 전후가 주로 명문을 새긴 것으로 보인다. 고신라
시대에는 직명+부명+인명+관등명가 있는바, 이를 소유한 자가 없어서
고신라의 인명표기는 존재하지 않는 것으로 판단된다. 798년의 영천청
제비 정원14년명 인명표기를 살펴보면 다음의 <표 1>과 같다. 관등과 출
신부명을 가지고 있다.

〈표 1〉 청제비 정원14년명의 인명 분석표[16]

직 명	부 명	인 명	관 등 명
所內使		上干年	乃末
위와 같음		史湏	大舍
契守	須喙	玉純	乃末

직명+인명+관등명의 순서로 된 것 2명과 부명+인명+관등명으로 된 것 1명이 있어서 고신라의 인명 표기의 잔재를 유지하고 있다. 須喙은 沙喙 (部)를 나타내는 것으로 금석문에서는 처음으로 나오는 것이다. 754~ 755년에 제작된 신라화엄경사경의 인명 표기를 제시하면 다음의 <표2> 와 같다.

〈표 2〉 경덕왕대 신라화엄경사경의 인명 표기

職 名	出 身 地 名	人 名	官 等 名
紙作人	仇叱珎兮縣	黃珎知	奈麻
經筆師	武珎伊州	阿干	奈麻
위와 같음	위와 같음	異純	韓舍
위와 같음	위와 같음	今毛	大舍
위와 같음	위와 같음	義七	大舍
위와 같음	위와 같음	孝赤	沙弥
위와 같음	南原京	文英	沙弥
위와 같음	위와 같음	卽曉	大舍
위와 같음	高沙夫里郡	陽純	奈麻
위와 같음	위와 같음	仁年	大舍
위와 같음	위와 같음	屎烏	大舍
위와 같음	위와 같음	仁節	奎
經心匠	大京	能吉	奈麻
위와 같음	위와 같음	亏古	奈
佛菩薩像筆師	同京	義本	韓奈麻

---

16) 축제비에는 幢主, 邏頭, 道使지방관이 등장하지 않고, 축성비에는 등장한다. 따라서 영천청제비 정원14년명에 法功夫를 법당군단의 일원으로 보는 것은 재고의 여지가 있다.

職　　名	出身地名	人　　名	官　等　名
위와 같음	위와 같음	丁得	奈麻
위와 같음	위와 같음	夫得	舍知
위와 같음	위와 같음	豆烏	舍
經題筆師	同京	同智	大舍

754～755년에 제작된 신라화엄경사경에도 <표 2>에서 직명+출신지명
+인명+관등명의 순서로 기재되고 있다. 가령 紙作人은 직명, 仇叱珎兮縣
은 출신지명, 黃珎知는 인명, 奈麻는 관등명이다. 이하의 17명이 모두 직
명, 출신지명, 인명, 관등명의 순서로 기재되고 있다. 직명은 동일할 때
생략되고, 출신지명은 동일한 직명일 때에 한하여 그 안에서 생략된다.
이는 적성비식 인명표기 방식으로[17] 통일신라 전시기에 있어서 유일한 예
이다.

또 8세기 중엽으로 추정되는 경주 성건동677-156번지 출토 瓮片의 명문
은 다음과 같다. 제①행買入瓮 제②행仌夫知乃末 제③행文△吉舍 リ[18]
(行과 비슷한 뜻)가 있다. 이는 買入한 독(瓮)은 仌夫知(인명)乃末(관등
명)의 것이고,[19] 文△吉(인명)인 舍(小舍;관등명)이 行한(만든) 것이다로

---

17) 김창호, 「단양적성비의 구성」 『가야통신』11·12, 1985, 18쪽.
　　김창호, 『고신라 금석문의 연구』, 2007, 43쪽.
18) 박방룡, 「경주 성건동677번지 출토 토기명문」 『東垣學術論文集』14, 2013, 576
　　쪽에서 이를 부호로 보면서 작자의 사인이라고 해석하였다. 제천 점말동굴 석각
　　에는 이 부호가 많아서 따르기 어렵고, 行과 비슷한 뜻으로 본 이도학, 「堤川 점
　　말동굴 花郞 刻字에 대한 考察」 『충북문화재연구』2, 2009의 해석에 따른다.
19) 경주 성건동677번지 일대는 仌夫知乃末의 집으로 판단된다. 仌夫知乃末은 5두
　　품일 가능성도 있어서 신라에서 최초로 확인되는 5두품의 집인지도 알 수가 없
　　다. 『삼국사기』, 屋舍條의 五頭品 室長廣不過十八尺 不用山楡木 不履唐瓦
　　不置獸頭와의 비교 검토가 요망된다. 그래야 5두품의 집인지 여부를 확실히 알
　　수가 있기 때문이다.

해석된다. 754~755년에 작성된 신라화엄경사경에서 小숨로 숨로 표기한 예가 있어서 瓷의 연대는 8세기 중엽경으로 볼 수가 있다. 또 경주 皇龍寺 西回廊址에서 출토된 大甕의 口脣部에 ~月三十日造得林家入(納)~[20] 得林家에 入納했다고 보아서 買入瓷을 買入한 瓷으로 해석하는 것을 보강하고 있으나 三十으로 보면 이 명문 자체는 통일신라시대의 것이 아니고, 고려시대의 것이라서[21] 문제가 된다.

이들 예에서 추측해 보면 인명만 있고, 관등명이 없는 인명으로 볼 수도 있다. 그러나 월지 목간에서 인명이 나오지만 관등명이 있는 목간이 단 한 점도 없는 것이나 함안 성산산성 목간에서 200여점이나 출토된 인명에서 외위명을 가진 사람은 겨우 14명인 점이나 고구려의 7점의 불상 조상기에 관등명을 가진 사람이 1점도 없는 점에서 볼 때 울진 성류굴 제8광장의 인명에 관등명이 없는 점은 납득이 된다. 8세기 중엽으로 추정되는 경주 성건동677-156번지 출토 옹편의 명문에서 토기를 만드는 인명조차도 숨(小숨)란 관등명을 가지고 있는 점에서 보면 도저히 납득이 되지 않지만, 월지 출토 목간에 관등명을 가진 사람이 한 점도 없는 점에서 보면[22] 납득이 된다.

통일신라 800년이 중심 연대인 이 금석문에는 인명표기가 주류를 이룬다. 이들 인명표기는 郎으로 끝나는 화랑도 포함되어 있으나[23] 화랑

---

20) 박방룡, 앞의 논문, 2013, 574쪽. 또 ~月三十日造得林家入(納)~의 得자를 박방룡, 앞의 논문, 2013, 574쪽에서 倡으로 읽고 있으나 어느 글자로 읽어도 문제가 되지 않는다. 여기에서는 황수영박사의 견해에 따라 得으로 읽는다. 이는 ~月三十日에 造하였고, 得林家에서 入(納)한 것이다라고 해석할 수 있다.

21) 국사편찬위원회 한국사데이터베이스에는 이(三十)를 삼국시대(고신라시대)로 추정하고 있으나 이는 잘못된 것이고, 고려시대의 것이다.

22) 이렇게 월지 출토 목간에서 관등명이 없는 점은 골품제에 있어서 완충지대 역할을 한 것으로 볼 수가 있을 듯하다.

이 아닌 사람이 더 많다. 한 사람도 인명에 관등을 가진 예가 없다. 그
이유가 궁금하다. 厽叱薩 등의 신분이 무엇일지가 궁금하다. 월지 목간
에 나오는 그 누구도 관등명을 가지고 있지 않다. 洗宅이라는 文翰機構
가 있어도 인명만 있을 뿐, 관등명은 없다. 같은 연장선상에서 울진 성
류굴 제8광장의 인명에도 관등명이 없는 것으로 본다. 곧 제8광장의 인
명표기는 화랑도를 제외하고, 평민들의 인명표기로 보인다.24)

V. 맺음말

울진 성류굴 제8광장에 적힌 석각문을 알려진 내용을 전부 판독하고,
새로 해석하였다. 2지굴 7)번 명문 제②행의 卄자를 卌자로 새로 읽은
것은 조그마한 소득이다.

다음으로 眞興王인지 여부를 검토하였다. 庚辰年六月日의 제기에 日
의 정확한 날짜가 없으면 고려시대이고, 560년의 眞興王은 眞興太王으로
표기되어야 하고, 6세기의 국왕은 반드시 軍主와 大等를 동반하는데 그
렇지 않고, 이 시기 수가인명은 직명+부명+인명+관등명으로 구성되어
있는데 그렇지 않고, 부명조차도 없는 점 등이다.

---

23) 신라 화랑은 그 인명표기에 있어서 부명이나 관등명을 가진 금석문은 없다. 그래
서 엄격한 신분제인 골품제의 완충지대가 화랑이라는 견해인 이기동, 『신라골품
제사회와 화랑도』, 1984는 타당하다. 이 石刻에 있어서 ~郞의 인명을 화랑으로
볼 때 共郞, 林郞, 伸陽郞, 夫勺郞, 古郞의 4 사람뿐이다. 그래서 아무리 화랑의
숫자를 늘려서 10명으로 보아도 화랑이 아닌 사람이 많다.

24) 이를 때 문제시되는 자료로 兵府史礼生行이다. 兵府史인 礼生이 다녀갔다로
해석되며, 통일신라의 兵府史란 관직을 가지고 있어도 관등명이 없는 점이 문제
이다.

　마지막으로 명문의 작성 시기에 대해 부명 표기가 없으므로 고신라의 인명표기는 없고, 통일신라 800년 전후의 인명표기가 가장 많을 것으로 연호와 연간지를 통해 알 수 있었다. 庚辰年六月日을 통해 고려시대의 명문도 있음을 알 수 있었다. 물론 2점의 조선시대 명문도 있었음을 알 수 있었다. 인명의 전체를 화랑의 인명표기로 보기도 어려워서 인명+관등명으로 된 인명을 해석하는데 월지 목간에 단 1예도 관등명이 없는 점과 비교해 인명만으로 된 것은 대개 통일신라시대의 평민의 인명표기로 보았다. 통일신라시대의 兵府史礼生까지도 관등이 없어서 해석이 전혀 안 되는 부분이므로 이에 대해서는 후고를 기다리기로 한다.

제8절 광주 무진고성 명문와의 재검토

Ⅰ. 머리말

고고학은 석기와 토기를 대상으로 하는 토석고고학과 금관, 대금구, 금귀걸이 등 금속기를 대상으로 하는 금속기고고학으로 대별된다. 전자는 개인적인 연구로 분포, 계통 등의 연구가 가능하나 후자는 관적인 기관에 소속되지 않으면 연구할 수가 없는 정치적인 성과 등의 복원을 낼수 있다. 토석고고학에 속하는 기와는 흙으로 만들었으나 금속기고고학과 마찬가지로 정치적인 것을 연구할 수가 있다.

신라에서 고식 단판 6세기 전반~7세기 전반, 신식 단판 7세기 후반 (의봉사년개토명, 습부명, 한지명 암키와), 중판은 7세기후반~9·10세기로 판단하고 있다. 지방은 중판 7세기 후반~8세기에, 경주를 제외한 지방에서는 장판이 9세기 전반부터 출토되고 있다고 하나 미륵사 출토 평기와에 있어서 景辰年五月卄日法得書명기와의 景辰年(丙辰年)이 656년이고, 이 평기와는 장판 타날이어서 평기와 편년에 있어서 근본적인 문제가 있음이 분명하게 되었다.

광주 선리 기와의 연대도 9세기,[1] 8세기 중후반에서 10세기 중후반으로

---

[1] 요시이 히데오, 「광주 선리 명문기와의 고고학적 재검토」『정인스님 정년퇴임 기념 논총-佛智光照-』, 2017, 1138쪽에서는 선리 기와를 9세기 전후 한주 기와 공급 체계로 파악한다고 했다.

보고 있으나[2] 명문의 이두 해석으로 보면 918~935년 사이의 어느 5년 간으로 보인다.[3] 같은 자료를 두고도 그 연대가 100년 이상의 차이가 생긴다. 기와나 문자 자료로 된 고고학 자료는 관계전문가의 조언을 구하는 것이 좋을 듯하다. 武珍古城의 명문와의 연대도 통일신라에서 고려시대까지로 보고 있어서[4] 이를 집중적으로 검토하고자 한다.

여기에서는 먼저 명문와의 연구 소사를 살펴보고, 다음으로 명문와의 자료 제시를 하겠으며, 그 다음으로 명문와의 작성 시기를 살펴보겠으며, 마지막으로 역제와 관련을 살펴보겠다.

II. 명문와의 연구소사

무진고성은 광주광역시 시가지에서 동북쪽으로 약 3km정도 떨어진 壯元峰을 중심으로 축조되어 있는 남북 약 1km, 동서 약 0.5km, 전체 길이 약 3.5km의 포곡식산성이다.[5] 일제침략기에는 光山城이라고 불리어진 이 성의 여기저기에서 기와가 나왔고, 이들 가운데 '城', '官'명을 비롯한 몇 가지 명문이 광주에 거주하는 골동품수집가에게는 널리 알려져 있었다. 이 시기에는 鳳凰文숫막새기와,[6] 鬼面文암막새기와와 함께 '城', '官', '沙', '哭' 등의 명문기와가 출토되었다고 보고 했다.[7] 여기에서는

2) 김규동·성재현, 「선리 명문와의 고찰」『고고학지』17, 2011, 577쪽.

3) 김창호, 「廣州 船里遺蹟에서 出土된 蟹口기와의 生產과 流通」『문화사학』52, 2019.

4) 요시이 히데오, 앞의 논문, 2017.

5) 산등성이와 계곡을 둘러싼 비교적 큰 규모의 산성이다. 이에 대비되는 산성으로 퇴뫼식산성이 있다. 이는 하나의 산 봉우리 대략 8부능선을 둘러싸고 있다.

6) 瑞鳥文숫막새기와라고도 불린다. 그 유례가 없는 기와이다.

이러한 기와들이 통일신라 내지 고려시대 초기에 제작된 것으로 생각하고 성의 존속기간을 통일신라시대에서 고려시대, 조선시대에 걸쳤을 것으로 추정했다.

8·15 광복후 武珍古城은 武珍州治와의 관계로 주목을 받게 되었다. 통일신라시대의 지방제도를 연구하면서 무진고성을 무진주의 主城으로 추정하였다.[8] 1988년에 들어와 무진고성이 소속되어 있는 無等山의 지표조사가 실시된 결과가 나왔다.[9] 여기에서는 이 성이 『세종실록』, 지리지 등에 보이는 武珍都督古城이라고 추정했고, 그 성벽의 범위와 건물지 및 문지의 위치를 밝혔다. 광주시에서는 이 지표조사를 바탕으로 하여 성의 복원정비계획을 세웠고, 복원정비에 필요한 자료를 얻기 위해 전남대학교 박물관이 1988년과 1989년에 발굴조사를 실시하였다.[10] 옛날부터 알려진 명문기와는 그때 발굴된 2군데의 平坦地 가운데 B지구 상층 건물지 주변에서 집중적으로 출토되었다. 그래서 함께 나온 토기를 근거로 명문기와의 연대를 9세기 후반으로 추정하고 그 입지 특징으로 보아, 이 성이 무진도독성의 배후 산성이었다고 추정하였다.[11]

지금까지 무진고성의 문자와를 중심으로 정력적으로 한 사람이 4편이

---

7) 大曲美太郎, 「光山城跡に就て」『光州日報』, 1926. 4月8日記事.
　　大曲美太郎, 「全南光州より出土せし各種の土瓦に就て」『考古學雜誌』第 20卷 第6號, 1930.
8) 박태우, 「통일신라시대의 지방도시에 관한 연구」『백제연구』18, 1987, 70쪽.
9) 光州直轄市·社團法人鄉土文化開發協議會, 『無等山』, 1988.
10) 임영진, 『무진고성 I 』, 1989.
　　임영진, 『무진고성 II 』, 1990.
11) 임영진, 앞의 책, 1989.
　　임영진, 앞의 책, 1990.
　　임영진, 「광주의 고대도시-무진도독의 위치문제를 중심으로-」『광주·전남의 도시발달과 그 문화적 맥락』(역사문화학회 2003년도 전국학술대회), 2003.

나 논문을 쓴 연구자가 있다.[12] 이 가운데 세 번째 논문에서 무진고성의 22가지 문자 명문 가운데 먼저 城자의 명문이 많고, 다음으로 沙·哭의 예가 많다. 사탁도 사탁성일 가능성이 크고, 탁성도 원래는 사탁성이라고 보았다. 이에 대해 사탁·탁성의 두 종류 명문이 沙哭部·哭部이고, 이들 두 部가 무진고성에 사용된 기와의 생산·공급했다고 보았다.[13] 沙哭部·哭部가 무진고성의 기와를 만들었다고 보는 것은 무리이다. 명문중에 哭部가 나오지 않고 있어서 더욱 그러하다.

城명을 포함하는 유례에 대해서는 통일신라시대의 왕경지역의 숫막새와 암기와의 在城銘, 강릉시 출토의 溟州城銘, 全州 東固山城 출토의 암막새와 숫막새의 全州城銘, 扶蘇山城 출토의 大△△午年末城이 있다고 하였다.[14] 가장 뒤의 것은 大曆庚午年末城(766년), 大曆戊午年末城(778년), 大中庚午年末城(850년) 등으로 복원된다.[15] 그래서 末城을 城名

12) 吉井秀夫, 「新羅の文字瓦」『帝塚山考古學談話會 第555回 記念 朝鮮の古瓦を考える』, 1996.
   吉井秀夫, 「文字瓦からみた高麗時代における瓦生産體制-武珍古城出土瓦を中心に-」『朝鮮史研究會會報』128, 1997.
   吉井秀夫, 「武珍古城出土文字瓦の再檢討」『吾吾の考古學』, 2008(5월).
   吉井秀夫, 「무진고성 출토 명문기와 재검토-신라 하대 호남지방 명문기와의 종합 연구를 위하여-」『7~10세기 동아시아 문물교류의 제상-일본편-』, 2008(12월).
13) 구문회, 「무진고성 출토 명문자료와 신라통일기 무주」『하현강교수정년기념논총-한국사의 구조와 전개-』, 2000.
14) 在城銘, 溟州城銘, 全州城銘은 후삼국시대 성명이다. 이에 대해서는 김창호, 「신라 기와 연구에 있어서 몇 가지 문제」『강좌 미술사』15, 2000;『한국 고대 불교고고학의 연구』, 2007, 155쪽. 그런데 末城은 후삼국이 아니고 통일신라시대의 것이므로 문제가 된다.
15) 吉井秀夫, 「扶蘇山城出土會昌七年銘文字瓦をめぐって」『古代文化』56-11, 古代學協會, 2004, 606쪽.
   高正龍, 「軒瓦に現れた文字-朝鮮時代銘文瓦の系譜-」『古代文化』56-11, 古

으로 보았다.[16] 在城, 溟州城, 全州城은 모두 후삼국시대의 명문이다. 大
曆庚午年末城(766년), 大曆戊午年末城(778년), 大中庚午年末城(850년) 등
으로 복원되는 명문은 통일신라시대 명문이고, 末城은 儀鳳四年皆土의
皆土가 인명이 듯이 인명이다.[17] 또 會昌七/年丁卯/年末印(847년, 부여 扶
蘇山城 출토)명기와는[18] 새김판의 흔적이 없이 명문을 새긴 것으로 유
명하다. 이는 會昌七年丁卯年(개행:847년)에 末印이 만들었다. 또는 감독
했다로[19] 해석된다. 따라서 大△△午年末城의 末城도 인명일 가능이 있

代學協會, 2004, 617쪽.

16) 高正龍, 앞의 논문, 2004, 617쪽. 그러나 신라 시대 암막새와 숫막새에 있어서 지
명이 연호 뒤에 오는 예는 없다.

17) 한국 고대 기와에 지명이 연호와 함께 나온 예는 없다.

18) 이에 대해서는 吉井秀夫, 앞의 논문, 2004라는 전론이 있다. 吉井秀夫, 앞의 논
문, 2004, pp.609~610에서는 會昌七年丁卯年末印을 會昌七年(年號)+丁卯年
(干支)+末印으로 나누고 나서 그 해석은 유보하였다.

19) 최민희, 「'儀鳳四年皆土' 글씨기와의 개토 재론」『한국고대사탐구』30, 2018,
p.339에서는 會昌七年丁卯年末印에서 會昌七年丁卯의 年末에라고 해석하고,
印은 해석치 않았다. 최민희, 앞의 논문, 2018, p.339 <그림 3>에서 會昌七年丁
未年末印으로 판독문을 제시하고 있으나 未는 卯가 잘못된 것이다. 또 (保寧)元
年己巳年(969년)의 예나 太平興國七年壬午年(982년)三月三日의 예와 같이 연
호와 연간지 모두에 年자가 오는 예도 있어서 年末로 끊어 읽는 것은 문제가 있
다. 삼국시대~통일신라 금석문까지 年干支나 年號뒤에 인명은 나왔으나 다른
것은 오지 않는다. 고려 초가 되면, 甲辰城年末村主敏亮이라고 해서 甲辰(年干
支 ; 884년으로 추정)+城年(지명)+末村主(관직명)+敏亮(인명)의 순서로도 적힌
다. 540년경의 2016-W150번 목간에 眞乃滅村主慊怖白가 나오는데, 慊怖白가
인명표기일 가능성도 있다. 촌주는 냉수리비(443년)에 村主 臾支 干支로 처음
등장하고, 창녕비(561년)에 村主 奀聰智 述干와 村主 麻叱智 述干으로 나온다.
그 다음에 남산신성비(591년) 제1비에 村上村主 阿良村 今知 撰干과 郡上村
主 柒吐村 △知尒利 上干이 나오고, 파실되어 일부가 없어진 제5비에 向村主
2명이 나올 뿐이다. 이들 6세기 村主에서는 인명이 공반하고 있다. 따라서
2016-W150. 목간에서 촌주도 眞乃滅村主慊怖白까지 끊어서 眞乃滅(지명)+村

다. 沙喙城과 喙城명을 통일신라로 보기 위해 사용한 在城, 溟州城, 全州城은 모두 후삼국시대 명문이라서 후삼국시대 후백제에서 신라의 왕비족과 왕족의 부명인 사탁성과 탁성을 사용할 수 있었을까하는 의문이 생긴다. 곧 사탁성과 탁성 등은 통일신라시대의 城名으로 판단된다. 따라서 在城, 溟州城, 全州城과 사탁성·탁성의 비교는 무리이다. 그럼에도 불구하고 ～城명문자와를 통일신라시대에서 고려시대의 어느 시기에 걸쳐서 있는 것으로 보았다.[20]

III. 명문와 자료의 제시[21]

무진고성에서는 통일신라시대부터 고려시대까지의 다양한 기와가 출토되었다. 무진고성 보고서에서는[22] 기와의 출토 상황에 따라 크게 3가지로 나누었다. 제1군은 A지구 및 B지구 하층 건물지와 관련된 기와들이다. 이들 기와는 조선문이나 격자문이 새겨진 단판타날기와이다. 제2군

主(직명)+慊怖白(인명)으로 보아야 할 것이다. 왜냐하면 2016-W150.목간에서 眞乃滅村主慊怖白의 연대는 540년경을 하한으로 하고, 고신라 금석문에서 (지명)+촌주+(출신촌명)+인명+외위명이 나오기 때문이다. 眞乃滅村主를 지명+촌주로 보면 그러한 예는 고신라 금석문에서는 없다. 9세기의 자료로는 淸州 雙淸里 출토 명문와의 易吾加茀村主가 있다. 이 자료도 易吾加茀(지명)+村主로 되어 있다. 황룡사 남쪽 담장 밖의 우물에서 나온 9세기로 보이는 청동접시의 達溫心村主도 인명+관직명이 아닌 지명+관직명이다.

20) 吉井秀夫, 앞의 논문, 2008(5월), 594쪽.
21) 이 부분은 吉井秀夫, 앞의 논문, 2008(5월)과 吉井秀夫, 앞의 논문, 2008(12월)에서 발췌하였고, <그림 1>과 <그림 2>는 전제하였다.
22) 임영진, 앞의 책, 1989.
   임영진, 앞의 책, 1990.

은 B지구 상층 건물지와 관련된 기와들이다. 이들 기와 중판타날과 장
판타날로 성형되었으며 ~城 등의 명문이 남아있는 예가 많다. 봉황문
숫막새와 귀면문암막새가[23] 반출되고 있다. 제3군은 A지구 상층 건물지
와 관련된 기와들이다. 이들 기와는 어골문이나 거치문을 중심으로 장
판타날에 의해 만들어졌다. 日暉文암막새와 日暉文숫막새도[24] 함께 나
온다. 여기에서 검토대상으로 한 것은 제2군의 문자명 기와들이다.

이들 기와 전남대학교 박물관 보고서인 『무진고성 Ⅱ』등을[25] 참조할
때 복원이 가능한 문자 기와가 많다. 그러면 무진고성 문자자료의 복원
된 것을 소개하기로 한다. 주로 제2군에서 출토된 문자 기와가 그 대상
이 된다.

타날판1 (官城명 타날판1, 그림 1-1)
보고서 도면 54-3[26] 기와가 上端에서부터 下端에까지 남아 있는 예이
기 때문에, 타날판 전체를 복원을 할 수 있다. 타날판의 상하에 배치된 2
개의 방형구획에 正字로 ‘官’, ‘城’자가 들어 있다.(보고서 도면 10-1,
49-6, 52-3)

타날판2 (‘官城’명 타날판2, 그림 1-2, 2′)
보고서에서는 ‘官’와 ‘城’자가 따로 소개되어 있다. 그런데 ‘官’은 기와
의 상당쪽, ‘城’은 기와의 하단 쪽에 있으며, 補刻이 확인되기 때문에 타
날판1과 같이 타날판 상하로 ‘官城’명이 正字로 새겨진 것으로 판단된다.
(보고서 도면49-1, 51-4, 53-1, 2, 4)

---

23) 후백제시대 기와로 보인다.
24) 고려시대 기와로 판단된다.
25) 이 외에 중요한 자료로 大曲美太郎의 채집품이 있으며 현재 帝塚山考古學研
究所에 소장되어 있다.
26) 이하의 도면 표시는 임영진,『무진고성 Ⅱ』, 1990에서 보고된 기와 도면의 표시이다.

타날판3 ('官城檁'명 타날판)(그림1-3)

　魚鱗文 사이에 '官'와 '城'자 및 '檁'자가 들어있는 방획구획이 있는 기와로 보고된 자료이다.(보고서 도면56-2, 4, 5)

타날판4 ('官秀△城' 타날판)(그림1-4)

　3條를 1단위로 하는 사격자문 속에 위에서부터 正字로 '官', '秀', '△',[27) '城'자가 배치 되어 있다. (보고서 도면10-5, 46-4, 52-2)

타날판5 ('△王△△', '十', '大', '官')(그림 1-5)

　글자는 官자만이 左書가 아니고, 전부 左書이다. (보고서 도면54-5, 6, 57-5, 6)

타날판6 ('官'명 타날판)(그림 1-6)

　간격이 좁은 어골문내에 배치된 두겹의 방형구획 속에 타날판의 주축과 직교하여 '官'자가 正字자로 들어 있다. (보고서 도면53-3)

타날판7 ('哭城'명 타날판)(그림1-7)

　거의 완형에 가까운 암키와(보고서 도면52-1)를 이용하여 타날판을 복원하였다. 간격이 넓은 사격자문 속에 타날판의 주축과 직교하여 위에서부터 '哭', '城'자가 正字로 배치되어 있다.

타날판8 ('間城', '沙哭'명 타날판)(그림1-8)

　가로로 연속되는 2개의 방형구획 내에 '間', '城'자가 위치하고, 이 명문대를 중심으로 어골문이 배치된다. 아래쪽 어골문 사이에 正字로 '沙哭'이[28) 있다. (보고서 도면52-1)

---

27) 國자로 읽고 있으나 따르지 않고 모르는 글자로 보았다.
28) 沙哭으로 끝나서 沙哭(部)로 보인다. 沙哭城은 아니다.

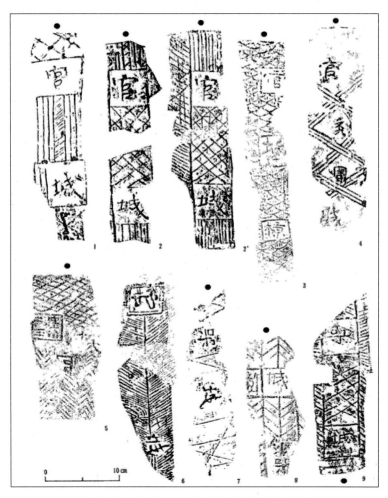

〈그림 1〉 무진고성 명문와의 탁본 黑丸은 기와 상단 표시

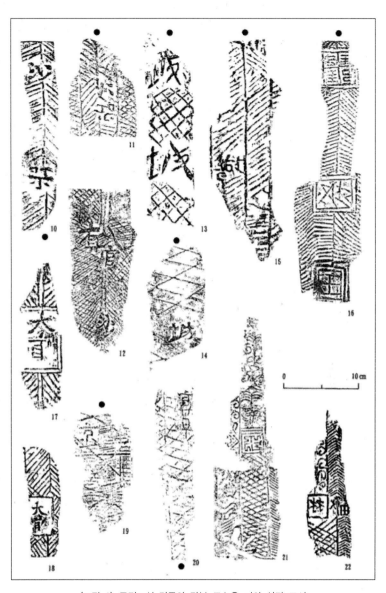

〈그림 2〉 무진고성 명문와 탁본 黑丸은 기와 상단 표시

타날판9 ('哭城'명 타날판)(그림1-9)

2개의 방형구획 내에 위에서부터 '哭', 城'자가 正字로 들어가 있고, 그 사이에는 사격문이 있다. (보고서 도면49-2, 56-6)

타날판10 ('沙哭'명 타날판)(그림2-10)

보고서에서는 '沙'자와 '哭'자가 따로 보고되었는데, 같은 타날판으로 판단된다. 아래쪽으로 향한 어골문 내에 위에서부터 正字자로 沙'자와 '哭'자가29) 배치되어 있다. (보고서 도면56-1, 56-5)

타날판11 ('沙哭'명 타날판)(그림2-11)

어골문 내에 左書로 '沙哭'자가 들어 있다. 하부에 다른 글자가 있었을 가능성은 전혀 없다. (보고서 도면56-4)

타날판12 ('入眞官', '沙'명 타날판)(그림2-12)

보고서에서는 '入, 眞, 官'자와 '沙'자를 따로 보고하고 있는데, 같은 타날판으로 판단된다. '沙'자의 다음에는 '哭'자가30) 올 가능성이 크다.(보고서 도면54-2, 56-3)

타날판13 ('城', '城'명 타날판)(그림2-13)

보고서에서는 별개의 '城'명 기와로 각각 보고되어 있는데, 자료 조사의 결과 같은 타날판으로 보였다.(복서 도면50-6, 50-8)

타날판14 ('城'명 타날판)(그림2-14)

사격자문 내에 正字로 '城'자가 배치되어 있다. 보고된 자료는 기와의 상반부이며, '城'자 아래쪽으로도 사격자문은 계속될 것 같다. (보고서 도면49-3)

---

29) 沙哭으로 끝나서 沙哭(部)로 보인다. 沙哭城은 아니다.
30) 沙哭으로 끝나서 沙哭(部)로 보인다. 沙哭城은 아니다.

타날판15 ('城'명 타날판)(그림2-15)

타날판 중앙에 있는 세로 방향의 직선을 주축으로 해서, 그 좌우에 사선문이 있으며, 그 왼쪽에 左書로 '城'자를 배치하고 있다.(보고서 도면 49-3)

타날판16 ('城'명 타날판)(그림2-16)

기본적으로 아래쪽을 향한 어골문이 배치되어 있다. 중간의 방형의 구획 내에 左書로 '城'자가 있고, 아래쪽 끝에 左書로 '國'자가 있고, 윗부분에 방형구획 내에 다시 4개로 구획을 만들어 左書로 글자를 새기고 있으나 '王'자 1자 밖에 읽을 수 없다. (보고서 도면56-3, 57-2, 4)

타날판17 ('大官'명 타날판1)(그림2-17)

두 겹의 장방형 구획 내에 左書로 '大官'자가 있다. 그 아래위로는 중심축이 2줄의 직선인 어골문이 있다. (보고서 도면33-4, 54-3, 4)

타날판18 ('大官'명 타날판2)(그림2-18)

장방형 구획 내에 正字로 '大官'자가 배치되어 있다. 그 상하에 변형 어골문이 있다. (보고서54-1)

타날판19 ('京'명 타날판)(그림2-19)

가로 방향의 직선과 斜線이 조합된 문양 내에 正字로 '京'자가[31] 배치되어 있다. (보고서 도면45-1)

타날판20 ('官草'명 타날판)(그림2-20)

사격자문의 위쪽에 '官草'명이 배치되어 있다. 기와의 상하와 문자의 상하는 서로 반대이다. (보고서 도면44-2)

---

31) 고상 가옥인 창고는 통일신라시대에는 椋이고, 고려시대에는 椋이나 京이 사용되지 않는다고 한다. 京이 후백제에서 사용된 고상 창고인지도 알 수 없다. 왜냐하면 후백제의 수도는 全州城으로 무진고성을 京(서울)으로 부를 수는 없기 때문이다.

타날판21 ('卍'명 타날판)(그림2-21)

방형의 구획 내에 陰刻된 '卍'자가 있고, 그 상하에 사격자문, 고사리
문, 새문 등의 문양이 복합된 타날로 복원되었다. (보고서 도면57-1, 58-1)

타날판22 ('林', '大', '田'명 타날판)(그림2-22)

사격자문, 고사리문 등의 복합된 문양 가운데, 左書로 '林', '大', '田'의
문자가 배치되어 있다. (보고서 도면48-5)

IV. 명문와의 작성 시기

명문와의 작성 시기에 대해서는 22개의 문자와에 대해 조사해야 된
다. 문자와 22개의 타날이 같은 것은 없다. 다만 타날 1-2, 1-2'는 비슷하
나 차이가 있다. 官城명 4개의 타날도 전부 다르다. 이렇게 같은 와요지
에서 기와가 나왔으면서도 5가지의 타날이 있는 예로는 儀鳳四年皆土명
암기와가 있다. 文字名 기와는 官城 4점, 官城椋 1점, 官秀△城 1점, ~城
立卅 1점, 枭城 1점, 枭城 1점, 間城 沙枭 1점, 枭城 1점, 沙枭 1점, 沙枭(左
書) 1점, 入眞官 1점, 城城 1점, 城 1점, 城(左書) 1점, △△/△△ 城 國(左
書) 1점, 大官 1점, 京 1점, 官草 1점, 卍 1점, 林太田 1점 등이다.

이 가운데 官城 4점, 官城椋 1점, 官秀△城 1점, ~城 立卅 1점, 枭城 1
점, 架城 1점, 間城 沙枭 1점, 枭城 1점, 城城 1점, 城 1점, 城(左書) 1점,
△△/△△ 城 國(左書) 1점은 동일한 시기로 보인다. 그 정확한 시기는
뒤에서 언급하기로 한다. 官城椋 1점은 통일신라시대로[32] 보인다. 官草
1점은[33] 官의 기와란 뜻으로 고려시대의 것이다.[34] 卍자 1점은 나말여

---

32) 통일신라시대의 예로는 椋司(토기 묵서명), 椋食(목간), 仲椋(목간), 下椋(목간)
등이 있다.

초가 상한으로 보인다. 入眞官 1점과 大官 1점은[35] 주로 나말여초에 많이 나온다. 가령 廣州 船里 명문와의 경우 8세기 중후반에서 10세기 중후반으로 보거나[36] 9세기로 보거나[37] 하지만 그 실 연대는 918년~935년 사이의 어느 5년 사이이다.[38] 장판 타날 기와의 연대는 무조건 9세기부터로 보고 있으나 백제 미륵사지에서 景辰年五月卅日法得書란 명문이 있는 656년의 암키와가 장판 타날이다.[39] ~城 立卅 1점은 ~城 삼십 줄에 들어서로 해석되는 卅이 나온다. 이 卅자는 고려 시대에는 卅과 三十으로 모두 나오나 통일신라시대 말기로 보인다. <그림 2>-11의 沙喙(左書)의 다음에 한 자 정도 들어갈 공간이 있다. 이는 沙喙城이 아니라는 결정적인 증거이고, 곧 沙喙(部)라고 판단된다. 沙喙(部)는 892년 후백제 건국 이전으로 볼 수가 있다. 그러면 ~城명 문자와의 연대는 통일신라시대에서 고려시대가 아닌 9세기 후반으로 본 발굴자의 견해를[40] 존중하고 그 시기가 넓지 않은 것으로 보여서 이에 따르고자 한다.

---

33) 官草는 堂草, 瓦草, 凡草와 함께 현재까지의 절대 연대로는 969~1028년 사이의 기와이다. 그 뜻은 官用기와이다.

34) 이밖에 大官草/向玉丁(左書)도 무진고성 가운데에 있는데 10세기 중엽에서 11세기 중엽의 기와로 그 시기는 고려시대이다.

35) 차순철, 「官자명 명문와의 사용처 검토」『경주문화연구』5, 2002.

36) 김규동·성재현, 「선리 명문와의 고찰」『고고학지』17, 2011, 577쪽.

37) 吉井秀夫, 앞의 논문, 2008(5월), 594쪽.

38) 김창호, 앞의 논문, 2019.

39) 김창호, 「익산 미륵사 景辰銘 기와로 본 고신라 기와의 원향」『한국학연구』10, 1999.

40) 임영진, 앞의 책, 1990.

V. 명문와의 城名과 沙喙(部)과의 관계

광주 선리에 나오는 지명을 제시하면 다음과 같다. 이 지명들의 연대
는 넓게 잡아도 918~935년의 어느 5년간이다.[41] 이 시기의 기와는 그
문양으로 그 연대를 풀기는 어렵다. 명문와가 많으므로 문자이므로 금
석문의 입장에서 풀어야 된다. 그래야 실수를 하지 않는다. ~城명 기와
가 沙喙(部)와 어떤 관계가 있는지 조사해 보기로 하자.

〈표 1〉 선리 명문와에 나오는 지명

명문	삼국사기 지명 비정	현재 지명 비정
北漢(山)	漢陽郡의 고구려 지명[42]	북한산을 중심으로 한 서울시 일대
高烽	交河郡의 한 縣인 高烽縣의 통일신라 지명[43]	경기도 고양시 벽제 일대
荒壤	漢陽郡의 한 縣인 荒壤縣의 통일신라 지명[44]	경기도 양주군 주안면 일대
買召忽	栗津郡의 한 縣인 邵城縣의 고구려 지명[45]	경기도 인천 지역
夫如	富平郡의 고구려 지명[46]	강원도 철원군 김화읍 일대
泉口郡	交河郡의 고구려 지명[47]	경기도 파주군 교하면 일대
王逢	고구려 지명[48]	경기도 고양시 幸州 內洞 일대
水城	水城郡의 통일 신라 지명[49]	경기도 수원 지역
栗木	栗津郡의 고구려 지명[50]	경기도 과천 지역
買省	來蘇郡의 고구려 지명[51]	경기도 양주군 주내면 일대
屈押	松岳郡의 한 縣인 江陰縣의 고구려 지명[52]	황해북도 금천군 서북면 일대
開城	開城의 통일신라 지명[53]	황해북도 개풍 지역
皆山	皆次山郡의 고구려 지명[54]	경기도 안성군 죽산 일대
今万奴	黑壤郡의 고구려 지명[55]	충청북도 진천 일대
松岳	松岳郡의 통일신라 지명[56]	황해북도 개성 지역
梁骨	堅城郡의 한 縣인 고구려 지명[57]	경기도 포천군 영중면 일대
白城	安城郡의 통일신라 지명[58]	경기도 안성시
童子	長堤郡의 한 縣인 童城縣의 고구려 지명[59]	경기도 김포시 통진읍 일대
楊根	皺(一作 沂)川郡의 한 縣인 濱陽縣의 고구려 지명[60]	경기도 양평군 양평읍 일대

41) 김창호, 앞의 논문, 2019.
42) 漢陽郡 本高句麗北漢山郡 一云平壤(『삼국사기』권35, 잡지4, 지리조)

43) 交河郡 本高句麗泉井口縣 景德王改名 今因之 領縣二 峯城縣 本高句麗述
尒忽縣 景德王改名 今因之 峯城縣 本高句麗達乙省縣 景德王改名 今因之
(『삼국사기』권35, 잡지4, 지리조)

44) 漢陽郡 本高句麗北漢山郡 一云平壤 眞興王爲州 置軍主 景德王改名 今楊
州舊墟 領縣二 荒壤縣 本高句麗骨衣奴縣 景德王改名 今豊壤縣 遇王縣 本
高句麗皆伯縣 景德王改名 今幸州(『삼국사기』권35, 잡지4, 지리조)

45) 栗津郡 本高句麗栗木郡 今菓州 領縣三 穀壤縣 本高句麗仍伐奴縣 景德王
改名 今黔州 孔巖縣 本高句麗濟次巴衣縣 景德王改名 今因之 邵城縣 本高
句麗買召忽縣 景德王改名 今仁州(『삼국사기』권35, 잡지4, 지리조)

46) 富平郡 本高句麗夫如郡 景德王改名 今金化縣(『삼국사기』권35, 잡지4, 지리조)

47) 交河郡 本高句麗泉井口縣 景德王改名 今因之(『삼국사기』권35, 잡지4, 지리
조) 명문은 泉井口가 아니고 泉口郡으로 되어 있어서 泉井口縣이 아니고 명문
대로 泉口郡이 옳다.

48) 王逢縣 一云皆伯 漢氏美女 迎安藏王之地 故名王逢(『삼국사기』권37, 잡지6,
지리조)

49) 水城郡 本高句麗買忽郡 景德王改名 今水州(『삼국사기』권35, 잡지4, 지리조)

50) 栗津郡 本高句麗栗木郡 景德王改名 今菓州(『삼국사기』권35, 잡지4, 지리조)

51) 來蘇郡 本高句麗買城縣 景德王改名 今見州(『삼국사기』권35, 잡지4, 지리조)

52) 松岳郡 本高句麗扶蘇岬 孝成王三年築城 景德王因之 我太祖開國爲王畿
領縣二 如熊縣 本高句麗若豆恥縣 景德王改名 今松林縣 第四葉光宗創置
佛日寺於其地 移其縣於東北 江陰縣 本高句麗屈押縣 景德王改名 今因之
(『삼국사기』권35, 잡지4, 지리조)

53) 開城郡 本高句麗冬比忽 景德王改名 今開城府(『삼국사기』권35, 잡지4, 지리조)

54) 介山郡 本高句麗皆次山郡 景德王改名 今竹州(『삼국사기』권35, 잡지4, 지리조)

55) 黑壤郡 一云黃壤郡 本高句麗今勿奴郡 景德王改名 今鎭州(『삼국사기』권35,
잡지4, 지리조)

56) 松岳郡 本高句麗扶蘇岬 孝成王三年築城 景德王因之 我太祖開國爲王畿
(『삼국사기』권35, 잡지4, 지리조)

57) 堅城郡 本高句麗馬忽郡 景德王改名 今抱州 領縣二 沙川縣 本高句麗內乙
買縣 景德王改名 今因之 洞陰縣 本高句麗梁骨縣 景德王改名 今因之(『삼
국사기』권35, 잡지4, 지리조)

58) 白城郡 本高句麗奈兮忽 景德王改名 今安城郡(『삼국사기』권35, 잡지4, 지리조)

선리에서는 337점의 문자 기와가 출토되었다. 이들 명문은 조금씩 다른 문자로 되어 있으나 가장 길고 완전한 문장은 北漢受國蟹口船家草이다.[61] 가운데 船家는 荒壞受船宇草에서와 같이 船宇로 표기되기도 하나 서로 같지 않는 것이며, 이들은 생략되어 (泉)口郡受蟹口草로 명문이 새겨지기도 한다. 이외에도 △△蟹口만 새기거나[62] 그냥 단독으로 馬城, 皆山만을[63] 새기기도 한다. 이 가운데 앞의 △△에는 北漢(山), 楊根, 水城, 買忽, 栗木, 買召忽, 童子, 荒壞, 買省, 高烽, 泉口郡, 梁骨, 夫如, 松岳, 屈押 등이 새겨져 있다. 이들 지명은 『삼국사기』에 나오는 고구려(北漢, 買召忽, 夫如, 泉口郡, 王逢, 栗木, 買省, 屈押, 皆山, 今万奴, 梁骨, 童子, 陽根)와[64] 통일신라(高峰, 荒壞, 水城, 開城, 松岳, 白城)의 것이다.

在城명숫막새의 在城은 통일신라 왕경을 가리키고, 全州城명 숫막새와 암막새는 후백제의 수도를 가리킨다. 溟州城숫막새는 후고구려의 현재의 강릉을 가리키며, 모두 후삼국시대의 기와이다.[65]

---

59) 長堤郡 本高句麗主夫吐郡 景德王改名 今樹州 領縣四 守城縣 本高句麗首尒忽 景德王改名 今守安縣 金浦縣 本高句麗黔浦縣 景德王改名 今因之 童城縣 本高句麗童子忽(一云幢山)縣 景德王改名 今因之 分津縣 本高句麗平唯押縣 景德王改名 今通津縣(『삼국사기』권35, 잡지4, 지리조)

60) 㬉(一作 沂)川郡 本高句麗逃川郡 景德王改名 今川寧郡 領縣二. 黃驍縣 本高句麗骨乃斤縣 景德王改名 今黃驍縣 濱陽縣 本高句麗楊根縣 景德王改名 今復古(『삼국사기』권35, 잡지4, 지리조)

61) 이는 이두로 해석하여 北漢이 받은 國이 만든 蟹口의 船家의 草이다가 되어야 한다.

62) △△가 받은 蟹口의 기와로 해석된다. 곧 △△受蟹口를 생략하여 △△蟹口가 된 것으로 볼 수가 있다.

63) 馬城, 皆山도 기와의 소비처를 나타내는 것으로 보인다.

64) 이외에 경기도 포천 반월산성에서 발굴된 고구려 지명으로 馬忽受蟹口草의 馬忽 등이 있다.

65) 김창호, 앞의 책, 2007, 155쪽.

후삼국시대 평기와로 雨述명기와(大田 鷄足山城),[66] 馬老명기와(光陽 馬老山城),[67] 任存명기와(豫山 任存城),[68] 仍大(火)內(서울 虎岩山城)[69] 등이 있다.[70] 고구려와 백제의 옛땅에서 나오고 있어서 후삼국시대 명문기와로 보인다. 상주, 양주, 강주에서는 景德王 때에 아화되기 이전의 지명의 기와는 나오지 않고 있다.[71] 그렇다고 기와에 지명이 쓰인 것도 출토되지 않는다.

지금까지 살펴 본 기와 명문의 지명은 모두 그 확실한 지명의 위치를 알 수가 있다. 이에 비해 武珍古城은 성명으로 된 지명인 官城 4점, 官城 椋 1점, 官秀△城·1점, ~城 立卅 1점, 哭城 1점, 哭城 1점, 間城 沙哭 1점, 哭城 1점, 城城 1점, 城 1점, 城(左書) 1점, △△/△△ 城 國(左書) 1점은 그 위치를 알 수가 없다. 성명이 아니더라도 무진고성에서 나온 명문이 지명인지 조차 알 수 없고, 지명이라고 해도 지명의 위치를 모르는 것은 무진고성의 ~城명기와와 마찬가지이다.

VI. 역제와 관련

지금까지 9세기 신라 포곡식산성에서 부명이 나온 예는 광주 무진고

---

66) 『삼국사기』, 권36, 지리지에 北豊郡 本百濟雨述郡 景德王改名 今懷德郡
67) 『삼국사기』, 권36, 지리지에 晞陽縣 本百濟馬老縣 景德王改名 今光陽縣
68) 『삼국사기』, 권36, 지리지에 任存城 本百濟任存城 景德王改名 今大興郡
69) 『삼국사기』, 권35, 지리지에 穀壤縣 本高句麗仍伐奴縣 景德王改名 今龍城縣
70) 김창호, 「후삼국 기와 자료에 보이는 여·제 지명」 『한국 중세사회의 제문제』, 2001; 『한국 고대 불교고고학의 연구』, 2007 재수록, 186~190쪽.
71) 그 유일한 예가 尙州 伏龍洞 유적에서 출토된 沙伐州姬銘蠟石製錘가 있다. 이는 반출되는 점열문인화문토기와 중판 타날의 기와로 볼 때 8세기로 볼 수가 있다.

성의 沙喙(左書), 안성 비봉산성의 本彼(左書), 청주 상당산성의 沙喙部의
3예가 있다. 비봉산성에서는 本彼(左書), 官, 大(官)十~란 명문이 나왔
고,72) 상당산성에서는 沙喙部屬長池馷升達(여러 점), 一尺,73) 主란 명문
이 나왔다.74) 이 명문 가운데 중요한 것은 상당산성의 沙喙部屬長池馷升
達이란 명문이다. 沙喙部에 屬한 長池馷(驛)의 升達이란 뜻이다. 이는 무
슨 뜻인지 쉽게 알 수가 없다. 인명표기라면 長池馷~, 沙喙部, 升達로
표기되어야 한다. 沙喙部屬長池馷升達는 이두식으로 표기된 예로 沙喙
部에 屬한 長池馷의 升達로 해석되며, 驛제가75) 부별로 담당했다는 증거
가 아닐까? 沙喙部의 역과 本彼部의 역이 있었고, 喙部의 역도 나올 것
이다. 그 외에 모탁부, 한지부, 습비부는 소속 역이 없었을 것이다. 왜냐
하면 고신라 금석문에서 탁부는 왕족, 사탁부는 왕비족, 본피부는 제3세
력이고, 모탁부, 한지부, 습비부는 그 세력이 미약하기 때문이다.

무진고성에서 城名으로 된 지명인 官城 4점, 官城椋 1점, 官秀△城
1점, ~城 立卅 1점, 架城 1점, 架城 1점, 間城 沙架 1점, 架城 1점, 城城
1점, 城 1점, 城(左書) 1점, △△/△△ 城 國(左書) 1점은 그 위치를 알 수
가 없다. 이들 城名은 『삼국사기』, 지리지에 나오는 郡이나 縣으로는 나
오지 않고, 驛도 설치되지 않은 조그마한 성으로 보인다. 그래서 성명이

---

72) 차순철, 앞의 논문, 2002.

73) 외위가 아니고, 인명으로 보인다.

74) 朴省炫, 「新羅 城址 出土 文字 資料의 現況과 分類」『木簡과 文字』2, 2008.

75) 신라 역에 대해서는『삼국사기』, 신라본기, 소지마립간9년(487년)조에 3월에 사방
으로 郵驛을 설치하고 유사에 명하여 도로를 수리했다고 하였고, 尻驛典·京都
驛 등의 기관을 두었다고 하고, 668년 문무왕10년조에는 褥突驛 이름이 나온다.
『삼국사기』, 지리지, 고구려조에 압록이북에서 이미 항복한 城은 11개인데, 그 하
나는 국내성으로서 평양으로부터 17개의 驛을 지나 여기에 이른다고 한 사실에
서 삼국시대에 광범위하게 驛이 설치 운영되고 있었음을 알 수 있다.

문헌에는 나오지 않고 있다. 이들이 작은 성으로 武珍古城의 造瓦의 役을 담당했다고 보인다. 앞으로 主城인 역의 이름이 나오지 않고, 이름이 사서에 나오지 않는 小城이 나오는 예가 나올 것이다. 신라의 部名(탁부, 사탁부, 본피부)이 나오는 통일신라의 역제 관련 자료도 늘어날 것이다.

Ⅶ. 맺음말

기와는 고고학에서 다루어야 하지만 문자와는 금석문의 전공자가 다루어야 한다. 그럼에도 불구하고 나말여초의 명문 기와를 고고학 쪽에서 다루어 왔다. 9~10세기 기와는 200년 가까이 변화가 없다. 그래서 광주 무진고성 기와도 통일신라에서 고려시대의 어느 시기로 보아 왔다.

광주 무진고성에서는 沙咪만으로 끝나고, 官城椋으로 볼 때 통일신라 시대로 보이는 것으로 보면, 무진고성의 ～城명 기와의 하한은 후백제 건국 시기인 892년이다. 발굴자가 무진고성의 연대를 9세기 후반으로 본 점을 참조하고 ～城자명 기와의 시기 폭이 넓지 않은 점을 근거로 이에 따랐다.

또 상당산성의 沙喙部長池馴升達, 비봉산성의 本彼(左書)를 참조할 때, 무진고성의 沙咪(左書)은 신라의 부명이 나와서 驛制와 관련될 가능성도 있다. 위의 3성은 모두 9세기로 포곡식산성인 점도 닮았다.

제9절 廣州船里遺蹟에서 出土된 蟹口기와의 生産과 流通

I. 머리말

1925년 대홍수(乙丑大洪水) 때 광주 선리 유적이 알려져서 국립중앙박물관,[1] 서울대학교 박물관,[2] 이화여자대학교 박물관[3] 등에서 선리 문자기와를 소장하고 있다. 이 가운데 서울대학교 박물관 자료가 가장 먼저 본격적으로 공개되었다.[4] 국립중앙박물관의 기와와 그 명문이 일부 겹치고 있어서 그 뒤의 연구의 영향을 주었다. 그 뒤에 국립중앙박물관 소장 기와 명문들이 외국인학자에 의해 소개되었다.[5] 여기에서는 30여점에 가

1) 田中俊明, 「廣州船里出土文字瓦銘文の解釋と意義」『古代文化』56-11, 2004.
   김규동·성재현, 「선리 명문와 고찰」『고고학지』17-2, 2011.
2) 전덕재, 「서울대학교박물관소장 명문기와 고찰」『서울대학교박물관 소장 명문기와』, 2002.
3) 이화여자대학교박물관, 『이화여자대학교박물관창립100주년기념박물관소장품목록』, 1987에서 가장 먼저 사진으로 공개하였다.
4) 전덕재, 앞의 논문, 2002. 여기에서는 경덕왕16년(757년) 전후의 지명이 개정된 것과 복고된 것에 근거해 선리 문자와의 연대를 8~9세기로 보았다. 문헌만으로 기와 명문을 다루어서 문제가 있다. 고고학 자료인 문자 자료를 문헌만으로 조사하면 얼마나 위험한지를 알려주는 예이다. 곧 기와 편년만으로도 8세기로는 볼 수가 없다. 9~10세기 초의 후삼국시대의 기와로 보아야 할 것이다. 후술하겠지만 해구기와는 918~935년 사이의 어느 해인 후삼국시대 고려 기와이다.
5) 田中俊明, 앞의 논문, 2004.

까운 문자와의 소개와 함께 그 시기를 지명에서『삼국사기』, 지리지에
의해 景德王16년(757년) 개칭 이전의 표기도 있고, 그 이후의 표기도 있음
을 주목하고서 고구려와 통일신라의 옛 지명이 나옴을 근거로[6] 기와 편
년에 힘입어서 9~10세기 초로 보고 있다.[7] 다시 국립중앙박물관의 학예
연구사들에 의해 기와의 실측도와 함께 기와 명문에 대한 상세한 연구가
발표되었다.[8] 여기에서는 38점의 문자 기와를 6부류로 나누어서 船里 기
와의 시기를 8세기 중후반경부터 10세기 중후반까지로[9] 보았다.[10] 또 선
리의 근처인 고덕천이 게내천를 가리키는 것으로 보고 이를 蟹口라고 보
았다.[11] 결국 蟹口를 선리 근처의 고덕천으로 보았다.[12] 바꾸어 말하면

6) 여기에 근거하면 선리의 문자와는 당연히 8~9세기로 보아야 한다. 기와 편년으
로는 9세기에서 10세기초로 보아야 된다.
7) 田中俊明, 앞의 논문, 2004, 638쪽. 이 조사에는 기와 전문가 高正龍교수와 吉井
秀夫교수가 동행해서 연대가 경덕왕6년(757년)에서 고려 태조2년(919년)으로 설
정하고 나서, 기와연구자의 도움으로 9세기에서 10세기 초로 보았다. 이는 기와
편년에 의한 것으로 보인다. 그래서 기와 사용 기간 중에 8세기 설은 무시되어 나
오지 않고 있다.
8) 김규동·성재현, 앞의 논문, 2011.
9) 김규동·성재현, 앞의 논문, 2011, 577쪽.
10) 이 외에 요시이 히데오,「광주 선리 명문기와의 고고학적 재검토」『정인스님 정년
퇴임 기념 논총-佛智光照-』, 2017, 1138쪽에서는 선리 기와를 9세기 전후 한주 기
와 공급 체계로 파악한다고 했다.
高正龍·熊谷舞子·安原葵,「關西大學博物館所藏朝鮮瓦-文字瓦を中心として-」『關
西大學博物館紀要』20, 2014에도 있으나 연대 문제에 대해서는 기왕의 견해인 고구려시대
설, 10세기 설, 고려시대 설을 소개하고 있다. 주로 자료를 소개하고 있다.
11) 김규동·성재현, 앞의 논문, 2011.
12) 그래서 선리를 이 명문 기와들을 굽던 기와 요지로 본 듯하다. 다루는 기와의 명
문에서 고구려계 14곳, 통일신라계 5곳의 기와를 이 선리인 蟹口의 요지에서 19
개 지명의 각 소비지로 보냈다가 어떤 이유로 선리에 배가 멈춘 것으로 보았다.
선리에 해구 기와 요지가 있었다면 지금도 발견될 수가 있을 것이다. 그러나 해구

蟹口를 선리 가까이에 있던 기와 공급지인 기와 요지로 보고 있다.

광주 선리 기와는 기와 중에서 지명이 가장 많이 나온다는 특징을 지니고 있다. 그것도 공급지와 수요지를 나타내주는 명문도 있다. 지명에 한하여 말하면 신라 등 고대국가 전시기의 기와 명문보다 훨씬 많게 선리 출토의 기와에서 지명이 나오고 있다. 이는 선리 기와가 고신라나 통일신라의 명문이 아님을 암시하고 있는 것으로 보인다. 그 후보자로 당연히 蟹口의 공급지가 나오는 후삼국시대의 고려가 그 대상이 되나 속단할 수는 없다. 침착하게 자료를 살펴보면 의외의 사실이 나타날 수가 있다. 기와는 기본적인 기와에 대한 기초 지식을 가지고, 금석문에 대한 연구의 상식인 吏讀인지 여부에 유의해 가지고[13] 이 명문을 풀어야 한다. 그렇지 않고서는 실수를 할 수가 있다. 문자 자료라는 특성과 기와라는 특징을 동시에 참작하여 그 명문을 조사해보고자 한다.

여기에서는 먼저 기왕의 견해 가운데 가장 설득력이 있는 기와 전공자의 견해를[14] 중시하여 명문을 제시하겠고, 다음으로 38점의 명문에 나오는 19개의 지명을 검토하겠고, 그 다음으로 蟹口의 위치를 기왕의 성과를 중심으로 살펴보고, 그 다음으로 선리 명문와의 제작 시기를 고고학적인 방법과 금석문에서 나온 결론을 중심으로 살펴보고, 마지막으로 蟹口기와를 통해 기와의 생산과 유통에 대해 살펴보고자 한다.

인 선리에서 기와 요지가 발견된 예는 없다. 이는 중요한 것을 암시하고 있는 듯하다.

13) 지금까지 이 기와 명문들을 이두로 풀이한 연구 성과는 없었다. 가령 695년의 신라 둔전문서에는 烟受有畓(田)이 있는데 이를 丁田, 均田, 職田 등으로 해석하고 있으나 이는 잘못이다. 烟受有畓(田)은 烟이 받을 수 있는 畓(田)이란 명사가 되어 통일신라에만 있는 토지제도가 되기 때문이다. 한문으로 해석하면 烟이 畓(田)을 받을 수 있다가 된다.

14) 김규동·성재현, 앞의 논문, 2011, 564~567쪽.

II. 명문의 제시

지금까지 알려진 국립중앙박물관소장의 평기와의 명문은 다음과 같다. 숫막새와 암막새가 한 점도 없는 점이 특이하다. 명문은 글자의 흔적도 비교적 뚜렷하여 읽기가 쉽다. 명문은 3차례에 걸쳐서 판독문이[15] 제시되고 있다. 그러면 여기에서는 먼저 판독문부터 제시하기로 한다.[16]

1.北漢受國蟹口船[17]

2.受國蟹口船家草

3.～家草

4.高烽縣受國蟹～

5.△△[18]縣受

6.北漢受蟹～

7.△忽受蟹口

8.買召忽

9.夫如受

10.(泉)口郡受蟹口草[19]

11.松岳蟹

15) 田中俊明, 앞의 논문, 2004.
   김규동·성재현, 앞의 논문, 2011.
   국사편찬위원회 한국사데이터베이스(홍승우 판독).
16) 국립중앙박물관소장의 명문와는 337점에 달하나 여기에서는 겹치지 않는 38가지의 자료만을 소개하기로 한다. 주로 김규동·성재현, 앞의 논문, 2011에 따랐다.
17) 北漢受國蟹口船家草:홍승우
18) △△△:홍승우
19) △口郡受蟹口草:홍승우

12. 栗木蟹～

13. △木蟹口[20]

14. 王逢受蟹～

15. 買省蟹口

16. 屈押～

17. ～押蟹～

18. 豆射所馬

19. 蟹口開城

20. 皆山

21. 水城蟹口

22. 今万(勿)奴

23. 馬城

24. 黃壤受船宇草

25. 荒壤～

26. ～受船宇草

27. 梁骨蟹口

28. 梁骨蟹口

29. 唐白

30. 白城(?)口

31. 童子～

32. 所口仍

33. 所日

34. 所口(?)[21]

---

20) 木蟹口:홍승우

35.高

36.楊根△

37.蟹

38.□

Ⅲ. 지명의 검토

　광주 선리 기와의 가장 큰 특징은 매 자료마다 한 개나 두 개의 지명이[22] 나오고 있는 점이다. 이 지명들은 『삼국사기』, 지리지에도 나오고 있어서 지리지의 정확성을 말해주고 있다. 이들은 현재 경기도, 인천광역시, 황해도, 충청도, 강원도 일대에 광범위하게 분포하고 있다. 크게 볼 때 통일신라 9주 가운데 漢州의 영역을 크게 벗어나지 않고 있다. 이들 지명은 모두 기와의 수요지라고 보고 있다. 기와는 기본적으로 공급지인 기와요지와 소비지인 수요지와 운송로가 중요하다. 기와에 나오는 지명이 한 가지만 나올 경우에는 사용처인 소비지의 지명으로 보는 것이 일반적이다. 그러면 선리 기와에 나오는 지명을 살펴보기로 하자.

〈표 1〉 선리 명문와에 나오는 지명

명문	삼국사기 지명 비정	현재 지명 비정
北漢(山)	漢陽郡의 고구려 지명[23]	북한산을 중심으로 한 서울시 일대
高烽	交河郡의 한 縣인 高烽縣의 통일신라 지명[24]	경기도 고양시 벽제 일대

---

21) 日□:홍승우

22) 문자 기와에 두 개의 지명이 있는 경우에는 공급지와 소비지를 나타내고, 한 개의 지명만 있는 경우에는 기와의 소비지를 나타낸다.

명문	삼국사기 지명 비정	현재 지명 비정
荒壤	漢陽郡의 한 縣인 荒壤縣의 통일신라 지명[25]	경기도 양주군 주안면 일대
買召忽	栗津郡의 한 縣인 邵城縣의 고구려 지명[26]	경기도 인천 지역
夫如	富平郡의 고구려 지명[27]	강원도 철원군 김화읍 일대
泉口郡	交河郡의 고구려 지명[28]	경기도 파주군 교하면 일대
王逢	고구려 지명[29]	경기도 고양시 幸州 內洞 일대
水城	水城郡의 통일 신라 지명[30]	경기도 수원 지역
栗木	栗津郡의 고구려 지명[31]	경기도 과천 지역
買省	來蘇郡의 고구려 지명[32]	경기도 양주군 주내면 일대
屈押	松岳郡의 한 縣인 江陰縣의 고구려 지명[33]	황해북도 금천군 서북면 일대
開城	開城의 통일신라 지명[34]	황해북도 개풍 지역
皆山	皆次山郡의 고구려 지명[35]	경기도 안성군 죽산 일대
今万奴	黑壤郡의 고구려 지명[36]	충청북도 진천 일대
松岳	松岳郡의 통일신라 지명[37]	황해북도 개성 지역
梁骨	堅城郡의 한 縣인 고구려 지명[38]	경기도 포천군 영중면 일대
白城	安城郡의 통일신라 지명[39]	경기도 안성군
童子	長堤郡의 한 縣인 童城縣의 고구려 지명[40]	경기도 김포시 통진읍 일대
楊根	㬚(一作 沂)川郡의 한 縣인 濱陽縣의 고구려 지명[41]	경기도 양평군 양평읍 일대

---

23) 漢陽郡 本高句麗北漢山郡 一云平壤(『삼국사기』권35, 잡지4, 지리조)

24) 交河郡 本高句麗泉井口縣 景德王改名 今因之 領縣二 峯城縣 本高句麗述
    尒忽縣 景德王改名 今因之 峯城縣 本高句麗達乙省縣 景德王改名 今因之
    (『삼국사기』권35, 잡지4, 지리조)

25) 漢陽郡 本高句麗北漢山郡 一云平壤 眞興王爲州 置軍主 景德王改名 今楊
    州舊墟 領縣二 荒壤縣 本高句麗骨衣奴縣 景德王改名 今豊壤縣 遇王縣 本
    高句麗皆伯縣 景德王改名 今幸州(『삼국사기』권35, 잡지4, 지리조)

26) 栗津郡 本高句麗栗木縣 今菓州 領縣三 穀壤縣 本高句麗仍伐奴縣 景德王
    改名 今黔州 孔巖縣 本高句麗濟次巴衣縣 景德王改名 今因之 邵城縣 本高
    句麗買召忽縣 景德王改名 今仁州(『삼국사기』권35, 잡지4, 지리조)

27) 富平郡 本高句麗夫如郡 景德王改名 今金化縣(『삼국사기』권35, 잡지4, 지리조)

28) 交河郡 本高句麗泉井口縣 景德王改名 今因之(『삼국사기』권35, 잡지4, 지리
    조) 명문은 泉井口가 아니고 泉口郡으로 되어 있어서 泉井口縣이 아니고 명문
    대로 泉口郡이 옳다.

29) 王逢縣 一云皆伯 漢氏美女 迎安藏王之地 故名王逢(『삼국사기』권37, 잡지6,

이외에도 『삼국사기』에 확인되지 않는 지명으로 豆射所馬와 馬城, 唐
白, 高, 所口(日)仍 등이 있다. 所口(日)은 하남 교산동 건물지에서 발견된
바 있어 하남 지역과 관련된 것으로 추정되며,[42] 高는 고양시 성석동에

지리조)

30) 水城郡 本高句麗買忽郡 景德王改名 今水州(『삼국사기』권35, 잡지4, 지리조)
31) 栗津郡 本高句麗栗木郡 景德王改名 今菓州(『삼국사기』권35, 잡지4, 지리조)
32) 來蘇郡 本高句麗買城縣 景德王改名 今見州 領縣二(『삼국사기』권35, 잡지4,
지리조)
33) 松岳郡 本高句麗扶蘇岬 孝成王三年築城 景德王因之 我太祖開國爲王畿
領縣二 如熊縣 本高句麗若豆恥縣 景德王改名 今松林縣 第四葉光宗創置
佛日寺於其地 移其縣於東北 江陰縣 本高句麗屈押縣 景德王改名 今因之
(『삼국사기』권35, 잡지4, 지리조)
34) 開城郡 本高句麗冬比忽 景德王改名 今開城府(『삼국사기』권35, 잡지4, 지리조)
35) 介山郡 本高句麗皆次山郡 景德王改名 今竹州(『삼국사기』권35, 잡지4, 지리조)
36) 黑壤郡 一云黃壤郡 本高句麗今勿奴郡 景德王改名 今鎭州(『삼국사기』권35,
잡지4, 지리조)
37) 松岳郡 本高句麗扶蘇岬 孝成王三年築城 景德王因之 我太祖開國爲王畿
(『삼국사기』권35, 잡지4, 지리조)
38) 堅城郡 本高句麗馬忽郡 景德王改名 今抱州 領縣二. 沙川縣 本高句麗內乙
買縣 景德王改名 今因之 洞陰縣 本高句麗梁骨縣 景德王改名 今因之(『삼
국사기』권35, 잡지4, 지리조)
39) 白城郡 本高句麗奈兮忽 景德王改名 今安城郡(『삼국사기』권35, 잡지4, 지리조)
40) 長堤郡 本高句麗主夫吐郡 景德王改名 今樹州 領縣四 守城縣 本高句麗首
尒忽 景德王改名 今守安縣 金浦縣 本高句麗黔浦縣 景德王改名 今因之 童
城縣 本高句麗童子忽(一云幢山)縣 景德王改名 今因之 分津縣 本高句麗平
唯押縣 景德王改名 今通津縣(『삼국사기』권35, 잡지4, 지리조)
41) 㶱(一作 沂)川郡 本高句麗述川郡 景德王改名 今川寧郡 領縣二 黃驍縣 本
高句麗骨乃斤縣 景德王改名 今黃驍縣 濱陽縣 本高句麗楊根縣 景德王改
名 今復古(『삼국사기』권35, 잡지4, 지리조)
42) 경기문화재단부설 기전문화재연구원·하남시, 『하남 교산동 건물지 발굴조사 종
합보고서』, 2004, 505쪽의 사진 136-④.

위치한 고봉산성에서 채집된 바 있어 고양과 관련이 있는 것으로 보인
다.[43] 또 포천 반월산성에서는 선리와[44] 같은 馬忽受蟹口草명기와가[45]
출토되었고,[46] 선리와 같은 명문인 北漢受國蟹口명기와가 아차산성과[47]
서울 암사동에서[48] 출토되었다. 그래서 蟹口 와요지에서 만들어진 기와
가 이들 지역에 공급되었음을 알 수 있다.

따라서 기와에 새겨진 명문의 현재 지명을 종합해 보면, 蟹口 등에서
제작된 기와의 공급 지역은 서울의 북한산 지역, 경기도의 양평·안성·
수원·과천·김포·양주·고양·파주·포천·하남과 인천광역시, 강원도 철

---

43) 고양시·한국토지공사토지박물관,『고양시의 역사와 문화유적』, 1999, 454~461쪽.
44) 경기문화재단부설 기전문화재연구원·하남시, 앞의 책, 2004, 503쪽의 사진134의
   ⑤·⑥에는 蟹口명기와가 나와서 선리에서 공급된 것으로 해석하고 있다.
45) 김창호,「후삼국 기와에 보이는 여·제 지명」『한국 중세사회의 제문제』, 2001 등
   에서 馬忽受蟹口草를 馬忽受解空口草로 잘못 판독하였다. 馬忽受蟹口草로
   바로 잡는다.
46) 서영일,「포천 반월산성 출토 馬忽受解空口單명 기와의 고찰」『사학지』29, 1996.
   단국대학교 사학과·포천군,『포천 반월산성 1차발굴조사 보고서』, 1996.
   이도학,「포천 반월산성 출토 고구려기와 명문의 재검토」『고구려연구』3, 1997.
   손보기·박경식·박정상·김병회·황정옥,『포천 반월산성 3차 발굴조사 보고서』, 1988.
   김창호, 앞의 논문, 2001.
   馬忽受蟹口草명기와를 서영일과 이도학은 고구려의 기와로 보았으나 이는 잘못
   된 것이고, 김창호는 후삼국시대 기와로 보았다. 그 뒤의 田中俊明은 9세기에서
   10세기 초까지로, 김규동·성재현은 8세기 중·후반경부터 10세기 중후반까지로 보
   았다. 馬忽受蟹口草명기와가 고구려제가 아님은 분명하다. 김창호는 지금 현재에
   와서는 918~935년의 어느 해로 보고 있으면서, 馬忽受蟹口草명기와는 후삼국의
   고려 기와로 해석하고 있다. 문자 기와가 나오면 기와 전공자가 그 연대를 대충
   추정한 다음 금석문 전공자와의 협력이 필요하다. 그렇지 않으면 연대를 설정하는
   데에 무리수를 둘 수가 있다.
47) 임효재·최종택·윤상덕·장은정,『아차산성-시굴조사보고서-』, 2000.
48) 이병도,『한국고대사연구』, 1976, 460쪽.

원, 황해도 개성 지방, 충청북도 진천 지방으로 매우 넓은 지역에 해당
된다. 선리 기와에서 지명이 확인된 것 중『삼국사기』,지명 비정에서 고
구려 지명은 14곳이고, 통일신라의 지명은 5곳이다. 이를 郡·縣으로 구
분해 보면, 군의 지명이 11곳, 현의 지명이 8곳이다. 고구려의 옛 지명과
통일신라의 지명이 혼재해 있는 점이 주목된다.

IV. 蟹口의 위치[49]

　선리에서는 337점의 문자 기와가 출토되었다. 이들 명문은 조금씩 다
른 문자로 되어 있으나 가장 길고 완전한 문장은 北漢受國蟹口船家草이
다. 가운데 船家는 荒壤受船宇草에서와 같이 船宇로 표기되기도 하나 서
로 같지 않는 것이며, 이들은 생략되어 (泉)口郡受蟹口草로 명문이 새겨
지기도 한다. 이외에도 △△蟹口만 새기거나[50] 그냥 단독으로 馬城, 皆
山만을[51] 새기기도 한다. 이 가운데 앞의 △△에는 北漢(山), 楊根, 水城,
買忽, 栗木, 買召忽, 童子, 荒壤, 買省, 高烽, 泉口郡, 梁骨, 夫如, 松岳, 屈
押 등이 새겨져 있다. 이들 지명은『삼국사기』에 나오는 고구려와 통일
신라의 것이다.
　선리 기와 명문에 나오는 蟹口는 어디인지가 궁금하다. 蟹口를 게의
입구로[52] 풀이하고, 蟹口란 명문은 기와 발견지에서 남서쪽으로 약 2km

---

49) 이 장은 김규동·성재현, 앞의 논문, 2011, 569~570쪽에서 발췌하였고, 蟹口가 開
　　城에 있는 점만 새로이 구성하여 제시하였다.
50) △△가 받은 蟹口의 기와로 해석된다. 곧 △△受蟹口를 생략하여 △△蟹口가
　　된 것으로 볼 수가 있다.
51) 馬城, 皆山도 기와의 소비처를 나타내는 것으로 보인다.

떨어진 곳에서 한강으로 합류하는 고덕천과 관련이 깊다고 보았다.[53) 경기도 하남시에 위치한 이성산을 분수령으로 광암동에서 발원하여 서북 방향으로 흐르다가 강동구의 상일동, 하일동, 고덕동을 거쳐 한강으로 합류하는 하천으로 옛날부터 蟹川 또는 게내, 게천이라고 불리어 왔다. 곧 蟹口는 蟹川의 입구를 뜻하는 것으로 선리 기와는 蟹川과 관련이 클 가능성이 있다. 北漢受國蟹口船家草에 있어서 앞의 北漢은 공급지를 蟹口의 船家는 기와의 생산지를 가리킬 가능성이 크다. 蟹口의 후보지로는 선리 기와의 발견지 주변이 한강의 曲流 지점이고, 고덕천과 왕숙천의 한강 합류 지점인 점, 당정미사하중도에[54) 의해 나누어진 강줄기가 흐르는 점 등으로 보아 선리 기와 발견지를 포함한 일대가 게의 서식지였을 가능성이 높다. 그 영향으로 고덕천도 후대에 게천(蟹川)으로 불리게 되었다는 것이다. 기와 발견지 부근이 유적의 형성 당시에는 蟹口였던 것으로 보인다. 기와 발견지 부근의 얕은 구릉 남쪽에 폭이 좁은 하천이 한강 본류와 합류하는 입구인 사실을 통해서도 확인할 수 있다. 蟹口는 게내천 혹은 게와 관련된 명칭의 蟹口 입구로 해석된다.

위와 같은 해석은 한강 지류에서 게가 살지 않는 곳은 거의 없을 것이다. 명칭만으로 蟹口를 정하는 것은 조심해야 된다. 蟹口는 게내천 또는 게와 관련된 명칭의 하구 입구로 해석해도 그렇다. 이를 결정적으로 알 수 있는 자료로 선리 기와 명문의 蟹口開城이 있다. 이 기와가 너비로는

---

52) 蟹口를 게 입구로만 풀 수 없고, 蟹口를 게입 모양으로 해석해서 지형 모양으로 풀이할 수도 있다. 그러면 蟹口는 蟹口기와요지의 게입 모양이 되어 게 입구와는 지명 비정이 달라지게 된다. 게입 모양의 지형은 3방향은 막혀있고, 한 쪽으로만 길이 뚫린 지명으로 홈실[檢谷] 등이 있다.

53) 김규동·성재현, 앞의 논문, 2011, 569쪽.

54) 김규동·성재현, 앞의 논문, 2011, 570쪽.

파실되었으나 명문이 있는 길이로는 완벽하게 남아있다. 이를 吏讀로
해석하면 蟹口는 開城이다가 된다.[55] 이를 의역하면 蟹口는 開城에 있다
가 된다. 곧 開城에 蟹口의 기와요가 있다가 된다. 만약에 開城蟹口로 적
었다면 開城이 받은 蟹口의 기와란 뜻이 된다. 그래서 蟹口開城라고 적
어서 開城에 있는 蟹口 기와란 뜻으로 사용했다. 蟹口開城의[56] 본래 의
미는 한문으로는 게 입 모양의 開城 또는 蟹口(큰 것)의 開城(작은 것)이
란[57] 뜻이다. 이들의 뜻은 吏讀로 蟹口開城이 開城에 있는 蟹口 기와 窯
址란 뜻으로 해석되어 그 의미를 잃게 되었다. 또 船家나 船宇도 배가

---

55) 北漢受國蟹口船家草는 이두로 풀이하면, 北漢이 받은 國家의 蟹口의 船家의
   기와(草)가 되고, 한문으로 보면 北漢이 國家의 蟹口의 船家의 기와(草)를 받았
   다가 된다. 荒壞受船宇草도 이두로 해석하면, 荒壞이 받은 船宇의 기와(草)가
   되고, 한문으로 해석하면, 荒壞이 船宇의 기와(草)를 받았다가 된다. (泉)口郡受
   蟹口草도 이두로 풀이하면 (泉)口郡이 받은 蟹口의 기와(草)가 되고, 한문으로
   해석하면 (泉)口郡이 蟹口의 기와(草)를 받았다가 된다. 蟹口開城도 이두로 해
   석할 때, 蟹口는 開城이다. 곧 蟹口는 開城에 있다가 된다. 결국 開城에 있는
   蟹口기와요란 뜻이 된다. 가령 梁骨蟹口는 梁骨이 받은 蟹口의 기와란 뜻으
   로 蟹口開城과는 해석에서 차이가 있다. 38점의 명문에는 전부가 草자가 생략되
   어 있어도 포함되어 있는 것으로 보인다. 명문와 337점에는 모두 이두인 草자가
   생략되었으나 있었을 것이고, 중복된 것을 제외할 때, 그 숫자는 줄어들겠지만 草
   자가 포함되어 있다. 草자가 기와로 보는 예가 한문에는 없어서 蟹口의 기와 명
   문이 이두인 결정적인 증거가 된다. 이 草의 예로는 10세기 중엽에서 11세기 전
   반에 걸쳐서 70년 동안 유행하면서 나오는 官草, 堂草, 瓦草, 凡草가 있다. 이
   官草, 堂草, 瓦草, 凡草 등도 이두로 판단된다. 이렇게 蟹口 등의 기와에서 나온
   한자를 이두인지 한문인지 구별하지 않고 해석해 왔다. 그래서 모두가 蟹口를 船
   里(고덕천) 일대나 광주 선리로 보아 왔다. 이는 잘못된 것이다.
56) 한문으로는 조그만 게 입이 큰 성을 연다는 뜻도 있다. 이는 四字成語이다.
57) 이는 실제로 있을 수 없다. 한문에서 지명은 대개 큰 것을 앞에 두고, 작은 것을
   뒤에 둔다. 지명에서 큰 것과 작은 것의 선후 관계는 한문에서는 별다른 의미가
   없다.

정박하는 시설 또는 배를 만드는 시설로 보거나[58] 배가 정박하는 시설
즉 나루터로 보기도 하나[59] 여기에서는 지명으로 보기로 한다.[60] 왜냐
하면 荒壞受船宇草에서 荒壞에서 받은 船宇의 기와로 해석되기[61] 때문
이고, 北漢受國蟹口船家草에서는 北漢이 받은 국가의 蟹口의 船家의 기
와로 해석되기 때문이다.[62] 또 蟹口開城은 買省蟹口나 梁骨蟹口와는 차
이가 있다. 이는 그 순서가 서로 반대이고, 蟹口開城은 開城에 蟹口가 있
다로 해석되는 대신에 買省蟹口은 買省이 받은 해구 기와와 梁骨蟹口은
梁骨이 받은 해구 기와로 해석되기 때문이다.

V. 선리 명문와의 제작 시기

선리 명문 기와는 蟹口의 위치를 선리나 그 가까운 곳으로 보았다. 그
러면 선리나 선리 근처가 기와를 생산하는 요지라는 이야기가 된다. 그
래서 유물을 6가지 부류로 나누어서 그 연대를 추정하였다.[63]

---

58) 田中俊明, 앞의 논문, 2004, 635쪽.
59) 김규동·성재현, 앞의 논문, 2011, 570쪽. 그러나 나루터는 船埠, 津口, 津岸, 津
    驛, 津河, 渡船場, 邘, 津 등으로 표현되기 때문에 성립되기 어렵다.
60) 船家나 船宇는 일반적으로 배위의 집이라는 뜻이다. 이렇게 해서는 荒城受船宇
    草와 北漢受國蟹口船家草의 명문 전체를 해석할 수가 없다.
61) 이렇게 荒壞受船宇草를 荒壞이 받은 船宇(지명)의 草(기와)로 해석하지 않고,
    나루터 등으로 해석하면 막연한 뜻의 나루터를 공급지로 명문에 새기지 않았을
    것이다. 船宇는 기와 요지일 가능성이 있다.
62) 개성의 蟹口 기와요는 蟹口, 船家, 船宇 등으로 다시 나누어진다.
63) 김규동·성재현, 앞의 논문, 2011, 568~569쪽.

Ⅰ류 : 세로 명문 한 줄 양각

受(國)蟹口船家草라는 명문이 공통적으로 있으며, 이 명문의 앞에는
北漢, 高烽, 荒壤 등 다른 명문들이 확인된다. 명문 중에 船家는 船字로
표기되기도 하며, 船家가 생략되어 △△受國蟹口草라는 명문이 새겨지
기도 한다. 이는 다시 △△受國蟹口船家草가 새겨지고, 장방형 명문 타
날판의 윤곽이 남아 있는 것(ⅠA)과 명문 타날판 테두리의 윤곽이 없는
것(ⅠB), ⅠA에서 國蟹口가 생략되고, △△受船家草만 새겨져 있는 것
(ⅠC)로 나눌 수 있다.

Ⅱ류 : 세로로 동일한 명문을 여러 줄 양각

(受)口草가 공통적으로 있으며, 이 명문의 앞에는 Ⅰ류와 마찬가지로
서로 다른 지명이 확인된다. △△受蟹口가 새겨진 것(ⅡA)과 受없이 △
△蟹口만 새긴 것(ⅡB)과 蟹口△△△가 새겨져 있는데 蟹口와 △△ 사이
에 3줄의 선으로 분리된 것(ⅡC)으로[64] 나눌 수 있다.

Ⅲ류 : 세로로 동일한 명문이 여러 줄 양각

Ⅰ류와 Ⅱ류처럼 공통된 명문이 확인되지 않고, 서로 다른 명문들만 확
인된다. 완형이 없어서 상세한 것은 알 수가 없다.

Ⅳ류 : 方郭內에 명문이 새겨진 것

장방형에 가까운 방형판으로 명문을 새겼다. 완형이 있지 않아 등 간격
으로 새긴 것으로 추정되나 몇 개가 새긴 것인지는 알 수 없다. 명문은 기
와의 오른쪽이나 왼쪽 방향에서 보았을 때, 正字가 되게 가로 방향으로
뉘어져 있다. 외면은 주로 집선문이 타날 되었으며, 唐字와 비슷한 문양도
확인되며, 모두 문양을 타날 후 글자 문양을 새겼다.

Ⅴ류 : 집선문을 이용한 복합문 타날 후 명문을 새긴 것

수평으로 집선문을 등간격으로 배치하고 그 사이에 사선의 집선문을

---

64) 여기에 속하는 ⅡC류는 38점의 공개된 것에서는 蟹口開城의 1점밖에 없다.

새겨 전체적으로 복합문이 되도록 한 후 △△□를 새겼다. △△에는 童子, 白城 등이 새겨져 있고, △△□ 중 □는 정확히 알 수 없으나 남아 있는 상태로 보아 蟹□는 아닌 것으로 보인다. 타날 후 명문을 새겼다.

Ⅵ류 : 어골문이 타날된 것 및 기타

ⅥA는 高자가 등간격으로 새겨진 것으로 집선문과 동심원문을 배치하여 전체적으로 기하학적 문양이 되게 하였고, ⅥB는 所日, 所□, 所□仍 등이 새겨진 것으로 무문 또는 집선문, 어골문 등이 타날 한 후 명문을 새겼고, 명문은 음각된 것도 있다. ⅥC는 전면에 무문 또는 집선문, 어골문 등으로 타날 한 후 명문을 새긴 것으로 명문은 등 간격으로 여러 줄이 새겨져 있다. 편만 잔존하여 완전한 명문의 알 수 없지만 蟹□가 보이는 것으로 보아 △△蟹□가 새겨진 것으로 추정된다.

이를 평기와의 형식 분류와[65] 대비로 8세기 중엽 경에서 통일신라 말 또는 고려 초로 그 시기를 잡고 있다. 그 발전 순서도 Ⅰ류→Ⅱ류→Ⅲ류→Ⅳ류→Ⅴ류→Ⅵ류로 보고 있다.[66] 이렇게 되면 Ⅰ류가 가장 화려하고 발전한 형태가 된다. 고고학에서 일반적으로 문화는 고졸→발전→절정→퇴화→소멸의 과정을 거치는 점과 차이가 있다.

---

65) 서오선, 「한국평와문양의 시대적 변천에 대한 연구」, 충남대학교 대학원 석사논문, 1985.
  최태선, 「평와제작법의 변천에 대한 연구」, 경북대학교 대학원 석사논문, 1993.
  조성윤, 「경주출토신라 평기와의 편년시안」, 경주대학교 석사학위청구논문, 2000.
  최맹식, 「통일신라 평기와 연구」 『호서고고학』6·7, 2002.
  이인숙, 「통일신라~조선전기 평기와 제작기법의 변천」 『한국고고학보』, 2004.
66) 평기와의 형식 분류는 100년을 단위로 끊어서 편년하기도 어려워서 따르기 어렵다. 38점의 문자 기와를 6부류로 나누어서 船里 기와의 시기를 8세기 중후반경에서부터 10세기 중후반까지로 보면, 200년을 6부류(작게는 12부류로 나눔)로 나누어서 약 33년을 단위로 편년한 것이 되어 따르기 어렵다. 고고학에서 형식 분류나 부류의 구분은 간단명료해야 되지 복잡하면서 간단하지 않는 것은 믿을 수가 없다.

길이로 글자가 완전히 남아 있는 蟹口開城이란 명문에 따르면 그토록 애타게 찾아왔던 蟹口는 선리가 아닌 開城에 위치하고 있다. 그러면 선리는 기착지로 판단되나 충청북도 진천이나 강원도 철원이나 황해도 송악이나 황해도 개성도 포함되어 있어서 그 의미를 어렵게 하고 있다. 이 선리 기와는 최종 도착지도 아니면서 가마 요지가 있던 개성의 기와까지 머나먼 선리에 오고 있다. 그 이유가 무엇인지가 궁금하다.[67] 앞에서와 같이 I류에서 VI류로 나누어서 그 기와의 연대를 8세기 중엽 경에서 935년까지로 볼 수는 없다. 비상식적인 항해인 개성의 蟹口에서 선리행은 단 한두 번쯤으로 족할 것이다. 그렇게 되면 선리에서 나온 기와는 유사 일괄유물로[68] 볼 수가 있다. 그러면 기와의 연대를 9세기 전후나[69] 9~10세기 초나[70] 8세기 중후반에서 10세기 중후반에 걸친 것으로[71] 볼 수는 없다.

선리 기와가 유사 일괄유물일 때 그 시기 궁금하다. 이를 확실히 하기 위해 절대 연대로 年干支나 年號 등과 인명이 합쳐져 나오는 예를 차례대로 제시하면 다음과 같다.

景辰年五月卅日法得書(656년, 미륵사)명암키와에서 景辰年五月卅日法

---

67) 앞에서 포천 반월산성의 馬忽受蟹口草나 아차산성과 암사동에서 北漢受國蟹口란 명문이 출토되어 개성의 교역품으로서 기와를 들 수가 있을 것이다. 개성의 蟹口 기와는 관의 주도하에 이루어진 주문 생산에 의한 관요로 보인다.

68) 年月日이 동일한 유물은 아니고, 기와의 지명이 서로 달라서 제조 시기의 폭이 다소 있음을 의미한다. 또 蟹口에서 船里까지를 단 1번만 왔다갔다는 확정이 없어서 그 시기의 폭은 1~2번 전후 동안이면 충분하므로 반출된 일괄유물이나 마찬가지이나 반출 유무가 불확실하다. 그래서 유사 일괄유물이라고 불렀다. 그 유형이 다른 것은 기와요는 蟹口, 船家, 船宇 등으로 나누어져 있기 때문으로 판단된다.

69) 吉井秀夫, 앞의 논문, 2004, 1138쪽.

70) 田中俊明, 앞의 논문, 2004, 638쪽.

71) 김규동·성재현, 앞의 논문, 2011, 577쪽.

得書는 景辰年五月卄日에 法得이 썼다로 해석된다. 景辰의 景자는 피휘
한 것으로 연대 설정에 주요하다. 景辰年은 丙辰年으로 그 시기는 656년
이 틀림없고,[72] 이 기와 자체가 장판으로 되어 있어서 평기와 편년에 문
제를 던지고 있다. 곧 이 기와는 통일신라 이전인 백제에서 장판 타날
기와가 원통으로 만들어지고 있었음을 알 수가 있다.[73] 이러한 사실을
평기와 연구자들은 간과해 왔다. 656년에 장판타날이 존재한 사실은 평
기와 연구에 중요한 근거가 될 수가 있다. 7세기 중반은 신라 수도에서는
단판이 유행하였다.[74] 또 景辰年五月卄日法得書에서 年月日 다음에 인명
(法得)이 옴을 밝혀주는 자료이다. 法得은 製瓦 제와기술자나 감독자로
판단된다. 이 자료에 따르면 656년에 확실한 장판 기와가 있어서 신라에
서 고식 단판 6세기 전반~7세기 전반, 신식 단판 7세기 후반(의봉사년개
토명, 습부명, 한지명 암키와), 중판은 7세기후반~9·10세기로 판단하고
있다. 지방은 중판이 7세기 후반~8세기에, 경주를 제외한 지방에서는

---

72) 김창호, 「익산 미륵사 경진명 기와로 본 고신라 기와의 원향」『한국학연구』10,
　　1999. 만약에 피휘로 기재된 景辰年(丙辰年)이 아니라면 656년이란 절대 연대를
　　확실하게 추정할 수가 없다.
73) 삼국의 평기와는 고구려와 백제는 통쪽(모골)기와, 신라는 원통기와를 사용해서
　　만들었다. 모골기와는 나무로 엮어서 통쪽의 위쪽보다는 아래쪽이 넓게 되어 있
　　는데 대해 원통기와는 오히려 아래쪽보다 위쪽이 넓은 모습이다. 모골기와의 경
　　우에는 기와를 만들면 기와 안쪽에 모골 흔이 남는데 대해, 원통기와에는 기와를
　　만들고 났을 때, 기와 안쪽에 삼베흔이 남는다. 모골기와는 밑으로 와통의 안쪽에
　　손을 넣어서 모골을 뽑고, 원통기와는 위로 원통을 들어서 뽑는다. 景辰명기와는
　　신라의 원통 기와가 백제에서 왔음을 알려주는 중요한 자료이다. 그러나 그 연대
　　가 656년이라서 6세기 전반에 출현하는 평기와가 어디에서 왔는지는 보다 확실
　　한 자료의 출현을 기다려야 한다. 지금은 확실한 증거가 없지만 아마도 백제일
　　개연성이 클 것이다.
74) 儀鳳四年皆土가 679년으로 단판 기와의 확실한 예이다.

장판이 9세기 전반부터 출토되고 있어서[75] 통설과는 모순된다.

儀鳳/四年/皆土(개행:679년)명기와의 皆土의 土를 조土나 國土의 의미로 보아서 率土皆我國家로 의미로 해석하거나,[76] 679년을 실질적인 신라의 통일 연대로 보거나,[77] 年月日이 모두 음양오행의 土인 때를 가리키는 것으로 보거나,[78] 儀鳳/四年/皆土(이하 동일함)를 納音五行으로 보거나,[79] 모두 아울렀으니 우리 땅이 되었다로 皆土를 해석하고 나서 儀鳳四年皆土는 백제를 포함하는 땅을 모두 아울렀다는 의식의 표현이라고 보고 있으나,[80] 儀鳳四年皆土는 679년에는 다 (기와의) 흙이다로[81] 해석된다. 그래서 다경 요지, 망성리 요지 등에서 출토된 기와의 중요성을 통일신라에서는 부각시키고 있다. 다경 요지(한지부)와 망성리 요지

---

75) 조성윤,「신라 장판 타날문양 평기와의 경주 제작 여부에 대하여」,『이화사학연구』 30, 2003에서는 경주에는 9～10세기에도 장판 타날 평기와가 없었고, 계속해서 중판 타날 평기와를 사용했다고 한다.

76) 大坂金太郎,「儀鳳四年皆土在銘新羅古瓦」,『朝鮮學報』53, 1969, 62쪽. 皆土를 率土皆我國家라고 풀이한 것은 皆土에 깊은 뜻이 있다고하는 깊은 희망을 심어주었다.

77) 최민희,「儀鳳四年皆土 글씨기와를 통해 본 신라의 통일 의식과 통일 기년」,『경주사학』21, 2002.

78) 이 가설은 당시 경북대학교 사학과 逸名대학원생의 견해로 발표까지는 되었으나 인쇄되지는 못하고 말았다. 기와를 年月日이 土인 곧 土年·土月·土日인 때만이 생산된 것이 아니다. 결국 儀鳳四年의 土年·土月·土日인 때만 생산한 것이 아니라 土年·土月·土日이 아닌 때에도 생산했기 때문에 성립될 수가 없다.

79) 이동주,「신라 儀鳳四年皆土명 기와와 納音五行」,『역사학보』220, 2013. 納音五行은 年月日의 干支가 모두 土인 때 곧 土年·土月·土日인 때를 가리킨다고 한다. 土年·土月·土日인 때만 기와를 생산된 것이 아니라 儀鳳四年은 물론 그 이후에도 기와를 생산했을 가능성이 있어서 따르기 어렵다.

80) 최민희,「儀鳳四年皆土 글씨기와의 개토 재론-納音五行론 비판-」,『한국고대사탐구』30, 2018.

81) 이렇게 해석해서는 그 의미가 통하지 않는다.

(습부)야말로 신라의 대규모 본격적인 기와 생산에 획을 그었다. 그러한 자신감을 儀鳳四年皆土라고 기와에 박자로 찍어서 생산한 것으로 판단된다.[82] 儀鳳四年皆土는 기와에 있어서 신라인의 자긍심을 나타내는 것이다. 이를 率土皆我國家 등의 정치적으로나 納音五行 등으로 풀이하는 것은 문제가 있는 듯하다. 기와 명문은 기와 내에서 풀어야 되기 때문이다. 이 기와는 신식 단판으로 된 확실한 기와로 유명하다. 儀鳳四年皆土를 해석하는 다른 방법은 儀鳳四年(679년)에 皆土를 제와총감독으로 보아서 皆土를 인명으로 보는 방법이다.[83] 이렇게 인명으로 보는 해석 방법이 보다 타당성이 있는 듯하다. 왜냐하면 삼국시대나 통일신라시대에 있어서 연간지나 연호 뒤에 오는 단어에 인명이 포함되지 않는 예가 없기 때문이다. 곧 儀鳳四年皆土의 皆土가 어떤 방법으로 해도 해석이 되지 않아서 인명으로 보면 완벽하게 해석이 가능하다. 儀鳳四年皆土는 제와총감독의 인명을[84] 기록하여 제와의 책임을 지게[85] 한 기와이다. 망

---

82) 부소산성에서 출토된 儀鳳二年명기와(677년)는 儀鳳四年皆土기와명문과는 달리 한 줄로 글씨를 내려 쓴 것이 있다. 글씨를 찍은 것이 아니라 직접 쓴 것으로 儀鳳二年뒤에 오는 제와장의 인명이 없다. 제와장의 인명을 기록하지 않는 까닭은 고대의 모든 기와가 관요이기 때문에 관의 허락이 없어서일 것이다.

83) 금산 백령산성 출토 기와 명문에서 栗峴△ 丙辰瓦명기와는 栗峴△이 丙辰年(596년)에 만든 기와란 뜻이다. 耳淂辛 丁巳瓦명기와는 耳淂辛이 丁巳年(597년)에 만든 기와란 뜻이다. 戊午瓦 耳淂辛명기와는 戊午年(598년)에 기와를 耳淂辛이 만들었다로 해석된다. 연간지+인명 또는 인명+연간지의 예로 중요하다. 이에 대해서는 작성 연대를 포함해서 김창호, 「금산 백령산성의 문자 자료」가 곧 발표될 예정이다.

84) 고대 기와에서 파실된 것을 제외하고, 거듭 이야기하지만 연호나 연간지 뒤에 무엇을 기록했다고 하면 인명을 기록하지 않는 기와는 없다. 儀鳳/四年/皆土(이하 동일)는 그 발견 초부터 儀鳳四年皆土의 皆土란 의미 추정에 너무 매달려 왔다. 그래서 누구나 皆土의 의미를 찾는데 온힘을 다했다. 모두 皆土의 의미 추정에 다양한 견해가 있어 왔으나 그 어느 가설도 정곡을 찌르지 못했다. 儀鳳四年皆

土의 皆土는 인명으로 679년에 획을 그은 신라 기와의 제와총감독자로 보인다. 儀鳳四年皆土명기와를 혹자는 문무대왕 기와로도 부르는 점에서 기와 가운데 그 출토지의 수가 많고, 기와의 기술 수준에서 최고의 것이다. 삼국 통일의 영주인 문무대왕이 마음을 먹고 만든 기와로 어떤 기와보다도 완벽한 기와로 삼국 통일의 웅지가 기와에 나타나 있다. 儀鳳四年皆土의 기와편으로 남산 칠불암의 연대 설정과 나원리 5층석탑의 연대 설정은 유명하다(박홍국,「경주 나원리5층석탑과 남산 칠불암마애불상의 조성 시기-최근 수습한 명문와편을 중심으로-」『과기고고연구』4, 1988, 88쪽.). 앞으로 儀鳳四年皆土는 679년이란 절대연대를 가지는 기와이므로 유적지의 편년이나 불상의 연대 설정 등에 활용될 수가 있다. 또 儀鳳四年皆土명기와는 내남면 망성리 기와 가마터, 사천왕사지, 인왕동절터, 국립경주박물관 부지, 월지, 월성 및 해자, 첨성대, 나원리 절터, 칠불암, 선덕여고 부지, 동천동 택지 유적, 나정 등 경주 분지 전역에서 출토되고 있어서 679년에만 儀鳳四年皆土명기와를 만들었다고 볼 수가 없다. 다소 연대의 폭이 있을 것이고, 기와도 망성리기와요지만이 아닌 다른 요지에서도 儀鳳四年皆土명기와를 만들었을 가능성도 있다. 이 儀鳳四年皆土명기와의 제와에는 왕족인 탁부를 비롯하여 왕비족인 사탁부도 참가했을 것으로 추측된다. 왜냐하면 기와가 중요하고, 그 중요성을 왕족인 탁부와 왕비족인 사탁부는 알고 있었을 것임이기 때문이다. 방곽의 곽안에 사선문, 직선문, 사격자문의 문양이 儀鳳四年皆土명기와와 井井習部, 井井習府, 井마크 등의 기와와 유사한 점으로 儀鳳四年皆土명기와를 習比部의 기와로 보기도 하나, 이 시기의 기와가 관수관급제의 관요이므로 얼마든지 비슷한 문양을 儀鳳四年皆土명기와에 사용할 수가 있다. 문양의 디자인 권한은 官에 있지 습비부에 있는 것이 아니다. 또 習部와 習府가 동일한지 여부는 알 수가 없다. 6부명을 府로 표기한 예가 전무하기 때문이다.

85) 신라 기와에서 기와 공정에 책임을 지게 한 것과 함께 유명한 것으로 남산신성비에서 쌓은 성이 3년 안에 무너지면 책임을 지겠다는 맹서를 하고 있어서 유명하다. 儀鳳/四年/皆土명기와도 제와의 책임을 모두 皆土가 졌다는 것을 의미하고 있다. 景辰年五月卅日法得書(656년)의 法得, 調露二年漢只伐部君若小舍~三月三日作康(?)~(개행:680년)의 君若과 作康(?), 大曆更午年末城(766년)·大曆戊午年末城(778년)·大中更午年末城(850년)의 末城, 會昌七年丁卯年末印(847년)의 末印, 백제의 戊午瓦 耳淂辛명기와는 戊午年(598년)의 耳淂辛, 栗峴△ 丙辰瓦명기와는 栗峴△이 丙辰年(596년)에 만들었다는 뜻의 栗峴△, 耳淂辛 丁巳瓦명기와는 耳淂辛이 丁巳年(597년)에 만들었다는 뜻에 나오는 耳淂辛

성리기와요에서 井井習部명·井井習府명86)·習명·井마크87) 등의 기와와
儀鳳四年皆土명기와가 함께 나오는 것으로 알려졌는데 그 기와의 생산
량이 너무 많아서 망성리기와요 이외에 儀鳳四年皆土명기와를 생산하는
다른 窯가 있었지 않나 추측하는 바이다. 그래서 左書를 포함하여 5가지
의 拍子가 있는 것으로 보인다. 기와의 중요성을 알고 있을 왕족인 탁부
나 왕비족인 사탁부의 기와 요지가 없다는 점은 납득이 안 된다. 儀鳳四
年皆土명기와에는 習명, 井井習部명, 井井習府명, 井마크 등이 없어서 습
비부의 기와로 볼 수가 없다. 아마도 儀鳳四年皆土명기와는 왕족인 탁부
나 왕비족인 사탁부의 기와로 보인다. 왜냐하면 기와의 중요성을 알고
있는 탁부와 사탁부에서 기와를 만들지 않았다는 것은 이해가 되지 않
고, 탁부와 사탁부에서도 기와의 중요성을 어느 부보다도 잘 알고 있었
기 때문이다.

　月池에서 나온 雙鹿寶相華文塼片에 다음과 같은 銘文이 있다. 調露二
年/漢只伐部君若小舍～/三月三日作康(?)～이를 해석하면 다음과 같다. 調
露2年(680년)에 漢只伐部의 君若 小舍가 (監督)했고, 3月 3日에 作康(?)이
(만들었다)가 된다. 君若 小舍는 監督者이고, 作(康?)～는 製瓦匠의 人名
이 된다.88) 이는 전 명문이지만 연호 다음에 인명이 나오는 예로 중요하

　　등도 모두 제와장 또는 감독자가 책임을 지는 뜻으로 인명을 年干支나 年號 뒤
　　에나 앞에 인명을 적은 것으로 보인다. 고신라나 통일신라시대에 있어서 年干支
　　나 年號 앞에 인명이 온 예는 없다. 백제에서는 戊午瓦 耳淂辛명기와와 耳淂辛
　　丁巳瓦명기와가 있어서 耳淂辛이 인명임은 분명하다.
86) 習府가 과연 習部인지는 현재까지 자료로는 알 수가 없다. 신라에서 부명은 반드
　　시 部로 표기하고, 府로 표기한 예가 없기 때문이다. 習府라 해도 官廳名이 되어
　　서 말이 통하기에 충분하다.
87) 도교 벽사 마크라는 것은 일본의 지방 목간 전문연구자 平川 南의 가설이 유명하다.
88) 이를 종래에는 調露二年漢只伐部君若小舍～三月三日作康(?)～(개행)를 調

다. 儀鳳四年皆土(680년)과는 1년밖에 차이가 없어서 儀鳳四年皆土가 연호+인명일 수가 있음을 말해주고 있다.

開元四年丙辰(716년, 미륵사)명기와는 開자와 辰자가 파실되었으나 716년의 開元四年丙辰으로 복원된다. 景辰年五月卄日法得書의 景辰年(丙辰年)이 716년이 아님을 알려주는 중요한 자료이다.

부소산성 기와 명문으로 大△△午年末城이 있다. 이는 大曆庚午年末城(766년), 大曆戊午年末城(778년), 大中庚午年末城(850년) 등으로 복원된다.[89] 어느 것으로 복원되던[90] 末城의 의미이다. 아무래도 인명으로 보아야 될 것이다. 그러면 末城은 제와의 감독자나 기와를 만드는 기술자로 볼 수가 있다.

會昌七/年丁卯/年末印(이하 동일:847년, 부여 扶蘇山城 彌勒寺 출토)명

露二年(680년)에 한지벌부의 군약소사가 三月三日에 지었다로 해석하고 있으나 이는 잘못된 해석이나 年號+인명표기로 구성됨은 분명한 해석 방법이다.

89) 吉井秀夫, 「扶蘇山城出土會昌七年銘文字瓦をめぐって」『古代文化』56-11, 2004, 606쪽.
高正龍, 「軒瓦に現れた文字-朝鮮時代銘文瓦の系譜-」『古代文化』56-11, 2004, 617쪽.

90) 大曆庚午年末城(766년)과 大中庚午年末城(850년) 사이에 84년의 연대 차이가 있어도 어느 시기인지 구분할 수가 없다. 이는 기와의 제작 기법이나 문양 곧 타날 방법으로 100년의 차이가 있어도 기와의 구분이 어렵다는 이야기가 된다. 그래서 평기와의 편년을 경주에서는 고식 단판 6세기전반~7세기전반, 신식 단판 7세기후반(의봉사년개토명, 습부명, 한지명 암기와), 중판은 7세기후반~9·10세기로 판단하고 있다. 지방은 중판이 7세기 후반~8세기에, 경주를 제외한 지방에서는 장판이 9세기 전반부터 출토되고 있다. 이것도 金科玉條는 아니다. 왜냐하면 656년의 景辰年五月卄日法得書에 장판 타날 기와가 있기 때문이다. 하루빨리 평기와 편년이 나오기를 희망한다. 물론 평기와 편년에 절대적으로 중요한 자료는 문자 기와에 대한 연구이다. 會昌七/年丁卯/年末印라고 하면 누구도 847년임을 의심할 수가 없고, 평기와 편년 설정에 한 기준이 된다.

기와는[91] 새김판의 흔적이 없이 명문을 새긴 것으로 유명하다. 이는 會昌七年丁卯年(개행:847년)에 末印이 만들었다. 또는 감독했다로[92] 해석된다. 末印을 상황판단이 아닐 경우 인명으로 보아야지 다른 방법은 없다. 末印을 儀鳳四年皆土(개행)의 皆土와 함께 인명으로 보게 된 바, 금

---

91) 이에 대해서는 吉井秀夫, 앞의 논문, 2004라는 전론이 있다. 吉井秀夫, 앞의 논문, 2004, 609~610쪽에서는 會昌七年丁卯年末印을 會昌七年(年號)+丁卯年(干支)+末印으로 나누고 나서 그 해석은 유보하였다.

92) 최민희, 앞의 논문, 2018, 339쪽에서는 會昌七年丁卯年末印에서 會昌七年丁卯의 年末이라고 해석하고, 印은 해석치 않았다. 최민희, 앞의 논문, 2018, 339쪽의 <그림 3>에서 會昌七年丁未年末印으로 판독문을 제시하고 있으나 未는 卯가 잘못된 것이다. 또 (保寧)元年己巳年(969년)의 예나 太平興國七年壬午年(982년) 三月三日의 예와 같이 연호와 연간지 모두에 年자가 오는 예도 있어서 年末로 끊어 읽는 것은 문제가 있다. 삼국시대~통일신라 금석문까지 年干支나 年號뒤에 인명은 나왔으나 다른 것은 오지 않는다. 884년이 되면, 甲辰城年末村主敏亮이라고 해서 甲辰(年干支;884년으로 추정)+城年(지명)+末村主(관직명)+敏亮(인명)의 순서로도 적는다. 540년경의 2016-W150번 목간에 眞乃滅村主憹怖白가 나오는데, 憹怖白가 인명표기일 가능성도 있다. 촌주는 냉수리비(443년)에 村主臾支 干支로 처음 등장하고, 창녕비(561년)에 村主 奀聰智 述干와 村主 麻叱智 述干으로 나온다. 그 다음에 남산신성비(591년) 제1비에 村上村主 阿良村 今知 撰干과 郡上村主 柒吐村 △知尒利 上干이 나오고, 파실되어 일부가 없어진 제5비에 向村主 2명이 나올 뿐이다. 이들 6세기 村主에서는 인명이 공반하고 있다. 따라서 2016-W150. 목간에서 촌주도 眞乃滅村主憹怖白까지 끊어서 眞乃滅(지명)+村主(직명)+憹怖白(인명)으로 보아야 할 것이다. 왜냐하면 2016-W150. 목간에서 眞乃滅村主憹怖白의 연대는 540년경을 하한으로 하고, 고신라 금석문에서 (지명)+촌주+(출신촌명)+인명+외위명이 나오기 때문이다. 眞乃滅村主를 지명+촌주로 보면 그러한 예는 고신라 금석문에서는 없다. 9세기의 자료로는 淸州 雙淸里 출토 명문와의 易吾加茀村主가 있다. 이 자료도 易吾加茀(지명)+村主로 되어 있다. 이에 대해서는 「淸州 雙淸里 易吾加茀村主의 명문」이 곧 발표될 예정이다. 또 황룡사 남쪽 담장 밖의 우물에서 나온 9세기로 보이는 청동접시의 達溫心村主이란 명문도 인명+관직명이 아닌 지명+관직명이다.

석문을 인명표기에서 시작해 인명표기로 끝내는 것으로 보아야 한다.[93] 會昌七年丁卯年末印(개행)기와는 내부에 구획선을 넣어서 만들었을 뿐, 9세기에 반드시 장판으로 타날하지 않음을[94] 알려주는 중요한 자료이다. 바꾸어 말하면 會昌七年丁卯年末印(개행)기와의 會昌七年丁卯年末印(개행)만은 3자씩 3줄로 되어 있어서 중판 기와일 가능성이 크다. 물론 기와 전체는 장판 타날로 만들어졌다.

大中三年(849년, 淸州 興德寺址)명기와는 魚骨文이 확실하게 통일신라에서 나오는 예로 장판으로 되어 있다.

發令/戊午年瓦草作伯士必山毛의 戊午年은 958년으로 추정된다.[95] 이 명문은 發令을 내린다. 戊午年(958년)에 瓦草를 伯士인 必山毛이 만들었다로 해석된다. 伯士인 必山毛도 제와장일 가능성이 크다.

太平興國七年壬午年三月日/竹州瓦草近水△水(吳)(矣)(安城 奉業寺) 太平興國七年壬午年는 982년이다.[96] 이는 해석이 대단히 어려우나 대체로 太平興國七年壬午年三月日에 竹州의 瓦草를 近水△水(吳)가 만들었다로 해석된다.

官草명 기와는 확실한 절대 연대가 나오는 예가 없지만, 束草 束草里 寺址나 竹州山城의 官草도 고려 초의 것으로 보아도 될 것이다.

---

93) 평기와에 있어서 연호나 연간지 다음에 글자가 몇 자가 올 때 인명이 아닌 예는 없다.

94) 會昌七年丁卯年末印의 명문 기와는 3자씩 3줄로 쓰지 않고, 한 줄로 내려 쓴 종류도 있다고 하는 바, 이는 장판으로 짐작된다. 吉井秀夫, 앞의 논문, 2004, 15쪽에서 3자씩 3줄로 쓴 것이 먼저이고, 한 줄로 내려 쓴 것을 나중에 제작된 것으로 보았다. 3자씩 3줄로 쓴 명문만은 적어도 중판이다. 곧 무수한 장판 속에서도 중판이 있다는 이야기가 된다.

95) 金昌鎬, 「나말여초의 기와 명문」 『신라 금석문』, 2020.

96) 金昌鎬, 앞의 논문, 2020.

辛卯四月九日造安興寺瓦草(利川 安興寺址)는 931年이나 991年으로 추정된다. 그 연대는 전자인 931년은 후삼국시대라 성립되기 어렵고, 후자인 991년으로 판단된다. 이는 辛卯四月九日에 安興寺瓦草를 만들었다로 해석된다.

永興寺送造瓦草重創(保寧 千防寺址)은[97] 永興寺의 위치를 알기 어렵지만,[98] 이를 慶州 地域의 寺院으로 본다면 성전사원이었던 永興寺의 활동을 살필 수 있는 좋은 자료라고 하면서 永興寺에서 보낸 기와로 寺院을 重創했으므로, 이로써 永興寺의 경제력을 짐작할 수 있다고 하였다. 文聖王(839~856년)이 朗慧和尙 無染이 머물던 이곳 인근(保寧)의 절을 聖住寺로 바꾸고, 大興輪寺에[99] 編錄시켰다는[100] 사실을 감안하면, 銘文

---

97) 韓國水資源公社·公州大學校博物館, 『千防遺蹟』, 1996, 146쪽.

98) 『東國輿地勝覽』券20, 忠淸道 藍浦縣 佛宇條에 崇巖寺, 聖住寺, 永興寺, 玉溪寺가 登場한다. 永興寺를 이 지역의 통일신라시대의 사찰로 비정하기도 하지만(韓國水資源公社·公州大學校博物館, 앞의 책, 1996, 453쪽) 경주 지역의 永興寺와 같은 이름을 지방에서 사용하기 어려웠다고 판단하고 있다(李泳鎬, 「新羅의 新發見 文字資料와 硏究動向」 『한국고대사연구』57, 2010, 199쪽).

99) 홍륜사는 실재로는 영묘사이고 영묘사가 홍륜사로 서로 바뀌어 있고, 9~10세기 기와 명문인 令妙寺명기와를 국사편찬위원회 한국사데이터베이스에서는 삼국시대로 보고 있다. 기와를 모르는 문헌사학자의 잘못으로 보인다. 고신라시대에 있어서 사명 등 문자기와가 출토된 예는 전무하다. 경주에서는 기와에 사찰명이 나오는 예가 많은데 대개 9~10세기의 나말여초로 보인다. 岬(甲)山寺명와편, 昌林寺명와편, 味呑寺명와편 등은 9~10세기의 것이다. 因井之寺명숫막새, 正万之寺명숫막새(高正龍, 앞의 논문, 2004, 618쪽에서는 万正之寺로 잘못 읽고 있다.)도 고려 초로 보이나 9~10세기로 보아 둔다. 四祭寺명암막새는 확실히 고려 초의 것이다.

100) 韓國古代社會硏究所編, 『譯註 韓國古代金石文』Ⅲ, 1992, <聖住寺朗慧和尙碑> '文聖大王 聆其運爲 莫非神王化 甚之 飛手敎優勞 且多大師答山相之四言 易寺牓爲聖住 仍編錄大興輪寺'

기와의 연대는 9世紀 中葉으로 추정할 수 있겠다라고 했으나,[101] 瓦草에서 絶代 年代가 나오는 10世紀 中葉(정확히는 958년)이 上限이므로 永興寺送造瓦草重創명 기와를 10世紀 중엽이후로 보아야 한다. 그렇다면 永興寺는 保寧에 있던 永興寺로 보아야 할 것이다. 이는 永興寺가 만들어 보낸 瓦草로 (保寧 千防寺를) 重創을 했다로 해석이 된다.

沙羅瓦草(洪城 石城山城)도 이 명문은 지명+瓦草만 남아 있으나 와초명문이 고려 초인 점에 준하여 고려 초(10세기 중엽~11세기 전반)로[102] 본다.

~元年己巳年北舍瓦草(月南寺) 969年으로 ~부분은 遼 景宗의 연호인 保寧으로 復元할 수 있다. 이는 (保寧)元年己巳年에 이은 北舍의 瓦草이다가 된다.

太平興國五年庚辰六月日彌勒藪龍泉房瓦草(盆山 彌勒寺) 太平興國五年庚申으로 되어 있으나 976~984년의 太平興國 범위 밖에 있어서 庚辰(980년)이[103] 타당하다. 太平興國五年庚辰六月 日에 彌勒藪의 龍泉房의 瓦草이다가 된다. 日에 구체적인 날짜가 없는 것도 고려적인 요소이다.

三年乙酉八月日竹凡草伯士能達毛은[104] 乙酉란 연간지는 985년이다. 年月日에서 日의 날짜를 정확히 밝히지 않는 것도 고려적인 요소이다. (通和)三年[105]乙酉八月日에 竹의[106] 凡草를 伯士인 能達毛가 만들었다로

---

101) 李泳鎬, 앞의 논문, 2010, 199쪽.

102) 정확히는 현재까지의 자료로 볼 때 958년(추정이 아닌 절대연대로는 969년)~1028년까지이다. 70년동안(절대연대로는 59년 동안) 사용한 것이 堂草명기와, 瓦草명기와, 官草명기와, 凡草명기와 등이다.

103) 이렇게 금석문에서 연간지가 틀리는 예는 드물다.

104) 경기문화재단부설 기전문화재연구원·하남시,『하남교산동건물지 발굴조사 종합보고서』, 2004, 185쪽. 凡草의 예는 1점뿐이다. 凡자가 瓦자일 가능성도 있다. 이 시기 瓦자는 凡와와 구별이 어렵다. 伯士能達毛의 伯士는 寺匠의 뜻으로 能達毛이 寺匠 가운데 하나인 製瓦匠일 가능성이 있다.

해석된다. 伯士인 能達毛은 제와장일 가능성이 크다.

　太平八年戊辰定林寺大藏堂草(扶餘　定林寺)은 1028년이다. 이 명문은 堂草·瓦草·官草·凡草가 나오는 명문 가운데 가장 늦은 11세기 전반의 명문이다. 이는 太平八年戊辰에 定林寺의 大藏(堂)의 堂草이다로 해석된다.

　堂草·瓦草·官草·凡草가 나오는 銘文은 絶代 年代가 확실한 예는 모두가 고려 초의 銘文이었다. 年號나 年干支가 없이 나오는 堂草·瓦草·官草· 凡草의 銘文도 고려 초(10세기 중엽에서 11세기 전반)일 가능성이 크다. 왜냐하면 堂草·瓦草·官草·凡草의 절대 연대를 공반한 것으로 삼국시대 나 통일 신라 시대의 예는 단 1점도 없기 때문이다.

　이제 선리 기와의 명문 작성 시기를 조사할 차례가 되었다. 官草·堂 草·瓦草·凡草는 모두 고려 초기의 기와임을 알 수가 있다. 선리 기와는 蟹口(기와 생산지 곧 기와 요지), 受(기와 공급자와 수요자의 관계를 나 타냄) 등의 특징이 있다. 이 기와가 개성의 蟹口(기와 요지)에서 선리까 지 가는 데에는 통일신라 말기의 정치력으로는 부족하고, 후삼국시대 고려 초의 정치력으로라야 가능할 것이다. 그것도 선리와 동떨어진 황 해도 개성, 송악, 강원도 철원군, 충청북도 진천 등의 기와까지 그 공급 로를 무시하고 전혀 엉뚱한 한강의 지류인 고덕천 가까이에 있던 선리 로 기와를 운반하고 있다. 그것도 蟹口 기와뿐만이 아니라 船家, 船宇의 기와까지 포함하였다. 이러한 기와 공급은 사용처와는 관련이 없는 것 으로 선리에 있던 호족을 위한 선심이었을 것이다. 이러한 선심이야말 로 당시의 호족의 중요시해야 됨과 관련이 있다. 그래서 기와에 고려 초 에 堂草·官草·瓦草·凡草가 오는 대신에 草밖에 없다. 이 草는 기와를 나

---

105) 三年은 遼聖宗의 通和三年(985년)이다.

106) 竹은 지명이나 건물명으로 보인다. 후자일 가능성이 크다.

타내며, 官草·堂草·瓦草·凡草에 앞서는 형식이다. 이 草가 후삼국시대
를 뛰어 넘어서 통일신라의 기와로 보기에는 통일신라의 지명을 나타내
는 기와의 숫자가 너무나 많고, 통일신라가 변경에까지 세력을 떨질 수
는 없을 것이다. 9세기 통일신라 기와로는 安城 飛鳳山城의 長板 打捺로
左書인 夲彼,[107] 光州 武珍古城의 沙喙,[108] 淸州 上薰山城의 沙喙部屬長
池駟升達의 銘文 등이[109] 있을 뿐이다. 아무래도 이 草를 비롯한 선리의
유사 일괄유물을 후삼국시대의 고려에 있어서 어느 시기로 보아야[110]
할 것이다.

또 ⅣB류와[111] 동일한 기와가 하남 교산동 건물지의 최하층에서 확
인되었는데, 이 층에서 924년 전사한 哀宣과 관련된 哀宣伯土명기와가

107) 徐榮一, 「安城 飛鳳山城 收拾 <本彼>銘 기와 考察」 『文化史學』11·12·13,
한국문화사학회, 1999.
108) 具汶會, 「武珍古城 出土 銘文資料와 新羅統一期 武州」 『韓國史의 構造와
展開-河炫綱敎授停年紀念論叢-』, 2000.
109) 朴省炫, 「新羅 城址 出土 文字 資料의 現況과 分類」 『木簡과 文字』2, 한국
목간학회, 2008. 沙喙部屬長池駟升達의 銘文으로 미루어 볼 때, 9세기의 安
城 飛鳳山城의 長板 打捺로 左書인 夲彼, 光州 武珍古城의 沙喙도 역제를
알려주는 편린으로 보고 싶다.
110) 喙部, 沙喙部, 本彼部, 牟喙部, 漢只部, 習比部 등의 부명이 나와야 통일신라
의 것인데, 이들 부명은 나오지 않고, 고구려 지명이 14개로 가장 많이 나오고,
통일신라 지명이 5개로 그 다음이다. 한강 유역은 원래 백제의 땅인 데에도 불
구하고 백제 지명은 없다. 고구려 지명과 통일신라 지명만으로 구성된 점은 이
들 지명을 통일신라의 것만으로 한정할 수는 없다. 통일신라의 것이라면 통일신
라 지명이 주류를 이루고, 喙部, 沙喙部 등 부명이 나와야 할 것이다. 가령 9세
기의 沙喙部屬長池駟升達, 沙喙(무진고성의 기와에는 沙喙으로 판독할 수밖
에 없는 기와가 있다. 이에 대해서는 「광주 무진고성 명문와의 재검토」가 곧 발
표될 예정이다), 本彼 등이 좋은 예이다.
111) 김규동·성재현, 앞의 논문, 2011, 569쪽.

출토된 것을 참고하면, ⅣB류는 924년 이전이므로[112] 통일신라말로 편년된다고 하였다.[113] 곧 哀宣의 전사를 다음의 사료에서 찾았다. 太祖七年秋七月 甄萱子 須彌康 良劍等 來攻曹物部 命將軍哀宣王充救之 哀宣戰死 郡人固守 須彌康等 失利而歸(『고려사』권1, 세가1) 그래서 哀宣伯士와 哀宣을 동일인으로 보았다. 哀宣伯士명기와의 伯士는 寺匠으로 고려시대 초기 금석문에 많이 나온다.[114] 기왕의 연구 성과에 의하면[115] 伯士는 寺匠이기 때문에 고려 초의 장군이나 호족일 수는 없다. 따라서 哀宣伯士명기와의 哀宣伯士는 伯士로 볼 때, 製瓦匠일 가능성이 있고, 924년에 죽은 將軍 哀宣일 수는 없다.[116] 따라서 ⅥB류를[117] 924년 이전으로 보아 통일신라 말로 편년하는 것은[118] 그 금석문 연구 방법상으로는 명

---

112) 김규동·성재현, 앞의 논문, 2011, 571쪽.

113) 경기문화재단부설 기전문화재연구원·하남시, 앞의 책, 2004, 182~188쪽.

114) 강호선, 「고려전기 寺匠의 존재 양태-伯士의 사용과 소멸-」『한국사상사학』54, 한국사상사학회, 2016.

115) 통일신라의 최초의 伯士 예로는 襄陽 禪林院址 鍾銘(804년)이 있다.

116) 인명과 같다고 동일인이 아님은 중요하다. 沙喙部徙夫知葛文王을 立宗葛文王과 동일인으로 보는 것도 이름이 같다는 이외에 다른 증거는 없다. 徙의 음과 立의 훈은 통하고, 夫와 宗은 居柒夫가 荒宗이라든지 異斯夫를 苔宗이라고 해서 徙夫知葛文王과 立宗葛文王은 동일하다는 것이다. 추명에서 其王与妹共見書石이란 구절이 나오는데 其王은 沙喙部徙夫知葛文王으로 보아 왔으나 妹는 찾지 않았다. 妹를 추명에서 찾는다면 추명의 여자라고는 另卽知太王妃夫乞支妃밖에 없다. 따라서 그녀만이 妹가 될 수 있어서 另卽知太王과 沙喙部徙夫知葛文王은 妹夫妻男사이가 되어 沙喙部徙夫知葛文王은 立宗葛文王일 수가 없다. 그래서 추명에 沙喙部徙夫知葛文王가 另卽知太王을 부르는 용어인 妹兄·妹婿·妹弟·妹夫와 같은 의미인 妹王이 등장하고 있다. 이는 沙喙部徙夫知葛文王이 另卽知太王을 부른 간접 호칭임을 알 수 있다. 이렇게 하지 않고서는 沙喙部徙夫知葛文王의 妹를 찾을 수가 없다.

117) 김규동·성재현, 앞의 논문, 2011, 569쪽.

118) 김규동·성재현, 앞의 논문, 2011, 575~576쪽.

백한 잘못이다.

선리의 有銘 기와는 고구려 지명과 통일신라 지명이 공존하고 있고, 蟹口 등에서 생산된 여러 곳의 기와가 선리까지 와 있다. 이는 蟹口가 고려 수도의 王畿에 가까이에 있던 開城에 있는 점을[119] 고려하고, 동시에 고려의 정치력을 생각할 때, 918~935년경의 어느 해(넉넉잡아 5년 간)에서나 가능할 듯하다. 이때에 개성의 무역선이 선리에 갔다가 어떤 이유로 기와가 권력이 지극히 강한 소비자인 호족에게 전달되지 못하고, 선리에 짐을 풀었다. 그래서 기와에 고구려와 통일신라의 지명이 있고, 선리 기와가 유사 일괄 유물이 되었다. 포천 반월산성, 아차산성 등에서 馬忽受蟹口草, 北漢受國蟹口(船家草)[120] 등의 기와가 나오는 것은 실질적으로 馬忽와 蟹口간의 교역으로, 北漢와 蟹口간의 교역으로 볼 수가 있어서 선리 출토품과는 다른 성격의 명문와이다. 선리 출토품은 각종 소비지의 이름이 나열된 것을 무시하고, 선리 근처의 어떤 유력한 소비자인 호족을 위해 보내려고 한 점이다. 고구려와 통일신라의 지명이 공존하고 있는 점은 그 시기가 후삼국시대임을 암시하고 있고, ~官草, ~瓦草, ~堂草, ~凡草로 끝나는 고려시대 초기의 기와가 있어서 후삼국시대를 뛰어넘어서 통일신라의 기와에 草자로만 끝나는 기와가 존재할 수 없어서, 후삼국시대의 918~935년경의 어느 해인 후삼국인 고려시대의 것으로 볼 수가 있다. 선리에 도착한 뒤에는 배에서 하역되어 기와로서의 실효성을 잊어버리고 선리에 남아 있었다. 그래서 수많은 기와편이 현대에 와서 수습되어 후삼국시대사 복원에 도움이 되고 있다.

---

119) 고려 시대의 王畿인 송악가까이에 있던 개풍군이다.

120) ~草명문기와는 조선시대에도 출토되나 창해파문과 색조, 소성 등으로 구별이 가능하다.

기와 명문은 無草시대(통일신라시대)→草시대(후삼국시대 고려)121)→
官草·堂草·瓦草·凡草(10세기 중엽에서 11세기 전반까지의 고려시대 초기
70년 동안 사용)로 변해 갔다고 판단된다. 官草·堂草·官草·凡草가 70년
정도 유행했으므로 草가 기와의 뜻으로 918～935년까지 17년간에 걸쳐
서 유행하고 후삼국통일과 더불어 ～草가 官草·堂草·瓦草·凡草로122)
바뀌었다. 후삼국시대 고려에 있어서 고구려와 통일신라의 지명이 유행
하는 것은 호족 회유책의 일환으로 보인다. 고구려계나 통일신라계 모
두를 위무해 아울려는 뜻으로 해석된다. 결국 ～草명문와는 官草·堂草·
瓦草·凡草의 전신으로 후삼국시대 고려의 것이다. 선리기와는 유사 일
괄 유물로 918～935년의 어느 해에 개성의 蟹口에서 선리로 운반되어
선리에서 종언을 고하고, 기와로서의 역할을 다하지 못한 기와이다. 그
래서 이 선리 기와를 통한 형식론의 적용은 무리한 점이 있고, 평기와인
수키와와 암키와를 형식 분류하여 편년하는 것도 재고되어야 한다.123)
왜냐하면 蟹口 기와는 918～935년의 어느 해(넉넉잡아 5년간)란 절대 연
대를 갖기 때문이다.

---

121) 후삼국시대 후백제나 통일신라의 영역에서 ～草명기와가 단 한 점도 발견예가
  없는 점도 주목해야 될 것이다. 이는 후삼국시대의 고려에서 ～草명기와가 나
  온다는 것을 암시하고 있다.
122) ～草, 堂草, 瓦草, 官草, 凡草 등이 이두임을 잊어서는 안 될 것이다.
123) 특히 등자를 20년 단위로 편년하기도 하나 토기 편년을 등자에 대입한 것이고,
  등자 편년은 50년으로 끊기도 힘들다. 최근에 호록의 편년도 상세하게 형식 분
  류하고 있으나 분류를 위한 분류로 보인다.

VI. 명문을 통해 본 蟹口 기와의 생산과 유통

후삼국 고려 시대의 기와는 국가에서 생산하고 국가에서 분배했다고 판단된다. 그 근거 자료가 전무했는데 北漢受國蟹口船家草명기와 명문이 나와서 기와가 국가 주도로 官需官給制였음을 알게 되었다. (泉)口郡受蟹口草도 기와가 관에서 공급된 것을 알 수 있다. 黃壤受船宇草도 관급한 것을 알 수가 있다. 北漢受國蟹口船家草명은 北漢이 받은 國家의 蟹口 요지의 船家의 기와(草)란 뜻으로 국가에서 기와를 만들어서 필요한 곳에 공급했다는 것을 알 수 있다. 그래서 漢州의 기와를 공급하기 위해 요지를 개성의 蟹口에 둔 것으로 판단된다. 그래야 官需官給制로 한주 지역의 기와를 장악할 수 있을 것이다.

기와의 생산은 北漢受國蟹口船家草명문의 國자로 볼 때, 국가에서 생산했다. 月池에서 나온 雙鹿寶相華文塼片에 다음과 같은 銘文이 있다. 調露二年/漢只伐部君若小舍～/三月三日作康(?)～ 이를 해석하면 다음과 같다. 調露2年(680년)에 漢只伐部의 君若 小舍가 (監督)했고, 3月 3日에 作康(?)이 (만들었다)가 된다. 君若 小舍는 監督者이고, 作(康?)～는 製瓦匠의 人名이 된다. 이는 전 명문이지만 연호 다음에 인명이 나오는 예로 중요하고 전이 君若小舍가 생산의 감독을 하고 있어서 관요임이[124] 분명하다. 통일신라 관영 공방의 실체는 사당동 요지 출토의 명문에서 밝혀진 바 있다. 여기에서는 △縣器村何支爲명과 舍知作명 등의 명문이 나왔다.[125] 이는 △縣器村何支爲△舍知作으로 연결될 가능성이 있다. 그러

---

124) 漢只伐部가 나와서 기와요가 한지부의 것이라고 생각하는 것은 다경요를 국가의 것인 官窯라는 점을 간과한 것이다.

125) 송기호, 「사당동 요지 출토 명문 자료와 통일신라 지방사회」『한국사연구』99·100, 1997.

면 △縣 器村(행정촌)의 何支爲△ 舍知(13관등)가 만들었다가 된다. 토기
와 기와 등의 생산에 국가에서 관장했음은 北漢受國蟹口船家草로도 알
수가 있다. 금관, 금동관, 은관 등의 관, 대금구, 과대, 환두대도 등의 금
속기, 기와,126) 토기 등의 토제품의 생산과 분배는 국가에서 관장했다.
그래서 이들의 무덤에 묻힌 것을 통해 신분제를 논하고 있다.

기와에 새겨진 명문의 현재 지명을 종합해 보면, 開城의 蟹口 등에서
제작된 기와의 공급 지역은 서울의 북한산 지역, 경기도의 양평·안성·
수원·과천·김포·양주·고양·파주·포천·하남과 인천광역시, 강원도 철
원, 황해도 개성 지방, 충청북도 진천 지방으로 매우 넓은 지역에 해당
된다. 선리에서 출토된 기와에 지명이 확인된 것 중『삼국사기』,지명 비

---

126) 기와도 적석목곽묘에는 출토 예가 없고, 횡혈식석실분의 예가 있다. 이들 기와가
묻힌 고분은 5두품이상의 무덤으로 보인다. 왜냐하면 기와가 출토된 횡혈식석실
분 가운데 금동관이 출토되지 않는 고분도 있기 때문이다. 적석목곽묘와 횡혈식
석실분에서 금동관이 나오는 고분은 6두품과 진골로 판단되고, 금관은 성골로
판단되나 그 시기는 법흥왕의 사망한 때인 539년 이후로 판단되고, 그 이전에는
성골이 없었다. 금관이 출토된 전 교동 출토품, 98호 북분, 금관총, 서봉총, 금령
총, 천마총 가운데에서 530년 이후일 가능성이 있는 것은 없다. 전부가 5세기 말
까지의 유물이라서 530년 이후로 편년되는 금관은 없다. 왜냐하면 금관총에서 3
루환두대도 검초 단금구에 尒斯智王(刀)명문이 새겨져 있어서 이를 훈독하면
녀사지왕이 되고, 반절로 읽으면 넛지왕이 되어 눌지왕과 동일인 이라 458년이
란 절대 연대를 가지게 된다. 종래 금관총을 5세기 4/4분기로 보아 왔기에 17~
42년의 연대가 차이가 있게 된다. 그래서 천마총이나 금령총의 금관도 540년 이
후로 볼 수가 없다. 이 문제는 앞으로 새로운 자료의 출현을 기대하고 싶다. 부
연하고 싶은 것은 검총(황남동100호분)과 같은 고분은 劍, 토기, 지석 등이 봉토
위의 매장된 제사 유물로서 발굴되었을 뿐, 일인들이 유물층에 도달치 못한 대
형 적석목곽묘이므로 재발굴하면 금관이 나올지도 알 수 없어서 빠른 발굴 조사
가 요망된다. 초창기 발굴로서 적석목곽묘에 관한 지식이 없던 때에 발굴한 고
분이라서 더욱 그러하다.

정에서 고구려 지명은 14곳이고, 통일신라의 지명은 5곳이다. 이들 유적
은 漢州에 한정되며, 10세기 전반의 어느 시점의 유적이다. 이 유적들은
北漢受國蟹口船家草가 나와서 수요지인 北漢과 공급지인 蟹口가 나오
고, 官窯임을 밝히는 國자가 있다. 荒壤受船宇草가 있어서 수요지인 荒
壤과 공급지인 船宇가 나온다. 買省蟹口처럼 買省은 수요지, 蟹口는 공
급지이다. 공급지와 수요지가 대부분인 蟹口 기와는 開城의 蟹口의 기와
요에서 생산해 어떻게 공급지에 보냈을 것인가?

한주에는 한강, 예성강, 임진강 등의 강이 있어서 漕運을 이용했을 것
이다. 강원도 철원이나 충청북도 진천에는 조운만으로는 불가능하고, 일
부 구간은 驛도[127) 이용했을 것이다. 통일신라의 역에 대해서는 다음과
같은 명문이 있다.[128)

　　　沙喙部屬長池馹升達[129)

---

127) 신라 역에 대해서는『삼국사기』, 신라본기, 소지마립간9년(487년)조에 3월에 사
　　　방으로 郵驛을 설치하고 유사에 명하여 도로를 수리했다고 하였고, 尻驛典·京
　　　都驛 등의 기관을 두었다고 하고, 668년 문무왕10년조에는 褥突驛 이름이 나온
　　　다.『삼국사기』, 지리지, 고구려조에 압록이북에서 이미 항복한 城은 11개인데,
　　　그 하나는 국내성으로서 평양으로부터 17개의 驛을 지나 여기에 이른다고 한 사
　　　실에서 삼국시대에 광범위하게 驛이 설치 운영되고 있었음을 알 수 있다. 금석
　　　문 자료로서는 長池驛이 유일한 예인 듯하다.
128) 朴省炫, 앞의 논문, 2008.
129) 沙喙部屬長池馹升達를 이두로 보아서 沙喙部에 屬한 長池馹의 升達로 해석
　　　할 수도 있으나 인명표기의 전형적인 예와는 차이가 크다. 이름은 이두로 해석
　　　하는 유일한 예가 된다. 한문으로 풀이하면 沙喙部가 長池馹의 升達에 屬하다
　　　가 된다. 沙喙部가 升達에 속함을 강조하고 있다. 長池馹의 升達이 沙喙部에
　　　속해야 되지, 沙喙部가 長池馹의 升達에 속하면 안 된다. 따라서 沙喙部屬長
　　　池馹升達은 이두로 해석해야 된다. 전형적인 인명표기라면 長池馹~(직명)+沙
　　　喙部(출신부명)+升達(인명)이 되어야 한다. 경위가 없는 것도 이상하다. 沙喙部

이 명문은 청주 상당산성에서 출토된 기와 명문으로 통일신라의 역제
에 관한 유일한 자료이다. 이는 沙喙部에 屬한 長池馹(馹자는 驛자의 이
체)의 升達로 해석되는 난해한 인명표기이다. 沙喙部에 長池驛이 속한
부명이고, 長池驛은 升達의 출신지명이고, 升達은 인명이다. 이렇게 보
면 升達은 지방민이다. 만약에 왕경인이었다면 長池驛~(직명) 沙喙部
(부명) 升達(인명)로 기록했을 것이다. 沙喙部에 屬한 長池馹의 升達이라
했으므로 역제가 부별로 되었을 가능성도 있다. 장판 기와 타날이고, 신
라의 역제가 있었다는 증거로 중요하며, 그 시기는 9세기로 보인다. 10
세기의 청주 상당산성은 통일신라의 영토가 아니기 때문이다.

驛은 진상이나 공물 등 관수물자의 운송이나 사신접대에 따른 迎送과
卜物의[130] 운송, 수령 등 지방관리의 교체에 따른 雜物 운송 등 통신기
능보다는 운송을 위한 교통로 역할을 맡게 되었다. 고려시대나 조선시
대는 驛이 있었다. 통일신라에는 그 자료가 거의 없다. 沙喙部屬長池馹
升達이 금석문 자료로는 유일한 듯하다.

驛制도 漕運制와 연결되어 있었다. 조운은 조선시대에는 쌀과 포를
운반하는데 주로 이용되었지만 10세기에는 기와도 운반했을 것이다. 그
리고 조운이 불가능한 육로는 역제를 이용했을 것이다. 9세기의 상당산
성은 포곡식 산성으로 청주시의 변두리에 있다.

개성의 蟹口에서 기와를 싣고 역을 이용해 바다에 가서 다시 조운이
가능한 곳은 조운으로 그렇지 않는 곳은 역을 이용해서 갔을 것이다. 강
원도 철원군이나 충청북도 진천군은 아마도 조운을 이용하고 나서 조운

属長池馹升達에서 沙喙部에 속한 升達이라고 하면 되지 굳이 沙喙部에 屬한
長池馹의 升達이라고 해서 長池馹이 들어간 이유가 궁금하다. 沙喙部에 屬한
長池馹의 升達인 점은 아무래도 역이 부별로 되었을 가능성도 있는 듯하다.
130) 예전에 소나 말 따위에 실어 나르는 짐을 이두 식으로 이르던 말.

을 할 수 없는 곳은 역을 이용했을 것이다. 개성은 고려의 수도 가까이 있던 王畿였으므로 후삼국시대 고려의 교통의 중심지였을 것이다. 이렇게 조운과 역의 이용은 관수관급제의 수공업제품의 운송에 중요한 교통수단이었을 것이다.

VII. 맺음말

먼저 기왕의 견해 가운데 가장 설득력이 있는 기와 전공자의 견해를 중시하여 명문을 제시하였다.

다음으로 38점의 명문에 나오는 19개의 지명(고구려 옛 지명 14곳, 통일신라 지명 5곳)을 전부 『삼국사기』지리지와 비교하여 검토하였다.

그 다음으로 蟹口의 위치를 기왕에서는 한강 지류인 고덕천 일대로 보아 왔다. 그러나 蟹口開城이란 명문을 통해 吏讀로 풀이하여 蟹口가 開城이다로 해석했다. 곧 蟹口가 開城에 있다고 해석하여 蟹口가 開城에 있는 것으로 보았다. 蟹口는 開城에 있는 기와요가 있던 곳 가운데 하나이다. 馬忽受蟹口草, 北漢受國蟹口(船家草) 등으로 볼 때 蟹口의 기와는 포천 반월산성과 아차산성 등에서도 나옴으로, 경기도 일대를 비롯한 강원도, 충청북도, 황해도 등에도 실질적으로 교역했음을 알 수가 있다.

그 다음으로 선리 명문와의 제작 시기를 고고학적인 방법과 금석문에서 나온 결론으로 선리 기와는 유사 일괄유물로 거의 동일 시기의 기와이다. 그 시기는 918~935년경의 어느 해(고려시대 초기로 넉넉잡아 5년간)인 후삼국시대에 선리 지방에 살던 세력이 지극히 강한 호족을 위해 開城의 蟹口에서 선리에 명문와를 아마도 배에 실고 도착한 것이며, 그 후에 기와로서 지붕에 올라가지 못하고, 기와로서의 실효성을 잊어버리고 말아서 후세에 전래된 것으로 판단된다. 아울러 儀鳳四年皆土명기와 의 皆土를 제와총감독자의 인명 등으로 보는 등 백제와 신라와 통일신라와 고려 초의 年干支+인명 또는 年號+인명으로 된 명문을 전부 검토 하였다. 앞으로 선리 출토 명문 기와는 한국 고대 기와를 연구하는 데에 큰 도움이 될 것이다. 한국 고대 기와 전체에서 선리와가 337점의 명문 이 확인되어 가장 압도적으로 많은 문자를 차지하고 있으며, 문자와의 지명만도 19가지나 된다.

마지막으로 蟹口를 통해 기와 등의 생산과 유통에 대해 조사하였다. 기와 등의 생산은 국가에서 하였고, 기와 등의 유통도 국가에서 조운과 역을 통해서 한 것으로 보았다.

제10절 남한산성 출토 나말여초 기와 명문

I. 머리말

한국 고고학에서 1/2가량이 기와와 토기와 자기 유적이다. 그런데도 불구하고 기와에 관한 연구자는 무덤과 취락 연구자에 비해 절대적으로 부족하다. 특히 평기와를 중심으로 하는 연구자는 손을 곱을 수 있는 정도이다. 기와의 백미인 와당을 중심으로 하는 연구자는 과거에 있었지만 평기와 연구자는 그 숫자가 극히 한정되고 있다. 평기와는 와범만 있으면 세월이 흘러도 다시 생산이 가능하다. 그래서 신라의 평기와는 고식 단판 6세기전반~7세기전반, 신식 단판 7세기후반(의봉사년개토, 습부명, 한지명 암키와), 중판은 7세기후반~9·10세기로 판단하고 있다. 지방은 중판 7세기 후반~8세기에, 경주를 제외한 지방에서는 장판이 9세기 전반부터 출토되고 있다.[1]

그래서 신라 평기와 연구의 탈출로는 문자 기와를 연구하는 도리밖에 없다. 문자 기와의 체계적인 정리는 각 사원을 연구해 창건 와를 정리하고, 이를 문자 자료를 통한 검토가 절대적으로 중요하다. 가령 儀鳳/四年/皆土명기와는 679년에 제작된 것이나 그 박자가 5가지나 되고, 그 출토

---

1) 조성윤, 「신라 장판 타날문양 평기와의 경주 제작 여부에 대하여」, 『이화사학연구』 30, 2003에 따르면 경주에서는 9~10세기에도 장판 타날 기와를 사용하지 않았다고 한다.

범위가 경주 시내 전역과 七佛庵과 羅原里寺址 등에서도 출토되고 있어서 그 시기를 679년으로 한정하는 것은 무리이지 싶다. 그것도 부의 세력이 약했던 습비부에서 儀鳳四年皆土명기와를 전담하기는 어려웠을 것이다. 앞으로 계속 자료가 나와야 될 것이다. 기와 작업장은 망성리와요지는 습비부, 다경와요지는 한지부만 나왔을 뿐, 왕족인 탁부, 왕비족인 사탁부의 것은 어디인지도 모르고 있다. 제3세력인 본피부의 와요지, 모탁부의 와요지도 모르고 있다. 習部나 漢只의 표시는 전체 기와 양의 1/1000도 되지 않는 것으로 기와를 100장 단위 또는 200장 단위로 표시하는 데 사용한 것으로 보인다. 여기에서는 남한산성에서 통일 신라 기와와 고려 초기 기와가 나와서 이를 검토해 보고자 한다.

여기에서는 먼저 유적 개요 및 명문와 출토 양상을 살펴보고, 다음으로 남한산성 출토 고려 초의 명문와를 소개하고, 그 다음으로 몇 가지 검토를 하겠으며, 마지막으로 官草·堂草·瓦草·凡草명 기와의 절대 연대를 살펴보기로 하겠다.

II. 유적 개요 및 명문와 출토 양상[2]

남한산성에서 확인된 건물지는 정면 16칸, 측면 6칸(외진주초 기준)이다. 이것은 지금까지 산성지의 건물지 가운데에는 큰 편이며, 건물지 주변에서 발굴된 많은 기와들이 불에 타서 적갈색을 띠고 있고, 소토가 층을 이루며, 벽체가 서쪽으로 무너져 있는 양상으로 미루어 이 건물의 마지막 폐기 원인은 화재로 인한 붕괴이었던 것으로 추정된다.

---

2) 본고의 II장과 III장은 심광주, 앞의 논문, 2008에서 발췌하였다.

건물은 사방으로 외진주칸이 있고, 그 안쪽에 두터운 벽체를 갖춘 구조이며, 외진주초석들은 내진부에 비하여 약 15cm정도 낮게 위치하도록 하여 한단을 낮추었다. 외진주초석의 바깥쪽에는 처마의 낙숫물이 떨어지는 지점을 따라 배수로를 조성하였다. 초석의 간격은 약 3.5m정도이며, 할석으로 간단한 적심시설을 하고, 그 위에 80cm정도 크기의 가공하지 않은 자연석을 초석으로 놓았다.

건물지의 내진주 초석이 놓이는 곳에는 점토를 다져서 벽체를 조성하였다. 벽체는 바닥에 잔자갈을 깔고, 그 위에 목탄을 5~10cm정도 간 후 갈색점토와 황갈색점토를 교대로 판축하여 쌓아올렸으며, 벽체의 뚜께는 130~150cm정도이다. 판축벽체의 양쪽에는 할석이나 와편으로 마감을 하여 벽체의 두께는 2m에 달할 정도로 두텁다.

무너진 벽체의 주변에서 기와층이 쌓여 있었으며, 토층조사결과 건물지 서쪽에서 5개의 기와층이 확인되어 번와를 포함한 건물의 보수공사가 수차례에 걸쳐서 이루어졌음을 알 수 있게 되었다. 또한 건물지가 놓여 있는 곳의 지하에는 암맥이 흐르면서 중심부가 높고, 남북 쪽이 낮기 때문에 전면적으로 생토 층까지 제토를 하고 인위적으로 할석과 사질점토를 쌓아올려서 평탄화하는 대규모 대지조성공사를 하였다. 또한 초석 적심부에 대한 굴광선이 확인되지 않은 것으로 보아 치밀한 사전 계획에 따라 대지조성과 적심과 초석의 배치, 벽체 판축 등 건물의 축조가 한 치의 오차도 없이 순차적으로 이루어졌음이 밝혀졌다.

건물지 서쪽 구간에서 확인된 후삼국 시대 기와층은 위에서부터 Ⅰ층으로부터 Ⅴ층까지 구분이 가능하였다. Ⅰ층은 조선 시대 하궐마당지 하부에 존재하는 인위적인 기와 매립층으로 전체적으로 완만한 U자형을 이루며, 상부가 평탄한 것이 특징이다. 동서 너비 약 5m, 두께 0.3~

0.8m에 걸쳐 분포하며, 후삼국시대 건물지의 서쪽 남단을 제외한 건물지 서쪽 전 지역에서 확인되고 있다. 기와층의 아랫면이 완만한 U자형 이루고, 윗면이 고른 것으로 보아 건물이 있는 지역을 평탄화하기 위하여 상대적으로 레벨이 높은 건물의 동쪽부분에 쌓아있는 기와를 경사가 완만한 구상의 지형에 인위적으로 기와편들을 매립한 것으로 생각된다. 유물포함층중 기와의 양이 가장 많으며, 末村主, 麻山停子 등의 명문이 있는 기와가 많이 포함되어 있다. 간혹 토기편들이 출토되나 원래의 기형을 파악할 만한 것은 거의 없으며, 경부 파상선문 대호편과 편병편 등이 수습되었다.

Ⅱ층은 소토층으로 이 층을 제거하면 구 지표에서 초석, 기단 등이 노출되는 점으로 보아 동편에 있는 대형건물지가 화재로 소실되면서 무너져 형성된 층으로 판단된다. 소토, 목탄, 황갈색사질점토, 적갈색기와편, 할석과 산돌들이 섞여 있었다. 와적 규모는 너비 4~5m, 두께 0.1~0.7m 정도이며, 대형건물지를 따라 띠상으로 50cm정도 범위에 분포되어 있다. 유물포함층 기와의 양이 1층 다음으로 많으며, 기와의 대부분은 불에 타 적갈색을 띤다. 이중에는 마치 지붕이 무너져 내린 서너 매의 수키와가 겹쳐져 있는 것도 보인다. 이곳에서도 末村主명 기와가 다수 확인되었고, 기와 양상이 Ⅰ층과 동일하며, 大瓦라고 할 만한 크고 두꺼운 기와들이 전혀 나오지 않는 것으로 보아 건물의 忘棄 시점에는 이 건물에 대와가 즙와되지 않았음을 알 수 있게 해준다.

Ⅲ층은 대형건물지 서쪽 배수 석렬의 뒤채움으로 사용된 와적층이다. 와적층은 하궐지 쪽에서 경사면을 따라 서측 배수 석렬까지 이어져 있고, 너비는 2m안팎이며, 완형기와는 거의 없이 후삼국시대 기와의 잔편들이다.

Ⅳ층은 Ⅲ층 이전에 조성된 배수 석렬의 뒤채움으로 추정된다. 배수로 서측 석축렬의 서쪽에서 이 배수로보다 이전시기에 축조된 또 하나의 석축이 확인되는데, 이 와적층은 이 선택된 배수로 석축의 뒷채움을 한 것으로 보인다. 이 선택된 배수구의 간격을 좁히면 후축 배수석렬(Ⅲ층) 이 조성되어 건물 忘棄 시까지 배수석렬로 사용되었음이 확인되었다. 와적층은 너비 3m에 걸쳐 두께 0.4~0.5m로 분포하며, 하궐지 쪽에서 경사면을 따라 선축 배수석렬까지 이어져 있다. 이른바 大瓦라고 하는 크고 두꺼운 기와들이 대부분 이 곳에서 출토되었다.

Ⅴ층은 최하층으로 Ⅳ층 아래에 존재한다. 이곳은 대형건물지의 서단부로 비교적 완만하게 경사진 하궐지에서 급격하게 단이 지면서 발굴지역과 이어지는 부분인데 바로 단 직하의 풍화된 암반 위에 너비 1~2m에 걸쳐 두께 0.2m정도로 분포한다. 대부분이 작은 편들로 이루어져 있으며, 두께나 크기로 보아 후삼국 기와의 양상을 보여주고 있다.

Ⅲ. 남한산성 고려 초의 명문와 소개

1. 甲辰城年末村主敏亮명 수키와1

회청색의 수키와로 완형에 가깝다. 태토에는 1~3mm크기의 사립이 많이 혼입되어 있으며, 1cm내외의 굵은 석립도 확인된다. 내면의 絲切痕이 남아 있는 것으로 보아 점토판으로 제작되었음을 알 수 있다. 절단부의 한쪽면은 내→외, 다른 한쪽은 외→내의 방향으로 와도질하여 잘랐으며, 파쇄면은 정면하지 않았다. 외면에는 장판고판으로 상단과 하단에 한 번씩 돌아가면서 찍은 명문이 있다. 명문의 내용은 甲辰城年末村主敏亮으로 판독되었다.

2. 甲辰城年末村主敏亮명 수키와2

회청색경질의 수키와이며 와구부의 모서리 일부가 결실되었지만 완형에 가깝다. 태토에는 1～3mm크기의 사립이 많이 혼입되어 있으며, 내면에 사절흔은 관측되지 않는다. 측단부는 한쪽면은 내→외, 다른 한쪽은 외→내 방향으로 와도질을 한 후 잘라내었으며, 파쇄면은 정면하지는 않았다. 외면에는 미구를 상부로 하여 와구방향으로 동일한 명문이 양각으로 찍혀 있다. 명문의 내용은 甲辰城年末村主敏亮으로 판단되며, 1번 수키와와 같은 고판으로 제작된 것으로 보인다.

3. 甲辰城年末村主敏亮명 수키와3

회청색경질의 수키와이며, 절반 정도가 결실된 상태이나 길이는 알수 있다. 역시 한쪽은 내→외, 다른 한쪽은 외→내 방향으로 와도질하여 잘라내었으며, 파쇄면을 2차 정면하지는 않았다. 태토는 굵은 砂粒이 많이 혼입되어 있으며, 사절흔은 확인된다. 외면에는 장판고판으로 하단부를 돌라가면서 먼저 두드리고, 상단부를 두드려서 한줄의 명문이 중간부분에서 약간씩 어긋나게 찍혀 있다. 명문의 내용은 甲辰城年末村主敏亮명으로 판독되며, 동일한 다른 명문와들과 같은 고판으로 제작된 것으로 보인다.

4 末村主敏亮명 수키와4

적갈색 연질의 수키와이며, 명문이 있는 와구부 일부만이 남아 있는 상태이다. 태토에는 1～2mm크기의 사립이 많이 혼입되어 있으며, 굵은 석립도 함께 포함되어 있다. 내면에는 사절흔이 관측되며, 외면에는 종방향으로 타날된 명문이 남아 있으나 末村主敏亮부분만 선명하게 보인다.

5. 甲辰城年末村主敏亮명 암키와1

회청색경질의 암키와로 종방향으로 결실되어 너비는 확인되지 않는다. 내면에는 사절흔이 남아있으며, 측단부는 내→외의 방향으로 1/2정도 와도질을 한 후 잘라내었다. 태토에는 1～5mm크기의 사립이 많이 혼입되어 있다. 외면에는 수키와와 동일한 고판을 사용한 것으로 보인 명문이 찍혀 있는데 두 번씩 두드린 수키와와 달리 돌아가면서 한번씩 두드렸음이 확인된다. 이는 암키와가 수키와에 비하여 6cm정도 크기가 작기 때문일 것이다. 명문의 내용은 甲辰城年末村主敏亮으로 판독된다.

6. 甲辰城年末村主敏亮명 암키와2

회청색경질의 암키와로 일부가 결실되기는 했지만 전체적으로 완형에 가깝다. 내면에는 포흔과 사절흔 및 절토판 접합흔이 확인된다. 하단내면에는 2cm폭으로 와도질 정면을 하여 깎아내었다. 양측면은 모두 내→외 방향으로 와도질하여 잘라내었으며, 와도의 깊이가 1/3정도로 얕고 파쇄면은 2차 정면을 하지 않고 그대로 두었다. 외면에는 길이 33cm, 너비 5cm정도로 정도의 장판고판으로 두드려서 찍은 명문이 확인된다. 명문의 내용은 甲辰城年末村主敏亮명으로 판독되며, 역시 동일한 내용의 다른 명문와와 같은 고판을 사용한 것으로 판단된다.

7. 麻山停子瓦草명 수키와

암갈색 연질의 수키와편으로 1/3정도가 결실된 상태이다. 태토에는 1～3mm크기의 사립이 많이 혼입되어 있으며, 내면에는 사절흔이 확인된다. 외면에는 상단부에서 하단부로 종방향으로 두드려서 양각으로 찍은 명문이 있다. 명문의 내용은 麻山停子瓦草로 판독된다. 특히 瓦라는 글자 양 옆에는 6줄의 횡선이 양각으로 표현되어 있어서 같은 명문의 다른 기와들과 동일한 고판을 사용했는지를 쉽게 확인할 수 있게 해준다. 이 글자를 지금까지 凡자로 판독하여 '무릇 기초를 한다.'는 뜻이라는 견해도 있지만,[3] 瓦의 이체로 보아 기와라는 의미로 이해하는 것이 더 타당하다고 판단된다.

8. 麻山停子瓦草명 암키와1

회색연질의 암키와편으로 1/3정도가 결실된 상태이다. 양측단부는 내→외방향으로 1/2~1/3정도 깊이로 와도질을 한 후 잘라내었으며, 파쇄면은 2차 정면을 하지 않고, 그대로 두었다. 외면에는 길이 34cm, 너비 6cm크기의 장판고판으로 두드려서 생긴 명문이 있다. 명문의 내용은 麻山停子瓦草로 판독되며, 같은 내용의 수키와와 찍힌 고판이 동일한 것으로 판단된다.

9. 麻山停子瓦草명 암키와2

암갈색의 연질암키와로 부분적으로 결실되었지만 전체적으로 비교적 완형에 가깝다. 태토에는 1~3mm크기의 사립이 많이 혼입되어 있으나 1cm크기의 굵은 사립도 포함되어 있다. 내면에는 포흔과 사절흔 및 점토판 접합흔이 남아 있으며, 하단부 내면에는 와도로 정면하였다. 양측면에는 와통에 노끈으로 드리운 분할계선이 찍혀 있으며, 내→외 방향으로 1/2깊이로 와도질하여 잘라내었다. 외면에는 종방향으로 글자가 찍혀 있으나 선명하지 못하지만 麻山停子瓦草로 판독된다.

---

3) 상명대학교박물관, 『홍성석산산성-건물지발굴조사보서-』, 1998, 192~194쪽.

10. 官草(?)명 암키와1

회색의 연질암키와편으로 명문이 있는 부분만 남아있다. 태토에는 사립이 많이 혼입되어 있으며, 측단부는 1/2정도 깊이로 내→외 방향으로 와도질한 후 잘라낸 흔적이 있다. 외면에는 종방향으로 양각의 명문이 찍혀 있는데 左書로 된 官자가 분명하게 보이며, 다음자는 분명하지는 않지만 麻山停子瓦草명 기와에서 보이는 草자와 자획이 유사하므로 官草였을 것으로 추정하였다. 글자가 찍혀있는 주변에는 어골문이 곡선화된 형태의 문양이 찍혀있다.

11. 官草명 암키와2

상단부가 결실된 회색 연질의 암키와이다. 내면에는 포흔과 사절흔이 깊게 남아 있으며, 측면에는 노끈을 드리운 분할계선 흔적이 남아있다. 하단부 내면은 건장치기와 물손질정면을 하였으며, 외면에는 장판고판으로 종방향으로 타날된 명문이 양각으로 찍혀 있다. 명문은 앞의 암키와와 동일한 고판으로 판단되는데 내용은 여기 官草의 좌서이다.

12. 天主명 암키와1

암갈색 연질의 암키와편으로 명문이 있는 부분만 남아있다. 태토에는 붉은색의 shard가 많이 혼입되어 있으며, 내면에는 사절흔과 포흔이 관측된다. 측단부는 내→외면으로 깊이 1/4정도로 와도질을 하고 잘라낸 파쇄면이 남아있으며, 외면에는 횡선문의 방곽안에 天主명의 명문이 양각으로 타날되어 있다. 방곽의 크기는 5×4cm이다. 남한산성에서 인접한 하남시 천왕사지에서는 天主명 기와가 여러 점 출토되었으나 이처럼 王자의 가운데 획이 올라가 主자로 인식되는 경우는 찾아보기 어렵다.

13. 天主명 암키와2

암갈색 연질의 암키와편으로 명문이 있는 부분만 남아있다. 태토에는 붉은색의 shard가 많이 혼입되어 있으며, 내면에는 사절흔과 포흔이 관찰된다. 측단부는 와도로 완전히 정면하였다. 외면에는 횡사선과 격자문이 타날되어 있으며, 5cm×3cm크기의 방곽내에 天主란 글자가 찍혀 있다.

14. 丁巳年명 암키와

회색연질의 암키와편이며 명문이 있는 부분 일부만 남아있다. 태토에는 1~2mm크기의 사립이 다량 혼입되어 있으며, 내면에는 사절흔과 포흔이 확인된다. 측면에는 내→외 방향으로 1/2이상 와도로 잘라낸 후 절단하여 와도흔과 파쇄흔이 남아있다. 외면에는 종방향으로 6cm간격이 되게 두드린 흔적이 확인되는데 丁巳年이라는 세글자만 확인될 뿐 다른 글자는 읽을 수 없어서 다른 내용은 알 수가 없다.

15. 城명 수키와

회흑색 연질의 수키와편으로 명문이 있는 부분 일부만 남아있다. 태토에는 1~3mm크기의 사립이 다량 혼입되어 있으며, 내면에는 사절흔과 포흔이 남아있다. 외면에는 무문에 횡방향으로 城자만이 양각으로 찍혀 있다.

16. 城명 암키와1

암회색 연질의 암키와이며, 상단부의 일부가 결실되었으나, 전체적으로 거의 완형에 가깝다. 태토에는 굵은 사립이 많이 혼입되어 있으며,

내면에는 사절흔과 점토 접합흔이 관측면에는 와도로 깍기 정면을 하였다. 외면에는 장판고판으로 종방향으로 타날한 문양이 찍혀 있는데 어골문과 선조문이 결합된 문양 중간부분에 좌서로 찍은 城자 명문이 있다.

17. 城명 암키와2

회백색연질의 암키와편이다. 태토에는 1～3mm크기의 사립이 다량 혼입되어 있으며, 내면에는 포흔과 사절흔이 관측된다. 측단부는 내→외 방향으로 1/4정도 깊이로 얕게 와도로 자른후 분할하였으며, 외면에는 장판고판으로 종방향으로 타날한 명문이 찍혀 있다. 명문은 城자 한자이며, 명문의 좌측에는 4×4cm크기의 방곽을 十자로 4등분 한 후 각각에 ㅌ과 ㄷ모양의 문양을 90도 회전시키면서 대칭이 되도록 배치하였는데 글자라기 보다는 문양이라고 판단된다.

18. △城명 암키와

회청색 경질의 암키와편으로 하단부의 일부만 남아있다. 내면에는 사절흔이 관측되며, 하단부의 내면은 와도로 정면하였다. 측단부에는 양쪽 모두 1/2～1/3깊이로 내→외 방향으로 와도로 자른 후 잘라내었다. 외면에는 선조문이 타날되어 있고, 종방향으로 7cm간격으로 크고 선명하게 명문이 찍혀 있으나 아쉽게도 윗부분의 글자는 파실되어 무슨 글자인지 알 수가 없다.

19. 촘명 암키와

회백색연질의 암키와로 거의 완형에 가깝다. 태토는 매우 정선되어 있고, 내면에는 사절흔과 포흔이 있다. 양측면은 절단후 와도로 2차정면을 하여 파쇄흔이 남아있지 않으며, 하단부에도 선조문이 타날되어 있다. 외면에는 단판의 선조문이 혼선상으로 타날되어 있으며, 사단부에 6×3cm정도의 타원내에 吂자가 도장처럼 찍혀 있다. 명문은 선조문이 타날된 이후에 찍어 바탕의 문양에 의하여 글씨가 굴곡을 이루고 있다.

20. 白명 암키와

회백색연질의 암키와로 하단부가 1/2정도가 결실된 상태이다. 태도는 매우 정선되었으며, 미세한 사립이 혼입되어 있다. 기와의 내면에는 포흔, 사절흔, 점토판 접합흔 등이 관측된다. 특히 점토판 접합흔에는 성형후 물손질 정면을 하였으며, 상단부상단의 내면에는 와도질 정면을 하였다. 하단부의 바닥에도 선조문 고판으로 두드려서 정면하였다. 외면에는 선조문이 찍힌 단판고판으로 호선상으로 타날하였으며, 그 위에 3×3cm크기의 말각방형 도장으로 白자의 명문을 찍어 놓았다.

IV. 몇 가지 검토

여기에 소개된 문자 기와들은 전부가 9세기의 통일 신라 기와와 나말여초의 기와이다. 보다 정확히 말하면 통일신라의 기와와 고려의 기와가 공존한다.

신라의 암키와와 수키와는 합쳐서 편의상 평기와로 부르고 있다. 이 평기와는 고식 단판 6세기전반~7세기전반, 신식 단판 7세기후반(의봉사년개토, 습부명, 한지명 암키와), 중판은 7세기후반~9·10세기로 판단하고 있다. 지방은 중판 7세기 후반~8세기에, 경주를 제외한 지방에서는 장판이 9세기 전반부터 출토되고 있다.[4] 이는 당시 수도였던 경주 지역의 이야기이고, 경주 이외의 지방에서는 9세기경부터 장판이 경주 지역보다 먼저 나타나 사용되었다. 아마도 이 장판 수법이 936년 이후에 경주 지역에 들어왔는지 아니면 10세기경인 후삼국 시대에 경주 지역에 들어왔는지는 불분명하다.

신라 시대의 문자 기와는 경주에서도 극히 드물고, 대개 후삼국 시대부터 평기와의 등면에 문자를 넣는 습관이 생겼다. 이들 문자 기와들은 신라, 고려, 조선의 기와 연구에 기본이 되고 있음은 재고를 요하지 않는다.

남한산성 출토 명문 기와에 대해 살펴보기로 하자.[5]

---

4) 조성윤, 「신라 장판 타날문양 평기와의 경주제작여부에 대하여」『이화사학연구』 30, 2003.

5) 통일 신라 기와로서 안성 비봉산성의 장판 타날로 左書인 本彼(서영일, 1999.「안성 비봉산성 수습 <본피>명 기와 고찰」『문화사학』11·12·13.), 광주 무진고성의 沙喙(구문회, 2000.「무진고성 출토 명문자료와 신라통일기 무주」『한국사의 구조와 전개-하현강교수정년기념논총-』), 청주 상당산성의 沙喙部屬長池馹升達의 명문이 있다. 이들은 신라 중앙의 6부에서 많이 떨어진 지방에서 6부명이 나온다는 공통점이 있고, 그 출토지가 전부 포곡식산성이라는 공통점을 지니고 있고, 취락지에서 4km정도 떨어진 산성이라는 공통점이 있다. 6부명이 나오는 유적으로는 경주 월지·동궁에서 나온 習部명기와(망성리와요지에서 생산), 漢(只部)명기와(다경와요지에서 생산)의 출토와가 있다. 월지에서 나온 쌍록보상화문전편에 다음과 같은 명문이 있다. 調露二年/漢只伐部君若小舍~/三月三日作康(?)~ 이를 해석하면 다음과 같다. 조로2년(680년)에 한지벌부의 군약 소사가 (감독)했고, 3월 3일에 작강(?)이 (만들었다)가 된다. 군약 소사는 감독자이고, 작(강?)은 제와장의 인명이 된다. 습부와 한(지부) 양자를 무진고성의 사탁과 연결시켜서 기와 등을 무진고성에서 생산했다고 보거나『삼국사기』, 강수전에 나오는 中原京沙梁人也란 구절에 근거하여 5소경의 본피부로 보아 왔다. 후자의 경우 그 근거는 沙喙部屬長池馹升達을 사량부가 장지역의 말을 맡다(돌보다)로 해석한 데에 기인하고 있다. 沙喙部屬長池馹升達은 사탁부에 속한 장지역의 승달이 되어서 사량부가 장지역의 말을 맡다(돌보다)로는 해석할 수 없게 된다. 장지역은 사탁부에 속한

첫째로 가장 많이 나오는 甲辰城年末村主敏亮명 기와에서 甲辰은 연간지명, 城年은 지명, 末村主는 직명, 敏亮은 인명이다. 甲辰(年)은 884년과 944년 가운데에서 瓦草나 官草명 기와가 없어서 884년으로 판단된다.

둘째로 많이 나오는 麻山停子瓦草명 기와는 '마산정자의 기와집'이란 뜻으로 瓦草가 나오면 통일 신라가 아닌 고려 초의 기와가 틀림없다.

셋째로 官草명 기와는 '官에서 만든 기와집'이란 뜻으로 고려 시대 기와가 분명하다. ～官草명 기와는 고려 시대 초기의 것이다.

넷째로 天主명 기와는 지명이나 인명일 가능성이 크나 확실히 해석하기 어렵다. 앞으로의 연구가 기대된다.

다섯째로 丁巳年명 기와는 후삼국 시대～고려 초의 기와이므로 이를 연표에서 찾으면 897년 또는 957년이 되나 전자로 보는 쪽이 타당하다.

여섯째로 城명 기와는 후삼국 시대 기와이고, △城명 기와는 후삼국 시대의 城名과 연결되는 기와로 판단된다.

일곱째로 香명 기와 白명 기와는 수급자 또는 제작자와 관련된[6] 후삼

역으로 통일 신라 시대에 역제가 있었다는 유일한 근거가 된다. 무진고성의 沙喙나 안성 비봉산성의 本彼도 청주 상당산성의 沙喙部屬長池馴升達과 역제를 나타내주는 편린이 아닐까한다. 이들 3유적의 연대는 장판기와나 반출된 청자편으로 보면 10세기는 아니고 후삼국 시대가 아니라서 9세기로 볼 수가 있다. 무진고성에서 나온 間城, 官城, 國城, 喙城(喙는 이체자)은 무진고성 관할의 城名으로 보인다. 무진고성에서 喙部가 나오지 않았고, 喙城이 나왔을 뿐이다. 大官, 眞官은 무진고성 등의 관리 직명 이름이고, 大官草/句丞△은 고려초의 기와로 보인다. 신라 시대의 역제는 부별로 한 개의 부가 한 개의 역을 관장해서 『고려사』, 병지에 나오는 고려 시대 역제와는 차이가 크다. 고려 시대의 역제에 대해서는 정요근, 「고려 조선초의 역로망과 역제 연구」, 서울대학교 박사논문, 2008 참조. 『삼국사기』와 『삼국유사』등에서는 일체 언급이 없던 역제가 상당산성에서 沙喙部屬長池馴升達이 나와 통일 신라에는 체계적인 역제가 있었음을 나타내주고 있다. 그것도 부별로 역을 관장했다는 점은 주목해야 할 것이다.

국 시대~고려 초의 기와이다.

V. 官草·堂草·瓦草·凡草명 기와의 절대 연대

기와 명문에 나오는 나말여초 지명을 어떻게 해석할 것인가가 문제이다. 곧 경덕왕의 漢化政策은 16년(757년) 12월의 地名改革과 18년(759년) 1월의 官號改革으로 나누어진다. 이같은 개혁은 오래가지 못했다. 약20년 뒤인 혜공왕12년(766년)에는 진골귀족 세력들의 반발로 관호가 복고되었다. 이때에는 관호뿐 만아니라 지명도 함께 복고되었다.[7]

太平興國七年壬午年三月三日安城奉業寺 王官草 등(안성 봉업사) 太平興國七年壬午年는 982년이다. 官草명 기와는 속초 속초리서지나 죽주산성의 官草도 고려 초(10세기 중엽~11세기 전반)의 것으로 보아도 될 것이다.

戊午年瓦草作伯士(안성 봉업사) 戊午는 太平興國八年의 983년의 명문도 나와서 958년으로 추정된다.
安興寺瓦草 辛卯四月九日造安△△(이천 안흥사지)는 931년이나 991년으로 추정된다. 991년일 가능성이 크다.

永興寺送造瓦草重創(보령 천방사지)은[8] 영홍사의 위치를 알기 어렵지만,[9] 이를 경주지역의 사원으로 본다면 성전사원이었던 영홍사의 활동을

---

6) 이 점에 대한 고분 토기에 대해서는 岡田裕之,「古墳時代における須惠器の生産單位について」『史淵』140, 2003 참조.

7) 이영호,「신라 혜공왕 12년 관호복고의 의미-중대 전제왕권설의 일검토-」『대구사학』39, 1990.

8) 한국수자원공사·공주대학교박물관,『천방유적』, 1996, 146쪽.

살필 수 있는 좋은 자료라고 하면서 영홍사에서 보낸 기와로 사원을 중창했으므로, 이로써 영홍사의 경제력을 짐작할 수 있다. 문성왕(839~856년)이 朗慧和尙 無染이 머물던 이곳 인근(보령)의 절을 聖住寺로 바꾸고, 大興輪寺에 編錄시켰다는[10] 사실을 감안하면, 명문 기와의 연대는 9세기 중엽으로 추정할 수 있겠다라고 했으나, 瓦草에서 절대 연대가 나오는 10세기 중엽이 상한이므로 永興寺送造瓦草重創명 기와를 빨라야 10세기 후반으로 보아야 한다. 그러면 永興寺는 경주에 있는 영홍사가 아니라 보령 인근에 있던 영홍사로 보아야 할 것이다.

~元年己巳年北舍瓦草(월남사)는 969년으로 ~부분은 遼景宗의 연호인 保寧으로 復元할 수 있다.

太平興國五年庚辰六月 日彌勒藪龍泉房瓦草(익산 미륵사) 太平興國五年庚申으로 되어 있으나 976~984년의 범위 밖에 있어서 庚辰이 타당하다. 太平興國五年庚辰은 980년이다.

太平八年戊辰定林寺大藏堂草(익산 정림사)은 1028년이다. 이 명문은 官草·堂草·瓦草·凡草명 기와 가운데 가장 늦은 11세기 전반의 기와이다.

三年乙酉八月日竹凡草伯士能達毛은[11] (通和)三年[12]乙酉란 연간지는

---

9) 『동국여지승람』권20, 충청도 남포현 불우조에 崇巖寺, 聖住寺, 永興寺, 玉溪寺가 등장한다. 영홍사를 이 지역의 통일신라시대의 사찰로 비정하기도 하지만(한국수자원공사·공주대학교박물관, 앞의 책, 1996, 453쪽) 경주의 지역의 영홍사와 같은 이름을 지방에서 사용하기 어려웠다고 판단하고 있다(이영호, 「신라의 신발견 문자자료와 연구동향」, 『한국고대사연구』57, 2010, 199쪽).

10) 한국고대사회연구소편, 『역주 한국고대금석문』Ⅲ, 1992, <聖住寺朗慧和尙碑> '文聖大王 聆其運爲 莫非神王化 甚之 飛手敎優勞 且多大師答山相之 四言 易寺牓爲聖住 仍編錄大興輪寺'

11) 경기문화재단부설 기전문화재연구원·하남시, 『하남교산동건물지 발굴조사 종합보고서』, 2004, 185쪽. 凡草의 예는 戊午年의 명문과 2점뿐이다. 凡자가 瓦자일

985년이다.[13] 3년乙酉八月日에 竹의[14] 凡草를 伯士인 能達毛가 만들었다로 해석된다.

戊午年凡草作伯士必攸毛의[15] 戊午年은 958년이다. 이 명문은 戊午年(958년)에 凡草를 伯士인 必攸毛이 만들었다로 해석된다.

官草·堂草·瓦草·凡草명 기와의 절대 연대는 10세기 중엽에서 11세기에 편년되고 있을 뿐, 9세기나 그 이전의 예는 없다. 麻山停子瓦草銘암막새는 고려 초의 것이고, 이 보다 앞서는 남한산성의 명문와는 甲辰城年末村主敏亮의 甲辰은 884년으로, 丁巳年은 897년으로 각각 보인다.

VI. 맺음말

먼저 남한산성의 유적 개요 및 명문와 출토 양상을 소개하였고, 다음으로 남한산성 고려 초의 명문와 소개를 전부 소개하였고, 그 다음으로 몇 가지 고찰을 통해서 麻山停子瓦草명 암키와가 나옴을 토대로 甲辰城年末村主敏亮의 甲辰年을 884년으로 보았고, 丁巳年을 897년으로 보았고, 마지막으로 官草·堂草·瓦草·凡草명 기와의 절대 연대가 10세기 중엽부터 11세기에 속함을 근거로 麻山停子瓦草암기와의 연대는 고려초로 보인다.

가능성도 있다. 이 시기 瓦자는 凡와와 구별이 어렵다.

12) 三年은 遼聖宗의 通和三年(985년)이다.
13) 年月日에서 日을 밝히지 않는 것도 고려적인 요소이다.
14) 竹은 지명으로 보인다.
15) 경기문화재단부설 기전문화재연구원·하남시, 앞의 책, 2004, 185쪽.

제11절 나말여초의 기와 명문

Ⅰ. 머리말

기와 건물은 古代나 中世나 近世 時代에 있어서 王宮, 官廳, 佛敎 寺院에 사용된 權威를 나타내는 것이다. 신라에 있어서 7세기 전반에 경주이외의 지역에 기와가 나오는데 이는 地方 官衙로 보이고, 2차 古代 國家完成期이다.[1] 古代의 기와는 금속기와 마찬가지로 政治的인 것을 다룰수 있는 유일한 토제 유물이다. 그럼에도 불구하고 기와의 編年은 瓦范만있으면 얼마든지 同一한 기와를 만들 수 있어서 어려움이 있다.[2] 고식단판 6세기전반～7세기전반, 신식 단판 7세기후반(의봉사년개토, 습부명, 한지명 암키와), 중판은 7세기후반～9·10세기로 판단하고 있다. 지방은중판이 7세기 후반～8세기에, 경주를 제외한 지방에서는 장판이 9세기전반부터 출토되고 있다. 암막새와 숫막새의 편년도 불분명하다. 이러한가운데 기와를 文字 자료로도 접근을 해 왔다. 문자 자료를 통한 기와의연대 설정은 움직일 수 없는 가설이 되기 때문이다. 금석문 시대에 존재하는기와는 문헌에 의한 연구는 중요하다. 儀鳳四年명기와(679년)로 羅原里五層石塔의 연대 설정이나 南山 七佛庵 年代에 대한 연구는 유명하다.[3]

---

1) 1次 新羅 古代 國家 완성기는 530년경으로 太王制의 실시, 積石木槨墓에서 橫穴式石室墳으로의 轉換을 그 예로 들 수가 있다.
2) 가령 儀鳳四年皆土銘기와를 679年으로 限定하기에는 그 出土 範圍나 숫자로볼 때, 너무도 넓고 많다.

여기에서는 먼저 9세기의 文字瓦인 上薰山城의 沙喙部屬長池馹升達를 중심으로 安城 飛鳳山城의 本彼, 光州 武珍古城의 沙喙를 살펴 보겠고, 다음으로 官草·瓦草·堂草·凡草 명문을 제시하였다. 이들 銘文은 그 절대 연대가 10世紀 中葉에서 11世紀의 것이라 官草·瓦草·堂草·凡草 등이 나오는 銘文은 그 年代를 이에 준하여 생각할 수 있고, 마지막으로 기와에 나오는 羅末麗初 地名을 馬忽受蟹口草는 後三國 時代로 보고, 雨述, 馬老, 任存, 仍伐內의 地名을 새로 검토하겠다.

II. 9세기의 文字瓦

新羅 기와로서 安城 飛鳳山城의 長板 打捺로 左書인 本彼,[4] 光州 武珍古城의 沙喙,[5] 淸州 上薰山城의 沙喙部屬長池馹升達의 銘文이[6] 있는 바,

---

3) 朴洪國, 1998,「慶州 羅原里 五層石塔과 南山 七佛庵磨崖佛의 造成時期-最近 收拾한 銘文瓦를 中心으로」『科技考古硏究』4.
儀鳳/四年/皆土명에 있어서 年號+문자군, 年干支+문자군이 나오는 기와 명문에 대해 강조하고 싶은 것이 있다. 곧 儀鳳/四年/皆土의 皆土에 대해서는 納音五行으로 풀이하는 등 여러 가지 학설이 있어 왔으나 설득력이 부족하고, 여기에서는 공사 규모가 너무나 커서 제와총감독자의 인명으로 본다. 또 익산 미륵사지의 847년 會昌七/年丁卯/年末印명기와의 末印도 인명으로 제와장 또는 제와 감독자이다. 해석이 안 되는 것은 억지로 해석하려고 하지 말고, 인명으로 보아야 한다. 그래야만 문제가 쉽게 해결이 된다. 이에 대해서는 김창호,「廣州 船里遺蹟에서 出土된 蟹口기와의 生産과 流通」『문화사학』52, 2019 참조.
4) 徐榮一, 1999.「安城 飛鳳山城 收拾 <本彼>銘 기와 考察」『文化史學』11·12·13.
5) 具汶會, 2000.「武珍古城 出土 銘文資料와 新羅統一期 武州」『韓國史의 構造와 展開-河炫綱敎授停年紀念論叢-』.
6) 朴省炫,「新羅 城址 出土 文字 資料의 現況과 分類」『木簡과 文字』2, 2008.

이들이 9세기의 통일신라 문자 기와이다. 이들은 신라 중앙의 6部에서 많이 떨어진 지방에서 6部名이 나온다는 공통점이 있고, 그 출토지가 전부 포곡식산성이라는 공통점을 지니고 있고, 취락지에서 멀어야 4km정도 떨어진 山城이라는 공통점이 있다. 6部名이 나오는 유적으로는 慶州 月池·東宮에서 나온 習部銘기와(望星里瓦窯址에서 生產),[7] 漢(只部)명기와(多慶瓦窯址에서 生產)의[8] 出土瓦가 있다. 月池에서 나온 雙鹿寶相華文塼片에 다음과 같은 銘文이 있다. 調露二年/漢只伐部君若小舍~/三月三日作康(?)~ 이를 해석하면 다음과 같다. 調露2年(680년)에 漢只伐部의 君若 小舍가 (監督)했고, 3月 3日에 作康(?)이 (만들었다)가 된다. 君若 小舍는 監督者이고, 作(康?)은 製瓦匠의 人名이 된다. 習部와 漢(只部) 兩者를 武珍古城의 沙喙과 연결시켜서 기와 등을 武珍古城에서 생산했다고 보거나 『三國史記』, 强首傳에 나오는 中原京沙梁人也란 구절에 근거하여 5小京의 沙梁部로 보아 왔다. 후자의 경우 그 근거는 沙喙部屬長池駅升達을[9] 沙梁部가 長池驛의 말을 맡다(돌보다)로 해석한 데에 기인하고 있다. 沙喙部屬長池駅升達은 沙喙部에 屬한 長池驛의 升達이 되어서 沙喙部가 長池驛의 말을 맡다(돌보다)로는 해석할 수 없게 된다.

長池驛은 沙喙部에 屬한 驛으로 금석문에 있어서 통일신라 시대에 驛制가 있었다는 유일한 근거가 된다. 武珍古城의 沙喙이나 安城 飛鳳山城의 本彼도 淸州 上黨山城의 沙喙部屬長池駅升達과 함께 驛制를 나타내주는

---

7) 680年頃에 製作된 것이다. 望星里瓦窯址의 기와가 習部에서 生產한 기와이고, 多慶瓦窯址가 漢只伐部에서 生產된 것임에 대해서는 趙成允의 敎示를 받았다.

8) 679年 前後에 製作된 것이다.

9) 沙喙部屬長池駅升達이 인명표기라면 長池駅~인 沙喙部 소속의 升達(인명)이 되어야 한다. 왜 沙喙部屬長池駅升達가 되어서 沙喙部에 屬한 長池駅의 升達이 되었는지 알 수가 없지만 沙喙部에 屬했다는 것을 강조하고 있는 것으로 보아서 長池駅이 사탁부에 속할 가능성도 있지 싶다.

편린이 아닐까한다. 이들 3유적의 연대는 長板기와나 반출된 靑瓷片으로
보면 10세기는 아니고, 통일신라시대라서 9세기로 볼 수가 있다. 武珍古城
에서 나온 間城, 官城, 官秀國城, 喙城(喙는 異體字)은 武珍古城 관할의 성
명으로 보인다. 武珍古城에서 喙部가 나오지 않았고, 沙喙이 나왔을 뿐이
다. 大官, 眞官은 武珍古城 등의 官吏 職名 이름이고, 大官草/向年丁은 고려
초의 기와로 보인다.

통일신라 시대의 驛制는 부별로 한 개의 부가 한 個의 驛을 관장해서
『高麗史』, 兵志에 나오는 高麗 時代 驛制와는[10] 차이가 크다. 『三國史記』
와 『삼국유사』 등에서는 具體的인 言及이 없던 驛制가 上薰山城에서 沙
喙部屬長池駎升達이 나와 통일 신라 시대에는 체계적인 驛制가 있었음
을 나타내주고 있다. 그것도 부별로 驛을 관장했다고 해석된다. 그런데
望星里가 습비부, 多慶瓦窯가 漢(只部)인 점에 의해 新羅 土城時代에는
경주 분지에는 신라인이 살지 않았다는 가설이 있으나[11] 이는 잘못된
것이다. 慶州나 大邱에서 내, 土城, 高塚古墳이 세트를 이루고 있어서 경

---

10) 고려 시대와 조선 초의 역제에 대해서는 정요근, 「고려·조선 초의 역로망과 역제
연구」, 서울대학교 박사논문, 2008.
11) 趙成允, 「考古資料로 본 新羅」 『唐都長安1400年國際學術研討會』, 2018. 또
여기에서는 習比部와 漢祇部만이 기와 製作 集團이고, 喙部, 沙喙部, 本彼部,
牟喙部는 기와를 제작하지 않았다고 했으나 이는 잘못된 것으로 각 部마다 奴
隷에서 平民이 있고, 4頭品은 6部가, 5頭品은 6部가, 6頭品은 喙部, 沙喙部,
本彼部가, 眞骨은 喙部, 沙喙部가 各各 存在해 있어서 喙部, 沙喙部, 本彼部,
牟喙部도 기와를 생산했다고 판단되고, 기와의 生産으로 얻는 수익도 상당했을
것으로 판단된다. 수익이 있는 사업을 王族인 喙部나 王妃族인 沙喙部가 하지
않았다고는 해석할 수가 없다. 新羅 6部 가운데 가장 먼저 기와를 도입한 階層
은 喙部와 沙喙部의 토기 만들던 技術者였을 것이다. 그 증거가 慶州에 남아있
는 155基의 가량의 積石木槨墓이다. 積石木槨墓의 土器나 金屬器는 高句麗
製도 있으나 喙部와 沙喙部가 만든 것이 대부분이었다.

주 분지에 사람들이 살고 있었다.[12]

Ⅲ. 官草·瓦草·堂草·凡草 명문

官, 官草, 臣(束草 束草里城址<장골 城터>)는 이 명문은 지명+官草만 남아 있으나 와초명문이 고려 초인 점에 준하여 고려 초(10세기 중엽~11세기 전반)로 본다.

大中, 伯士, 官草, 京(安城 竹州山城) 등이다. 대부분 奉業寺址에서 출토된 것들로 光宗~成宗 時期에 해당된다.[13]

太平興國七年壬午年三月日/竹州瓦草近水△水(吳)(矣)[14](安城 奉業寺) 太平興國七年壬午年는 982년이다. 官草명 기와는 束草 束草里寺址나 安城 竹州山城의 官草도 고려 초의 것으로 보아도 될 것이다.

發令/戊午年瓦草作伯士必山毛[15](安城 奉業寺) 戊午는 太平興國八年의 983年의 銘文도 나와서 958년으로 추정된다.

---

12) 北川(閼川), 西川, 南川은 古新羅人들의 生活과 관련되는 농사를 짓고, 물을 이용하여 생활용수를 한 것으로 判斷된다. 단 하나의 예로서 441년 중성리비의 주인공 牟旦伐이 포항시 흥해읍 중성리에 宮(居館)을 가지고 있어서 6部人도 경주 분지 바깥에 財를 가질 수 있다. 이것이 6부의 경주 분지를 벗어났다는 증거는 되지 못한다.
13) 安城 竹州 山城 發掘 指導委員會 資料.
14) 전문의 해석이 거의 불가능하나 太平興國七年壬午年(982년)三月日에 竹州의 瓦草를 近水△水(吳)가 만들었다로 보인다.
15) 發令을 내렸다. 戊午年(958년)에 瓦草를 伯士인 必山毛이 지었다.

辛卯四月九日造安興寺瓦草[16](利川 安興寺址)는 931年이나 991年으로 추정된다. 그 연대는 전자는 후삼국시대이라서 성립되기 어렵고, 후자인 991년으로 판단된다.

永興寺送造瓦草重創[17](保寧 千防寺址)은[18] 永興寺의 위치를 알기 어렵지만,[19] 이를 경주 지역의 사원으로 본다면 성전사원이었던 永興寺의 활동을 살필 수 있는 좋은 자료라고 하면서 永興寺에서 보낸 기와로 寺院을 重創했으므로, 이로써 永興寺의 경제력을 짐작할 수 있다. 文聖王(839~856년)이 朗慧和尙 無染이 머물던 이곳 인근(保寧)의 절을 聖住寺로 바꾸고, 大興輪寺에 編錄시켰다는[20] 사실을 勘案하면, 銘文 기와의 年代는 9世紀 中葉으로 推定할 수 있겠다라고 했으나,[21] 瓦草에서 絶代 年代가 나오는 10世紀 中葉이 상한이므로 永興寺送造瓦草重創명 기와를 10世紀 後半으로 보아야 한다. 그러면 永興寺는 保寧에 있던 永興寺로 보아야 할 것이다.

沙羅瓦草(洪城 石城山城) 이 명문은 지명+瓦草만 남아 있으나 와초명문이 고려 초인 점에 준하여 고려 초(10세기 중엽~11세기 전반)로 본다.

~元年己巳年北舍瓦草[22](康津 月南寺)는 969年으로 ~부분은 遼景

---

16) 辛卯(991년)四月九日에 安興寺의 瓦草를 만들었다.
17) 永興寺가 만들어 보낸 瓦草로 (保寧 千防寺를) 重創을 했다.
18) 韓國水資源公社·公州大學校博物館, 『千防遺蹟』, 1996, 146쪽.
19) 『東國輿地勝覽』券20, 忠淸道 藍浦縣 佛宇條에 崇嚴寺, 聖住寺, 永興寺, 玉溪寺가 등장한다. 永興寺를 이 地域의 統一新羅時代의 寺刹로 비정하기도 하지만(韓國水資源公社·公州大學校博物館, 앞의 책, 1996, 453쪽) 慶州 地域의 永興寺와 같은 이름을 지방에서 사용하기 어려웠다고 판단하고 있다(李泳鎬, 「新羅의 新發見 文字資料와 硏究動向」『韓國古代史硏究』57, 2010, 199쪽).
20) 韓國古代社會硏究所編, 『譯註 韓國古代金石文』Ⅲ, 1992, <聖住寺朗慧和尙碑> ‘文聖大王 聆其運爲 莫非禪王化 甚之 飛手敎優勞 且多大師答山相之四言 易寺牓爲聖住 仍編錄大興輪寺’
21) 李泳鎬, 앞의 논문, 2010, 199쪽.

宗의 연호인 保寧으로 復元할 수 있다.

太平興國五年庚辰六月日彌勒藪龍泉房瓦草[23](益山 彌勒寺) 太平興國五年庚申으로 되어 있으나 976~984년의 太平興國 범위 밖에 있어서 庚辰(980년)이 타당하다. 이렇게 연간지가 잘못된 예는 극히 드물다.

太平八年戊辰定林寺大藏堂草[24](扶餘 定林寺)은 1028년이다. 이 명문은 堂草·瓦草·官草·凡草가운데 가장 늦은 명문으로 11세기 전반이다.

堂草·瓦草·官草·凡草가 나오는 銘文은 絶代 年代가 확실한 예는 모두가 고려 초의 銘文이었다. 年號나 年干支가 없이 나오는 堂草·瓦草·官草·凡草의 銘文도 고려 초일 가능성이 크다. 왜냐하면 堂草·瓦草·官草·凡草의 절대 연대를 공반한 것으로 삼국시대나 통일 신라 시대의 예는 단 1点도 없기 때문이다

IV. 기와에 나오는 羅末麗初 地名

甲辰城年末村主敏亮,[25] 麻山停子瓦草, 丁巳年, 官草 等의 銘文이 南漢

---

22) 保寧元年己巳年(969년)에 北舍의 瓦草이다.
23) 太平興國五年庚辰(980년)六月 日에 彌勒藪의 龍泉房의 瓦草이다.
24) 太平八年戊辰(1028년)에 定林寺의 大藏(堂)의 堂草이다.
25) 甲辰城年末村主敏亮에서 甲辰은 年干支, 城年은 地名, 末村主는 職名, 敏亮은 人名이다. 最近에 새로운 統一 新羅 資料가 나왔다. 곧 9世紀頃의 人名 表記로 重要한 것이 2017年 皇龍寺 南쪽담장 外廓 1호 우물에서 青銅製접시가 나왔다. 이 접시에는 達溫心村主로 지명(達溫心)+직명(村主)가 나오는 인명표기가 되고, 地方의 村主가 皇龍寺에 기진한 예로 중요하다. 이와 똑 같은 촌주의 예로는 9세기의 청주시 오송읍 쌍청리 다중 환호에 출토된 易吾加茀村主명문자와가 있다. 이것도 易吾加茀(지명)+村主로 구성되어 있다. 지명+촌주로 구성된

山城에서 出土되었다. 甲辰이란 年干支는 麻山停子瓦草와 官草銘이 고려 초인데 대해 9世紀로 보아야 할 것이다. 884年과 944年 가운데 884年으로 판단된다. 丁巳年은 897年과 957年 가운데 897年으로 판단된다.

기와 銘文에 나오는 羅末麗初 지명을 어떻게 해석할 것인가가 문제이다. 곧 景德王의 漢化政策은 16年(757年) 12月의 地名改革과 18年(759年) 1月의 官號改革으로 나누어진다. 이와 같은 改革은 오래가지 못했다. 약 20년 뒤인 惠恭王12年(766年)에는 진골귀족 세력들의 反撥로 官號가 復古되었다. 이때에는 官號뿐 만아니라 地名도 함께 復古되었다.[26]

馬忽受蟹口草의 馬忽(抱川 牛月山城), 雨述(大田 鷄足山城), 馬老(光陽 馬老山城), 任存(禮山 任存山城), 仍大乃(서울 虎岩山城) 등의 지명 표시 하는 기와 銘文의 연대가 문제이다. 이들의 명문 기와들은 高句麗, 百濟 의 옛명칭으로 되어 있다. 그러면 766年의 地名 復古와 관련이 있을까? 尙州, 良州, 康州의 지명에서는 官號 復古의 地名 곧 新羅의 옛地名이 적 힌 기와가 나오지 않고 있다. 高句麗와 百濟의 옛지명이 있던 곳의 地名 은 後三國 時代의 高句麗와 百濟의 옛지명으로 보인다.

다음 景德王代 華嚴經寫經은 文頭의 天寶十三載甲午八月一日初乙未載 二月十四日이란 句節로 보면 景德王13年(754年)에서 14年(755年) 사이에 만들어진 것을 알 수 있다.[27] 우선 이 寫經의 人名 表記를 알기 쉽게 圖 示하면 <표 1>과 같다.

예는 이 두 가지밖에 없다. 그 제작 시기도 똑 같이 9세기이다.

26) 李泳鎬, 「新羅 惠恭王 12年 官號復古의 意味-中代 專制王權說의 一檢討-」 『大丘史學』39, 1990.

27) 文明大, 「新羅 華嚴經寫經과 그 變相圖의 硏究-寫經變相圖의 硏究(1)-」 『韓 國學報』14, 1979.

<표 1> 景德王代 華嚴經寫經의 人名 表記

職 名	出身地名	人 名	官 等 名
紙作人	仇叱珎兮縣	黃珎知	奈麻
經筆師	武珎伊州	阿干	奈麻
上同	上同	異純	韓舍
上同	上同	今毛	大舍
上同	上同	義七	大舍
上同	上同	孝赤	沙弥
上同	南原京	文英	沙弥
上同	上同	卽曉	大舍
上同	高沙夫里郡	陽純	奈麻
上同	上同	仁年	大舍
上同	上同	屎烏	大舍
上同	上同	仁節	奢
經心匠	大京	能吉	奈麻
上同	上同	亐古	奈
佛菩薩像筆師	同京	義本	韓奈麻
上同	上同	丁得	奈麻
上同	上同	夫得	舍知
上同	上同	豆烏	舍
經題筆師	同京	同智	大舍

옛신라의 인명이 나오는 자료인 新羅華嚴經寫經은 地名에서 754年에서 755年에 작성된 것으로 고유한 지명이 仇叱珎兮縣, 武珎伊州, 高沙夫里郡으로 나오고 있다. 仍伐內力只乃末△△(源)이란 銘文에서 仍伐內는 出身地名, 力只는 人名, 乃末은 官等名, △△(源)은 샘물의 이름명이다. 곧 仍伐內의 力只 乃末의 △△(源)으로 解釋된다. 그런데 이 銘文의 仍伐內가 『三國史記』,地理志의 漢州 栗津郡·····領縣三 穀壤縣 本高句麗 仍伐奴縣 景德王改名의 仍伐奴와 연결시켰다. 仍伐內가 언제 개칭된 것인가에 대한 정확한 자료는 없다고 전제하고 景德王16年(757年)에 本縣에 屬해 있던 漢山州가 漢州로 개칭되고, 그 아래 1小京과 27郡 46縣의 郡縣 整備 作業이 이루어졌으므로 그 시기는 景德王16年(757年)頃으로 추정하

였다. 앞의 新羅華嚴經寫經의 年代는 754~755年이므로 한우물에서 出土된 仍伐內力只乃末△△(源)의 仍伐內의 年代 設定에 도움이 되지 않는다. 그런데 804年에 作成된 禪林院鐘銘에는 古尸山郡仁近大乃末이란 人名 表記가 나온다.[28] 古尸山郡은 忠北 沃川郡의 옛이름으로 757年에 管城郡으로 바뀌었으나 古尸山郡을 출신지명으로 적고 있다. 따라서 757年을 仍伐內의 下限으로 볼 수는 없다. 仍伐內의 연대를 757年 이전으로나 766年 이후로 볼 수 있는 근거는 없다. 그런데 馬忽受蟹口草는 이두로 馬忽이 받은 蟹口草란[29] 뜻이다. 이는 高麗 初인 10世紀에 나오는 瓦草·堂草·官草·凡草의 앞서는 型式이므로 後三國 기와로 볼 수가 있다. 雨述, 馬老, 任存, 仍大乃는 10世紀의 後三國 기와인지 9世紀 新羅 기와인지 확실히 알 수가 없다.[30]

옛신라 영토인 尙州, 良州, 康州에 屬하는 곳에서 지명이 나오는 것으로는 기와의 例는 없고 유일한 例가 沙伐州란 石錘銘의 지명이 있을 뿐이다. 沙伐州姬銘蠟石製錘의 沙伐州姬란 인명이 羅末麗初의 豪族 婦人이 아닐 가능성이 크다.[31] 왜냐하면 반출된 기와가 전부 中板 打捺로 7세기 후반~8世紀의 것이고, 点烈文印花紋土器도 8世紀의 土器이므로 沙伐州姬銘蠟石製錘의 年代를 地方 豪族의 대두와는 관계가 먼 8世紀의 것으로 보인다. 地方 豪族의 婦人이라면 沙伐州姬가 아닌 沙伐姬가 되어야 한다.

---

28) 李弘稙, 「貞元卄年在銘 新羅梵鐘-襄陽雪山出土品-」『白樂濬博士環甲紀念 國學論叢』, 1955.
29) 한자로 해석하면 馬忽이 蟹口의 草(기와)를 받다가 된다.
30) 이들 기와는 尙州, 良州, 康州의 옛新羅 領域에서는 나온 例가 없어서 後三國 기와일 可能性도 있으나 적극적인 자료가 전무하지만 후삼국시대로 보고 싶다.
31) 尹善泰, 「尙州 伏龍洞 256番地 遺蹟 出土 新羅 蠟石製 銘文遺物」『木簡과 文字』2, 2008에서 羅末麗初의 遺物로 보았으나 8世紀의 印花紋土器의 出土로 8세기로 본다. 이에 대해서는 따로이 별고를 준비중에 있다.

全州城銘암막새와 全州城銘숫막새가 후삼국기와로 밝혀졌다.[32] 江陵
에서 出土된 溟州城명숫막새도 後高句麗 기와로 판단된다. 新羅의 기와
에서 이들에 對應될 수 있는 銘文 기와로 後三國 時代의 在城명숫막새를
들 수가 있다.

V. 맺음말

먼저 上薰山城의 沙喙部屬長池馹升達을 沙喙部에 屬한 長池馹의 升達
로 解釋해서 驛이 部에 屬한다고 보고, 光州 武珍古城의 沙喙, 安城 飛鳳
山城의 本彼도 그 立地로 볼 때 驛을 나타낼 可能性이 있다고 보았다.

다음으로 太平興國七年壬午年三月日/竹州瓦草近水△水(吳)(矣)의 太平
興國七年壬午年三月日는 982년, ~元年己巳年北舍瓦草(康津 月南寺) 969
년이고, 太平興國五年庚辰六月 日彌勒藪龍泉房瓦草(益山 彌勒寺址)는 980
년이고, 太平八年戊辰定林寺大藏堂草(扶餘 定林寺)는 1028년으로 官草·
瓦草·堂草 명문은 모두 10세기 중엽에서 11세기 전반에 걸쳐서 있다. 연
호나 연간지가 없이 나오는 官草·瓦草·堂草·凡草 명문도 이 시기의 것으
로 추정된다.

마지막으로 馬忽受蟹口草의 馬忽, 雨述, 馬老, 任存, 仍大乃 등으로 지
명이 나오는 기와 銘文을 後三國時代로 보았으나 景德王의 漢化政策은
16年(757年) 12月의 地名改革과 18年(759年) 1月의 官號改革으로 나누어
진다. 이 같은 改革은 오래가지 못했다. 約20年 뒤인 惠恭王12年(766年)
에는 眞骨貴族 勢力들의 반발로 官號가 복고되었다. 이때에는 官號뿐 만

32) 全榮來, 「後百濟와 全州」『後百濟 甄萱 政權과 全州』, 2000.

아니라 地名도 함께 복고되었다. 그래서 馬忽受蟹口草는 馬忽이 받은 蟹口의 草(기와)로 해석되고, 이 蟹口草는 官草·瓦草·堂草·凡草의 전신이므로 후삼국시대로 보고, 나머지 지명들인 雨述, 馬老, 任存, 仍大乃 등은 10세기의 후삼국시대의 것인지 9세기의 통일신라시대 것인지는 유보하였다. 굳이 선택을 하려고 하면 지금까지 자료로 보는 한 전자를 취하고 싶다.

제3장
고구려, 백제, 가야의 금석문

제1절 광개토태왕비의 몇 가지 문제

Ⅰ. 머리말

광개토태왕비의 연구는 100년을 훨씬 넘었기 때문에 나올 수 있는 가설들은 거의 다 나와 있다. 그 가운데 이른바 辛卯年條를 둘러싼 한일 양국간의 논쟁은 대단히 치밀하였다. 광개토태왕비는 발견된 100년도 훨씬 넘어서 연구사도 나와 있다.[1] 대개 이른바 辛卯年조를 중심으로 다양한 견해가 있다. 그래서 이른바 任那日本府의 가장 강력한 근거가 되어 왔다. 고구려의 최고의 정복 군주인 광개토태왕의 훈적에 나오는 왜가 한반도 식민지설의 근거가 될 수가 있을까? 그래서 나온 것이 고구려라는 주어가 생략되었다는 가설이다.[2] 이 가설도 이른바 전치문설의 등장으로 빛을 잃게 되었다.[3] 倭가 百濟, 加羅, 新羅를 공격해 신민으로 삼을 만큼의 국력은 400년 전후에는 없었다. 철제무기인 갑주와 원양항해를 위한 배가 그만큼 발달되지 못했다. 광개토태왕비는 집안고구려비가 나와서 守墓人烟戶 부분에 많은 진전이 있었다. 그럼에도 불구하고 광개토태왕비의 연구는 거의 답보 상태를 면하지 못하고 있다.

광개토태왕비의 연구는 초심으로 돌아가 비문을 세밀하게 살피는 도

---

1) 佐白有淸, 『硏究史 廣開土王碑』, 1974.
2) 鄭寅普, 「廣開土境平安好太王陵碑文釋略」 『庸齊白樂濬博士還甲紀念論叢』, 1955.
3) 浜田耕策, 「高句麗廣開土王陵碑文の硏究-碑文の構造と史臣の筆法の中心として-」 『古代朝鮮と日本』, 1974.

리밖에 없다. 그렇다가 보면 종래의 연구에서 놓친 것을 바라다 볼 수가 있게 될 것이다. 광개토태왕비 연구에 있어서 가 장 중요한 것은 원래 비석의 판독문의 제시이다. 이를 보통 原石精拓本의 연구라 한다. 우리는 이 자료들을 접하기 어렵다. 남의 연구 성과에 힘입어서 하는 연구는 한계가 있다. 여기에서는 原石精拓本을 볼 수 없기 때문에 그 판독문을 중심으로 조사해 보고자 싶다. 광개토태왕비의 연구는 거의 끝난 상태이다. 조그마한 문제들을 검토해 보고자 한다.

여기에서는 먼저 광개토태왕비의 건립 목적을 살펴보고, 다음으로 광개토태왕비의 건립 시점에 대해 조사해 보고, 그 다음으로 광개토태왕비의 倭에 대해 검토해 보고, 그 다음으로 광개토태왕비의 寐錦에 대해 조사해 보고, 마지막으로 수묘인연호에 대해 조사해 보고자 한다.

II. 광개토태왕비의 건립 목적

광개토태왕비의 건립 목적을 보통 비문에 따라 勳績碑라 부른다. 이는 비문에 정복 기사를 勳績이라고 명기되어 있기 때문이다. 頌德碑, 顯彰碑라고 부르기도 하나 훈적비와 별 차이가 없다.[4] 광개토태왕비 연구에 있어서 가장 중요한 쟁점은 그 성격을 神道碑 또는 陵碑라고 부르는 점이다. 神道碑는 死者의 墓路, 즉 신령의 길(神道)인 무덤 남동쪽에 남쪽을 향하여 묘 앞에 사람의 삶을 기록하여 세운 비를 말하는 것으로 金方慶(1212~1300년)이 처음이라고 하나 상세한 것은 알 수 없고, 고려말에 李成桂의 아버지인 李子春(1315~1361)의 것이 있다고 하지만 실물 자료

---

4) 이성시, 「광개토대왕비의 건립목적에 관한 시론」『한국고대사연구』50, 2008.

는 없다. 조선시대에는 많은 신도비가 남아 있다. 광개토태왕비는 1면이
남동쪽으로 향해 있고, 광개토태왕릉인 태왕릉은 무덤이 서쪽을 향해 있
어서 차이가 있다. 414년부터 신도비가 처음 나온 1300년까지의 시기적
인 차이도 문제이지만 방향도 맞지 않아서 신도비라 볼 수가 없다.

다음은 광개토태왕릉비설에 대해 조사해 보자. 조부왕인 故國原王과
부왕인 故國壤王의 계보가 없는 점과 死亡 年月日이 없는 점과 銘이 없
는 점 등도 문제이다. 더구나 우리나라의 남아 있는 최고 능비인 문무왕
릉비에서는 분명히 문무왕릉비라고 명기되어 있고, 추상적인 내용이 주
류를 이루고 있다. 광개토태왕비에서는 세계가 나오는 서론 부분, 정복
기사, 수묘인연호의 3부분이 모두 구체적인 내용으로 되어 있다. 우리나
라 국왕의 능비는 무열왕릉비, 문무왕릉비, 성덕왕릉비, 홍덕왕릉비가
전부이다. 그 가운데에서 그 나마 비문의 내용을 단편적으로나마 알 수
있는 비는 문무왕릉비밖에 없다. 여기에는 비문의 撰者와 書者의 이름이
나오고 있다. 광개토태왕비에서는 이들의 이름이 빠져 있다.

광개토태왕비의 건립 목적은 守墓人烟戶의 설정이 주요하다. 장수왕
은 394년에 태어나 광개토태왕이 죽은 412년에 18세의 나이로 왕위에 올
랐다. 帝國의 국정을 담당할 역량이 없어서 태후의 섭정이나 원로대신
의 도움을 받았을 것이다. 그 뚜렷한 증거가 태왕릉 출토의 명문 辛卯年
好太王(敎)造鈴九十六(개행)이다. 이는 동령을 만드는 것조차 광개토태
왕이 죽은지 39년이 지나도 부왕인 광개토태왕의 敎에 따르고 있다. 그
래서 광개토태왕의 유언을 지키기 위해 수묘인연호를 설정하고, 광개토
태왕비를 건립했다. 광개토태왕비는 그 서체가 漢代에 유행한 八分인 隸
書體로 집자가 되지 않는 특징이 있다.[5] 414년 당시 중국에서는 集字가

---

5) 集字는 王羲之體부터 시작된 중국 서체의 한 특징이다.

되는 王羲之의 楷書體와 草書體와 隸書體가 유행했다. 비의 내용도 전 중국에 걸쳐서 그러한 유례가 없다. 그래서 비의 성격 규정에 어려움이 있다. 비의 35%이상을 차지하는 수묘인연호조는 광개토태왕의 훈적을 기록한 8년 8개조와 연결되어 있다. 따라서 광개토태왕비는 형식적으로 는 훈적비, 실질적으로는 수묘인연호 부분이 가장 핵심적인 내용으로 보아야 하며, 광개토태왕비의 건립 목적은 왕권강화임은 재언을 요하지 않는다.6)

國罡上廣開土境好太王이 살아 계실 때에 敎를 내려 말하기를, '先祖王 들이 다만 敎取로 遠近에 사는 舊民들만을 데려다가 무덤을 지키며 소 제를 맡게 하였는데, 나는 이들 구민들이 점점 몰락하게 될 것이 염려된 다. 만일 내가 죽은 뒤 나의 무덤을 편안히 수묘하는 일에는, 다만 吾躬 (率) 略取해 온 韓人과 穢人들만을 데려다가 무덤을 수호·소제하게 하 라!'고 하였다. 왕의 말이 이와 같았으므로 그에 따라 韓과 穢의 220家를 데려다가 수묘케 하였다. 그런데 그들 한인과 예인들이 수묘의 禮法을 잘 모를 것이 염려되어, 다시 舊民 110家를 더 데려왔다.7) 新·舊 수묘호 를 합쳐, 國烟이 30家이고 看烟이 300家로서, 都合 330家이다.

先祖王들 이래로 능묘에 石碑를 세우지 않았기 때문에 수묘인烟戶들 이 섞갈리게 되었다. 오직 國岡上廣開土境好太王께서 先祖王들을 위해 墓上에 碑를 세우고 그 烟戶를 새겨 기록하여 착오가 없게 하라고 명하 였다. 또한 왕께서 규정을 제정하시어, '수묘인을 이제부터 다시 서로 팔 아넘기지 못하며, 비록 부유한 자가 있을지라도 또한 함부로 사들이지

---

6) 이성시, 앞의 논문, 2008에서는 광개토태왕비의 건립 목적을 훈적비, 송덕비, 현창 비로 보고 있다. 이는 잘못된 것이다.
7) 舊民 110家를 데려온 것은 불가사의하다. 國烟 30家는 분명히 舊民 110家에서 뽑았을 것이다. 舊民 80家는 왜 뽑았을까? 후고를 기다린다.

못할 것이니, 만약 이 법령을 위반하는 자가 있으면, 판자는 형벌을 받을 것이고, 산 자는 자신이 守墓하도록 하라'고 하였다.

이상이 광개토태왕의 유언과 관련된 내용이다. 수묘인연호의 설정은 전적으로 광개토태왕의 뜻과 관계가 있다. 광개토태왕의 훈적조인 8개조 8년조는 王躬率과 敎遣으로 나누어진다.[8] 왕궁솔은 永樂五年(을미년, 395년), 永樂六年(병신년, 396년), 永樂十四年(갑진년, 404년), 永樂卄年(갑술년, 410년)이고, 敎遣은 永樂八年(무술년, 398년), 永樂十年(경자년, 400년), 永樂十七年(정미년, 407년)이다. 永樂九年(기해년, 399년)은 왕궁솔인지 교견인지 알 수가 없다. 이는 수묘인연호의 但敎取遠近舊民의 但敎取과 但取吾躬(率)所略來韓穢의 但取吾躬(率)과 대비된다. 8개년 8조의 훈적 기사는 수묘인연호의 설정과 연결되어 있다. 이들이 전쟁 규모와 관련지우는 것은 상황 판단이다. 가령 永樂十四年(갑진년, 404년)은 王躬率형이나 구체적인 戰果는 없다.

광개토태왕비는 훈적을 밑받침으로 수묘인연호를 설정하여 왕권강화를 그 목적으로 한 것으로 판단된다. 수묘인연호가 역대 왕묘를 지키기에 있어서 왕권 강화보다 중요한 것은 없을 것이다.

Ⅲ. 廣開土太王碑의 건립 시점

광개토태왕비 제Ⅰ면에는 광개토태왕이 39세에 죽었다는 사실과 甲寅年九月卄九日乙酉遷就山陵於是立碑는 구절이 나온다. 그래서 광개토태왕은 412년에 죽었고, 山陵에 묻힌 연대를 414년 9월 29일로 보았다.

---

8) 浜田耕策, 앞의 논문, 1974.

이때에 立碑한 것으로 되어 있다. 이에 대해 山陵에 묻힌 연대를 殯葬과 관련시켜서 415년으로 장사한 것으로 보고 그 구체적인 증거로 乙卯年 廣開土地好太王壺杅十(개행)이란 명문이 적힌 호우를 그 예로 들고 있다.9) 호우총의 호우 명문은 발굴 보고서에서 광개토태왕비의 글자체와 비슷해 415년으로 보아 왔다. 호우총의 호우 명문과 광개토태왕비에서 好자가 글씨 차이가 있어서 동일인의 필체는 아니다. 그리고 광개토태왕비에서는 國罡上廣開土境好太王인데 대해 호우총의 호우에서는 國罡上廣開土地好太王으로 되어 있다. 이렇게 광개토태왕을 國罡上廣開土地好太聖王으로 표기한 것은 모두루총의 예가 있다. 모두루총의 연대는 5세기 초인 각저총과 무용총에 후행하는 5세기 중엽으로 보인다. 따라서 호우총 호우의 乙卯年 연대도 415년이 아닌 475년으로 보인다.

415년을 장례일로 본 가장 큰 이유는 甲寅年九月卄九日乙酉遷就山陵於是立碑을 잘못 해석한데에서 비롯되었다. 비문에는 414년 9월29일에 山陵인 임금의 무덤에 옮기고, 이에 비를 세웠다. 비석에는 분명히 414년 9월29일에 (殯葬에서) 무덤을 옮기고, 이에 비를 세웠다고 했으므로 415년에 무덤을 쓴 것은 아니다. 이렇게 보는 가장 큰 이유는 광개토태왕이 39세에 죽어서 그의 사망이 412년이고, 그의 사망이 『삼국사기』에 따르면 10월이라서 412년10월에서 414년9월29일까지 2년 남짓되고, 백제 무령왕의 3년상인 27개월에도 미치지 못하기 때문이다.10) 고구려의 3년상 기사는 『隋書』·『북사』 고구려전에도 나온다. 이들 기록이 정확한지 여부는 잘 알 수가 없다. 이 문제를 해결하기 위해 광개토태왕의 장례일을

---

9) 주보돈, 「광개토왕비와 장수왕」『목간과 문자』16, 2016.
10) 신라의 문무왕은 681년 7월 1일에 죽어서 682년 7월 25일에 立碑하여 장사지냈고, 『삼국사기』, 김인문전에 따르면 김인문은 694년에 죽어서 695년에 京西原에 장사지냈다고 한다. 신라는 1년의 殯葬을 한 듯하다.

1년 늘리지 않고 입비 시점을 늘려서 해결했다. 이는 억지로 입비 시점을 1년으로 늘려서 해결하는 방법 이외에 다른 방법은 없을까?

주지하는 바와 같이 고구려 무덤은 석총과 토총으로 크게 2분된다. 석총은 고구려의 본래 무덤이나 토총은 외래계 무덤이다. 석총은 환도성과 국내성에 집중적으로 분포되어 있으며, 토총은 平壤城에 집중적으로 분포되어 있다. 집안에 있는 석총은 천추총(소수림왕릉?), 태왕릉(광개토태왕릉), 장군총(장수왕릉) 등의 예가 있고, 집안에 있는 토총은 각저총(5세기 초), 무용총(5세기 초), 무두루총(5세기 중엽) 등이 있다. 평양성에는 토총이 많지만 최초의 토총은 안악3호분(357년, 일명 고추가묘), 전동명왕릉(491년 이후), 한왕묘(문자왕릉) 등이 있다.

석총과 토총의 제의는 달랐을 것이다. 석총은 2년상을 했을 가능성이 있다. 그렇지 않고서는 광개토태왕비문에서처럼 甲寅年九月卄九日乙酉遷就山陵於是立碑라고 표기했을 까닭이 없다. 더구나 甲寅年九月卄九日乙酉遷就山陵란 뜻은 414년 9월 29일에 임금의 능인 山陵에 옮겼다고 해석되기 때문이다. 於是立碑는 이에 비를 세웠다로 해석된다.[11] 山陵에 장사 지내고 나서 立碑를 했음을 알 수 있다. 고구려 본래의 묘제인 석총의 축조할 때에는 고구려 본래의 장제가 사용되었다. 그래서 광개토태왕의 장사 기간이 2년으로 광개토태왕비에 명기하고 있다.

이렇게 되면 광개토태왕은 2년의 殯葬을 거쳐서 2년에 山陵으로 옮겨서 묻힌 것이 된다. 묘에 모신 시기와 입비 시점은 甲寅年九月卄九日乙酉遷就山陵於是立碑으로 볼 수가 있다. 그래야 광개토태왕은 고구려 고유한 방식으로 2년상을 치르고, 그 앞에 立碑했다고 보인다. 이는 고구려의 고유한 장제로 어떻게 장제를 했는지는 후일에 자료가 나와야 하

---

11) 장례를 치루지 않고 비를 세우지는 않았을 것이다.

겠지만 지금까지 자료로는 석총과 토총의 장제가 달랐을 가능성이 크
다. 비를 415년에 세웠다고 3년상이 되는 것은 아니다. 葬禮를 415년에
실시했어야 3년상이 될 수가 있다.[12]

IV. 廣開土太王碑의 倭

광개토태왕비에는 다른 고구려나 백제나 신라 비와는 달리 倭가 나온
다. 광개토태왕비에는 유독 倭가 많이 나온다. 이를 야마도(大和) 조정과
관련시켜서 일본 사학계는 연결시켜 왔다.[13] 과연 왜가 야마도 조정인
지를 먼저 광개토태왕비에 나오는 구절들을 통해 검토해 보기 위해 관
련 구절부터 제시하면 다음과 같다.

　　百殘新羅 舊是屬民 由來朝貢 而倭以辛卯年來△△破 百殘△△新羅
以爲臣民 以六年丙申 王宮率△軍 討伐殘國軍~

　　九年己亥 百殘違誓 與倭和通 王巡下平穰 而新羅遣使白王云 倭人滿
其國境 潰破城池 以奴客爲民 歸王請命 太王恩慈 矜其忠誠 △遣使還
告以△計

　　十年庚子 教遣步騎五萬 往救新羅 往救新羅 從男居城 至新羅城 倭
滿其中 官軍方至 倭賊退 △△背急追 至任那加羅從拔城 城卽歸服 安
羅人戍兵 △新羅城△城 倭寇大潰~

　　十四年甲辰 而倭不軌 侵入帶方界 △△△△△石城△連船△△△ 王
躬率△△ 從平穰△△△鋒相遇 王幢要截盪刺 倭寇潰敗 斬煞無數

---

12) 백제 무녕왕과 그 왕비의 27개월 3년상과는 달리 신라 문무왕은 681년 7월 1일에
　　죽어서 682년 7월25일에 능비를 세웠으므로 1년상이다.

13) 『삼국사기』, 신라본기에 倭가 71번이나 나오고, 백제본기에 倭가 16번이나 나오
　　는데 대해, 고구려본기에서는 1예도 나오지 않고 있다.

왜와 관련된 기사는 8개의 훈적 기사 가운데 반인 4개 기사에 나오고
있다. 위의 기사 가운데 가장 문제가 되는 것은 이른바 辛卯年조의 해석
이다. 百殘新羅 舊是屬民 由來朝貢 而倭以辛卯年來(渡海) 破百殘(加羅)新
羅以爲臣民로 복원해 읽고서 백제와 신라는 예부터 속민이다. 말미암아
와서 조공을 했다. 왜가 신묘년이래 계속해서 바다를 건너 왔어 백제,
가야, 신라를 신민으로 삼았다로 해석하였다. 이렇게 되면 六年丙申에
나오는 정벌 대상이 왜가 되어야 한다. 왜는 나오지 않고 백제만 나오고
있다. 이는 신묘년조 해석에 문제가 있음을 암시하고 있다.[14]

왜가 『삼국사기』 초기 기록에 많이 나오는 것과 함께 무시할 수 없는
세력이다. 391~404년에 나오는 왜는 일본 야마도 정권으로 보아 왔
다.[15] 이 시기의 제철 기술이나 항해술로는 한반도 침입은 불가능하다.
일본 고분은 4세기는 거울의 시대이고, 5세기는 甲冑의 시대이다. 391~
404년은 아직까지 갑주의 세기가 되기 전이다. 따라서 갑주에 따른 전술
을 맛보지 못해 안악3호분(357년)으로 대표되는 고구려의 중무장 기병에
상대가 되지 않는다. 任那日本府를 의식해 이를 강변하려고 하면 충주고
구려비(449~458년)에 왜가 나와야 된다. 충주고구려비는 충주를 남진
정책의 거점으로 고구려가 고추가공=고추대가 조다를 맹활약하던 곳이
기 때문이다. 실제로 충주고구려비에는 왜가 나오지 않고 있다.

光州, 咸平, 靈光, 靈巖, 海南 등의 전남 지역에서는 전방후원형 고분이
있다.[16] 이들 지역을 포함해서 전남 지역을 마한이라고 부르고 있다. 이
들 전방후원분형 고분의 정치체의 선조가 왜의 일부일 가능성이 있다.

---

14) 辛卯年조 기사의 해석 문제에 대해서는 김창호, 「광개토태왕비 신묘년조의 재검
   토」 『삼국시대 금석문 연구』, 2009 참조.
15) 王健群은 九州 해적으로 보았다.
16) 반남 신촌리 고분에서도 일본제의 直弧文 칼이 출토된 바 있다.

미륵사 서탑 사리봉안기의 己亥年은 579년으로[17] 이 당시에 백제가 아직 전남 지역을 손아귀에 넣지 못해 사비성(부여)의 국찰인 정림사보다 몇 배나 큰 미륵사를 지어서 백제 정부가 너희는 이런 절은 있느냐하면서 던진 정치적인 승부수로 판단된다. 익산에는 미륵사 이외에도 제석사지, 왕궁리사지 등 백제의 사찰이 있지만 전남권에는 백제 사찰이 없다. 따라서 전남 마한이 왜로 일본의 야마도(大和)와는 관련이 없다고 판단된다.[18]

V. 廣開土太王碑의 寐錦

광개토태왕비에는 인명표기가 없는 것으로 알려져 있으나 면밀히 검토한 결과 인명표기가 있는 것으로 판단된다. 광개토태왕의 시호인 國罡上廣開土境好太王이 인명표기이다. 이외에는 인명표기가 없는 줄로 알았다. 그런데 비문을 상세히 검토한 결과 광개토태왕비 경자년조(400년)에 寐錦未가 인명표기일 가능성이 있다. 寐錦未는 奈勿王(那密王)의 密자를 따온 것으로 판단된다. 이러한 예는 449~458년 사이에 건립된 충주고구려비의 寐錦忌의 예가 있다. 이를 살펴보기 위해 충주고구려비의 전문부터 제시하면 다음과 같다.

---

17) 김창호, 『고신라 금석문과 목간』, 2018, 291쪽.
18) 『삼국사기』, 신라본기의 초기 기사에 많이 나오는 倭 기사도 야마도 정권의 보기에는 그 출현 빈도(71번이나 나온다)가 너무 많다.

⑥	⑤		⑦	⑥	⑤	④	③	②	①		⑩	⑨	⑧	⑦	⑥	⑤	④	③	②	①	
		1	伐							1	△	△	夷	大	夷	用	尙	奴	上	五	1
王	公	2	城							2	△	△	寐	位	寐	者	△	主	下	月	2
子		3								3	奴	△	錦	諸	錦	賜	上	簿	相	中	3
		4								4	△	境	上	位	還	之	共	△	和	高	4
		5								5	△	△	下	上	還	隨	看	德	守	麗	5
伐		6	古							6	△	募	至	下	來	者	卽	△	天	太	6
	衆	7	牟	方						7	△	人	于	衣	節	△	賜	△	東	王	7
	殘	8	婁							8	盖	三	伐	服	教	△	太	△	△	相	8
		9	城				年		城	9	盧	百	城	兼	賜	△	翟	△	△	王	9
		10	守		上			功	不	10	共	新	教	受	寐	奴	鄒	△	寐	公	10
		11	事	沙	有					11	△	羅	來	教	錦	客	△	△	錦	△	11
		12	下							12	募	土	前	跪	土	人	△	去	忌	新	12
		13	部	斯				十	村	13	人	內	部	營	內	△	△	△	太	羅	13
		14	大	色					舍	14	新	幢	太	之	諸	教	△	△	子	寐	14
		15	兄							15	羅	主	使	十	衆	諸	賜	到	共	錦	15
		16	耶							16	土	下	者	二	人	位	寐	至	前	世	16
		17	△	古						17	內	部	多	月	△	賜	錦	跪	部	世	17
	不	18	鄒							18	衆	拔	△	廿	△	上	之	營	太	爲	18
		19		加	東		太	節		19	人	位	桓	三	△	下	衣	△	使	願	19
		20		共	夷		王			20	△	使	奴	日	△	衣	服	太	者	如	20
	使	21		軍	寐		國		沙	21	動	者	主	甲	△	服	建	子	多	兄	21
		22		至	錦		土			22	△	補	簿	寅	國	教	立	共	于	如	22
		23		于	土					23	△	奴	東	土	東	處	△	桓	弟		23
右側面			左側面								前面											

위의 전문에서 寐錦이 나오는 것은 전면 제①행의 新羅寐錦, 전면 제②행의 寐錦忌, 전면 제④행의 寐錦之衣服, 전면 제⑤·⑥해의 東夷寐錦, 전면 제⑥행의 寐錦土內諸衆人, 전면 제⑦·⑧행의 東夷寐錦, 좌측면 제⑤행의 東夷寐錦의 7번이 나온다. 인명표기는 寐錦忌라고 한 번밖에 나오지 않는다. 寐錦忌은 신라 訥祗王의 고구려식 인명표기이다. 충주비는 장수왕의 태자인 古鄒加共=太子共이 고구려의 남하 정책에 큰 공을 세우다가 죽어서 세운 功績碑내지 追慕碑이다.19) 이 寐錦忌는 광개토태왕비의 寐錦未와20) 꼭 같은 방식이다. 우선 광개토태왕비 III면 제②·③행

부터 제시하면 다음과 같다.

　　△△△△安羅人戌兵昔新羅寐錦未有身來論事△國罡上廣開土境好太
王△△△△寐錦△家僕勾△△△△朝貢十四年甲辰而倭不軌侵入帶方
界△△△△△石城△連船△△△王躬率△△從平穰

이를 다음과 같이 해석해 왔다.[21]

　　'옛적에는 신라 寐錦이 몸소 고구려에 와서 보고를 하며 聽命을 한 일
이 없었는데, 國岡上廣開土境好太王代에 이르러 (이번의 원정으로 신라
를 도와 왜구를 격퇴하니) 신라 매금이 …… 하여 (스스로 와서) 朝貢하
였다.'

이를 다시 해석하면 다음과 같다.

　　'옛날에 新羅의 寐錦未가[22] 몸소 고구려에 와서 論事한 일이 있었는
데,[23] 國罡上廣開土境好太王때에 이르러 (이번의 教遣으로 신라를 도와

---

19) 寐錦忌=訥祗王의 재위 시기가 417~458년인 점과 十二月卄三日甲寅이 449년
　　인 점에 근거할 때 충주비의 건립 시기는 449~458년경 사이로 보인다.
20) 寐錦未는 寐錦忌에서 뒷글자인 訥祗王의 祗를 따온 것과 마찬가지로 那密王
　　의 뒷글자인 密자를 따온 것이다.
21) 국사편찬위원회 한국사데이터베이스에 실린 노태돈의 역문이다.
22) 5~6세기 신라 금석문에서 寐錦이 나오는 것은 喙部牟卽智寐錦王밖에 없다.
　　가령 냉수리비의 실성왕은 斯夫智王으로, 눌지왕은 乃智王으로 각각 표기되어
　　있고, 寐錦을 칭하지 않고, 또 금관총 출토 3루환두대도 검초 단금구에 새겨진
　　尒斯智王도 훈독으로 읽으면 너사지왕, 이를 다시 반절로 풀이하면 넛지왕이 되
　　어 넛지왕=訥祗麻立干이나 寐錦을 칭하고 있지 않다.
23) 那密王의 재위가 356~402년이므로 고구려 고국원왕 때(331~371년)나, 소수림

倭寇를 격퇴하니) 新羅 寐錦이 家僕 勾△△ 등을 데리고 와서 (好太王의
親征이 아님에도 불구하고 스스로 고구려 軍營에 와서) 朝貢하였다.'

VI. 수묘인연호

국연과 간연에 대한 여러 선학들의 가설부터 일별해 보자. 국연은 수
묘역뿐만 아니라 국가의 공적인 역을 수행하는 연호라는 보편적인 의미
로 보는 반면에, 간연은 왕릉의 看守, 看視, 看護를 한다고 해석하였
다.[24] 국연은 혼자서 수묘역을 담당할 수 있는 부유한 호이고, 간연은
19家가 합쳐서 국연1가의 역할을 수행할 수 있는 영세한 호라고 보는 가
설이 있었다.[25] 신분과 관련하여서는 국연을 피정복민 가운데 호민에
해당되는 지배층 혹은 부유층으로, 간연을 하호에 해당하는 피지배층
혹은 평민층으로 보는 가설이 있었다.[26] 국연과 간연이 수묘역에 한정
된 것이 아니라 고구려의 국연 편제에서 연호 일반을 파악하는 보편적
인 편제 방식인 국연-간연 체계일 가능성을 주장하였다.[27] 신라의 看翁

왕 때(371~384년)나, 고국양왕 때(384~391년)인 듯하다. 왜냐하면 寐錦未가 광
개토태왕 때 왔다고 명기되어 있지 않아서 그 이전으로 판단된다. 그리고 정말로
奈勿王(那密王)이 국내성으로 가서 論事를 했을 것이다. 고구려 남쪽 경계선의
국경지대에 갔을 가능성도 있다. 그러나 광개토태왕의 재위기간이 391~412년이
므로 이때에 論事했을 가능성도 있다.
24) 武田幸男,「廣開土王碑からみた高句麗の領域支配」『東洋文化研究所紀要』
78, 1979, 84~85쪽.
25) 손영종,「광개토왕릉비문에 보이는 수묘인연호의 계급적 성격과 입역방식에 대하
여」『력사과학』1986-3, 1986, 17쪽.
26) 김현숙,「광개토왕비를 통해 본 고구려 수묘인의 사회적 성격」『한국사연구』65, 1989.
27) 임기환,「광개토왕비의 국연과 간연」『역사와 현실』13, 1994.

을 근거로 농업 생산 등 종사하여 국연은 실제 수묘역을 지고, 간연은 국연은 국연의 경제적인 필요를 담보하는 기능을 수행했다고 보았다.[28) 국연은 제사 준비와 간연을 관리하는 역할을, 간연은 능의 보초와 청소 등을 담당하는 것으로 이해하였다.[29) 국연은 國都의 연호, 간연은 지방의 연호로 이해하기도 하였다.[30) 국연은 직접적으로 역을 지는 존재이고, 간연은 경제적으로 국연을 뒷받침하는 예비 수묘인이거나 결원에 대비하는 인원이라는 가설도 제기되었다.[31) 국연은 광개토태왕을 수묘하기 위한 연호이고, 간연은 기타 왕릉에 배정되어 수묘하는 것으로 해석한 가설도 있다.[32) 연호의 역할까지 제시하면서, 국연은 수묘역 수행에 있어서 조장 역할을 담당한 호민층, 간연은 수묘역에 종사한 하호층으로 이해하기도 하였다.[33) 이상의 선학들의 견해에서 국연은 주도적인 역할을 하고, 간연은 보조적인 역할을 한 것으로 대개 보고 있다. 간연은 현재 철도를 건너는 사람들을 살피는 看守처럼 무덤을 돌보고 지키는 사람으로 1~3개월의 역을 지닌 호를 가리킨다. 역이 끝나면 다시 집에 가서 농사 등 본업에 종사하는 것으로 보인다. 국연은 무덤을 지키는 간연의 우두머리로 무덤에 어떤 일이 생겼을 때, 간연의 보고를 받아서 국가에 보고하는 호로 판단된다. 아니면 간연이 300호, 국연이 30호인

28) 조법종, 「광개토왕릉비에 나타난 수묘제 연구」『한국고대사연구』8, 1995, 214쪽.
29) 이인철, 「4~5세기 고구려의 수묘제」『청계사학』13, 1997.
30) 이도학, 「광개토왕릉비문의 국연과 간연에 대한 성격의 재검토」『한국고대사연구』28, 2002.
31) 권정, 「한중일 비교를 통해 본 고대 수묘제의 성격」『한국고대사연구』28, 2002.
   김락기, 「고구려 수묘인의 구분과 입역방식」『한국고대사연구』41, 2006.
   공석구, 「광개토왕릉비에 나타난 광개토왕의 왕릉 관리」『고구려발해연구』39, 2011.
32) 기경량, 「고구려 국내성 시기의 왕릉과 수묘제」『한국사론』56, 2010.
33) 정호섭, 「광개토왕비의 성격과 5세기 수묘제 개편」『선사와 고대』37, 2012.

점에서 보면, 10호의 간연을 1호의 국연이 짝을 지어서 담당하고서, 그 임무가 10명의 간연이 수묘를 1~3개월간 하다가 사고가 생기면, 국연 에게 보고하고, 국연은 다시 국가에 보고하는 형식이었을 것이다. 후자 가 개연성이 클 것이다. 국연의 해명에 도움을 주는 자료로 집안고구려 비가 있다, 여기에서는 國烟 이외에 烟戶頭가[34] 나오고 있다. 보다 발전 된 수묘인연호의 모습이다.

국연과 간연에 대해 좀 더 살펴보기 위해 광개토태왕비로 돌아가자. 광개토태왕비의 핵심적인 내용은 광개토왕의 勳績이 아니라 수묘인 연호이다. 정복 기사에 나오는 敎遣이나 王躬率이란[35] 구분도 수묘인연 호의 선정에 나오는 敎令取나 但取吾躬率과 대비된다. 이제 국연과 간연 에 대해 살펴보기로 하자.

광개토태왕비에서 국연이 나오는 것으로는 賣句余民 2, 東海賈 3, 碑 利城 2, 平穰城 1, 俳婁 1, 南蘇城 1, 新來韓濊沙水城 1, 舍蔦城韓濊 1, 炅 古城 1, 韓氏利城 1, 弥鄒城 1, 豆奴城 1, 奧利城 2, 須鄒城 2, 百殘南居韓 1, 農賣城 1, 閏奴城 1, 古牟婁城 1, 琢城 1, 散那城 1이다. 모두 27연이다. 모자라는 3호는 Ⅲ면의 제①행 앞부분에 복원되어야 할 것이다.

간연이 나오는 곳으로는 賣句余民 3, 東海賈 5, 敦城 4, 于城 1, 平穰城 10, 訾連 2, 俳婁城 43, 梁谷 2, 梁城 2, 安夫連 22, 改谷 2, 新城 3, 新來韓濊

---

34) 연호두와 관련되어 중요한 집안고구려비의 구절로 各於(先王墓上)立碑 銘其烟 戶頭廿人名 부분이 있다. 이는 죽은 왕의 묘상에 비석을 세웠는데, 그 죽은 왕의 1명에 대해 연호두(연호의 우두머리) 20명의 이름을 새겼다고 볼 수도 있으나, 이 렇게 되면 연호두의 숫자가 400명이나 되어 너무 많게 된다. 곧 죽은 왕의 묘상에 비석을 각각 세웠는데, 각각의 무덤에 연호두 가운데 한 명씩 새겼다가 되어 역시 각각 20기의 무덤에 1명씩의 연호두를 새긴 것으로 해석된다. 따라서 제1대 시조추 모왕부터 제20대 장수왕까지의 각각에 1명씩을 새긴 연호두를 가리킨 것이 된다.
35) 이는 고구려 광개토태왕이 치른 전쟁 규모와는 관계가 없다.

沙水城 1, 牟婁城 2, 豆北鴨岑韓 5, 句牟客頭 2, 求氐城 1, 舍蔦城韓濊 21, 須耶羅城 1, 㵐古城 3, 客賢韓 1, 阿旦城雜珍城 10, 巴奴城 9, 臼模盧城 4, 各模盧城 2, 牟水城 3, 韓氐利城 3, 弥鄒 △, △△ 7, 也利城 3, 豆奴城 2, 奧利城 8, 須鄒城 1, 百殘南居韓 5, 大山韓城 6, 農賣城 7, 閏奴城 22, 古牟 婁城 1, 琢城 8, 味城 6, 就咨城 5, 彡穰城 24, 那旦城 1, 句牟城 1, 於利城 8, 比利城 3, 細城 3의 288연이다. 이는 300호에서 12호가 모자란다. 여기 에는 弥鄒城의 호복원이 가능하다. 그런데 국연이면서 정복 기사에 나오 는 연으로는 弥鄒城, 奧水城, 農賣城, 古牟婁城, 散那城이 있다. 간연이면 서 정복 기사에 나오는 연으로는 牟婁城, 古模耶羅城, 阿旦城, 雜珍城, 臼 模婁城, 各模盧城, 弥鄒城, 也利城, 奧利城, 太山韓城, 農賣城, 閏奴城, 古牟 婁城, 彡穰城, 散那城, 句牟城, 於利城, 細城이 있다. 정복 기사에 나오지 않는 간연으로는 敦城, 于城, 甞連, 梁谷, 梁城, 安夫連, 改谷, 新城, 豆比鴨 岑韓, 句牟客頭, 求氐城, 客賢韓, 巴奴城韓, 牟水城, 琢城, 味城, 就谷城, 那 旦城, 比利城이 있다. 물론 이 부분을 광개토태왕비의 파실된 곳에 복원 해야되어야 할 것이나 비어 있는 글자의 수가 적어서 복원할 수 없다.

집안고구려비에 나오는 408년인 무신년에 공포된 광개토태왕의 敎가 광개토태왕비가 건립되는 414년에도 상당한 변화가 있었는 듯하다.[36] 구체적으로 말하면 百殘南居韓에서 국연을 뽑았다는 점이다. 백잔은 백 제가 틀림없고, 그 남쪽에 사는 韓은 광개토태왕 때에 정복한 사람들로 국연(舊民)이 될 수가 없다. 그런데도 불구하고 국연으로 뽑혔다.

광개토태왕비 단계에서는 간연 10호가 각각 국연 1호에게 보고하는 단계로, 국연은 무덤에 생긴 일을 국가 기관에 보고했을 것이다. 물론

---

36) 태왕릉 출토의 동령 명문(451년)인 辛卯年好太王(敎)造鈴九十六(개행)도 장수 왕대에 미친 광개토태왕의 영향력을 엿볼 수 있다.

간연은 10호가 1조를 이루어 무덤을 돌보았을 것이다.

집안고구려비(491년 이후) 단계에는 20명의 烟戶頭가 환인과 집안에 있는 20기의 왕릉을 각각 책임지고 있다. 연호두 밑에 당연히 국연이 들어가고, 국연 밑에는 간연이 있었다고 판단된다.

광개토태왕비의 간인 330호, 국인 30호를 보통 국연 1호와 간연 10호로 나누어 수묘인 역을 지는 것으로 보았다. 이를 국연 3호, 간연 33호로 나누어서 이를 伊夷模의 山上王과 연결시키고 있다. 왜냐하면 산상왕에서 광개토태왕까지가 10대라는 것이다.[37] 집안고구려비에는 시조추모왕부터 장수왕까지의 20왕을 수묘하고 있다. 환인성에는 4기의 왕릉이 있고,[38] 국내성에는 15기의 왕릉이 있다.[39] 평양성으로 491년 이후에 이장한 시조동명성왕릉을 더하면 환인에 5기, 국내성에 15기가 되어 집안고구려비의 20과 일치한다. 집안고구려비에서 수묘인을 산상왕이전과 이후를 구별하지 않고, 국내성에 묻힌 첫 왕은 제6대왕인 태조왕이므로 伊夷模설화는 믿을 수 없다. 따라서 국연 1호와 간연 10호가 짝을 이루어 시조추모왕부터 제17대 소수림왕까지는 각 11연호씩 16왕릉에 필요하

---

37) 이성시, 앞의 논문, 2008, 184쪽에서는 330연을 10조로 나누어 33명이 1조라고 보고 있다. 이는 국내성으로의 천도를 산상왕때로 보기 위한 고육책이다. 이 산상왕 때가 伊夷模의 왕실 계보가 消奴部에서 桂婁部로 바뀌는 시기인지는 몰라도 환인에서 국내성으로 수도를 옮긴 때는 아니다. 부를 통한 왕족의 교체 시기도 광개토태왕비의 세계로 볼 때, 신빙할 수가 없다. 광개토태왕비의 국연 30호, 간연 300호는 국연 1호와 간연 10호가 짝을 이루어 그 때까지 죽은 19명중 18명의 왕들을 수묘했는데, 16명의 조상들에게는 각 무덤에 국연 1호와 간연 10호가 각각 배정하고, 나머지는 모두 광개토태왕릉(66연호)과 직계인 고국양왕릉(44연호)과 고국원왕릉(44연호)에 배치한 것으로 보인다. 집안고구려비에서는 烟戶頭를 두어서 죽은 20명이 묻힌 왕릉을 모두 똑같이 수묘하고 있다.

38) 孫仁杰·遲勇, 『集安高句麗墓葬』, 2007.

39) 吉林省考古文物研究所·集安市博物館, 『集安高句麗王陵』, 2004.

고, 직계인 제16대 고국원왕(祖父)과 제18대 고국양왕(父)은 각각 44연호씩을 배치하였고, 광개토태왕릉은 66연호를 배치하였다. 아니면 시조추모왕부터 제17대 소수림왕까지는 각각 11연호씩 16왕릉이 필요하고, 직계인 제16대 고국원왕(祖父)과 제18대 고국양왕(父)은 각각 33연호씩을 배치하였고, 광개토태왕릉은 88연호를 배치하였을 것이다.[40]

VII. 맺음말

먼저 광개토태왕비의 건립 목적에 대해서는 勳績碑說 등이 있으나 수묘인연호를 통한 왕권 강화를 위해 비를 세운 것으로 보았다.

다음으로 광개토태왕비의 건립 시점은 甲寅年九月卅九日乙酉遷就山陵於是立碑에 근거하여 통설대로 414년 9월 29일로 보았다.

그 다음으로 광개토태왕비의 倭는 大和 조정이라면 400년경에는 무기의 발달과 항해술의 미발달로 올 수가 없어서 전남 지방에 있던 마한 세력으로 보았다.

그 다음으로 광개토태왕비에는 인명표기가 없는 것으로 알려졌으나 新羅寐錦未의 未를 奈勿王(那密王)의 密과 동일할 가능성도 있는 것으로 보았다.

마지막으로 수묘인연호에 대해 조사하였다. 국연과 간연으로 나누어지는 수묘인연호는 집안고구려비에는 연호두가 나와서 연호두가 가장 높은 위치에, 그 다음에 국연, 마지막에 간연이 있는 것으로 보았다.

---

40) 아니면 직계인 제16대 고국원왕(祖父)과 제18대 고국양왕(父)은 각각 44연호씩을 배치하였고, 광개토태왕릉은 66연호를 배치하였을 것이다

제2절 고구려 국내성의 와전 명문

Ⅰ. 머리말

고구려 국내성 시대는 3년(유리왕22년)부터 427년(장수왕15년)까지이다. 이 시기의 무덤에서 출토되는 와전의 문자 자료를 정리하여 무슨 뜻이 있는가를 조사해 보는 것은 상당한 의의가 있다. 고고학에서 문자 자료의 중요성은 새삼 말할 필요가 없다. 年干支나 年號가 나오면 연대 설정에 중요하지만 연호나 연간지가 나오지 않은 천추총과 태왕릉의 양각으로 찍은 유명전도 그 해석 여부에 따라서는 역사적인 중요성을 나타내줄지도 모른다. 유적에서 유리된 유물의 절대 연대는 아무리 중요해도 1급 자료가 되지 못할 때도 있다. 그래서 국내성 무덤 출토의 와전 명문으로 그 범위를 축소하였다.

국내성 출토의 와전 명문은 그 예가 대단히 많고, 그 연구 성과는 적다. 천추총과 태왕릉의 유명전은 그 연구 성과가 나온지 100년이 넘어서 태왕릉은 그 주인공을 광개토태왕으로 보고 있지만, 천추총의 주인공에 대해서는 뚜렷한 결론이 없다. 천추총의 千秋萬歲永固/保固乾坤相畢전명과 태왕릉의 願太王陵安如山固如岳전명이 나오고 있어서 두 무덤이 千秋萬歲토록 굳건하거나 원컨대 태왕릉이여 山과 같이 安하고 岳과 같이 固하기를 빌고 있다. 무덤의 크기로 보나 두 무덤에서만 유명전이 출토된 점이나, 연화문숫막새가 태왕릉, 천추총, 장군총에서만 나온 점에서 볼 때, 이들 3고분들은 왕릉으로 보여 이에 대한 정확한 왕릉 비정이 요망된다.

　여기에서는 먼저 무덤에서 나오는 기와 명문을 살펴보고자 한다. 무
덤에서 나오는 기와 명문을 다시 숫막새 명문과 평기와 명문으로 나누
어서 검토하였다. 다음으로 두 자료밖에 없는 전명을 검토하였다.

II. 기와 명문

1. 숫막새 명문

　고구려의 4세기 숫막새기와로 卷雲文기와가 있다. 5~6세기의 연화문
숫막새와는 그 문양상 차이가 있다. 누가 보아도 卷雲文과 蓮花文의 차
이는 쉽게 발견할 수 있다. 5~6세기의 연화문숫막새기와에는 명문이
없는데 대해 4세기의 권운문숫막새기와에는 명문이 많이 나온다. 이 권
운문숫막새에 나오는 명문이야말로 年干支등이 포함되어 있어서 기와
편년에 중요하다. 그러면 국내성 분묘 출토 권운문 암막새의 문자를 제
시하면 다음의 <표 1>과 같다.

<표 1> 국내성 분묘 출토 권운문 암막새 명문

名稱	무덤 이름	直徑(cm)	銘文
己丑명1)	西大墓	14.5	己丑年△△于利作
己丑명2)	禹山下992호분		己丑年造瓦△△△八
(戊)戌명3)	禹山下992호분	14~14.4	泰/歲(戊)戌年造瓦故記
△歲명4)	西大墓	14	△歲在△△年造△
丁巳명5)	禹山下3319호분	15.5~16	太歲在丁巳五月卄日爲中郞及夫人造盖墓瓦, 又作民四千, 餟盦△用盈時興詣, 得享萬世
十谷民造명6)	禹山下3319호분	15	十谷民造/大一(吉로도 판독)
乙卯명7)	禹山下3319호분	15.5~16	乙卯年癸酉

이 권운문숫막새의 연대를 알 수 있는 자료로 太寧四年명와당이 있다.[8] 集安의 대중목욕탕, 영화관 공사장에 발견된 太寧四年명와당의 명문은 전부 인용해 보고자 한다. 太寧四年太歲△△潤月六日己巳造吉保子宜孫이다. 권운문 가운데 가장 연대가 확실한 太寧四年명와당은 太寧四年명은 종래 太寧 연호가 3년까지만 있고, 太寧3년 윤8월6일의 간지가 己巳라는 사실에 착안하여 이를 태녕3년의 오기 곧 325년에 제작된 것으로 파악하였다.[9] 이에 대해 태녕4년 윤월은 태녕3년13월로서『廿史朔潤表』에 의해 태녕3년 13월6일의 간지는 己巳에 해당하므로 태녕4년 윤월은 오기가 아니라고 하면서 326년으로 보는 견해가 나왔다.[10]

어느 쪽을 취하든지 그 연대 차이는 1년의 차이가 있을 뿐이다. 태녕4년의 연대는 325년이 아니면 326년이 된다. 또한 태녕4년명 권운문와당은 집안에서 출토되는 다른 와당과 비교할 때, 운문부를 4등분하여 양뿔형 권운문 1조를 대칭으로 배치하고, 운문부와 주연부 사이에 連弧가 없다는 점에서 중국 대륙의 권운문와당과 가장 가까운 형태이다.[11] 태녕2년

1) 吉林省文物考古硏究所·集安市博物館,『集安高句麗皇陵』, 2004.
2) 耿鐵華,「高句麗文物古迹四題」『文物春秋』, 1989-4, 1989.
3) 林至德·耿鐵華,「集安出土的高句麗瓦当及其年代」『考古』, 1985~7, 1985.
4) 吉林省文物考古硏究所·集安市博物館, 앞의 책, 2004.
5) 李殿福,「1962年春季吉林輯安考古調査簡報」『考古』1962-11, 1962
6) 吉林省文物考古硏究所·集安市博物館,「洞溝古墓群禹山墓區JYM3319號墓發掘報告」『東北史地』2005-6, 2005
7) 吉林省文物考古硏究所·集安市博物館, 앞의 논문, 2005.
8) 集安縣文物保管所,「集安高句麗國內城址的調査與試掘」『文物』1984-1, 1984, 49쪽.
9) 林至德·耿鐵華,「集安出土的高句麗瓦當及其年代」『考古』1985-7, 1985, 644쪽.
10) 耿鐵華,「集安出土卷雲文瓦當硏究」『東北地理』2007-4, 2007, 20쪽.
11) 여호규,「집안지역 고구려 초대형적석묘의 전개과정과 피장자 문제」『한국고대

을 325년으로 설정함 다음 戊戌명권운명와당을 338년으로, 丁巳명권운
문와당을 357년으로 각각 보았다.[12] 그 뒤에 태녕2년을 326년으로 설정
함 다음 己丑명권운문와당을 329년으로, 戊戌명권운명와당을 338년으로,
丁巳명권운문와당을 357년으로, 禹山下3319호분의 乙卯銘권운명와당을
355년으로 각각 보았다.[13]

禹山下3319호분에서는 권운문와당에 다음과 같은 명문이 있다.

太歲在丁巳五月卄日爲中郞及夫人造盖墓瓦, 又作民四千, 餕盒(禮)用
盈時興詣, 得享萬世

이는 '太歲丁巳(357년) 5월 20일에 中郞과 夫人을 위하여 墓를 덮는 기
와를 만들었다. 또 백성 4000이 짓고, 餕盒(禮)를 다다른 때에 이르킴을
이르게 썼다. 享樂을 얻음이 萬世토록!'으로 해석된다.

禹山下3319호분은 357년으로 소수림왕릉이나[14] 고국원왕릉으로[15] 비
정하기도 하지만 爲中郞及夫人造盖墓瓦라는 명문으로 보아서 중국 망명
객의 무덤으로 보고 있다.[16] 355년과 357년에 제작된 와당이 동시에 출
토되었다는 점에서 피장자가 355년에 죽어서 357년에 장사가 지내진[17]

사연구』41, 2006, 103쪽.

12) 李殿福, 「集安卷雲銘文瓦當考辨」『社會科學戰線』1984-4, 1984.

13) 여호규, 「1990년대 이후 고구려 문자자료의 출토현황과 연구동향」『한국고대사
연구』57, 2010, 86쪽.

14) 耿鐵華, 앞의 논문, 2007, 22쪽.

15) 李樹林, 「吉林集安高句麗3319號日月神闕考釋及相關重大課題硏究」『社會
科學戰線』2002-3, 2002, 192쪽.

16) 여호규, 앞의 논문, 2010, 89쪽.

17) 張福有, 「集安禹山3319號墓卷雲文瓦當銘文識讀」『東北史地』2004-1, 2004, 44쪽.

고구려의 3년상 모습으로[18] 보기가 쉽다. 광개토태왕비에 광개토태왕이 昊天不弔卅有九宴駕棄國이라고 해서 412년에(『삼국사기』에 따르면 10월 임) 사망했고, 甲寅年九月卅九日乙酉遷就山陵이라고 나와서 414년에 장사를 지낸 것으로 되어 있어서 2년상이다. 355년에 죽고 357년에 장사를 지냈다면 만 2년상이지 만 3년상은 아니다.

2000년 이후 초대형적석묘를 발굴 조사한 다음 己丑(329년)명권운문와당이 나오는 서대묘를 미천왕릉으로, 戊戌(338년)명권운문와당이 나오는 우산하992호분을 고국원왕릉으로, 이들보다 늦은 형식의 권운명와당이 나오는 마선구2100호분을 소수림왕릉으로, 천추총을 고국양왕릉으로 각각 비정하였다.[19]

중국학자들의 왕릉 비정에는 壽陵制가 전제되어 있다. 수릉제가 100%를 의미하는 것은 아니므로 50% 등의 수릉제도 전제되어야 할 것이다. 초대형적석묘의 수릉제와 관련되는 문자 자료로 태왕릉 출토 銅鈴 명문이 있다. 이 동령은 태왕릉 남쪽 2.9m거리의 SG1트렌치에서 출토되었는데, 높이 5.2cm, 구경 2.5~2.9cm이다. 동령을 주조한 다음 날카로운 도구로 표면을 돌아가면서 명문을 음각했다. 모두 ④행에 3자씩 전부 12자이다. 명문부터 제시하면 다음과 같다.

④	③	②	①	
九	(教)	好	辛	1
十	造	太	卯	2
六	鈴	王	年	3

---

18) 공석구, 「집안지역 고구려 왕릉의 조영」 『고구려발해연구』31, 133쪽. 이는 광개토태왕과 마찬가지로 2년상이다.
19) 吉林省文物考古研究所·集安市博物館, 『集安高句麗王陵』, 2004.

이 靑銅鈴명문을 391년으로 보기도 하고, 451년으로 보기도 한다. 제
③행의 1번째 글자를 巫자로 읽기도 하나 敎자로 보인다. 이 글자를 崚
자로 읽어서 陵자로 읽기도 한다. 왜 수릉제가 문제가 되느냐하면 신묘
년을 391년으로 보면 당연히 태왕릉의 주인공인 광개토태왕의 즉위년이
므로 수릉이다. 451년일 때에는 광개토태왕이 죽은지 39년이나 흘렀으
므로 수릉과 동령 명문과는 관계가 없다. 好太王은 시호인 國罡上廣開土
地好太王이나 國罡上廣開土境好太王의 뒷글자를 따서 부른 것이 틀림없
어서 시호로 본다. 그렇다면 신묘년은 391년이 아닌 451년이 옳다.

이 동령 명문은 '辛卯年(451년)에 好太王이 敎로 만든 96번째 鈴이다.'가
된다. 이렇게 해석하면 태왕릉의 수릉제와 관련이 없다. 광개토태왕은
二九登祚라고[20] 해서 18세에 왕위에 올랐다. 18세인 왕의 무덤을 미리
만드는 것 곧 壽陵은 언 듯 납득이 되지 않는다. 고구려에서도 수릉에는
그 일정한 나이가 있었을 것이다.

2. 평기와 명문

2000년 이후 집안지역 초대형적석묘와 환도산성에서 평기와명문이
다수 출토되었다. 무덤 출토품만을 제시하면 다음과 같다.[21]

〈표 2〉 집안지역 초대형적석묘 출토 평기와 명문

고분 이름	명 문	기와 종류	위 치	새김 방법
서대묘	了(丁)	회색 암키와	겉면	?
	爵	회색 암키와	안면	새김?
	哥	회색 암키와	안면	타날?

---

20) 二九는 구구단이다.
21) 吉林省文物考古硏究所·集安市博物館, 앞의 책, 2004.

고분 이름	명 문	기 와 종 류	위 치	새김 방법
우산하992	瓦	회색 수키와	겉면	?
	富(?)	회색 암키와	겉면	새김?
천추총	△浪趙將軍 ~ △未在永樂(총3행)	회색 수키와	겉면	새김?(소성 이전)
	年~胡將軍~△(총3행)	회색 수키와	겉면	새김?(소성 이전)
	長安(行書體)	회색 수키와	겉면	새김?
	口美口美△	회색 수키와	겉면	새김?(소성 이전)
	△固卒	회색 기와	겉면	새김?(소성 이전)
	王:2건	회색 수키와	겉면	새김
	一王	회색 수키와	겉면	새김?
	前:10건	회색 수키와/기와	겉면	새김?(소성 이전)
	後:2건	회색 기와	겉면	새김?(소성 이전)
	上:6건	회색 기와	겉면	새김
	上△	회색 수키와	겉면	새김
	下:10여건	회색 기와	겉면	새김
태왕릉	五:3건	암키와		새김(소성 이전)
	四:3건	암키와		새김(소성 이전)
	三:2건	암키와	승문상 포흔상	새김(소성 이전)
	十	암키와		새김(소성 이전)
	卅	암키와		새김(소성 이전)
	西人	암키와		새김(소성 이전)
	田	암키와	겉면	타날(소성 이전)
장군총1호 배총	小	회색 기와	겉면	새김
	魚(?)	회색 기와	겉면	새김
	十	회색 기와	겉면	새김
	申	회색 기와	겉면	새김
	大	회색 기와	겉면	새김

국내성 초대형 분묘 출토의 명문은 크게 세 가지로 나눌 수가 있다. 하나는 吉祥語가 있고, 다른 하나는 기와의 사용처를 나타내는 것이고, 마지막으로 將軍 직명이다. 길상어로는 서대묘의 爵, 흡, 우산하992호분의 富, 천추총의 長安, 口美口美, △固卒, 一王, 태왕릉의 西人, 장군총 1호 배총의 魚(?) 등이 있다. 기와의 사용처를 나타내는 것으로는 서대묘의

瓦, 천추총의 前, 後, 上, 下, 태왕릉의 十, 卅, 장군총 1호 배총의 十, 申 등이 있다. 천추총의 장군 직명에 대한 것으로는 △浪趙將軍~△未在永樂(총3행)이 있는데 이는 △浪趙將軍인 ~△未이 永樂에 있다로 해석된다. 천추총의 장군 직명은 年~胡將軍~△(총3행)가 있다. 年~胡將軍이 ~△했다로 해석되며, 모두 제와감독자일 가능성이 있다.

Ⅲ. 전 명문

태왕릉은 중국 길림성 집안시 태왕향 통구 분지의 우산 남쪽 기슭에 위치하고 있으며, 방형 평면을 가진 계단식 돌무지무덤이다. 이 능은 흙 담으로 쌓은 능원 내에 자리한다. 무덤의 동편으로 제대로 불리는 시설이 있고 동북편으로는 건물지 등이 확인되었으며, 남쪽으로 陪塚이 있었다고 하나 확실하지는 않다. 1913년 조사 시 출토된 양각으로 찍어서 만든 "願太王陵安如山固如岳"이라는 명문이 있는 벽돌에 근거하여 태왕릉이라고 불리게 되었으며, 1966년 중국 측에서 우산묘구 제541호묘 (JYM 0541)로 편호하였다. 이 능에서 동북쪽으로 300m 거리에 광개토태왕비가 있다.

태왕릉은 잘 다듬은 돌로 축조한 계단식 돌무지무덤으로서 현재 11단이 남아 있다. 잔존하는 무덤의 정상부는 한 변이 24m 정도의 평평한 면을 유지하고 있으며, 여기에 매장주체부가 노출되어 있다. 매장주체부는 돌로 쌓은 石室과 石室 내에 맞배지붕 형태의 石槨이 있고, 石槨 내에는 棺臺가 남북 방향으로 두 개 놓여 있으며, 주검은 木棺에 안치되었을 것이다. 石室은 한 변 길이 3.24m, 2.96m의 장방형에 가까운 방형이고, 서 벽 중앙에 길이 5.4m, 폭 1.96m의 羨道가 있다.

분구 위에서는 기와와 연화문 와당, 벽돌이 출토되어서 분구 정상부에 목조 구조물이 있었을 것으로 추정되며, 이러한 구조물이 왕릉의 상징으로 보고 있다.

무덤의 남쪽으로 3m 거리에 石棺형태의 陪塚이 있었다고 하나 확실하지 않다. 또한 중국에서는 무덤의 동쪽을 50∼68m 거리에 1.5m 높이로 쌓아 올린 석단 시설을 제대로 보고 있으나, 그 용도는 확실하지 않다. 무덤의 동북쪽 120m 지점에도 건물지가 있으며, 능원의 동쪽 담장과 9m 정도 간격이 있어 초소시설로 추정된다.

무덤에서는 여러 유물이 출토되었는데, 특히 Y자형으로 부조된 연화문 와당은 태왕릉형 와당이라고 할 만한 특징적인 것이다. 이외에도 금·금동·청동·철기와 토기 등 1,000여 종의 유물이 출토되었다. 금동제 장막걸이 장식, 상 다리 등과 鐙子, 杏葉, 띠 연결고리 장식 등의 마구와 "辛卯年好太王△造鈴九十六"이라는 명문이 새겨진 청동방울이 출토되어 주목을 끌었다.

천추총은 훼손이 심하여 원상을 잃었지만 원래는 10층 정도의 계단식 돌무지무덤이었을 것으로 추정된다. 무덤 평면은 한변 길이 63m 정도의 네모난 형태이며 높이는 가장 많이 남아 있는 곳이 10.9m, 파괴가 심한 동쪽은 7.9m 정도이다.

무덤은 먼저 지표면을 단단하게 다진 후 커다란 돌로 기단을 만든 후 기단 내부를 돌로 채우고 같은 방식으로 층단을 지면서 쌓아올렸다. 계단을 쌓는데 사용되는 돌은 다듬은 흔적이 보이지 않도록 잘 가공하였으며 둘레에 홈을 만들어서 위쪽에 얹은 돌이 튕겨나가지 않도록 고려하였다.

무덤의 윗부분은 편편하며 정상부에서 太王陵의 집모양 石槨과 같은 석재가 남아 있어서 태왕릉과 같은 石室 내에 家形 石槨이 있고 石槨 내에 부부를 합장하였던 것으로 추정할 수 있다. 무덤 둘레를 돌아가면서 거대한 화강암을 버텨 놓았는데 한 변에 5매씩 총 20매가 있었을 것이다.

玄室은[22] 기단 상부에 축조되었으며 무덤의 전체 외형은 방추형이다. 무덤의 주변에서 상당수의 銘文塼이 출토되었다. 무덤의 주위에서 격자무늬·노끈무늬·卷雲文 등의 기와편이 다량 수습된 것으로 보아, 將軍塚이나 太王陵과 함께 묘역에 사당이나 관계시설이 세워졌던 듯하다.

그밖에 2003년도 조사에서 금실과 금제장신구, 금동못과 갑옷편, 청동방울, 철제칼과 고리, 철제갑옷, 꺾쇠 등이 수습되었다.

태왕릉과 천추총에서는 다음과 같은 전명이 출토되었다.

> 願太王陵安如山固如岳 '원컨대 太王陵이여 안전하기는 山과 같고, 굳건하기는 岳과 같으소서'
> 千秋萬歲永固 '千秋萬歲동안 영원히 굳건하기를'
> 保固乾坤相畢 '보호되고 굳건함이 하늘과 땅이 서로 다하도록'
> (무덤이) 千秋 萬歲토록 영구히 튼튼하소서.[23]
> (무덤이) 하늘과 땅처럼 튼튼히 보존되소서.

두 무덤인 태왕릉과 천추총말고는 전명이 출토된 고구려의 왕릉은 없다. 특히 태왕릉은 고구려 제19대 광개토태왕의 무덤으로 보고 있다. 태왕릉은 무덤의 享堂에 유명전을 벽에 붙인 두 고분 가운데 한 무덤이다. 願太王陵安如山固如岳 '원컨대 太王陵이여 안전하기는 山과 같고, 굳건하기는 岳과 같으소서'이다. 이 太王陵을 문헌사학자들은 광개토태왕릉

---

22) 널방을 玄室로 바꾸었다.
23) 국사편찬위원회 한국사데이터베이스의 노태돈의 번역문.

으로 보아 왔다.[24] 고고학자도 처음에는 장군총이 태왕릉에 앞서고, 태
왕릉은 광개토태왕릉으로, 장군총은 장수왕릉으로 각각 보았다.[25] 평양
에 소재한 傳東明王陵을 장수왕의 壽陵으로 본 견해가 나왔다.[26] 여기에
서는 태왕릉과 장군총을 묘실의 방향, 현지 입지 상황에서 볼 때 태왕릉
이 오래되었고, 장군총은 고구려 고분의 편년으로 볼 때 광개토태왕릉
이고, 태왕릉은 광개토태왕 이전의 고국양왕 또는 소수림왕 또는 고국
원왕의 분묘라고 결론지었다.

　고고학 쪽에서 태왕릉을 광개토태왕릉으로 보지 않는 학설이 나오면
서, 천추총·태왕릉·장군총에서 출토된 와당의 형식 분류에 근거하여 그
주인공을 추정한 견해가 나왔다.[27] 여기에서는 와당의 형식 분류에 근
거할 때, 그 시대적인 순서는 태왕릉→천추총→장군총으로 보았다. 태
왕릉 출토의 연화문 와당은 蓮花文의 蓮弁이 연꽃봉오리 모양으로 되어
있는 바, 이와 유사한 예는 안악3호분, 무용총, 삼실총, 쌍영총 등의 고구
려 고분 벽화에도 보인다. 그 연대를 357년에 작성된 안악3호분의 묵서
명에 근거하여 4세기 중엽으로 보았다. 태왕릉의 와당 연대는 4세기 후
엽에서 말경,[28] 장군총의 와당 연대는 5세기 초두에서 전엽으로 각각 추
정하였다. 따라서 광개토태왕릉은 태왕릉이 아니고 장군총이라고 주장
하였다. 그래서 개설서에서도 이러한 가설이 반영되어 있다.[29] 곧 太王

24) 현재까지 한국학계나 일본사학계의 통설이다.
25) 緖方泉, 「高句麗古墳群に關する一試考(下)-中國集安縣における發掘調査
　　を中心として-」『古代文化』37-3, 1985, 16쪽.
26) 永島暉臣愼, 「高句麗の壁畵古墳」『日韓古代文化文化の流れ』, 1982.
27) 田村晃一, 「高句麗の積石塚の年代と被葬者をめぐる問題について」『靑山
　　史學』8, 1984.
28) 태왕릉의 묘주는 고국양왕, 고국원왕, 소수림왕 등으로 보았다.
29) 東潮·田中俊明編著, 『高句麗の歴史と遺蹟』, 1995, 191쪽.

陵(371년, 故國原王陵)[30]→千秋塚(392년, 故國壤王陵)→將軍塚(414년, 廣開土太王陵)으로 결론지웠다. 千秋塚에서 4세기의 권운문와당이 나온 점과[31] 491년 이후의 집안고구려비에 의할 때[32] 千秋塚(384년, 小獸林王陵)→太王陵(414년, 廣開土太王陵)→將軍塚(491년, 長壽王陵)→平壤의 漢王墓(519년, 文咨王陵)으로 편년된다.

여기에서 고고학의 형식론의 문제점을 하나 짚고 넘어가야 될 것이다. 5각형 매미의 도교 도상은 415년의 풍소불묘의 금동관→402년의 황남대총 남분의 은제관→山자형금동관의 순서이나 357년의 안악3호분의 호록에서 山자형금구가 그려져 있어서 5각형매미도상의 편년을 믿을 수 없게 만든다. 이 안악3호분의 山자형금구는 5~6세기의 적석목곽묘 출토의 금동제관의 山자형과 꼭 같다. 금속기에 의한 교차연대의 한계를 보여주는 좋은 예이다.

그런데 2004년에 들어와 고구려의 왕릉 발굴 결과가 발표되었다.[33] 여기에서는 천추총에서 연화문숫막새뿐만 아니라 권운문와당이 발굴되었다. 그래서 연화문와당이 나오는 무덤의 편년이 천추총→태왕릉→장군총의 순서가 되고, 천추총이 4세기 후반이므로 태왕릉의 연대가 5세기 초로, 장군총이 5세기 말로 보게 되어 태왕릉이 광개토태왕릉으로, 장군총이 장수왕릉으로 각각 보게 되었다.

천추총의 명문전은 태왕릉과 함께 양각되어 있으며, 태왕릉과 달리

---

30) 太王陵을 廣開土太王陵으로 보는 가설은 김창호, 「고구려 太王陵 출토 연화문 숫막새의 제작 시기」『백산학보』76, 2006 ;『한국 고대 불교고고학의 연구』, 2007 재수록에서도 주장한 바 있다.
31) 吉林省文物考古研究所·集安市博物館, 앞의 책, 2004.
32) 김창호, 「집안고구려비를 통해 본 麗濟 王陵의 비정 문제」『考古學探究』17, 2015.
33) 吉林省文物考古研究所·集安市博物館, 앞의 책, 2004.

유명전이 나오는 2예색이다. 태왕릉은 주지하는 바와 같이 광개토태왕릉이다. 4세기 후반에 광개토태왕과 비견될 수 있는 고구려의 왕으로 누가 있을까? 故國原王(331~371년)은 371년 평양성 전투에서 백제 근초고왕과의 싸움에서 전사했으므로 그 가능성은 없다. 故國壤王(384~391년)과 小獸林王(371~384년)이 있다. 이들 3명의 왕중에서는 그 업적이 뚜렷한 임금은 소수림왕이다. 그의 중요한 업적을 나열하면 다음과 같다.

小獸林王은 체격이 건장했고 머리가 좋았다. 355년에 아버지 고국원왕에 의해 태자로 책봉된 후, 능력을 인정받아 鮮卑族이 세운 나라인 前燕에 사절로 파견되기도 했다. 전연에 인질로 잡혀있다가 370년에 전연이 망한 후 귀국했고 371년 고국원왕이 백제군과의 평양성 전투에서 사망하자 왕위에 올랐다.

소수림왕이 즉위한 4세기 후반은 樂浪郡과 帶方郡을 멸망시킴으로써 백제와 국경을 접했던 고구려가 남하정책을 활발히 전개하여 백제와 첨예한 대립을 하던 시기였다. 고구려가 남진해오자 백제의 근초고왕이 3만 명의 군사를 보내 평양성을 공격하여 고국원왕을 전사시키는 등 오히려 백제의 기세가 상승해 있었기 때문에 고구려로서는 안팎으로 위기를 맞은 시기였다.

소수림왕은 부왕의 전사에 따른 국내외적인 위기를 극복하면서 새롭게 지배체제를 정비해야 하는 시기에 즉위하여, 즉각적으로 국가 체제 정비에 나섰다. 372년 전진(前秦)에서 승려인 順道가 외교사절과 함께 불상과 경전을 가지고 왔으며, 374년에는 阿道가 들어와 불교를 전래했다. 왕은 肖門寺와[34] 伊弗蘭寺를 창건해 각각 순도와 아도를 머물게 했다. 『삼국사기』에는 이때부터 고구려에 불교가 전래되었다고 기록하고 있다.

---

34) 省門寺라고 부르기도 한다.

　　그는 372년에 유교 교육기관인 太學을 설치해 귀족자제들에게 유학을 가르쳤고, 다음해에는 율령을 반포했다. 율령의 반포는 이전의 여러 관습법 체계를 재구성하고 성문화했음을 의미한다. 고구려는 이를 통해 왕을 중심으로 하는 중앙집권적인 국가체제를 보다 공고히 정비할 수 있었으며, 이러한 바탕 위에서 광개토왕대에 대외팽창을 활발히 전개하여 최대의 전성기를 맞이할 수 있었다.

　　소수림왕의 치세 하에, 고구려는 대외적으로 백제에 대한 견제를 계속했다. 375년 7월에 백제의 水谷城(지금의 황북 신계군)을 침공했고, 다음해에는 백제의 북쪽 국경을 공격했으나 3만 명의 백제군에게 평양성을 역습당했지만 역습으로 이를 격퇴하고 백제를 정벌했다. 한편 남쪽의 백제에 전력을 기울이던 틈을 타서 378년에는 거란이 북쪽의 변방을 기습하여 8개 부락을 함락하기도 했다.

　　대체로 소수림왕의 재위시기에는 북중국의 전진과 우호관계를 유지함으로써 북방의 경비에 따른 국력의 분산을 막을 수 있었기 때문에 고구려는 국가의 지배체제를 정비하는 것이 가능했다

　　소수림왕의 업적은 율령 공포, 태학 설치, 불교 전래, 전진과 외교 등 왕권 강화로 요약된다. 이러한 소수림왕의 업적은 고국원왕의 평양성 전투에서 사망한 국가적인 위기를 안전한 위치에 올린 것으로 파악된다. 그래서 고구려 최초로 왕릉에 양각한 전명을 무덤의 享堂이 세워서 두었다. 그 전명을 다시 한 번 제시하면 다음과 같다.

　　　千秋萬歲永固 ‘(무덤이) 千秋萬歲동안 영원히 굳건하기를’
　　　保固乾坤相畢 ‘(무덤이) 보호되고 굳건함이 하늘과 땅이 서로 다하도록’

　　이 명문은 태왕릉의 명문과 함께 塼의 모서리 긴쪽에 양각으로 주조

된 예이다. 그렇다면 태왕릉의 전이나 천추총의 전은 바닥에 까는 것은 아니고, 모서리 긴 쪽을 세워서 사용했다. 왜 이런 전돌이 태왕릉과 천추총에만 있고, 다른 초대형적석묘에는 없을까? 지금까지 조사 결과로는 없다. 그렇다면 태왕릉은 고구려 최고의 정복군주인 광개토태왕의 무덤이다. 천추총은 누구의 무덤일까? 아무래도 국가의 크나 큰 위기에서 국가의 안전을 마련한 소수림왕의 무덤으로 보인다.

고구려의 고국천왕, 고국원왕, 고국양왕의 무덤은 전부 우산하고분에 있는 것으로 보인다. 고국원왕의 시호가 모두루묘지명에서 國罡上聖太王이라고 나왔기 때문에 고국천왕과 고국양왕의 무덤도 광개토태왕의 시호인 國罡上廣開土地平安好太王와 관련이 있을 것으로 보인다. 그렇다면 고국천왕과 고국양왕의 무덤도 우산하고분군에 있었을 것으로 보인다. 마선구고분군에 있는 천추총은 왕의 시호가 전혀 다른 소수림왕릉으로 보인다. 소수림왕은 광개토태왕 이전에 전왕인 고국원왕이 평양성 전투에서 죽은 유일하게 국가가 累卵의 위기를 맞은 것을 수습하고 국가의 왕권 강화책을 실시하여 고구려의 고대국가를 완성한 임금이다. 그래서 고구려 최초로 享堂의 전에 명문을 찍어서 만들었다. 소수림왕 때까지의 임금가운데 고구려인들이 생각한 가장 훌륭한 왕은 소수림왕이다. 광개토태왕이 나와서 그 업적이 대단해서 願太王陵安如山固如岳이란 명문전을 새겨져 享堂이 두었다. 이 두 분의 왕만이 고구려를 빛낸 진정한 임금이라고 고구려인들은 생각하고 존중했다고 판단된다.

연화문숫막새가 나오는 고분으로는 그 순서대로 나열하면 태왕릉→천추총→장군총(장수왕릉)의 순서로 그 예가 3예밖에 없다. 천추총에서는 4세기의 권운문와당이 나와서 가장 빠르다. 국내성시대 고구려 임금가운데 가장 훌륭한 왕은 소수림왕, 광개토태왕, 장수왕을 들 수가 있다.

이들의 왕릉에서는 연화문숫막새가 출토되어 享堂에 이를 지붕에 사용했음을 의미하고, 연화문숫막새가 이 3고분이외에서는 향당에 사용했을 정도의 기와가 나오지 않고 있다. 더구나 천추총(소수림왕릉)과 태왕릉(광개토태왕릉)에서는 유명전이 있어서 보다 더 훌륭한 임금의 무덤이었음은 더 이상 말할 필요가 없다.

IV. 맺음말

먼저 기와 명문 부분에서 숫막새 銘文에 대해 조사하였다. 太寧四年太歲△△潤月六日己巳造吉保子宜孫의 太寧四年을 325년 또는 326년으로 보았다. 이에 힘입어 태녕4년을 325년으로 설정한 다음 禹山下992호분의 戊戌명권운명와당을 338년으로, 禹山下3319호분의 丁巳명권운문와당을 357년으로 각각 보았다. 그 뒤에 태녕4년을 326년으로 설정함 다음 西大墓와 禹山下992호분의 己丑명권운문와당을 329년으로, 禹山下992호분의 戊戌명권운명와당을 338년으로, 禹山下3319호분의 丁巳명권운문와당을 357년으로, 禹山下3319호분의 乙卯銘권운명와당을 355년으로 각각 보았다.

국내성 초대형 분묘 출토의 명문은 크게 세 가지로 나눌 수가 있다. 하나는 吉祥語가 있고, 다른 하나는 기와의 사용처를 나타내는 것이고, 마지막으로 將軍 직명이다. 길상어로는 서대묘의 爵, 音, 우산하992호분의 富, 천추총의 長安, 口美口美, △固卒, 一王, 태왕릉의 西人, 장군총 1호 배총의 魚(?) 등이 있다. 기와의 사용처를 나타내는 것으로는 서대묘의 瓦, 천추총의 前, 後, 上, 下, 태왕릉의 十, 卅, 장군총 1호 배총의 十, 申 등이 있다. 천추총의 장군 직명에 대한 것으로는 △浪趙將軍~△未在永樂(총3행)이 있는데 이는 △浪趙將軍인 ~△未이 永樂에 있다로 해석된

다. 천추총의 장군 직명은 年～胡將軍～△(총3행)가 있다. 年～胡將軍이
～△했다로 해석되며, 모두 제와감독자일 가능성이 있다.

　국내성 출토 전명은 2개의 무덤밖에 없다. 전 고구려를 통해서도 무덤
에서 전명이 나오는 곳은 천추총과 태왕릉의 두 무덤이 있을 뿐이다. 전
명을 소개하면 다음과 같다.

> 　願太王陵安如山固如岳 '원컨대 太王陵이여 안전하기는 山과 같고, 굳
> 건하기는 岳과 같으소서'(太王陵)
> 　千秋萬歲永固 '千秋萬歲동안 영원히 굳건하기를'
> 　保固乾坤相畢 '보호되고 굳건함이 하늘과 땅이 서로 다하도록'(千秋塚)

　두 무덤의 명문 모두 무덤이 영원히 굳건하기를 빌고 있다. 태왕릉은
대개 광개토태왕으로 보아 왔다. 천추총은 고국원왕, 소수림왕, 고국양
왕 등으로 보아 왔다. 이 가운데 고국원왕은 모두루묘지에 國罡上聖太王
이라고 나온다. 고국양왕과 고국천왕의 무덤은 우산하 고분군에 있을
것이다. 왜냐하면 國罡上廣開土地平安好太王의 시호를 가진 광개토태왕
의 무덤도 태왕릉으로 우산하 고분군에 있기 때문이다. 소수림왕만이
前秦과 외교 관계를 맺고, 불교 전래(성문사, 이불란사 창건), 율령 공포,
태학 설치 등으로 나라를 안정시켜 고대국가를 완성했다. 그래서 광개
토태왕과 마찬가지로 무덤의 享堂에 유명전을 장식했으며, 천추총은 소
수림왕릉일 수밖에 없다.

제3절 백제 금석문의 인명표기

I. 머리말

삼국 시대 금석문에는 인명을 기록하는 방법이 독특하다. 고구려와 백제에서는 직명+부명+관등명+인명의 순서로 기재되고, 신라에서는 직명+출신지명+인명+관등명의 순서로 기재된다. 이러한 인명표기 방식은 중국이나 일본에도 없는 독특한 방법이다. 직명과 부명과 관등명은 이 시기의 역사 복원에 중요하다. 1991년까지만 해도 백제 금석문의 인명표기는 673년의 癸酉銘阿彌陀三尊佛碑像의 達率身次가 유일한 예였다. 현재에는 익산 미륵사 서탑의 금제사리봉안기를 비롯한 많은 예가 알려져 있다. 목간의 예를[1] 제외해도 인명표기가 나오는 금석문 예가 상당수 있다. 이들 자료를 정리해 보는 것도 백제 역사상 복원에 도움이 될 것 같아서 이를 정리해 보고자 한다.

여기에서는 먼저 사택지적비의 인명표기를 살펴보겠고, 다음으로 익산 미륵사출토 금석문을 살펴보겠고, 그 다음으로 陵寺昌王명석조사리감을 살펴보겠고, 그 다음으로 癸酉銘阿彌陀三尊佛碑像을 살펴보겠고, 그 다음으로 武寧王陵 출토 銀釧銘을 살펴보겠고, 그 다음으로 백제 七支刀 명문의 인명표기를 살펴보겠고, 그 다음으로 武寧王의 墓誌銘을 살

---

1) 능산리 297번 목간에 △城下部對德疎加鹵가 직명+부명+관등명+인명으로 된 유일한 예이다. 이 외에도 인명표기가 나오는 예로 나주 복암리 목간 등이 있다.

펴보겠고, 그 다음으로 鄭智遠銘金銅三尊佛立像의 명문을 살펴보겠고, 마지막으로 왕흥사 청동사리기 명문을 살펴보고자 한다.

II. 사택지적비의 인명표기

백제사에 있어서 신라에서와 마찬가지로 외위가 존재했다는 점은 한 번도 거론된 적이 없지만 주변의 소국을 정복하는 과정에서 지방민에 대한 여러 가지 우대책이 나왔을 가능성도 있다. 여기에서는 백제 지방 민의 인명 표기 문제를 한번 검토해보고자 한다. 신라 금석문의 경우 지 방민의 인명 표기에는 출신지명으로 성촌명이 기록되는 점에 근거할 때, 그 가능성이 있는 자료로 砂宅智積碑를 들 수가 있다. 설명의 편의를 위해 우선 관계 전문을 제시하면 다음과 같다.

	1	2	3	4	5	6	7	8	9	10	11	12	13	14
①	甲	寅	年	正	月	九	日	奈	祗	城	砂	宅	智	積
②	慷	身	日	之	易	往	慷	體	月	之	難	還	穿	金
③	以	建	珍	堂	鑿	玉	以	立	寶	塔	巍	巍	慈	容
④	吐	神	光	以	送	雲	義	義	悲	懇	含	聖	明	以

위의 명문인 砂宅智積과 『일본서기』, 皇極紀 元年(642년, 의지왕2년) 秋七月조의 乙亥年饗百濟使人大佐平智積等朝란 구절을 비교해 砂宅智積 과 智積은 동일인이라고 보아서, 사택지적비의 甲寅年을 백제 의자왕 14 년(654년)으로 비정하였다.[2) 의자왕2년에 대좌평의 관등명을 지니고 倭

---

2) 홍사준, 「백제 사택지적비에 대하여」『역사학보』6, 1954.
   藤澤一夫, 「百濟砂宅智積建堂搭記碑考-貴族道寺事情徵證史料-」『アジア

國에 사신을 갔던 砂宅智積은 그 뒤에 관직에서 물러나 의자왕왕14년 (654년)에는 奈祗城으로 은거한 것으로 추정된다. 내지성은 충남 부여에서 서쪽으로 30리쯤 떨어진 恩山面 內地里로 추정해 왔으나3) 그 정확한 위치는 알 수 없다. 사택지적비에는 奈祗城砂宅智積라는 인명 표기가 나온다. 奈祗城은 백제의 部名이 아니라 지방의 성명이기 때문에 위의 해석에는 문제점이 내포되어 있다. 奈祗城砂宅智積에서 砂宅智積이 大佐平이란 최고의 관등명을 가졌던 사람의 앞에 어떻게 출신지명이 올 자리에 部名이 오지 않고, 城名이 왔는지가 궁금하다. 奈祗城砂宅智積은 신라의 금석문의 예에 따른다면 관등명조차 없는 낮은 신분의 지방민으로 볼 수밖에 없다. 곧 奈祗城 출신의 지방민으로 해석할 수가 있다.

그런데 실제로 사택지적비 자체의 4·6변려체의 對句的인 표현이나 도교적인 요소로 볼 때4) 奈祗城砂宅智積을 지방민의 인명 표기로 단정하기도 어렵다. 砂宅智積이 大佐平까지 승급한 사람이라면 그의 출신은 분명히 백제의 중앙 5부 가운데 하나일 것이다. 또 642년에 가지고 있었던 大佐平이란 관등명이 654년에는 大佐平砂宅智積이라고 표기되지 않은 숨은 이유가 궁금하다. 720년에 작성된 甘山寺阿彌陀如來造像記에 ～重

文化』8-3, 1972.

關 晃, 「百濟砂宅智積造寺碑について」『玉藻』24, 1989.

3) 홍사준, 앞의 논문, 1954, 256쪽.

노중국, 『백제정치사연구』, 1988, 186쪽.

그런데 內地里는 1914년의 행정 구역 개편시 內垈里와 地境里의 머리 글자를 따서 조합한 里名이다.(한글학회, 『한국지명총람』4, (충남편 상), 1974, 480쪽) 이에 따라 이도학, 「방위명 부여국의 성립에 관한 검토」『백산학보』38, 1991, 16쪽에서는 奈祗城의 內地里 비정에 반대하고 있다.

4) 高僑工, 「桑津遺跡から日本最古のきじない札」『葦火』35, 1991, 2～3쪽에서 7세기 전반의 목간이 소개되고 있다. 여기에서는 도교계 부적이 그려져 있다. 사택지적비를 도교적이라는 가설을 보다 힘을 얻게 되었다.

阿湌金志全〜任執事侍郞 年六十七懸車致仕〜亡考仁章一吉湌〜라고 기록된 예가 있어서 더욱 의문은 커진다.

사택지적비에서 砂宅智積은 관직명이나 관등명이 없고, 출신부가 5부의 하나도 아니다. 다만 奈祗城이란 城名만 나오고 있다. 이 당시 고구려·신라 금석문의 예에 근거하면 최소한으로 △部大佐平砂宅智積이라고 기록되어야 할 것이다. 관등명조차 없이 奈祗城砂宅智積이라고 인명이 표기된 까닭은 무엇일까? 『일본서기』에 근거해 砂宅智積 등이 641년 11월에서 642년 1월 사이에 걸쳐서 내란을 일으키다가 실패한 것으로 추정한 견해가 있다.[5] 이에 따르면 砂宅智積은 642년의 반란 이후 관직과 관등을 빼앗기고, 奈祗城에 귀양을 가서 削奪官職되어서 인명을 적었기 때문에 大佐平이란 관등명이 砂宅智積碑에 적히지 못한 것으로 추정된다.

이렇게 사택지적비의 奈祗城 부분을 해결하고 나면 백제나 고구려 금석문에서 지방민의 인명 표기 방법이 궁금해진다. 아직까지 그러한 예가 고구려나 백제의 금석문에서는 한 번도 나온 적이 없지만, 고구려나 백제 금석문에서는 직명+성촌명+인명의 순서로 기재될 것이다. 사택지적비의 전문을 해석하면 다음과 같다.

甲寅年[6] 정월 9일 奈祗城의[7] 砂宅智積은[8] 몸이 날로 쉽게 가고 달로

---

5) 浜田耕策, 「大和改新と朝鮮三國」 『歷史讀本』29-17, 1984.
6) 비의 건립 연대이다. 『翰苑』주에 인용된 「括地志」에는 '(百濟) 其紀年 無別號 但數六甲爲次第'라고 하여 백제에서는 연대를 표기함에 있어 연호를 사용하지 않고 6甲干支만 사용했음을 전하는데, 사택지적비는 바로 이러한 사실을 보여주는 것이라 하겠다 또 『翰苑』주에 인용된 「括地志」에는 '(百濟) 其紀年 無別號 但數六甲爲次第'라고 하여 백제에서는 연대를 표기함에 있어 연호를 사용하지 않고 6甲干支만 사용했음을 전하는데, 사택지적비는 바로 이러한 사실을 보여주는 것이라 하겠다
7) 사택지적의 관련이 있는 곳으로 부여읍 서쪽 30리의 부여군 恩山面 內地里로 비정하는 견해가 있다

돌아오기 어려움을 슬프게 여겨 금을 뚫어 珍(金)堂을 세우고 옥을 다듬어 寶塔을 세우니 巍巍한 그 慈容은 神光을[9] 토하여 써 松雲하는 듯하고 그 悲貌는 聖明을 含하여 써 ……

III. 익산 미륵사출토 금석문

1. 사리봉안기

우선 설명의 편의를 위해 사리봉안기의 전문을 제시하고, 단락을 나누고, 이를 해석하면 다음과 같다.

---

8) 이 비의 願主로 사택은 성, 지적은 이름으로 추정되고 있다. 砂宅이란 성은 백제의 八大姓의 하나인 沙氏와 같은 것으로, 沙宅·沙吒로 표기되기도 하였다. 智積이란 이름은 『日本書紀』24 皇極 2년(642, 의자왕 2) 2월 무자조와 7월 을해조에 보이는데, 전자는 백제 사신이 와서 전년 11월에 大佐平 智積이 죽었음을 전하는 것이고, 후자는 백제에서 사신으로 온 大佐平 智積 등을 향응했다는 것이다. 이들 기록에 보이는 지적이 동명이인이라면 몰라도, 같은 인물이라면 전자의 기록이 잘못된 것이다. 그리고 『일본서기』의 智積이 사택지적과 같은 인물이라면, 사택지적은 의자왕 때 활약한 인물이라고 할 수 있다.
사택지적은 백제의 大姓八族에 속하는 인물이며, 大佐平(=상좌평)이었던 점으로 미루어, 백제의 최고급 귀족이었다고 할 수 있다. 그가 "금을 뚫어 珍(金)堂을 세우고, 옥을 다듬어 寶塔을 세우는 것"이 가능할 수 있었던 것도, 이러한 대귀족으로서의 경제력이 있었기 때문일 것이다.
9) 불가사의한 빛.

〈전 면〉

⑪	⑩	⑨	⑧	⑦	⑥	⑤	④	③	②	①	
淨	民	受	積	我	遍	遂	樹	是	感	竊	1
財	棟	勝	德	百	神	使	遺	以	應	以	2
造	梁	報	女	濟	通	光	形	託	物	法	3
立	三	於	種	王	變	曜	八	生	現	王	4
伽	寶	今	善	后	化	五	斛	王	身	出	5
藍	故	生	因	佐	不	色	利	宮	如	世	6
以	能	撫	於	平	可	行	益	示	水	隨	7
己	謹	育	曠	沙	思	遠	三	滅	中	機	8
亥	捨	萬	劫	乇	議	七	千	雙	月	赴	9

〈후 면〉

⑪	⑩	⑨	⑧	⑦	⑥	⑤	④	③	②	①	
俱	並	虛	界	后	正	寶	陛	盡	願	年	1
成	蒙	空	而	卽	曆	曆	下	用	使	正	2
佛	福	而	恒	身	下	共	此	世	月	3
道	利	不	明	下	化	天	善	世	廿	4
	凡	滅	明	心	蒼	與	根	供	九	5
	是	七	若	同	生	地	仰	養	日	6
	有	世	金	水	又	同	岳	資	劫	奉	7
	心	久	剛	鏡	願	久	齊	大	劫	迎	8
		遠	等	照	上	齊	固	王	無	舍	9
				法		弘			利	10

이제 전문을 해석할 차례가 되었다. 전문을 3개의 단락으로 나누어 제시하면 다음과 같다.

A. 竊以 法王出世 隨機赴感 應物現身 如水中月 是以 託生龍宮 示滅雙樹 遺形八斛 利益三千 遂使 光曜五色 行遠七遍 神通變化 不可思議

B. 我百濟王后 佐平沙乇積德女 種善因於曠劫 受勝報於今生 撫育萬民 棟梁三寶 故能 謹捨淨財 造立伽藍 以己亥年正月廿九日 奉迎舍利

C. 願使 世世供養 劫劫無盡 用此善根仰資 大王陛下 年壽與山岳齊固 寶曆共天地同久 上弘正法 下化蒼生 又願 王后卽身心同水鏡 照法界而

恒明 身若金剛等 虛空而不減 七世久遠 並蒙福利 凡是有心 俱成佛道

이를 해석하면 다음과 같다.

"가만히 생각하옵건대, 法王께서 세상에 나오시어 根機에 따라서 感應
해 옵시고, 物에 應하여 몸을 드러내시니, 마치 물속의 달과 같으셨다. 이
에 王宮에 託하여 태어나 雙樹에 示滅하시고, 形骸를 8斛을 남기시어,
三千大千世界에 利益되게 하셨다. 드디어 五色을 빛나게 하고, 돌아가기
를 7번하니, 神通함과 變化는 不可思議한 것이었습니다.

우리 百濟王后께서는 佐平인 沙乇積德의 따님으로, 과거 曠劫 동안에
善因을 심었기에, 今生에 뛰어난 보답을 받게 되었는데, 萬民을 撫育하
고, 三寶를 棟梁으로 삼으셨다. 故로 能히 淨財를 희사하시어 伽藍을 세
우셨으니, 己亥年 정월 29일에 舍利를 받들어 맞이하셨다.

願하옵대 世世로 供養하고, 劫劫이 다 함이 없도록 이 善根으로 받들
어 資를 삼아, 大王陛下께서는 年壽가 山岳과 같이 齊固하시고, 寶曆[治
世]이 함께 天地와 같이 영구하시어 위로는 正法을 넓히고, 아래로는 蒼
生을 교화시키기 바랍니다. 또 바라옵건대, 王后 身心은 水鏡과 같이 法
界를 비추어 항상 밝으시고, 몸은 金剛처럼 허공과 같이 不減하시고, 七
世 영원토록 아울러 福利를 입으시고, 무릇 이 有心들도 함께 佛道를 이
루도록 해주시기 바랍니다."

佐平沙乇智德이란 인명이 나올 뿐이다. 佐平은 관등명, 沙乇智德은 인
명은 姓(沙乇)이 포함된 인명이다. 관직명과 출신부명은 없다. 國王의 國
舅인 沙乇智德이 佐平이란 관등명만 있고, 그 흔한 출신부도 없는 것은
579년 당시에[10] 佐平沙乇智德의 출신부가 각 부의 화합을 위해 일부로
쓰지 않았을 것이다.

---

10) 김창호, 『고신라 금석문과 목간』, 2018, 298쪽.

2. 소형금판 등[11)]

中部德率支受施金一兩(앞면)
惊(뒷면)

下部比致夫及父母妻子(앞면)
同布施(뒷면)

이 명문에서 惊자의 의미는 잘 알 수 없으나 시주자의 인명 외자로밖에 볼 수가 없는 것이고, 다른 도리가 없다. 中部(부명)+德率(관등명)+支受(인명)으로 구성되어 있고, 소형금판명문은 中部德率支受가 施金一兩을 시주했고, 惊도 참가했다가 된다.

다음 명문인 下部(부명)+比致夫(인명)과 그의 父母와 妻子란 뜻이다. 下部比致夫及父母妻子同布施는 下部比致夫와 그의 父母와 妻子는 同(金一兩)을 보시했다고 해석된다. 이 보시자는 관등명이 없는 평민인 데에도 불구하고 포시를 금으로 1兩이나 하고 있다.[12)] 평민이 금으로 보시하는 것은 당시 백제 사회의 신분제에서 계급 구분이 심하지 않았음을 말해 주고 있다. 미륵사 청동함에 다음과 같은 명문이 나온다.

上部達率目近(청동합)

上部達率目近의 上部(출신부명)+達率(관등명:16관등 중 2관등)+目近(인명)이 있다. 達率이란 높은 관등의 소유자도 금을 보시하지 않고 있다.

---

11) 임혜경, 「미륵사지 출토 백제 문자자료」 『목간과 문자』13, 2014.
12) 두 개의 소형금판 무게가 금 1兩으로 보인다.

IV. 陵寺 昌王명석조사리감

이 창왕명사리감은 명문이 있기 때문에 능사 출토 유물 중 가장 중요한 것의 하나이다.[13] 이 명문은 사리감의 정면 양쪽에 음각된 두 줄의 명문이다. 이를 판독해 제시하면 다음과 같다.[14]

	1	2	3	4	5	6	7	8	9	10
①	百	濟	昌	王	十	三	秊	太	歲	在
②	丁	亥	妹	兄	公	主	供	養	舍	利

昌王은 『삼국사기』, 백제본기, 위덕왕조에 '威德王 諱昌 聖王之元子 也'라고 되어 있어서 위덕왕임을 쉽게 알 수가 있다. 제①행의 7번째 글자는 秊자의 이체로 통일 이전 금석문에서는 고구려의 안악3호분 묵서명(357년)과 신라의 봉평비(524년)의 예만 있고, 백제의 예는 없었는데 이번에 백제의 예도 있게 되었다. 제②행의 4번째 글자는 兄자의 이체로 적혀 있다. 이 명문 자체의 20자는 판독에 전혀 이견이 없다. 이 명문의 해석에도 별로 어려움이 없으나 제②행의 妹兄公主의 부분 해석이 문제가 된다. 이 妹兄公主를 妹인 兄公主로 해석하기 쉬우나 이는 관등명+인명으로 된 백제 금석문이다. 妹인 兄公主로 해석하면 妹=兄公主가 되어 한 사람의 인명표기로 兄(공주 이름)+公主(관등명류)가 되어 백제 금석문의 관등명류+인명과는 서로 반대가 된다. 따라서 妹兄公主는 妹兄과 公主로 해석할 수밖에 없다. 百濟昌王十三秊太歲在丁亥妹兄公主供養舍

---

13) 누구를 위한 능사인지가 문제가 되나 567년은 성왕이 죽은지 554년이므로 13년이 나 지났고, 성왕의 릉은 수릉으로 웅진성 송산리5호분이다. 능사는 결국 위덕왕의 매형과 공주가 마련한 위덕왕을 위해 세운 것이다.

14) 종서를 횡서로 바꾸었다.

利는 百濟昌王十三秊太歲在丁亥(567년)에 妹兄과 公主가 供養한 舍利이
다란 뜻이 된다.

V. 癸酉銘阿彌陀三尊佛碑像

지금까지 백제 금석문에 있어서 백제 시대의 관등명이 포함된 인명표
기는 1991년에만 해도[15] 단 한 예도 발견되지 않다.[16] 백제 당시에 만들
어진 금석문은 아니지만 백제 멸망 직후인 673년에[17] 백제 유민들에 의해
만들어진 것으로 간주되는 癸酉銘阿彌陀三尊佛碑像의 명문에 백제인의
인명 표기가 나오고 있으므로 관계 자료부터 제시하면 <표 1>와 같다.

〈표 1〉 癸酉銘阿彌陀三尊佛碑像의 인명 분석표[18]

	人名	官等名	備考
1	△△	弥△次	及伐車(及伐干?)
2	△△正	乃末	
3	牟氏毛	△△	乃末로 복원
4	身次	達率	유일한백제관등명
5	日△	△	大舍의 합자로 복원
6	眞武	大舍의합자	
7	木△	大舍의합자	

15) 이 논문(김창호, 「癸酉銘阿彌陀三尊佛碑像의 명문」『신라문화』, 1991)은 1991
   년에 처음 발표되었다.
16) 지금은 임혜경, 앞의 논문, 2014에만 해도 몇 예가 소개되어 있다.
17) 이 癸酉年을 한 갑자 올려서 613년으로 보면, 당시 백제에 신라 인명을 사용할
   수 없고, 한 갑자 내려서 733년으로 보면, 이 때에는 達率이란 백제 관등을 사용
   할 수가 없다. 따라서 癸酉年은 673년으로 볼 수밖에 없다.
18) 비문의 읽는 순서에 따라서 1~7은 향좌측면, 8~27은 배면, 28~31은 향우측면,
   정면은 32·33의 순서로 기재되어 있다.

	人名	官等名	備考
8	興次	乃末	
9	三久知	乃末	
10	豆兎	大舍의합자	
11	△△	△	大舍의 합자로 복원
12	△△	△△	△師로 복원
13	△△	大舍의합자	
14	夫△	大舍의합자	
15	上△	△	大舍의 합자로 복원
16	△△	△	大舍의 합자로 복원
17	△△	△師	
18	△△	大舍의합자	
19	△△	大舍의합자	
20	△力	△	大舍의 합자로 복원
21	△久	大舍의합자	
22	△惠	信師	
23	△夫	乃末	
24	林許	乃末	
25	惠明	法師	
26	△△	道師	
27	普△	△△	△師로 복원
28	△△	△	大舍의 합자로 복원
29	△△	大舍의 합자	
30	使三	大舍의 합자	
31	道作公		公이 관등명인지도 알 수 없음
32	△氏	△△	인명인지 여부 불확실
33	述況	△△	인명인지 여부 불확실

<표 1>에서 향좌측면의 1~3의 인명을 제외한[19] 모든 사람들은 전부 백제계 유민들로 추정된다. <표 1>에 나오는 대부분의 사람들은 乃末·大舍 등의 신라 관등을 가지고 있지만, 유독 達率身次만은 백제 관등명

---

19) 향좌측면은 1~7번 인명으로 이 가운데 1~3명의 인명은 신라인일 가능성도 있다. 왜냐하면 1번의 弥(그칠 미의 훈과 급의 음은 음상사이다.) 弥△次는 及伐車와 동일한 관등이라면 673년 당시에 백제인으로서는 받을 수가 없는 신라 관등이기 때문이다.

을 가지고 있다. 그리고 인명 표기의 기재 방식도 인명+관등명의 신라식
이 아니라 관등명+인명의 독특한 순서로 기재되어 있다. 이 자료에 따르
면 백제 금석문의 인명 표기에서 관등명+인명의 기재 순서는 고구려 금
석문의 인명 표기 순서인 관등명+인명의 인명 기재 순서와 꼭 같음을
알 수가 있다. 출신지명에 해당되는 부명의 문제는 673년 당시에 이미
신라에서는 금석문 자체의 인명 표기에서 부명이 사라진 시기이므로[20]
백제 금석문의 인명 표기를 직명+부명+관등명+인명의 순서로 기재되는
것으로 복원할 수가 있다.

VI. 武寧王陵 출토 銀釧銘

명문은 庚子年二月多利作大夫人分二百卅主耳이다. 은팔찌의 내면에
새기고 있다. 更子年은 520년으로 판단된다. 大夫人은 君大夫人이란 용
어가 백제에서 나오는데, 義慈王의 왕후인 恩古를 君大夫人이라고 했
다.[21] 二百卅主의 主는 은무게를 나타내는 하나치이다.[22] 多利는 銀釧
(은팔찌)을 만든 사람의 인명이다. 이 명문은 庚子年(520년) 二月에 多利
가 만들었고, 大夫人의 몫(分)은 二百卅主(팔찌에 든 은의 양)이다.[23]

---

20) 김창호, 「이성산성 출토의 목간 연대 문제」『한국상고사학보』10, 1992 참조.
21) 이용현, 「미륵사 건립과 사택씨」『신라사학보』16, 2009, 70쪽.
22) 耳자는 종결을 뜻하는 어조사이다.
23) 고구려에서 銀의 무게는 서봉총 은합 명문에 三斤六兩이라고 해서 斤兩制가 실
    시되었음을 알 수 있다.

VII. 백제 七支刀 명문의 인명표기

설명 편의를 위해 七支刀에 새겨진 전문을 제시하면 다음과 같다.[24]

이면	표면		이면	표면		이면	표면		이면	표면	
侯	28	爲	支	19	濟	丙	10	先	泰	1
王	29	倭	刀	20	王	午	11	世	△	2
△	30	王	△	21	世	正	12	以	四	3
△	31	旨	辟	22	子	陽	13	來	年	4
△	32	造	百	23	奇	造	14	未	△	5
△	33	△	兵	24	生	百	15	有	月	6
作	34	△	宜	25	聖	練	16	此	十	7
		△	復	26	音	鋘	17	刀	六	8
		世	供	27	故	七	18	百	日	9

七支刀 명문에 있어서 인명과 관련되는 부분은 이면의 百濟王世子奇生聖音故爲倭王旨부분이다. 이에 대해서는 여러 가지 견해가 발표된 바 있다.[25] 예를 들면 奇生을 百濟王世子의 인명으로 보아 貴須(近仇首)와 연결시키고, 旨를 倭王의 인명으로 보아 倭의 五王 가운데 하나인 贊과 연결시키고 있다.[26] 이 경우에도 聖音과 故爲 부분의 해석이 어색하다. 가령 旨자를 譽자로 보기 위해 고전에서 그 유례가 거의 없으므로 현대 중국의 白話文 예까지 들고 있다.[27] 七支刀 명문에 나오는 이 부분이 과연 인명인지 여부를 백제 금석문의 인명 표기를 통해서 검토해 보자.

미륵사 출토 금제소형판에 中部德率支受施金壹兩의 中部(출신부명)

---

24) 본 명문의 판독 제시는 지금까지 발표된 선학들의 논문과 石上神宮, 『石上神宮の社寶』, 1986에 실린 글자 사진과 奈良國立博物館, 『發掘された古代の在銘遺寶』, 1989, 36~37쪽의 사진 등을 참조하였다.
25) 이에 대한 체계적인 정리는 神保公子, 「七支刀硏究の步み」 『日本歷』3이, 1973 참조
26) 三品彰英, 「石上神宮七支刀」 『日本書紀朝鮮關係記事考證』上, 1961, 194쪽.
27) 宮崎市定, 『謎の七支刀』, 1983, 110~112쪽.

德率(관등명) 支受(인명), 청동합에 上部達率目近의 上部(출신부명) 達率
(관등명) 目近(인명) 등이 있다.[28] 또 나주 복암리의 목간에 軍那德率至
安를 지명+관등명+인명으로 보고 있으나 軍那는 출신부명이 아니므로
관직명으로 보인다. 또 능사297번 목간의 △城下部對德疎加鹵에서 관직
명, 소속 지명(부명)과 관등, 인명이 기록되어 있는 점으로 보아,[29] 나성
대문을 통과할 때 사용된 관인의 신분증명서일 가능성이 높다. 따라서
이 297호 목간 역시 나성대문의 금위와 관련된 목간일 수 있다라고 하였
다. 이 297호 목간은 △城(직명)+下部(부명)+對德(관등명)+疎加鹵(인명)
으로 구성되어 있어서 평범한 인명의 전형적인 예로 백제 금석문과 목
간에서 직명+부명+관등명+인명으로 구성된 유일한 예이다. △城(직명)
이 나성대문의 禁衛와 관련된 직명이라고 단정할 수는 없다.

백제의 인명표기는 직명+부명+관등명+인명의 순서로 기재되며, 고구
려의 인명표기 순서와 동일하다. 신라 금석문의 인명표기는 직명+출신
지명+인명+관등명의 순서로 기재되어 고구려와 백제의 인명표기는 관
등명+인명의 순서가 서로 반대이다.

百濟王世子奇生聖音故爲倭王旨에서 百濟王世子奇와 倭王旨가 인명표
기이다. 이렇게 외자로 된 인명표기가 있는지가 문제이다. 충주고구려비
에서 太子共=古鄒加共, 寐錦忌의 예가 있다. 寐錦忌은 눌지왕의 祗자가
忌이고, 訥祗寐錦이 고구려식 인명표기로 충주고구려비에서 寐錦忌가
되었다. 百濟王世子奇의 奇자는 百濟王子인 昆支의 支자와 같고, 倭王旨
는 倭 五王 가운데 하나인 齊와 같다. 그래서 칠지도가 5세기 중엽에 만
들어진 것으로 본다.

---

28) 임혜경, 「미륵사지 출토 백제 문자자료」 『목간과 문자』 13, 2014.
29) 윤선태, 『목간이 들려주는 백제 이야기』, 2007, 144~145쪽.

VIII. 武寧王陵의 墓誌銘

관계 전문부터 제시하면 다음과 같다.

買地券							墓誌石						
⑥	⑤	④	③	②	①		⑥	⑤	④	③	②	①	
不	買	土	百	乙	錢	1	登	癸	日	卯	麻	寧	1
從	申	伯	濟	巳	一	2	冠	酉	壬	年	王	東	2
律	地	土	斯	年	万	3	大	朔	辰	五	年	大	3
令	爲	父	麻	八	文	4	墓	十	崩	月	六	將	4
	墓	母	王	月	右	5	立	二	到	丙	十	軍	5
	立	上	以	十	一	6	志	日	乙	戌	二	百	6
	券	下	前	二	件	7	如	甲	巳	朔	歲	濟	7
	爲	衆	件	日		8	左	申	年	七	癸	斯	8
	明	官	錢	寧		9	安	八					9
		二	訟	東		10	厝	月					10
		千	土	大		11							11
		石	王	將		12							12
				軍		13							13

寧東大將軍이란[30] 남조 梁으로부터의 爵號로 관등명류이고, 斯麻王은[31] 諱號로 인명이다. 이 인명은 관등명류＋인명이다. 百濟斯麻王이라

---

30) 寧東大將軍은 무녕왕 21년(梁 普通 2년) 梁에 使節을 보냈을 때 양 武帝로부터 받은 ‘使持節都督百濟諸軍事寧東大將軍’ (『梁書』 列傳 48 諸夷 百濟條)의 略稱이다. 『三國史記』에 나오는 ‘行都督百濟諸軍事鎭東大將軍百濟王’의 칭호를 먼저 받았다가 梁과 우의를 지킨 공으로 이 작호를 받은 것으로 보인다.

31) 『三國史記』 백제본기에 무녕왕의 諱가 ‘斯摩’라고 되어 있는 것에서 무녕왕임이 확인된다. 麻와 摩로 서로 다른 것은 借音으로 記寫한 데서 말미암은 것으로 이 묘지의 것이 더 정확하다 할 것이다. 諡號인 무녕을 사용하지 않고 왕의 諱를 붙여 斯麻王이라 한 까닭은 葬後에 비로소 시호를 지어 바쳤기 때문으로 보이며, 또 漢式 이름인 隆을 쓰지 않은 것은 당시 중국에 보내는 외교문서에는 중국식 성명을 쓰고, 본국에서는 백성까지도 왕의 이름을 피휘하지 않고 고유한 백제

고 백제를 넣은 것이 눈에 띈다.

IX. 鄭智遠銘金銅三尊佛立像의 명문

③	②	①	
早	趙	鄭	1
離	思	智	2
三	敬	遠	3
塗	造	爲	4
	金	亡	5
	像	妻	6

1919년 부여 부소산성 送月臺(지금의 泗沘樓)에서 출토된 높이 8.5cm의 금동불상인데, 보물 196호로서 현재 국립부여박물관에 소장되어 있다. 舟形光背 施無畏 與願印의 본존 입상과 두 협시보살이 한 데 붙어서 주조된 이른바 一光三尊 형식이며, 광배의 윗부분에는 化佛 한 구가 있다. 대좌에는 연화문이 음각되어 있다. 부여에서 출토된 점이나 양식적 특징으로 미루어 백제의 작품으로 여겨지고 있으며, 제작연대는 6세기로 추정되고 있다.

불상은 진짜이나 鄭智遠이나 趙思敬이란 성명은 관등이나 부명이 없는 평민이 가질 수 있는 姓이 아니라서[32] 근대에 와서 불상 값을 올리기 위해 써넣은 것으로 보인다.

식 이름을 쓴 데서 말미암음 것으로 보인다.
32) 일반 백성이 성을 사용한 시대는 고려 시대부터이다.

X. 부여 왕흥사 청동합 명문

충남 부여군 규암면 신리에 위치한 사적 제427호 부여 왕흥사는 백제의
대표적인 왕실 사찰이다. 2007년 목탑터에서 발견한 왕흥사지 사리기(보
물 제1767호)에는 백제 昌王이[33] 죽은 왕자를 위해 丁酉年 二月 十五日에
절을 창건했다는 명문이 새겨져 있어서 학계의 주목을 받았다. 우선 설명
의 편의를 위해 왕흥사 청동합 명문의 전체를 제시하면 다음과 같다.

王興寺 舍利盒 명문

⑥	⑤	④	③	②	①	
神	利	子	王	十	丁	1
化	二	立	昌	五	酉	2
爲	枚	刹	爲	日	年	3
三	葬	本	亡	百	二	4
	時	舍	王	濟	月	5

이 명문의 전체부터 해석하면 '丁酉年(577년) 二月 十五日에 백제 昌
王이 죽은 왕자를 위해 사찰을 세웠는데 본래 장사시에 舍利 2매를 넣었
는데 신이 조화를 부려 3매가 되었다.'가 된다.

왕흥사 목탑 사리공에서 출토된 청동사리합 명문에 丁酉年이란 연간
지가 나와 577년이란 절대 연대를 갖게 되었다. 왕흥사 목탑은 『삼국사
기』권27, 백제본기 5에 무왕 즉위1년(600년)~무왕 35년(634년) 사이에
건립된 것이 되어 있어서 문헌을 믿을 수 없게 한다. 이 점은 중요한 것
으로 문헌을 중심으로 한 연구의 한계를 밝혀주는 것이다.

이 명문의 인명표기는 제②·③행에 나오는 百濟王昌이다. 전형적인

---

33) 昌王의 昌은 威德王(諡號)의 諱號이다.

백제 금석문과 같은 관등명류+왕명이다. 577년 당시는 백제도 太王制를 사용했을 터인데 그 증거가 없다.

XI. 맺음말

먼저 砂宅智積碑의 奈祇城砂宅智積을 城名(奈祇城)+인명(砂宅智積)이 나와서 642년 반란 후 大佐平이었던 사택지적이 削奪官職을 당하고, 출신지명을 성명으로 쓴 것으로 보았다.

익산 미륵사출토 금석문을 조사하였다. 국왕의 國舅이었던 佐平沙乇智德이 나오는데, 직명과 출신부명이 없다. 출신부명이 없는 점은 주목되는 바, 부의 융합책의 일환으로 보인다. 다른 3명의 인명표기는 부명+(관등명)+인명으로 되어 있다.

그 다음으로 陵寺 昌王명석조사리감의 명문인 百濟昌王十三季太歲在丁亥妹兄公主供養舍利에서 문제가 되는 것은 妹兄公主이다. 이를 妹인 兄公主로 풀이하기도 하나 그러면 兄公主가 인명+관등명류가 되어서 백제 금석문의 인명표기 순서와 반대이다. 이 妹兄公主를 妹兄과 公主로 해석할 도리밖에 없다. 따라서 百濟昌王十三季太歲在丁亥(567년)에 妹兄과 公主가 供養한 舍利이다로 해석된다.

그 다음으로 癸酉銘阿彌陀三尊佛碑像의 인명표기는 30여명의 인명이 인명+관등명의 순서로 기재된데 대해 達率身次만이 백제식으로 관등명+인명의 순서로 기재되어 있다. 達率身次는 상당 기간 백제 금석문의 인명표기에 대한 중요한 자료가 되었다.

그 다음으로 武寧王陵 출토 銀釧銘은 庚子年二月多利作大夫人分二百卅主耳이다. 이 가운데 多利가 은팔찌를 만든 장인의 이름이다. 主는 은

의 무게를 나타내는 하나치이다. 庚子年二月多利作大夫人分二百卅主耳를 해석하면 庚子年(520년)二月에 多利가 만들었고, 大夫人의 몫(分) 二百卅主(팔찌에 든 은의 양)이다가 된다.

그 다음으로 백제 七支刀 명문의 인명표기에 살펴보기로 하자. 七支刀 명문에서 인명표기와 관련되는 부분은 百濟王世子奇生聖音故爲倭王旨이다. 百濟王世子奇(昆支)와 倭王旨(齊)가 인명표기이다. 倭 五王중 한 명인 齊는 칠지도를 5세기 중엽으로 보는 중요한 근거가 된다.

그 다음으로 武寧王陵 墓誌銘의 인명표기에 대해 조사할 차례가 되었다. 寧東大將軍百濟斯麻王에서 寧東大將軍은 중국 남조 梁나라로부터 받은 官爵으로 관등명류이고, 百濟斯麻王은 왕명이다.

그 다음으로 鄭智遠銘金銅三尊佛立像의 명문 인명에 대해서 조사할 차례가 되었다. 鄭智遠과 趙思敬이란 인명표기에 鄭과 趙의 성이 사용되고 있어서, 이는 백제 시대에는 불가능하여 불상은 진짜이므로 근대에 새겨 넣은 것으로 판단된다.

마지막으로 왕흥사 청동사리기의 명문을 조사하였다. 百濟王昌이란 백제왕의 인명은 관등명류+왕명(이름)으로 백제 금석문의 인명표기의 전형적인 예이나 577년 당시에도 太王制의 증거가 없다.

제4절 금산 금령산성 출토 문자 자료

Ⅰ. 머리말

충청남도 금산군 남이면 역평리와 건천리 일대 성재산(438m) 정상부에 위치한 백령산성은 둘레 207m의 소규모 테뫼식[1) 석축 산성이다. 백령산성은 그 주변에 해발 700m정도의 高峰이 둘러싸고 있어서 시야 확보에 제약이 있지만 산성이 입지한 능선 일대를 장악하여 주변부에 대한 제한사항을 극복하고 있다. 또한 산간 사이에 형성된 통로에 소재하여 關門 역할(길목 차단 기능)을 했던 것으로 파악된다.[2) 백령산성이 자리한 능선은 충남 연산·논산(황산벌)과 전북 무주를 잇는 교통로 상에 있기 때문에 일찍이 炭峴으로 비정되기도 하였다.[3)

백령산성에 대한 조사는 2003년 정밀 지표조사와 시굴조사를 시작으로 전체적인 현황을 확인하였고, 이후 시행된 2004년의 1차 발굴조사와 2005년의 2차 발굴조사를 통해[4) 그 내부 구조와 부대시설을 파악하게 되면서 구체적인 산성의 형태를 이해할 수 있었다.

이러한 조사 내용을 바탕으로 백령산성은 단일 토층만이 나타나고 충

---

1) 우리나라의 고대 산성은 크게 2종류로 대별된다. 골짜기와 산등성이를 에워싼 포곡식과 하나의 산봉우리만을 8부 능선에서 둘러싼 테뫼식이 있다.
2) 최병화, 「금산 백령산성의 구조와 성격」 『호서고고학』17, 2007, 178쪽.
3) 성주탁, 「백제 탄현 소고」 『백제논총』2, 1999.
4) 충청남도역사문화연구원·금산군, 『금산 백령산성 1·2차 발굴조사 보고서』, 2007.

위내의 출토 유물 연대가 백제시대의 것으로만 비정됨에 따라 백제 泗沘城시대에 조성되어 사용된 유적으로 파악된다.5) 발굴된 유물은 다량의 기와류·토기류와 소량의 목기류와 철기류로, 조사된 유물들의 양상이 백제시대로 한정된다는 점에서 백제시대 산성의 구조와 축조 방법과 배경, 사용 시기 등을 규명하는데 중요한 의미를 지닌다.6) 계단식의 북문, 저수용 목곽고, 배수 시설, 보도시설, 온돌 시설 및 주공 등이 확인되었고, 다량의 명문와를 포함한 기와편과 토기류, 묵서 판목 등의 문자 자료 유물이 출토되었다.

여기에서는 명문을 銘文瓦, 印刻瓦, 墨書木板으로 나누어서 살펴보고, 다음으로 이들 명문들의 제작 시기를 年干支명기와를 토대로 살펴보고자 한다.

II. 명문의 판독과 해석

1. 銘文瓦

(1) 上水瓦作명음각와

가) 上水瓦作명음각와(등면)

백령산성 정상부에 조성된 木槨庫 내부에서 출토된 上水瓦作명음각와는 발견 당시 반파된 상태였지만 수습이후 접합되었다. 길이 21.3cm, 두

---

5) 강종원·최병화, 『그리운 것들은 땅속에 있다』, 2007, 178쪽.

6) 충청남도역사문화연구원·금산군, 앞의 책, 2007.

께 0.8~2.0cm였다. 고운 점토를 사용해 제작된 음각와는 표면은 회청색, 속심은 흑회색을 띤다. 음각와의 표면에는 물손질한 흔적과 손으로 누른 자국, 도구흔 등이 혼재하고, 모두③행으로 총19자 정도의 명문이 확인되었다.[7]

명문은 등면과 측면에 殘存하는데, 등면의 명문은 그 자형이 대체적으로 명확한 반면 측면의 명문으로 추정되는 일련의 자형은 알아보기 어렵다. 음각된 목필이나 철필과 같은 끝이 가늘고 뾰족한 도구를 이용해 刻書했던 것으로 추정된다. 이러한 예는 백제 미륵사지에서 나온 景辰年五月卄(日)法得書란 기와 명문이 있다.

지금까지 제시된 판독 결과를 표로서 도시하면 다음과 같다.

연구자		판독안
금산 백령산성1·2차 발굴조사 보고서(2007)[8]	1차	제①행 上水瓦作土(五)十九
		제②행 一(?)夫瓦九十五
		제③행 作△那魯城移△
	2차	제①행 上水瓦作土十九
		제②행 一夫瓦九十五
		제③행 作△那魯城移△
	3차	제①행 上水瓦作土十九
		제②행 一夫瓦九十五
		제③행 那魯城移遷
손환일(2009)[9]	1차	제①행 上水瓦作五十九
		제②행 夫瓦九十五
		제③행 作(人)那魯城移文
강종원(2009)[10]	1차	제①행 上水瓦作土十九
		제②행 一夫瓦九十五
		제③행 那魯城移遷

7) 作人那魯城移文은 지방 출신의 제와장으로 무녕왕릉의 와박사와 비교된다. 곧 무령왕릉 출토 (瓦博)士壬辰年作는 만든 사람이 와박사로 512년에 만들었다고 하므로 523년에 조성된 무령왕릉이 壽陵일 가능성을 보여주고 있다.

연구자		판독안
	2차	제①행 上水瓦作五十九
		제②행 一夫瓦九十五
		제③행 作△那魯城移支
	3차	제①행 上水瓦作五十九
		제②행 夫瓦九十五
		제③행 作(人)那魯城移文
문동석(2010)[11]	1차	제①행 上水瓦作五十九
		제②행 夫瓦九十五
		제③행 作(人)那魯城移文
이병호(2013)[12]	1차	제①행 上水瓦作五十九
		제②행 夫瓦九十五
		제③행 作(人)那魯城移文
이재철(2014)[13]	1차	제①행 上水瓦作五十九
		제②행 夫瓦九十五
		제③행 作(人)那魯城移文

이상과 같은 판독을 근거로 음각와를 판독하여 제시하면 다음과 같다.

제①행 上水瓦作五十九
제②행 夫瓦九十五
제③행 作(人)那魯城移文

제②행의 夫瓦의 사전적 의미는 수키와이다.[14] 이에 대칭되는 제①행

---

8) 충청남도역사문화연구원·금산군, 앞의 책, 2007.

9) 손환일, 「백제 백령산성 출토 명문기와 목간의 서체」『구결연구』22, 2009.

10) 강종원, 「부여 동남리와 금산 백령산성 출토 목간자료」『목간과 문자』3, 2009.

11) 문동석, 「2000년대 백제의 신발견 문자자료와 연구동향」『한국고대사연구』57, 2010.

12) 이병호, 「금산 백령산성 출토 문자기와의 명문에 대하여-백제 지방통치체제의 한 측면-」『백제문화』49, 2013.

13) 이재철, 「금산 백령산성 유적 출토 문자 자료와 현안」『목간과 문자』13, 2014.

14) 이병호, 앞의 논문, 2009, 252쪽.

의 上水瓦는 기와 위로 물이 흘러가는 기와로 암키와를 뜻한다.[15] 이를
토대로 음각와 명문을 해석하면 다음과 같다.

上水瓦(암키와) 59장를 만들었고, 夫瓦(수키와) 95장을 만들었는데 作
人(직명)은 那魯城 출신의 移文(인명)이다가 된다.[16] 이는 지금까지 고구
려와 백제 금석문에 나오는 지방민의 유일한 인명표기로 중요하다.

나) 上水瓦作명음각와(측면;위)

竹內△△△로 판독되나 수결로 이해되고 있을 뿐,[17] 해석은 되지 않
는다.

다) 上水瓦作명음각와(측면;아래)

글자가 10자 정도가 더 있으나 판독이 어렵다.

(2) 上ㅏ명음각와

上ㅏ명음각와는 목곽고가 위치한 지역의 표토층에서 2점(2가지 유형)
이 수습되었다. 上ㅏ명음각와 1점은 길이 7.3cm, 두께 1.1～1.4cm이고, 다
른 上ㅏ명음각와 한점은 길이 8.8cm였다. 명문은 무문의 평기와에 刻字한

---

15) 이병호, 앞의 논문, 2013, 252쪽.
16) 이병호, 앞의 논문, 2013, 252쪽에서 那魯城에서 기와가 제작된 것으로 보고 있으
나 이는 인명 표기의 일부로 移文의 출신지일 뿐이다. 作人那魯城移文은 직명+
출신성명+인명으로 된 인명표기로 지방민도 제와장이 되어 6세기 후반에는 기와
의 제작에 관계했다는 중요한 증거이다. 移文 등의 기와 제작은 백제 왕경인(5부
인)과는 관계가 없이 지방민이 전담했다고 판단된다. 물론 조와에는 국가의 감독
을 받았음을 물론이고, 삼국시대 기와가 지방민에 의해 만들어졌다는 중요한 증
거가 된다.
17) 이재철, 앞의 논문, 2014, 192쪽.

것으로 上阝의 2자가 확인된다. 上部란 왕경 5부 가운데 하나이다.

(3) 右(?)四(血)명음각와
무엇을 의미하는지는 알 수가 없다.

2. 印刻瓦

(1) 丙자명기와

丙자명와는 남문지 내부 매몰토층에서 발견된 2점을 포함해 발굴과정에서 총 3점이 수습되었다. 丙자명와는 그 크기가 길이 24.5cm, 두께 1.0~1.9cm이고, 다른 하나는 12.8 cm, 두께 1.0~1.6cm이고, 또 다른 하나는 길이 8.5cm, 너비 4.6cm, 두께 0.93~1.3cm이다. 印章의 지름은 2.1cm정도이고, 양각된 丙자의 지름은 1.7cm정도이다. 인장의 크기나 인장 안 字形등을 감안할 때, 모두 동일한 消印으로 추정된다. 丙자명와의 丙자는 栗峴△ 丙辰瓦와의 관련성으로 보아 丙辰年을 나타내기 위한 것으로 보인다.[18]

(2) 栗峴△ 丙辰瓦명기와

栗峴△ 丙辰瓦명기와는 목곽고 내부와 그 주변에서 총 12점이 출토되었다. 회백색의 무문으로 수키와가 많다. 명문은 양각된 형태로 가로X세로 5cm의 방형 구획을 나누어서 세 글자씩 縱書했으며, 栗峴△ 丙辰瓦로 판독된다.

이는 율현△가[19] 병진년에 만든 기와이다란 뜻이다.

---

18) 이병호, 앞의 논문, 2013, 68~69쪽.
19) 耳淂辛과 함께 기와를 만든 기술자인지 감독자인지는 후고를 기다린다.

(3) 耳淳辛 丁巳瓦명기와

耳淳辛 丁巳瓦명기와는 조사 지역의 북문과 북쪽 성벽 일대에서 출토되었다. 총18점으로 암키와가 다수를 이룬다. 방형 구획을 나누어서 세로로 3자씩 2행의 형태로 모두 6자이다. 이 명문와는 부여 쌍북리에서 출토된 丁巳瓦 葛那城명기와가 있어서 대비된다. 명문의 내용에서 丁巳瓦는 기와의 제작 시기를 葛那城(충청남도 논산의 皇華山城으로 비정됨)은 그 소요처를 표기한 것으로 파악되고 있다.

이를 해석하면 이득신이 정사년에 만든 기와이다가 된다.

(4) 戊午瓦 耳淳辛명기와

戊午瓦 耳淳辛명기와는 목곽고와 남문·북문, 치 등에서 총23점이 확인되었다. 제작기법은 앞서 살펴본 栗峴△ 丙辰瓦명기와와 耳淳辛 丁巳瓦명기와 동일했을 것으로 보인다. 가로X세로 4.5cm정도의 방형 구획을 기준으로 세 글자씩 縱書되었는데, 耳淳辛 丁巳瓦명기와는 반대로 干支를 나타내는 부분인 戊午瓦가 먼저 기록된 점이다.

이를 해석하면 무오년에 만든 기와는 이득신이 했다가 된다.

3. 목간

(1) 墨書木板

백령산성 정상부에 조성된 木槨庫 내부에서 기와편, 토기편, 목재, 철기 등과 함께 묵서목판이 출토되었다. 묵서목판은 목곽고의 바닥면에서 수습되었다. 출토 당시 반파되어 둘로 나누어진 상태였지만 원래 한 개체였던 것으로 추정된다. 목판은 두께 0.8cm, 너비 13cm, 길이 23cm로 앞면 우측 상부에 2행의 묵흔이 확인된다. 2행의 묵흔 이외에도 글자로 추정되는 형태가 보이지만 잔존상태가 좋지 않아서 무슨 글자인지 알 수 없다. 판독이 불가능하여 해석도 할 수 없다.

연구자	판독안
금산 백령산성1·2차발굴조사 보고서(2007)	앞면;우측 상단에 세로로 2줄의 흔적이 남아있으나 그 내용은 잔존상태가 좋지 않아 명확하지 않음. 墨書 흔적 발견후 적외선 촬영 결과, ₩형태의 字形을 확인했지만 그 외에는 남아있는 흔적이 분명하지 않아 판독이 어려움 뒷면;墨書의 잔흔이 확인되지 않음.(하부에서 11.5cm의 거리에 너비 2.0cm, 깊이 0.2cm의 홈 관찰)
손환일(2009)	1행;(居)行二百 2행;以備 그 외 孟, (高)
강종원(2009)	△行二百 以△만을 확인. 내용에 대한 의미 파악은 단편적인 것이라 불가능함
이용현(2009)	1행;△長二百 2행;以滴
문동석(2010)	△行二百 以△만이 확인되며, 備, 孟, 高 등이 보임
이재철(2014)	1행;行, 竹, 長으로 판독되는 글자는 長보다는 行 또는 竹일 가능성이 큼 2행;備 또는 滴자로 판독되는 글자는 좌변에 亻또는 氵으로 보인다. 우측의 자형은 厂+向으로 추정함

Ⅲ. 기와 제작 시기

금산 백령산성에서 발굴 조사된 여러 문자 자료들은 산성의 축조 시기와 주체, 배경 등을 알 수 있는 중요한 자료이다. 백령산성의 유물들을 두루 고려할 때, 백령산성은 사비성시대에 축조된 것이다. 干支에 대한 비정 문제는 丙辰명, 丁巳명, 戊午명의 간지는 1년의 시차를 두고 3년간에 계속되고 있다. 사비성 시대란 점을 염두에 두고 이들 간지의 연대를 살펴보면 丙辰年는 536년(성왕14년), 596년(위덕왕43년), 656년(의자왕16년)이고, 丁巳年은 537년(성왕15년), 597년(위덕왕44년), 657년(의자왕17년)이고, 戊午年은 538년(성왕16년), 598년(위덕왕45년), 658년(의자왕18년)이다.

이들 가운데 戊午年이란 연간지는 538년으로 성왕15년(538년) 春三月로 웅진성에서 사비성으로 천도할 시기와 맞물려 있어서 백령산성의 축조는 어려웠을 것이다.

남는 것은 병진명의 경우 596년과 656년뿐이다. 과연 이들 가운데 어느 쪽이 백령산성의 축조와 관련이 되는지를 금석문 자료를 통해 검토해 보자. 미륵사 출토 기와 가운데 다음과 같은 명문 기와가 있다.

景辰年五月卄(日)法淂書

7번째 글자인 日자는 파실되고 없으나 전후 관계로 보아서 日자로 복원하였다. 景자는 庚의 音借로 보고 있으나 잘못된 것이고, 景자는 丙자의 피휘이다. 丙자는 唐高祖의 父名이 昞자인 까닭으로 인해 丙자까지도 景자로 바꾸었다고 한다.[20] 그러면 결국은 위의 명문은 丙辰年으로 볼 수가 있고, 동시에 당나라가 618~907년까지 존속했으므로 656년, 716년, 776년, 836년, 896년 등이 그 대상이 된다. 이와 관련되는 금석문 자료를 적기해 제시하면 다음과 같다.

五日景辰建 大舍韓訥儒奉
　　　　　(682년, 문무왕릉비)

---

20) 葛城末治,『朝鮮金石攷』, 1935, 72쪽.
　　陳新會,『史諱擧例』, 1979, 18~19쪽.

神龍二年景午二月五日
                    (706년, 神龍二年銘金銅舍利方函)
永泰二年丙午
                    (766년, 永泰二年銘塔誌)
永泰△年丙午
                    (818년, 柏栗寺 石幢記)
寶曆二年歲次丙午八月朔六辛丑日～
                    (827년, 中初寺幢竿支柱)
會昌六年丙寅九月移
                    (846년, 法光寺石塔誌)
～秋九月戊午朔旬有九月丙子建～
                    (884년, 寶林寺 普照禪師彰聖塔碑)
丙午十月九日建～
                    (886년, 沙林寺 弘覺禪師碑)

　682년 7월 25일에[21] 건립된 문무왕릉비와[22] 706년에 만들어진 神龍二
年銘金銅舍利方函의 자료에서만 각각 丙辰을 景辰으로 丙午를 景午로
피휘하고 있을 뿐이다. 766년에 만들어진 永泰2년명 탑지의 丙午, 818년
에 만들어진 백률사석당기의 丙午, 846년에 만들어진 법광사 석탑지의
丙寅, 884년에 만들어진 보림사 보조선사창성탑비의 丙子, 886년에 만들
어진 사림사 홍각선사비의 丙午 등에서는 피휘가 시행되지 않고 있다.
기와에 나오는 景辰(丙辰)年이란 연간지는 700년 전후에서 찾아야 될 것
이다. 그 대상이 될 수 있는 것으로 656년, 716년, 776년 등이 그 대상이
될 수 있다. 596년은 618년에 당나라 건국되었기 때문에 제외된다. 776년

---

21) 김창호, 「문무왕릉비에 보이는 신라인의 조상 인식」『한국사연구』53, 1986.
22) 문무왕릉비는 사천왕사에 서 있었고, 산골처는 대왕암이다. 이를 잘못 해석하여
　　종종 대왕암을 문무왕릉으로 보는 가설이 나오고 있다. 이는 잘못된 것이다.

의 경우는 766년의 永泰2년명탑지 丙午에 의해 제외하면 656년과 716년
이 남는다.

716년은 미륵사 명문 기와 자료에서 開元四年丙辰명 기와 가운데 元
四年丙의 부분이 남아 있어서[23] 716년에는 丙자가 피휘되지 않았음을
알게 되었다. 따라서 景辰年은 656년임을 알게 되었다. 그렇다면 丙辰瓦
명기와는 656년일 수는 없고, 536년일 수도 없고,[24] 596년일 수밖에 없
다. 丁巳年은 597년으로, 戊午年은 598년으로 각각 볼 수가 있다.

IV. 맺음말

上水瓦作명기와의 上水瓦는 夫瓦(수키와)에 대칭되는 용어로 위로 물
이 내려가는 기와란 뜻으로 암키와를 가리킨다. 栗峴△ 丙辰瓦명기와는
栗峴△이 丙辰年에 만든 기와란 뜻이다. 耳淂辛 丁巳瓦명기와는 耳淂辛
이 丁巳年에 만든 기와란 뜻이다. 戊午瓦 耳淂辛명기와는 戊午年에 기와
를 耳淂辛이 만들었다로 해석된다.

丙辰年, 丁巳年, 戊午年의 연간지가 3년 사이에 나란히 위치하고 있다.
丙辰年은 536년, 596년, 656년이 그 대상이 되나 536년(戊午年은 538년임)
은 성왕의 사비성 천도(538년)로 볼 때 성립되기 어렵고, 656년은 丙辰의
丙자가 景자로 피휘가 되지 않아서 성립되기 어려워 596년으로 볼 수밖
에 없다. 왜냐하면 618년에 건국된 唐나라 高祖의 父名이 昞이므로 丙자

---

23) 국립부여문화재연구소, 『彌勒寺遺蹟發掘調查報告書』II, 1996, 圖版199의 ②.
24) 戊午年명기와는 538년이라서 538년 春三月의 사비성 천도와 서로 충돌하게 되
   고, 사비성시대 기와에 있어서 너무 빨리 지방 기와가 등장한다.

를 景자로 피휘를 했는데, 656년에는 백제에서 피휘를 한 예가 있어서
병진년은 596년으로 볼 수밖에 없다. 따라서 丁巳年은 597년으로, 戊午
年은 598년으로 각각 볼 수가 있다.

제5절 가야 지역에서 발견된 금석문 자료

I. 머리말

한국 고대사의 연구에 있어서 伽耶史가 차지하는 몫은 대단히 크다. 그에 비해 가야사에 대한 연구는 그렇게 활발하다고는 할 수가 없다. 삼국의 통일 이전의 역사를 다루면서 가야사는 국가 형성 문제와 더불어 언급이 되어 왔다. 高靈 池山洞, 陜川 玉田 등의 발굴 조사된 고분 출토의 유물로 볼 때, 가야가 당시의 백제와 신라에 비해 그 정치력이 결코 뒤떨어지지 않았다. 그럼에도 불구하고 가야사의 연구는 활발하지 못했던 것 같다. 가야사의 복원에 뚜렷한 연구 성과가 없는 것은 일차적인 사료의 부족에 기인하고 있는 듯하다.

가야사의 연구에 있어서 기본이 되는 사료로 『삼국사기』・『삼국유사』를 들 수 있다. 이들 문헌에 적힌 사료는 대단히 적고, 그나마도 신빙성 여부에 문제가 되는 것도 다소 포함되어 있다. 우리의 역사서는 아니지만 『일본서기』에는 가야에 대한 많은 자료가 실려 있다. 여기에는 일본 사학계에서 줄기차게 주장하고 있는 이른바 任那日本府와 관련된 사료가 대부분이다. 임나일본부란 369년경에 일본의 大和 정권에서 한반도 남부 지역에 대대적인 출병을 하여 한반도 남부 지방(낙동강 하류 유역으로 우리학계에서는 가야가 있던 곳으로 추정하는 곳)을 식민지로 삼았다. 이 임나일본부는 562년(이 해에는 대가야가 신라에 병합되었다.)에 완전히 멸망을 당했다고 주장을 하고 있다.

위와 같은 가야 관련 문헌에 있어서 성격상의 차이점을 극복할 수 있는 것은 당시의 가야인들이 남긴 고고학적인 자료인 고분 출토된 문자자료가 있다. 1970년 이후에 가야 지역에서는 몇 가지 금석문 자료가 발견되고 있다. 여기에서는 下部思利利명 토기 명문, 합천매안리대가야비, 大王銘丸底長頸壺, 昌寧 校洞의 象嵌鐵刀銘文 등에 대해서 상세히 검토해 보고자 한다.

II. 下部思利利명문

경남 합천군 봉산면 저포리E지구4-1호분의 봉토속에서 발견된 단경호의 구연 內側에 5자의 명문이 음각되어 있다.[1] 각 글자의 크기는 첫째와 다섯째 글자는 가로 7.5mm, 세로 6mm, 字徑 8.7mm정도이며, 나머지 세자는 가로 15.13mm, 세로 7mm, 자경 13～15mm정도이다. 5자 가운데 첫째, 둘째, 셋째, 넷째 글자는 쉽게 下·部·思·利자로 쉽게 읽을 수가 있다. 마지막 글자는 판독이 어렵다. 이 자를 巳자로 읽기도 하고,[2] 앞의 글자와 같은 표시인 〻으로 보기도 한다.[3] 여기에서는 후자에 따른다. 이 토기 명문은 下部思利利로 판독되어 인명으로 분석되었다. 이 인명에 대해서는 백제 인명설과[4] 가야 인명설이[5] 나와 있다. 이 下部思利利란

---

1) 채상식, 「합천 저포4호 출토 토기의 명문」『가야』2, 1989.

2) 東潮·田中俊明, 『韓國の古代遺跡』-百濟·伽耶篇-, 1989, 227쪽.

3) 채상식, 앞의 논문, 1989.

4) 김창호, 「가야 지역에서 발견된 금석문 자료」『향토사연구』1, 1989, 42쪽. 이는 잘못된 것이므로 철회하고 대가야의 지방 下部로 본다.

명문을 『삼국사기』의 于勒12曲 가운데 나오는 下加羅都에 주목하고 합천을 下加羅都에 비정하여 下加羅都의 명문으로 본 견해도 나왔다.6)

이 명문의 주인공인 下部思利利에는 백제 인명설, 대가야 인명설, 下加羅都 소속의 인명설이 병존하고 있다. 이 명문의 분석에 있어서 공통점은 모두가 인명으로 보고 있는 것이다. 지금까지 어느 연구자도 인명으로 제시하지 않는 의견은 제기된 바 없다. 이 명문을 단독으로 분석할 때에는 백제 인명설, 대가야 인명설, 下加羅都 인명설의 어느 것도 가능하다고 판단된다. 위의 어느 가설도 下部思利利의 出自를 밝혀 줄 강력한 증거가 없기 때문이다.

下部思利利의 인명 분석에 있어서 下部(부명)+思利利(인명)으로 구성되어 있다. 신라 금석문에서는 주로 인명+관등명의 인명 표기가 많지만 이 경우에도 직명과 출신지명은 복원이 가능하다.7) 이렇게 인명 표기에서 부명과 인명만으로 구성된 예는 중성리비에 沙喙鄒須智 등 8예가 있고, 냉수리비에는 6예가 있다. 下部思利利란 인물은 봉토속에서 나왔으므로 제의와 관련될 가능성이 있다. 실제로 下部思利利란 명문이 새겨진 단경호는 祭祀的인 성격의 유물로 원보고자는 해석하고 있다.8)

이렇게 下部思利利란 명문이 새겨진 단경호를 祭祀와 관련지어서 볼 때에는 이 명문의 인명을 다른 각도에서 접근하여 분석할 필요가 있다. 下部思利利란 인명은 祭祀(祭儀)를 담당했던 사람일 가능성이 크기 때문이다.9)

---

5) 부산대학교 박물관, 『합천 저포리 E지구 유적』, 1987, 223쪽.
6) 백승충, 「가야의 용례 및 시기별 분포상황」 『부산사학』22, 1992.
7) 고신라 금석문의 인명 표기는 직명+출신지명+인명+관등명으로 구성되어 있고, 직명과 출신명은 앞 사람과 같을 때에 생략되고 있다.
8) 부산대학교 박물관, 앞의 책, 1987, 71쪽.

더욱이 이 단경호 자체가 대가야계의 토기라고 함으로[10] 下部思利利
란 인명을 가진 사람이 저포리E지구4-1호분의 주인공인지 여부이다. 이
고분의 봉토속에서 下部思利利명단경호가 출토되어서 무덤의 주인공은
아니다. 下部思利利란 인명을 가진 사람은 대가야의 출신으로 합천 저포
리E지구4-1호분의 무덤 축조 제의를 담당했을 가능성이 있다.

下部思利利의 의미가 문제이다. 下部思利利란 인명 표기는 下部가 출
신부명, 思利利가 인명이다. 이 인명 표기에는 직명과 관등명이 없다. 삼
국 시대 금석문에서는 직명·출신지명·관등명·인명 가운데에서 직명과
출신지명은 생략될 수 있으나 관등명과 인명은 기록된다. 여기에서는
출신지명과 인명만이 기록되고 있다. 그 이유에 대해 조사해 보자.

첫째로 본 인명 표기 자체를 여자의 인명 표기로 볼 수가 있다. 울주
천전리서석 원명(525년)에 근거하면 宋知智一吉干支妻居知尸奚夫人으로
되거나 麗德光妙식으로 된다. 下部思利利가 여덕광묘처럼 시집가지전의
인명이 아니므로 그 가능성은 적어진다.

둘째로 土器 제작자(명문이 새겨진 단경호)의 인명으로 볼 수도 있다.
이때에는 당시의 토기 제작자가 본 명문과 같은 楷書風에 가까운 세련
된 글씨를[11] 쓸 수가 있을까하는 의문이 생긴다. 이 시기의 신라에서는
울진봉평비(524년)·단양적성비(545년이나 그 직전)·창녕비(561년) 등의
중요한 금석문의 글자는 書人이란 직명을 가진 사람이 썼으며, 이들은

---

9) 삼국 시대 고분에 있어서나 통일 신라 고분에 있어서 무덤 제사인 장송 의례를
   담당한 인물이 밝혀지기는 이 자료가 처음이다. 장송 의례와 관련된 직명으로 衆
   士와 仙人이 있고, 화랑도가 장송 의례와 관련될 가능성에 대해서는 김창호, 「제
   천 점말동굴의 화랑 석각 명문」『문화사학』50, 2018을 참조.

10) 부산대학교 박물관, 앞의 책, 1987, 71.

11) 채상식, 앞의 논문, 1989, 27쪽.

모두 왕경인으로 京位를 갖고 있다.

셋째로 글씨 자체의 세련된 점에 의해 높은 신분의 인명 표기로 볼 수도 있다. 이때에는 왜 관등명이 없는지 문제가 생긴다.

넷째로 이 인명 표기를 墓의 주인공과 연결시킬 수도 있다. 이때에는 石室墳 내부의 그릇에는 인명이 기록되지 않고 墳丘에서 출토된 그릇에만 인명이 기록되었는지를 설명할 수 없다.

下部思利利란 사람은 제의만 담당했을 뿐이고, 저포리E지구4-1호에 묻힌 사람은 아니다. 합천 저포리를 대가야의 왕경으로 볼 수는 없다. 그렇다고 저포리E지구4-1호분의 부장품 내용이 저포리의 족장으로[12] 보기도 어렵다. 족장으로 보기어렵다면 대가야 왕경 출신의 下部思利利가 저포리에 와서 제사를 주관했다고 보기도 어렵다. 왜냐하면 왕경의 제사 담당자가 족장이 아닌 자의 무덤에 장송 의례를 위해 저포리까지 왔다고는 보기 어렵기 때문이다. 下部思利利를 대가야 왕경의 출신이 아닌 자로 볼 때에는 下部思利利명단경호를 저포리 지역에서 만들어진 토기로 보아야 한다. 下部思利利는 대가야의 왕경인이 아닌 지방민으로 보아야 한다. 이때에는 下部가 대가야의 지방의 부로 짐작된다. 下部로 볼 때, 上部가 존재함은 쉽게 알 수가 있다.

주지하는 바와 같이 고구려는 중앙에 5부, 지방에 5부가 있었고,[13] 백제는 중앙에 5부, 지방에 5방이 있었고,[14] 신라는 중앙에 6부, 지방에 5주가 있었다.[15] 대가야에서는 지방에 적어도 2부의 존재가 입증된다. 그렇다면 대가야의 지방에 있는 부가 중앙에도 있었고, 대가야의 중앙과 지

---

12) 일본 용어로 하면 首長이고, 금석문으로 이야기하면 干(支)이다.
13) 지방 장관을 褥薩이라고 하였다.
14) 지방 장관을 方領이라고 하였다.
15) 지방 장관을 軍主라고 하였다.

방에 부가 있었다는 증거가 下部思利利명단경호이다. 이 점은 대가야의
역사 복원에 중요한 잣대가 될 것이다. 대가야의 중앙과 지방에 부가 있
었다면 고구려, 백제, 신라와 어깨를 나란히 할 정도로 부체제가 있었다
는 이야기가 된다. 신라의 경우 통일 신라 말까지 부의 잔재가 남아있었
음을 청주 상당산성 출토의 암기와에 沙喙部屬長池馴升達이 나온다. 이
기와는 장판타날이라 9세기의 것이다. 이 명문이 사탁부에 속한 장지역
의 승달으로 해석되므로 9세기에 부제가 남아있었음을 말해주고 있다.

이러한 부가 대가야의 지방에 下部가 있었으므로 上部의 존재를 추정
할 수 있고, 중앙의 부가 존재했음을[16] 미루어 짐작케 한다. 중앙과 지
방에 부가 있어서 나라를 운영했다는 것은 대가야의 정치 제도가 성숙
했음을 말해 준다. 사실 가야사 연구에서 下部思利利명단경호의 하부사
리리란 명문은 그렇게 주목받지 못했다. 6세기 대가야의 합천이 下部이
므로 上部는 고령인지도 알 수 없다. 대가야에 있어서 중앙과 지방에 부
가 있었다는 것은 고구려와 같다. 下部란 부명은 대가야의 정치사 복원
에 일급 사료이다.

Ⅲ. 陜川梅岸里大伽耶碑

경남 합천군 가야면 매안리의 마을 입구에서 1989년 5월 합천매안리
대가야비가 발견되었다. 이 비의 높이는 260cm, 너비 15cm, 두께 30cm로
立石처럼 서 있었다. 지금까지 판독된 전문은 다음과 같다.[17]

---

16) 고구려의 중앙에 5부, 백제의 중앙에 5부, 신라 중앙에 6부가 있어서 대가야의 중
   앙에도 부가 있었음을 알 수가 있다.

辛亥年△月五日而△村四干支[18])

이 비는 辛亥年(471년)[19]) △月 五日에 而△村의 四干支가 (모였다.)로 해석할 수가 있다. 이 비는 발견 당시부터 대가야비인지[20]) 신라비인지 논란이 계속되고 있다.[21]) 신라비설은 창녕의 진흥왕척경비처럼 比子伐

---

17) 김상현,「陜川 梅岸里 古碑에 대하여」『신라문화』6, 1989을 중심으로 필자의 판독을 더하였다.

18) 四十을 卅으로 쓰는 것은 광개토태왕비(414년), 고구려 연가7년명금동여래입상 (479년), 백제 쌍북리 구구단 목간에서 4예, 695년의 신라 둔전문서에서 卅의 예가 두 번 있고, 영천청제비 정원14년비(798년)과 함께 9예가 있다. 한국 고대 금석문에서 卅를 四十으로 표기한 예는 없다. 그래서 합천대가야비의 辛亥年△月五日而△村四十干支의 四十干支를 471년 또는 531년의 대가야 왕경과 지방의 干支(족장)으로 해석하는 것은 문제가 있다. 대가야비는 四十을 卅으로 쓰지 않는 유일한 예가 되기 때문이다. 따라서 辛亥年△月五日而△村四干支로 판독해 4명의 왕경의 干支가 모인 것으로 풀이하고, 국왕도 干支로 불리었다고 해석해야 될 것이다.

19) 辛亥年이 471년인 자료로 일본 이나리야마고분의 辛亥銘鐵劍이 유명하다. 이 철검의 獲加多支鹵大王은 雄略日王의 이름 일부인 若建命(?)의 訓과 일치해 471년에 제조된 것이다. 이 철검은 검릉형행엽과 f자형표가 세트를 이루는 6세기 전반의 稲荷山古墳(前方後圓墳)에 매장되어 29~79년의 傳世가 확인되는 자료로 유명하다. 금속기에서 50년가량의 전세는 흔히 있는 일로 고고학에서의 토기가 다른 여러 지역의 편년을 금속기로 하는 교차연대법은 한계가 있다.

20) 합천매안리대가야비, 大王명장경호, 下部思利利명단경호 등과 같은 중요한 금석문은 대가야에서만 나왔다. 전기 가야의 대표적인 두 나라인 대가야와 금관가야에서 금관가야의 금석문은 발견된 바 없다. 후기 가야의 대표적인 나라인 대가야와 아라가야에서 아라가야의 금석문은 발견된 바 없다. 따라서 가야사를 대표하는 나라는 대가야로 보아야 된다. 앞으로 금석문 자료는 대가야에서만 나오지 다른 가야에서는 나올 가능성이 적다. 따라서 가야사 복원에 가장 중요한 것은 대가야사의 복원이다.

21)『국제신문』,1989년 5월 6일자 참조.

지역을 복속하고 세운 것이며, 북한산비·마운령비·황초령비도 각각 비
석이 서 있는 해당 지역을 점령하고 비석이란 관점에서 연유되고 있다.

　이러한 신라비설에 따르면 신라가 대가야의 서울에 가까운 이곳 매안
리를 점령하고 세운 것이므로 이 비의 건립 연대는 대가야의 멸망된 해
인 562년에서 그리 멀지 않은 시기일 것이다. 그렇게 되면 매안리비의
내용도 561년에 세워진 창녕비와 비슷하다고 판단된다. 창녕비와 매안
리비의 기재 내용에 대해 검토해 보자. 창녕비에는 비의 건립 年月日, 뒤
이어서 신라의 중요한 관직을 가진 중앙 관리들이 하는 임무가 명기되
어 있고, 비의 전반부의 여러 가지 내용이나 인명들이 중앙의 6부인과
함께 나오고 있다.22) 地方民과 관련된 내용은 제일 끝부분의 村主 2명이
고작이다.23) 이러한 6부인 곧 왕경인 위주는 봉평비, 적성비, 북한산비,
마운령비, 황초령비 등에서도 마찬가지로 되어 있다.

　그러면 합천매안리대가야비의 연대를 신라 금석문을 통해 조사해보
자. 우선 간지가 京位나 外位에서 나오는 예를 제시하면 다음과 같다.

　　　白爭人夲波喙柴干支
　　　白爭人夲波金評△干支
　　　蘇豆古利村仇鄒列支干支
　　　那音支村卜步干支
　　　　　　　　　(441년, 포항중성리신라비)
　　　本彼頭腹智干支
　　　夲彼斯彼暮斯智干支
　　　村主臾支干支
　　　　　　　　　(443년, 영일냉수리신라비)

---

22) 김창호, 「창녕비 전반부 기사에 대한 분석」『고문화』39, 1991.
23) 물론 창녕비의 전반부 기사 중에 外村主가 나오기는 한다.

喙部美昕智干支

(524년, 울진봉평신라비)

(一支△人)只尸△利干支

(536년, 영천청제비 병진명)

豆婁知干支

(536~540년경, 월지 출토비)

干支는 중성리비와 냉수리비에서는 경위와 외위가 모두 나오나 봉평
비에서는 경위만, 영천청제비 병진명과 월지 출토비에서는 외위만이 나
온다. 매안리비의 干支는 4명이나 되므로 경위와 외위에 모두 해당되는
사람들로 구성된 것으로 보인다. 그러면 辛亥年은 531년이 아닌 471년이
되어야 한다.

이에 비해 매안리비에는 건비의 年月日 다음에 村名부터 기록하고 있
다. 촌명부터 기록되는 매안리비의 모습은 창녕비 등의 王京人 위주로
된 신라의 금석문과는 전혀 다르다. 신라 금석문에서 地方民 力役과 관
련된 명활산성비와 남산신성비에서 조차도 王京人이 먼저 나오고, 그
뒤에 지방민의 인명들이 나열되고 있다.[24] 매안리비에서 촌명부터 기재
되는 예는 고신라 금석문에서는 그러한 예를 찾을 수가 없다. 이러한 점
에서 보면 매안리비는 신라비가 아닐 가능성이 크다.

매안리비에서 四干支 부분은 干支가 4인이나 되는 것으로 해석된다.
干支란 관등명이 나오는 예로 경위에서는 441년의 중성리비, 443년의 냉
수리비, 524년의 봉평비 등이 있고, 외위에서는 441년의 중성리비, 443년
의 냉수리비, 536년의 영천청제비 병진명, 536년 이전으로는 올라갈 수

---

24) 남산신성비나 명활산성비 등에서는 幢主, 道使, 邏頭 등의 직명이 나오는데, 이
들은 모두가 왕경인이 가지고 있다.

없고, 540년경 이후로는 내려 갈 수 없는 월지 출토비 등이 있다. 여기에서 매안리비의 건립 시기를 검토해 보기로 하자. 매안리비의 干支는 경위적 성격과 외위적 성격을 동시에 지니고 있다. 왜냐하면 4명의 干支를 대가야의 왕경인으로 볼 수도 없고, 대가야의 지방민으로 볼 수도 없고, 양 자의 성격을 모두 지니는 것이다. 그렇다면 매안리비의 4명의 干支는 신라의 경위라면 441년에서 524년까지가 그 시기이고, 외위로 본다면 441년에서 540년까지 그 시기이다. 辛亥年은 471년, 531년 중에 하나이다. 辛亥年이 531년일 경우에는 신라의 경위와 모순이 되고, 471년일 때에는 신라의 경위와 외위를 모두 만족시킨다. 따라서 매안리비의 辛亥年은 471년이다.25)

　이 시기라면 매안리는 신라의 영토가 아니고 대가야의 영토이다. 따라서 매안리비는 신라비가 아닌 대가야비이다. 매안리비는 신라의 경위와 외위에 모두 있는 干支가 4인이나 나오고 있다. 대가야에서 만든 비석인데 왕이 나오지 않은 까닭이 궁금하다. 대가야의 수도였던 상당한 거리에 떨어져 대가야의 왕경이 아닌 지방에다 대가야의 왕경인과 지방민이 모이지 않고서는 비석의 건립은 생각할 수도 없다. 비의 건립 비문의 서두에 왕이 나오지 않고, 4명의 干支 곧 族長(일본 용어로 首長)이 나온다. 4명의 족장 중에는 대가야의 족장도 포함되어 있었을 것이다. 그렇지 않고서 4명의 干支를 전부 지방의 족장으로 볼 수는 없을 것이다. 4명의 干支를 전부 지방의 족장으로 보면 대가야의 정치적 지도자가 빠진 가운데에서 어떤 회의를 하고 비까지 세웠다고는 볼 수가 없다. 매안리비가 대가야의 유일한 비석이고 그것이 대가야의 서울인 고령에서

---

25) 합천매안리대가야비의 건립 연대가 471년이므로 562년 멸망 시까지 발달된 관등제 등이 나타날 가능성도 있다.

떨어진 매안리에까지 대가야 전체의 나라로부터 와서 4명의 족장이 몇 年 몇月 몇日에 ~村에 모였다고 기록하고 있다.

大王銘丸底長頸壺에 적힌 대로 대가야에서 왕을 大王이라고 불릴 정도로 왕권이 신장되었다면 매안리에 처음에 ~大王이라고 나올 것이다. 그러나 실제로는 나오지 않고 있다. 그 이유는 지방의 족장과 대가야의 정치적 지도자를 모두 干支라고 불렀다고 해석할 수 밖에 없다. 大王명 환저장경호에 대해서는 뒤에서 따로 상론하기로 하겠다.

IV. 大王銘丸底長頸壺

충남대학교 박물관 소장의 大王명장경호에 대해 대체로 장경호가 高靈土器란 점에 의해 대가야의 大王을 염두에 두고서 대가야 연맹체를 설정하고 있다.[26] 이 고령토기에 대해 확실히 알 수 있는 것은 이 토기는 고령토기로서 그 출토지가 고령지방이나 합천지방으로[27] 볼 수 있다는 점이다. 이 외에는 이 장경호가 출토된 무덤의 규모나 반출 유물 등은 전혀 모르고 있다.

이러한 상황속에서 이 大王명장경호에 접근할 수 있는 유일한 단서가 大王이란 명문이다. 이 大王이란 명문은 뚜껑과 몸통에 두 번이나 적고 있다. 이 大王이란 명문이 대가야의 王을 가리키는지 여부를 단정하기 어렵지만 뚜껑과 몸통에 각각 기록되어 있는 점은 고구려의 王자 명문이 고구려의 국왕 무덤이 아닌 경우에도 장식문양으로 존재하고 있어

---

26) 田中俊明, 『大加耶連盟の興亡と任那』, 191, 1992.
27) 이 토기는 그 출토지가 경상남도 합천군 삼가면으로 傳稱되고 있다.

서28) 다소 의문이 생긴다.

　신라 금석문에서 유사한 용례로는 영일냉수리신라비가 있다. 여기에서 大王명장경호의 大王과 관련되는 구절은 전면 제⑦행의 此七王等이란29) 구절이다. 이 가운데 等자는 다른 이견도 있으나 적성비의 高頭林城在軍主等의 직명을 가진 사람이 喙部比次夫智阿干支와 沙喙部武力智阿干支의 두 명이므로 복수의 뜻으로 판단된다. 그러면 7명의 왕이 누구인지를 조사해 보자. 우선 7명의 왕들을 보기 쉽게 제시하면 다음의 <표 1>과 같다.

〈표 1〉七王等의 人名 分析表

出身部名	人名	官等名
沙喙	至都盧	葛文王
위와 같음	斯德智	阿干支
위와 같음	子宿智	居伐干支
喙	尒夫智	壹干支
위와 같음	只心智	居伐干支
本彼	頭腹智	干支
위와 같음	斯彼暮斯智	干支

　<표 1>에서 7명의 왕이30) 葛文王을 제외하고 6명은 간지로 끝나고 있

---

28) 고구려 고분에서 王자 문양 장식으로 나오는 예로는 장천2호분, 산성하332호묘 등이 있다. 이들 고분을 고구려 왕릉으로 비정한 견해는 아직까지 제출되지 않고 있다.

29) 七王等에 대해서는 이들을 모두 王이라 불렀다는 견해(주보돈, 「6세기 초 신라왕권의 위상과 관등제의 성립」『역사교육논집』13·14, 1990.), 王과 等으로 나누어 본 견해(이희관, 「영일냉수리비에 보이는 지도로갈문왕에 대한 몇 가지 문제」 『한국학보』60, 1990.), 王을 님으로 해석한 견해(문경현, 「영일냉수리신라비에 보이는 부의 성격과 정치운영문제」『한국고대사연구』3, 1990.) 등의 견해가 있다. 이들 七名을 七王等이라고 표기하는 이외의 다른 방법은 없다.

30) 이들 7명의 七王等이 6세기 금석문에 나오는 大等 역할을 한 것으로 보인다.

다. 본피부 출신의 2명은 干支만을 외위로 갖고 있다. 그러면 干(支)=王
이란[31] 등식이 성립한다. 특히 2명은 干支만 있는 관등이므로 干支=王
이 된다. 干支의 支자는 6세기 후반이 되면 사라지므로 결국 干=王이다.
따라서 大王=大干이 되어 大王은 대가야의 王을 가리키는 용어가 아니
고 창녕 계성리에서 많이 나오는 大干과[32] 같은 뜻이다.

　그러면 여기에서 大王號의 사용예를 백제부터 검토해 보자. 먼저 525년
의 백제 무녕왕릉 매지권의 斯麻王, 567년의 昌王명사리감 명문의 昌王,
569년의 미륵사 서탑 사리봉안기의 大王陛下, 왕흥사 사리감명문의 百濟
王昌이 있다.[33] 백제에서는 이름에 뒤이어서 王을 붙이거나 그냥 인명
이 없이 大王陛下라 부르고 있다. 이 大王陛下는 大王명장경호의 大王에
접근한다. 大王陛下는 문장 속에 있고, 大王명장경호의 大王은 단독으로
존재한다. 더구나 大王명장경호의 大王은 뚜껑과 몸통의 두 군데에 적혀
있어서 왕을 가리킬 가능성은 적다. 大王이 王이라면 한 번만 적어도 그
위엄성을 발휘할 수 있기 때문이다. 大王명장경호는 십중팔구는 수혈식
석곽묘에[34] 묻혔을 것이다.[35] 그러면 大王 앞에 대가야 왕의 인명을 붙

---

31) 大干으로 읽지 않고 六干으로 읽어도 干의 의미는 王과 같다. 6세기 후반이 되
　　면 干支의 支자가 탈락하고 干만 남는다.
32) 합천매안리대가야비(471년)에서 4干支가 나와서 대가야의 정치적 대표자도 4간
　　지에 포함되었을 가능성이 커서 대가야의 정치적 지도자를 太王으로 부를 수가
　　없다. 그렇지 않고 대가야에 太王이 있었다면 합천매안리대가야비의 서두에 왕
　　명이 나왔을 것이다. 합천매안리대가야비를 만든 주체는 대가야의 정치적 지도자
　　인 王이었을 것이다.
33) 김창호, 『고신라 금석문과 목간』.2018, 283쪽.
34) 대가야의 묘제에 있어서 멸망 시까지 수혈식석곽묘가 주류였던 점은 대가야의 한
　　계를 들어 낸 것이다.
35) 大王명장경호의 출토지가 고령 지방이 아니라는 傳稱은 大王명장경호의 大王
　　이 대가야의 국왕을 가리키는 것이 아니라는 한 단서가 될 수 있다.

여야 될 것이다. 그래야 제대로 된 大王이 될 수가 있다. 신라 자료에서 전부가 太王을 사용하고 있어서[36) 大王명장경호의 大王 해결에 도움이 되지 않는다.

大王이 나오는 삼국시대의 금석문으로는 579년의 백제 미륵사 서탑 사리공에서 금제사리기의 大王陛下가 있고, 661년에 세워진 것으로 추정되는 태종무열대왕비의 題額의 太宗武烈王大王之碑의 예가 있다. 579년과 661년이란 연대는 大王명장경호 해결에 도움이 되지 않는다.

따라서 大王은 창녕 계성의 大干과 마찬가지로 대가야의 지방 족장으로 판단된다. 그래서 지방에 묻혔고, 매안리비의 표현을 빌면 干支이다. 大王명장경호의 大王에 의해 고구려, 백제, 신라와 대등한 입장에서 大王制가 있어서 이를 4국 시대라 부르는 것은 성립될 수 없다. 합천매안리대가야비의 四干支에서 비의 서두에 大王이 등장하지 않고 年月日다음에 村名 그 다음에 四干支가 나와서 4명의 족장이 모인 것으로 해석되고, 大王명장경호의 大王은 大干과 동일한 것으로 보아야 하기 때문에 大王을 대왕제의 실시로까지 확대 해석할 수는 없다. 下部思利利는 지방민으로 下部로 볼 때 上部가 존재했고, 왕경과 지방에 모두 부제가 시행되었음을 알 수 있다.

---

36) 524년의 봉평비에서는 喙部牟卽智寐錦王, 535년 울주 천전리서석 을묘명에서는 法興太王, 539년의 울주 천전리서석 추명에서는 另卽知太王, 561~568년의 북한산비에서는 新羅太王과 眞興太王, 568년의 마운령비와 황초령비에서는 眞興太王으로 주로 太王이라고 불리었다. 661년의 태종무열왕릉비에 처음으로 武烈大王이라고 나온다.

V. 昌寧 校洞의 象嵌鐵刀銘文

昌寧 校洞의 고분들은 1919년 일인학자에 의해 조사되었다.[37] 아직까지 정식적으로 학술 보고서는 나오지 않고 있다. 최근에 국립진주박물관의 개관 때에 보존 처리의 일환으로 X선 촬영을 하였는데, 이때에 校洞11호분 출토 등[背]에 있는 명문이 발견되었다. 명문 자체에 대한 공식적인 보고가 나오지 않고 있으나 銘文은 乙亥年△扞率△의 7자로 알려져 있다.[38]

위의 명문 가운데 扞率은 거의 판독이 가능하고, 백제 16官等名 중 제5위가 분명하다. 그 외의 판독인 乙亥年은 X선 필름 자체(국립진주박물관 소장)에서도 확인이 불가능하였다. 상감철도명의 X선 사진 촬영을 담당한 국립중앙박물관의 관계자에 의하면 刀의 背에 새겨진 명문의 촬영 때 刀部의 밑면을 90도로 세워서 찍은 것이 아니고, 칼 자체를 눕혀서 X선이 칼의 날위의 옆면을 투과하도록 촬영했다고 한다. 그래서 현재에 알려진 글자 사진은 글자 판독의 정확성에 문제가 있다.

위의 명문에 있어서 扞率은 포함한 일부분은 인명 표기일 가능성이 크다. 지금까지 3국의 인명 표기에서 관등명이 나와서 인명 표기가 아닌 예는 단 한번도 없었다. 이때에 扞率이란 관등명의 앞에 인명이 오는지 아니면 뒤에 임명이 오는지가 문제이다. 이 시기의 신라 금석문의 인명 표기는 직명·출신지명·인명·관등명의 순서로 기재된다.[39] 고구려 금석문의 인명 표기는 직명·출신지명·관등명·인명의 순서로 기재된다. 신라

---

37) 穴澤和光·馬目順一, 「昌寧校洞古墳群-梅原考古資料をと中心して谷井濟一氏發掘資料の硏究」『考古學雜誌』60-4, 1975.

38) 田中俊明, 「象嵌銘刀劒」『アサヒグラフ』3368, 1987, 168쪽.

39) 김창호, 「신라 중고 금석문의 인명표기(Ⅰ)」『대구사학』20·21, 1983.

와 고구려의 인명 표기는 인명과 관등명의 기재 순서가 서로 반대이다. 백제의 경우는 인명 표기가 기재된 금석문 자료가 없어서 그 정확 인명 표기 방식을 알 수가 없다. 백제 시대의 자료는 아니지만 백제의 인명 표기를 알 수 있는 자료가 있다. 673년에 작성된 것으로 알려진 계유명 아미타삼존불비상의 명문이 있다.40) 관계 부분을 적기하면 다음과 같다.

> 達率身次願
> ：
> 上次乃末
> 三久知乃末

위의 명문에서 上次乃末과 三久知乃末은 신라식 인명 표기이다. 上次와 三久知는 인명, 두 번의 乃末은 신라의 17관등명 가운데 제11위인 奈麻(=乃末)이기 때문이다. 達率身次願의 願자는 불교 관련 금석문에 나오는 것으로 인명에서 제외된다. 達率身次에서 달솔은 백제 16관등명 가운데 제2위이고, 신차가 인명이다. 여기에 근거하면 백제 금석문의 인명 표기는 고구려의 인명 표기에서와 같이 관등명이 인명 앞에 오는 것을 알 수 있다.

창녕 칼의 명문에 있어서 扞率 다음의 판독이 불가능해 1자가 인명이 되어야 한다. 1자로 된 인명 표기의 다른 예가 있는지가 문제이다. 백제·고구려의 금석문에 있어서 1자로 쓴 인명 표기의 예는 왕이나 왕족에 한정되고 있다. 중원고구려비의 太子共=古鄒加共41)(=長壽王子 古雛大加 助多), 寐錦忌(=신라 訥祇王으로 추정)과 七支刀(5세기 추정)의 百濟王世子奇(=百濟王子 昆支로 추정42)) 등의 있다. 아직까지 백제 등 삼국

---

40) 황수영, 「비암사 소장의 신라재명석상」『고고미술』1-4, 1960.
41) 김영하·한상준, 「중원고구려비의 건비 연대」『교육연구지』25, 1983, 41쪽.

금석문에서 관등명을 갖고 있는 王族의 예가 없고, 扞率이 16관등명 가운데 제5위인 점 등에서 보면 왕족의 인명으로 보기도 어렵다.

이 象嵌大刀는 머리 부분이 圓頭柄頭의 모습이다. 이런 모양의 대도는 梁山夫婦塚, 武寧王陵 등에서 출토되고 있다. 이런 형식의 대도는 백제와 관련 지역이나 백제 지역에서 제작된 것으로 보아야 될 것이다.[43] 이 대도의 연대는 교동11호분의 다른 유물을 참고하고,[44] 乙亥年이 435년, 495년, 555년인 가운데에서 고분의 편년을 참고하면 495년으로 판단된다.

VI. 맺음말

먼저 下部思利利명문을 검토하였다. 이는 분구중에 나왔는데, 대가야의 지방과 관련된 토기로 下部가 대가야 지방의 부제와 관련되는 것이다. 대가야의 지방의 下部가 있다면 上部의 존재도 상정되고 지방에 부제가 있었다면 대가야의 왕경에도 부제가 있었을 것이다.

다음으로 합천매안리대가야비에 대해 검토하였다. 비의 전문은 辛亥年△月五日而△村四干支이다. 辛亥年이 471년인지 아니면 531년인지가 문제이다. 그러면 합천매안리대가야비의 연대를 신라 금석문을 통해 조사해 보자. 우선 간지가 京位나 外位에서 나오는 예를 제시하면 다음과 같다.

42) 김창호, 『삼국시대 금석문 연구』, 2009, 81~83쪽.
43) 창녕지역은 문헌상으로는 가야, 고고학상으로는 신라이다. 이 乙亥年△扞率△ 의 대도명문에 따르면 扞率이 백제의 관등이라 백제와 관련될 가능성이 있다.
44) 창녕 교동 11호분에서는 圓頭大刀에 上部仙人貴刀란 명문이 나왔다. 仙人은 고구려 14관등 가운데 13관등명이다. 고구려계의 칼로 보인다. 仙人이 대도의 주인이면, 仙人이란 관등명이 너무 낮다. 고구려의 불상 조상기에 관등명이 없는 인물이 나오는 것처럼 신분이 낮은 사람의 것인지도 알 수 없다.

白爭人牟波喙柴干支
白爭人牟波金評△干支
蘇豆古利村仇鄒列支干支
那音支村卜步干支
(441년, 포항중성리신라비)

本彼頭腹智干支
牟彼斯彼暮斯智干支
村主臾支干支
(443년, 영일냉수리신라비)

喙部美昕智干支
(524년, 울진봉평신라비)

使作人只尸△利干支
(536년, 영천청제비 병진명)

豆婁知干支
(536~540년경, 월지 출토비)

매안리비에 干支(族長)를 가진 사람이 4명이나 되어 왕경인으로 보기 어렵고, 왕경인과 지방민이 합쳐져 4명이 있는 것으로 보아 중성리와 냉수리비의 가까운 시기인 471년으로 보았다.

그 다음으로 丸底長頸壺의 몸통과 뚜껑에 大王명문이 있어서 이를 대가야의 왕제 실시나 고대국가 형성 시기의 근거로 삼아 왔다. 고구려 벽화 고분의 王자 문양이 있는 고분에 王陵이 없고, 장경호의 몸통과 뚜껑에 大王명은 장식으로 大干과 같은 뜻으로 보인다.

마지막으로 창녕 교동 출토의 象嵌鐵刀銘文인 乙亥年△扞率△을 검토하였다. 扞率은 백제 16관등 가운데 5관등이라서 칼은 백제에서 만들어진 것이다. 乙亥年은 495년으로 판단된다.

책을 마무리하며

금석문은 금속에 새긴 금문과 돌에 새긴 석문을 합쳐서 금석문이라 부르고 있다. 금문은 봉덕사종명이 유명하고, 석문으로는 광개토태왕비가 유명하다. 고대에는 금문보다 석문이 많다. 금문이나 석문 모두 한자로 기록되어 있다. 삼국 시대 금석문은 광개토태왕비, 충주고구려비, 집안고구려비, 사택지적비 등을 제외하고 대개 우리말 순서에 따라 기록된 이두이다. 이두를 해석하는 판독과 함께 끊어 읽기에 따라 그 해석은 엄청난 차이가 있다. 그 대표적인 예가 울주 천전리서석 원명과 추명이다. 沙喙部徙夫知葛文王이 立宗葛文王과 동일인인지 여부는 신라의 부제를 비롯한 신라사 복원에 중요한 변수가 된다.

금석문을 공부해 자부할 수 있는 것은 沙喙部徙夫知葛文王을 立宗葛文王으로 보지 않는 점과 금관총 출토 3루환두대도 검초 단금구에 나오는 尒斯智王(=넛지왕)을 눌지왕으로 본 것이다. 전자는 신라 복원에 있어서 모량부가 중고 왕비족이 아니라 사탁부가 왕비족인 점, 사탁부의 장으로 갈문왕이 된 문헌에는 없는 갈문왕인 점 등을 들 수 있고, 후자는 눌지왕이 458년에 죽었기 때문에 금관총 40,000여 점 유물의 절대 연대를 새로 부과하여 동아시아 고분가운데 가장 중요한 고분이 된다. 그래서 尒斯智王명금관총 출토 명문에 대해 3편의 논문을 썼다. 전자에 대해서도 3편의 논문을 썼다.

앞으로 어떻게 할지 모르지만 나이가 젊다면 한문을 배워서 통일신라 금석문을 공부하고 싶다. 한문은 워낙 어려워서 이를 배우기란 쉽지가 않다. 적어도 10년 정도나 걸려서 거의 불가능하다. 통일신라 금석문으로 「문무왕릉비에 보이는 신라인의 조상인식-태조성한의 첨보-」, 「신라 서당화상비의 두 가지 문제」, 「신라 낭혜화상비의 몇 가지 문제」, 「경주 단석산 신선사 마애거상의 역사적 의미」, 「신라수창군호국성팔각등루기의 분석」의 5편이 있으나 습작의 수준이다. 지금 형편으로는 고신라 금석문이 새로 나와도 논문을 쓰기가 싫지 않을 것 같다.

울진 석류굴 제8광장 신라 石刻文의 해석상 문제점이 있어서 가장 늦게 쓴 논문이다. 眞興王이 나왔다고 이를 진흥왕이라 보아서 매스컴을 탄 가설이나 이는 잘못된 것이다. 고려시대 금석문에 나오는 진흥왕이 진흥왕일 수는 없기 때문이다. 또 자료를 구할 수 있는 위치에 있지 않아서 고분 공부는 할 수가 없다. 그래서 국사편찬위원회 한국사데이터베이스에 의거하여 금석문과 목간 공부를 하여 각각 책으로 출판할 예정이다. 고신라 금석문과 목간은 인명 표기가 중요하다. 고신라의 인명 표기 논문을 두 편 썼다. 고신라, 백제, 고구려 인명 표기에는 일정한 규칙이 있다. 고구려와 백제 금석문에서 인명표기는 직명+부명+관등명+인명의 순서로 기재되고, 고신라 금석문의 인명표기에서는 직명+부명+인명+관등명의 순서로 기재된다.

고고학에서 실증주의는 이론에 의탁하지 않고, 유물과 유적에 의거하는 것이다. 금석문에서 실증주의는 문헌의 상황판단에 의거하지 않고 금석문 자체로 먼저 연구하고 나서 문헌과 대비시켜 연구하는 것이다. 금석문과 문헌을 비교할 때 문헌과 금석문의 창구가 서로 다르다는 점을 잊어서는 되지 않는다. 그래서 광개토태왕비 등의 금석문은 문헌에는 나오지 않고 있다. 이 책에 실린 논문의 초출 연대와 그 전거를 제시하면 다음과 같다.

제1장 고신라 금석문

제1절 고신라 금석문의 부명<신고>

제2절 울진봉평염제비의 검토<향토문화>4, 1988.

제3절 울주 천전리서석 원명과 추명의 재검토<신고>

제4절 월지 출토비의 재검토<신고>.

제5절 금관총 尒斯智王명문의 재검토<신고>.

제6절 금관총 尒斯智王삼론<신고>

제7절 금석문 자료로 본 적석목곽묘의 등장과 소멸<신고>

제8절 금석문 자료로 본 고신라의 力役 체제<신라문화제학술발표회논문집>13, 1992.

제9절 관등명으로 본 고신라 금석문의 작성 시기<신고>.

제10절 울주 천전리서석에 보이는 토착신앙<향토문화>9·10, 1995.

제11절 대구무술명오작비<신고>.

제12절 고신라 금석문의 地方官制<신고>.

제13절 及伐車명석비의 제작 시기<신고>.

제2장 통일 신라 금석문

제1절 문무왕릉비에 보이는 신라인의 조상 인식<한국사연구>53, 1986

제2절 제천 점말동굴의 화랑 석각<문화사학>50, 2018.

제3절 동궁·월지의 와전 명문과 녹유와전<신고>

제4절 사벌주회명납석제추<신고>

제5절 정원2년명저평영암구림리비<이화사학연구>30, 2003.

제6절 영천청제비 정원14년명<한국사연구>53, 1986

제7절 울진 석류굴 제8광장 신라 石刻文의 해석상 문제점<신고>

제8절 광주 무진고성 명문와의 재검토<신고>

제9절 廣州船里遺蹟에서 出土된 蟹口기와의 生產과 流通<문화사학>52, 2019.

제10절 남한산성 출토 나말여초 기와 명문<한국고대사의 연구 현단계>, 1999

제11절 나말여초의 기와 명문<東アジア瓦研究>6, 2020.

찾아보기

바

김창호(金昌鎬)

1950년 구미 출생
경북대학교 대학원 사학과 수료 문학박사
경주대학교 문화재학부교수, 문화재청 문화재전문위원, 울산광역시 문화재위원, 경상북도 문화재전문위원
역임

저서

고신라 금석문의 연구, 고신라 금석문과 목간, 한국 고대 불교고고학의 연구, 삼국시대 금석문의 연구,
한국 고대 목간외 논문 다수.

논문

경주 황남동100호분(검총)의 재검토〈한국상고사학보〉8, 1991
동래 복천동22호분 성시구의 복원 문제〈영남고고학〉17, 1995
고령 지산동44·45호분의 순장제설에 대하여〈가야문화〉9, 1996
고고 자료로 본 신라사의 시기 구분〈인하사학〉10, 2003
신라 적석목곽묘 출토 山자형 관의 계보〈부산사학〉23, 2004
횡혈식석실분의 등장과 소멸〈신라사학보〉8, 2006
한국 신석기시대 토착신앙 문제,〈한국신석기학보〉12, 2006
신라관에 부착된 曲玉의 기원 문제〈문화사학〉27, 2007

신라 금석문

2020년 07월 10일 초판 1쇄 발행
2021년 10월 15일 초판 2쇄 발행

지 은 이   김창호
발 행 인   한정희
발 행 처   경인문화사
편 집 부   박지현 김지선 유지혜 한주연 이다빈
마 케 팅   전병관 하재일 유인순
출 판 신 고   제406-1973-000003호
주   소   파주시 회동길 445-1 경인빌딩 B동 4층
대 표 전 화   031-955-9300 팩 스 031-955-9310
홈 페 이 지   http://www.kyunginp.co.kr
이 메 일   kyungin@kyunginp.co.kr

ISBN 978-89-499-4897-3 93910
값 48,000원